Andreas Raab

RÄUMLICHE ENTWICKLUNGEN INTERKOMMUNAL STEUERN

Interkommunale Kooperation –
ein bedarfsgerechtes Steuerungsinstrument
für räumliche Entwicklungen auf kleinräumiger Ebene

D1662567

ibidem-Verlag
Stuttgart

Bibliografische Information der Deutschen Nationalbibliothek
Die Deutsche Nationalbibliothek verzeichnet diese Publikation in der Deutschen Nationalbibliografie; detaillierte bibliografische Daten sind im Internet über http://dnb.d-nb.de abrufbar.

Bibliographic information published by the Deutsche Nationalbibliothek
Die Deutsche Nationalbibliothek lists this publication in the Deutsche Nationalbibliografie; detailed bibliographic data are available in the Internet at http://dnb.d-nb.de.

Die vorliegende Arbeit wurde vom Fachbereich Architektur Stadtplanung Landschaftsplanung der Universität Kassel als Dissertation zur Erlangung des akademischen Grades eines Doktors der Ingenieurwissenschaften (Dr.-Ing.) angenommen.

Andreas Raab

Erster Gutachter: Univ.-Prof. Dr. Ulf Hahne
                      Fachgebiet Ökonomie der Stadt- und Regionalentwicklung
                      Fachbereich Architektur, Stadtplanung, Landschaftsplanung der Universität Kassel

Zweiter Gutachter: Univ.-Prof. Dr. Alain Thierstein
                      Lehrstuhl für Raumentwicklung
                      Fakultät Architektur der Technischen Universität München

Tag der mündlichen Prüfung: 03.02.2011

Verwendung des Bildmaterials auf den Coverseiten mit freundlicher Genehmigung der Gemeinde/Verwaltungsgemeinschaft Syrgenstein.

∞

Gedruckt auf alterungsbeständigem, säurefreien Papier
Printed on acid-free paper

ISBN-13: 978-3-8382-0256-3

© *ibidem*-Verlag
Stuttgart 2011

Alle Rechte vorbehalten

Printed in Germany

Danksagung

Diese Arbeit hat viele Wegbereiter und Wegbegleiter. Meinen beiden Betreuern, Prof. Dr. Ulf Hahne und Prof. Dr. Alain Thierstein möchte ich für die wertvollen Anregungen bei der Diskussion über das Konzept und die Inhalte der Arbeit herzlich danken. Die offene Form der Betreuung ermöglichte mir einen hohen Gestaltungsspielraum auf der Basis eines wissenschaftlichen und methodischen Anspruchs. Bei Prof. Dr. Ulf Hahne möchte ich mich in besonderer Weise dafür bedanken, dass er den Weg meines Dissertationsvorhabens von Anfang an mitgegangen ist und dem inhaltlichen Weiterentwicklungsprozess immer offen gegenüber stand.

Für den Anstoß und die Wegbereitung spielten Prof. Fritz Auweck, Prof. Dr. Holger Magel und Dr. Peter Jahnke eine wichtige Rolle. Sie motivierten mich in der teilweise zähen Vorlauf- und Anfangsphase immer wieder den Weg einer Promotion zu gehen und diese Arbeit zu schreiben.

Ein großer Dank geht an die Adresse meines Büropartners Otto Kurz für die intensive Begleitung sowie die vielen inspirierenden Gespräche und Anregungen.

Dr. Franz Dirnberger von der Geschäftsstelle des Bayerischen Gemeindetags möchte ich für die fachliche Unterstützung und die Durchsicht des Entwurfs danken.

Ein Dankeswort gilt allen Gesprächspartnern aus den Praxisbeispielen der Fallstudien für das mir entgegengebrachte Vertrauen, die Zeit, die Offenheit und Ehrlichkeit sowie die zum Teil über die Dissertation hinausgehend gewinnbringenden Gespräche.

Vor allem aber wäre das Gelingen der Dissertation ohne die, in jeder Form spitzenmässige Unterstützung meiner Partnerin Ulrike nicht möglich gewesen.

Vorwort

Die räumliche Maßstabsvergrößerung, welche mit dem gesellschaftlichen und wirtschaftlichen Wandel in der Moderne einhergeht, verlangt von Individuen und Wirtschaftsakteuren ständige Anpassungen an sich fortwährend ändernde räumliche Konstellationen und Funktionsmuster. Während dies für Einzelakteure trotz aller Transaktionskosten mit relativ geringen Friktionen realisierbar ist, lassen sich administrative Raumeinheiten nur periodisch und in langen Zeiträumen anpassen. Für bestimmte historische Situationen „passende" kommunale Grenzen sind wenige Jahrzehnte später überholt und werden in Teilen dysfunktional. Siedlungsentwicklung, Ströme von Menschen, Ressourcen und Stoffen verschieben Probleme und Funktionszusammenhänge über Kommunalgrenzen hinaus und verlangen nach regionalen Lösungen.

Dies kann administrativ in der „großen" Lösung einer kommunalen Gebietsreform aufgefangen werden, doch ist eine derartige Lösung immer nur temporär. Sie stößt daher an die doppelte Grenze des Änderungstempos der Gesellschaft und der geringen Akzeptanz veränderter „Heimaten" der betroffenen Bürger. Daher zielen neuere Ansätze zur Bewältigung administrativ-räumlicher Steuerungsprobleme auf flexible Lösungen im Rahmen einer Regional Governance. Diese Steuerungsansätze stellen angesichts des raschen Wandels in der Spätmoderne und der unterschiedlichen raumfunktionalen Verflechtungsprozesse eine funktional adäquatere Lösung für verschiedene räumliche Steuerungsprobleme dar, auch wenn sie zumindest legitimatorische Schwächen aufweisen.

Die Problematik verschärft sich in schrumpfenden Regionen, wo der Wettbewerb um die verbleibenden mobilen Ressourcen die Fragmentierung begünstigt und damit zur Schwächung von Bündelungseffekten führt. Schrumpfende Regionen geraten dabei in das Steuerungsdilemma des Widerstreits zwischen Konkurrenz und Kooperation. Sichtbar wird dies am deutlichsten beim Umgang mit der Siedlungs- und Gewerbeflächenausweisung. Die Konkurrenzsituation der Kommunen um Betriebe und Einwohner führt dazu, eine angebotsorientierte Vorratsflächenpolitik zu betreiben, um die wenigen mobilen Potentiale an den eigenen Standort ziehen oder dort halten zu können, sobald Anfragen auftreten. Aus Sicht einer nachhaltigen Raumentwicklung ist die vorherrschende Angebotspolitik weder hinsichtlich des Flächenverbrauchs, der Klimafolgen und induzierten Verkehre noch bezüglich der fiskalischen Situation der Kommunen akzeptabel und langfristig sinnvoll.

Vor diesem Hintergrund befasst sich die vorliegende Arbeit von Andreas Raab, die als Dissertation im Fachbereich Architektur, Stadtplanung, Landschaftspla-

4

nung der Universität Kassel angenommen wurde, mit den Möglichkeiten einer kooperativen und zugleich nachfrageorientierten Flächenentwicklungsstrategie. Während für viele Bereiche kommunaler Funktionen – von Abwasser bis zum Verkehr – seit langem überkommunale Lösungen existieren, ist dies im Bereich der Flächensteuerung bisher kaum der Fall, berührt doch die Flächensteuerung ein ureigenes Instrument der Kommunen und das grundlegende Selbstverständnis der Planungshoheit als Kern der kommunalen Selbstverwaltungsgarantie in Deutschland. Der Autor geht davon aus, dass das Potential interkommunaler Kooperation zur Steuerung räumlicher Entwicklungen in der Praxis nur bedingt ausgeschöpft wird und die Raumentwicklung durch interkommunale Kooperation deutlich nachhaltiger und effizienter vorangetrieben werden könnte. Es ist zu wünschen, dass die Arbeit die Diskussionen um interkommunale Zusammenarbeit in Bayern anregt.

Prof. Dr. Ulf Hahne
Direktor des Instituts für urbane Entwicklungen
Universität Kassel

Die Arbeit geht von der Hypothese aus, dass interkommunale Kooperation für räumliche Entwicklung ein geeignetes Steuerungsinstrument darstellt, um eine Umorientierung von einer angebotsorientierten Bodenpolitik zu einer bedarfsgerechten Nachfrageorientierung im Sinne von Flächenmanagement zu bewirken. Eine wichtige Rahmenbedingung kommunaler Entwicklung ist der enge Zusammenhang zwischen kommunaler Finanz- und Raumpolitik. Das bestehende Gemeindefinanzsystem befördert gemäß dem Autor eine quantitativ ausgerichtete Flächenentwicklung, indem es Gemeinden veranlasst, über die Ansiedlung von Gewerbebetrieben oder Privathaushalten ihre Steuereinnahmen zu erhöhen.

Andreas Raab interpretiert den Umdeutungsprozess im Planungsverständnis hin zum ergänzenden, freiwilligen Steuerungsinstrumentarium. Das verpflichtende baurechtliche Instrumentarium hat sich darin bewährt, eine auf Wachstum orientierte Außenentwicklung und Angebotsbereitstellung zu organisieren. Sehr begrenzt ist der Beitrag darin, den städtebaulichen Bestand an veränderte Bedarfsstrukturen anzupassen. Der Autor macht deutlich, dass die Ausweisung von attraktivem Bauland mittels der Bauleitplanung immer noch als ein weit verbreiteter „Schlüssel" zum kommunalpolitischen Erfolg angesehen wird.

Auf der Basis von vier Fallstudien in Bayern zeigt Andreas Raab, dass „freiwillige Selbstverpflichtung" nur wenig bewirkt. Der Autor antwortet darauf mit einem umfassenden Flächenmanagement auf interkommunaler Ebene, um die wirtschaftlichen, sozialen und ökologischen Entwicklungsreserven nachfrageorientiert und haushälterisch zu nutzen. Die Empfehlung geht in zwei Richtungen. Dort, wo noch eine adäquate Nachfrage und ein stabilerer Immobilien- und Grundstücksmarkt vorhanden sind, liegt der Schwerpunkt der interkommunalen Kooperation auf der Umorientierung zu einer nachfrageorientierten Steuerung. Dort, wo sich nur noch eine sehr geringe Nachfrage und ein instabiler Immobilien- und Grundstücksmarkt vorfinden, liegt der Schwerpunkt der interkommunalen Kooperation auf der Steuerung und Vorbereitung von Rückbau- und Umbauprozessen.

Andreas Raabs hilfreiche Arbeit legt Grundsteine für weitere Untersuchungen, insbesondere in Bayern. (1) Weiterentwicklung von kommunaler Planungshoheit unter Schrumpfungsbedingungen. (2) Verbesserte Kenntnisse der Nachfragesegmentierung. (3) Modellprojekte für interkommunale Kooperation, insbesondere in Verbindung städtebaulicher und funktionaler Themen. Dem Werk sei daher eine breite Leserschaft gewünscht.

Prof. Dr. Alain Thierstein
Lehrstuhl für Raumentwicklung
Technische Universität München

„Zusammenkommen ist ein Beginn, Zusammenbleiben ein Fortschritt, Zusammenarbeiten ein Erfolg." (Henry Ford)

Bayerns Gemeinden stehen vor großen Herausforderungen. Die gesellschaftlichen Rahmenbedingungen haben sich in den letzten Jahren massiv verändert. Die Stichworte dieser Entwicklungen sind Globalisierung, gestiegene Mobilität und zunehmende Technisierung. So werden Standort- und Investitionsentscheidungen zunehmend auf Regionsebene getroffen, wobei zur Akquisition solcher Ansiedlungen regionale Instrumentarien erforderlich sind. Ebenso definieren Bürgerinnen und Bürger ihren Lebensraum nicht mehr notwendigerweise über die Zugehörigkeit zu einer Kommune. Der Wohnsitz, der Arbeitsplatz, die Schule, das Einkaufszentrum, die Orte, an denen man seine Freizeit verbringt, liegen oft nicht mehr in einer Gemeinde.

Dass in einer solchen Situation die Gemeinden nicht mehr nur allein und für sich selbst existieren können, liegt auf der Hand; übergemeindliche Zusammenarbeit ist - wie sich daraus fast zwangsläufig ergibt - Gebot der Stunde. Dabei müssen Bayerns Kommunen diese Zusammenarbeit nicht gleichsam erst erfinden. An bestimmte, in der Praxis lang bewährte Formen der interkommunalen Zusammenarbeit haben wir uns so gewöhnt, dass sie uns gar nicht mehr auffallen. Zu denken ist zum einen an die Verbände der Wasserversorgung und der Abwasserbeseitigung und zum anderen an die Schulverbände, die jeweils Kernbereiche der Daseinsvorsorge betreffen. Und diese Zweckverbände sind nicht erst in den letzten Jahren gegründet worden, sondern leisten seit Jahrzehnten hervorragende Arbeit. Dies zeigt eindrucksvoll, dass sich interkommunale Kooperation - da wo sie effektiv ist - organisch entwickelt, ohne dass in besonderer Weise von außen auf die beteiligten Gemeinden eingewirkt werden müsste.

Das richtige Verständnis von interkommunaler Zusammenarbeit lässt sich an einem Vergleich erläutern: Jeder kennt die von einer bekannten dänischen Firma weltweit vertriebenen Bausteine. Sie sind klein, haben unterschiedliche Formen, Farben und Größen und man kann im Grunde alles daraus bauen, was man will. So ist es auch mit den Gemeinden und der interkommunalen Zusammenarbeit. Die Gemeinden sind unterschiedlich. Sie können sich zur Lösung eines bestimmten Problems – ohne ihre Eigenständigkeit zu verlieren – flexibel zusammenfügen, aber auch wieder lösen. Nicht vorgefertigte starre Konzepte sind zukunftsweisend, sondern kleine Einheiten, die schnell und flexibel reagieren können. Mit anderen Worten: Nur mit einer ausdifferenzierten Gemeindestruktur lassen sich adäquate Antworten auf neue Fragen finden.

Dies gilt auch und gerade für den Bereich der räumlichen Entwicklung. Während in den klassischen Feldern der Daseinsvorsorge – darauf wurde bereits hingewiesen – vielfältige Erfahrungen vorliegen, sind Untersuchungen im Bereich der Flächenentwicklung und des Städtebaus Mangelware. Natürlich haben schon viele Gemeinden über ein „gemeinsames Gewerbegebiet" nachgedacht oder vielleicht sogar umgesetzt; die Möglichkeiten und Potentiale übergemeindlicher Zusammenarbeit reichen aber auf diesem Feld weit über dieses Beispiel hinaus.

Woran es bislang augenscheinlich fehlt, ist eine grundlegende und wissenschaftlichen Ansprüchen genügende Auseinandersetzung mit den Fragen und Problemstellungen, die sich aus interkommunalen Kooperationen im Bereich der räumlichen Entwicklung ergeben. Diese Lücke füllt jetzt die vorliegende Arbeit von Andreas Raab, die der Universität Kassel als Dissertation vorliegt. Sie leistet nicht nur im Bereich der Analyse Hervorragendes, wenn die Grundlagen und Rahmenbedingungen interkommunaler Zusammenarbeit zur Steuerung räumlicher Entwicklungsfunktionen in differenzierter Weise herausgearbeitet werden, sondern sie kommt auf der Grundlage empirischer Fallstudien zu weitreichenden Empfehlungen für Praxis und Wissenschaft.

Ich wünsche diesem Buch viele Leser auf kommunaler Ebene und auch darüber hinaus. Es leistet durch seine Thesen und Überlegungen einen wesentlichen Beitrag zur Weiterentwicklung der übergemeindlichen Zusammenarbeit im Bereich der räumlichen Planung.

Dr. Franz Dirnberger
Direktor beim Bayerischen Gemeindetag

Inhaltsverzeichnis

13

Zusammenfassung

Entwicklungstrends wie die Pluralisierung der Lebensstile und der demografische Wandel einerseits sowie veränderte Standortanforderungen und Nutzungsmuster der gewerblichen Flächeninanspruchnahme andererseits stellen die Steuerungspraktiken zur räumlichen Entwicklung auf kommunaler Ebene vor neue Herausforderungen. Aufgrund sich verändernder Rahmenbedingungen ist ein Automatismus zwischen Angebot und Nachfrage zunehmend infrage gestellt. Infolgedessen nimmt das Erfordernis einer nachfrageorientierten Steuerung räumlicher Entwicklungsaufgaben zu. Dabei stößt die einzelgemeindliche Ebene an ihre Grenzen, da Boden- und Immobilienmärkte nicht auf die einzelne Gemeinde beschränkt sondern darüber hinaus wirksam sind.

Vor diesem Hintergrund befasst sich die Untersuchung im Kern mit den Möglichkeiten nachfrageorientierter Steuerungsstrategien mittels interkommunaler Kooperation. Während die interkommunale Kooperation in Bereichen der klassischen Daseinsvorsorge häufig und seit langem praktiziert wird, ist die Kooperation zur Steuerung räumlicher Entwicklungen bislang nur von geringer Bedeutung. Dies ist u.a. darauf zurückzuführen, dass bestehende fiskalische Anreizmechanismen einzelgemeindliche und angebotsorientierte Steuerungsstrategien befördern.

Der Untersuchung liegt die Haupthypothese zugrunde, dass interkommunale Kooperation für räumliche Entwicklungsfunktionen ein grundsätzlich geeignetes Steuerungsinstrument darstellt, um eine Umorientierung von einer angebotsorientierten Bodenpolitik zu einer bedarfsgerechten Nachfrageorientierung.

Ziel der Untersuchung ist es, die Wirksamkeit und Grenzen einer nachfrageorientierten Steuerung räumlicher Entwicklungen auf interkommunaler Ebene auszuloten. Dazu werden im Rahmen von Fallstudien vier Praxisbeispiele im Hinblick auf institutionelle und prozessbezogene Voraussetzungen sowie Faktoren wie Angemessenheit, Funktionsfähigkeit und Verbindlichkeit analysiert und bewertet.

Bezüglich der Kernfrage einer wirksamen Steuerung in enger Wechselbeziehung zu Fragen der Ausstattung (Organisation, Instrumenteneinsatz etc.) und Verbindlichkeit kommt die Untersuchung zu dem Ergebnis, dass die interkommunale Ebene in der Praxis nur sehr eingeschränkt mit wirksamen Steuerungskompetenzen ausgestattet wird bzw. Steuerungskompetenzen weitgehend auf einzelgemeindlicher Ebene beibehalten werden. Damit zusammenhängend wird auch eine konsequentere Nachfrageorientierung – trotz teilweise erheblicher Überangebote – noch wenig praktiziert.

Abstract

Development trends such as the pluralization of life styles and the demographic change on the one hand, and changing site requirements and usage patterns of commercial land take on the other hand, pose new challenges to the practices of steering spatial development at the municipal level. Due to changing framework conditions the once existing automatism linking supply and demand is increasingly questioned. Consequently, the need for a demand-driven steering of spatial development is increasing. Here, the municipal level is reaching its limits, as land and real estate markets are not limited to the single municipality but effective beyond municipal borders.

Against this background, the study in its core focuses on the possibilities of demand-driven steering strategies by means of inter-municipal cooperation. In the context of general public services, inter-municipal cooperation has been practiced frequently and for a long time. Yet for the steering of spatial development it has so far been of little importance. This can inter alia be attributed to the fact, that existing fiscal incentives promote supply-oriented steering strategies on the level of the single municipality.

The study is based on the main hypothesis that inter-municipal cooperation generally is a suitable tool for the steering of spatial development in order to realize a shift from a supply-oriented to an adequate demand-driven soil policy.

The study aims to explore the effectiveness and limitations of a demand-driven approach for steering spatial development on inter-municipal level. For this purpose, four practice examples were analyzed as case studies and evaluated with regard to institutional and process-related preconditions as well as factors such as appropriateness, effectiveness and bindingness.

The study concludes that regarding the core issue of effective control in close interaction with the issues of equipment (organization and instruments etc.) and institutionalization, there is a significant lack of strong steering competence on the inter-municipal level, or respectively this competence largely is retained on the level of the single municipality respectively. As a consequence a more consistent, demand-driven soil policy is only rarely practiced despite a partly significant oversupply of land.

1 Einführung, Untersuchungsrahmen und Aufbau

1.1 Problemstellung und Relevanz des Themas

Die Kommunen haben in Deutschland eine bedeutende Position im gesamtstaatlichen Aufbau. Das Grundgesetz gewährleistet in Art. 28, Abs. 2 die kommunale Selbstverwaltung, indem die Gemeinden das Recht haben »alle Angelegenheiten der örtlichen Gemeinschaft im Rahmen der Gesetze in eigener Verantwortung zu regeln«. Die kommunale Eigenständigkeit ermöglicht bürgernahe Strukturen und Aktivitäten. Alle Einwohnerinnen und Einwohner partizipieren unmittelbar an den Leistungen der Gemeinden.

Die Selbstverwaltungsgarantie des Grundgesetzes und die Planungsbefugnis des Baugesetzbuches haben die Gemeinden mit einer weit reichenden Planungshoheit ausgestattet. Diese Ermächtigungsgrundlage legitimiert sie, ihr Gemeindegebiet selbst zu ordnen und zu gestalten. Der Kompetenztitel des Bodenrechts stattet sie mit umfangreichen Verfügungsrechten zur Regulierung standörtlicher Flächennutzungen aus und das Baugesetzbuch verpflichtet sie, eine nachhaltige Entwicklung und eine dem Wohl der Allgemeinheit entsprechende sozial gerechte Bodennutzung durch ihre Planungen zu gewährleisten. So sollen die Gemeinden bei der Gestaltung ihrer Pläne den Baulandbedarf der Bevölkerung und der lokalen Wirtschaft zugrunde legen (vgl. BATTIS, KRAUTZBERGER, LÖHR 2007, EINIG 2003a: 480).

Pluralisierung der Lebensstile, demografischer Wandel und veränderte Wohnansprüche in Lebenszyklen einerseits, veränderte Standortanforderungen und Nutzungsmuster der Flächeninanspruchnahme in den Bereichen Produktion, Handel, Versorgung und Freizeit andererseits stellen die Steuerungspraktiken zur räumlichen Entwicklung auf kommunaler Ebene vor neue Herausforderungen (vgl. EINIG 2003b: 111). Aufgrund der zunehmenden räumlichen Verflechtung und Spezifizierung wird es zukünftig nicht in jeder Kommune sinnvoll sein, pauschal Flächen für Wohn- und Gewerbeentwicklung vorzuhalten bzw. planerisch als solche auszuweisen (vgl. GAWRON 2004: 28). Die immer noch hohe Bedeutung der Angebotsplanung als vorherrschende Steuerungspraxis der Kommunen für räumliche Entwicklungen liegt u. a. darin begründet, dass bisher nur wenige Erkenntnisse über die langfristigen Wirkungen von Flächenausweisungen vorliegen (vgl. THIERSTEIN et al. 2009: 47).

So haben beispielsweise viele Gemeinden in der Vergangenheit umfangreiche Gewerbeflächen festgesetzt und ausgewiesen, ohne sich darüber Gedanken zu machen, dass auch Nachbargemeinden in ähnlicher Weise handeln könnten. Dadurch sind Überkapazitäten oder Angebote entstanden, die der Nachfrage nicht entsprachen und folglich zu einer Belastung der kommunalen Haushalte

geführt haben (vgl. DIRNBERGER 2003: 88). Anstelle einer pauschalen Angebotsorientierung scheint die zukünftige Herausforderung mehr darin zu liegen, das
Flächenangebot für die räumliche Entwicklung flexibel an den erforderlichen Bedarf anzupassen.

Die bislang vorherrschende Angebotsorientierung von kommunalen Flächennutzungsentscheidungen ist insbesondere darauf zurückzuführen, dass diese eng
mit der kommunalen Finanzsituation verflochten sind (vgl. u.a. SCHÄFER et al.
2000: 30). Dabei haben Art und Umfang der Flächeninanspruchnahme für
Wohnsiedlungs- und Gewerbeentwicklung einen großen Einfluss auf das flä-
chengebundene Steueraufkommen. Gewerbeansiedlungen erfordern andere
Rahmenbedingungen und generieren andere Steuererträge als die Schaffung
von Wohnsiedlungsraum (vgl. THIERSTEIN et al. 2009: 47). Neben der
Einnahmenseite hat die Flächennutzung einen maßgeblichen Einfluss auf die
Kostenseite, die sowohl die kurz- bis mittelfristigen Investitionskosten für die Flächenbereitstellung und Erschließung als auch die langfristigen Infrastruktur- und
Versorgungskosten betreffen. In Abhängigkeit von den strukturellen Voraussetzungen der jeweiligen Kommune werden über Flächennutzungsentscheidungen
die Weichen für die zukünftige Bevölkerungs- und Wirtschaftsentwicklung sowie
für die damit zusammenhängende Dimensionierung der Versorgungs- und Infrastruktur gestellt.

Die Flächennutzung beeinflusst letztlich alle wesentlichen ertrags- und kostenre-
levanten Wirkungsketten der kommunalen Entwicklung, weshalb das Spannungsfeld zwischen der Flächenentwicklung und der kommunalen Finanzent-
wicklung prinzipiell ein hohes Maß an Korrelation bedingt. In der kommunalen
Praxis mangelt es bislang an langfristig ausgerichteten Berechnungsinstrumenta-
rien, in die alle relevanten Wirkungszusammenhänge einbezogen sind. Dies begründet sich u.a. darin, dass kameralistisch geführte Kommunalhaushalte keine
flächenbezogene Gegenüberstellung von generierten Einnahmen und verursachten Kosten ermöglichen (vgl. THIERSTEIN et al. 2008: 47). Festzuhalten bleibt,
dass Flächennutzungsentscheidungen von Kommunen in der Regel ohne einen
transparenten Nachweis über Kosten-, Ertrags- und Wirkungszusammenhänge
getroffen werden.

Starre räumliche Verteilungsmuster werden zunehmend durch ein komplexes,
sich in Teilbereichen komplementär ergänzendes Beziehungsgeflecht abgelöst
(vgl. GAWRON 2004: 28 f). Eine Folge der zunehmenden Verflechtung zwischen
den Kommunen ist aus Sicht von HAHNE ein wachsender Abstimmungsbedarf,
der nicht nur die unmittelbare Nachbarschaft, sondern je nach Bedarf auch den
zentralörtlichen Verflechtungsbereich umfasst (vgl. HAHNE 2002: 2). In Ergän-

zung dazu sieht PRIEBS gerade in Stadt-Umland-Bereichen die Entwicklung zu einem differenzierten funktionalen System unterschiedlich begabter und sich tendenziell nach Funktionen spezialisierender Kommunen bzw. Teilräume (vgl. PRIEBS 2005: 1099). Es besteht - neben Stadtregionen von größeren Städten und ihrem Umland - ein vermehrter Bedarf zur interkommunalen Kooperation auch in ländlichen Gebieten, speziell mit stagnierender und schrumpfender Bevölkerung (vgl. BLOTEVOGEL 2008).

Zunehmende funktionsräumliche Verflechtungen lassen sich mit der Frage nach der optimalen Größe der Aufgabenwahrnehmung verbinden. Soll nach Ansicht von LAUX das durch die kommunale Selbstverwaltungsgarantie grundgesetzlich abgesicherte Prinzip einer weitgehend dezentralen Aufgabenwahrnehmung funktionieren, »so müssen die Territorien so bemessen sein, dass eine Aufgabenübertragung prinzipiell möglich, aber auch fachlich, organisatorisch und wirtschaftlich gerechtfertigt ist« (LAUX 1998: 168). Aufgrund von komplexen Rahmenbedingungen und begrenzten Ressourcen stößt die Erfüllung von kommunalen Aufgaben in den bestehenden Gemeindegrenzen – insbesondere in kleingemeindlichen Strukturen – immer mehr an ihre Grenzen (vgl. HAHNE 2002: 2). Gleichzeitig lassen sich die von den Gemeinden zu erfüllenden Aufgaben im Zuge fortschreitender funktionsräumlicher Verflechtungen immer weniger auf starre Territorien konzentrieren (vgl. WALKER SPÄH 2003: 95).

Insgesamt stellt sich die Frage nach einem sowohl räumlich als auch aufgabenbezogen flexibel anpassbaren Steuerungsinstrument auf der Grundlage der kommunalen Selbstverwaltung und Planungshoheit. Diese Möglichkeit bietet die interkommunale Kooperation, die sich aus der kommunalen Selbstverwaltungsgarantie ableitet und prinzipiell kein neues Steuerungsinstrumentarium darstellt. Mit der Frage nach den Möglichkeiten der Aufgabenbewältigung über bestehende Gemeindegrenzen hinweg verbindet sich ein großes Spektrum von fallweiser, informeller Zusammenarbeit über freiwillige Verbandslösungen, Zweckverbände und privatrechtliche Körperschaften bis hin zu übergemeindlichen Gebietskörperschaften wie Umland- und Mehrzweckverbänden sowie zur Zusammenlegung von Gemeinden (vgl. LAUX 1998: 173f).

Die in den alten Bundesländern durchgeführte Zusammenlegung von Gemeinden im Zuge der Gebietsreformen[1] zwischen 1968 und 1978 zielte vorrangig auf die Schaffung leistungsfähigerer Einrichtungen und Verwaltungsstrukturen in ländlichen Gebieten ab. Den Gebietsreformen wurden eine Reihe von Kriterien

---

[1] So verringerte sich die Anzahl kreisangehöriger Gemeinden in den alten Bundesländern von 24.282 (1968) auf 8.409 (1980).

zugrunde gelegt, u.a. eine ausreichende Versorgungsfunktion, eine adäquate Verwaltungsstruktur sowie die generelle Fähigkeit zur Trägerschaft von Aufgaben – wie die Planungsfähigkeit nach § 2 Abs. 1 BauGB. Das maßgebliche Kriterium von relevanten Mindestgrößen nach Einwohnerzahlen bezog sich auf die administrative Leistungsfähigkeit der Verwaltungsstrukturen[2] (vgl. LAUX 1998: 170). Dahingehend können nach Ansicht von LAUX »Gebietsreformen nur periodische Anpassungsprozesse sein, die den Verwaltungsaufbau stabilisieren sollen. Dies ist aber nur eine der Perspektiven von Raumordnungs- und kommunaler Entwicklungspolitik« (LAUX 1998: 173).

Kleinräumige Formen der Zusammenarbeit haben sich vor allem in jenen Ländern[3] etabliert, die – insbesondere in ländlichen Gebieten – auf die Bildung großer Einheitsgemeinden verzichtet und anstelle dessen ein System von Verbandslösungen wie Verbandsgemeinden, Verwaltungsgemeinschaften, Ämterverfassung/Amtsverwaltungen oder Zweckverbänden geschaffen haben (vgl. LAUX 1998: 173f). Diese waren vor allem auf eine effizientere und effektivere Aufgabenerfüllung im Bereich der Verwaltungsstruktur sowie in Pflichtaufgaben der Daseinsvorsorge wie Wasserversorgung, Abwasserentsorgung oder Schulen ausgerichtet. Als bisher traditionelle Form der interkommunalen Kooperation werden in Deutschland seit Jahrzehnten vor allem Zweckverbandslösungen für sektorale Aufgabenbereiche angewendet. Überschreitet die Erfüllung der kommunalen Pflichtaufgaben die Leistungsfähigkeit einer Gemeinde, kann sie diese Aufgaben in kommunaler Zusammenarbeit nach den jeweiligen Landesgesetzen zur kommunalen Zusammenarbeit, z.B. dem BAYERISCHEN GESETZ FÜR KOMMUNALE ZUSAMMENARBEIT (KommZG 1994), erfüllen. Dahinter steckt die Absicht, dass die Einwohner leistungsschwacher Gemeinden durch das Fehlen wichtiger Einrichtungen der Daseinsvorsorge nicht benachteiligt werden.

Die Zusammenarbeit von Gemeinden in freiwilligen Aufgaben wie Freizeit, Erholung, Tourismus, Kultur, Marketing oder Wirtschaftsförderung geht auf eine lange Tradition zurück, seit Anfang der 90er Jahre haben diese in ländlichen Gebieten u.a. durch Förderprogramme wie LEADER einen zusätzlichen Entwicklungsschub erfahren (vgl. GAWRON 2004: 29). Hierzu steht eine Vielzahl von Formen zur Verfügung, die neben informellen Formen auch die Kooperations- und Rechtsformen im öffentlichen wie im privaten Recht betreffen *(siehe Kap. 4.1.2)*.

---

[2] Für eine adäquate Leistungsfähigkeit von Verwaltungsstrukturen mit mind. 10 hauptamtlichen Mitarbeitern wurde von Mindestgrößen mit 5.000 bis 8.000 Einwohnern ausgegangen, unabhängig davon, ob diese durch die Zusammenlegung zu einer Einheitsgemeinde oder durch die Bildung einer Verwaltungsgemeinschaft erreicht werden (vgl. LAUX 1998: 170).

[3] Dieser Weg wurde vor allem in den Ländern Bayern, Baden-Württemberg, Rheinland-Pfalz und Schleswig-Holstein verfolgt.

In den Stadt-Umland-Bereichen großer Agglomerationen hat sich, in vergleichsweise großräumigeren Strukturen, eine breite Palette unterschiedlich intensiver Kooperationsstrukturen entwickelt: gebietskörperschaftlich verfasste Einheiten mit direkt gewähltem Vertretungsorgan, verbandskörperschaftliche multisektorale Zweckverbände oder sektoral differenzierte Kooperationsstrukturen mit stärkerem oder geringerem Verbindlichkeitsgrad. Gebietskörperschaftliche Kooperationsstrukturen, wie z.B. der Mehrzweckverband „Verbandsregion Stuttgart" oder der Planungsverband „Ballungsraum Frankfurt", haben in der Regel auch die Aufgabe der räumlichen Gesamtplanung – in Fällen wie dem Planungsverband „Ballungsraum Frankfurt" mittels der Aufstellung eines regionalen Flächennutzungsplans (vgl. BUNZEL et al. 2006: 18).

Vergleicht man die Formen in ländlichen Gebieten mit denen in Stadt-Umland-Bereichen großer Agglomerationen, sind in Abhängigkeit von gesetzlichen Grundlagen, strukturellen Rahmenbedingungen und Aufgabenbereichen deutliche Unterschiede festzustellen. Während sich in ländlichen Gebieten eine übergemeindliche Aufgabenbewältigung bislang in erster Linie auf kleinräumigere Zweckverbandsstrukturen zur sektoralen Wahrnehmung von Aufgaben der Daseinsvorsorge oder freiwilliger Aufgaben bezog, spielten und spielen in Stadt-Umland-Verbänden neben Planungsverbänden auch gebietskörperschaftliche Kooperationsstrukturen in Form von Umland- oder Mehrzweckverbänden zur Koordinierung raumrelevanter Funktionen und Aufgaben eine stärkere Rolle. Allerdings scheint es sich bei den großen Stadt-Umland-Verbänden oder Planungsverbänden nur noch sehr bedingt um interkommunale Strukturen mit einem Bezug zur gemeindlichen Ebene zu handeln, sondern entsprechend ihrer gesetzlich verankerten regionalplanerischen Kompetenzen u.a. in Anlehnung an § 8 Abs. 4 ROG (Zusammenschluss zu „regionalen Planungsgemeinschaften") um Strukturen der nächsthöheren „regionalen Planungsebene" *(siehe Kap. 1.2)*.

Vor diesem Hintergrund stellt sich für die Untersuchung die Frage nach der Bedeutung und den Möglichkeiten interkommunaler Kooperation zur Steuerung räumlicher Entwicklungsfunktionen auf kleinräumiger Ebene, wobei hierunter im engeren Sinne die städtebauliche Planung und Entwicklung[4] gemeint ist.

Während die interkommunale Kooperation in Bereichen der klassischen Daseinsvorsorge häufig praktiziert wird, »sind interkommunale Kooperationen zur räumlichen Entwicklung bisher nur wenig vorzufinden« (SPANNOWSKY, BORCHERT 2003: 17). Praxiserfahrungen liegen neben Stadt-Umland-Kooperationen (u.a. HEINZ, KODOLITSCH et al. 2004; SPANNOWSKY, BORCHERT 2003) auch im Bereich

---

[4] Siehe Begriffsbestimmung im nachfolgenden *Kap. 1.2.*

interkommunaler Gewerbegebiete vor (u.a. KAHNERT, RUDOWSKY 1999, MÜLLER 2001; WUCHANSKY, KÖNIG 2006). Darüber hinausgehende Ansätze sind häufig auf Modellvorhaben des Bundes oder der Länder zurückzuführen, wie z.b. die Wettbewerbe „Stadt 2030"[5] oder „KommKOOP"[6] und das Modellvorhaben „REFINA"[7] auf Bundesebene.

Wie sieht aber die weitere Anwendungspraxis zur Steuerung räumlicher Entwicklungsfunktionen unabhängig von den goldenen Zügeln von Modellvorhaben aus? Dahingehend stellt sich aus Sicht des DIFU (2005) eine zwiespältige Situation dar: Obwohl interkommunale Kooperation seit langem diskutiert, bearbeitet und umgesetzt wird, stößt sie in der Praxis immer wieder auf unzureichende politische Rahmenbedingungen oder unlösbar scheinende Aushandlungsprozesse (vgl. HOLLBACH-GRÖMIG, FLOETING et al. 2005).

Ist also interkommunale Kooperation zur Steuerung räumlicher Entwicklung ein wohlgemeintes theoretisches Konzept, das aber in der Praxis an Rahmenbedingungen und komplexen Kooperationsvorgängen scheitert? Die raumpolitische Diskussion um Governance- und Selbststeuerungsstrategien erscheint hierzu eine geeignete Grundlage, um festzustellen, unter welchen Steuerungsvoraussetzungen interkommunale Kooperation funktionieren kann.

Unter Berücksichtigung von aktuelleren Untersuchungsergebnissen ist zu vermuten, dass das Potenzial interkommunaler Kooperation zur Steuerung räumlicher Entwicklungen bislang in der Praxis nur bedingt ausgeschöpft wird. Eine Ursache scheint darin zu liegen, dass Kooperations- und Steuerungsprozesse hinsichtlich ihrer Voraussetzungen und Ausgestaltung oftmals den komplexen Rahmenbedingungen und Anforderungen nicht entsprechen (vgl. HOLLBACH-GRÖMIG, FLOETING et al. 2005: 117).

Dabei stellt das Aufgabenfeld der räumlichen bzw. städtebaulichen Entwicklung mit der traditionell bei den Kommunalparlamenten stark verankerten kommunalen Planungshoheit eine besondere Herausforderung zur Kooperation dar.

---

[5] Ideenwettbewerb „Stadt 2030" des Bundesministeriums für Bildung und Forschung (BMBF) im Rahmen des Forschungsprogramms "Bauen und Wohnen im 21. Jahrhundert", 2000 – 2003.

[6] Der Wettbewerb „KommKOOP - erfolgreiche Beispiele interkommunaler Kooperationen" wurde 2005 vom Bundesministerium für Verkehr, Bau- und Wohnungswesen (BMVBS) ausgelobt.

[7] REFINA: Reduzierung der Flächeninanspruchnahme und ein nachhaltiges Flächenmanagement; URL: www.refina-info.de

1.2 Untersuchungsgegenstand unter Berücksichtigung relevanter Begriffsbestimmungen

Die Arbeit konzentriert sich auf politische Gemeinden bzw. Kommunen. Angesichts der teilweise unterschiedlichen Auffassung von kommunaler Selbstverwaltung in den Bundesländern, erscheint es für eine konkretere Einordnung interkommunaler Kooperation notwendig, ein einheitliches rechtliches und planerisches System[8] zugrunde zu legen. Demzufolge wird der Betrachtungsschwerpunkt auf die Situation des Bundeslandes Bayern gelegt. Hierbei zeichnet sich Bayern durch eine vergleichsweise eigenständige und starke Stellung der Gemeinden im Staatsaufbau aus. Ebenso verfügt der Verfasser dort über besondere Kenntnisse und Erfahrungen aus der kommunalen und interkommunalen Planungs- und Beratungspraxis.

In Bayern ist der kommunalrechtliche Gemeindebegriff[9] in der BAYERISCHEN GEMEINDEORDNUNG verankert. Unter dem umfassenderen Begriff „kommunale Gebietskörperschaften" werden die kreisangehörigen oder kreisfreien Gemeinden, die Landkreise und in Bayern ebenso die Bezirke verstanden. Der häufig ebenso verwendete Begriff „Kommune" bezieht sich in dieser Untersuchung auf die Gemeinde als kommunale Gebietskörperschaft.

Als Leitidee der Aufgaben- und Kompetenzteilung zwischen staatlichen Ebenen gilt vor allem das „Subsidiaritätsprinzip", das für die Frage von staatlich-öffentlicher Kompetenz- und Aufgabenverteilung eine wichtige Orientierung darstellt. Das Subsidiaritätsprinzip zielt darauf ab, Verantwortlichkeiten auf die kleinstmögliche Ebene oder Verwaltungseinheit zu verlagern. Verkürzt bedeutet es: »Die jeweils höhere Ebene darf nur das erledigen, was die untere Ebene beim Einsatz gleicher Mittel überfordert« (TREFFER 1995: 32). Davon abgeleitet verlangt das Subsidiaritätsprinzip die Abwägung von Aufgaben und Kompetenzen nach der optimalen Ebene der Aufgabenerfüllung (vgl. WALKER SPÄH 2003: 95). Innerhalb der Untersuchung betrifft dies die Abwägung zwischen der gemeindlichen und interkommunalen Ebene.[10]

---

[8] Die Kommunen sind staatsrechtlich den Ländern zugeordnet und unterliegen damit deren Aufsichts- und Weisungsrecht (vgl. BOGUMIL 2005: 515 f).

[9] Die Bezeichnung "Stadt" oder "Markt" haben nach Bayer. Gemeindeordnung für die Rechtsstellung der Gemeinde keine Bedeutung (siehe Kap. 2.2.1.1).

[10] Die ausgehend von den Gemeinden nächsthöhere kommunale Ebene des Landkreises bildet hinsichtlich der Größenordnung sowie der damit zusammenhängenden rechtlich sehr begrenzten Aufgaben- und Steuerungskompetenz für räumliche Entwicklungen nicht den Gegenstand der Untersuchung.

Zusammenarbeit vs. Kooperation

Hinsichtlich der Begriffe „Zusammenarbeit" und „Kooperation" sind die Zusammenarbeitsformen zwischen den Gemeinden von Interesse. Nach Auffassung von FÜRST und KNIELING liegt das Wesen interkommunaler Kooperation darin, dass ausschließlich die räumlich gebundenen Akteure – die politischen Gemeinden als Gebietskörperschaften – miteinander verknüpft werden (FÜRST, KNIELING 2005: 531). Eine ähnliche Auffassung haben BUNZEL et al., die interkommunale Kooperation als »Kooperationen von Städten und Gemeinden projektbezogen oder innerhalb eines gemeinsamen Planungsraumes begreifen« (BUNZEL et al. 2004: 19). Der Begriff „interkommunale Zusammenarbeit" setzt voraus, dass mindestens zwei Gemeinden Mitglieder des Zusammenschlusses sein müssen (vgl. LUPPERT 2000: 22).

Im Zentrum der Untersuchung stehen von daher Kooperationen zwischen einzelnen Gemeinden, die im Kern dem Begriff von „interkommunaler Zusammenarbeit" (IKZ) entsprechen. Die Befugnis zur interkommunalen Zusammenarbeit leitet sich aus der kommunalen Selbstverwaltungsgarantie ab. »Eine auf freiwilliger Übereinkunft basierende kommunale Zusammenarbeit wahrt das Selbstverwaltungsrecht der Gemeinden« (BIERMANN et al. 1991: 300). Unter Berücksichtigung der kommunalen Selbstverwaltungsgarantie ist es für die Untersuchung von grundlegender Bedeutung, dass die Initiative zu interkommunaler Kooperation von den Kommunen selbst, auf dem Grundsatz der Freiwilligkeit, ausgeht.

In Zusammenhang mit der Diskussion um Governance-Strategien *(siehe nachfolgenden Abschnitt)* wird die Zusammenarbeit von Gemeinden mit privaten Akteuren in der Wissenschaft ebenso intensiv diskutiert. Diese bildet jedoch nicht den Gegenstand dieser Untersuchung.

Im Vordergrund der Untersuchung steht ein „funktionsräumlicher Ansatz", der über die Grenzen einzelner Gebietskörperschaften hinaus insbesondere die Verflechtungen zwischen Gemeinden auf kleinräumiger[11] und nachbarschaftsbezogener Ebene berücksichtigt und eine flexible Maßstabsvergrößerung ermöglicht. Bis dato gibt es noch wenig Untersuchungen und Grundlagen zu einer kleinräumig-interkommunalen Ebene. Dagegen steht die Ebene der „Kleinregionen" im Nachbarland Österreich im Fokus der Regionalpolitik. So fördert das österreichische Bundesland Niederösterreich über die Abteilung für Raumordnung und Regionalpolitik explizit die interkommunale Kooperation auf kleinräumig-regionaler und nachbarschaftlicher Ebene »zur Stärkung der Leistungs- und Funktionsfähigkeit« (AMT DER LANDESREGIERUNG NÖ 2009). Für derartige kleinräumige Verbünde sind die sich verändernden Aktionsräume der Bevölkerung hinsichtlich ih-

---

[11] Hierbei ist u.a. zu berücksichtigen, dass zu „großräumigeren" Stadt-Umland-Verbänden bereits umfangreiche Untersuchungen vorliegen.

rer über die einzelne Gemeinde hinausgehenden Arbeits- und Lebensgewohn-
heiten ein wichtiger Faktor (vgl. HAHNE 2002: 2). Insofern bezieht sich der Begriff
„kleinräumig" nicht nur auf eine Überschaubarkeit der räumlichen Ausdehnung
sowie eine begrenzte Anzahl von Gemeinden, sondern auch auf kleinräumige,
funktionale Verflechtungen zwischen den betreffenden Gemeinden. Insofern bezieht sich der Begriff „kleinräumig" vorrangig auf folgende Anwendungsfälle:

- auf nachbarschaftliche Kooperationen von Gemeinden ohne zentralörtliche
  Funktion oder auf kleinzentraler[12] Ebene;

- auf polyzentrische, nachbarschaftliche Stadt-Umland-Kooperationen außerhalb der großen Metropolregionen, die insbesondere die Zusammenarbeit
  von kreisangehörigen oder kreisfreien Unter- oder Mittelzentren und ihren
  Umlandgemeinden betreffen. In Abhängigkeit von relevanten Steuerungsansätzen werden ggf. auch Oberzentren berücksichtigt.

Im Fokus stehen annäherungsweise Kooperationen, die sich hinsichtlich einer
kleinräumigen, nachbarschaftsbezogenen Ausrichtung der Größenordnung und
der Anzahl beteiligter Gemeinden[13] von der nächsthöheren Ebene – dem Landkreis[14] – deutlich abgrenzen. Hierzu bietet das Programm Stadtumbau West hinsichtlich eines vergleichbaren Ansatzes sowie der Fokussierung auf kleine und
mittlere Städte sowie Gemeinden in vorrangig ländlich geprägten Gebieten *(siehe Kap. 4.2.3)* eine geeignete Orientierung; die Größenordnungen der innerhalb
der Kooperationen im Stadtumbau West zusammengeschlossenen Kommunen
reicht von zwei bis hin zu neun Kommunen.

Für die Untersuchung stellt das Spektrum kommunaler Aufgabenstellungen von
Gemeinden die fachliche Grundlage für interkommunale Kooperationen dar. Dies
verbindet sich mit der Frage, inwieweit auf interkommunaler Ebene eine bedarfs-
gerechtere oder wirkungsvollere Aufgabenerfüllung gegenüber der einzelgemeindlichen Ebene möglich ist. Das bedeutet, dass kommunale Aufgaben differenziert darauf hin zu prüfen sind, ob sie eine Bearbeitung auf Ebene der einzelnen Gemeinde nahe legen oder ob eine Abstimmung oder Kooperation mit

---

[12] Die Kleinzentren stellen die unterste Stufe des Zentrale-Orte-Systems in Bayern dar. Neben
Ausstattungsmerkmalen wie Grundschule, Bankfiliale, Allgemeinarzt sowie Apotheke sind sie
häufig Sitz einer Verwaltungsgemeinschaft. Als Mindestmaßstab für den Verflechtungsbereich des Kleinzentrums gelten 5.000 Einwohner (vgl. SMWIVT, LEP 2006, Anhang 4).

[13] Die niederösterreichischen Landesregierung hat den Begriff „Kleinregion" an eine Mindestgröße von drei Gemeinden im nachbarschaftlichen Umfeld mit 12.000 Einwohnern sowie alternativ mind. sechs räumlich aneinander grenzende Gemeinden mit einer Mindesteinwoh-
nerzahl von 8 000 gekoppelt (AMT DER LANDESREGIERUNG NIEDERÖSTERREICH 2009: 8).

[14] Als erste Orientierung kann die Zahl der kreisangehörigen Gemeinden in den Landkreisen in
Bayern herangezogen werden, die zwischen ca. 50 bis ca. 30 Gemeinden schwankt.

anderen Gemeinden der geeignetere Weg ist. Dabei ist jedoch zu berücksichtigen, dass der Aufgabenerfüllung durch interkommunale Kooperation verfassungsrechtliche Grenzen gesetzt sind *(siehe u.a. Kap. 2.2, 4.1.1)*. Für die Untersuchung von zentraler Bedeutung ist die Frage, inwieweit ein Bedarf für eine wirksame Steuerung räumlicher Entwicklungsaufgaben durch interkommunale Kooperation besteht und wie diese gewährleistet werden kann.

Ausgehend vom fachlichen Betrachtungsschwerpunkt auf „räumliche Entwicklungsfunktionen" wird der Begriff des „Raumes" und der „Raumplanung" in der Fachwelt mit einer hohen Bedeutungsvariabilität verwendet. Die Spannweite reicht von der Bundesraumordnung, die auf die Entwicklung des „Gesamtraumes" der BR Deutschland und der „räumlichen Struktur" von Gebietstypen zielt, bis hin zur primär auf die Flächennutzung bezogenen städtebaulichen Planung und Entwicklung auf kommunaler Ebene (vgl. BLOTEVOGEL 2005: 840). Letzteres stellt einen ersten Hinweis für eine raumplanerische Betrachtungsweise im Kontext kommunaler Aufgabenstellungen dar.

Davon ausgehend ist eine differenziertere Auseinandersetzung mit einer planungsrechtlichen Begriffsbestimmung erforderlich. Planungsrechtlich stellt Raumplanung kein homogenes Thema dar, sondern ein System rechtlich, organisatorisch und inhaltlich voneinander abgegrenzter Planungsebenen bzw. Planungsträger, die durch das Gegenstromprinzip[15] sowie durch vielschichtige Informations-, Beteiligungs-, Abstimmungsnormen miteinander vernetzt sind (vgl. TUROWSKI, 2005: 893). Damit ist die Raumplanung in Deutschland durch eine rechtlich festgelegte Aufgaben- und Kompetenzverteilung zwischen den drei Ebenen des Bundes, der Länder und der Kommunen gekennzeichnet.

Räumliche Planung und Entwicklung stellt sich im kommunalen Zusammenhang der Aufgabe,»verschiedene sowie teilweise konkurrierende Flächennutzungen zu koordinieren und dabei Kollektivgutinteressen zu vertreten« (vgl. SINNING 2002: 48). Der Wahrnehmung von Kollektivgutinteressen liegt zugrunde, dass Fläche bzw. Boden den „öffentlichen Gütern" zugeordnet ist. Der Kreis von der kommunalen Raumplanung zur städtebaulichen Planung und Entwicklung schließt sich insoweit, als»die städtebauliche Planung die vorausschauende und zusammenfassende Tätigkeit der Kommune zur plan- und rechtmäßigen Ordnung und Steuerung der räumlichen und baulichen Entwicklung innerhalb ihres Hoheitsgebietes ist« (BORCHARD 2005: 407). Der Städtebau umfasst sowohl die

---

[15] Raumordnerisches Prinzip, das die wechselseitige Beeinflussung von örtlicher und überörtlicher Planung kennzeichnet. Hiernach soll sich die Ordnung der Einzelräume in die Ordnung des Gesamtraumes einfügen, die Ordnung des Gesamtraumes soll jedoch die Gegebenheiten und Erfordernisse seiner Untergliederungen berücksichtigen.

langfristige Disposition von Flächen-, Bodennutzung und Infrastrukturinvestitionen als auch die Gestaltung des Orts- und Landschaftsbilds. Die städtebauliche Planung und Entwicklung, die ihren rechtlichen Niederschlag in der Bauleitplanung findet, ist ein Kernbestandteil der kommunalen Planungshoheit und damit des verfassungsrechtlich garantierten Selbstverwaltungsrechts der Gemeinden (vgl. TUROWSKI, 2005: 894 f).

Der Umstand, dass städtebauliche Entwicklungsaufgaben zu den originären Selbstverwaltungsaufgaben der Gemeinden gehören und die Basis der kommunalen Planungshoheit darstellen, macht die Auseinandersetzung mit den Möglichkeiten der interkommunalen Kooperation für die Untersuchung überaus interessant. Neben der Bauleitplanung beschäftigt sich die Untersuchung auch mit Kooperations- und Steuerungsformen außerhalb des bauleitplanungsrechtlichen Instrumentariums, da in der Praxis interkommunale Kooperation zur Steuerung räumlicher Entwicklungsaufgaben vor allem auch außerhalb des rechtlichen Instrumentariums stattfindet (vgl. BUNZEL et al. 2004: 21). Der im vorherigen Kapitel dargestellte Zusammenhang zwischen der optimalen Größe der Aufgabenwahrnehmung sowie den Grenzen einzelgemeindlichen Steuerns und Handelns im Zuge funktionsräumlicher Verflechtungen ist für den Bereich der räumlichen Entwicklungsaufgaben in besonderer Weise relevant.

In der Untersuchung wird ein Schwerpunkt auf die, für die räumliche Entwicklung wichtigsten Funktionen auf kommunaler Ebene, die Wohnsiedlungs- und Gewerbeentwicklung, gelegt. Berührungspunkte ergeben sich u.a. zu den Aufgabenstellungen der Versorgungs- und Infrastrukturentwicklung. Darüber hinaus gilt es den Bezug zu monetären Steuerungsaspekten herzustellen. Nach Ansicht von EINIG hat eine Steuerung der Flächenentwicklung auf interkommunaler Ebene ohne leistungsfähige Mechanismen des Kosten-Nutzen-Ausgleichs wenig Aussicht auf Erfolg (vgl. EINIG 2005: 48).

Ausgehend von der engen Verflechtung mit der kommunalen Finanzsituation gilt die Bereitstellung eines attraktiven Baulandangebots, das sich durch gute Lagen und insbesondere niedrige Bodenpreise auszeichnet, noch immer als eine maßgebliche kommunale Entwicklungsstrategie. Für Gemeinden genießt die Neuausweisung von Bauland, selbst unter lokalen Stagnations- und Schrumpfungsbedingungen sowie umfangreichen Innenentwicklungspotenzialen, noch immer eine hohe Priorität (vgl. EINIG 2005: 49). Angesichts der in den letzten fünf Jahren stark zurückgehenden Zahl von Baugenehmigungen, die fast alle Landesteile in Bayern betreffen (BAYLAFSTDV 2009: 4), scheint es zukünftig immer weniger einen Automatismus oder eine Selbstregelung zwischen Angebot und Nachfrage zu geben. Das Modell einer angebotsorientierten Bodenpolitik, mit der Ausweisung von Bauland „auf der grünen Wiese", hat vielfach ausgedient (vgl. DIRNBERGER 2005b: 234). Dabei stellt sich die Frage, inwieweit und mit welchen Mitteln eine Umorientierung der räumlicher Entwicklungsaufgaben auf eine Bedarfs- und Nachfrageorientierung notwendig und möglich ist. So lässt sich »der Baulandmarkt grundsätzlich nicht auf die Gemarkung einzelner Gemeinden begrenzen« (BUNZEL et al. 2006: 17). Angebot und Nachfrage konkurrieren in einem regionalen Maßstab, weshalb einzelgemeindlichen Steuerungsansätzen zwangsläufig Grenzen gesetzt sind. Eine tragfähige städtebauliche Entwicklung kann – insbesondere unter Stagnations- und Schrumpfungsbedingungen – nicht gelingen, wenn über den regionalen Bedarf hinaus Bauland angeboten wird. Trotz regionalplanerischer Steuerungsbemühungen erfolgt die städtebauliche Entwicklung immer noch weitgehend unkoordiniert nach gemeindlichen Einzelinteressen (vgl. BUNZEL et al. 2006: 17f). Zwar verpflichtet die rechtlich verankerte Planungshoheit der Gemeinden nach § 2 Abs. 2 BauGB zur interkommunalen Rücksichtnahme im Rahmen der nachbargemeindlichen Abstimmung. Es stellt sich jedoch die Frage, inwieweit eine bloße Rücksichtnahme den vielfältigen Anforderungen räumlicher Entwicklungsaufgaben gerecht wird.

In Zusammenhang mit einer anhaltend hohen Flächeninanspruchnahme für Siedlungs- und Verkehrsfläche wird mit dem Ziel eines effizienten Umgangs mit der „Ressource Fläche" in den letzten Jahren u.a. in Bayern und Baden-Württemberg die Strategie eines kommunalen „Flächenressourcenmanagements" bzw. „Flächenmanagements" befördert.»Kommunales Flächenmanagement ist die Strategie einer Kommune, mit Fläche und Boden effizient und wirtschaftlich umzugehen. Dabei werden weitgehend erprobte Vorgehensweisen und Planungsprozesse in ein zusammenfassendes Managementsystem eingebunden« (LFU BADEN-Württemberg 2003, zit. in SCHÖFEL 2009: 9). Im Rahmen des kommunalen Flächenmanagements soll auch das Flächen- und Immobilienpotenzial im Bestand berücksichtigt sowie der zukünftige Flächenbedarf erhoben und mit dem Angebot abgeglichen werden. Hinsichtlich des Managementansatzes spielt die gezielte Einbindung von Bevölkerung und Grundstückseigentümern auf gemeindlicher Ebene ebenso eine wichtige Rolle wie die Abstimmung des Angebots mit den Nachbarkommunen im Sinne eines „interkommunalen Flächenmanagements" (vgl. LANDESAMT FÜR UMWELT BAYERN, 2009: 2).

Gerade mit dem Blick auf die raumrelevanten Schwerpunktfunktionen der Wohnsiedlungs- und Gewerbeentwicklung stellt sich die Frage nach den Gründen sowie instrumentell tragfähigen und wirksamen Wegen für eine interkommunale Kooperation. Auf Grundlage der räumlichen und fachlichen Einordnung stellt deshalb die Betrachtung von konkreten Steuerungsanforderungen einen besonderen Blickwinkel der Untersuchung dar. Hierzu bietet die aktuelle Diskussion um Governance- und Selbststeuerungsstrategien wichtige Anregungen. Die OECD versteht die auf räumliche Entwicklung bezogene „territoriale Governance" als die »Organisation und Lenkung von Gebietskörperschaften und Institutionen sowie der entsprechenden Verfahren zur Entscheidungsfindung, Mitwirkung und Einflussnahme« (OECD 2001). Ergänzend bezieht sich die Verwendung des Begriffs „Selbststeuerung" in der Raumentwicklung vorrangig auf bestehende Institutionen wie kommunale Gebietskörperschaften und weniger auf netzwerkartige Kooperationsansätze zwischen öffentlichen und privaten Partnern (vgl. FÜRST 2003: 441). Aus Sicht von R. FREY impliziert Governance die möglichst optimale Steuerung von kommunal- oder regionalpolitischen Aufgaben durch dynamische Kooperations-/Verhandlungsprozesse sowie vereinbarte Zielstellungen und Regelungen (vgl. FREY 2002: 9). BENZ sieht „Governance" vorrangig als Analysebegriff mit der Aufmerksamkeit auf die institutionellen Grundlagen, d.h. »die geltenden Regelsysteme von Organisationen« (BENZ 2005: 407f).

Im Kontext der Untersuchung können Governance- und Selbststeuerungsstrategien als theoretische Grundlagen genutzt werden, um den Steuerungspraktiken im Rahmen der interkommunalen Kooperation zwischen informellen und institutionell-verbindlicheren Ansätzen auf den Grund zu gehen. Neben den Aspekten Wirksamkeit und Effizienz rücken Fragen nach informellen vs. verbindlicheren Regelungen sowie der institutionellen und demokratischen Legitimation von Steuerungsformen auf interkommunaler Ebene in den Vordergrund.

In Anlehnung an R. FREY kommt der Prozesshaftigkeit unter Berücksichtigung des Faktors „Zeit" eine besondere Bedeutung zu. Eine Kooperation ist in der Regel das Resultat eines schrittweisen Entwicklungs- und Verhandlungsprozesses, in dem die Partner ihre einzelnen Interessen durch eine Annäherung mittels Kompromiss- oder Ausgleichslösungen etc. zu einem gemeinsamen Interesse bündeln (vgl. BENZ 2003: 43). Dahingehend stellt sich u.a. die Frage, welche prozessbezogenen Faktoren dies begünstigen oder ggf. auch erschweren.

Die Herausforderung liegt darin, die unterschiedlichen Formen und Intensitäten der Steuerung räumlicher Entwicklungsfunktionen auf interkommunaler Ebene zu analysieren, daraus tiefergehende Erkenntnisse zu den bestehenden Steuerungsansätzen zu gewinnen und Voraussetzungen für ein wirksames Steuerungsniveau auszuloten. Neben der Funktion und Aufgabenstellung sowie dem räumlichen Gebietszuschnitt sind hierfür u.a. folgende Faktoren bzw. Stellschrauben der Steuerung von Bedeutung: Kompetenz- und Entscheidungsbefugnisse, die finanziellen und personellen Ressourcen sowie die geeigneten Strukturen und Organisationformen als Rahmen (vgl. BENZ, FÜRST 2003: 36f).

Übersicht Untersuchungsrahmen

- Relevante Betrachtungsebene:
  - Die Untersuchung bezieht sich auf die „politische Gemeinde" oder „Kommune" als rechtlich verankerte kommunale Gebietskörperschaft.
  - Bezug auf die Situation des Bundeslandes Bayern: Ein einheitliches, rechtliches und planerisches System als Grundlage sowie vergleichsweise eigenständige und starke Stellung der Gemeinden im Staatsaufbau.

- Ausgangspunkte für die Betrachtung der „interkommunalen Kooperation":
  - Im Zentrum stehen originäre Zusammenarbeitsformen zwischen den einzelnen Gemeinden auf Basis des Selbstverwaltungsrechts.
  - Im Sinne der Selbstverwaltungsgarantie geht die Initiative zur Zusammenarbeit von den Gemeinden selbst, auf dem Grundsatz der Freiwilligkeit, aus.
  - Im Vordergrund steht ein funktionsräumlicher Ansatz, der über die Grenzen der einzelnen Gemeinde hinaus funktionale Verflechtungen zwischen den Gemeinden und eine flexible Maßstabsvergrößerung berücksichtigt.
  - Bedarf zu einer flexibleren, funktionsräumlichen Ausgestaltung auf Grundlage der kommunalen Ebene und des kommunalen Instrumentariums.

- Räumlicher Bezug:
  - Begriff „kleinräumig" bezieht sich auf kleinräumige und nachbarschaftsbezogene funktionale Verflechtungen zwischen betreffenden Gemeinden.
  - Nachbarschaftlich geprägte Kooperationen von Gemeinden ohne zentralörtliche Funktion oder auf kleinzentraler Ebene oder polyzentrische Stadt-Umland-Kooperationen von Unter- oder Mittelzentren – ggf. auch von Oberzentren.
  - Räumliche Größe und Anzahl der beteiligten Gemeinden liegen annäherungsweise deutlich unterhalb der Ebene des Landkreises; u.a. in Orientierung an den Größenordnungen interkommunaler Kooperationen im Rahmen des Programms Stadtumbau West, die zwischen zwei bis neun beteiligten Kommunen liegen.

- Fachlicher Bezug:
  - „Räumliche Entwicklung" bezieht sich auf städtebauliche Planung und Entwicklung mit einem Schwerpunkt auf Wohnsiedlungs- und Gewerbeentwicklung.
  - Erkennbares Erfordernis einer Umorientierung von der pauschalen Angebotsplanung zu einer Bedarfs- und Nachfrageorientierung.
  - Ausgehend von der Strategie eines effizienteren Umgangs mit Fläche und Boden stellt das kommunale Flächenmanagement einen geeigneten Steuerungsansatz für eine nachfrageorientierte Steuerung dar.

- Steuerungs- und Prozessbezug:
  Governance- und Selbststeuerungsstrategien werden als analytische Grundlagen für die Betrachtung von Steuerungspraktiken und -möglichkeiten herangezogen.

1.3   Ziele und Untersuchungsfragen

Ziel der Untersuchung ist es, die Möglichkeiten und Formen der interkommunalen Zusammenarbeit zur Steuerung räumlicher Entwicklungsfunktionen auf kleinräumiger Ebene auf ihre Bedarfsgerechtigkeit und Wirksamkeit hin zu überprüfen. Hierzu sollen relevante Herausforderungen und Erfordernisse von Kommunen auf kleinräumiger Ebene ebenso berücksichtigt werden wie bestehende rechtliche, planungsinstrumentelle und fiskalische Rahmenbedingungen. Die Verifizierung von Steuerungspraktiken ist insbesondere darauf ausgerichtet, prozessbezogene Faktoren stärker mit institutionellen Voraussetzungen sowie Angemessenheit und Funktionsfähigkeit interkommunaler Kooperation in Bezug zu setzen. Dies zielt insgesamt darauf ab, die Wirksamkeit und Grenzen einer nachfrageorientierten Steuerung auf interkommunaler Ebene auszuloten.

Im Wesentlichen soll in der Untersuchung – insbesondere auf Basis von Fallstudien – folgenden Fragen nachgegangen werden:

- Anforderungen auf kommunaler Ebene:
  - Wo liegen die Defizite und Grenzen der Steuerung räumlicher bzw. städtebaulicher Entwicklungen auf Ebene der einzelnen Gemeinden?
  - Welche Bedeutung haben angebots- bzw. bedarfsorientierte Vorgehensweisen auf kommunaler Ebene: Welche Rahmenbedingungen und Zusammenhänge liegen zugrunde – welche Herausforderungen stellen sich?

- Rahmenbedingungen, Formen und Modelle interkommunaler Kooperation:
  - Welche Möglichkeiten und Grenzen bietet der rechtliche und planungsinstrumentelle Rahmen zur Kooperation in den räumlichen Entwicklungsfunktionen Wohnsiedlungs- und Gewerbeflächenentwicklung?
  - Welche konkreten Formen, Ansätze und Modelle interkommunaler Kooperation zur Steuerung räumlicher Entwicklungen gibt es?
  - Welche Grundelemente, Faktoren und Zusammenhänge sind für die Funktionsfähigkeit, Wirksamkeit und Effizienz von interkommunaler Kooperation von Bedeutung?

- Kooperationsfelder und Steuerungsinstrumente:
  - Welche Kooperationsfelder und Steuerungsinstrumente lassen sich zur Steuerung der Wohnsiedlungs-/Gewerbeflächenentwicklung identifizieren?
  - Welche Wirksamkeit und Grenzen haben diese in der Anwendungspraxis?
  - Inwieweit kann durch die Steuerung mittels interkommunaler Kooperation eine bedarfs-/nachfrageorientierte Ausrichtung der räumlichen Entwicklung befördert werden?

1.4 Aufbau der Untersuchung

Um den aufgezeigten Fragestellungen in geeigneter Weise nachzugehen, sind der Untersuchung eine sachlich-analytische und eine empirische Teilstrategie zu Grunde gelegt. Während im sachlich-analytischen Teil fachliche Grundlagen analysiert und ausgewertet werden, beabsichtigt der empirische Teil, die Aussagen im Grundlagenteil über die Realität zu überprüfen und zu präzisieren.

Abb. 1: Aufbau der Untersuchung (Quelle: eigene Darstellung)

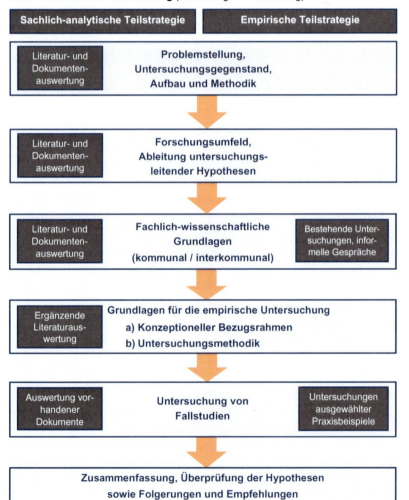

In Anlehnung an die Ziele und Fragestellungen erfolgt die Untersuchung im Wesentlichen in fünf Schritten.

Zu Beginn werden anhand einer ersten Literaturanalyse die Problemstellung, relevante Begriffsbestimmungen und der Untersuchungsgegenstand abgegrenzt.

Im zweiten Schritt folgt die Klärung des Forschungsumfeldes sowie eine theoriegeleitete Erarbeitung untersuchungsleitender Hypothesen. Diese haben den Charakter von „Anfangs"-Hypothesen, die eine Orientierung für die weiteren Schritte vorgeben und im Laufe der Untersuchung eine Überprüfung erfahren.

Im dritten Schritt folgt im Rahmen einer Sekundäranalyse die Sichtung, Analyse und Auswertung der in relevanten Veröffentlichungen niedergelegten fachlich-wissenschaftlichen Grundlagen. Ziel ist es, die Untersuchung hinsichtlich der Grundlagen zur Aufgabenwahrnehmung auf kommunaler Ebene, relevanter Rahmenbedingungen und Trends für räumliche Entwicklungsaufgaben sowie vorhandener Grundlagen, Steuerungsinstrumente und -Möglichkeiten der interkommunalen Kooperation einzuordnen. Neben der Ableitung inhaltlicher Anforderungen wird eine Betrachtung des rechtlichen und planungsinstrumentellen Rahmens für eine Steuerung räumlicher Entwicklungsfunktionen auf interkommunaler Ebene vorgenommen.

Ein wichtiger Zwischenschritt in Überleitung zur Empirie ist die Erarbeitung eines konzeptionellen Bezugsrahmens. Dieser Bezugsrahmen leitet aufbauend auf geeignete konzeptionelle Ansätze die zentralen Parameter und Faktoren ab, um das Beziehungs- und Wirkungsgefüge interkommunaler Kooperation erklären zu können sowie Möglichkeiten für eine nachfrageorientierte Steuerung zu vertiefen.

Als Forschungsansatz wird für die empirische Untersuchung der Fallstudien-Ansatz gewählt. Der eigenen Empirie wird neben dem konzeptionellen Bezugsrahmen die Untersuchungsmethodik mit einer Begründung und Einordnung des Fallstudien-Ansatzes, die Auswahl der Fallbeispiele sowie die Konkretisierung der Durchführungsmethodik vorangestellt.

Die Untersuchung von Praxisbeispielen anhand von Fallstudien sieht eine vertiefende Betrachtung von unterschiedlichen Ausgangssituationen, Aufgaben und Organisationsformen sowie den Praktiken, Möglichkeiten und Grenzen der Steuerung räumlicher Entwicklungsaufgaben vor.

Im letzten Schritt soll es darum gehen, anhand der gesammelten Erkenntnisse und Ergebnisse die Ausgangshypothesen zu überprüfen sowie abschließende Folgerungen und Empfehlungen zur Steuerung räumlicher Entwicklungen auf interkommunaler Ebene abzuleiten.

2 Forschungsstand und Hypothesen (Grundposition)

2.1 Überblick über das Forschungsumfeld

Die Forschung zu den verschiedenen Ausgangsbedingungen, Wirkungsweisen und Möglichkeiten interkommunaler Kooperation ist umfangreich: u.a. HOLLBACH-GRÖMIG et al. 2005, HAHNE 2003, STEINER 2002, FÜRST et al. 1998 oder WINKEL 1998. Dagegen gibt es bislang nur wenige Untersuchungen, die sich mit dem speziellen Feld räumlicher Entwicklungsfunktionen im engeren Sinn beschäftigen. Neben einer generellen Aufarbeitung der „Interkommunalen Kooperation im Städtebau" durch das DEUTSCHE INSTITUT FÜR URBANISTIK/DIFU (BUNZEL et al. 2002) liegen Untersuchungen im Bereich interkommunaler Gewerbegebiete (u.a. WUCHANSKY, KÖNIG 2006, MÜLLER 2001, KAHNERT, RUDOWSKY 1999), zu dem spezifischen Blickwinkel einer reduzierten Flächeninanspruchnahme (u.a. GAWRON 2004, BLEHER 2006) sowie zu inhaltlich und räumlich weiter gefassten Stadt-Umland-Kooperationen (u.a. HEINZ, KODOLITSCH et al. 2004; SPANNOWSKY, BORCHERT 2003) vor.

Um eine Einordnung für die Diskussion um interkommunale Kooperation als Instrument der Raumentwicklung in den letzten ca. 10 Jahren zu ermöglichen, seien im Sinne einer „historischen" Bestandsaufnahme zunächst die Ansätze der Arbeitsgruppe „Interkommunale und regionale Kooperation" der ARL[16] aus dem Jahr 1998 dargestellt. Diese unterschied zwischen „projekt-" und „regionsbezogenen" Kooperationen der interkommunalen Zusammenarbeit. Projektbezogene Kooperationen tendieren nach den damaligen Untersuchungsergebnissen der ARL-Arbeitsgruppe (vgl. FÜRST et al 1998: 3) eher zu festerer Institutionalisierung. Regionsbezogene oder territorial orientierte Kooperationen würden demgegenüber eher rechtlich unverbindlich, informell und netzwerkartig organisiert. Dieser damalige Ansatz spiegelt ein Problem in der bisherigen Diskussion um interkommunale Kooperation wider, das sich wie ein roter Faden durch einschlägige Publikationen zu interkommunaler Kooperation aus dem Blickwinkel der Raumentwicklung durchzieht: Die mit dem Begriff "regionsbezogene" Kooperationen in Zusammenhang stehende, teilweise mangelnde Differenzierung zwischen interkommunaler und regionaler[17] Ebene.

Aus räumlicher Sicht kann die interkommunale Zusammenarbeit als eine Form regionaler Zusammenarbeit angesehen werden. Jedoch erscheint hinsichtlich

---

[16] AKADEMIE FÜR RAUMFORSCHUNG UND LANDESPLANUNG

[17] Für den Begriff der Region werden je nach Untersuchungszweck unterschiedliche Abgrenzungskriterien verwendet. Von übergeordneter Bedeutung erscheint, dass eine Region ein relativ homogenes, nach außen abgrenzbares Gebiet darstellt (KLEINEWEFERS 1997). Wichtige Voraussetzungen aus regionalpolitischer Sicht sind eine kollektive Wahrnehmung, Vernetzung und Interaktion.

des Aufgabenspektrums eine stärkere Abgrenzung zwischen inter-„kommunaler" und regionaler Ebene erforderlich. Gegenüber der Raumentwicklung wird von Seiten der Verwaltungswissenschaft die interkommunale Zusammenarbeit vornehmlich unter dem Gesichtspunkt der gemeinsamen Aufgabenbewältigung originärer kommunaler Aufgaben – Pflichtaufgaben wie auch freiwilliger Aufgaben – verstanden (vgl. u.a. STEINER 2002, LUMMERSTORFER 2006). Legt man den Anspruch des kommunalen Aufgabenbezugs der regionsbezogenen Form (u.a. ARL 1998) zugrunde, so ist diese insofern kritisch zu betrachten, als dass interkommunale Kooperation nicht gegen andere Verfassungsprinzipien verstoßen darf. Nach dem in Art. 20 Abs. 2 GG und Art. 28 Abs. 1 GG niedergelegten Demokratieprinzip darf die interkommunale Kooperation über einzelne Aufgabenstellungen hinaus nicht zur Regel der Aufgabenerfüllung werden. Ansonsten findet eine schleichende Verschiebung von Verantwortlichkeiten statt und erschwert damit die Kontroll- und Weisungsmöglichkeiten der demokratisch gewählten Mandatsträger (vgl. VORBUCHNER 1996: 40f).

In der Raumentwicklung ist die frühere projekt- und regionsbezogene Auffassung von interkommunaler Kooperation in den letzten Jahren durch einen stärkeren funktionsräumlichen Ansatz ergänzt und teilweise ersetzt worden. Ausgehend von räumlichen Verflechtungsprozessen geht es nach Auffassung von THIERSTEIN et al. um ein Verständnis von »funktional definierten Wirkungsräumen, die sich je nach Funktion in vielfältiger Weise verändern können« (THIERSTEIN et al. 2006). Theoretische Ansätze und Praxisbeispiele für „Funktionalregionen" gibt es, aufgrund der kleinräumigen und stark ausgeprägten subsidiären Gemeindestrukturen, insbesondere in der Schweiz. Als Grundidee gelten dabei die von B. S. FREY und R. EICHENBERGER entwickelten „Functional Overlapping Competing Jurisdictions"[18] (FOCJ) (u.a. EICHENBERGER, FREY 1996, DE SPINDLER 1998). Ihre Abgrenzung richtet sich flexibel nach dem räumlichen Wirkungsbereich der einzelnen öffentlichen Leistungen. Eine Umsetzung fand die Idee der FOCJ in der vom Zürcher Verfassungsrat proklamierten „Zweckgemeinde". Das Modell der FOCJ und Zweckgemeinde ist eine eigenständige öffentlich-rechtliche Körperschaft, die hierarchisch den Gemeinden gleichgestellt ist. Im Unterschied zu letzteren ist diese jedoch auf einzelne Aufgabenbereiche – z.B. Infrastruktur, Raumentwicklung, Soziales etc. – spezialisiert, weshalb sie auch als „Spezialgemeinde" bezeichnet wird. Das jeweilige Gebiet zeichnet sich

---

[18] Das Modell der „FOCJ" und der sich darauf stützenden „Zweckgemeinde" basiert auf Forschungen von B. S. FREY und R. EICHENBERGER. Derartige funktional definierte Zusammenschlüsse gestalten sich räumlich flexibel („Overlapping") und können je nach Aufgabenbereich auf eine Wettbewerbssituation („Competing") angelegt sein (vgl. FREY 2002: 17).

durch eine variable Geometrie aus, das durch überlappende Einheiten mit spezifischen Funktionen konstituiert ist (vgl. BENZ 2002: 22). Angesichts der zunehmenden Verflechtungen in den kommunalen Aufgabenbereichen soll durch die Zweckgemeinden ein möglichst flexibles und verfassungsrechtlich abgesichertes Instrumentarium zur Verfügung gestellt werden (vgl. WALKER SPÄH 2003: 97f). Ein konkreter Bezug zu dem Ansatz der FOCJ und Zweckgemeinde wird u.a. im *Kap. 3.1.4* sowie zur Ableitung des konzeptionellen Bezugsrahmens in *Kap. 5.1.2* genommen.

Für die interkommunale Zusammenarbeit als Untersuchungsfeld der Raumentwicklung in Deutschland spielten bis dato Stadt-Umland-Kooperationen in größeren Verdichtungsräumen eine wichtige Rolle (siehe u.a. SPANNOWSKY, BORCHERT 2003; HEINZ et al. 2004). Demgegenüber stellen Kooperationen auf kleinräumiger Ebene ein bislang noch weniger beleuchtetes Untersuchungsfeld der Raumentwicklung dar. Die Untersuchung des DEUTSCHEN INSTITUTS FÜR URBANISTIK (DIFU) zu den baden-württembergischen Stadtregionen Freiburg, Karlsruhe und Stuttgart setzt sich mit den unterschiedlichen Möglichkeiten der Stadt-Umland-Kooperation auseinander. Ziel der Studie war es, unterschiedlichen Kooperationsansätzen zur Lösung von Stadt-Umland-Problemen nachzugehen: Die Technologieregion Karlsruhe in der weicheren Form einer Gesellschaft bürgerlichen Rechts, die Region Freiburg, die sich von einer GmbH zu einem Mehrzweckverband weiterentwickeln möchte sowie die Verbandsregion Stuttgart, die bereits den Status eines gebietskörperschaftlichen Mehrzweckverbandes aufweist. Das Ergebnis der DIFU-Studie zielt auf eine langfristige Entwicklung zu sog. Regionalkreisen ab, in der die Kernstädte und ihre benachbarten Landkreise sich zu neuen Gebietskörperschaften mit eigens gewählten Entscheidungsgremien zusammenschließen (vgl. HEINZ et al. 2004: 182f). Eine Überführung von Mehrzweckkooperationen in eigene regionale Gebietskörperschaften erscheint insofern konsequent, um nicht mit der Selbstverwaltungsgarantie oder anderen verfassungsrechtlichen Prinzipien wie dem Demokratieprinzip zu kollidieren. Aufgrund der unterschiedlichen Größenordnungen und Rahmenbedingungen lassen sich die Untersuchungsergebnisse zu Stadt-Umland-Kooperationen jedoch kaum auf kleinräumige Strukturen übertragen.

In der Praxis spielt die interkommunale Kooperation zur Steuerung von räumlichen Entwicklungsfunktionen im engeren Sinne bislang insbesondere in der Gewerbeflächenentwicklung mit dem Instrument der "interkommunalen Gewerbegebiete" eine Rolle. Wie eingangs bereits dargestellt, liegen hierzu bundesweit einschlägige wissenschaftliche Untersuchungen vor. Zu berücksichtigen ist, dass interkommunale Gewerbegebiete jedoch nur einen Teilaspekt der Gewerbeflächenentwicklung auf interkommunaler Ebene betreffen und in letzter Zeit alternative Steuerungsinstrumente wie beispielsweise Flächenpoollösungen entwickelt werden (vgl. BUNZEL et al. 2006: 20; HOLLBACH-GRÖMIG et al. 2005).

Über die Gewerbeentwicklung hinausgehend wurde interkommunale Kooperation in räumlichen Entwicklungsfunktionen bislang in nur in wenigen Untersuchungen intensiver aufgegriffen. Während sich die Untersuchung des DIFU (BUNZEL et al. 2002) vorrangig mit den Instrumenten der Bauleitplanung auseinandersetzte, ging GAWRON (2004) der Frage nach, welchen Beitrag interkommunale Kooperation zum Nachhaltigkeitsziel[19] „Reduktion der Flächeninanspruchnahme" zu leisten vermag. Beide Untersuchungen waren darauf ausgerichtet, die generelleren Vor- und Nachteile und Möglichkeiten interkommunaler Kooperation ohne einen intensiveren Bezug zu Praxisbeispielen und konkreten Steuerungsanforderungen herauszuarbeiten.

Eine weitere Untersuchung des DIFU (HOLLBACH-GRÖMIG et al. 2005) hat die unterschiedlichen Formen der interkommunalen Zusammenarbeit im Rahmen der kommunalen Wirtschafts- und Infrastrukturpolitik näher betrachtet. Auf Grundlage konkreter Fallstudien lag der Schwerpunkt auf der Identifizierung von Hemmnissen und Erfolgsfaktoren. Hierzu wurden Regelungen für den Vorteils- und Nachteilsausgleich, Organisationsformen und Umsetzungsstrategien wie auch Fragen der Legitimation und Partizipation aufgegriffen. Die Studie kommt u.a. zu dem Schluss, dass für eine langfristig angelegte interkommunale Kooperation ein vermutlich verbindlicherer und komplexerer institutioneller Kontext erforderlich sein wird (vgl. HOLLBACH-GRÖMIG et al. 2005: 117; *siehe auch Kap. 4.1.4*).

Auf Grundlage der vorliegenden Untersuchungen aus dem Feld der Raumentwicklung lässt sich feststellen, dass es bis dato nur wenig Erkenntnisse über die konkreten Ursachen und Bedingungen, die Zielstellungen, den Verlauf und die Wirkungen von interkommunalen Kooperationen zur Steuerung räumlicher Entwicklungsfunktionen auf kleinräumiger Ebene gibt. In Anknüpfung an die zuletzt genannte Folgerung des DIFU (HOLLBACH-GRÖMIG et al. 2005) erscheinen eine tiefergehende Aufarbeitung von Steuerungsstrategien hinsichtlich institutioneller Voraussetzungen sowie Fragen nach der Angemessenheit, Funktionsfähigkeit und Wirksamkeit von Bedeutung.

Zusammenfassend bestehen hinsichtlich der Themenstellung der Untersuchung Forschungsdefizite und daraus ableitbare Anforderungen auf folgenden Ebenen:

---

[19] Teilziel der Nachhaltigkeitsstrategie der Bundesregierung (2002), in deren Mittelpunkt u.a. ein effizienter Umgang mit Grund und Boden steht.

- Die Diskussion um interkommunale Kooperation als Instrument der Raumentwicklung ist durch eine mangelnde Differenzierung zwischen interkommunaler und regionaler Ebene unter Berücksichtigung von Verfassungsprinzipien gekennzeichnet.

- Im Gegensatz zu großräumigeren Stadt-Umland-Kooperationen stellen Kooperationen auf kleinräumiger Ebene bislang noch ein weniger beleuchtetes Untersuchungsfeld im Bereich der Raumentwicklung dar.

- Vorliegende Untersuchungen von interkommunaler Kooperation mit dem engeren Bezug zu räumlichen Entwicklungsfunktionen sind entweder durch eine generellere Auseinandersetzung mit den planungsrechtlichen Möglichkeiten oder durch eine Vertiefung des Instruments der interkommunalen Gewerbegebiete gekennzeichnet.

  Darüber hinaus mangelt es an einer zusammenfassenden Aufarbeitung der Voraussetzungen, Instrumente und Möglichkeiten zur Steuerung räumlicher Entwicklungsfunktionen auf interkommunaler Ebene. Dies betrifft in besonderer Weise den Fokus einer bedarfs- und nachfrageorientierten Entwicklung.

- Für eine tiefergehende Betrachtung von Kooperations- und Organisationsformen erscheint ein über die Identifizierung von Hemmnissen und Erfolgsfaktoren hinausgehender, komplexerer institutioneller Kontext erforderlich, der Wechselwirkungen zur Funktion und Aufgabenstellung sowie zum räumlichen Gebietszuschnitt ermöglicht.

2.2 Theoriegeleitete Einordnung und Hypothesen[20]

Grundsätzlich ist zu berücksichtigen, dass kommunale Gebietskörperschaften »nicht um ihrer selbst Willen bestehen, sondern die funktionale und effiziente Aufgabenerfüllung in einem rechtsstaatlichen und demokratischen Gemeinwesen die oberste Maxime ist« (SPANNOWSKY, BORCHERT 2003: 158).

Ausgehend von einem funktionsräumlichen Steuerungsansatz wird der Untersuchung folgende Haupthypothese zugrunde gelegt:

Interkommunale Kooperation ist für räumliche Entwicklungsfunktionen ein geeignetes Steuerungsinstrument, um eine Umorientierung von einer angebotsorientierten Bodenpolitik zu einer bedarfsgerechten Nachfrageorientierung im Sinne von Flächenmanagement zu bewirken.

---

[20] Die nachfolgend grau hinterlegten Textfelder beziehen sich auf inhaltliche Folgerungen sowie die Ableitung der Hypothesen.

Im Rahmen einer theoriegeleiteten Auseinandersetzung mit relevanten Rahmen-bedingungen und Grundlagen lässt sich die Haupthypothese wie folgt ableiten und begründen.

Für die Einordnung der Themenstellung von grundlegender Bedeutung ist, dass den Kommunen im deutschen Verfassungsrecht eine eigenständige Stellung im Staatsaufbau mit eigenverantwortlichen Regelungsbefugnissen zuerkannt wird (Art. 28 GG). In Anlehnung daran gibt es bis dato noch keinen stringenten Erklä-rungszusammenhang, der hinsichtlich theoretischer Anforderungen für Steue-rungsaufgaben im kommunalen Kontext herangezogen werden könnte. Davon unabhängig bieten systemtheoretische, rechtliche und fachliche Grundlagen so-wie Überlegungen zu Selbststeuerungsstrategien eine Reihe von Ansatzpunkten.

Dem Begriff „Steuerung" liegt die „Kybernetik" als Wissenschaft von der Rege-lung und Steuerung von Systemen zugrunde (altgriech. kybernetike = Steuer-mannskunst, vgl. BIBLIOGRAPHISCHES INSTITUT/DUDEN 2007). Die Kybernetik be-trifft als Regelungs- und Kommunikationstheorie sowohl die Steuerung techni-scher wie auch sozialer Systeme (vgl. LUHMANN, 2004: 52 ff.) Der ihr naheste-henden Systemtheorie obliegt die Betrachtung der Beziehungen zwischen den Elementen eines Systems sowie in besonderer Weise der Wechselwirkung zwi-schen der Struktur und Funktionsweise eines Systems als Teilgebiet der Kyber-netik. Damit zusammenhängend stellen sich eine Reihe von Fragen, u.a.: Wes-halb und wie sich in einem System die Elemente zusammenfügen; nach welchen Zusammenhängen, Regeln etc.; welche Störungen von innen oder außen eine Rolle spielen und welche Beeinflussungsmöglichkeiten es durch eine systemim-manente Steuerung gibt (vgl. WILKE 1994).

Für den Kontext der Untersuchung ist vor allem die soziologische Systemtheorie von Bedeutung. Die theoretische Basis legte PARSONS, dessen Theorien sich un-ter dem Begriff „Strukturfunktionalismus" (strukturell-funktionale Systemtheorie) in folgender Aussage zusammenfassen lassen:»Action is system«, „Handlung ist System" (vgl. LUHMANN, 2004: 18 ff). PARSONS kommt zu dem Schluss, dass System und Handlung in einer engen Wechselbeziehung stehen und »das Hand-lung nur als System möglich ist« (LUHMANN, 2004: 19). In Anknüpfung an die Theorien von PARSONS verwendet LUHMANN zwar noch die Begriffe „Struktur" und „Funktion", diese verlieren jedoch ihre vorrangige Bedeutung. Stattdessen stehen für LUHMANN die Begriffe „Selbstreferentialität" und „Autopoiesis"[21] als Prämissen im Vordergrund (vgl. LUHMANN, 2004: 100 ff).

---

[21] Der Begriff Autopoiesis ist zusammengesetzt aus den griechischen Begriffen „autos" = selbst und „poiein" = machen (vgl. BIBLIOGRAPHISCHES INSTITUT/DUDEN 2007).

„Selbstreferentialität" bezeichnet die Fähigkeit eines (sozialen) Systems, einen Bezug zu sich selbst („eigener Maßstab") in Abgrenzung zur Umwelt herzustellen. Je nachdem, ob die Bezüge stärker innerhalb des Systems liegen oder über die eigenen Systemgrenzen hinausgehen, handelt es sich um ein „geschlosseneres" oder „offeneres System" (vgl. LUHMANN 1993: 31).

Der Begriff „Autopoiesis" bedeutet so viel wie „Selbsttun", „Selbstschaffung" oder „Selbstgestaltung". Ein wesentlicher Aspekt der Autopoiesis ist, dass alle "Handlungen" aus den vorhandenen Systemelementen entstehen müssen. Ein autopoietisches System ist prinzipiell an eine operative Geschlossenheit gekoppelt, d.h. es werden keine Operationen oder Impulse aus der Umwelt importiert (vgl. LUHMANN 2004: 110).

In Anlehnung an die systemtheoretischen Grundlagen verbinden sich mit der „Selbststeuerung" eines sozialen bzw. gesellschaftlichen Systems Eigenschaften wie selbstorganisierend, selbsterhaltend, selbstreferentiell – die in dem Anspruch an einen selbstbestimmten Steuerungs- und Handlungsspielraum zusammengefasst werden können. Mit der Verwendung der Begriffe „Steuerung" und „Handlung" wird gegenüber dem Begriff „Regulierung"[22] eine Abgrenzung vorgenommen.

Für die Untersuchung wird den Begriffen „Steuerung" und „Handlung" eine auf gesellschaftliche Teilsysteme flexibel übertragbare sowie über die Anwendung von Regeln hinausgehende, dynamische Auffassung zu Grunde gelegt. Dabei weisen die beiden Begriffe „Steuerung" und „Handlung" eine enge komplementäre Beziehung auf. Ausgehend von den prozess- und entscheidungsbezogenen Aspekten des „Steuerungsspielraums" setzt der „Handlungsspielraum" hinsichtlich einer Operationalisierung sowohl das Potenzial (Handlungsmöglichkeit) als auch die Kompetenz (Handlungsfähigkeit) voraus, um das Potenzial ausschöpfen zu können.

Für die Beurteilung dieses Steuerungs- und Handlungsspielraums von (sozialen) Systemen ist die System-Umwelt-Beziehung von besonderer Bedeutung. So wird davon ausgegangen, dass das Beeinflussungspotenzial eines Systems »insbesondere von der Maßgabe der eigenen Struktur, auf Umweltereignisse reagieren zu können« (LUHMANN 1993: 31) abhängt. Steuerung durch Staat oder Kommunen muss schließlich auch die Handlungsrationalitäten der jeweiligen gesellschaftlichen Systeme oder Strukturen, in denen sich die Bürger als Adressaten bewegen, berücksichtigen (vgl. Bunzel et al. 2003).

---

[22] Der Begriff „Regulierung" entstammt der ordnungspolitischen Diskussion und wird als eine hoheitsstaatliche Steuerungsform mit der Aufstellung und Durchsetzung mehr oder weniger bindender Regeln (siehe u.a. Regulationstheorie) verstanden (vgl. DILLER 2002: 33f).

Selbststeuerung kann als die Fähigkeit eines Systems angesehen werden, Teile oder die Gesamtheit des Systems unter Berücksichtigung endogener und exogener Einflüsse durch gezielte und miteinander verknüpfte Operationen in eine bestimmte Richtung zu beeinflussen.

Die Gemeinde erfüllt unter Berücksichtigung aller Akteure, Strukturen und Funktionen die Voraussetzungen eines eigenen, gesellschaftlichen (Teil-)Systems. Hinsichtlich der relevanten Bezüge und Verflechtungen nach außen ist sie prinzipiell ein offenes System – das aber auch autopoietische Elemente aufweist. Damit verbindet sich das Spannungsfeld, wo die Möglichkeiten und Grenzen der Selbststeuerung auf kommunaler Ebene liegen.

Hierfür spielen die relevanten Rahmenbedingungen und Ereignisse der Umwelt wie gesellschaftliche und strukturelle Veränderungsprozesse, die den Steuerungs- und Handlungsspielraum der Gemeinden beeinflussen, eine wichtige Rolle. Insofern hängt ein selbstbestimmter Steuerungs- und Handlungsspielraum der Kommunen wesentlich davon ab, inwieweit sie es schaffen, auf veränderte Rahmenbedingungen reagieren zu können.

Die Beurteilung eines selbstbestimmten Steuerungs- und Handlungsspielraums von Gemeinden ist vor dem Hintergrund der, u.a. auch im Bereich der Raumentwicklung und Regionalpolitik, seit längerem geführten Diskussion über die Steuerungsmöglichkeiten und -grenzen der herkömmlichen staatlichen Steuerungsformen zu betrachten (vgl. u.a. SCHARPF 1991; MAYNTZ 1997, DILLER 2002).

Eine wichtige Erkenntnis dieser Diskussion ist, dass bei dezentralen (Teil-)Systemen zunehmend eine eigene Steuerungsfähigkeit mit eigenständigen Regulierungspotenzialen wirksam wird – während die staatlichen Instanzen ihnen gegenüber nur noch über rahmensetzende, korrigierende, komplementäre oder teilweise impulsgebende Funktionen verfügen. Eine zentrale Steuerungsform des Staates wird so durch immer weiter verzweigte Verhandlungs- und Kooperationssysteme auf dezentralen Ebenen ergänzt oder mitunter auch ersetzt. Je schneller und stärker sich Umweltbedingungen ändern, desto weniger können klassische staatliche Steuerungsformen selbst Koordinations-, Kontroll- oder Impulsfunktionen gewährleisten (vgl. SCHARPF 1991: 630; DILLER 2002: 32 f).

Theoretische Erklärungsansätze für diese Entwicklung finden sich auch in systemtheoretischen Überlegungen (vgl. u.a. SCHNEIDER, KENIS 1996: 30; DILLER 2002: 32 f). Denen zufolge kann in funktional ausdifferenzierten Gesellschaften kein Anspruch einer zentralen, staatlichen Steuerungsinstanz erhoben werden, »da sich die Gesellschaft in eine Reihe mehr oder weniger autonomer Subsysteme zergliedert« (DILLER 2002: 32). Diese (Teil-)Systeme können derart ausdifferenziert sein, dass sie im Sinne von Selbstreferentialität[23] nur noch sich selbst als Maßstab begreifen. Hierbei besteht die Möglichkeit, dass sie sich zu autopoietischen Systemen entwickeln – d.h. sich nach außen sehr stark abgrenzen[24] und im Zuge dessen relevante Bezüge und Verflechtungen außerhalb ihres eigenen Systems ausgrenzen.

Als eine wichtige Erkenntnis für den Kontext der Untersuchung bleibt festzuhalten, dass für eine wirkungsvolle Steuerung von raumrelevanten Veränderungsprozessen – zumindest in Teilbereichen – neue Steuerungsformen und Raumkonfigurationen erforderlich sind (vgl. FREY R. 2002: 2).

Für eine tiefergehende Auseinandersetzung mit selbstbestimmten Steuerungs- und Handlungsspielräumen von Kommunen bedarf es eines analytischen Ansatzes, der Hilfestellungen und Weiterentwicklungen erwarten lässt. Der Begriff „Governance" hat sich hierfür, u.a. auch im Bereich der Raumentwicklung, als geeignet erwiesen. Er wird verwendet, um prinzipiell die Form einer Steuerungsstruktur zu erfassen (BENZ 2005: 407f). Hierzu gibt es verschiedene Diskussionsstränge (vgl. SCHERER 2006: 84):

- In der Politikwissenschaft und Soziologie stehen die gesellschaftliche Steuerung sowie steuerungstheoretische und institutionensoziologische Fragen im Vordergrund (u.a. MAYNTZ, SCHARPF).

- In den Wirtschaftswissenschaften verbinden sich mit dem Begriff „Corporate Governance" das Ziel, durch Mindestanforderungen und Kodizes Regeln für eine „verantwortungsbewusste und effiziente Unternehmungsführung" zu erreichen und den Geschäftserfolg fair auf Eigentümer und Management aufzuteilen. Herausgearbeitet wurden Faktoren, die für eine wirksame Steuerung entscheidend sind: Information, Anreize, Machtausgleich, Kontrolle und Fairness (u.a. OECD, FREY R.).

- In den Verwaltungswissenschaften liegt der Schwerpunkt auf der Erforschung eines effizienten und kundenorientierten öffentlichen Sektors. Hierfür werden u.a. Schlagworte wie „Public Governance" oder „New Public Management" verwendet (u.a. MASTRONARDI, SCHEDLER).

---

[23] Der Ansatz der Selbstreferentialität legt zugrunde, dass zur Beurteilung der Umwelt Systeme weit mehr auf die eigenen Erfahrungs- und Erwartungsmuster zurückgreifen als auf Reize und Einflüsse aus der Umwelt. Mit anderen Worten neigen Systeme dazu, ihre Umwelt aus dem eigenen Kontext heraus zu beurteilen (vgl. Willke 1994: 158).

[24] Die Entwicklung zu autopoietischen Systemen ist teilweise auch im Bereich der Regionalpolitik/-entwicklung zu beobachten. Hierbei spielt der in Deutschland stark verankerte territoriale Entwicklungsansatz eine wichtige Rolle, mit dem sich ein Regionsverständnis verbindet, dass auf eine hohe regionale Identifikation aufbaut und dadurch gleichzeitig zu einer stärkeren Abgrenzung nach außen führt.

In der zusammenfassenden Betrachtung der verschiedenen Forschungsansätze wird deutlich, dass es jeweils um die Fragen der optimalen Steuerung in verschiedenen Systemzusammenhängen geht. Dahingehend bezeichnet Governance Regeln und Prozesse (Verfahrensformen, Entscheidungsprinzipien und Verhaltensweisen etc.), welche die Selbststeuerung von gesellschaftlichen (Teil-)Systemen ermöglichen (vgl. FREY R. 2002: 20). Im Sinne der Themenstellung besteht laut R. FREY die Grundidee von Governance darin, die Selbststeuerungsfähigkeit gesellschaftlicher Subsysteme zu verbessern. Davon ausgehend setzt Governance die Dezentralisation von Entscheidungskompetenzen voraus (vgl. FREY R. 2005: 565).

Ein wesentliches Augenmerk eines governance-orientierten Vorgehens liegt damit auf einer differenzierten Analyse der Steuerungsmöglichkeiten in bestimmten Funktionen und Aufgaben (vgl. u.a. BENZ, FÜRST 2003: 12). Diese bezieht auch die Frage nach der optimalen Größe der Aufgabenwahrnehmung ein. Wie bereits die Auseinandersetzung im Rahmen der Gebietsreformen in den 60er und 70er Jahren gezeigt hat, ist die Herleitung einer optimalen Gemeindegröße oder einer relevanten Mindestgröße ein überaus komplexes und kontroverses Unterfangen. FRIDERICH et al. (1998) kommen zu folgendem Schluss: »Die Bestimmung einer allgemein gültigen, „optimalen Gemeindegrösse" ist nicht möglich, weil die Frage der Gewichtung verschiedener wirtschaftlicher, politologischer oder soziologischer und rechtlicher Gesichtspunkte nicht nach anerkannten wissenschaftlichen Methoden, sondern nur durch bewusste politische und in gewissem Sinn „willkürliche" Entscheidung vorgenommen werden kann« (FRIDERICH et al. 1998: 104, zit. in STEINER 2002: 121). Unabhängig von der methodischen Problematik ist in Zweifel zu ziehen, inwieweit die pauschale Zuspitzung einer effizienteren oder wirksameren Aufgabenerfüllung auf die quantitative Gemeindegröße den gegenwärtigen Herausforderungen gerecht werden kann.

Nach Auffassung von WALKER-SPÄH ist anzuerkennen, dass dem Territorium – je nach zu erfüllender Aufgabe – unterschiedliche Anforderungen zugrunde liegen. Raumplanung, Versorgung, Bildung und andere kommunale Aufgaben haben unterschiedliche strukturelle Voraussetzungen und erfordern von daher eine territorial flexible Ausgestaltung. »Gefragt sind daher nicht starre territoriale Strukturen, sondern neue „Gefäße", welche den Gemeinden eine möglichst sachbezogene Aufgabenerfüllung ermöglichen« (WALKER SPÄH 2003: 95). Funktionale Aktionsräume der Bevölkerung und von Unternehmen haben längst überörtliche Dimensionen angenommen, wobei die politisch-administrativen Strukturen auf kommunaler Ebene längst nicht mehr die tatsächlichen Aktions- und Funktionalräume abbilden (vgl. PRIEBS 2005: 1101f).

Für eine Betrachtung der Selbststeuerung auf Ebene der politischen Gemeinden bietet das Subsidiaritätsprinzip, als Maßstab für die Aufgaben- und Kompetenzverteilung zwischen staatlichen Ebenen, eine wichtige Orientierung. Es verlangt, dass Aufgaben auf möglichst tiefer bzw. dezentraler Ebene erfüllt werden. Als unterste Ebene sollen die Gemeinden, soweit dies sachlich möglich ist und zu qualitativ wie quantitativ vertretbaren Ergebnissen führt, möglichst viele Aufgaben in eigener Kompetenz erfüllen (vgl. TREFFER 1995: 32).

Insofern setzt das Subsidiaritätsprinzip eine objektive und differenzierte Analyse der Steuerungsmöglichkeiten unter Berücksichtigung der gesellschaftlichen und strukturellen Veränderungsprozesse voraus. Es gilt zu klären, inwieweit bzw. in welchen Funktionen und Aufgaben eine Selbststeuerung der einzelnen Gemeinde im Sinne des Subsidiaritätsprinzips an ihre Grenzen stößt. Angesichts zunehmender funktionsräumlicher Verflechtungen lässt sich dies nicht auf die Frage nach der territorialen Gemeindegröße reduzieren, sondern setzt eine individuell auf das jeweilige Gebiet und die jeweilige Funktion und Aufgabenstellung zugeschnittene Betrachtungsweise voraus (vgl. WALKER SPÄH 2003: 95).

In Abhängigkeit von den relevanten Funktionen und Aufgaben, in denen eine wirkungsvolle Selbststeuerung der einzelnen Gemeinde in Frage gestellt ist, gilt es im Sinne des Subsidiaritätsprinzips die kommunalen Steuerungs- und Handlungsspielräume durch eine übergemeindliche Sichtweise zu erweitern.

Zu der in Art. 28 Abs. 2 GG verfassungsrechtlich verankerten Selbstverwaltungsgarantie der Kommunen gehört auch die Befugnis zur interkommunalen Zusammenarbeit. Allerdings wird das verfassungsrechtliche Selbstverwaltungsrecht nicht grenzenlos gewährleistet. Die Gewährleistung der Zusammenarbeit wird dadurch beschränkt, dass interkommunale Zusammenschlüsse nicht gegen andere Verfassungsprinzipien verstoßen dürfen (vgl. RENGELING 1982: 394f). Zu beachten ist hierbei das Verantwortungsprinzip in Zusammenhang mit dem in Art. 20 Abs. 2 GG und Art. 28 Abs. 1 GG niedergelegten Demokratieprinzip. Im Zuge dessen sollte die Kontroll- und Weisungsmöglichkeiten der demokratisch gewählten Mandatsträger nicht beeinträchtigt werden. Die Abgabe von Aufgaben an Institutionen, auf die die gewählten Kommunalparlamente keinen Einfluss mehr haben, kann daher nur in begrenztem Umfang erfolgen oder muss eine entsprechende Einbindung der kommunalen Entscheidungsgremien vorsehen. Dahingehend ist die interkommunale Kooperation verfassungsrechtlich nicht als Regel der Aufgabenerfüllung vorgesehen (vgl. WINKEL 1998: 31).

Kernpunkt der Untersuchung ist die Erweiterung kommunaler Steuerungs- und Handlungsspielräume durch die interkommunale Zusammenarbeit. Diese Erweiterung ist im Sinne einer Selbststeuerung und des Subsidiaritätsprinzips darauf ausgerichtet, Funktionen und Aufgaben in der Hoheit von Kommunen möglichst dezentral vorzuhalten und zu erfüllen.

Hierbei spielt die Abwägung von Aufgaben/Kompetenzen nach der optimalen Ebene der Aufgabenerfüllung eine wichtige Rolle. Innerhalb der Untersuchung betrifft dies die Abwägung zwischen der kommunalen und interkommunalen Ebene. Letztlich geht es um die Auseinandersetzung mit der „kritischen Masse für Subsidiarität": d.h. bestimmte kommunale Funktionen und Aufgaben durch die interkommunale Zusammenarbeit auf die kritische Masse (optimale Ebene) zu bringen, dass diese wirkungsvoller bzw. effektiver erfüllt werden können.

Die Kooperation zwischen Gemeinden ist eine ergänzende Systemkomponente, die in Anlehnung an das Selbstverwaltungsrecht gemäß Art. 28 GG im Grundsatz verfassungsrechtlich verankert ist. Die Aufgabenerfüllung auf interkommunaler Ebene bedingt jedoch eine Verlagerung von Verantwortungs- und Entscheidungsstrukturen, um eine Steuerungs- und Handlungsfähigkeit herzustellen. Gleichzeitig setzt eine verfassungsgemäße Kooperation voraus, dass die Gemeinden keine wesentlichen Einschnitte in ihrem Selbstverwaltungsrecht (u.a. Demokratieprinzip) erfahren. Insofern besteht zwischen der Herstellung der Steuerungs- und Handlungsfähigkeit auf interkommunaler Ebene sowie der Gewährleistung des verfassungsmäßigen Selbstverwaltungsrechts ein Spannungsfeld, das es in der Arbeit näher zu untersuchen gilt.

Dieses Spannungsfeld trifft auf räumliche Entwicklungsfunktionen in ihrer Bedeutung als originäre Selbstverwaltungsaufgaben der Gemeinden in besonderer Weise zu. Um hierbei die einzelgemeindlichen Grenzen der Steuerung sowie einen interkommunalen Koordinierungsbedarf auszuloten, erscheint eine Auseinandersetzung mit der immer noch vorherrschenden Strategie einer angebotsorientierten Bodenpolitik eine wichtige Voraussetzung. Als wichtige Eckpunkte können einerseits das Verhältnis zwischen Angebot und Nachfrage sowie andererseits der Nutzen in Abhängigkeit von den Kosten zugrunde gelegt werden.

Auf Grundlage der klassischen Instrumente der Bauleitplanung beinhalten städtebauliche Entwicklungen auf einzelgemeindlicher Ebene die Tendenz zu einer einseitigen Angebotsorientierung, die die Orientierung an einem realistischen Bedarf und den Handlungslogiken des Immobilienmarktes vernachlässigt (vgl. BUNZEL ET AL 2006: 17f). Davon ausgehend scheint ein Automatismus zwischen Angebot und Nachfrage immer weniger gegeben. Aus der Betrachtung der Nachfrageseite lässt sich dies auf eine unsichere und tendenziell abnehmende Nachfrage zurückführen, von Angebotsseite spielt die kommunale Bodenpolitik in Korrelation zu erhofften Einkommen- und Gewerbesteuereinnahmen eine wichtige Rolle. Demnach sind kommunale Einnahmeinteressen eng an eine Baulandausweisung für Wohnen und Gewerbe gekoppelt (vgl. EINIG 2005: 48). Im Gegensatz dazu liegen zur Beeinflussung der kommunalen Finanzsituation auf Basis einer bestandsorientierten Strategie noch wenige Erfahrungen oder Untersuchungen vor. Dies steht in Zusammenhang mit einer insgesamt mangelnden, transparenten sowie langfristig ausgerichteten Kosten- und Wirkungsbetrachtung von räumlichen Entwicklungsaufgaben. SCHILLER und GUTSCHE gehen davon aus, dass die Gründe für eine angebotsorientierte Bodenpolitik nicht nur in einer unvollständigen Information, sondern in subjektiven, voneinander abgekoppelten Einzelentscheidungen zu suchen sind (vgl. SCHILLER, GUTSCHE 2009b: 200).

Dies hat zur Folge, dass häufig Wohn- und Gewerbegebiete ausgewiesen werden, deren Lage und geringe Nutzungsdichte siedlungsstrukturell bedingte infrastrukturelle Folgelasten nach sich ziehen. Nach Ansicht von SCHILLER und GUTSCHE gilt eine Baulandausweisung finanziell dann als Erfolg, wenn der Kommune keine Kosten für die Flächensicherung und die erstmalige Herstellung der Infrastruktur entstehen oder im besten Falle ein Überschuss verbleibt. Mittel- bis langfristige Folgekosten wie soziale oder sonstige Infrastrukturkosten bleiben in der Regel unberücksichtigt. So wird die fiskalische Gesamtwirkung neuer Flächenausweisungen auf einzelgemeindlicher Ebene häufig überschätzt, insbesondere wenn die verursachten Kosten in einem übergemeindlichen Zusammenhang betrachtet werden (vgl. SCHILLER, GUTSCHE 2009b: 205).

Um eine langfristig tragfähige räumliche bzw. städtebauliche Entwicklung zu gewährleisten, erscheint eine über die einzelne Gemeinde hinausgehende, integrierte Betrachtung der Angebots- und Nachfrageentwicklung erforderlich. Dafür bietet sich ein kommunales „Flächenmanagement" als grundsätzlich geeigneter Steuerungsansatz an, mit dem Ziel der »effizienten Steuerung und Koordination aller Maßnahmen zur Entwicklung und Bereitstellung von Flächen für bauliche oder sonstige Zwecke« (KÖTTER 2003: 180f).

Die bisher vorherrschende Angebotsorientierung der Gemeinden ist u.a. darauf zurückzuführen, dass fiskalische Rahmenbedingungen zur Generierung kommunaler Einnahmen eng an eine Baulandausweisung für Wohnen und Gewerbe gekoppelt sind. Aufgrund sich verändernder Rahmenbedingungen und der vielerorts nachlassenden Nachfrage nach Gewerbe- und Wohnbauland ist der Automatismus zwischen Angebot und Nachfrage immer mehr infrage gestellt.

Folglich nimmt das Erfordernis an eine nachfrageorientierte Steuerung räumlicher Entwicklungsaufgaben zu, wobei in Anpassung an übergemeindlich wirksame Marktsituationen die einzelgemeindliche Ebene an ihre Grenzen stößt. Die interkommunale Kooperation könnte in Zusammenhang mit dem Ansatz eines Flächenmanagements einen geeigneten Bezugsrahmen darstellen, um diese Lücke zu schließen und eine stärkere Nachfrageorientierung zu bewirken.

Ausgehend von einer stärkeren Nachfrageorientierung ist räumliche bzw. städtebauliche Entwicklung im zunehmenden Maße ein interaktiver, auf multilaterale Kommunikation angelegter, vernetzter Entscheidungsprozess – der unter Berücksichtigung finanzieller Effekte vielfältige Wechselwirkungen zu Infrastruktur- und Daseinsvorsorgeeinrichtungen aufweist.

Teilhypothese: **Da in räumlichen Entwicklungsfunktionen zunehmend weniger ein Automatismus zwischen Angebot und Nachfrage zu erwarten ist, führen rein einzelgemeindliche Steuerungsansätze eher zu Fehleinschätzungen hinsichtlich des Bedarfs und in der Folge zu Fehlentwicklungen.**

Zu berücksichtigen ist, dass einzelgemeindliche Entwicklungsstrategien auf bestehende fiskalische Anreizmechanismen ausgerichtet sind.

Kooperatives Verhalten ist inzwischen ein fest etablierter Bestandteil von kommunalem Verwaltungshandeln. Um die Qualität von Entscheidungen zu sichern, haben u.a. hinsichtlich Vereinbarungen oder Mitwirkungsprozessen Elemente in Verwaltungs- und Planungsverfahren Einzug genommen, die sich im weiteren Sinne kooperativen Steuerungsstrategien zuordnen lassen (vgl. DILLER 2002: 35). Dahingehend hat der Begriff der „Kooperation" in den letzten Jahrzehnten auch in der räumlichen Planung eine Aufwertung erfahren. Kooperative Planungsverfahren zeichnen sich in der Gegenwart durch diskursive, ergebnisoffene Entscheidungsprozesse aus, innerhalb derer in gemeinsamen Verhandlungen die verträglichsten oder optimalsten Lösungen von Problemen gesucht werden. Kooperation hat sich zu einem festen Bestandteil der kommunalen Planungskultur entwickelt (vgl. KESTERMAN 1997: 51f, DILLER 2002: 35).

Die einzelnen theoretischen Erklärungsansätze für Kooperation unterscheiden sich vor allem darin, wie sie das Verhältnis des individuellen Nutzens der einzelnen Kooperationspartner zum Gesamtnutzen fassen und inwieweit sie dabei eher orientiert an ihre Eigen- oder am Gemeinwohlinteresse agieren. Daran anknüpfend ist Kooperation steuerungstheoretisch als eine bestimmte, in der Regel positive Form der Koordination anzusehen. Während bei der negativen Koordination die Bewahrung der Eigeninteressen im Vordergrund steht, ist die positive Koordination von einer stärkeren Gesamtverantwortung und dem Nutzen für das

Kollektiv geprägt (vgl. u.a. SCHARPF 1991, KESTERMAN 1997, DILLER 2002). Grundsätzlich kann zwischen zwei Grundfunktionen der Kooperation unterschieden werden (vgl. AXELROD 1987):

- Die synergetische Kooperation, in der Neues durch die Kooperation geschaffen wird, welches durch die einzelnen Glieder nicht möglich ist.

- Die additive Kooperation, in der bestehende Prozesse oder Abläufe durch die Kooperationspartner zusammengefasst werden, um einen optimierenden Effekt zu erzielen.

In Übertragung auf die kommunale Ebene erscheinen beide Grundfunktionen denkbar, wobei die additive Kooperation in der bisherigen Praxis interkommunaler Kooperation wie z.B. Zweckverbandslösungen zu Aufgaben der Daseinsvorsorge eine weitaus stärkere Bedeutung einnimmt. Aufgrund der bislang in der kommunalen Praxis noch weniger erprobten Bedarfs- und Nachfrageorientierung könnte für interkommunale Kooperation zur Steuerung räumlicher Entwicklungsaufgaben die synergetische Kooperation eine denkbar stärkere Rolle spielen. Die Zusammenarbeit auf diesem Feld zielt im Kern auf eine neue und verbesserte Qualität des kommunalen Steuerns und Handelns ab.

Insgesamt gilt es Faktoren zu identifizieren, die Kooperation positiv oder negativ beeinflussen können. Hierfür bietet das von MAYNTZ und SCHARPF (1999) entwickelte Konzept des „akteurszentrierten Institutionalismus" eine adäquate theoretische Grundlage. Dieses bezieht sich im Wesentlichen darauf, die Entstehung und den Verlauf eines Prozesses, die Effizienz und Effektivität, die Entscheidungsfindung sowie die Umsetzung von Zielen zu erfassen und zu bewerten (vgl. MAYNTZ, SCHARPF 1999). Für die Entwicklung und Gestaltung von Kooperationen spielen u.a. die Kriterien Verbindlichkeit und Stabilität hinsichtlich der Unterscheidung zwischen informellen und formellen Formen (Grad der Institutionalisierung) eine wichtige Rolle. Nach Auffassung von KESTERMAN ist Kooperation nicht beliebig einsetzbar oder „erzeugbar". »Wegen der hohen Voraussetzungen an ihre Entstehung und ihre anspruchsvollen Erfolgsbedingungen ist sie nicht grundsätzlich anderen Steuerungsformen vorzuziehen« (KESTERMAN 1997: 63).

In Übertragung auf die kommunale Ebene sind Kooperationsprozesse keine selbstverständliche Steuerungsorientierung, sondern eine Reaktion auf Veränderungsprozesse, konkrete Problemlagen, Zwänge oder sonstige Anreize.[25]
Unter Berücksichtigung des Kommunalrechts kann Kooperation im Sinne der Selbststeuerung nur nach dem Prinzip der Freiwilligkeit– von den Kommunen

---

[25] Bezüge ergeben sich u.a. zu einem „kommunalen Veränderungsmanagement" (vgl. THIERSTEIN et al. 1997).

selbst – erfolgen. Grundsatz ist, dass die Kommunen frei entscheiden, ob sie Aufgaben durch interkommunale Zusammenarbeit erfüllen wollen. Hierfür bieten sich verschiedene informelle oder formelle Formen an. Eine zwangsweise Zusammenlegung[26] durch eine von oben gesteuerte kommunale Gebietsreform stellt per se einen Widerspruch zum Prinzip der Selbststeuerung dar.

Unabhängig von den Formen »muss Kooperation nicht nur Problemlagen lösen, sondern sie muss das auf eine Weise tun, die den Gemeinden Vorteile gegenüber eigenständigem Handeln verspricht« (BFLR 1996: 33). Dabei handelt es sich um einen Prozess, dessen Effizienz und Wirkung von einer Reihe von Faktoren abhängt.

Für die Untersuchung kommen u.a. folgende Faktoren in Frage (vgl. BENZ, FÜRST 2003: 35ff):

- Faktoren, die auf die Probleme und situativen Rahmenbedingungen zurückzuführen sind (Herausforderungen, Anreizstrukturen, Potenziale u.ä.);
- Faktoren, die die Akteure und deren Handlungsorientierungen betreffen;
- Faktoren, die sich auf die Akteursstruktur, das Machtverhältnis der Akteure untereinander und auf die Interaktionen beziehen;
- institutionelle Faktoren, die den Rahmen für Interaktionen bilden;
- prozessbezogene Faktoren, welche die Eigendynamik des Prozesses beeinflussen (Führungs-/Steuerungsfunktionen, Integrations-/ Konfliktregelungsfunktionen u.ä.).

Die Auflistung gibt Orientierungsmuster vor, deren Wirkungen und Erfolgsaussichten davon abhängen (vgl. BENZ, FÜRST 2003: 35ff):

- wie die Faktoren in der konkreten Situation zusammenwirken,
- wie Akteure ihre Situation und Handlungsbedingungen wahrnehmen und bewerten (ob sie beispielsweise Abhängigkeiten erkennen und Perspektiven in der Kooperation sehen, ihre generelle Einstellung zu Themenstellungen und zu den Partnern etc.),
- ob es sonstige Mechanismen gibt, die die Einflüsse kompensieren oder mildern können.

Dabei spielt der Faktor Zeit hinsichtlich der verschiedenen Zeitabschnitte des Kooperationsprozesses (u.a. Initialphase, Planungs-/Konzeptphase und Vollzugs-/Umsetzungsphase) eine wichtige Rolle. In den jeweiligen Phasen sind die Bedeutung und der Einfluss der Faktoren unterschiedlich und deshalb anders zu beurteilen (vgl. BENZ, FÜRST 2003: 35ff).

---

[26] Unabhängig von der Frage, inwieweit sie im Gegensatz zu Zusammenlegungen auf freiwilliger Basis als Kooperationsform angesehen werden kann.

Für die Bewertung dessen, was als Mehrwert aus einer interkommunalen Koope-ration gezogen werden kann, gibt es in Anlehnung an SPANNOWSKY und BORCHERT zwei unterschiedliche Maßstäbe. »Der eine Maßstab bezieht sich auf das Gesamtinteresse der beteiligten Kommunen, der andere Maßstab orientiert sich an den für die einzelne Kommune erreichbaren Wirkungen. […] Es liegt auf der Hand, dass eine Kooperation leichter zu erzielen ist, wenn die beteiligte Kommune ein Eigeninteresse hat und einen Eigennutzen erzielen kann« (SPANNOWSKY, BORCHERT 2003: 162 f). Letztlich steht der, die individuelle Nut-zenmaximierung in den Vordergrund stellenden Strategie die Strategie der „kom-plementären Kooperation" gegenüber. Hier handeln die Akteure nach dem Prin-zip: Gemeinsamer Nutzen so weit wie möglich, individuelle Vorteilnahme so weit wie nötig (vgl. HELLMER et al. 1999: 63).

Eine entscheidende Rolle beim Zustandekommen und bei der Fortführung von Kooperation spielt das Vertrauen zwischen den Kooperationspartnern, das durch bestimmte Vorgehensweisen wie die Erarbeitung einer gemeinsamen „Werte- und Zielstellungsbasis" gefördert werden kann (vgl. FÜRST 1996: 22). Aus Sicht des DIFU (HOLLBACH-GRÖMIG et al. 2005: 112f) steht die Vertrauensbasis im Rahmen einer interkommunalen Kooperation in einer engen Wechselbeziehung zu verbindlicher vereinbarten inhaltlichen, strukturellen und organisatorischen Rahmenbedingungen. Die Schaffung verbindlicher Vereinbarungen ist eine we-sentliche Grundvoraussetzung für die Festigung der Kooperation, auch wenn nach Recherchen des DIFU die wenigsten Kooperationen für die Nichteinhaltung von Vereinbarungen Sanktionen vorsehen. Stattdessen steht die Selbstverpflich-tung der einzelnen Partner im Vordergrund, aufgrund dessen wiederum das ge-genseitige Vertrauen eine wichtige Rolle spielt. Dies verdeutlicht, dass einerseits möglichst feste Vereinbarungen und Regelungen erforderlich sind, deren Einhal-tung andererseits eine gemeinsame Vertrauensbasis voraussetzt. »Feste Koope-rationsstrukturen mit verbindlich definierten Zuständigkeiten und Regelungsme-chanismen sind […] in Wechselbeziehung zu einer gemeinsamen Vertrauens-basis […] grundlegende Voraussetzungen für eine funktionierende Kooperation« (HOLLBACH-GRÖMIG, FLOETING et al. 2005: 113).

Wichtige Regelungsbereiche und -mechanismen im Rahmen der interkommuna-len Kooperation stellen unter Berücksichtigung von Einzel- und Kollektivinteres-sen Ausgleichs- oder Verteilungsregelungen dar. Dies betrifft in besonderer Wei-se den Bereich der Finanzierung mit der Frage nach der Ausgaben- und Einnahmenverteilung. Da in der Regel Kommunen kooperieren, die eine unter-schiedliche Struktur, Finanzkraft oder ein unterschiedliches Flächenpotenzial aufweisen, bedingt eine unterschiedliche Ausgleichslage die Verhandlung über eine bedarfsgerechte und faire Verteilungsregelung (vgl. MEIGEL 2005: 50). Die relevanten Zusammenhänge lassen sich am Beispiel interkommunaler Gewerbegebiete in vereinfachter Form darstellen: Neben die Aufwendungen für Flächenerwerb, Planung und Erschließung treten die Einnahmen aus Flächenverkäufen und die Gewerbesteuern, die als mögliche Ausgabe- und Einnahmequellen auf die Kooperationspartner zu verteilen sind. Die Möglichkeiten reichen von einfachen Modellen auf Basis einer festgelegten prozentualen Verteilung aller Einnahmen und Ausgaben bis hin zu flexibleren bzw. komplexeren Ausgleichsregelungen, die Bevölkerungs-, Flächenanteile etc. berücksichtigen.

Unabhängig von der Frage, wie ausschlaggebend die gerechte Lösung von Ausgleichs- oder Verteilungsregelungen für den Erfolg einer interkommunalen Kooperation ist, besteht eine Erfordernis darin, dass die Kosten- und Einnahmenverteilung nicht nur vertraglich geregelt, sondern auch in tragfähiger Weise umgesetzt und praktiziert werden müssen (vgl. MEIGEL 2005: 50).

Daraus ergeben sich erste Folgerungen für die Bedingungen und das Zustandekommen von Kooperationen unter Berücksichtigung von Kooperations- und Verhandlungsprozessen. Wird bei der Nutzen einer Kooperation vorrangig aus dem Eigeninteresse jeder Kommune bewertet, so ergibt sich für den Kooperations- und Verhandlungsprozess nur ein geringer Spielraum. Das bedeutet, dass eine erfolgreiche Kooperation ein Mindestmaß an Kollektivinteresse bei den Kooperationspartnern voraussetzt. Das bedeutet jedoch im Umkehrschluss nicht, dem Eigeninteresse und Eigennutzen der einzelnen Kommunen keine oder nur eine geringe Aufmerksamkeit zu widmen. Im Spannungsfeld zwischen Kollektiv- und Eigeninteressen liegt die Herausforderung darin, auf einen bedarfsgerechten und fairen Ausgleich von Aufwand und Nutzen zwischen den Partnern hinzuwirken. Mit und „fair" ist hier jedoch nicht „gleich" gemeint, vielmehr sollte die jeweilige Größe, Leistungskraft und Problemlage der beteiligten Kommunen mitberücksichtigt werden (vgl. WINKEL 1998: 26f). Derartige Ausgleichsregelungen zu lösen und erfolgreich zu praktizieren, setzt eine tragfähige Vertrauensbasis voraus.

Teilhypothese: **Eine funktionsfähige Steuerung von räumlichen Entwicklungsfunktionen auf interkommunaler Ebene setzt zweckmäßige Kooperationsstrukturen, ein Mindestmaß an Kollektivinteressen sowie faire Ausgleichsregelungen im Rahmen einer gegenseitigen Vertrauensbasis voraus.**

Zusammenfassend sollen folgende Haupthypothese und Teilhypothesen in der Untersuchung eine Überprüfung erfahren:

Haupthypothese

Interkommunale Kooperation ist für räumliche Entwicklungsfunktionen ein geeignetes Steuerungsinstrument, um eine Umorientierung von einer angebotsorientierten Bodenpolitik zu einer bedarfsgerechten Nachfrageorientierung im Sinne von Flächenmanagement zu bewirken.

Teilhypothesen

- Teilhypothese 1: Da in räumlichen Entwicklungsfunktionen zunehmend weniger ein Automatismus zwischen Angebot und Nachfrage zu erwarten ist, führen rein einzelgemeindliche Steuerungsansätze eher zu Fehleinschätzungen hinsichtlich des Bedarfs und in der Folge zu Fehlentwicklungen. Zu berücksichtigen ist, dass einzelgemeindliche Entwicklungsstrategien auf bestehende fiskalische Anreizmechanismen ausgerichtet sind.

- Teilhypothese 2: Eine funktionsfähige Steuerung von räumlichen Entwicklungsfunktionen auf interkommunaler Ebene setzt zweckmäßige Kooperationsstrukturen, ein Mindestmaß an Kollektivinteressen sowie faire Ausgleichsregelungen im Rahmen einer gegenseitigen Vertrauensbasis voraus.

3 Grundlagen und Rahmenbedingungen auf kommunaler Ebene

3.1 Rahmenbedingungen von Kommunen hinsichtlich Stellung, Aufgaben, Finanzierung und Leistungsfähigkeit [27]

3.1.1 Stellung, Wesen und grundlegende Prinzipien auf Grundlage des Selbstverwaltungsrechts

Die Kommunen nehmen im administrativen Aufbau in Deutschland eine Doppelfunktion ein. Zum einen stellen sie die unterste Ebene der allgemeinen Staatsverwaltung und des politischen Systems dar, zum anderen sind sie Gebietskörperschaften mit kommunaler Selbstverwaltung. Eine kommunale Gebietskörperschaft ist durch folgende Elemente gekennzeichnet: ein ihr zugeordnetes Gebiet, auf dem sie im Rahmen ihrer Aufgabenerfüllung mit Hoheitsgewalt ausgestattet ist. Darüber hinaus sind kommunale Gebietskörperschaften selbständige juristische Personen öffentlichen Rechts (vgl. WINKLER 2001: 13). Auf Grundlage der Bayerischen Verfassung (BV) zählen in Bayern Gemeinden, Landkreise und Bezirke zu den kommunalen Gebietskörperschaften (Art. 10 Abs. 1, 11 Abs. 2 BV).

Ausgehend von den verfassungsrechtlichen Grundlagen gilt die BAYERISCHE GEMEINDEORDNUNG im Sinne einer Einheitsgemeindeordnung für alle Gemeinden gleichermaßen, unabhängig von deren Größe. Entgegen dem allgemeinen Sprachgebrauch werden damit nicht nur „Land- und Umlandgemeinden" verstanden, sondern auch die Städte. Die Bezeichnungen „Stadt" und „Markt" (Art. 3 GO) haben mit der Rechtsstellung der jeweiligen Gemeinde nichts zu tun. Sie sind als eine Art Auszeichnung an besondere strukturelle Voraussetzungen wie Einwohnerzahl, Siedlungsstruktur oder wirtschaftlichen Rahmenbedingungen gebunden (Art 3 Abs. 2 GO). Nach der Bayerischen Gemeindeordnung (GO) gibt es rechtlich zwei Arten von Gemeinden, kreisangehörige und kreisfreie (Art. 5 Abs. 1 GO). Kreisangehörige Gemeinden sind mit ihrem Gebiet und ihrer Bevölkerung Bestandteil der nächstgrößeren kommunalen Gebietskörperschaft, dem Landkreis. Dagegen stehen kreisfreie Gemeinden rechtlich dem Landkreis gleich – d.h., deren Zuständigkeit und Aufgaben umfasst sowohl die Gemeinde- als auch die Landkreisebene (vgl. VORBUCHNER 1996: 23)

Zum Wesensgehalt des kommunalen Selbstverwaltungsrechts (Art. 28 Abs. 2 Satz 1 GG, Art. 10 Abs. 1, 11 Abs. 2 Satz 2 BV) gehören die Verwaltungs-, die Gebiets-, die Organisations-, die Satzungs-, die Personal-, die Steuer-, die Fi-

---

[27] Unter Berücksichtigung der länderspezifisch vielfältigen Kommunalverfassungen in Deutschland wird schwerpunktmäßig auf die verfassungsrechtlichen und gesetzlichen Grundlagen in Bayern (Bayerische Verfassung, Bayerische Gemeindeordnung) Bezug genommen.

nanz- und Aufgaben- sowie die Planungshoheit (vgl. TREFFER 1995: 45). Im rechtlichen Sinne bedeutet das Selbstverwaltungsrecht, dass die Kommunen im Rahmen ihres eigenen Wirkungskreises ihre Aufgaben unabhängig und eigenverantwortlich ohne Weisungen von übergeordneten Stellen erfüllen. Damit ist zudem die Kompetenz zur Rechtsetzung durch kommunale Satzungen und Verordnungen verbunden. Das Recht der Selbstverwaltung und der möglichst weitgehenden Erfüllung öffentlicher Aufgaben trägt durch seine dezentrale Organisation zur vertikalen Gewaltenteilung bei. Es ermöglicht den Bürgern die Teilnahme an den Angelegenheiten des Gemeinwesens im Sinne der Demokratie von unten nach oben (vgl. WINKLER 2001: 16).

Grundlage einer vertikalen Gewaltenteilung ist das *Subsidiaritätsprinzip*, das sowohl horizontal als auch vertikal ausgelegt werden kann *(siehe Kap. 1.2)*. In einer horizontalen Dimension fragt es danach, welche Aufgaben die öffentliche Hand tatsächlich erfüllen muss und soll. Es verlangt, dass die öffentliche Hand nur dort eingreifen soll, wo dies sachlich begründet ist. Für die Untersuchung ist jedoch die vertikale Komponente von weit größerem Interesse. Hier verlangt das Prinzip, dass Aufgaben auf möglichst tiefer staatlicher Ebene erfüllt werden. Die Gemeinden sollen, soweit dies sachlich möglich ist und zu qualitativ und quantitativ vertretbaren Ergebnissen führt, möglichst viele Aufgaben in eigener Kompetenz erfüllen (vgl. TREFFER 1995: 33).

Das Subsidiaritätsprinzip leitet zum „Prinzip der Allzuständigkeit" oder „Universalitätsprinzip" über. Die Gemeinden sind nicht auf Einzelaufgaben fixierte, sondern auf universelle Wirksamkeit angelegte Körperschaften. Das darin zum Ausdruck kommende Prinzip des „universellen Wirkungskreises" oder „Universalitätsprinzip" ist in Art. 28 Abs. 2 GG »alle Angelegenheiten des örtlichen Wirkungskreises« verankert. Auf Grundlage der kommunalen Selbstverwaltungsgarantie steht den Gemeinden in Bayern nach dem in Art. 6 Abs. 1 GO festgelegten Prinzip der Allzuständigkeit »die Erfüllung aller öffentlichen Aufgaben in ihrem Gebiet zu« (vgl. TREFFER 1995: 44). Der Wert des Universalitätsprinzips ist in der Praxis weitgehend von den zur Verfügung stehenden Ressourcen – insbesondere Finanzmitteln – abhängig (vgl. PÜTTNER 1983: 6).

Neben dem Subsidiaritäts- und Universalitätsprinzip ist das „Konnexitätsprinzip" eine weitere wichtige Säule der im Grundgesetz verankerten kommunalen Selbstverwaltung. Ausgangspunkt ist, dass die von Bund und Ländern zugewiesenen öffentlichen Aufgaben die Kommunen finanziell nicht über ihre Leistungsfähigkeit hinaus belasten dürfen (vgl. WINKLER 2001: 18). Nach dem Konnexitätsprinzip, das seit 1. Januar 2004 auch in der Bayerischen Verfassung verankert ist, muss der auftragende Gesetzgeber als Verursacher („Verursacherprinzip") für den finanziellen Ausgleich der von ihm aufgetragenen Aufgaben sorgen. Die verfassungsmäßige Verankerung schafft den kommunalen Interessensvertretungen rechtliche Möglichkeiten, um sich gegen eine Verlagerung von Aufgaben auf Kosten der Kommunen nach dem Grundsatz „wer anschafft, zahlt" zu wehren. Wenn der Staat den Kommunen nach Art. 83 Absatz 3 BV einzelne Aufgaben übertragen möchte oder sie zu deren Erfüllung verpflichtet, muss er in diesen Fällen die finanziellen Folgen im Sinne einer Warnfunktion überdenken und für die Deckung des entstehenden Mehraufwandes auf Seiten der Kommunen sorgen (vgl. StMF 2008: 12).

Rein verfassungsrechtlich betrachtet ist die eigenständige Stellung der Gemeinden gegenüber dem Staat und auch in Bezug auf die Freiräume zur Wahrung eigener Aufgaben unter Berücksichtigung der oben genannten Prinzipien unproblematisch. Entsprechend ist die Bestandsgarantie für die Gemeinden sowie die Selbstverwaltungsgarantie nach Art. 28 Abs. 2 GG und den entsprechenden Bestimmungen der Länderverfassungen eindeutig verankert. In der politischen Umsetzungspraxis ist die Einhaltung der kommunalen Selbstverwaltungsgarantie hinsichtlich des Subsidiaritäts- und Konnexitätsprinzips eine permanente Herausforderung. Vorgaben und Entscheidungen übergeordneter Ebenen (Land, Bund und EU) wirken sich häufig auf die kommunalen Handlungsspielräume aus. Ein striktes Konnexitätsprinzip, das Kommunen Aufgaben nur dann zuweist, wenn entsprechende Finanzmittel erschlossen werden, mag verfassungsrechtlich die Stellung der Kommunen verbessert haben. Das Prinzip allein kann jedoch keine zusätzlichen öffentlichen Mittel schaffen, sodass seine Anwendung möglicherweise dazu führt, dass den Kommunen bisher frei verfügbare Mittel an anderer Stelle entzogen werden.

3.1.2 Grundlegende Aufgabenwahrnehmung auf kommunaler Ebene

Unter Berücksichtigung des Subsidiaritäts,- Universalitäts- und Konnexitätsprinzip ist der Aufgabenkatalog der Gemeinden stark ausdifferenziert. Formal lassen sich zwei Aufgabenarten unterscheiden (vgl. KOST, WEHLING 2003: 16):

- Eigene Aufgaben der Gemeinde, die auch als Selbstverwaltungsaufgaben bzw. „Aufgaben des eigenen Wirkungskreises" bezeichnet werden.

- Staatliche Aufgaben, die den Gemeinden aus Zweckmäßigkeitsgründen vom Staat übertragen sind und deshalb als „Aufgaben des übertragenen Wirkungskreises" bezeichnet werden.

Abb. 2: Duales Aufgabenmodell (in Anlehnung an KOST, WEHLING 2003)

Duales Aufgabenmodell		
Selbstverwaltungsaufgaben: eigener Wirkungskreis (v. a. Angelegenheiten der örtlichen Gemeinschaft)		**Staatsaufgaben:** übertragener Wirkungskreis vom Staat übertragene bzw. zuge-wiesene Aufgaben, Gemeinden übernehmen Aufga-benerledigung bzw. Fachaufsicht
Pflichtaufgaben (Wie?)	Freiwillige Aufgaben (Ob + Wie?)	

Der „eigene Wirkungskreis" umfasst alle Angelegenheiten der örtlichen Gemeinschaft. Art. 87 Abs. 1 der Bayer. Verfassung enthält eine nicht erschöpfende Aufzählung der Aufgaben des eigenen Wirkungskreises. Neben der Selbstorganisation, der Satzungsautonomie und der Errichtung sowie dem Unterhalt von Unternehmen der kommunalen Daseinsvorsorge gehört zu den Selbstverwaltungsangelegenheiten auch die Finanz- und Planungshoheit (vgl. TREFFER 1995: 92). Die Aufgaben des eigenen Wirkungskreises unterteilen sich nach „Pflichtaufgaben" und „freiwillige Aufgaben".

- Pflichtaufgaben sind solche, deren Erfüllung die Gemeinden gesetzlich verpflichtet sind (Art. 57 Abs. 2 GO). Die gesetzliche Verpflichtung erstreckt sich nur darauf, dass die Gemeinde keine Entschließungsfreiheit hat, „ob" sie diese Aufgaben erfüllen will. Über das „wie" der Aufgabenerfüllung entscheidet die Gemeinde frei und eigenverantwortlich (vgl. TREFFER 1995: 91f).
Zu den Pflichtaufgaben gehören u.a. (vgl. WINKLER 2001: 19): Allgemeine Gemeindeverwaltung, Haushaltswirtschaft, städtebauliche Entwicklung und Bauleitplanung, die Trinkwasserversorgung und Abwasserbeseitigung, Stra-

ßenbau, öffentliche Sicherheit und Ordnung (Feuerwehr etc.) sowie Schul- und Bildungswesen.

Wie im Einführungskapitel erläutert, stellt die räumliche bzw. städtebauliche Entwicklung eine Kernaufgabe der kommunalen Selbstverwaltung dar, die eine Reihe von richtungsweisenden Querschnittsbezügen zu anderen kommunalen Pflichtaufgaben – insbesondere in den Bereichen der Daseinsvorsorge, Infrastrukturentwicklung und Haushaltswirtschaft – aufweist.

- Den „freiwilligen Aufgaben" liegt Art. 57 Abs. 1 GO zugrunde. Demnach »sollen die Gemeinden im eigenen Wirkungskreis in den Grenzen ihrer Leistungsfähigkeit die öffentlichen Einrichtungen schaffen und erhalten, die nach den örtlichen Verhältnissen für das wirtschaftliche, soziale und kulturelle Wohl ihrer Einwohner erforderlich sind«. Freiwillige Aufgaben werden von den Gemeinden ohne inhaltliche Vorgaben durch staatliche Rechtsvorschriften in eigenverantwortlicher Entscheidung wahrgenommen. Dies bedeutet, dass die Gemeinden die Aufgaben nach ihrem Ermessen erfüllen und über das „ob" und „wie" der Aufgabenerfüllung frei entscheiden. Jedoch können die Gemeinden freiwillige Aufgaben nur dann erfüllen, sofern sie nach Art. 56 Abs. 1 GO dadurch ihre Pflichtaufgaben nicht vernachlässigen und kein Widerspruch zu gesetzlichen Vorschriften besteht (vgl. VORBUCHNER 1996: 97f). Nach Art. 57 Abs. 1 GO zählen u.a. folgende Bereiche zu den freiwilligen Aufgaben (vgl. TREFFER 1995: 91f): Kultur, z.B. Errichtung und Unterhalt eines Museums, Erholung und Tourismus, z.B. Erlebniswege, Wirtschaftsförderung wie z.B. Standortmarketing sowie Sport und Freizeit.

Der „übertragene Wirkungskreis" umfasst nach Art. 8 Abs. 1 GO alle Angelegenheiten, die den Gemeinden durch Gesetz vom Staat – Bund und Ländern – oder anderen Körperschaften des öffentlichen Rechts zugewiesen sind (siehe Art. 58 GO). Dabei handelt es sich in der Regel um staatliche Aufgaben, die auf die Gemeinden übertragen wurden, weil der Staat auf Gemeindeebene nicht über eigene Verwaltungsbehörden verfügt (vgl. WINKLER 2001: 18). Der Staat bedient sich hier zur ortsnahen Erledigung seiner Aufgaben der Gemeinden und muss ihnen unter Berücksichtigung des Konnexitätsprinzips gleichzeitig auch die notwendigen Mittel zur Verfügung stellen. Zu den gesetzlich übertragenen Pflichtaufgaben gehört u.a. auch die Jugendhilfe.

In inhaltlicher Hinsicht lassen sich die kommunalen Aufgaben in drei Gruppen unterteilen (vgl. TREFFER 1995: 94):

a) Ordnungsaufgaben   b) Leistungsaufgaben   c) Planungsaufgaben

Während die Ordnungs- und teilweise auch Leistungsaufgaben immer schon eine wichtige Rolle spielten, hat in den letzten Jahrzehnten der Bereich der Planungsaufgaben einen erheblichen Bedeutungszuwachs erfahren. Als Planungsaufgaben gelten inzwischen auch Bereiche, die früher nicht als planungsbedürftig angesehen wurden, etwa die Bevölkerungsentwicklung oder sozialorientiere Planungen wie die Jugend- oder Altenhilfeplanung (vgl. TREFFER 1995: 94). Auf die Veränderung des räumlich orientierten Planungsbegriffs und seiner Bedeutung für die Kommunen wird nachfolgend im *Kap. 3.2.1* differenzierter eingegangen.

Diese Veränderungen sind Teil eines tiefgreifenden Wandels des kommunalen Aufgabenverständnisses von der hoheitlichen Verwaltung zur bürgerorientierten Dienstleistungseinrichtung. Die Kommunen werden kaum mehr als anordnende Instanz gegenüber dem Bürger betrachtet, sondern als Einrichtungen, die in wesentlichem Umfang Dienstleistungen für die Bürger erbringen. Diese Entwicklung ging vor allem in den 90er Jahren mit einer umfassenden Diskussion über eine Verwaltungsmodernisierung einher, die in der Entwicklung neuer Leitbilder und Modelle wie der „Dienstleistungskommune" und „Bürgerkommune" oder dem „Neuen Steuerungsmodell" mündeten (vgl. BREETSCH, DUVAL 2005: 14 f).

Durch eine Reform der Kommune hin zu einer „Bürgerkommune"[28] (BOGUMIL, HOLTKAMP 2000) soll die Schaffung von Partizipationsmöglichkeiten für die Bürger mit der Verbesserung von gesellschaftlichen und kommunalen Problemlagen verbunden werden. Dies bezieht sich u.a. auf folgende Zielstellungen (vgl. BOGUMIL, HOLTKAMP 2000; BREETSCH, DUVAL 2005: 23):

- Akzeptanz: eine höhere Bürgerzufriedenheit mit kommunalen Entscheidungen und Leistungen;
- Demokratisierung: Mitwirkung an Willensbildung und Entscheidungsfindung;
- Solidarität: Aufbau und Stärkung eigener Unterstützungsnetzwerke der Bürger wie z.B. Nachbarschafts-, Kinderbetreuungsinitiativen etc.;
- Effizienz: zügigere und bessere Ergebnisse sowie eine Entlastung kommunaler Haushalte.

Mit dem „Neuen Steuerungsmodell" (NSM) wurde konzeptionell ein Schritt in Richtung eines Wandels der öffentlichen Verwaltung hin zum Dienstleistungsunternehmen beabsichtigt. Ausgehend von einer Dienstleistungs- bzw. Kundenorientierung sieht das NSM im Kern eine Leistungs- und Wirkungsorientierung von

---

[28] Seit 2008 haben sich vierzig bayerische Gemeinden und Regionen zum *Netzwerk Nachhaltige Bürgerkommune* zusammengeschlossen. Das Netzwerk erprobt und fördert neue Formen der Bürgerbeteiligung und des bürgerschaftlichen Engagements.

der Output- zur Inputorientierung, eine Qualitätsorientierung sowie eine Wettbewerbsorientierung durch die Schaffung marktähnlicher Zustände vor. Wesentliche Elemente des NSM sind (vgl. BREETSCH, DUVAL 2005: 22):

- die Umstellung der kommunalen Haushaltswirtschaft von der Kameralistik zur doppischen Haushaltsführung,
- eine klare Rollenabgrenzung zwischen Politik (Ziel- und Rahmensetzung) und Verwaltung (Umsetzung) sowie
- eine dezentrale Ressourcenverantwortung innerhalb der Verwaltung.

Das NSM konnte sich aufgrund der hohen Konzentration auf die Binnenorganisation, Schaffung effizienter Verwaltungsstrukturen und Umstellung der kommunalen Haushaltsführung - auch in der bayerischen kommunalen Landschaft - nur vereinzelt durchsetzen. Außer Acht gelassen wurde insbesondere die Bedeutung und die Praxis politischer Prozesse (vgl. BOGUMIL 2002: 4ff; BREETSCH, DUVAL 2005: 22). Kritiker wie BOGUMIL führen an, dass zu einseitig von einer Management-Logik ausgegangen wurde und nicht von der spezifischen Logik des politischen Prozesses und den Problemlagen der Kommunalpolitik. Im Gegensatz zu den Vorstellungen des NSM wird von Seiten der kommunalen Praxis eine Verflechtung von Politik und Verwaltung als notwendig angesehen, weil die Verwaltung das nötige Hintergrund-, Detail- und Fachwissen hat, auf die die Entscheidungsträger zurückgreifen. Weiterhin sei in der praktischen Kommunalpolitik eine genaue Festlegung von Zielen und Outputs kaum möglich, da zu viele Einflüsse und Referenzsysteme zu berücksichtigen sind (vgl. BOGUMIL 2002: 6ff).

Auch wenn sich die Implementierung von Reformmodellen in der kommunalen Praxis als schwierig erwiesen hat, so bleibt jedoch die Auseinandersetzung mit den veränderten und sich weiter verändernden Rahmenbedingungen kommunaler Aufgabenbewältigung bestehen. Unter Berücksichtigung des Subsidiaritäts- und Universalitätsprinzips sowie der Erwartungen von Seiten der Bevölkerung bewegen sich die Kommunen als Leistungserbringer in einem zunehmenden Spannungsfeld, im Zuge von Subsidiarität Aufgaben und Leistungen möglichst dezentral vorzuhalten und zu erfüllen *(siehe nachfolgendes Kap. 3.1.4)*.

Die Einordnung der räumlichen bzw. städtebaulichen Entwicklung als kommunale Pflichtaufgabe mit einer Reihe von richtungsweisenden Querschnittsbezügen stellt für den weiteren Bezug zur Themenstellung der Untersuchung eine wichtige Grundlage dar. Aufbauend auf den bisherigen Erkenntnissen stellt sich dabei die Frage nach der Wirksamkeit bzw. den Möglichkeiten und Grenzen einer Steuerung auf einzelgemeindlicher Ebene *(siehe Kap. 3.2 und 3.3)*.

3.1.3 Grundlagen der kommunalen Finanz- und Einnahmensituation

Nach Art. 61 Abs. 1 der Bayerischen Gemeindeordnung (GO) hat die Gemeinde »ihre Haushaltswirtschaft so zu planen und zu führen, dass die stetige Erfüllung ihrer Aufgaben gesichert ist. Die dauernde Leistungsfähigkeit der Gemeinde ist sicherzustellen, eine Überschuldung[29] ist zu vermeiden«. Die kommunale Haushaltswirtschaft ist rechtlich auf eine „Bedarfsdeckung" ausgerichtet, d.h. die Deckung des aus der Aufgabenerfüllung resultierenden Finanzbedarfs herbeizuführen (vgl. TREFFER 1995: 70). Die Finanzhoheit stellt einen zentralen Bestandteil der kommunalen Selbstverwaltungsgarantie dar. Sie gibt den Kommunen die Befugnis, sich die notwendigen Mittel zu beschaffen und über deren Verwendung zu entscheiden (vgl. TREFFER 1995: 70).

Abb. 3: Die zwei wichtigsten Säulen der kommunalen Einnahmesituation
(Quelle: SCHERF 2006: 3)

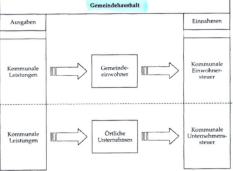

Die drei wichtigsten Einnahmequellen der Kommunen sind (vgl. StMF 2008: 18f):

- Gewerbesteuer,
- Anteil an der Lohn- und Einkommensteuer,
- Schlüsselzuweisungen aus dem kommunalen Finanzausgleich.

Gewerbesteuer

Die Gewerbesteuer zählt als Realsteuer zu den klassischen, selbst erhobenen Kommunalsteuern. Die Erhebung der Gewerbesteuer findet ihre grundsätzliche Rechtfertigung im „Äquivalenzprinzip".»Es besagt, dass den Gemeinden die durch die Existenz von Gewerbebetrieben entstehenden erheblichen Aufwendungen mit der Gewerbesteuer abgegolten werden« (WUCHANSKY, KÖNIG 2006: 59). Gewerbesteuern bemessen sich nach dem Ertrag der Gewerbebetriebe innerhalb der Gemarkung einer Kommune. Je nach wirtschaftlicher Situation der Betriebe ist sie allerdings mit Unsicherheit und mangelnder Kontinuität behaftet.

---

[29] Eine Überschuldung liegt nach der VERORDNUNG ÜBER DAS HAUSHALTS- UND RECHNUNGSWESEN DER GEMEINDEN, DER LANDKREISE UND DER BEZIRKE (§ 98 Begriffsbestimmungen) vor, wenn die Summe der Schulden größer ist als die Summe des Vermögens (STMF 2007).

Aufgrund der Veränderungen des Marktes und der Flexibilität des Steuersystems (Abschreibungen etc.) kann auf ein Jahr mit einer guten Einnahmesituation ein Jahr mit massiven Ausfällen oder Zurückzahlungen folgen (vgl. WINKLER 1998: 72 f; SCHERF 2006: 2f).

Bund und Länder sind durch eine Umlage (Gewerbesteuerumlage) seit 1970 an den Gewerbesteuereinnahmen der Gemeinden beteiligt. Diese erfolgte „im Tausch" gegen eine Beteiligung der Gemeinden am kontinuierlicheren Aufkommen der Einkommen- und Lohnsteuer (vgl. StMF 2008a: 21). Die Gemeinde setzt aufgrund des einheitlichen Gewerbesteuermessbetrags von Seiten der Finanzbehörde die Gewerbesteuer fest. Die Höhe des Hebesatzes bestimmen die Kommunalparlamente im Rahmen einer Haushaltssatzung. Das Hebesatzrecht ermöglicht die Abstimmung von Leistung und Gegenleistung. Die Gemeinden können so im Rahmen der kommunalen Finanzautonomie die Hebesätze bzw. die Höhe der Gewerbesteuereinnahmen flexibel an Infrastrukturinvestitionen oder die Schaffung günstiger Steuerkonditionen anpassen (StMF 2008: 20f; SCHERF 2006: 2f).

Die Reform der Gewerbesteuer steht seit langem auf der Agenda der Finanzpolitik auf Bundes- und Länderebene. In der Diskussion ist u.a. eine Aufweitung der Bemessungsgrundlage, um den Kommunen eine stetigere Einnahmequelle zu sichern. Dazu gibt es die immer wieder aufkeimende Forderung nach deren genereller Abschaffung und eines ersatzweisen Zuschlagsmodells zur Einkommensteuer, eine reformierte Grundsteuer oder Körperschaftssteuer sowie als weitere Alternative eine stärkere Beteiligung an der Umsatzsteuer. Die weit auseinander klaffenden Vorstellungen zu einer Gewerbesteuerreform, auch hinsichtlich adäquater Ersatzlösungen, sowie die Forderung nach einer für Bund und Länder aufkommensneutralen Lösung haben bislang zu einem Festhalten am Status quo geführt. Ein wesentlicher Grund für den Fortbestand wird darin gesehen, dass die verfassungsrechtlich verankerte kommunale Finanzautonomie wenigstens eine bedeutende Steuer mit einem Hebesatzrecht erfordert (SCHERF 2006: 2f). Aktuell soll zum wiederholten Male eine von der Bundesregierung eingesetzte Kommission die Gewerbesteuer auf den Prüfstand stellen. Es bleibt abzuwarten, inwieweit angesichts der Vorzeichen einer angespannten öffentlichen und kommunalen Finanzsituation tragfähige Lösungsansätze zustande kommen können.

Zur grundsätzlichen Erhebungspflicht der Kommunen und der Frage von Mindesthebesätzen hat das Bundesverfassungsgericht im März 2010 ein richtungsweisendes Urteil gesprochen. Das Bundesverfassungsgericht verbot es zwei Gemeinden aus Brandenburg, freiwillig auf ihr Recht der Gewerbesteuererhebung zu verzichten. Die beiden strukturschwachen Gemeinden hatten auf die Gewerbesteuer verzichtet und damit Unternehmen angelockt. Über Nutzungsentgelte und Sonderumlagen versuchten sie dennoch von den Ansiedlungen zu profitieren. Die beiden Gemeinden hatten dagegen geklagt, dass sie der Bund gesetzlich dazu verpflichtet, einen Gewerbesteuerhebesatz von mindestens 200 Prozent zu verlangen. Das Bundesverfassungsgericht führt in seinem Urteil an, dass der Gesetzgeber ein Recht habe, zu verhindern, dass sich einzelne Gemeinden durch den Verzicht auf Steuern „übermäßige" Standortvorteile verschaffen (vgl. SÜDDEUTSCHE ZEITUNG/Wirtschaft: 05.03.2010).

Anteil an der Lohn- und Einkommensteuer

Die Lohn- und Einkommensteuer stellt neben der Gewerbesteuer die wichtigste Einnahmequelle der Kommunen dar, ist aber steuersystematisch keine originäre Gemeindesteuer. Sie zählt zu den sog. Gemeinschaftssteuern, die gemeinschaftlich zwischen Bund, Ländern und Kommunen geteilt sind. Nach den Maßgaben des Gemeindefinanzreformgesetzes (GFRG) erhalten die Kommunen 15 Prozent der Lohn- und Einkommensteuer, der Rest fällt Bund und Ländern je zur Hälfte zu. Dabei gilt: Je höher das von den Steuerpflichtigen entrichtete Einkommensteueraufkommen, desto höher die Beteiligungsquote für die Gemeinden. Allerdings wurde hier vom Gesetzgeber bei einem zu versteuernden Einkommen von 30.000 Euro jährlich bei Ledigen und 60.000 Euro bei Verheirateten eine sogenannte Kappungsgrenze eingeführt (vgl. StMF 2008a: 22). Diese Regelung soll verhindern, dass Gemeinden, insbesondere im Umland von Großstädten, mit einem hohen Anteil gut verdienender Bürgerinnen und Bürger überproportional hohe Einkommensteueranteile erhalten.

Kommunaler Finanzausgleich und Schlüsselzuweisungen

Der kommunale Finanzausgleich hat vor allem zwei Ziele: Zum einen soll die Aufstockung der Finanzen durch die Leistungen des Staates die Kommunen in die Lage versetzen, ihre Aufgaben angemessen zu erfüllen („fiskalische Zielsetzung"). Zum anderen soll der Finanzausgleich eine den Aufgaben angemessene Finanzverteilung unter den kommunalen Ebenen und den einzelnen Kommunen sicherstellen. Insoweit trägt die mit dem kommunalen Finanzausgleich verbundene Umverteilung zur Schaffung gleichwertiger Lebensverhältnisse im ganzen Land bei (vgl. StMF 2008a: 10f).

Das System des kommunalen Finanzausgleichs ist in Bayern im „Gesetz über den Finanzausgleich zwischen Staat, Gemeinden und Gemeindeverbänden" (Finanzausgleichsgesetz – FAG) geregelt. Kernstück der Leistungen im kommunalen Finanzausgleich sind die sog. „Schlüsselzuweisungen", die den Gemeinden und Landkreisen aus den Steuereinnahmen des Landes zustehen. In Bayern beträgt der Anteil aktuell 11,70 Prozent des Ist-Aufkommens der Landesanteile der Einkommens-, Körperschafts- und Umsatzsteuer sowie der Gewerbesteuerumlage (vgl. StMF 2008a: 26).

Abb. 4: Struktur des kommunalen Finanzausgleichs in den Alten Bundesländern
(Quelle: DEUTSCHER STÄDTETAG, Gemeindefinanzbericht 2009)

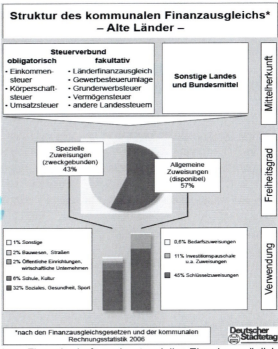

Ziel des kommunalen Finanzausgleichs ist es, die vorgegebenen Finanzmassen in einer Weise auf die Gemeinden und Landkreise zu verteilen, dass bei der Verteilung eine im Verhältnis zur jeweiligen Aufgabenbelastung zu schwache Einnahmesituation der einzelnen Kommune ausgeglichen wird. Die Ermittlung der Aufgabenbelastung richtet sich nicht nach den tatsächlichen, politisch beeinflussbaren Zahlen, sondern erfolgt auf Grundlage eines fiktiven Finanzbedarfs und potenzieller Einnahmemöglichkeiten (vgl. StMF 2008a: 32f).

Wie die Aufgabenbelastung einer Kommune sachgerecht zu ermitteln ist, ist in Wissenschaft und Praxis sehr umstritten. Mit dem Finanzausgleich soll verhindert werden, dass beispielsweise eine Kommune, die aufgrund einer guten Finanzsituation viel ausgibt, so ihren Anteil an den Schlüsselzuweisungen zu Lasten der ärmeren, weniger ausgebenden Kommunen vergrößert. Die Schlüsselzuweisungen sollen ja auch gerade ärmeren Kommunen zugutekommen.

Die Berechnung der Aufgabenbelastung der einzelnen Kommunen baut schwerpunktmäßig auf deren Einwohnerentwicklung seit der letzten Volkszählung 1987 auf. Durch die Einführung eines sog. „Demographiefaktors" mit dem bayerischen Finanzausgleichsänderungsgesetz von 2006 soll eine zielgerichtete Hilfe für jene Kommunen geschaffen werden, die von einem Bevölkerungsrückgang betroffen sind. Dadurch werden notwendige Anpassungsmaßnahmen von Kommunen mit rückläufiger Bevölkerungsentwicklung erleichtert. Dem liegt zugrunde, dass das Niveau bestimmter kommunaler Leistungen, insbesondere im Bereich der Daseinsvorsorge, nicht in dem Maß zurückgeführt werden kann, wie die Bevölkerungszahlen sinken *(siehe Kap. 3.1.3.1)*.

Das System des kommunalen Finanzausgleichs stellt zusammen mit den beiden wichtigsten Einnahmequellen, der Gewerbesteuer und des Anteils an der Einkommensteuer, den grundlegenden Rahmen für die Steuerung der räumlichen bzw. städtebaulichen Entwicklung und den Möglichkeiten und Grenzen der interkommunalen Zusammenarbeit dar. Durch das bundesdeutsche und im speziellen Fall bayerische Finanzsystem findet prinzipiell ein gewisser Ausgleich statt. Mehreinnahmen werden gemindert und zugleich findet eine gewisse Umverteilung in Richtung finanzschwacher Kommunen statt. Allerdings bestehen Zweifel, mit welcher Zielgenauigkeit diese Umverteilung zustande kommt. Hierzu stellt KUHN fest, dass die Konzeption eines Verteilungsmechanismus, der alle wünschenswerten Eigenschaften in einer einfachen Formel vereinigt, entgegen der eigentlichen Intention zu einem höchst komplexen Konstrukt führen müsste. Wie schon erwähnt, sind erhebliche Zweifel angebracht, ob ein solches Verfahren die Finanzausgleichziele erfüllen kann, »ja, es ist noch nicht einmal gesagt, ob überhaupt ein Verfahren entwickelt werden kann, das sämtliche hierzu erforderlichen Eigenschaften besitzt« (KUHN 1995: 3f).

Mit der Einführung des „Demographiefaktors" fand eine erste Reaktion auf die veränderten Rahmenbedingungen hinsichtlich Schrumpfungs- und Stagnationsprozessen und der allmählichen Loslösung einer auf Bevölkerungswachstum ausgerichteten Entwicklung statt. Dennoch verbleibt angesichts der hohen Bedeutung der Gewerbesteuer – als der einzigen relevanten Steuer im Rahmen der kommunalen Finanzautonomie – und des Anteils an der Einkommensteuer für die Kommunen ein hoher Anreiz, diese Einnahmemöglichkeiten so weit wie möglich zu entwickeln und auszuschöpfen.

Damit begründet sich ein enger Zusammenhang zwischen kommunaler Finanz- und Raumpolitik. Unabhängig von der Frage, wie von Seiten der Kommunen eine Steuerung der räumlichen bzw. städtebaulichen Entwicklung vorgenommen wird, befördert das bestehende Gemeindefinanzsystem eine quantitativ ausgerichtete

Flächenentwicklung, indem es Gemeinden veranlasst, über die Ansiedelung von Gewerbebetrieben oder möglichst einkommensstarken Privathaushalten ihre Steuereinnahmen zu erhöhen (vgl. u.a. MÄDING 2009, BETZHOLZ, WEBER 2009). Auf den Zusammenhang zwischen kommunaler Finanz- und Raumpolitik wird im nachfolgenden *Kap. 3.2* näher eingegangen.

Entwicklung der kommunalen Finanzsituation in Bayern

Im Zeitraum zwischen 1998 und 2008 hat sich die Einnahmensituation der bayerischen Kommunen[30] positiv entwickelt, was nicht zuletzt auf steigende Gewerbesteuereinnahmen zurückzuführen war. Nach sinkenden Einnahmen im Zeitraum zwischen 1999 und 2003 war die Entwicklung seit dem Jahr 2004 von kontinuierlich steigenden Steuereinnahmen geprägt, was dazu geführt hat, dass gegenüber den Kommunen in vielen anderen Bundesländern Finanzierungsüberschüsse erzielt werden konnten (StMF 2008b: 6f). Im Jahr 2008 sind die Einnahmen der bayerischen Kommunen auf knapp über 13 Milliarden Euro angestiegen: Die Hauptanteile daran bilden die Gewerbesteuer mit 5,6 Milliarden Euro und der Gemeindeanteil an der Einkommensteuer mit 5,3 Milliarden Euro.

Für die aktuelle Weiterentwicklung im Zeitraum 2009 bis 2010 sind in Abhängigkeit von den laufenden Steuerschätzungen nur in eingeschränktem Maß abgesicherte Aussagen möglich. Auch die aktuelle Umfrage des Bayerischen Gemeindetags zur Finanzsituation der kreisangehörigen Gemeinden lässt keine absolut verlässliche Aussagegenauigkeit zu, sie zeigt jedoch teils basierend auf kassenstatistische Ergebnisse, teils auf Haushaltsplandaten und Einschätzungen einen klaren Trend auf (vgl. BAYERISCHER GEMEINDETAG 2010).

Abb. 5: Entwicklung der Mindestzuführungen der kommunalen Haushalte in Bayern 2007 bis 2010 (Quelle: BRANDL: 156)

In den Jahren 2007 und 2008 waren es knapp 7 % bzw. 6 %, die die Mindestzuführung vom tungs- zum

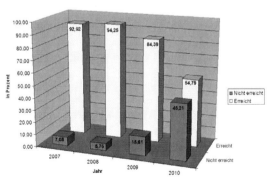

Strukturell ausgeglichener Haushalt?
(Mindestzuführung erreicht – nicht erreicht)

---

[30] Kreisangehörige und kreisfreie Kommunen.

haushalt aus ihren laufenden Einnahmen nicht erwirtschaften konnten. Die Mindestzuführung ist für die „Solvenz" einer Gemeinde insofern ein wichtiger Maßstab, indem diese darauf abzielt, einen Überschuss (laufende Einnahmen minus laufende Ausgaben) in einer Höhe zu erzielen, die es ermöglicht, die in der Vergangenheit eingegangenen Kreditverpflichtungen ordentlich zu erfüllen und laufende Raten bedienen zu können. Im Jahr 2009 waren es bereits knapp 17 % der kreisangehörigen Gemeinden, die die Mindestzuführung nicht erreichen konnten. Etwa 45 % der Gemeinden werden nach den Plandaten 2010 nicht die Mindestzuführung zur ordentlichen Tilgung der in den vergangenen Jahren aufgenommenen Verbindlichkeiten erwirtschaften können (vgl. BRANDL 2010: 155).

Ursache sind zum einen die wegbrechenden Einnahmen, die sowohl die Gewerbesteuer als auch die Einkommensteuerbeteiligung betreffen. Zum anderen steigen die Ausgabenverpflichtungen der Gemeinden insbesondere im sozialen Bereich ungebremst weiter. So sind die Standards der Daseinsvorsorge wie beispielsweise im Bereich der Kinderbetreuung erheblich gestiegen (vgl. BRANDL 2010: 156; SÜDDEUTSCHE ZEITUNG/Bayern: 25.05.2010). Als Gründe sind u.a. zu nennen: gestiegene Anforderungen von Seiten des Gesetzgebers, erhöhte gesellschaftspolitische Anforderungen sowie der verschärfte Konkurrenzwettbewerb zwischen den Gemeinden - v.a. um Wohnbevölkerung.

Insgesamt ist für die Finanzsituation der bayerischen Gemeinden ein zunehmendes strukturelles Einnahmen- und Ausgabenproblem sowie eine Abnahme der finanziellen Spielräume zu erwarten (vgl. BAYERISCHER GEMEINDETAG 2010, SÜDDEUTSCHE ZEITUNG/Bayern: 25.05.2010).

Entwicklung kommunaler Einnahmen und Ausgaben unter Demographiebedingungen

In Ergänzung zu der kurz- bis mittelfristigen Entwicklung werden die kommunalen Finanzen mittel- bis langfristig in verstärktem Maße durch die demographische Entwicklung beeinflusst. Das Maß der Beeinflussung hängt wesentlich davon ab, wie sensibel die einzelnen Einnahmen und Ausgabenbereiche auf die demographische Entwicklung reagieren. Eine negative Einflussnahme der demographischen Entwicklung ist nicht nur durch Bevölkerungsrückgänge, sondern auch durch (Über-)Alterungsprozesse zu erwarten; z.B. ist davon auszugehen, dass diese auch bei Bevölkerungsstagnation oder begrenzten Zuwächsen zu einem Rückgang der kommunalen Einkommensteueranteile führen werden (vgl. BAUER 2006: 18; FALKEN 2006: 60ff).

Bei der Betrachtung der Abhängigkeit von Infrastruktur von der demographischen Entwicklung muss zwischen „standortgebundenen" und „standortungebundenen" Infrastrukturleistungen unterschieden werden (vgl. FALKEN 2006: 64ff). Zu den standortgebundenen Infrastrukturleistungen gehören beispielsweise Abwasserentsorgung, Wasser- und Energieversorgung. Die Bereitstellung und die Inanspruchnahme dieser Dienstleistungen ist von Seiten der Gemeinde nur bedingt beeinflussbar ist. Typischerweise handelt es sich hierbei vielfach um Pflichtaufgaben der Gemeinden im Rahmen der Daseinsvorsorge, für die von Seiten der privaten Haushalte und Betriebe Anschluss- und Benutzungszwang besteht. Die „Demographiesensibilität" von standortgebundenen Infrastruktur- und Daseinsvorsorgeaufgaben steht in einem engen Zusammenhang mit der Siedlungspolitik der einzelnen Kommunen *(siehe Kap. 3.2.3)*.

Standortungebundene Infrastrukturleistungen sind durch eine angebots- und nachfrageseitige Unabhängigkeit gekennzeichnet, die sich vor allem in den freiwilligen Aufgabenfeldern wie Sport, Freizeit und Kultur wiederfinden. Die Kommunen als Anbieter wie auch die privaten Haushalte haben hier die Möglichkeit, auf die Leistung vollständig zu verzichten oder auf die Angebote anderer Gemeinden auszuweichen (vgl. FALKEN 2006: 64).

Die wirtschaftliche Aufgabenerfüllung der Gemeinden erfordert vor allem bei infrastrukturgebundenen Aufgaben Mindestgrößen bzw. eine kritische Bevölkerungsmasse. Im Fall von Schrumpfungsprozessen und Bevölkerungsrückgängen besteht die Gefahr, dass Wirtschaftlichkeitsschwellen unterschritten werden.

Abb. 6: Wirkungsweise von Remanenzkosten (Quelle: RUTHER-MEHLIS 2010, nach KOZIOL 2003)

Für die Ausgabenseite und die Frage von Anpassungsmöglichkeiten sind sog. Remanenzkosteneffekte zu berücksichtigen. Kostenremanenz bezeichnet den Effekt, dass Kosten bei Zunahme der Bevölkerung stärker steigen, als diese bei einem Rückgang der Bevölkerung aus rechtlichen, betriebswirtschaftlichen, sozialen und arbeitsorganisatorischen Gründen abgebaut werden können. Als Konsequenz steigen die Pro-Kopf-

Ausgaben. Dies ist vor allem auf einen hohen Fix- oder Kapitalkostenanteil zurück zu führen, der sog. Sprung-Fix-Kosten bedingen kann. »Sprung-Fix-Kosten
ergeben sich aus der Unteilbarkeit von Infrastruktur. Technische oder soziale Infrastruktur und das entsprechende Leistungsangebot lässt sich nur in ganzen
Leistungseinheiten bereitstellen, unabhängig davon, ob die gesamte Einheit
nachgefragt wird oder nicht« (THIERSTEIN et al. 2009: 46).

Diese Remanenzeffekte haben zur Folge, dass die Infrastrukturkosten bei abnehmendem Bedarf nicht 1:1 angepasst werden können, sondern im Falle einer
Unterauslastung tendenziell von höheren Kosten für den Nachfrager ausgegangen werden muss (vgl. SIEDENTOP 2009).

**Abb. 7: Beispiel für die Zunahme von Gebühren bei schrumpfender Bevölkerung
in den Bereichen Wasser, Abwasser und Energie** (Quelle: FREUDEN-BERG,
KOZIOL 2003)

Die Grafik verdeutlicht,
dass in Folge eines Be-
völkerungsrückgangs
und einer mangelnden
Auslastung die Gebüh-
ren für Ver- und Ent-
sorgungsaufgaben er-
heblich steigen. Als
Beispiel ist die Abwas-
serentsorgung mit der

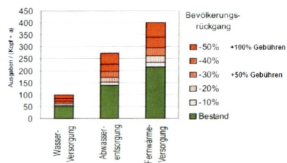

Auslastung der Kanalnetze zu nennen, deren Funktion aktuell bereits in vielen
Kommunen in den Neuen und Alten Bundesländern durch eine zusätzliche und
mit höheren Kosten verbundene Frischwasserspülung gewährleistet werden
muss. Hierbei ist zu berücksichtigen, dass die hohe Infrastrukturdichte in
Deutschlands Kommunen mittels enormer volkswirtschaftlicher Investitionen aufgebaut wurde.

Die Verursachung von Kosten für öffentliche Leistungen steht in starker Abhängigkeit von den einzelnen Altersgruppen. Werden die durch von einzelnen Altersgruppen bei Land und Gemeinde verursachten Kosten über die gesamte Le-
bensdauer dargestellt, ergibt dies ein sog. Altersstrukturkostenprofil, das anzeigt,
was die Einwohner den öffentlichen Trägern – vorrangig Kommunen und Ländern – in bestimmten Altersstufen an Kosten verursachen.

Abb. 8: Darstellung von Altersgruppenprofilen nach Kommunal- u. Landesebene
(Quelle: SEITZ 2004: 25, in FALKEN 2006: 60f)

So fallen durch die Bereitstellung von Kinderbetreuungseinrichtungen für Einwohner bis zum 6. Lebensjahr bei den Kommunen höhere Kosten an, die wieder sinken, wenn

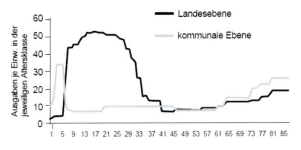

diese Einwohner älter werden und durch den Schulbesuch vor allem Kosten beim Land verursachen.

Für Einwohner zwischen dem 20. und 60. Lebensjahr fallen aufgrund der gegebenen Aufgabenstruktur weder bei den Ländern noch bei den Kommunen besonders hohe Kosten für das öffentliche Angebot an, wobei mit zunehmendem Alter die Kosten durch soziale Einrichtungen in öffentlicher Trägerschaft wieder ansteigen (vgl. FALKEN 2006: 60f).

Zusammenfassend kann festgestellt werden, dass unter Demographiebedingungen angesichts zu erwartender sinkender Einnahmen der Druck auf die Anpassung der kommunalen Ausgaben steigt (vgl. FALKEN 2006: 67). Hierbei ist zu berücksichtigen, dass diese Anpassungsprozesse sehr komplex und im kommunalen Kontext – in der Regel bedingt durch Remanenzkosteneffekte – die Einsparungspotenziale, zumindest teilweise, begrenzt sind.

3.1.4 Leistungsfähigkeit von Kommunen in Relation zur Gemeindegröße

Für die Frage nach den Möglichkeiten und Grenzen der einzelgemeindlichen Aufgabenerfüllung wird über die Auseinandersetzung mit den Rahmenbedingungen und Faktoren der Leistungsfähigkeit von Gemeinden unter Berücksichtigung der Gemeindegröße eine geeignete Hinführung ermöglicht.

Aus rechtlicher Sicht ist nach Art. 57 Abs. 1 GO unter der Leistungsfähigkeit von Gemeinden in erster Linie die Verwaltungs- und Finanzkraft zu verstehen, die einen Maßstab für die eigenverantwortliche Aufgabenerfüllung im eigenen Wirkungskreis darstellt. Demnach ist die finanzielle und administrative Leistungsfähigkeit die Grundlage, derer sich eine Gemeinde zur Aufgabenbewältigung bedienen kann. Zugleich beeinflusst diese den Handlungsrahmen bzw. -spielraum, in dem sich Gemeinden bewegen können (vgl. VORBUCHNER 1996: 96). Den kommunalen Gebietsreformen in der Bundesrepublik zwischen 1968 und 1978 wurde die Einwohnerzahl als maßgebliches Kriterium für die Gewährleistung einer „administrativen" Leistungsfähigkeit der kommunalen Verwaltungsstrukturen zugrunde gelegt (vgl. LAUX 1998: 170) *(siehe auch Kap. 1.2 und 2.1)*. Von daher lautet die grundlegende Frage, welchen Einfluss die Größe einer Gemeinde nach Einwohnerzahlen auf die kommunale Leistungsfähigkeit hat.

Die Grundannahme für die kommunalen Gebietsreformen war, dass eine Gemeinde mit geringer Einwohnerzahl in der Regel auch nur über eine geringere finanzielle und administrative Leistungsfähigkeit verfügt. Für den Zusammenhang zwischen der kommunalen Leistungsfähigkeit und der Einwohnergröße sind von daher folgende Überlegungen möglich (vgl. VORBUCHNER 1996: 175):

- Eine geringere Einwohnerzahl setzt die finanzielle und administrative Leistungsfähigkeit per se herab, nachdem auch für eine geringere Einwohnerzahl entsprechende Leistungen und Einrichtungen vorgehalten werden müssen und bezüglich der Auslastung geringere Synergien genutzt werden können.

- Eine geringere Einwohnerzahl hat auf die kommunale Leistungsfähigkeit per se keinen wesentlichen Einfluss, nachdem die Leistungen und Einrichtungen angepasst an die Einwohnerzahl nur in entsprechendem Umfang oder Größe bereit gestellt werden müssen.

Welche der beiden Überlegungen zutreffender ist, hängt zunächst maßgeblich von den jeweiligen Aufgaben und der Struktur der Gemeinden ab.

Bei Aufgaben der Daseinsvorsorge, die von einer kritischen Masse an Bevölkerung abhängig sind, wie z.B. dem örtlichen Schul- oder Kinderangebot, spielt die

Größe der Einwohnerzahl und insbesondere der jeweiligen Nutzergruppe eine maßgebliche Rolle, während Aufgaben wie z.B. die Bauleitplanung weitgehend unabhängig von der Einwohnerzahl bewältigt werden können.

In den Aufgaben der Daseinsvorsorge, für die eine Anpassung von Mindestgrößen und Gebietszuschnitten erforderlich sind, findet seit den Gebietsreformen eine fortwährende Umorganisation statt. Dies betrifft in besonderer Weise die Veränderung und Anpassung der kommunalen Schullandschaft in ländlichen Gebieten: vor allem Hauptschulen, teilweise aber auch Grundschulen wurden und werden angesichts rückgängiger Schülerzahlen aufgelöst und in Schulverbänden zusammengezogen.

Hinsichtlich der Struktur der Gemeinden erscheinen in einer Annäherung folgende Typisierungen in Abhängigkeit von Größe und Zuschnitt des Gemeindegebiets sowie der Anzahl der Ortsteile[31] denkbar:

- Kompaktgemeinde: Die Siedlungsstruktur konzentriert sich ausschließlich auf den Hauptort, dadurch begrenzen sich die Kosten für Erschließungs-, Ver- und Entsorgungsstrukturen (z.B. Straßenunterhalt, Wasserversorgung).

- Zentralitätsgemeinden mit einigen wenigen Ortsteilen: Neben dem Hauptort, auf den sich die Siedlungsstruktur und alle wichtigen Versorgungsfunktionen konzentrieren, gibt es einige wenige – annäherungsweise bis zu max. drei – Ortsteile. Dadurch ist von erhöhten Kosten für Erschließungs-, Ver- und Entsorgungsstrukturen auszugehen.

- Flächengemeinde: Neben dem Hauptort gibt es eine Vielzahl von Ortsteilen, die hinsichtlich Größe und räumlichem Zuschnitt eine Konzentration der Versorgungsstrukturen auf den Hauptort nur bedingt ermöglichen. Für die Gemeinde entstehen durch eine sehr disperse Siedlungsstruktur hohe Kosten für Erschließungs-, Ver- und Entsorgungsstrukturen.

Wie diese annäherungsweise Einordnung unterschiedlicher Gemeindestrukturen zeigt, ist die kommunale Leistungsfähigkeit auch in hohem Maße von der flächenbezogenen Größe und dem Zuschnitt des Gemeindegebiets sowie der Anzahl der Ortsteile abhängig. Ebenso spielt auch die räumliche Lage einer Gemeinde eine wichtige Rolle. Eine Gemeinde im unmittelbaren Umland eines Mittelzentrums muss grundsätzlich weniger Einrichtungen vorhalten als eine Gemeinde in peripherer Lage. Insofern ist in Frage zu stellen, inwieweit beispielsweise die Leistungsfähigkeit einer Flächengemeinde im touristisch geprägten Al-

---

[31] Ortsteil: Dörfer, deren Einwohnerzahl und Funktionen über nachbarschaftliche Verhältnisse hinausgehen.

penvorland mit einer Kompaktgemeinde im Stadt-Umland eines leistungsfähigen Oberzentrums verglichen werden kann.

Die bisherigen Überlegungen lassen darauf schließen, dass neben der Einwohnerzahl andere wichtige Faktoren wie die Aufgabendifferenzierung sowie Struktur und Lage des Gemeindegebiets für die Leistungsfähigkeit einer Gemeinde von Bedeutung sind.

Für eine tiefergehende Betrachtung erscheint die Koppelung der finanziellen und administrativen Leistungsfähigkeit mit der Frage nach einer „optimalen oder effizienten" Verwaltungsstruktur bzw. Gemeindegröße hilfreich (vgl. LAUX 1998, STEINER 2002, ZULAUF 2003). Die Beurteilung der Effizienz richtet sich nach einem wirtschaftlichen und rationalen Umgang mit den zur Verfügung stehenden Mitteln. Darunter fallen z.B. ein möglichst optimaler Ressourceneinsatz, möglichst reibungslose Abläufe von der Zielstellung bis zur Umsetzung oder die bestmögliche Nutzung von Synergien. Vereinfacht hängt eine optimale bzw. effiziente Verwaltungsstruktur davon ab, was erledigt werden muss, wie bzw. unter welchen Rahmenbedingungen es erledigt werden muss, wer und für wen es erledigt werden muss sowie welches Ergebnis oder welche Wirkung damit verbunden sein soll (vgl. ZULAUF 2003: 19).

Die Herausforderung besteht laut STEINER vor allem darin, inwieweit mit objektiven Methoden eine Vergleichbarkeit der kommunalen Leistungsfähigkeit unter dem Aspekt der Effizienz dargestellt werden kann. Auf Grundlage langjähriger Untersuchungen stellt STEINER dazu fest:»empirisch wäre eine vertiefte Prüfung der Effizienz mit Hindernissen verbunden, denn dazu müssten detaillierte Kenntnisse über den Mittelverbrauch vorhanden sein und eine Kosten-Leistungsrechnung durchgeführt werden« (STEINER 2002: 269). Neben diesen Grundlagen mangelt es auch an Methoden, um eine vergleichbare Effizienzprüfung auf kommunaler Ebene durchzuführen. Wie bereits in *Kap. 2.2* dargestellt, kommen FRIEDRICH et al. zu dem Schluss, dass es grundsätzlich keine allgemein gültige optimale bzw. effiziente Gemeindegröße geben kann und diese »nur durch eine bewusste politische und in gewissem Sinn ‚willkürliche' Entscheidung vorgenommen werden kann« (vgl. FRIDERICH et al. 1998: 104, zit. in STEINER 2002: 121). Folglich lässt sich ein Kausalzusammenhang zwischen der Gemeindegröße nach Einwohnerzahlen und der kommunalen Leistungsfähigkeit methodisch und faktisch nicht nachweisbar herstellen.

Um unabhängig von der Gemeindegröße dem Effizienzsinn näher zu kommen, bietet sich in Abhängigkeit von den einzelnen Aufgaben ein flexiblerer Betrachtungsansatz an. Ausgangspunkt ist es, für jede Aufgabenstellung möglichst effiziente Rahmenbedingungen u.a. hinsichtlich Gebietszuschnitten, Einzugsbereichen etc. herzustellen. Dazu können als Grundidee die in *Kap. 2.1* bereits erwähnte „Functional Overlapping Competing Jurisdiction" (FOCJ) und „Zweckgemeinde" herangezogen werden. Mit Verweis auf die Ausführungen in *Kap. 2.1* richtet sich deren Abgrenzung flexibel nach dem erforderlichen räumlichen Wirkungsbereich der jeweiligen kommunalen Aufgabe und mündet in einer eigenständigen öffentlich-rechtlichen Körperschaft, deren rechtliche Verankerung und Institutionalisierung über das Modell des deutschen Zweckverbandes hinausgeht (vgl. BENZ, FÜRST 2003: 33). Die Zweckgemeinde ermöglicht es den Gemeinden, ihren Bedürfnissen entsprechend und auf freiwilliger Basis mit anderen Gemeinden zusammenzuarbeiten. Dazu tragen nicht zuletzt bewährte Grundprinzipien der staatlichen Organisation bei wie das Demokratieprinzip[32], die finanzielle Transparenz und das Subsidiaritätsprinzip (vgl. www.zweckgemeinde.ch, WALKER SPÄH 2003, DE SPINDLER 1998).

Prinzipiell wird es einer Gemeinde ermöglicht, ihren verschiedenen Aufgaben entweder eigenständig oder in kooperativer Form auf dem jeweils effizientesten Weg nachzukommen. Neben der Frage nach der institutionellen Notwendigkeit einer eigenständigen, interkommunalen Gebietskörperschaft stellt die flexible Ausrichtung auf die jeweilige Aufgabenstellung und Funktion in konsequenter Übereinstimmung mit der Frage nach Kompetenz, Verantwortung und Ressourcen einen richtungsweisenden Ansatz dar.

Insgesamt bleibt festzuhalten, dass die Herstellung einer ausreichenden administrativen Leistungsfähigkeit von Gemeinden nicht zwangsläufig und ausschließlich mit der Größe nach Einwohnerzahlen zusammenhängt. Neben Gebietsreformen oder freiwilligen Gemeindezusammenlegungen erscheint für das Ziel einer effizienten bzw. wirksamen Aufgabenerfüllung eine flexible, funktionsorientierte Herangehensweise nach den jeweiligen Aufgaben als eine zeitgemäße und bedarfsgerechte Alternative.

---

[32] FREY und EICHENBERGER sehen hierzu Verfahren der direkten Demokratie vor.

3.2 Grundlagen, Instrumentarien und Wirkungsweisen der räumlichen bzw. städtebaulichen Entwicklung auf kommunaler Ebene

3.2.1 Wandel des räumlichen Steuerungs- und Planungsverständnisses

Um die Steuerung der räumlichen bzw. städtebaulichen Entwicklung auf kommunaler Ebene einordnen zu können, erscheint ein Bezug zum Wandel des räumlichen Steuerungs- und Planungsverständnisses hilfreich. Dieser Wandel lässt sich durch unterschiedliche Entwicklungsphasen kennzeichnen (vgl. ALBERS u.a. 1993 und 1998; SELLE 1995; RITTER 2006). Während ALBERS von einem „Phasenmodell" mit sich ablösenden Phasen eines grundlegenderen Steuerungs- und Planungsverständnisses ausgeht, beschreibt SELLE diese Entwicklungen anhand eines „Schichtenmodells", dass sich mehr auf operative Steuerungselemente in der räumlichen Planung bezieht. Letzterem liegt zugrunde, dass sich die einzelnen Phasen bzw. Stufen ergänzen und dadurch eine gewisse Kontinuität und Parallelität der Entwicklungen festzustellen ist (vgl. SINNING 2002: 54).

Abb. 9: Wandel im Planungsverständnis (Quelle: ALBERS 1993 / SELLE 1995: 240 in SINNING 2002: 54)

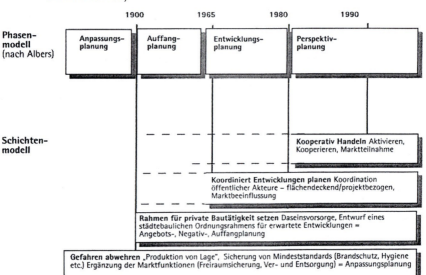

Die Phase der „integrierten Entwicklungsplanung" ist für die Untersuchung von besonderem Interesse, da Verständnis und Erfahrungen dieses räumlichen Planungsansatzes in der übergeordneten steuerungstheoretischen Debatte einen Bezugsrahmen finden. Die Ausläufer dieser grundsätzlichen Auseinandersetzung über die Steuerungspotenziale staatlicher Ebenen in einer sich wandelnden Gesellschaft reichen bis in die Gegenwart (vgl. SINNING 2002: 54f).

Anpassungs- und Auffangplanung

In der „Anpassungsplanung" bis etwa Ende des 19. Jahrhunderts war das Wachstum der Städte, das mit der Industrialisierung und einer Bevölkerungszunahme einherging, prägend. Eine pragmatische Auffassung vom Städtebau, »die das Stadtwachstum als gegeben hinnimmt«, sowie ein liberales Selbstverständnis des Staates, »der dem Geschehen in Wirtschaft und Gesellschaft seinen Lauf lässt und sich darauf beschränkt, die Rechte seiner Bürger zu schützen, und nur eingreift, um Sicherheit und Ordnung zu gewährleisten« (ALBERS 1969: 11), kennzeichneten diese Phase.

Auch während der darauf folgenden Phase der Auffangplanung von Anfang des 20. Jahrhunderts bis in die 60er Jahre war das eingesetzte Instrumentarium überwiegend durch regulative Instrumente (unter anderem Bauordnungsrecht, Bauleitpläne) geprägt. Während sich die Anpassungsplanung mit Hilfe von Regelungen vor allem auf die Abwehr von Gefahren konzentriert hatte, trat die Auffangplanung dem Streben des Marktes durch eigene Vorstellungen stärker entgegen: »Sie produziert 'Lage' durch den Bau von Infrastrukturen etc. und differenziert diese Standortstruktur durch Bodennutzungsordnungen« (SELLE 1994: 58). Die Schaffung von Rahmenbedingungen für die Daseinsvorsorge und der Entwurf eines städtebaulichen Ordnungsrahmens für erwartete Entwicklungen waren wichtige Schlagworte der Auffangplanung.

Diese Phase war von einem steuerungspessimistischen Planungsverständnis geprägt, das davon ausging, dass die räumliche Entwicklung in ihrem Wesen dem planenden Eingriff unzugänglich bliebe, »der Planer [...] nur eine „lenkende Hand" zu bieten vermochte und es im Wesentlichen um den Entwurf eines - in gewissen Grenzen flexiblen - räumlichen Rahmens, für die Entwicklung von Wirtschaft und Gesellschaft ging« (ALBERS 1969: 12).

Integrierte Entwicklungsplanung als Ursprung politischer Steuerung

Nachdem in den 50er Jahren der Wiederaufbau in der Substanz bewerkstelligt war, zeigte sich, dass die nächste Entwicklungsstufe nicht nur in einer Abarbei-

...y ...n einzelnen Aufgaben und Planungen erfolgen konnte. »Verlangt wurden konzeptionelle Vorstellungen darüber, wie das soziale, wirtschaftliche und kulturelle Leben der Menschen in den Kommunen künftig aussehen sollte, wie ein Zusammenhang zwischen den verschiedenen Aufgabenfeldern herstellt werden konnte. Es gab das Bedürfnis nach einer konzeptionellen Kommunalpolitik« (RITTER 2006: 129).

Diese Überlegungen mündeten in den 60er Jahren in dem Konzept der „Stadtentwicklungsplanung", mit dem ein integrierter kommunalpolitischer Steuerungsanspruch auch hinsichtlich der wirtschaftlichen und sozialen Entwicklung erhoben wurde. Auf Grundlage der städtebaulichen Entwicklung war das Erkennen der wachsenden Verflechtungen zwischen verschiedenen kommunalen Handlungsfeldern ein wesentlicher Ausgangspunkt (vgl. ALBERS 1998: 572).

Die integrierte Entwicklungsplanung hatte ihren Ursprung zunächst in den Großstädten, später auch in vielen Mittel- und Kleinstädten – weniger verbreitet war sie in ländlichen Gemeinden. Aus ihr entstand die „politische Planung bzw. Steuerung", für die folgende Punkte kennzeichnend sind (vgl. RITTER 2006: 129):

- Sie geht von einer Gesamtperspektive aus und sucht Teilaufgaben zu integrieren.

- Sie versteht sich als Richtungsangabe und steckt Entwicklungsrahmen ab.

- Sie erhebt einen Steuerungsanspruch gegenüber nachgeordneten, operativen Aufgaben und Plänen.

Planung im Sinne von »individueller gedanklicher Vorwegnahme künftigen Handelns« hatte es zwar schon immer gegeben, neu war jedoch der generelle Schwenk von einer reaktiven Vergangenheitsorientierung zur aktiven, zukunftsorientierten Umgestaltung. »Steuerung wurde definiert durch die Fähigkeit, neue Probleme wirksam vorauszusehen und ihnen durch konzeptionelle Gestaltung zuvorzukommen. Politische Steuerung[33] verstand sich demgemäß als integrierte und integrierende Steuerung des politischen Handelns« (RITTER 1987: o.S., zit. in RITTER 2006: 129).

Die mangelnde Wirksamkeit der integrierten Entwicklungsplanung war darauf zurückzuführen, dass die Steuerbarkeit eines umfassenden Entwicklungsanspruchs über- und die damit verbundene Koordinierungskomplexität unterschätzt wurden (vgl. RITTER 2006: 130). So kommt EEKHOFF (1981) zu dem Schluss, dass »die

---

[33] Der Begriff der „politischen Steuerung" wurde in Deutschland insbesondere von MAYNTZ geprägt. Nach diesem Steuerungsverständnis geht man von »Steuerungsakteuren aus, die ein bestimmtes Steuerungsziel verfolgen, dafür geeignete Steuerungsinstrumente einsetzen, um ein Steuerungsobjekt zu beeinflussen, und die dafür eine Reihe von Steuerungsaktivitäten entfalten« (MAYNTZ 1996).

von der Stadtentwicklungsplanung erwarteten umwälzenden Verbesserungen weitgehend ausgeblieben sind« (EEKHOFF 1981: 2, zit. in ALBERS 1998: 575). Als Gründe für das weitgehende Scheitern der integrierten Entwicklungsplanung nennt GANSER u.a. die mangelhafte Prognosefähigkeit, die unstete öffentliche Finanzpolitik, die zu hohe Komplexität, ihre mangelnde Präzision und schwerfällige Korrigierbarkeit sowie fehlende öffentliche Resonanz (vgl. GANSER 1991: 57ff).

Hinwendung zur inkrementalistischen Steuerung

Die Krise der integrierten Entwicklungsplanung zog in der Folge eine teilweise radikale Veränderung von Steuerungs- und Planungsansätzen nach sich. Ein „inkrementalistischer Steuerungsansatz[34]" hielt Einzug, der sich u.a. charakterisierte durch: Eine schrittweise Abarbeitung aktueller Tagesnotwendigkeiten, eine Tendenz zur Deregulierung beigemessen sowie ein Vorgehen in kleineren Schritten anstelle eines „großen Wurfs" (vgl. RITTER 2006: 130, ALBERS 1998: 575). Ein umfassendes, integriertes und langfristig ausgerichtetes Planungsmodell wurde in seinen Ansprüchen zurückgenommen und ging in ein inkrementalistisches Planungsmodell über (vgl. SINNING 2002: 57). Die Auswirkungen des Wandels in den 80er und 90er Jahren reichten weit über Planungsvorstellungen hinaus. In Teilbereichen wurde die öffentliche Hand hinsichtlich ihrer Ressourcen und Steuerungsinstrumente als überfordert wahrgenommen. Privatisierung bzw. Teilprivatisierung von öffentlichen Aufgaben hatten sich als feste Strategiefelder etabliert (vgl. RITTER 2006: 131).

Der Umgang mit Komplexität war wiederum der Ausgangspunkt, weshalb sich Zweifel einstellten, ob das inkrementalistische Steuerungsverständnis den veränderten Anforderungen genügte. Nach SINNING begründet sich die Kritik an der inkrementalistischen Vorgehensweise darin, »dass zwar viele kleine Schritte geschaffen werden, diese jedoch in keine geordnete räumliche Entwicklungsperspektive münden« (SINNING 2002: 57f).

In der Gegenwart spielen inkrementalistische Steuerungsansätze weiterhin eine Rolle. Mit dem Begriff des perspektivischen Inkrementalismus bezeichnet GANSER einen Entwicklungsansatz, der die Kritikpunkte an den vorangegangenen Phasen der integrierten Entwicklungsplanung und der inkrementalistischen Vorgehensweise aufgreift. Der perspektivische Inkrementalismus ist nach wie vor

---

[34] Der „Inkrementalismus" bezeichnet einen Politik- und Steuerungsstil, der durch eine pragmatische Strategie der kleinen Schritte sowie einen bewussten Verzicht auf übergeordnete Zielperspektiven, Konzepte und Programme gekennzeichnet ist. Im Vordergrund stehen ein projektorientiertes Vorgehen sowie die Prinzipientreue im Einzelfall (vgl. GANSER 1991: 59 zit. in RITTER 2006: 130).

durch ein pragmatisches Vorgehen in kleinen Schritten und Projekten geprägt, die zugleich eine gemeinsame perspektivische Vorstellung zum Ziel haben und damit nicht zusammenhanglos nebeneinander stehen (vgl. GANSER 1991: 59f).

Die in der Phase des Inkrementalismus gewachsene Einsicht, dass eine hierarchisch aufgebaute, staatliche Steuerungskapazität nur noch begrenzt wirksam ist, blieb auch für das kommunale Planungsverständnis nicht ohne Folgen. Die städtebauliche Planung kannte schon seit dem Bundesbaugesetz 1960 Anhörungs- und Beteiligungsregeln, welche im Laufe der Jahre immer stärker ausgebaut wurden. Auch in der Bauleitplanung wurden private Interessen unmittelbar (z.B. Vorhaben- und Erschließungsplan nach § 12 BauGB 1997) oder mittelbar (z.B. über städtebauliche Verträge nach § 11 BauGB) institutionalisiert. Die kommunale Planung verstand sich schon lange nicht mehr als rein hoheitliche Planung, sondern als kooperative Planung, »die sich den Mitgestaltungsansprüchen in der Gesellschaft öffnet und für die nicht allein die materielle Rationalität des Planungsinhalts sondern ebenso die prozessuale Rationalität des Planungsvorgangs Bedeutung erlangt« (RITTER 1998: 18). Aus diesen Erkenntnissen entwickelte sich ein "kooperativer Steuerungsansatz" (SELLE 1995; VOIGT 1995), der auf den Elementen Verhandlung und Kooperation aufbaut. Planung wird zum wechselseitigen Prozess, in dem der Adressat der Planung nicht mehr als reines Planungsobjekt gesehen wird, sondern im Gegenstromprinzip selbst Einfluss auf den Planungsprozess nehmen kann (vgl. KNIELING 2000: 16).

Rückbesinnung auf ein strategisches Steuerungsverständnis

Die wichtigsten Rahmenbedingungen und Gründe für eine Rückbesinnung auf eine strategische Dimension und das Bedürfnis nach einem konzeptionellen Vorgehen sind aus Sicht von RITTER (vgl. 2006: 132):

- Allgemeine gesellschaftliche Rahmenbedingungen: Die hohe und immer noch steigende Komplexität der Lebensverhältnisse.

- Begrenzte Rahmenbedingungen und Ressourcen: Die knappen öffentlichen Kassen, die gerade in den Kommunen die Handlungs- und Investitionsspielräume drastisch reduzieren, so dass durchdachte Schwerpunktsetzungen unumgänglich werden.

- Inhaltlich sind es die sich ausbreitenden Notwendigkeiten einer Steuerung unter Stagnations- und Schrumpfungsbedingungen, die einen tiefergreifenden Wechsel von Steuerungslogiken erfordern.

Die wiedergewonnene Bedeutung eines strategischen Steuerungsverständnisses spiegelte sich u.a. in rechtlichen Rahmenbedingungen und in der Programmatik von Förderprogrammen wider. In der BauGB-Novelle 2004 wurde der Hinweis auf „städtebauliche Entwicklungskonzepte" wieder ins Gesetz aufgenommen. Demzufolge hat die Bedeutung strategischer Entwicklungsplanungen in den Kommunen – sowohl in Ballungs- wie auch ländlichen Gebieten – innerhalb des letzten Jahrzehntes wieder zugenommen. Die Voraussetzungen, Ziele und Ansprüche haben sich entsprechend dem gesellschaftspolitischen Wandel gegenüber der integrierten Entwicklungsplanung in den 60er und 70er Jahren stark verändert. Kooperative wie auch pragmatische und umsetzungsbezogene Elemente spielen eine wichtige Rolle. Zunächst wurde der Bezug zum Begriff „Plan" eher vermieden; stattdessen wurden „Konzepte" und „Leitbilder" verwendet. Inzwischen wird „Planung" im Rahmen von kommunalen Steuerungsansätzen wieder unbefangener verwendet: Kommunale Entwicklungs-, Zukunfts- oder Strategieplanungen sind selbstverständlich angewandte Begrifflichkeiten. Gleichwohl gibt es derzeit nach Auffassung mehrerer Autoren (vgl. u.a. RITTER 2006: 140, ALBERS 2006) keine allgemein gültige oder anerkannte Nomenklatur.»Die Begriffe sind so vielfältig, wie das praktische Vorgehen in den Kommunen vielgestaltig ist« (RITTER 2006: 140). Strategische Planung, Projektentwicklung und kommunikative Prozessgestaltung bestehen gleichzeitig als Anforderungsprofil an die kommunale Entwicklung sowie in der Stadt- und Regionalplanung. Dieses Planungs- und Rollenverständnis, das die fachlich-strategische mit der kommunikativ-verfahrensgestaltenden Kompetenz verknüpft, ist in Praxis und Wissenschaft als „Stand der Technik" weitgehend anerkannt (vgl. SINNING 2002: 55).

Fazit zum Wandel des Steuerungs- und Planungsverständnisses

Die Darstellung der Entwicklungsphasen hat verdeutlicht, welche Vorgeschichte dem heutigen kommunalen Steuerungs- und Planungsverständnis zugrunde liegt. Der Beginn der modernen städtebaulichen Planung und Entwicklung war zunächst von der defensiven Haltung geprägt, dass räumliche Planung gesellschaftliche Entwicklung nicht steuern, sondern allenfalls Anpassungs- und Auffangleistungen vollbringen könnte. Die Phase der integrierten Entwicklungsplanung verhieß dagegen eine grundlegende Neuausrichtung; räumliche Planung verstand sich als Kern einer umfassenden politischen Steuerung.

Aus der Krise der integrierten Entwicklungsplanung erwuchs eine Phase der Planungsernüchterung und eines inkrementalistischen Steuerungsansatzes. Dieser Steuerungs- und Planungspessimismus, der bis in die heutige Zeit reicht, lässt nach Auffassung von SINNING Parallelen zu den Anfängen der Planung erkennen, wobei »wirtschaftsliberale Tendenzen das gesellschaftliche Umfeld prägen, Planung folglich eher als Verhinderer und Verzögerer abgewertet wird« (SINNING 2002: 59).

Als Antwort auf die zunehmenden Grenzen eines hierarchischen, hoheitsstaatlichen Steuerungsprinzips entwickelte sich ein alternativer, „kooperativer Steuerungs- und Planungsansatz". Mit dem Begriff der „kooperativen Steuerung" verbinden sich nach Auffassung von SELLE (1995) Kennzeichen wie „Aktivieren, Kooperieren, Marktteilnahme". Dabei stellt sich die kommunale oder öffentliche Planung nur mehr als ein Akteur unter anderen dar und ihre hoheitliche Rolle wird durch kooperative Handlungsformen ergänzt. Die Anforderungen einer Strategie- und Querschnittsorientierung verbinden sich mit pragmatischer Umsetzbarkeit ebenso wie mit Steuerungselementen wie Kommunikation und Kooperation. Der Status quo des heutigen Planungsverständnisses ist deshalb von der Parallelität von „Planung" und „Entwicklung" sowie von „Fachkompetenz, Moderation und Vermittlung" geprägt (vgl. SINNING 2002: 59).

Vor diesem Hintergrund lässt sich das gegenwärtige Steuerungs- und Planungsverständnis zusammenfassend anhand der folgenden Merkmale beschreiben (vgl. u.a. RITTER 2006; SINNING 2002, SELLE 1995):

- Integrierte Herangehensweise und Ressortgrenzen überschreitende Planung.

- Brückenschlag von normativen Visionen, Zielstellungen über Strategien bis hin zu Ressourcen und Instrumenten zur operativen Umsetzung.

- Planung als Prozess.

- Einsatz kommunikativer Instrumente (Moderation, Mediation).

- Ergebnis- und Umsetzungsorientierung.

- Kooperativer Steuerungsmodus.

- Gewährleistung und Einbindung fachlicher Kompetenz.

- Projektorientierung und -management.

- Entwicklung und Anwendung eines flexiblen und bedarfsorientierten Instrumenten-Mix.

Hierdurch ergeben sich Anregungen und Synergien für die weitere Vertiefung von Steuerungsansätzen.

3.2.2 Formen und Steuerungsinstrumente der städtebaulichen Entwicklung auf kommunaler Ebene

In Anlehnung an die Begriffsbestimmungen in *Kap. 1.2* hat sich auf kommunaler Ebene in den letzten Jahrzehnten neben „Städtebau" der Begriff der „Stadt- und Ortsentwicklung" als Bezeichnung für die politisch gelenkte räumliche Entwicklung von Kommunen etabliert. Entsprechend den Darstellungen im *vorherigen Kap.* gab das Konzept der „Stadtentwicklungsplanung" den Anstoß dazu (vgl. ALBERS 1998: 572). Ausgehend von den Kernaufgaben der städtebaulichen Entwicklung werden auch andere kommunale Handlungsfelder berücksichtigt. Dabei weisen fast alle kommunalen Handlungsfelder einen räumlichen Bezug auf und tangieren damit zwangsläufig den Aufgabenbereich der räumlichen bzw. städtebaulichen Entwicklung. Sehr enge Beziehungen gibt es zu Aufgabenstellungen, die ebenso einen stark flächengebundenen Entwicklungscharakter aufweisen, wie die Verkehrsentwicklung sowie zur kommunalen Landschaftsplanung. Aber auch die kommunale Infrastruktur- und Wirtschaftsentwicklung und die Wohnungspolitik sind entscheidend auf die Verfügbarkeit geeigneter Flächen angewiesen, deren zweckmäßige Auswahl und Sicherung Aufgabe der räumlichen und städtebaulichen Entwicklung ist.

Neben dem Instrumentarium der Bauleitplanung haben sich zur Steuerung der städtebaulichen Entwicklung seit Anfang der 70er Jahre die bestandsbezogenen Aufgaben der Stadt- und Dorferneuerung und Stadtsanierung – später auch die Innenentwicklung und der Stadtumbau – etabliert (vgl. BOGUMIL 2005: 519).

Die klassische Funktion der städtebaulichen Entwicklung ist es, Bauland vorrangig für die Wohnsiedlungs- oder Gewerbeflächenentwicklung zu mobilisieren. Dazu kann die Kommune entweder neue Flächen bereitstellen oder für die Mobilisierung von Grundstücken und Immobilien im Bestand sorgen. Demnach spielen neben verfahrensbezogenen, städtebaulichen Instrumentarien die mit der Flächensicherung zusammenhängenden Aspekte wie Verfügbarkeit, die Vereinbarkeit von öffentlichen und privaten Interessen sowie die Finanzierungsmöglichkeiten eine wichtige Rolle. Baulandstrategien sind demnach eng mit boden-, sozial- und finanzpolitischen Ziele verflochten.

Der städtebaulichen Entwicklung auf kommunaler Ebene stehen prinzipiell folgende Kategorien an Steuerungsinstrumentarien zur Verfügung:

- Verpflichtende Steuerungsinstrumente der Bauleitplanung.

- Freiwillige Steuerungsinstrumente wie Stadterneuerung, städtebauliche Sanierung, Stadtumbau, Dorferneuerung und Innenentwicklung.

Während die Bauleitplanung ein für die Gemeinden nach dem Baugesetzbuch (BauGB) verpflichtendes Steuerungsinstrumentarium darstellt, um die Bodennutzung innerhalb ihres Gemeindegebietes zu regeln, bauen die Steuerungsinstrumente, die sich vorrangig auf den Bestand beziehen wie Stadt- und Dorferneuerung, städtebauliche Sanierung, Stadtumbau und Innenentwicklung, vorzugsweise auf eine freiwillige Anwendung der Kommunen auf. Letztere sind in besonderer Weise nach dem „Besonderen Städtebaurecht" geregelt.

a) Verpflichtende Steuerungsinstrumente der Bauleitplanung

Die Bauleitplanung ist das bisher wichtigste Planungswerkzeug zur Lenkung und Ordnung der städtebaulichen Entwicklung von Kommunen in Deutschland. Aufgabe der Bauleitplanung ist es gemäß § 1 Abs. 1 BauGB, die bauliche und sonstige Nutzung der Grundstücke in der Gemeinde nach Maßgabe des Baugesetzbuchs vorzubereiten und zu leiten. Der Bauleitplanung kommt daher eine in wesentlichem Umfang steuernde Funktion zu. Nach DIRNBERGER haben demnach die Kommunen im Zuge der Bauleitplanung die umfassende, schwierige und verantwortungsvolle Aufgabe, die Bodennutzung innerhalb ihres Gebiets zu bestimmen und zu steuern (vgl. DIRNBERGER 2005a: 197).

Aufgabe der Bauleitplanung ist es nicht nur, die zukünftige Flächenentwicklung im Sinne einer Baulandproduktion vorzubereiten, sondern diese zu begründen und auf ein angemessenes Maß zu begrenzen. Dahingehend wird in § 1a Abs. 5 Satz 1 BauGB eine „nachhaltige städtebauliche Entwicklung" vorgegeben: »die Bauleitpläne sollen eine nachhaltige städtebauliche Entwicklung und eine dem Wohl der Allgemeinheit entsprechende sozialgerechte Bodennutzung gewährleisten und dazu beitragen, eine menschenwürdige Umwelt zu sichern und die natürlichen Lebensgrundlagen zu schützen und zu entwickeln«. Mit der sog. „Bodenschutzklausel" wird in § 1a Abs. 2 das Erfordernis zu einer sparsamen Flächeninanspruchnahme unterstrichen: »Mit Grund und Boden soll sparsam umgegangen werden«. Damit kommt den Kommunen bei der Umsetzung des quantitativen wie qualitativen Bodenschutzes innerhalb der Bauleitplanung eine besondere Verantwortung zu.

In der kommunalen Praxis sind diese gesetzlichen Vorgaben bisher jedoch nur bedingt angekommen bzw. umgesetzt worden. Die Bauleitplanung dient nach wie vor der vorrangigen Baulandproduktion von bislang nicht bebauten Flurstücken nach dem Prinzip der "klassischen Angebotsplanung". Demnach entwickeln viele Kommunen ohne hinreichende Bedarfsfeststellungen Flächen auf der grünen Wiese und binden im Zuge von Grunderwerb, Planung und Erschließung in hohem Maße kommunale Ressourcen. So erscheinen Grundlagen der bisherigen Flächennutzungsplanung, wie eine häufig zugrunde gelegte lineare Bevölkerungsentwicklung, für die gegenwärtigen und zukünftig absehbaren Herausforderungen der demographischen Entwicklung nicht mehr ausreichend.

Mit der Novelle des BauGB 2004 ist die Bodenschutzklausel zwar für das Ziel einer Reduzierung des Flächenverbrauchs verbessert worden, innerhalb des Abwägungsvorgangs wird sie jedoch immer noch nachrangig behandelt. Nach Meinung verschiedener Experten ließen sich die Vorgaben der Bodenschutzklausel in der Praxis mittels Vorgabe quantitativer Angaben, welche baulich verwertbaren Potenziale im Innenbereich zunächst primär heranzuziehen wären, durchaus verbindlicher gestalten (vgl. KRAUTZBERGER 2002: 137, zit. in THIEL 2008: 101). Ein Vorschlag geht dahin, dass bei der zusätzlichen Baulandproduktion im bisherigen Außenbereich eine schlüssige Argumentationskette vorzubringen sei, wozu neben einer konkreten Bedarfserhebung auch eine bauliche Bestandsaufnahme des nutzbaren Potenzials im Bestand in Abgleich zu realistischen Bevölkerungs- und Nachfrageentwicklungen zählen müsste[35] (vgl. THIEL 2008: 101). Angesichts eines häufig vorschnellen Ausweichens auf die Außenentwicklung erscheint es erforderlich, die Ernsthaftigkeit und Differenziertheit der Abwägung alternativer Mobilisierungsmöglichkeiten im Bestand verbindlicher einzufordern.

Der Flächennutzungsplan (F-Plan) ist im Zuge der „vorbereitenden Bauleitplanung" die zentrale planerische Grundlage für die künftige Bodennutzung einer Gemeinde. Gemäß § 5 Abs. 1 Satz 1 BauGB wird im Flächennutzungsplan für das gesamte Gemeindegebiet die sich aus der beabsichtigten städtebaulichen Entwicklung ergebende Art der Bodennutzung unter Berücksichtigung aller relevanten Raumnutzungsansprüche und nach den voraussehbaren Bedürfnissen der Gemeinde in den Grundzügen dargestellt. Der F-Plan besitzt – analog zu informellen Planwerken – keinen rechtlichen Normcharakter, d.h., die Aussagen bleiben auf die Darstellungsmöglichkeiten zur Art der Bodennutzung im Sinne einer gemeindlichen Leitlinien- und Orientierungsfunktion beschränkt.
Im Idealfall beinhaltet er die ganzheitliche Planungskonzeption für die Gemeinde in den nächsten 10 bis 15 Jahren. In der kommunalen Praxis wird von diesem Ideal häufig abgewichen, wonach Flächennutzungspläne je nach Bedarf immer wieder punktuell geändert werden, ohne dass eine konzeptionelle Anpassung erfolgt. In der Folge wird der Flächennutzungsplan als Gesamtkonzept durch das kommunale Alltagsgeschäft überholt (vgl. DIRNBERGER 2005a: 198).

---

[35] Siehe dazu u.a. Bundesvereinigung der kommunalen Spitzenverbände, Stellungnahme zum Europarechtsanpassungsgesetz (EAG) Bau (2003: 5).

Die Novellen des BauGB 2004 und 2007 waren mit einem Paradigmenwechsel der Flächennutzungsplanung verbunden. Vorgeschlagen wird eine generelle Befristung der Geltungsdauer von Flächennutzungsplänen, wie sie auch in anderen EU-Ländern wie z.b. Dänemark praktiziert wird. Dies würde eine regelmäßige Überprüfung der aufgestellten Planungsziele und eine Flexibilisierung der Bauleitplanung ermöglichen. Eine Revision und Neuaustellung von F-Plänen nach 10 bis 15 Jahren kann, auch unabhängig von den Bemühungen um eine nachfrageorientierte Baulandbereitstellung, als sachgerecht eingestuft werden (vgl. THIEL 2008: 102). In diesem Zusammenhang ist die im BauGB zunächst verankerte Revisionspflicht (ehemals § 5 Ab. 1 Satz 3 BauGB) mit einem vorgesehenen Revisionszeitraum von 15 Jahren inzwischen wieder herausgenommen worden.

Für den Zweck von Bebauungsplänen (B-Plan) auf Ebene der „verbindlichen Bauleitplanung" ist der § 8 Abs. 1 BauGB maßgebend: »der Bebauungsplan enthält die rechtsverbindlichen Festsetzungen für die städtebauliche Ordnung«. Mit den Bebauungsplänen werden die Art und das Maß der baulichen und sonstigen Nutzungen rechtsverbindlich für öffentliche und private Akteure geregelt. Die gesetzlichen Bestimmungen des BauGB zu einer nachhaltigen und effizienten Bodennutzung gelten auch hier. Die Kommunen haben mit dem B-Plan relativ breite Möglichkeiten der Steuerung, wenngleich die Bauleitplanung grundsätzlich den Zielen der vorbereitenden Flächennutzungs- und übergeordneten Regionalplanung angepasst werden muss. Wichtigste Unterscheidung ist der „einfache" und „qualifizierte" B-Plan.

Nach § 13 BauGB, der bislang die Aufstellung, Änderung oder Ergänzung eines Bebauungsplans im vereinfachten Verfahren geregelt hat, wurde durch das BauGBÄndG 2007 ein neuer § 13 a BauGB eingefügt. Nach dieser Vorschrift kann ein Bebauungsplan im sog. „beschleunigten Verfahren" als Bebauungsplan der Innenentwicklung zur Wiedernutzbarmachung von Flächen, der Nachverdichtung oder anderer Maßnahmen der Innenentwicklung aufgestellt werden. Bebauungspläne der Innenentwicklung sind somit abzugrenzen von Bebauungsplänen, die gezielt Flächen außerhalb der Ortslagen einer Bebauung zuführen. Bebauungspläne der Innenentwicklung sind Bebauungspläne, die die Erhaltung, Erneuerung, Fortentwicklung, Anpassung und den Umbau vorhandener Ortsteile (vgl. § 1 Abs. 6 Nr. 4 BauGB) betreffen, die der Umnutzung von Flächen dienen (bebaute Ortsteile i. S. des § 34 BauGB) oder innerhalb des Siedlungsbereichs befindliche brachgefallene Flächen oder Flächen, die aus anderen Gründen einer neuen Nutzung zugeführt werden sollen (vgl. GOLDSCHMIDT 2010: 187f).

Die in den BauBG-Novellen 2004 und 2007 formulierten § 9 Abs. 1 Nr. 3 BauGB und § 13a BauGB dienen einer vereinfachten und beschleunigten Innenentwicklung. Der § 13 a BauGB dient der Verfahrensvereinfachung im Bestand und ist umgekehrt per se nicht auf die Vermeidung einer unbotmäßigen Außenentwicklung angelegt (vgl. THIEL 2008: 102).

Aus Sicht von DIRNBERGER hat das Modell des herkömmlichen Bebauungsplans, den die Gemeinde auf der grünen Wiese im Sinne einer Angebotsplanung aufstellt, vielfach ausgedient. Für eine erforderliche, aktive und kooperative Bodenpolitik hat das BauGB auf Ebene der Bauleitplanung in den letzten Jahren neue Instrumente zur Verfügung gestellt. Der vorhabenbezogene Bebauungsplan nach § 12 BauGB und die städtebaulichen Verträge nach § 11 BauGB geben der Gemeinde die Möglichkeit, gemeinsam mit dem Eigentümer oder Investor eine bedarfs- und interessengerechte Baulandentwicklung vorzunehmen (vgl. DIRNBERGER 2005b: 234). Als Vorteile solcher öffentlicher und privater Kooperationen werden u.a. die Akzeptanz der Ergebnisse, die Entlastung der Kommunen, der höhere Erreichungsgrad der mit der Planung verfolgten Ziele, die Möglichkeit zur Mobilisierung vorhandener Baulandpotenziale sowie Zeit- und Kostenersparnis für die privaten Investoren betrachtet (vgl. DEUTSCHER VERBAND FÜR WOHNUNGSWESEN, STÄDTEBAU- UND RAUMORDNUNG 1999: 44f). Zu berücksichtigen ist, dass dieses Instrumentarium in der kommunalen Praxis vorzugsweise für Investorenprojekte von Bedeutung ist.

Mit der zum 01.01.1998 in Kraft getretenen Novellierung des Baugesetzbuchs wurde die „naturschutzrechtliche Eingriffsregelung" u.a. in § 1a Abs. 3 und § 135a Abs. 2 weiterentwickelt. In diesem Zusammenhang wurde u.a. die Möglichkeit eröffnet, Kompensationsmaßnahmen flexibel auch an anderer Stelle als dem Ort des Eingriffs ausgleichen zu können. Über das Instrument des sog. „Kompensationsflächenpools", an dem mehrere Kommunen beteiligt sein können, werden geeignete Flächen gebündelt und bevorratet sowie bei Bedarf zielgerichtet für Ausgleichs- oder Ersatzmaßnahmen verwendet. Vorteile, die durch derartige Flächenpools gesehen werden, sind die Möglichkeit einer räumlichen Konzentration, die Beschleunigung von Planungsverfahren, die Erhöhung der ökologischen Wirksamkeit und der Ausgleich im Kontext einer übergemeindlichen Landschaftsentwicklung (vgl. u.a. REIß-SCHMIDT 1996: 274).

Der Einsatz „städtebaulicher Verträge" als Kooperationsmöglichkeit mit Privaten kommt sowohl im Rahmen des verbindlichen Steuerungsinstrumentariums zur Entwicklung von Baugebieten als auch innerhalb des freiwilligen Steuerungsinstrumentariums beispielsweise zur Bewältigung von Rückbaumaßnahmen unter

Einbindung der Immobilieneigentümer in Betracht (vgl. THIEL 2008: 155). Städtebauliche Verträge stellen somit eine Schnittstelle zwischen dem verbindlichen und freiwilligen Steuerungsinstrumentarium dar. Mit einem städtebaulichen Vertrag korrespondiert u.a. die Übernahme bestimmter Leistungen im Bereich städtebaulicher Maßnahmen.»Hierunter fallen sämtliche Formen der Planung und Bodenordnung sowie Maßnahmen im Rahmen des städtebaulichen Vorkaufsrechts, soweit diese die Belange der betroffenen Grundstückseigentümer tangieren (§ 11 Abs. 1 Nr. 1 BauGB)« (vgl. THIEL 2008: 156). Damit wird der Spielraum der gemeindlichen Steuerungsmöglichkeiten im Zuge der städtebaulichen Verträge vom klassischen angebotsorientierten Bebauungsplan hin zu flexibleren und freiwilligen Steuerungsinstrumentarien erweitert.

Auch wenn die neu geschaffenen Instrumentarien ansatzweise zu einer Flexibilisierung der Bauleitplanung hin zu einer stärkeren Bedarfs- und Nachfrageorientierung beigetragen haben, so bleibt die Kernfrage, inwieweit diese im Zuge der kommunalen Praxis tatsächlich auch genutzt werden.

b) Freiwillige Steuerungsinstrumentarien

Rahmenplanung als ergänzendes informelles Planungsinstrument

In Ergänzung zur Bauleitplanung bietet sich auch der „städtebauliche Rahmenplan" nach § 140 Nr. 4 BauGB als städtebauliches Steuerungsinstrument an, das sowohl zur Außen- wie auch Innenentwicklung eingesetzt werden kann. Der Rahmenplan hat sich in der Praxis als informelles Planungsinstrument in besonderer Weise bewährt, um konzeptionelle Überlegungen für eine flexibel zu definierende Teilfläche des Gemeindegebietes zu erarbeiten und zur Klärung städtebaulicher und funktionaler Zusammenhänge beizutragen. Der Rahmenplan stellt damit ein bedarfsorientiertes Bindeglied zwischen Flächennutzungsplan und Bebauungsplan dar (vgl. KÖHLER 2005: 119f). Ergänzend zu den formellen Bauleitplanungsverfahren schafft er einen konzeptionell-planerischen Freiraum, der in einer Zielvereinbarung von Politik und Verwaltung mündet und auf dessen Ergebnisse formelle Verfahren eine Beschleunigung erfahren können.

Instrumentarium im Rahmen des Besonderen Städtebaurechts

Angesichts eines zunehmenden Anpassungs- und Veränderungsdrucks auf die städtebaulichen Strukturen wurde die „Stadterneuerung" in den alten Bundesländern als systematisch verankertes Instrumentarium seit Anfang der 70er Jahre eingeführt. Die Verabschiedung des Städtebauförderungsgesetzes von 1971 markierte einen Wendepunkt in der Städtebaupolitik der Nachkriegszeit, die in den ersten Jahrzehnten durch die Aufgaben des Wiederaufbaus und später vor allem durch den großen Neubaubedarf im Rahmen der Wohnsiedlungsentwicklung gekennzeichnet war (vgl. KRAUTZBERGER 1998: 587f).

Von einer grundlegenden Erneuerung innerörtlicher Bereiche geleitet, ließen sich die ersten Jahre der Stadterneuerung mit einer Strategie der „Flächensanierung" in Verbindung bringen. Durch einen umfassenden Erwerb und Neuüberplanung erhoffte man sich eine grundlegende Modernisierung alter Siedlungsstrukturen und die Verbesserung von Wohnungsstandards. Durch die besonderen Voraussetzungen im Bestand war die Stadterneuerung auf eine Veränderung der Planungskultur angewiesen. Schon sehr früh wurde klar, dass der Erfolg von Sanierungsmaßnahmen maßgeblich von einer Einbindung und Akzeptanz betroffener Bürger abhängig sein würde. Das Städtebauförderungsgesetz (StBauFG) war deshalb das erste Gesetz in der Bundesrepublik, in dem die Einbeziehung der von öffentlichen Maßnahmen betroffenen Bürger in den kommunalen Entscheidungsprozess gesetzlich vorgeschrieben wurde (vgl. KRAUTZBERGER 1998: 587f). Die in der Folge vielerorts stattfindende Neuorientierung der Stadterneuerungspolitik – weg von der Flächensanierung hin zu erhaltenden und gezielteren Erneuerungsvorhaben – ging einher mit einem gesellschaftspolitischen Bewusstseinswandel. Ganz maßgeblich wurde diese Neuorientierung der Sanierungspolitik durch eine, nicht zuletzt aus ökologischen Gründen, stärkere Orientierung zum Bestand unterstützt (vgl. KRAUTZBERGER 1998: 588f).

Mit der Integration des Städtebauförderungsgesetzes in das BauGB im Jahr 1986 wurde die Stadterneuerung als Daueraufgabe anerkannt. Damit regelt das BauGB städtebauliche Sanierungsmaßnahmen im zweiten Kapitel unter der Überschrift des „Besonderen Städtebaurechts". Dieses umfasst die Vorbereitung und Durchführung von städtebaulichen Sanierungs- und Entwicklungsmaßnahmen im Rahmen der der Stadterneuerung und -sanierung, der besonderen städtebaulichen Entwicklung, des „Stadtumbaus", der „Sozialen Stadt"[36] und des „Städtebaulichen Denkmalschutzes".
Aufgabe der Städtebauförderung ist nach § 136 BauGB die Beseitigung oder Verhinderung städtebaulicher Missstände. Die Vorbereitung, Durchführung, Abwicklung und Finanzierung städtebaulicher Sanierungs- und Entwicklungsmaßnahmen obliegt den Kommunen als Selbstverwaltungsaufgabe. Bund und Land

---

[36] Auf Grund des starken Bezugs zur Steuerung von Angebot und Nachfrage wird nachfolgend das Instrumentarium des Stadtumbaus differenzierter aufgegriffen, während auf das Instrument der „Sozialen Stadt" auf Grund seiner anderweitigen Schwerpunktsetzung hinsichtlich sozialer Integrationsprozesse nicht näher eingegangen wird.

stellen dafür Finanzmittel zur Verfügung. Fördergegenstand sind durch die Kommune nach § 142 bzw. § 165 BauGB festgelegte städtebauliche Gesamtmaßnahmen als Sanierungs- oder Entwicklungsmaßnahmen. Schwerpunkte sind: Ortsbild und Denkmalpflege, Wohnumfeldverbesserung und Gebäudemodernisierung, Wohnbestandsverbesserung, bedarfsgerechtes sozialverträgliches Wohnungsangebot sowie die Schaffung von Gemeinbedarfseinrichtungen. Laut § 136 Abs. 2 Satz 1 BauGB tragen städtebauliche Sanierungsmaßnahmen dazu bei, dass »ein Gebiet zur Behebung städtebaulicher Missstände wesentlich verbessert oder umgestaltet wird«. In § 136 Abs. 2 nennt das BauGB „Substanz- und Funktionsschwächen" als relevante Grundformen städtebaulicher Missstände (vgl. KÖHLER 2005: 57f).

Die Festlegung von Sanierungsmaßnahmen sowie des Sanierungsgebietes erfolgt im Rahmen städtebaulicher Voruntersuchungen nach § 141 und § 165 Abs.4 BauGB. Diese haben den Status einer informellen Planung, die die Planungshoheit der Gemeinde zur Grundlage hat und durch das Kommunalparlament zu beschließen ist. Ebenso müssen Sanierungsgebiete durch eine Sanierungssatzung nach § 142 Abs. 1 BauGB förmlich festgesetzt werden (vgl. KÖHLER 2005: 59f). Wesentliches Element der Städtebauförderung ist ein quartiersbezogener Ansatz, wodurch eine räumliche Konzentration von Sanierungsmaßnahmen ermöglicht wird.

In Anlehnung an Governance-Strategien spielt die Partnerschaft zwischen öffentlichen und privaten Akteuren (Public Private Partnership/PPP) im Rahmen der Städtebauförderung von jeher eine wichtige Rolle. Auf Grundlage einer öffentlichen bzw. kommunalen Impulsgebung soll die Investitionsbereitschaft im Privatbereich und in besonderer Weise von Seiten der wirtschaftlich tätigen Akteure wie Handel und Dienstleistung angeregt werden. Wichtiges Ziel der Städtebauförderung ist die Auslösung von privaten Folgeinvestitionen. Eine wichtige Voraussetzung hierfür sind u.a. die im Besonderem Städtebaurecht in § 144 BauGB verankerten erhöhten Abschreibungsmöglichkeiten für Sanierungsmaßnahmen durch private Immobilieneigentümer[37].

Ausgehend von dem bayerischen Modellvorhaben „Leben findet innen statt" stellt das 2008 bundesweit aufgelegte Programm „Aktive Stadt- und Ortsteilzentren" eine Weiterentwicklung der PPP-Strategie im Rahmen der Städtebauförderung

---

[37] In Anlehnung an das Besondere Städtebaurecht sieht das Einkommensteuergesetz erhöhte Abschreibungsmöglichkeiten sowohl für Vermieter als auch für Nutzer eigener Gebäude in Sanierungsgebieten nach den §§ 7h, 10f und 11a Einkommensteuergesetz vor. Demnach können nach Vereinbarung mit der jeweiligen Kommune private Sanierungs- und Erhaltungsmaßnahmen in einer Sonderabschreibung innerhalb von 10 Jahren komplett steuerlich abgeschrieben bzw. geltend gemacht werden.

dar. Dieses sieht als Kernelement die Einrichtung eines Sanierungsfonds vor, der sowohl aus öffentlichen wie auch privaten Mitteln gespeist wird.

Im Zuge des Europarechtsanpassungsgesetz (EAG) Bau im Jahr 2004 wurden Regelungen zum „Stadtumbau" im Baugesetzbuch (BauGB) verankert (2. Kapitel, 3. Teil – §§ 171a – 171d). Ausgangspunkt für den Stadtumbau sind soziale und wirtschaftliche Veränderungs- und insbesondere Schrumpfungsprozesse, die zu einer stark rückläufigen Wohnungsnachfrage, Leerständen und einer geringen Infrastrukturauslastung führen. Der Stadtumbau ist dadurch gekennzeichnet, dass bauliche Anlagen und insbesondere Wohngebäude aufgrund von Veränderungsprozessen dauerhafte Funktionsverluste erfahren. Von den Schrumpfungsprozessen ist neben den privaten Wohngebäuden in der Regel auch die öffentliche Infrastruktur betroffen. Diese erforderlichen Kapazitätsanpassungen der öffentlichen Infrastruktur gilt es durch langfristig angelegte Strategien zu steuern. Stadtumbaustrategien zur Stadt- und Immobilienentwicklung können demzufolge sein (vgl. GOLDSCHMIDT 2005: 123f):

- Umbau der Wohnungsbestände (Aufwertung, Zusammenlegung).

- Stärkung der Innenentwicklung u.a. durch die Aktivierung von gewerblichen und industriellen Brachen.

- Aufgabe peripherer Stadtteile mit Rückbau ohne oder mit städtebaulicher Nachnutzung.

- Ausdünnung bzw. Teilrückbau von Altbau- oder ggf. Neubauquartieren (Abriss einzelner Gebäude, Herausnahme von Segmenten).

- Erhaltung und ggf. Umstrukturierung der Innenbereiche (Rückbau nicht benötigter und nicht stadtbildprägender Bausubstanz zur Schaffung anderer relevanter Nutzungen).

Kern des Stadtumbaus ist es, einen nachhaltigen Immobilienmarkt wiederherzustellen, wobei die Anpassung von Kapazitäten an veränderte Nachfrage- bzw. Bedarfsstrukturen eine zentrale Herausforderung darstellt. Dieser Ansatz wird durch das Stadtumbau- und Wohnungswirtschaftskonzept als integraler Bestandteil des städtebaulichen Entwicklungskonzeptes nach § 171 Abs. 2 BauGB verfolgt. Hierzu gehören insbesondere die Mitwirkung der Eigentümer sowie die bedarfsbezogene Einbeziehung von Kreditinstituten und der Immobilienwirtschaft. Dies setzt nicht nur die Einbindung und Beratung, sondern vor allem auch die transparente Darstellung der möglichen Auswirkungen des Stadtumbaus auf das Eigentum voraus. Insofern sind komplexe Fragen der Wertermittlung sowie Lastenausgleichsmodelle zu berücksichtigen (vgl. GOLDSCHMIDT 2005: 126f).

Der Stadtumbau wurde 2002 zunächst mit der Auslobung des Programms „Stadtumbau Ost" begonnen. Bis 2009 beteiligten sich ca. 400 Kommunen am Stadtumbau Ost, wobei eine Reduzierung des Wohnungsbestands um 350.000 Wohnungen im Zeitraum 2002 bis 2009 erreicht werden konnte. Ausgehend von einem geschätzten Wohnungsleerstand von ca. 1 Mio. Wohnungen im Jahr 2002 konnte ca. ein Drittel des leerstehenden Wohnungspotenzials zurück gebaut werden (BUNDESTRANSFERSTELLE STADTUMBAU WEST, http://www.stadtumbau-ost.info). Aufbauend auf Erfahrungen im Rahmen des Stadtumbaus Ost wurde 2004 auch der „Stadtumbau West" als Regelprogramm der Städtebauförderung gestartet. Bis Ende 2009 fanden 381 Städte und Gemeinden, davon ca. 101 Kommunen interkommunal kooperierend, Aufnahme im Förderprogramm (BUNDESTRANSFERSTELLE STADTUMBAU WEST, http://www.stadtumbauwest.de). Der interkommunale Aspekt im Rahmen des Stadtumbaus wird nachfolgend in *Kap. 4.2.3* vertieft.

Der Stadtumbau ist in besonderer Weise auf die Steuerung von Angebot und Nachfrage mittels der immobilienwirtschaftlichen Komponente ausgerichtet. Am Beispiel des Stadtumbaus Ost werden allerdings auch die Grenzen einer immobilienwirtschaftlichen Anpassung mit den „goldenen Zügeln" staatlicher Förderung deutlich. Erfahrungen aus dem Stadtumbau Ost zeigen, dass Stadtum- und Rückbaustrategien vor allem dort greifen, wo Wohnungsbauträger mit einem größeren Wohnungsangebot unter dem Dach eines Trägers eingestiegen sind (vgl. LIEBMANN et al 2006: 76f). Die Dimension der Leerstandsentwicklung in den Neuen Bundesländern mag nur bedingt auf die Alten Bundesländer übertragbar sein, jedoch entwickelt sich die generelle Auseinandersetzung mit Rückbaustrategien und eine Anpassung des Immobilienbestands auch in vielen Städten und Regionen der Alten Bundesländer zu einem zunehmenden Zukunftsthema. Generell ist davon auszugehen, dass sich derartige kommunale Anpassungsstrategien in kleinräumigeren Strukturen mit einem vielfältigen Immobilienbesitz in privater Hand („Streubesitz") als wesentlich schwieriger umsetzbar darstellen.

Instrumentarium im Rahmen der Dorferneuerung (Flurneuordnung)

Neben dem Instrumentarium des Städtebaurechts bzw. BauGB ist für Gemeinden in ländlichen Gebieten das freiwillige Instrumentarium der Dorferneuerung mit dem Bestandteil der ortsräumlichen Planung und Entwicklung von Bedeutung. Nachdem die Dorferneuerung als Teilbereich der Flurneuordnung unter dem Dach der Verwaltungen für Ländliche Entwicklung hervorging, ist die Dorferneuerung in Deutschland im Flurbereinigungsgesetz (FlurbG) verankert. In vielen Bundesländern, so wie auch in Bayern, sind für die weitere Anwendung

Richtlinien zur Dorferneuerung als informelles Planungs- und Steuerungsinstrument zugrunde gelegt.

Aus der Tradition der Flurneuordnung war die ortsräumliche Planung im Rahmen der Dorferneuerung in besonderer Weise auf die Umsetzung von Maßnahmen zur Verbesserung des Ortsbildes und zur Stärkung der gemeinschaftlichen Infrastruktur ausgerichtet. Durch die veränderten Rahmenbedingungen in ländlichen Gemeinden ist in den letzten Jahren auch im Rahmen der Dorferneuerung die Anforderung an eine stärkere städtebaulich-strukturelle Ausrichtung mit einer differenzierteren Betrachtung einzelner Siedlungsbereiche gewachsen. So ist in den Bayerischen Dorferneuerungsrichtlinien seit 2005 unter Pkt. 1. Zuwendungszweck die „Förderung der Innenentwicklung der Dörfer durch die Dorferneuerung" als Zielstellung verankert (vgl. STMLF 2005).

Eine wichtige Unterscheidung zwischen den Instrumenten der Städtebauförderung und der Dorferneuerung betrifft die Rolle der Privaten. Auch wenn auf Seiten der Dorferneuerung seit den 80er Jahren die Beteiligung der Bürger zu einem Kernelement zählt, hat die Auslösung privater Investitionen keine mit der Städtebauförderung vergleichbare Bedeutung erlangt. Dies kann zum einen auf die unterschiedlichen Funktionen und Eigentumsstrukturen in ländlichen Gemeinden zurückgeführt werden, entscheidend sind jedoch die unterschiedlichen Steuerungs- und Förderstrategien.

Im Gegensatz zu den indirekten Fördermöglichkeiten der Städtebauförderung über Abschreibungsmöglichkeiten auf Grundlage der Kombination von BauGB und Steuerrecht sieht die Dorferneuerung nur eine direkte Förderung von Privatmaßnahmen vor. Obgleich es eine Arbeitsteilung[38] und Abstimmung des Instrumenteneinsatzes zwischen der Dorferneuerung und Städtebauförderung gibt und der Dorferneuerung damit faktisch eine wichtige Rolle als informelles und bestandsorientiertes Planungsinstrument für kleinere Gemeinden zukommt, kann der fehlende Zugriff auf das BauGB und die Möglichkeiten des Besonderen Städtebaurechts als ein Defizit angesehen werden. Unter den Vorzeichen eines teilweise hohen Sanierungsrückstaus und zunehmender Leerstandentwicklung in kleineren ländlichen Gemeinden (vgl. STMLF 2006: 21) sind auch zukünftige Planungen und Maßnahmen der Dorferneuerung in verstärktem Maße auf die Auslösung der Investitionsbereitschaft von privater Seite angewiesen.

---

[38] In Abgrenzung zur Städtebauförderung wird in Bayern die Dorferneuerung in Orten mit bis zu 2.000 Einwohnern eingesetzt (Dorferneuerungsrichtlinien, StMLF 2005).

Instrumentarium im Rahmen der Innenentwicklung

Der Trend zu einem stärkeren Bedarf für eine Bestandsorientierung lässt sich insgesamt unter dem Begriff der „Innenentwicklung" subsummieren. Bei dem Begriff der Innenentwicklung handelt es sich um einen planerischen Begriff und nicht um einen Rechtsbegriff; weder im Bauplanungsrecht noch im Bauordnungsrecht findet sich eine entsprechende Definition. Im BauGB wird der Begriff der Innenentwicklung als städtebaufachlicher Begriff vorausgesetzt und ist nicht legal definiert. In der Terminologie wird damit u.a. an die Bodenschutzklausel in § 1 a Abs. 2 Satz 1 BauGB angeknüpft. Leitbildaussagen zur Innenentwicklung finden sich u.a. in § 171 a Abs. 3 Satz 2 BauGB (Stadtumbaumaßnahmen).

Im aktuellen Landesentwicklungsprogramm Bayern wird zwar der Begriff Innenentwicklung nicht direkt verwendet, jedoch wird in den Zielen und Grundsätzen zu einer nachhaltigen Siedlungsentwicklung (BIV) auf die Entwicklung der Innenstädte und Ortszentren sowie die Rolle der Städtebauförderung und Dorferneuerung Bezug genommen (LEP 2006: 57):

- »Die Städte und Dörfer, vor allem die Innenstädte und Ortszentren, sollen als Träger teilräumlicher Entwicklungen auf der Grundlage ganzheitlicher Konzepte in ihrer Funktion, Struktur und unverwechselbaren Gestalt erhalten, erneuert und weiter entwickelt werden.

- Deren Unterstützung durch die Städtebauförderung und Dorferneuerung kommt dabei besondere Bedeutung zu«.

Für die Akzeptanz und Durchsetzung von Maßnahmen zur Innenentwicklung ist eine informelle Planung (ggf. nach dem Besonderen Städtebaurecht oder nach Dorferneuerungsrichtlinien bzw. FlurbG) in Ergänzung zu formellen Planungsinstrumenten (z.B. innerörtlicher Bebauungsplan, Satzung) aufgrund der damit zusammenhängenden besonderen Anforderungen von grundlegender Bedeutung (vgl. MITSCHANG 2002). Innenentwicklung kann demnach als Verknüpfung verschiedener Planungs- und Handlungsansätze angesehen werden, deren gemeinsames Merkmal eine ausgeprägte räumliche Orientierung auf den baulichen Bestand ist. In der Fachliteratur zielt der Begriff Innenentwicklung insbesondere auf eine Mobilisierung von Nutzungspotenzialen im Innenbereich und in anderweitig überplanten Gebieten einer Kommune ab (vgl. SIEDENTOP 2003: 90f).

Abb. 10: Einordnung der Innenentwicklung und relevante städtebauliche Ziele
(Quelle: BAYSTMLF; RAAB, AUWECK 2006: 12)

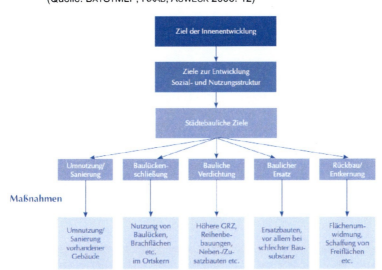

Hinsichtlich der städtebaulichen Strategien und Maßnahmen können typisierend die Umnutzung/ Sanierung, Baulücken-schließung, bauliche Ver-dichtung, baulicher Ersatz sowie Rückbau/Entkernung unterschieden werden. Während Strategien zur Steuerung der baulichen Verdichtung eher ein Aufgabenfeld für Kommunen mit stabiler Nachfrage darstellen, sind Rückbau und Entkernung vor allem in Gemeinden mit der Entwicklung zu Angebotsüberhängen relevant.

Eine ausschließliche Betrachtung auf die Potenziale im Bestand würde allerdings für eine erfolgversprechende Innenentwicklung zu kurz greifen. Wenn ein wirksamer Beitrag zur Strategie der flächenschonenden und sozialverträglichen Siedlungsentwicklung geleistet werden soll, müssen der politische Wille zur Innenentwicklung mit der Baulandausweisungspolitik in ihrem Zusammenhang und ihrer Wechselwirkung betrachtet werden (vgl. SPANNOWSKY 2002).

Gesamtbetrachtung des städtebaulichen Steuerungsinstrumentariums

Zusammenfassend lässt sich feststellen, dass das verpflichtende Instrumentarium der Bauleitplanung grundsätzlich auf eine rechtliche Sicherung und Durchsetzungsmöglichkeit von städtebaulichen Zielen der Kommune ausgerichtet ist, während das freiwillig anwendbare Instrumentarium die Möglichkeit bietet, in prozessorientierter Form Anforderungen zu erkennen und daraus gemeinsame

Ziele zu entwickeln. Ein wesentlicher Unterschied besteht insbesondere darin, dass die verpflichtenden Instrumente in der Regel aus einem Eigeninteresse der Kommunen angewendet werden, während die Anwendung der freiwilligen Instrumentarien auf Grundlage des Besonderen Städtebaurechts oder der Dorferneuerungsrichtlinien an die Generierung von Fördermitteln über die Programme der Städtebauförderung oder Dorferneuerung gekoppelt sind. Der Einsatz der freiwilligen, bestandsorientierten Steuerungsinstrumente hängt damit in hohem Maße von dem „goldenen Zügel" einer staatlichen Förderung ab. Vor diesem Hintergrund besteht eine zentrale Herausforderung darin, wie sich auch unabhängig von staatlichen Fördermitteln private Investitionen im Bestand durch kommunale Steuerungsaktivitäten auslösen lassen.

Die historischen Wurzeln des verpflichtenden baurechtlichen Instrumentariums reichen in die Phase eines dynamischen Bevölkerungs- und Wirtschaftswachstums zurück. Dahingehend ist es vergleichsweise gut geeignet, eine auf Wachstum orientierte Außenentwicklung und Angebotsbereitstellung zu organisieren. Hierzu verfügen die Kommunen über jahrzehntelange Erfahrungen und haben eingespielte Handlungsroutinen entwickelt. Weit weniger Erfahrungen haben die Kommunen bisher jedoch mit der Aufgabe, den städtebaulichen Bestand an veränderte Bedarfsstrukturen anzupassen (vgl. SIEDENTOP 2002: 39).

Trotz sich verändernder Rahmenbedingungen der Bevölkerungsentwicklung hat die klassische Angebotsplanung in Verbindung mit der Außenentwicklung „auf der grünen Wiese" immer noch einen hohen Stellenwert. Nach Ansicht von SIEDENTOP wird eine rückläufige Bevölkerungsentwicklung allein keine Trendwende der Siedlungsentwicklung herbeiführen. Insofern stellen bestandsorientierte Strategien alles andere als einen Selbstläufer dar. Der interkommunale Wettbewerb um Einwohner und das in Zukunft knapper werdende Erwerbspersonenpotenzial lässt zudem befürchten, dass sich die Inanspruchnahme von Siedlungsflächen mehr und mehr von der tatsächlichen Entwicklung der Bevölkerungs- und Haushaltszahlen bzw. des Wohnflächenbedarfs entkoppelt (vgl. SIEDENTOP 2003: 96f). Vor diesem Hintergrund sind Bemühungen einer Gemeinde hinsichtlich bestandsorientierter Strategien der Gefahr ausgesetzt, durch die Konkurrenz von preisgünstigem und schnell verfügbarem Bauland der Nachbargemeinden unterwandert zu werden (vgl. SIEDENTOP 2003, KRAUTZBERGER 2002, RUNKEL 2002). Von daher sind dem Erfolg von bestandsorientierten Strategien ohne eine übergemeindliche Abstimmung der Siedlungsentwicklung – insbesondere bei der Baulandbereitstellung – Grenzen gesetzt.

3.2.3 Bedeutung fiskalischer Zusammenhänge für die räumliche bzw. städtebauliche Entwicklung auf kommunaler Ebene

Wie bereits in *Kap. 3.1.3* dargestellt, stellt die Ansiedlungspolitik bislang für Kommunen eine wesentliche Möglichkeit zur Generierung von Einnahmen dar. Dabei werden die wichtigsten Steuereinnahmen einer Gemeinde, die Einkommen- und die Gewerbesteuer, von den Einwohnern und Gewerbebetrieben auf der kommunalen Gemarkungsfläche aufgebracht.

Grundlegend stellt sich die Frage, inwieweit im Zuge der Ansiedlung von Wohnbevölkerung oder Gewerbebetrieben „die Rechnung für die Kommunen aufgeht", d.h. unter Berücksichtigung aller relevanten Fiskalgrößen und des Faktors Zeit die Einnahmen gegenüber den Ausgaben überwiegen. Die nachfolgende Tabelle gibt einen groben Überblick über relevante Einnahmen- und Ausgabenfaktoren.

Tab. 1: Überblick relevanter Einnahmen- und Ausgabenfaktoren (vgl. u.a. ÖKONSULT/ VERBAND REGION STUTTGART 2006: 9; JUNKERNHEINRICH 1994: 63)

Relevante Fiskalgrößen		Ansiedlungsstrategie/Zielgruppe		Zeitfaktor	
Kategorie	Grobe Einzelposten	Wohnsiedlung/ Einwohner	Gewerbeflächen/ Gewerbebetriebe	kurz- / mittelfristig	langfristig
Flächenrelevante, fiskal. Einnahmequellen	Einkommensteuer	X			X
	Gewerbesteuer		X		X
	Grundsteuer	X	X		X
Weitere, flächenrelevante Einnahmemöglichkeiten	Flächenverkauf / Grundstücksveräußerung	X	X	X	
Kommunaler Finanzausgleich		X	X		X
Anfangs-/ Investitionskosten	Flächenerwerb	X	X	X	
	Planungskosten	X	X	X	
	Verkehrsmäßige (Straßen, Wege) und technische Erschließung (Abwasser/ Kanal, Wasser etc.) • Innere Erschl. (innerhalb Baugebiet) • Äußere Erschl. (außerhalb Baugebiet)	X Refinz. / Erschließungsbeiträge Kommune	X Refinz. / Erschließungsbeiträge Kommune	X	

Relevante Fiskalgrößen		Ansiedlungsstrategie/Zielgruppe		Zeitfaktor	
Kategorie	Grobe Einzelposten	Wohnsiedlung/ Einwohner	Gewerbeflächen/ Gewerbebetriebe	kurz- / mittelfristig	langfristig
Direkte Folgekosten	Unterhaltskosten zur verkehrsmäßigen und technischen Infrastruktur (Straßen- / Kanalunterhalt)	X	X		X
	Unterhalt Ausgleichsflächen	X	X		X
	Ggf. Kapitaldienst	X	X	x	x
Anpassungskosten (je nach Bedarf)	Verkehrsmäßige und technische Infrastruktur	x	x	(X) (baul.)	(X) (Unterh.)
	Soziale Infrastruktur (z.B. Kinderbetreuungseinrichtungen)	x		(X) (baul.)	(X) (Unterh.)
Indirekte Folgekosten (bei abnehmender Siedlungsdichte)	Höherer Kostenaufwand für die Aufrechterhaltung der kommunalen Infrastruktur / Daseinsvorsorge	(X)	(x)		(X)

Um der Frage nachzugehen, wie sich die Ausweisung von Bauland fiskalisch für eine Kommune unter Berücksichtigung der damit verbundenen (zusätzlichen) Einnahmen und Ausgaben auswirkt, legt GUTSCHE ein vereinfachtes Wirkungskettenmodell zugrunde.

Abb. 11: Vereinfachtes Wirkungskettenmodell zur fiskalischen Rentabilität von Baulandausweisungen (Quelle: GUTSCHE 2003: 5)

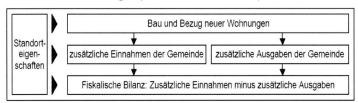

Eine effiziente Baulandbereitstellung von Kommunen leidet unter der mangelnden Einbeziehung aller bedeutsamen Faktoren. Die Betrachtung der auftretenden Einnahmen und Ausgaben ist wesentlich vom Faktor „Zeit" abhängig. Auf der Grundlage von Zeitphasen hat JUNKERNHEINRICH (1994) eine zeitliche Einordnung finanzieller Effekte vorgenommen. Demnach treten die Effekte einer Baulandausweisung teilweise kurzfristig, teilweise auch mittel- bis langfristig auf. Während die kurzfristigen Effekte insbesondere in Bezug auf die Ausgaben wie Planungs- und Erschließungskosten noch einigermaßen seriös kalkuliert weren können, ist dies bei den mittel- bis langfristigen Effekten mit erheblichen Unsicherheiten verbunden. Dies betrifft vor allem die langfristige Realisierbarkeit erhoffter Einnahmen (vgl. JUNKERNHEINRICH 1994: 63).

Zunächst gilt es, die Finanzierung der unmittelbaren Anfangs- und Investitionskosten näher zu differenzieren. Die inneren Erschließungskosten können zwar prinzipiell über Erschließungsbeiträge und Nutzungsgebühren auf die jeweiligen Grundstückseigentümer umgelegt werden und sind somit nicht von der öffentlichen Hand zu tragen. Allerdings sind so nicht alle Kosten gedeckt: Kommunale Pflichtanteile, nicht beitragsfähige Kosten der äußeren Erschließung oder die Subventionierung von Investitionen durch kommunale oder staatliche Förderung führen zu einer Teilsozialisierung der Infrastrukturkosten (vgl. SCHILLER, SIEDENTOP 2005: 83f). Demnach werden gering verdichtete Siedlungs-strukturen mit ihrem überdurchschnittlich hohen Erschließungsaufwand auch überdurchschnittlich stark subventioniert.

Allgemein wurde durch verschiedene Studien nachgewiesen, dass siedlungs-strukturell bedingte Mehrkosten für die Erbringung von Infrastrukturleistungen aufgrund geringer baulicher Dichten nur in begrenztem Umfang von den unmit-telbaren oder mittelbaren Verursachern getragen werden (vgl. ÖKONSULT/VERBAND REGION STUTTGART 2006: 9). Damit ist für die Betrachtung der weiteren Anpassungskosten und indirekten Folgekosten ein unmittelbarer Zusammenhang zur Entwicklung der Siedlungsdichte gegeben.

Abb. 12: Entwicklung der Siedlungsdichte in Deutschland 1992 bis 2003 (Quelle: BBR 2005: 61, laufende Raumbeobachtung des BBR)

Wie die Abb. zeigt, hat die Siedlungsdichte im Zeitraum zwischen 1992 und 2003 erheblich abgenommen. Dies bezieht sich in besonderer Weise auf den Einwohneranteil je km² Siedlungs- und Verkehrsfläche, wobei hiervon aufgrund der stärkeren Schrumpfungsprozesse die Neuen Bundesländer in besonderer Weise betroffen sind.

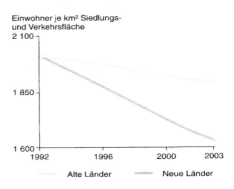

Nach Untersuchungen von SCHILLER und SIEDENTOP (2005) steigt bei abnehmender Siedlungsdichte – vor allem unter Stagnations- und Schrumpfungsbedingungen – die gemeindliche Belastung spürbar. Diese resultiert bei der technischen Infrastruktur im Wesentlichen aus steigenden Kosten pro Verursacher mit zunehmender Wege- oder Netzlänge pro Verursacher (*siehe Kap. 3.1.3*). Bei der sozialen Infrastruktur sind wohnortnahe Einrichtungen umso ineffektiver, je weniger dicht deren Nutzer wohnen (vgl. SCHILLER, SIEDENTOP 2005: 83f). Die Remanenzeffekte haben zur Folge, dass die Infrastrukturkosten bei abnehmendem Bedarf keineswegs zurückgehen, sondern tendenziell sogar von einer Zunahme ausgegangen werden muss (vgl. SIEDENTOP 2009). Insgesamt führt die weitere Zunahme der Siedlungs- und Verkehrsfläche *(siehe Kap. 3.3.3)* bei einer gleichzeitigen Abnahme der Einwohnerzahlen zwangsläufig zu einer Erhöhung der Pro-Kopf-Belastungen.

Die Gemeinden bewegen sich im Rahmen der Wohnsiedlungsentwicklung insgesamt auf einem schmalen Grat. Sie haben:

- einerseits den Zuzug neuer Wohnbevölkerung zu ermöglichen und damit die kommunale Einkommenssituation durch zusätzliche Einkommensteueranteile zu verbessern sowie

- andererseits alle damit verbundenen (Zusatz-)Belastungen im Sinne einer „Vollkostenrechnung" zu berücksichtigen.

Abb. 13: Steuerungs-/Handlungsrahmen der Kommunen zur Wohnsiedlungsentwicklung (Quelle: VERBAND REGION STUTTGART, ÖKONSULT 2006: 6)

Nach Darstellung von ÖKONSULT und des VERBANDES DER REGION STUTTGART sind die Wechselbeziehungen zwischen Neubau-

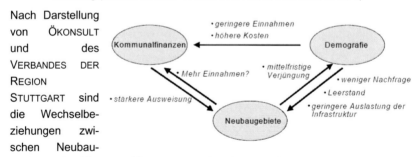

gebieten, den Kommunalfinanzen und den demographischen Rahmenbedingungen hinsichtlich der Abwägung von Einnahmen, Kosten sowie einer langfristigen Auslastung unter Berücksichtigung der Bevölkerungsentwicklung für den Steuerungs- und Handlungsrahmen der Kommunen zur Wohnsiedlungsentwicklung von maßgeblicher Bedeutung.

Zur Saldierung von fiskalischen Einnahmen und Kosten im Zusammenhang mit neuen Wohngebieten liegen verschiedene Untersuchungen vor.

Studie des VERBANDES DER REGION STUTTGART / ÖKONSULT mit dem Titel „Neubaugebiete und demografische Entwicklung – Ermittlung der fiskalisch besten Baulandstrategie für die Kommunen in der Region Stuttgart". Die Studie befasst sich mit den fiskalischen Wirkungen der Baulandentwicklung unterschiedlich strukturierter Kommunen unter Einbeziehung des demographischen Faktors.

Auswahl von zwei Modellkommunen der Region Stuttgart, a) einem Unterzentrum (mit gut ausgebauter Infrastruktur) auf einer regionalen Entwicklungsachse sowie b) einer Gemeinde ohne zentralörtliche Einstufung (wenig kostenintensive Infrastruktur) abseits regionaler Entwicklungsachsen. Für die Frage der Rentabilität von Baugebietsausweisungen wurden verschiedene Szenarien der Wohnsiedlungsentwicklung wie stärkerer Zuwachs, ein mittlerer Zuwachs auf Grundlage der Status quo-Entwicklung sowie ein Null-Wachstum zugrunde gelegt. Wesentliche Ergebnisse der vorgenommenen Prognose-Rechnungen sind:

Abb. 14: Entwicklung der Saldi Kosten und Einnahmen von Lagetyp a und b (Quelle: VERBAND REGION STUTTGART, ÖKONSULT 2006: 64, 68)

- Lagetyp a) Unterzentrum (Marbach): Die Ansiedlung zusätzlicher Einwohner in neuen Baugebieten ist in keinem Szenario rentabel. Am wenigsten Kosten entstehen langfristig im Szenario „Nullwachstum".

- Lagetyp b) Gemeinde ohne zentralörtliche Einstufung (Wäschebeuren): Die Bereitstellung neuer Wohngebiete erscheint mittelfristig noch rentabel, sofern die Steuerkraft der Gemeinde durch geringe Gewerbesteuer geprägt ist. Ansonsten gilt tendenziell das Gleiche wie bei Lagetyp a): Null-wachstum ist langfristig am besten für den Kommunalhaushalt.

Insgesamt konnte festgestellt werden, dass für beide Lagetypen ein Null-Wachstum, d.h. keine weitere Baulandausweisung, langfristig die günstigste Variante für die Kommunalhaushalte darstellt. Die Haushaltsentwicklung in den Szenarien hängt stark von der Bevölkerungsentwicklung ab. Sobald die Bevölkerungszahl stagniert oder sinkt, steigen die Kosten im Verhältnis zu den Einnahmen deutlich an. Hinsichtlich der langfristigen Folge- und Anpassungskosten stellt vor allem der laufende Kindergartenbetrieb einen wesentlich stärkeren Kostenfaktor dar als die technische Infrastruktur wie Straßen- und Kanalunterhalt.

Ein wesentlicher Unterschied zwischen Lagetyp a) und Lagetyp b) ist, dass sich in Lagetyp a) bei allen drei Szenarien für neue Wohngebiete ein Defizit im langfristigen Zeitraum ergibt, während Lagetyp b) mit einer geringeren Infrastrukturausstattung fast durchgehend ein Plus aufweist. Neben der Infrastrukturausstattung ist dies vor allem auf den Kommunalen Finanzausgleich zurück zu führen. Er spielt wie im Fall der beiden Kommunen in der Region Stuttgart eine wesentliche Rolle bei der Frage, ob neue Wohngebiete für eine Gemeinde rentabel sind oder nicht, da er eine Kommune mit geringen Gewerbesteuereinnahmen für die Ansiedlung neuer Einwohner überproportional „belohnt" (vgl. ÖKONSULT/VERBAND REGION STUTTGART 2006: 71f).

Studie der Technischen Universität Hamburg-Harburg mit dem Titel „Auswirkungen neuer Wohngebiete auf die kommunalen Haushalte" (GUTSCHE 2003). Darin geht der Autor der Frage nach, wie sich die Ausweisung von neuem Wohnbauland auf die Einnahmen und Ausgaben der Kommunen im Großraum Hamburg auswirken, wenn die damit verbundenen Einnahmen und Ausgaben möglichst vollständig bilanziert sind.

Innerhalb eines Wirkungskettenmodells ist GUTSCHE davon ausgegangen, dass sich die einzelnen fiskalischen Wirkungen eines Neubaugebiets zu einer Gesamtwirkung aufsummieren lassen, ohne wie in der Untersuchung in der Region Stuttgart die demographische Entwicklung zu berücksichtigen. Dabei wurde von Anfang an unterstellt, dass die fiskalische Bilanz eines Neubaugebietes von unterschiedlichen Standorten und Standorteigenschaften abhängt (vgl. GUTSCHE 2003: 5).

Abb. 15: Fiskalische Rentabilität neuer Wohngebiete im Großraum Hamburg unter Berücksichtigung verschiedener Szenarios und Berechnungsvarianten (Quelle: GUTSCHE 2003: 291)

GUTSCHE kommt unter anderem zu dem Ergebnis, dass sich die fiskalischen Bilanzen der Kommunen je nach Lage und Infrastrukturvoraussetzungen unterscheiden: Während sich die Ausweisung neuer Wohngebiete für die kreisfreien Kernstädte als fiskalisch rentabel erweist, liegen die fiskalischen Bilanzen neuer Wohngebiete in den kreiseigenen Gemeinden bei plus minus null (vgl. GUTSCHE 2003: 289f). Demnach würde die Rentabilität von Baulandausweisungen stark vom Verwaltungsstatus und den Infrastrukturvoraussetzungen abhängen.

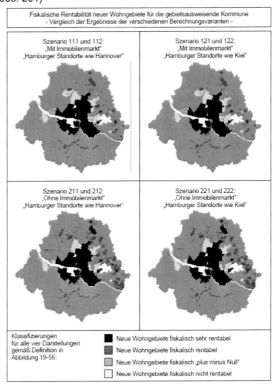

Innerhalb der beiden Teilkategorien „kreisfreie Städte" und „kreisangehörige Gemeinden" sind auf dem jeweiligen Niveau kaum Standortabhängigkeiten der fiskalischen Bilanzen neuer Wohngebiete festzustellen. Zu berücksichtigen ist, dass auf Grund des unterschiedlichen kommunalen Finanzausgleichssystems in den einzelnen Ländern keine direkte Vergleichbarkeit mit den Ergebnissen in Baden-Württemberg möglich ist.

Eine Untersuchung des Deutschen Instituts für Urbanistik (Difu): befasst sich unter dem Titel „Neue Baugebiete: Gewinn oder Verlust für die Gemeindekasse?" mit der Thematik fiskalischer Wirkungen von Baulandausweisungen – auch unter Berücksichtigung von Gewerbegebieten (REIDENBACH et al. 2007). Anhand von fiskalischen Wirkungsanalysen wurden am Beispiel von zwei Umlandgemeinden in Nordrhein-Westfalen und Brandenburg mit gleich großen Baugebieten (ca.

15.000 m² Bruttobauland) die Rentabilität von Baulandausweisung für Wohnen und Gewerbe sowie die Auswirkungen auf die kommunalen Haushalte überprüft. Umlandgemeinden mit einer vergleichsweise günstigen Standortsituation wurden deshalb gewählt, nachdem dort die größte Nachfrage nach Bauland in den nächsten Jahren zu erwarten ist. In einem eigens entwickelten Modell wurden beispielhaften Wohn-/Gewerbegebieten typische Erschließungskosten und kommunale Einnahmen zugerechnet (inkl. Steuereinnahmen und Auswirkungen auf den kommunalen Finanzausgleich) und eine fiskalische Bilanz gezogen.

Die Ergebnisse der Untersuchungen zeigen, dass nur bei einem engen Begriff der inneren Erschließung die neuen Wohn- und Gewerbegebiete für den Gemeindehaushalt profitabel sind, wobei als Bedingung unterstellt wird, dass die künftigen Nutzer von außen zuziehen.

Wohngebiete weisen auch bei Einberechnung der Kosten der äußeren Erschließung noch einen gewissen Ertrag für den Gemeindehaushalt aus. Die zusätzliche Einbeziehung von Kosten für Unterhalt und Betrieb sozialer Infrastruktur führt in den Modellrechnungen zu einem negativen Saldo aus Erträgen und Kosten. Die Einbeziehung der Grundschulen und Kindergärten führt zu einer derart erheblichen Verschlechterung des Saldos, dass auch dort, wo genügend Kapazitäten vorhanden sind, allein durch die Abdeckung der zusätzlichen Betriebskosten ein negatives Ergebnis erzielt werden dürfte. Für beide Kommunen wird nach einer Gegenüberstellung aller relevanten Einnahmen und Ausgaben für innere und äußere Erschließung sowie für soziale Infrastruktur eine negative fiskalische Bilanz ermittelt: in Brandenburg jährlich -229 Euro und in NRW -459 Euro pro Einwohner (vgl. REIDENBACH et al. 2007: 137, 147).

Bei den Gewerbegebieten ergeben sich, ohne die Berücksichtigung indirekter Wirkungen wie den Zuzugs neuer Beschäftigter, durch das neue Gewerbegebiet negative Salden für die kommunalen Haushalte (Brandenburg -4.580 € bzw. NRW -8.740 €). Diese negativen Ergebnisse werden in der Studie mit der hohen Abschöpfung der zusätzlichen Steuereinnahmen von Seiten des Finanzausgleichs und den hohen Kosten der inneren und äußeren Erschließung begründet. Während sich unter Berücksichtigung der inneren Erschließung ein positiver Saldo ergibt, entsteht durch die Einbeziehung der äußeren Erschließung eine negative Bilanz (vgl. REIDENBACH et al. 2007: 8f, 164).

Zusammenfassend zeigen die Studien, wie schwierig die Modellierung der fiskalischen Folgen von Baulandausweisungen ist, nachdem einerseits eine Vielzahl von Parametern zu berücksichtigen ist und andererseits gerade die langfristigen Kosten- und insbesondere Einnahmeentwicklungen nur schwer abschätzbar sind. Aufgrund der unterschiedlichen Finanzausgleichssysteme ist eine Vergleichbarkeit der Untersuchungsergebnisse nur bedingt möglich. In allen Modellrechnungen wurden nahezu optimale Konstellationen für die Baulandausweisung der untersuchten Kommunen unterstellt. Es wurde durchwegs angenommen, dass sowohl die neuen Einwohner als auch neue Betriebe von außerhalb in die Gemeinde zuziehen und dass sie der Gemeinde konstante steuerliche Erträge aus dem Gemeindeanteil an der Einkommensteuer sowie der Gewerbesteuer bringen werden. Unter der realistischen Annahme, dass die Baulandentwicklung zumindest teilweise für bereits ansässige Einwohner oder Betriebe zur Verfügung gestellt wird und teilweise keine konstant hohen Steuererträge erzielt werden können, würde der Saldo ungünstiger ausfallen.

Auf Grundlage der Modellrechnungen kann für den Bereich der Wohnsiedlungsentwicklung davon ausgegangen werden, dass unter Berücksichtigung aller relevanten Faktoren und Parameter die Ansiedlung neuer Einwohner im Zuge von Baulandausweisung für eine Gemeinde langfristig wenig fiskalisch lohnenswert erscheint und die Kosten tendenziell überwiegen. Der demographische Wandel verschärft diese Situation im Zuge von Stagnations-, Schrumpfungs- und Alterungsprozessen sowie einer abnehmenden Siedlungsdichte. Der VERBAND DER REGION STUTTGART und ÖKONSULT kommen zu dem Ergebnis, dass trotz Einwohnerzuwächsen durch Baugebietsentwicklungen sinkende Einnahmen zu erwarten sind, denen höhere Ausgaben gegenüberstehen (vgl. ÖKONSULT/VERBAND REGION STUTTGART 2006: 73). Wie einführend bereits dargestellt, bestätigen alle Modellrechnungen den starken Einfluss des kommunalen Finanzausgleichs. Die zusätzlichen Zahlungen und Schlüsselzuweisungen, welche Gemeinden bei Zuzug von Einwohnern erhalten, stellen einen ständigen finanziellen Anreiz dar, neue Wohngebiete auf der grünen Wiese auszuweisen (vgl. REIDENBACH et al. 2007: 21).

Wie die Studie vom VERBAND REGION STUTTGART und ÖKONSULT gezeigt hat, spielt die demographische Entwicklung – mit langfristig tendenziell sinkenden Einwohnerzahlen und Überalterung – auf der Einnahmen- und Ausgabenseite der Kommunen bei der Wohnsiedlungsentwicklung eine entscheidende Rolle: Je geringer die Einwohnerzahl, desto weniger Bürger müssen die Gebührenlast tragen und desto geringer sind zum Beispiel die Einnahmen durch den Einkommensteueranteil bei überwiegend gleich bleibenden Aufgaben. Gleiches gilt für die Überalterung der Gesellschaft: Je mehr Bürger in das Rentenalter kommen, desto mehr Ausgaben pro Einwohner kommen auf die Gemeinde zu (z.B. soziale Infrastruktur) und desto geringer sind die Einnahmen einer Kommune durch die Einkommensteuer (vgl. ÖKONSULT/VERBAND REGION STUTTGART 2006: 14).

Gegenüber der Wohnsiedlungsentwicklung liegen zur fiskalischen Bilanz für die Gewerbeflächenentwicklung weniger Modellrechnungen vor. Neben den Berechnungen des Difu (REIDENBACH et al. 2007) haben sich in der Vergangenheit verschiedene Autoren (vgl. JUNKERNHEINRICH 1994, LITTMANN 1997, BARETTI 2002, Krause-Junk 2006) mit der fiskalischen Bilanz von Baulandentwicklung für Gewerbe beschäftigt. Auch wenn dabei keine – mit der Untersuchung des Difu vergleichbaren – fundierten Modellrechnungen durchgeführt wurden, haben die Autoren durchwegs Zweifel am unmittelbaren fiskalischen Erfolg von Gewerbeansiedlungen – ohne die Berücksichtigung mittelbarer Zusatzeffekte - geäußert.

Einerseits gestalten sich die Kostenparameter im Vergleich zur Wohnsiedlungsentwicklung übersichtlicher, nachdem insbesondere die Anpassungs- und Folgekosten für die soziale Infrastruktur wegfallen, andererseits stellt die Gewerbesteuer im Vergleich zu den Einkommensteueranteilen eine weitaus weniger abschätz- bzw. kalkulierbare Einnahmengröße dar. Dazu ist die Situation der Gewerbeflächenentwicklung dadurch gekennzeichnet, dass bereits seit längerem ein weit über die tatsächliche Nachfrage hinausgehender Angebotsüberhang festzustellen ist (vgl. EINIG 2005: 49).

Ähnlich wie bei der Wohnsiedlungsentwicklung wird das Gewerbeflächenangebot durch wiedernutzbare Brach- oder Konversionsflächen im Bestand erheblich gesteigert (vgl. DOSCH 2006: 34; BBR 2004). Von Seiten der Nachfrage geht das Institut für Mittelstandsforschung (IfM) bundesweit von einer jährlichen Neuansiedlung von 50 bis max. 200 Betrieben des produzierenden Sektors[39] aus (INSTITUT FÜR MITTELSTANDSFORSCHUNG 2003). Sofern sich der Bedarf nicht von bereits ansässigen Bestandsbetrieben stellt oder überaus begünstigende Standortbedingungen gegeben sind, ist die Neuansiedlung von Gewerbebetrieben mit einem größeren Risiko behaftet, auf dessen Grundlage eine realistische Abschätzung der fiskalischen Wirkungen nur sehr bedingt möglich ist. Ebenso wie bei der Wohnsiedlungsentwicklung wird eine Abschätzung der fiskalischen Rentabilität einer Gewerbeansiedlung in der Praxis kaum oder nur eingeschränkt durchgeführt. Vielmehr besteht über die tatsächlichen fiskalischen Auswirkungen einer Gewerbeansiedlung bei den Kommunen meist nur eine vage Kenntnis. Legt man die Erkenntnisse des Difu zugrunde, so erscheint eine Gewerbeansiedlung unabhängig von allen Unsicherheiten nur bis zur inneren Erschließung fiskalisch tragfähig – alle weiteren Kosten der äußeren Erschließung oder des langfristigen Unterhalts können zu einem negativem Saldo führen.

Die Ergebnisse der Studien zeigen, dass für die fiskalische Profitabilität neuer Baugebiete eine erhebliche Spannweite möglich ist. Dies betrifft sowohl die Kos-

---

[39] Nicht berücksichtigt: Logistik-, Dienstleistungs- und Einzelhandelsbetriebe.

ten- als auch die Einnahmensituation. Von Kostenseite können die Investitions- und Folgenkosten vom Flächenerwerb über die Planung und Erschließung bis hin zum laufenden Betrieb/Unterhalt zum Teil erheblich variieren. Die Einnahmenseite ist neben einer nur bedingt abschätzbaren Nachfrage von den Nutzungsmöglichkeiten und -intensitäten abhängig, d.h., die Rentabilität von Bauland ist u.a. an die Anzahl der Wohneinheiten, Parzellengrößen, Bebauungsformen und Haushaltsgrößen (Geschossflächenzahl, Grundflächenzahl, Wohndichte) gekoppelt. Analog wird die Wirtschaftlichkeit neuer Gewerbegebiete entscheidend von der Wertschöpfung der angesiedelten Betriebe und der daraus resultierenden Gewerbesteuereinnahmen bestimmt (vgl. HENGER, THOMÄ 2009 6f). Doch selbst bei identischen Grundannahmen in den Untersuchungen (Größe, Bebauungsdichte, Geschossflächenzahl etc.) kommt es zu unterschiedlichen fiskalischen Wirkungen in den Kommunen. Diese Unterschiede lassen sich in Anlehnung an HENGER und THOMÄ im Wesentlichen auf folgende Punkte zurückführen (vgl. HENGER, THOMÄ 2009 6f):

- Individuelle Grund- und Gewerbesteuerhebesätze der Kommunen.
- Unterschiedliche Funktionsweise des Kommunalen Finanzausgleichs der Bundesländer.
- Situation der Gemeinde hinsichtlich des Kommunalen Finanzausgleichs (in Abhängigkeit von der gesamten Steuerkraftmesszahl).
- Strategie der städtebaulichen Entwicklung hinsichtlich des Gemeindeanteils an den Planungs-, Erschließungs- und Folgekosten im Wechselspiel mit Bauherrn und Investoren.
- Standortattraktivität der Kommunen (Verkehrsanbindungen, Zentrennähe, Verfügbarkeit von oder Nähe zu Arbeitsplatz- oder Erholungsangeboten etc.).
- Standortattraktivität des einzelnen Baugebietes (Lage, Anbindungen, Topographie etc.).
- Sonstige Rahmenbedingungen (kommunales Förderprogramm etc.).

Durch die methodische Verwendung von vergleichbaren Annahmen und Durchschnittswerten, die von tatsächlichen Ausgaben und Einnahmen teilweise erheblich abweichen können, sowie durch die räumlich noch sehr beschränkten empirischen Befunde sind der Repräsentativität der vorliegenden modellhaften Berechnungen klare Grenzen gesetzt. Gleichwohl liefern die Untersuchungen Anzeichen dafür, dass bei einer Baulandentwicklung – ob für Wohnen oder Gewerbe – keineswegs von einem für die Kommunen „gewinnbringenden Selbstläufer" ausgegangen werden kann. Hierauf deuten die Erkenntnisse aus den, von vergleichsweise stabiler Nachfrage geprägten, Entwicklungsräumen Hamburg und Stuttgart hin.

Insgesamt ist die auf Verdacht betriebene Wohn- und Gewerbeansiedlungspolitik der Kommunen ohne weitergehende Berücksichtigung der fiskalischen Wirkungen sowie überörtlicher Angebots- und Nachfrageentwicklungen mit dem Ziel einer effizienten Baulandbereitstellung kaum vereinbar.

3.2.4 Vorläufige Grenzen und Defizite der bestehenden Steuerung der räumlichen bzw. städtebaulichen Entwicklung auf kommunaler Ebene

Für die Aufgabenbewältigung der räumlichen bzw. städtebaulichen Entwicklung ist die kommunale Baulandentwicklung für die Gemeinden nach wie vor ein zentrales Strategie- und Aufgabenfeld. Die Baulandbereitstellung ist eng mit den wesentlichen kommunalen Entwicklungsfunktionen wie Wohnen und Arbeiten sowie den wichtigsten kommunalen Einnahmequellen hinsichtlich der Einkommens- und Gewerbesteuer verbunden. Von neuen Einwohnern profitieren Gemeinden neben der Sicherung der vorhandenen Infrastruktureinrichtungen durch Zuweisungen aus dem kommunalen Finanzausgleich und eine gesteigerte Steuerbasis. Durch Ansiedlung von Betrieben versuchen Gemeinden u.a. lokale Beschäftigungsmöglichkeiten zu schaffen, Investitionen auf ihr Gemeindegebiet zu lenken und ihre Haushaltseinnahmen auszubauen (vgl. SCHÄFER et al. 2000: 30f).

Von daher gilt die Ausweisung von attraktivem Bauland immer noch als ein weit verbreiteter Schlüssel zum kommunalpolitischen Erfolg. So ist zu erklären, dass selbst unter lokalen Stagnations- und Schrumpfungsbedingungen von Bevölkerung und Wirtschaft sowie sinkenden kommunalen Einnahmen viele Gemeinden weiterhin auf eine expansive Angebotspolitik als Erfolgsstrategie setzen (vgl. EINIG 2005: 49).

Gleichwohl werden dadurch erhebliche finanzielle Mittel gebunden und sind angesichts veränderter gesellschaftlicher und struktureller Rahmenbedingungen die Risiken für eine angebotsorientierte Bodenpolitik erheblich gestiegen. Da Gemeinden das Baulandausweisungsprivileg für umfassende haushaltswirtschaftliche, bevölkerungs- oder arbeitsmarktpolitische Zwecke verwenden, besteht laut EINIG latent die Gefahr, »dass aus kommunalen Ausweisungsentscheidungen eine ineffiziente Nutzung von Flächenressourcen resultiert« (EINIG 2005: 48) Dahingehend sind die auf Ebene der einzelnen Kommune vorherrschend eingesetzten Steuerungsstrategien und -instrumente mit dem Kern der verbindlichen

Bauleitplanung vorrangig darauf ausgerichtet, diese Risiken zu verkennen und gleichzeitig zu verstärken. Dazu tragen insbesondere folgende Rahmenbedingungen und Zusammenhänge bei:

Bestehendes Gemeindefinanzierungssystem befördert wachstumsorientierte Baulandausweisungsstrategien

Auf Grund des bestehenden Gemeindefinanzierungssystems ist das kommunale Handeln zum jetzigen Zeitpunkt einseitig auf die Ansiedlung von Einwohnern und Betrieben auf der sog. „grünen Wiese" ausgerichtet (vgl. SCHILLER, GUTSCHE 2009a: 42). Dies wird dadurch begünstigt, dass wesentliche Bestandteile der kommunalen Einnahmen flächen- und einwohnerbezogen sind. So hängt neben den Schlüsselzuweisungen aus dem kommunalen Finanzausgleich prinzipiell auch die Einkommensteuer von der Einwohnerzahl bzw. der Ansiedelung einkommensrelevanter Bevölkerungsgruppen ab. Bei der Baulandentwicklung addieren sich in der Regel Grundstückserlöse und Grundsteuer hinzu. Ebenso verbinden sich auch mit der Ansiedlung von Gewerbe wichtige kommunale Einnahmen, wobei die Gewerbesteuer mit höheren Unsicherheiten verbunden ist und von Seiten des kommunalen Finanzausgleichs zu Abschlägen führen kann.

Insgesamt sind die steuerlichen Anreize einseitig auf die Ansiedlung von Einwohnern und Betrieben und eine wachstumsorientierte Baulandstrategie unabhängig von sich verändernden Rahmenbedingungen ausgerichtet (vgl. ÖKONSULT/VERBAND REGION STUTTGART 2006: 23). Alternativ gibt es zu den Möglichkeiten einer Verbesserung der kommunalen Einnahmesituation auf Basis einer bestandsorientierten Strategie bislang noch wenige Erfahrungen.

Umgang mit der Variablen „Fläche" vorrangig auf einzelwirtschaftliche Interessen ausgerichtet

„Fläche" stellt aus Sicht HENGER und THOMÄ für die städtebauliche Entwicklung »die verbindende „Grundvariable" zwischen den verschiedenen Funktionsbereichen einer Kommune und damit den ortsbezogenen Ansatzpunkt für eine gesamtwirtschaftliche Bewertung ihrer Flächennutzungsentscheidungen dar« (HENGER, THOMÄ 2009: 10). Infolge eines teilweise begrenzten Zugriffs kommt es zu Konkurrenzen zwischen verschiedenen Formen der Flächennutzung, weshalb sich der Wert einer Flächennutzung auch durch ihren gemeinwohlorientierten, wohlfahrtsökonomischen Beitrag bemessen sollte (vgl. MAINZ 2005: 107). Im komplexen Gefüge der Flächennutzung kommt den Kommunen eine wechselseitige Sonderrolle zu. Sie sind zum einen als gemeinwohlorientierte Interessenten der notwendigen gesamtwirtschaftlichen Bewertung von Flächennut-zungsentscheidungen und der Siedlungsentwicklung zu sehen. Zum anderen tre-ten Kommunen jedoch immer auch selbst als einzelwirtschaftliche Akteure auf, welche neben dem Gemeinwohl auch eigenen Interessen verpflichtet sind *(siehe vorherigen Abschnitt)*. Insofern wird einer kommunalen Entscheidung von Flä-chennutzungen in der Regel keine gesamtwirtschaftliche Bewertung zugrunde gelegt, sondern eine einzelwirtschaftliche Monetarisierung der für den kommuna-len Haushalt direkt wirksamen fiskalischen Nutzen und Kosten. Die Wahrneh-mung von Flächenfunktionen durch die privaten Haushalte und Betriebe schlägt sich per se in der Entscheidung für einen nutzen- oder gewinnorientierten Stand-ort aus einzelwirtschaftlicher Sicht nieder (vgl. HENGER, THOMÄ 2009: 10, MAINZ 2005: 107f).

Das zugrunde liegende Kernproblem besteht deshalb im Auseinanderfallen von einzelwirtschaftlichen und gesamtwirtschaftlichen Nutzen-Kosten-Relationen (vgl. MÄDING 2004: 7). Eine mögliche Erklärung hierfür liefert aus Sicht von MAINZ die »Theorie des Marktversagens«[40] (vgl. MAINZ 2005: 107f). Von einem Marktversa-gen kann im kommunalen Kontext gesprochen werden, wenn es den Preisme-chanismen des Bodenmarkts nicht gelingt, eine gesamtwirtschaftlich effiziente Flächennutzung herbeizuführen. Eine typische Ursache hierfür ist das Auftreten von externen Effekten. Im Falle der Siedlungsentwicklung sind solche Externalitäten für die Abweichung der einzel- von der gesamtwirtschaftlichen Bewertung verantwortlich. Dies ist darauf zurückzuführen, dass ökonomische, ökologische oder soziale Folgeeffekte von Flächennutzungsentscheidungen nur unzureichend in das zugrunde liegende Bodenpreissystem integriert sind (vgl. MAINZ 2005: 109f).

Mangelnde Transparenz und Berücksichtigung fiskalischer Wirkungen

Die derzeitige Baulandstrategie vieler Kommunen geht davon aus, dass Neu-baugebiete sich ökonomisch lohnen, d.h., dass die Einnahmen über Grund-stückserlöse, Einkommensteueranteil, Grundsteuer etc. gegenüber den Kosten überwiegen. Die gesamten langfristigen Kosten eines Baugebietes werden häu-fig kaum betrachtet. SCHILLER und GUTSCHE sehen darin ein „Kostenparadoxon", in dem »die subjektive Kostenwahrnehmung nicht der objektiven Kostenbelas-tung entspricht« (SCHILLER, GUTSCHE 2009a: 207). Es stellt sich die Frage, wo-

---

[40] Die Theorie des Marktversagens ist keineswegs unumstritten; als Gründe werden zu restrik-tive Annahmen und eine zu statische Betrachtung der aktuellen Marktsituation angeführt, die einen dynamischen Blick auf zukünftige Entwicklungspotenziale verbaut (vgl. MAINZ 2005: 110).

rauf diese mangelnde oder verzerrte Kostenwahrnehmung zurückzuführen ist – inwieweit diese politisch bewusst in Kauf genommen wird oder inwieweit tatsächliche Unwissenheit eine Rolle spielt. Eine grundlegende Problematik besteht sicherlich darin, dass es an einem für Kommunen anwendbaren Wirkungsmodell als Entscheidungsgrundlage bei der Baulandausweisung mangelt. Die Erfassung aller erforderlichen Parameter hat sich im Rahmen der Modellrechnungen als komplex erwiesen und ebenso sind die langfristigen Einnahmen- und Kostenentwicklungen nur schwer abschätzbar.

SCHILLER und GUTSCHE gehen davon aus, dass die Gründe für eine angebotsorientierte Bodenpolitik nicht nur in einer unvollständigen Information, sondern in subjektiven Entscheidungen zu suchen sind (vgl. SCHILLER, GUTSCHE 2009b: 200). Dies bestätigen die Untersuchungen im Regionalverband Stuttgart. Darin hat sich gezeigt, dass viele Gemeinden von den weiteren Anpassungskosten bei Kindergärten, Grundschulen etc. wissen – sie gehen aber in der Regel oberflächlich davon aus, dass die neu hinzugekommene Infrastruktur auch in Zukunft ausgelastet und bezahlt werden kann (vgl. ÖKONSULT/VERBAND REGION STUTTGART 2006: 10). Diese Haltung der kommunalen Entscheidungsträger bewirkt, dass die weitere Ausdehnung der Wohnsiedlungsentwicklung nicht in Frage gestellt wird.

Dahingehend stellen die dargestellten Untersuchungen mit dem Ansatz einer fiskalischen Wirkungsanalyse einen geeigneten Weg dar, um zu einer transparenteren und damit nachhaltigeren Flächennutzung zu gelangen. Noch fehlt es jedoch an einer ausgereifteren Kosten-Nutzen-Analyse, die auf kommunaler Ebene operativ anwendbar eine rationalere Abwägung der mit der Siedlungsentwicklung verbundenen Kosten und Nutzen erlaubt (vgl. HENGER, THOMÄ 2009 14). Ein Grundproblem ist dabei vor allem die mangelnde Abschätzbarkeit des Nutzens (bzw. der Steuereinnahmen), der einer Vielzahl von individuellen Rahmenbedingungen und Begebenheiten unterliegt.

Einseitige Angebotsorientierung

Die einseitige Angebotsorientierung ist immer noch die vorherrschende kommunale Strategie der Bodenpolitik. Dabei bindet eine angebotsorientierte Bodenbevorratung in hohem Maß Kapital. Dass, was sich im Kern als eine kommunale Zukunftsinvestition darstellt, ist nur unzureichend auf sich verändernde Bedarfe und die Handlungslogiken der Immobilienmärkte ausgerichtet. Die daraus resultierenden Angebotsüberhänge, die bislang vor allem im Bereich der Gewerbeflächenentwicklung festzustellen sind, scheinen sich zunehmend auch in der Wohnbaulandentwicklung zu manifestieren. Eine über den Bedarf hinausgehende angebotsorientierte Bodenpolitik ist u.a. darauf zurückzuführen, dass zwar in den vergangenen Jahrzehnten in erheblichem Umfang Bauland ausgewiesen wurde und in Form von Baulücken im Bestand immer noch ein erhebliches Potenzial vorhanden ist, zugleich aber ein Mangel an erschwinglichem Bauland für Bauwillige besteht. Dieses als „Baulandparadoxon" bezeichnete Phänomen kann vor allem auf die mangelnde Investitions- oder Verkaufsbereitschaft der Grundstückseigentümer zurückgeführt werden (vgl. u.a. SIEDENTOP 2002, DAVY 1996). Auf der Angebotsseite besteht deshalb mehr und mehr der Anspruch, Grund und Boden im Bestand einzubeziehen.

Durch die verfassungsrechtlich starke Stellung des Grundstückseigentums sind die Mobilisierungsprozesse im Bestand nur bedingt mit der Flächensicherung zur Außenentwicklung vergleichbar (vgl. BUNZEL et al. 2006: 9). In dieser Hinsicht sind der Steuerung durch die Bauleitplanung unter Berücksichtigung rechtlicher Rahmenbedingungen enge Grenzen gesetzt. Den Kommunen fehlt es unabhängig von politischen Willensbildungen im Rahmen rechtlicher oder fiskalischer Grundlagen auch an wirksamen Instrumentarien. Während einerseits das gesetzliche Baugebot des § 176 BauGB für die Kommunen in letzter Konsequenz kaum durchsetzbar ist, konnten andererseits die gesetzlichen Rahmenbedingungen hinsichtlich der Schaffung eines zonierten Satzungsrechts mit unterschiedlichen Hebesätzen für bebaute und nichtbebaute Grundstücke bzw. die Einführung einer Grundsteuer C für nichtbebaute Grundstücke von Seiten des Gesetzgebers nicht verbessert werden (vgl. DIRNBERGER 2005a: 198).

Vorrangig auf Konkurrenz ausgerichteter Steuerungsmodus

Eine nach außen zielende, angebotsorientierte Baulandentwicklung stellt für die Gemeinden eine Steuerungsstrategie dar, die auf die Konkurrenz mit den Nachbargemeinden ausgerichtet ist. Mit einem attraktiven und konkurrenzfähigen Angebot verbinden sich die Verfügbarkeit von Flächen, gute Lagen und insbesondere niedrige Bodenpreise. Faktoren, die für Gemeinden keineswegs zum Nulltarif zu bekommen sind, sondern teilweise beträchtliche Vorinvestitionen voraussetzen. Der Konkurrenzkampf der Kommunen auf dem Wege der Baulandausweisung wird durch den demographischen Wandel noch verschärft *(siehe nachfolgendes Kap.).* Denn die Zielgruppe der Bauwilligen – vorrangig junge Familien – stagniert bereits heute und ist in Zukunft noch weiter rückläufig. Ebenso ist im Bereich der Gewerbeflächenentwicklung zu vermuten, dass die tatsächliche Nachfrage im Rahmen von Neuansiedlungen weit unterhalb des verfügbaren, auf Neuansiedlung ausgerichteten Flächenangebots liegt.

Von daher schlägt sich der Kampf um die verbleibenden Nachfragegruppen zum Teil in einem Qualitäts- und Standortwettbewerb hinsichtlich attraktiver Infrastrukturangebote nieder, häufiger kommt es aber zu einem Mengenwettbewerb in dem noch mehr und günstigere Baugebiete angeboten werden (vgl. PREUSS 2005: 12). Die Folge: Die Siedlungsfläche wird weiter vergrößert, was zu einer weiteren Ausdehnung der kommunalen Infrastruktur und zu den damit verbundenen Folgekosten führt (vgl. ÖKONSULT/VERBAND REGION STUTTGART 2006: 10). Durch das Überangebot von preisgünstigem Bauland im Außenbereich werden gleichzeitig Bemühungen von Kommunen erschwert, die auf eine konsequente Innenentwicklung setzen. Die Kommunen werden sich daher nur dann auf eine Strategie zur Innenentwicklung einlassen, wenn sichergestellt ist, dass andere Gemeinden in der Region ebenfalls auf umfangreiche Baulandausweisungen im Außenbereich verzichten (vgl. SIEDENTOP 2003: 97).

In Wechselbeziehung zu den bereits dargestellten erhöhten Risiken der Außenentwicklung werden durch einen auf Konkurrenz ausgerichteten Steuerungsmodus der Kommunen auch die Möglichkeiten der Innenentwicklung eingeschränkt.

3.3 Veränderte Aufgabenwahrnehmung der räumlichen Entwicklung im Kontext wichtiger Trends

3.3.1 Demographische Entwicklung unter Berücksichtigung von Wanderungsbewegungen

Die demographische Entwicklung hat sich in den letzten Jahren zu einem gesellschaftspolitischen Megathema entwickelt, von dem sämtliche staatliche Ebenen und Politikfelder betroffen sind. Verstanden wird darunter die quantitative und qualitative Veränderung der Bevölkerungsstruktur, die sich für Deutschland und die meisten westeuropäischen Länder mit drei Schlagworten beschreiben lässt: „älter, weniger und heterogener"; eine (Über-)Alterung der Gesellschaft mit der anteilsmäßig deutlichen Zunahme älterer Menschen auch aufgrund einer höheren Lebenserwartung, eine parallele Abnahme der Geburten und in der Folge eine Abnahme der Bevölkerung insgesamt sowie eine gesellschaftliche Ausdifferenzierung bedingt durch Migration, Wanderungsbewegungen und ein verstärktes Sozialgefälle.

Dabei ist der demographische Wandel in Deutschland durch einen vor langer Zeit einsetzenden, schleichenden Prozess gekennzeichnet (vgl. BBR 2005: 29). Als „unterste" Ebene sind die Kommunen und ihre Einrichtungen besonders stark von Bevölkerungsentwicklungen und der Demographie betroffen, in dem sie Wohnraumangebote schaffen, die infrastrukturellen Einrichtungen für die Menschen vor Ort vorhalten und in besonderer Weise von einwohnerbezogenen Finanzierungssystemen abhängig sind (vgl. BAUER et al. 2006: 7).

Ziel des nachfolgenden Abschnitts ist es, über ausgewählte Parameter in Deutschland und Bayern eine Übersicht über die wesentlichen Entwicklungen und Zusammenhänge zu geben sowie darauf aufbauend die Herausforderungen für die kommunale Ebene herauszuarbeiten.

Entwicklung ausgewählter Parameter in Deutschland

Abb. 16: Bevölkerungsent-
wicklung 1950 bis
2060 (Quelle: STAT-
ISTISCHES BUNDES-
AMT 2009: 12)

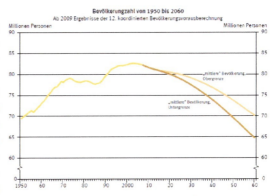

Von 2008 (ca. 82 Mio.) bis
2003 (ca. 82,5 Mio.) hat
die Bevölkerung in
Deutschland um etwa 0,5
Millionen Menschen abge-
nommen. Dieser Rück-
gang wird anhalten und
sich verstärken. Nach der 12. Bevölkerungsvorausberechnung[41] des Statistischen Bundesamtes werden es in einer mittleren Variante der Bevölkerungsentwicklung 2060 zwischen 65 Millionen („Untergrenze") und 70 Millionen („Obergrenze") sein (vgl. STATISTISCHES BUNDESAMT 2009: 12f).

Die Analyse der Altersstruktur ist ein wesentliches Element, um die Bevölke-
rungs- und Demographieentwicklung in Deutschland einordnen zu können.

Abb. 17: Altersstrukturpyramide 2008 und
2060 (Quelle: STATISTISCHES BUNDES-
AMT 2009: 15)

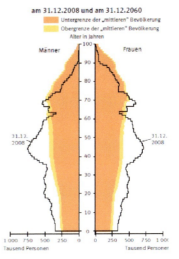

In den älteren Jahrgängen spiegeln sich die
Weltwirtschaftskrise Anfang der 30er und
die Verluste des Zweiten Weltkriegs jeweils
in einem Geburtenrückgang wider. Dem
Wiederaufbau folgte das Wirtschaftswunder,
das die so genannte Babyboom-Generation
hervorbrachte. Mit dem Wandel der Wert-
vorstellungen und der Verbreitung der
babypille brachte die durch das Geburtentief
reduzierte Elterngeneration ab Anfang der
Siebziger Jahre jedoch deutlich weniger

---

[41] Der 12. Bevölkerungsvorausberechnung werden verschiedene Annahmen zur Geburtenent-
wicklung, Lebenserwartung und insbesondere zur Zuwanderung aus dem Ausland zugrunde
gelegt ist. Ausgehend von einer sog. „mittleren" Bevölkerungsentwicklung wurde in der Untergrenze von einer jährlichen Zuwanderung von 100.000, in der Obergrenze von 200.000
Personen ausgegangen (vgl. STATISTISCHES BUNDESAMT 2009).

Kinder zur Welt – was sich bis heute fortsetzt. Die Geburtenrate bewegt sich in Deutschland seit den 70er Jahren relativ stabil bei etwa 1,4 bis 1,3 Kindern und einem „Reproduktionsniveau" von zwei Dritteln – folglich verringert sich von Generation zu Generation die Elterngeneration um jeweils ein Drittel (vgl. STATISTISCHES BUNDESAMT 2009: 14).

Die abnehmende Zahl der Geburten und das Altern der gegenwärtig stark besetzten mittleren Jahrgänge führen weiter zu gravierenden Veränderungen in der Altersstruktur, weshalb sich die Bevölkerungspyramide immer mehr von einer „Pilz- zur Urnenform" entwickelt. Die aktuelle Bevölkerungsstruktur weicht schon länger von der Form der klassischen Bevölkerungs-„Pyramide" ab, bei der die stärksten Jahrgänge die Kinder stellen und sich die Besetzungszahlen älterer Jahrgänge als Folge der Sterblichkeit verringern. Die Zahl der unter 20-Jährigen wird von heute ca. 16 Millionen auf etwa 10 Millionen (-37 %) im Jahr 2060 zurückgehen. Insbesondere die Altersgruppen der 50- bis 65-Jährigen (+24 %) und der 80-Jährigen und Älteren (+48 %) werden bis zum Jahr 2020 deutlich wachsen, während die Zahl der unter 50-Jährigen (-16 %) abnehmen wird. Ebenso wird die Bevölkerung im mittleren Alter von 30 bis unter 50 Jahren um circa 4 Millionen (-18 %) schrumpfen (vgl. STATISTISCHES BUNDESAMT 2009: 14f).

Der Bundesraumordnungsbericht 2005 macht deutlich, dass die Problemlagen in Ost- und Westdeutschland unterschiedlich sind. In den Neuen Bundesländern sind Schrumpfungs- und Alterungsprozesse die größten Probleme. Die Alten Bundesländer sind gegenwärtig stärker von Alterungs- und Heterogenisierungsprozessen geprägt. Im Zeitraum zwischen 2015 und 2020 wird aber auch der Westen Deutschlands immer stärker vom Schrumpfungsprozess erreicht werden (vgl. BBR 2005: 29f).

Neben der Entwicklung der Altersstruktur im Zuge des demographischen Wandels spielt die Wanderung für die Bevölkerungsentwicklung eine bedeutende Rolle. Gegenüber den 90er Jahren ist ein rapider Rückgang der Zuzüge aus dem Ausland festzustellen. Während zwischen 1991 und 1999 der durchschnittliche jährliche Saldo von Zu- und Fortzügen aus dem Ausland bei einem Zuwanderungsplus von 210.000 lag, ging dieser zwischen 2000 und 2007 auf durchschnittlich jährlich 107.000 Personen zurück[42]. Folgt man dem Trend der letzten Jahre, ist davon auszugehen, dass sich das Migrationsgeschehen aus dem Ausland auf einem niedrigen Niveau stabilisiert. Neben der Außenwanderung, der

---

[42] Aus dieser Entwicklung erklärt sich auch die vom Statistischen Bundesamt für die 12. Bevölkerungsvorausberechnung zugrunde gelegte Ober- und Untergrenze einer jährlichen Zuwanderung von mind. 100.000 und max. 200.000. Die aktuelle Entwicklung stellt demnach die Untergrenze dar.

Wanderung über die Staatsgrenzen hinweg, beeinflusst auch die Binnenwanderung innerhalb eines Landes die Bevölkerungsentwicklung erheblich. Ausmaß und Richtung von Binnenwanderungen variieren dabei regional.

Abb. 18: Binnenwanderung nach Bundesländern 1991 bis 2006 (Quelle: STATISTISCHES BUNDESAMT, Grafik: BUNDESINST. FÜR BEVÖLKERUNGSFORSCHUNG 2009)

Während fast alle Neuen Bundesländer in der Entwicklung zwischen 1991 und 2006 einen negativen Wanderungssaldo aufweisen, ergibt sich für die Alten Bundesländern mit 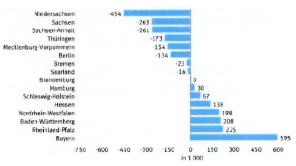 Ausnahme von Niedersachsen, Berlin, Bremen und dem Saarland ein Wanderungsplus. Hierbei verzeichnen die wirtschaftlich stärksten Bundesländer auch die höchsten Wanderungszuwächse. Spitzenreiter vor Rheinland-Pfalz und Baden-Württemberg ist Bayern mit einem positiven Binnenwanderungssaldo von im Schnitt rund 40.000 Personen pro Jahr zwischen 1991 und 2006 (vgl. STATISTISCHES BUNDESAMT 2009).

Entwicklung ausgewählter Parameter in Bayern

Abb. 19: Bevölkerungsentwicklung und Altersstruktur Bayern 2008 bis 2028 (Quelle: BAYLAFSTDV 2009a: 5)

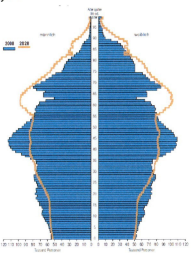

Die Ergebnisse der 12. regionalisierten Bevölkerungsvorausberechnung für Bayern bis 2028 besagen, dass die Bevölkerung ausgehend von ihrem aktuellen Stand von rund 12,52 Millionen bis 2014 zunächst um etwa 400.000 Einwohner ansteigt, um dann bis 2028 auf das Ausgangsniveau zu schrumpfen.

Was sich von Seiten der Bevölkerungsentwicklung – vor allem verglichen mit anderen Bundesländern – als zunächst wenig dramatisch darstellt, kann bei näherer Betrachtung der Altersstrukturentwicklung jedoch als durchaus problembehaftet angesehen werden. Sowohl Anzahl als auch Anteil der Personen, die 18 Jahre oder jünger sind, werden bis zum Jahr 2028 um 12.4% zurückgehen. Ebenso wird die Altersgruppe im Alter von 19 bis unter 60 von 7,09 Mio. Personen bis zum Jahr 2028 auf rund 6,42 Millionen Personen abnehmen (-9,4 % gegenüber 2008). Signifikante Zuwächse wird es dagegen in der Altersgruppe ab 60 Jahre geben. Binnen 20 Jahren wird diese Altersgruppe bei einem Zuwachs von 34,6% rund eine Million Menschen dazu gewinnen. Neben der höheren Lebenserwartung kann dieser Zuwachs v.a. durch den Übertritt der stark besetzten Baby-Boomer-Jahrgänge der 1960er Jahre in die Altersgruppe „60+" erklärt werden (vgl. BAYLAFSTDV 2009a: 115).

Insgesamt hat die Dynamik der Bevölkerungsentwicklung in Bayern in den letzten Jahren deutlich abgenommen, wobei von 2007 auf 2008 die Bevölkerung geringfügig (-0,005 %) zurückgegangen ist.

Abb. 20: Bevölkerungsvorausberechnung nach Regierungsbezirken und Landkreisen 2008 bis 2028 (Quelle: BAYLAFSTDV 2009a: 117)

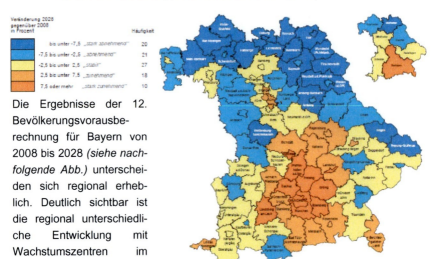

Die Ergebnisse der 12. Bevölkerungsvorausberechnung für Bayern von 2008 bis 2028 *(siehe nachfolgende Abb.)* unterscheiden sich regional erheblich. Deutlich sichtbar ist die regional unterschiedliche Entwicklung mit Wachstumszentren im Großraum München-Ingolstadt und Bevölkerungsverlusten vor allem im Norden und Osten Bayerns. Der Regierungsbezirk Oberbayern mit wird rund 7,6 % an Einwohnern gewinnen – die größten Einwohnerzuwächse haben die Landkreise Erding, Landsberg a. Lech und München zu erwarten. Der bayerische Norden und Osten werden am stärksten vom demographischen Wandel betroffen sein, dort verzeichnen die Regierungsbezirke Oberfranken, Unterfranken und Oberpfalz schon seit Jahren rückläufige Bevölkerungszahlen. Bis 2028 sind es vor allem die Landkreise und kreisfreien Städte dieser Regierungsbezirke, die die größten Bevölkerungsverluste verkraften müssen. In den Landkreisen Wunsiedel, Hof, Kronach, Tirschenreuth und der kreisfreien Stadt Hof wird der Bevölkerungsverlust jeweils über 10 % betragen (vgl. BAYLAFSTDV 2009a: 116f).

Wird die Bevölkerungsentwicklung zwischen 1998 und 2008 auf die Regionsgruppen übertragen, so geht die Schere der Entwicklung zwischen den Räumen sukzessive auseinander.

Abb. 21: Bevölkerungs-entwicklung nach Regionsgruppen 1998 bis 2008 (Quelle: BAYST-MWIVT 2009: 6)

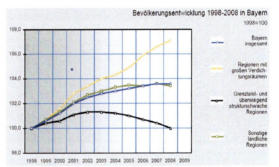

Während die großen Verdichtungsräume kontinuierliche Zuwächse verzeichnen konnten, sind die Bevölkerungszahlen der Grenzland- und überwiegend strukturschwachen Regionen ab 2003 rückgängig. Die sonstigen ländlichen Räume weisen nach einer Zunahme bis 2005 in den letzten Jahren einen Stagnations- bzw. geringfügigen Schrumpfungsprozess auf (BAYSTMWIVT 2009: f).

Betrachtet man die Wanderungsbewegungen für Bayern nach Zu- und Wegzügen, so ist seit 2001 ein rückläufiger Zuwanderungstrend erkennbar.

Abb. 22: Zu- und Wegzüge über die Außen-grenzen Bayerns (Quelle: BAYLAF-STDV 2009, Grafik: BASIS-Institut)

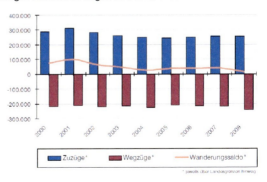

Insgesamt ist im Zeitraum zwischen 2000 und 2008 ein Rückgang des Wanderungssaldos um etwa 90 % festzustellen. Gegenüber der Vergangenheit kann auch Bayern nur noch in geringem Umfang von einem positiven Wanderungssaldo gegenüber anderen Bundesländern oder dem Ausland profitieren. In Abgleich mit der natürlichen Bevölkerungsentwicklung wird der Sterbeüberschuss aktuell noch ausgeglichen, es erscheint aber mittel- bis langfristig fraglich, inwieweit damit die Dynamik der demographischen Entwicklung abgefangen werden kann. Folglich ist auch für Bayern ein mittelfristiges Schrumpfen der Einwohnerzahl absehbar (vgl. BAYSTMWIVT 2009: 46f).

Abb. 23: Innerbayerische Wanderung nach Regionsgruppen 1970 bis 2008 (Quelle: BAYSTMWIVT 2009: 49)

Betrachtet man die Entwicklung der innerbayerischen Wanderung nach Regionsgruppen, so hat zwischen Anfang/Mitte der 90er Jahre bis 2006 eine starke Umverlagerung von Bevölkerung von den Grenzland- und überwiegend strukturschwachen Regionen sowie sonstigen ländlichen Regionen zu den Regionen mit großen Verdichtungsräumen stattgefunden. Nachdem diese Entwicklung zwischen 2003 und 2006 einen vorläufigen Höhepunkt erreicht hat, haben sich die Wanderungssalden in den letzten Jahren wieder etwas angeglichen (BAYSTMWIVT 2009a: 49).

Abb. 24: Bevölkerungsentwicklung nach Siedlungsstrukturtypen in Bayern 1989 bis 2007 (Quelle: BBR 2009)

Die Entwicklung zu Gunsten der großen Verdichtungsräume spiegelt auch die Differenzierung der Bevölkerungsentwicklung in Bayern nach Siedlungsstrukturtypen wider.

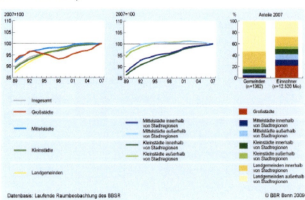

Seit Ende der 90er Jahre haben die Großstädte die deutlichsten Bevölkerungs-zuwächse zu verzeichnen, während alle anderen Siedlungsstrukturtypen eine stagnative oder leicht schrumpfende Entwicklung aufweisen (BBR 2009).

Folgerungen und Herausforderungen für die kommunale Ebene

Aus den Kennzahlen lassen sich zusammenfassend folgende Entwicklungsten-denzen für die Bevölkerungs- und Altersstrukturentwicklung ableiten:

- Die demographische Entwicklung ist mit der Abnahme der Geburtenrate und Zunahme der Alterserwartung ein langfristiger Entwicklungspfad, auf dem sich Deutschland verstärkt seit Ende der geburtenstärkeren Jahrgänge in den 60er Jahren befindet.

- Unter Berücksichtigung der mittelfristigen Entwicklung sowie der Vorausbe-rechnungen lassen sich sowohl bundesweit als auch für Bayern einen Ge-samttrend zu einer stärkeren Dynamik von Alterungsprozessen sowie rück-läufige Bevölkerungszahlen einhergehend mit Stagnations- und Schrump-fungsprozessen ableiten.

- Wie die Vorausberechnungen zeigen, wird der Alterungsprozess der Bevöl-kerung noch früher flächendeckender zum Tragen kommen und zunächst gravierendere Auswirkungen haben als der Bevölkerungsrückgang.

- Die Binnenwanderung verliert bundesweit an Dynamik, wobei Bayern eine stark rückläufige Zuwanderung aufweist.

- Unterschiede bei den Geburtenzahlen und regionalen Wanderungsbewegun-gen verursachen nicht nur im interregionalen, sondern auch im kleinräumig intraregionalen sowie kommunalen Vergleich ungleichmäßige Bevölkerungs-entwicklungen.

- Von Schrumpfungs- und stärkeren Alterungsprozessen sind tendenziell ins-besondere strukturschwache und ländlich geprägte Regionen und Kommu-nen gegenüber den großen Verdichtungsräumen und insbesondere den Kernstädten betroffen.

- Aufgrund der stark rückläufigen Zuwanderung von außerhalb und eines mas-siv abgeschmolzenen Wanderungssaldos wird die regionale und kommunale Konkurrenzsituation um Bevölkerungsgruppen auch in Bayern verschärft.

Insgesamt sind aufgrund der starken sowohl groß- wie auch kleinräumiger Aus-differenzierung von Bevölkerungs- und Alterungsentwicklungen demographische Vorausberechnungen für die regionale oder gar kommunale Ebene mit größerer Unsicherheit behaftet. Nichtsdestotrotz befinden sich auch in den Alten Ländern

und insbesondere in Bayern mehr und mehr Kommunen auf einem „Stagnations-
oder Schrumpfungspfad" (vgl. SARCINELLI 2006 o. S.). Die verschärfte Konkurrenzsituation um Bevölkerung betrifft nicht nur periphere, strukturschwache oder
sonstige ländliche Gebiete – auch die von der Suburbanisierung bisher profitie-
renden Verdichtungsräume größerer Städte müssen mit einem verschärften
Wettbewerb um Bevölkerung rechnen.

Regional und kommunal unterschiedliche demographische Entwicklungen stellen
Gemeinden so vor unterschiedliche Herausforderungen. Generell ist davon auszugehen, dass in immer mehr Gemeinden die Nachfrage nach Infrastrukturleistungen wie der technischen Ver- und Entsorgung sowie nach Dienstleistungen
zurückgeht, ohne dass damit automatisch eine entsprechende Reduktion der
Kosten verbunden wäre *(siehe Kap. 3.1.3)*. Gleichzeitig wird es Bereiche geben,
in denen aufgrund der Alterung der Bevölkerung bestimmte Bedarfe eher wachsen werden (vgl. u.a. KOZIOL 2004, MÄDING 2004).

Dass Bevölkerungsrückgang und -alterung zu erheblichen Einnahmeverlusten für
die Kommunen führen, liegt auf der Hand. Die Kommunen werden sich nicht nur
auf sinkende Einnahmen aus den Einkommenssteueranteilen, sondern auch auf
einen Rückgang von an die Einwohnerzahl geknüpften Finanzzuweisungen und
auf ein geringeres Aufkommen der sonstigen Aufwandsteuern und Kommunal-
abgaben einrichten müssen (vgl. BAUER 2006: 18).

Vor diesem Hintergrund stellt sich die Frage, wie Kommunen auf die Ursachen
und Folgen dieser Entwicklungen vorbereitet sind. Ein von SARCINELLI und weiteren Autoren im Jahr 2004 durchgeführtes Forschungsprojekt[43] zu den Folgen des
demographischen Wandels für die Kommunen in Rheinland-Pfalz erbrachte hierzu interessante empirische Ergebnisse. Demnach wird in der Mehrzahl der
Kommunen die eigene Entwicklungsperspektive als positiver eingeschätzt, als
dies Prognosen signalisieren. Besonders die langfristigen Ergebnisse demographischer Vorausberechnungen werden – wegen negativer Erfahrungen mit demographischen Planungsgrundlagen in der Vergangenheit oder mit Verweis auf
die Schwankungen von Wanderungssalden – in ihrer Dramatik grundsätzlich in
Zweifel gezogen.

»Ist dies Ausdruck von politischem Zweckoptimismus und mangelndem Prob-
lembewusstsein, oder zeigt sich hier ein ausgeprägter kommunalpolitischer Ge-
staltungswille? Spricht aus den eher optimistischen Einschätzungen etwa der

---

[43] Forschungsprojekt „Folgen des demographischen Wandels aus Sicht kommunaler und regionaler Entscheidungsträger" im Forschungsverbund der Universitäten Koblenz-Landau
(Campus Landau), Mainz und Trier im Auftrag der rheinland-pfälzischen Landesregierung
(2004). Insgesamt wurden 154 kommunale Entscheidungsträger aller kommunalpolitischen
Ebenen aus allen Regionen des Landes in Leitfaden-Interviews befragt.

Glaube an die politische Gestaltbarkeit der Bevölkerungsentwicklung vor Ort und auch die Hoffnung, vergangenes Wachstum in die Zukunft fortschreiben zu können?« (SARCINELLI 2006 o. S.). Jedenfalls wird die eigentliche Ursache des Wandels, die niedrige Geburtenrate, als kommunalpolitisch kaum beeinflussbar eingestuft. Durch gezielte, die Attraktivität herausstellende Standortpolitik – aktuell mit u.a. beträchtlichen Investitionen in Kinderbetreuungseinrichtungen – hofft man vielerorts, die ortsansässige Bevölkerung halten und um junge Familien werben zu können (vgl. SARCINELLI 2006 o. S.).

Weitergehende Ergebnisse der Befragung in Rheinland-Pfalz ergeben, dass nach Ansicht der kommunalen Entscheidungsträger der demographische Wandel in einer Vielzahl kommunaler Handlungsfelder – im Sinne eines Querschnittsthemas – politischen Gestaltungswillen erfordert. Im Zentrum kommunalpolitischer Aufmerksamkeit stehen insbesondere die Aufgaben der Siedlungs- und Infrastrukturentwicklung (u.a. Kinderbetreuung, Schulen) sowie kommunale Wirtschafts- und Arbeitsmarktpolitik. Als Folge demographischer Schrumpfung und Alterung wird sich die Siedlungsstruktur tiefgreifend verändern. Im ungünstigen Fall werden Zersiedelungsprozesse und eine dramatische Entleerung von Ortskernen insbesondere in ländlichen Räumen befürchtet, begleitet vom Verfall alter Bausubstanz, sozialer Segregation und dem Verlust gewachsener sozialer Strukturen. Dies werde sich, so die befragten Akteure, einerseits auf die ganze Bandbreite kommunaler Infrastruktur auswirken: Von den Ver- und Entsorgungssystemen über die Verkehrsinfrastruktur (ÖPNV), die sozialkulturellen Einrichtungen bis zur Kinderbetreuung und Schulinfrastruktur. Die Aufrechterhaltung des heutigen Niveaus an kommunaler Infrastruktur könne unter Alterungs- und Schrumpfungsbedingungen kaum mehr gelingen (vgl. SARCINELLI 2006 o. S.).

Insgesamt bestätigt die Befragung kommunalpolitischer Entscheidungsträger in Rheinland-Pfalz, dass Kommunalpolitik auf eine Verschärfung des interkommunalen Wettbewerbs um Einwohner zusteuert. Wie im vorherigen Kapitel dargestellt, befördert das kommunale Finanzsystem mit dem starken Bezug auf die Einwohnerzahl eine einseitige Wachstums- und Wettbewerbsorientierung. Zugespitzt formuliert gibt es in der deutschen Finanzverfassung nämlich »nichts Teureres als Einwohner zu verlieren, nichts wird höher prämiiert als der Zuzug von Einwohnern« (FÄRBER 2002: 9, zit. in SARCINELLI 2006). Dementsprechend verhält sich Kommunalpolitik scheinbar rational, wenn sie auf Basis von Einwohnerzuwächsen plant und handelt, schließlich misst vielerorts auch die Wählerschaft kommunalpolitischen Erfolg an der örtlichen Einwohner- und damit Finanz- und Infrastrukturentwicklung. Demnach stellt sich die Frage, wie lang bzw. mit welchen langfristigen Folgen sich diese kommunale Steuerungsstrategie noch aufrechterhalten lässt (vgl. SARCINELLI 2006 o. S.). Der demographische Wandel wird die kommunale Landschaft zunächst in Wachstums-, Stagnations- und Schrumpfungsräume ausdifferenzieren. Langfristig werden aber fast alle Kommunen auf einen Schrumpfungspfad einschwenken. Insofern muss die demographische Entwicklung zu einem zentralen Motiv kommunalpolitischen Handelns werden. Vielerorts wird man die Entwicklung mehr reaktiv als aktiv zu steuern versuchen, zumal häufig Ungewissheit darüber herrscht, wer zur Gewinner- oder Verliererseite zählt. Der interkommunale Wettbewerb um eine weniger werdende Bevölkerung trägt unter Schrumpfungs- und Alterungsbedingungen zu einer Verschärfung der siedlungs- und finanzpolitischen wie auch infrastrukturellen Folgen bei (vgl. SARCINELLI 2006 o. S.).

Wegen der Verschiedenartigkeit der einzelnen kommunalen Handlungsfelder gibt es weder ein „Allheilmittel" noch eine „Allzweckstrategie" zur Lösung der aus dem demographischen Wandel resultierenden Anpassungsprobleme. Doch sind es nicht allein die sachlichen Unterschiede und Besonderheiten der einzelnen Segmente kommunaler Aufgabenerledigung, die jede Suche nach einem Patentrezept erschweren. Vielmehr schließen auch die uneinheitlichen regionalen und kommunalen Gegebenheiten allgemeingültige Einheitslösungen aus. Von daher werden Kommunen nicht umhin kommen, neue und auf die jeweilige Situation zugeschnittene Steuerungs- und Lösungswege nach dem „Trial-and-Error-Prinzip" zu entwickeln.

Vor dem Hintergrund der Umfrageergebnisse in Rheinland-Pfalz stellen sich für die Kommunen generell zwei Grundstrategien der Steuerung des demographischen Wandels zur Auswahl:

a) Strategie „Prinzip Hoffnung": Die Dramatik bzw. die Auswirkungen des demographischen Wandels werden für die eigene Kommune als weniger zutreffend bzw. dramatisch angesehen. Schwerpunkt ist ein "weiter so" mit den bisherigen Vorstellungen und Rezepten – insbesondere einer Angebots-, Wachstums- und Wettbewerbsorientierung.

b) „Anpassungs- und Präventionsstrategie": Demographische Veränderungen und deren langfristige Folgen werden für die eigene Kommune wahrgenommen. Stärkere Ausrichtung auf eine Bedarfs-, Kooperations- und Partnerschaftsorientierung nach innen und außen. Mischung aus „Prävention", z.B. Abdämpfen von Auswirkungen durch langfristiges Agieren im Bereich Kinder- und Seniorenbetreuung, sowie schrittweise „Anpassung", z.B. im Zuge von Zusammenlegungen oder Mehrfachnutzungen von Infrastruktur.

Von einer Anpassungs- und Präventionsstrategie ausgehend, ist es für die Kommunen zunächst wichtig, die unterschiedlichen Steuerungsansätze, die verschiedenen Strategien und die möglichen „Stellschrauben" zur Bewältigung des demographischen Wandels zu kennen. Erst diese Kenntnis versetzt die Kommunen in die Lage, nach der gebotenen Erstellung aufgaben-, sach- und situationsbezogener Einzelfallanalysen die jeweils adäquate Problemlösungsstrategie auszuwählen und damit zugleich die ohnehin stets verbleibende Prognoseunsicherheit schrittweise in den Griff zu bekommen. Erste Ansätze könnten standardisierte „Demographieverträglichkeitsprüfungen" u.a. im Vorfeld von Entscheidungen zur Siedlungs- oder Infrastrukturentwicklung sein (vgl. BAUER 2006: 20). Neben einer kurz- bis mittelfristigen Bedarfs- und Auslastungssituation könnten die langfristige Flexibilität oder Anpassungsfähigkeit an eine veränderte Bevölkerungs- und Altersstruktur (z.B. flexible Nutzungsumwandlung von Gebäuden) wichtige Kriterien für eine derartige Prüfung sein.

In Anlehnung an SARCINELLI gibt es für die Bewältigung des demographischen Wandels im Wesentlichen folgende Botschaften an die kommunale Ebene (vgl. SARCINELLI 2006 o. S.).

• Kommunalpolitik muss sich in vielen Handlungsfeldern vom Leitbild des Wachstums (Bevölkerungswachstum, Ausbau der Infrastruktur) verabschieden. Stagnierende und schrumpfende Bevölkerungszahlen erfordern eine Orientierung an qualitativen Maßstäben.

• Kommunalpolitik muss zur Bewältigung des demographischen Wandels neue und auf die jeweilige Situation zugeschnittene Steuerungs- und Lösungswege nach dem "Trial-and-Error-Prinzip" entwickeln. Angesichts der Langfristigkeit vieler Entscheidungen u.a. zur Siedlungs- und Infrastrukturentwicklung sowie der, teilweise erst mittel- bis langfristig spürbar werdenden Folgen, ist es umso wichtiger von einer reaktiven Haltung in einen aktiven Steuerungsmodus zu gelangen.

• Kommunalpolitik benötigt eine schrittweise Anpassungs- und Präventionsstrategie, um der Steuerung des demographischen Wandels im Sinne einer Querschnitts- und Langfristaufgabe gerecht zu werden. Hierzu zählt u.a. eine bedarfsorientierte Anpassung der Infrastruktur, die auch eine Flexibilität und langfristige Veränderbarkeit des Angebots vorsieht.

• Kommunalpolitik kann die demographischen Herausforderungen bewältigen, wenn sie die Bevölkerung in den politischen Prozess einbezieht. Partnerschaftliche Politikformen müssen deshalb stärker als bisher kommunalpolitisches Handeln bestimmen. Dazu zählt u.a. die gezielte Förderung zwischenmenschlicher Lösungen wie Nachbarschaftshilfe oder generationen-übergreifende Hilfestellungen via kommunaler Vermittlungstätigkeiten.

- Kommunalpolitik muss ihre vielfach einzelgemeindliche Perspektive zu einer Orientierung an übergemeindlichen „Verantwortungsräumen" weiterentwickeln. Hierzu gehört die Bereitschaft zu verstärkter interkommunaler Kooperation ebenso wie sektor- und politikfeldübergreifendes Denken.

3.3.2 Veränderungen der Wohnraumnachfrage

In engem Bezug zur Bevölkerungsentwicklung ist die Veränderung der Wohnraumnachfrage für die räumliche bzw. städtebauliche Entwicklung auf kommunaler Ebene ein weiterer wichtiger Trend. Folgt man eines Wirkungsdiagramms der SCHADER-STIFTUNG ist die Entwicklung der Wohnraumnachfrage von einer Reihe zusammenhängender Wirkungsfaktoren abhängig. So haben Demographie- und Alterungsprozessen in Zusammenhang mit veränderten Lebensformen und Lebensstilen einen unmittelbaren Einfluss auf die Entwicklung der Haushaltsstrukturen und Wohnungsnachfrage. Daneben spielen Rahmenbedingungen wie die Finanzierungsmöglichkeiten für die Anschaffung von Wohnraum unter Berücksichtigung staatlicher Förderpolitik sowie ökonomische und konjunkturelle Entwicklungen eine Rolle.

Abb. 25: Wirkungsdiagramm Wohnraumnachfrage (Quelle: eigene Darstellung auf Grundlage UHLEN-BROCK/ SCHADER-STIFTUNG www.schaderstiftung.de)

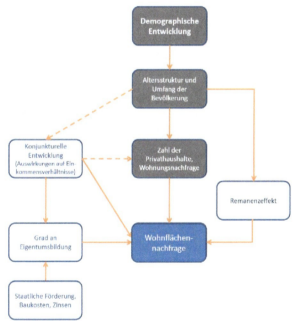

In Zusammenhang mit der Bevölkerungs- und Altersstrukturentwicklung hat u.a. auch der sog. „Remanenzeffekt" einen Einfluss auf die Wohnungsnachfrage Nach Meinung von Experten ist die Analyse des Geschehens auf dem Wohnungsmarkt komplexer und unzuverlässiger geworden. Der entscheidende Grund hierfür liegt in der Ausdifferenzierung von Haushalts- und Familienkonstellationen, im Wesentlichen außerhalb der klassischen Kernfamilie (vgl. SPELLERBERG 2003: 276).

127

Kennzahlen für die Veränderungen der Wohnraumnachfrage[44]

Die Entwicklung der Haushaltsstrukturen ermöglicht einen ersten Aufschluss, wie sich die Wohnraumnachfrage verändert. Diese sind zunächst abhängig von der Zahl der Personen, die im Durchschnitt einen Haushalt bilden. Die durchschnittliche Haushaltsgröße verringert sich seit Ende des 19. Jahrhunderts kontinuierlich.

Abb. 26: Durchschnittliche Anzahl der in einem Haushalt lebenden Personen und Anteil der Einpersonenhaushalte im Zeitverlauf 1871 – 2002 (Datenquelle: STATISTISCHES BUNDESAMT 2003: 83; Grafik: SCHADER-STIFTUNG)

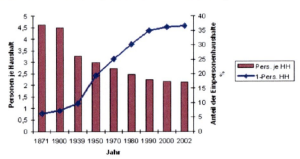

Während Ende des 19. Jahrhunderts durchschnittlich noch 4,5 Personen in einem Haushalt lebten, waren es 1950 noch 3 Personen und aktuell (2008) sind es durchschnittlich nur noch 2,05 Personen (STATISTISCHES BUNDESAMT 2009). Gleichzeitig stieg die Zahl der Einpersonenhaushalte in diesem Zeitraum von etwa 7 % auf 39 %.

Die Gründe für diese Entwicklung in den letzten 100 Jahren sind vielfältig: Allgemein werden auf Grundlage der Wohlstandsentwicklung veränderte Werthaltungen, Lebens und Wohnbedürfnisse angeführt. Die Entwicklung in den letzten Jahrzehnten ist vor allem auf folgende Bedingungen zurückzuführen: Die steigende Lebenserwartung erhöht die Zahl der älteren Zwei- und Einpersonenhaushalte, durch die Verlängerung der sog. postadoleszenten Phase[45] steigt die Zahl der jungen Ein- und Zweipersonenhaushalte ohne Kinder und durch erhöhte Trennungsraten und eine geringere Bindungsbereitschaft entstehen immer mehr Haushalte von Alleinerziehenden und von Alleinlebenden mittleren Alters. Ebenfalls steigend ist die Zahl der lebenslang kinderlos Bleibenden (vgl. BMFSJ 2003:

---

[44] Gegenüber vorliegenden Statistiken zu relevanten Kennzahlen auf Bundesebene, von Seiten des Statistischen Bundesamtes oder diverser Bundesämter und -institute, liegen für Bayern keine vergleichbaren Daten vor. Folglich liegt der Schwerpunkt des Abschnitts auf der Darstellung der bundesweiten Veränderungen.

[45] Diese stellt eine eigenständige Lebensphase dar, die im Sinne einer „Orientierungsphase" zwischen Jugend und Erwachsenenalter angesiedelt wird. Bedeutsam ist der Aufbau eigener Existenzgrundlagen wie Studium, berufliche Basis, Partnerschaft, eigener Haushalt oder finanzielle Unabhängigkeit (vgl. u.a. Shell-Jugendstudie).

20ff). Soziologen (u.a. BECK 1994) erklären diese Entwicklung häufig mit der Theorie der gesellschaftlichen „Individualisierung", die den Menschen zwar Sicherheit nehme, aber auch mehr Wahlfreiheit zur Lebensgestaltung biete und so zur „Pluralisierung der Lebensformen" führe (vgl. BECKER 2005: 1295).

Abb. 27: Entwicklung der Bevölkerung in Deutschland nach Lebensformen 1996 –
2005 (Quelle: STATISTISCHES BUNDESAMT; Grafik: BUNDESINSTITUT FÜR BEVÖLKERUNGSFORSCHUNG BIB 2008: 60)

So hat sich in Deutschland ein enormer Wandel in den Lebensformen und den Beziehungen der Generationen vollzogen, wobei sich Lebensformen nach den zentralen Kriterien des Bezugs zur Ehe und dem Zusammen-

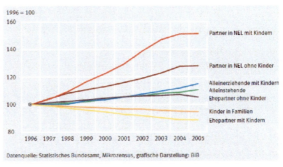

menleben mit Kindern differenzieren lassen. Daraus ergeben sich sechs grundlegende Arten von Lebens- und Haushaltsformen: Alleinstehende, nichteheliche Lebensgemeinschaften (NEL) mit oder ohne Kinder, Ehepaare (EL) mit oder ohne Kinder sowie Alleinerziehende mit Kindern (vgl. BIB 2008: 60). Zwischen 1996 und 2005 haben insbesondere die nichtehelichen Lebensgemeinschaften mit oder ohne Kinder erheblich zugenommen. Zuwächse konnten auch die Alleinerziehenden mit Kindern und Alleinstehende verzeichnen. Dagegen sind Familien mit Kindern und insbesondere in Verbindung mit Ehepartnern rückläufig. Der stärkere Trend zu Lebens- und Haushaltsformen einer eher individualisierten Gesellschaft hinsichtlich Alleinlebender, Paarhaushalte und nichtehelichen Formen ist in den Neuen Bundesländern besonders ausgeprägt (vgl. BIB 2008: 61).

Im Jahr 2005 betrug der Anteil der Mehrgenerationenhaushalte mit drei Generationen unter einem Dach nur noch 1 %. Rund 31 % der Haushalte waren Zweigenerationenhaushalte, deren Anteil an den Haushalten ebenso kontinuierlich abnimm. Bezieht man die Haushaltsformen auf die Bevölkerung, so zeigt sich, dass immer noch etwas mehr als die Hälfte der Personen (53 %) in Zweigenerationenhaushalten leben, während die Einpersonenhaushalten 17 % der Bevölkerung repräsentieren (vgl. BIB 2008: 60).

Abb. 28: Haushalte nach Haushaltgröße 2007, 2015 und 2005 (Datenquelle: STATISTISCHES BUNDESAMT; Grafik: BIB 2008: 65)

Ausgehend vom Referenzjahr 2007 hat das Statistische Bundesamt für 2015 und 2025 eine Trendvariante errechnet. Aus den Prognosen ergibt sich, dass trotz abnehmender Bevölkerungszahlen insgesamt mit einer steigenden Zahl von Haushalten zu rechnen ist. Zwischen 2007 und 2020 soll nach Schätzungen des STATISTISCHEN BUNDESAMTES die Zahl der Haushalte in Deutschland um etwa 800.000 steigen.

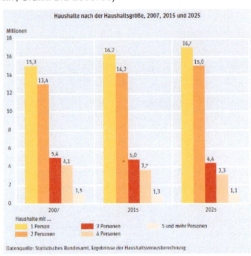

Demnach werden die Einpersonenhaushalte bis 2025 auf ca. 16,7 Mio. (41 %) und die Zweipersonenhaushalte auf ca. 15,0 Mio. (37 %) ansteigen, während die Drei- und Mehrpersonenhaushalte auf einen Anteil von nur noch knapp über einem Fünftel der Haushalte (ca. 22 %) zurück gehen werden. Insgesamt wird die Zunahme der Ein- und Zweipersonenhaushalte vor allem auf die künftigen Veränderungen in der Altersstruktur mit wesentlich mehr älteren Menschen, die in kleineren Haushalten leben, zurück geführt (vgl. BIB 2008: 65).

Die aktuelle Wohnungsmarktprognose des BBSR 2010 verdeutlicht die Verschiebungen in der Größen- und Altersstruktur zwischen 2010 und 2025. Mit einer starken Zunahme wird bei den älteren Haushalten von aktuell 35 % (2009) auf 42 % (2025) gerechnet. Die größeren Haushalte mit mindestens drei Haushaltsmitgliedern unter 45 bzw. unter 60 Jahren nehmen insgesamt von 23 % (2009) auf 17 % (2025) ab. Ausschlaggebend ist, dass die geburtenstarken Jahrgänge innerhalb der nächsten 15 Jahre von den größeren Haushalten ab 45 Jahren zu den älteren und kleineren Haushalten ab 60 Jahren wandern. Dementsprechend nehmen diese Haushaltstypen bis 2025 um ein Viertel zu. Die Zahl der kleinen Haushalte bis 45 Jahre bleibt im Wesentlichen stabil (vgl. BBSR 2010: 3).

Die Wohnflächeninanspruchnahme je Haushaltsmitglied ist in den letzten Jahrzehnten angesichts steigender Einkommen und sinkender Haushaltsgrößen

deutlich gestiegen. Aber auch zukünftig ist eine Ausdehnung der Wohnflächeninanspruchnahme bedingt durch den demographischen Wandel mit Alterung der
Gesellschaft und den Bedeutungszuwachs kleiner Haushalte zu erwarten.
Durchschnittlich beträgt die Wohnfläche pro Einwohner im Jahr 2007 (im Mittel)
42 m² pro Person. In Bayern hat sich die Wohnfläche pro Einwohner (im Mittel)
seit 1960 von 19 m² auf 44 m² in 2008 erhöht.

Abb. 29: Entwicklung der Wohnfläche je Einwohner in m² in **siedlungsstrukturel-
len Regionstypen 1995 – 2007** (Quelle: BBR 2009, lfde. Raumbeobachtung)

Die Wohnflächenin-
anspruchnahme un-
terscheidet sich zwi-
schen den siedlungs-
strukturellen Regions-
typen erheblich. Auf-
grund höherer Anteile
von Eigenheimen, ei-
nem niedrigeren
Preisniveau und einer
höheren Flächenver-
fügbarkeit ist in ländli-
chen Räumen die

Pro-Kopf-Wohnfläche deutlich höher als in den Agglomerationen. So liegt die
Wohnfläche pro Einwohner (im Mittel) in den Alten Bundesländern in ländlichen
Räumen bei 44,8 m² – in den Agglomerationen bei 40,1 m². In den ländlichen
Räumen der Alten Bundesländer fallen die Zuwächse zwischen 1995 und 2007
am stärksten aus. Im Ost-West-Vergleich ist die Wohnflächeninanspruchnahme
in den Neuen Ländern noch immer niedriger als in den Alten Ländern, auch
wenn sich die Unterschiede in den letzten Jahren verringert haben (vgl. BBR
2009).

Zur Veränderung der Wohnflächennachfrage trägt u.a. der sog.
„Remanenzeffekt" bei, der darauf zurückzuführen ist, dass ältere Menschen nach
dem Auszug der Kinder oder dem Tod des Ehepartners vielfach alleine in
der/dem angestammten „Familienwohnung/-haus" verbleiben und infolgedessen
ein beachtlicher Wohnflächenzuwachs pro Kopf entsteht. Aufgrund des
Remanenzeffektes beanspruchen ältere Ein- oder Zweipersonen-Haushalte große Wohnungen und Einfamilienhäuser im Bestand, wodurch die Verfügbarkeit für
einen Wechsel stark herabgesetzt wird. Der Remanenzeffekt wird voraussichtlich

noch bis 2030 wirken, sich aber kurz- bis mittelfristig abschwächen, da die Baby-Boomer-Generation zunehmend in die hochaltrige Altersphase kommt. Erst ab 2015 und 2020 wird mit einer erhöhten Verfügbarkeit des vom Remanenzeffekt betroffenen Wohn-/Immobilienpotenzials gerechnet (vgl. BBSR 2010: 2).

Abb. 30: Bebauungstypen von Wohngebieten nach Siedlungsstrukturtypen, laufende Bevölkerungsumfrage (Quelle: BBR 2009, lfde. Raumbeobachtung)

Die Entwicklung der Wohnfläche je Einwohner ist in hohem Maße von den jeweiligen Bebauungstypen abhängig *(siehe Abb. 30)*. Dabei unterscheiden sich die Bebauungstypen ganz wesentlich zwischen den verschiedenen Siedlungsstrukturty-

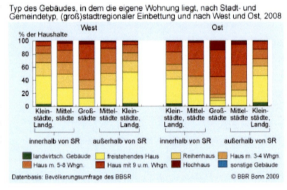

pen. Während in Landgemeinden und Kleinstädten die Ein- und Zweifamilienhausgebiete prägend sind, dominieren in den Großstädten verdichtete Bauformen. Historisch bedingt verteilt sich die Bevölkerung in den Alten und den Neuen Ländern auf unterschiedliche Bebauungstypen. In den Alten Ländern ist die bauliche Struktur vieler Wohngebiete vor allem durch nach dem 2. Weltkrieg entstandene Ein- und Zweifamilienhausgebiete geprägt. In den Neuen Ländern überwiegt vor allem in den größeren Städten die Wohnblockbebauung – insbesondere auch die Plattenbauten (vgl. BBR 2009).

Laut Zusatzerhebung des Mikrozensus hatte 2006 die Durchschnittswohnung in Deutschland 90,2 m² (West: 93,9 m², Ost: 76,5 m²). Während im Westen 57 % aller Wohnungen mindestens 80 m² groß sind, sind dies im Osten nur 37 %. Diese Differenz beruht vor allem auf den unterschiedlichen Anteilen von Einfamilienhäusern in West und Ost. Die BBSR-Umfrage bestätigt diese Größenverhältnisse. Die größten Unterschiede zeigen sich zwischen Großstädten und den anderen Siedlungstypen: In Großstädten sind in Westdeutschland 35 %, in Ostdeutschland 9 % der Wohneinheiten über 90 m² groß – in Mittelstädten sind es 60 % bzw. 39 %.

Ausgehend von der Entwicklung der Haushaltsstrukturen und Wohnflächeninanspruchnahme wird abschließend ein Blick auf die Wohnungsbautätigkeit geworfen. Die Bautätigkeit ist zwischen den fertiggestellten Wohnungen je nach Gebäudeart in Ein- und Zweifamilienhäuser oder in Mehrfamilienhäuser zu unterscheiden. Die Differenzierung nach der Gebäudeart liefert Rückschlüsse auf die Nachfragedynamik, aber auch auf die jeweiligen Siedlungsstrukturen.

Abb. 31: Bautätigkeit fertiggestellter Wohnungen 1992 – 2008 und Neubaubedarf bis 2025 nach Gebäudeart (Quelle: BBSR 2009 / 2010: 8)

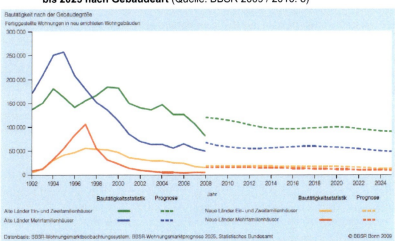

Die Bautätigkeit nimmt nach einer Wachstumsphase Mitte der 90er Jahre kontinuierlich ab. Dies betrifft in besonderer Weise das Segment der Mehrfamilienhäuser und des Geschosswohnungsbaus. Bei den Ein- und Zweifamilienhäuser – insbesondere in den Alten Ländern – ist seit 2006 ein stärkerer Rückgang festzustellen, der u.a. mit veränderten Rahmenbedingungen wie dem Wegfall der Eigenheimzulage in Verbindung gebracht wird. Im Jahr 2008 wurden in Deutschland rund 176.000 Wohnungen fertiggestellt. Das waren 16,5 % oder 39.000 Wohnungen weniger als im Vorjahr. Dies ist die niedrigste Zahl an Fertigstellungen in der Nachkriegsgeschichte. Die Neubautätigkeit sank bei den Ein- und Zweifamilienhäusern am deutlichsten. Mit einem Rückgang um 22,3 % wurden rund 28.000 Einheiten weniger als im Vorjahr fertiggestellt (vgl. GdW 2009: 9). Die Prognose des BBSR geht bis 2025 von einem weiter abnehmenden Neubaubedarf in allen Segmenten aus, wobei vor allem ab 2015 ein deutlicherer Rückgang in Zusammenhang mit der schrumpfenden Bevölkerungsentwicklung erwartet wird (vgl. BBSR 2010: 8). Der Neubaubedarf wird im Wesentlichen durch zwei Faktoren getragen: Zum einen durch eine demographisch und verhaltensbedingt steigende Wohnflächennachfrage und zum anderen durch den Ersatzbedarf, der aus der physischen Alterung der Wohngebäude resultiert (vgl. BBSR 2010: 7). Mit zunehmender Entfernung ausgehend von den Kernstädten, über die Umlandgemeinden hin zu den ländlichen Räumen, gewinnen die Ein- und Zweifamilienhäuser an Bedeutung. Die Gründe sind in den günstigeren Grundstückspreisen bei größeren Parzellenzuschnitten, der größeren Flächen-verfügbarkeit sowie flexibleren Anpassung an die bestehende Siedlungsstruktur zu finden (vgl. BBR 2008).

In den Großstädten besteht zumeist eine höhere Nachfrage nach Geschosswoh-nungen. Diese ist umso ausgeprägter, je zentraler die innerstädtischen Standorte liegen. Ergänzend findet in den Großstädten auch ein Ein- und Zweifamilien-hausbau mit unterschiedlicher Intensität statt; je nach politischen Rahmenbedin-gungen und Realisierbarkeit. Dabei handelt es sich häufig um verdichteten Woh-nungsbau mit Reihen- und Doppelhausstrukturen in neuen Wohngebieten an den Rändern der Städte oder Umstrukturierungsgebieten (Konversionen etc.). Der überproportionale Bedeutungsgewinn des individuellen Wohnungsbaus ergibt sich – insbesondere in den Neuen Ländern – primär aus dem deutlichen Bedeu-tungsverlust des Geschosswohnungsbaus seit Ende der 90er Jahre. In den Kernstädten der Alten Länder ist seit einigen Jahren der Anteil des individuellen Wohnungsbaus an der Bautätigkeit leicht rückläufig bzw. stagnierend. Neben bundesweit relevanten Rahmenbedingungen wie beispielsweise der Abschaffung der Eigenheimzulage wirken regional unterschiedliche Möglichkeiten der Flä-chenverfügbarkeit als limitierender Faktor (vgl. BBR 2008).

Abb. 32: Entwicklung Baufertigstellungen Wohnungen 1995 bis 2006 nach Regionstypen (Quelle: BBR 2008, lfde. Raumbeobachtung)

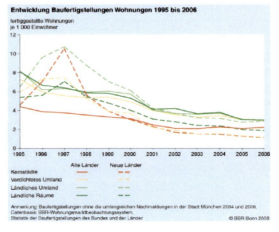

Die verstärkte Bautätig-keit in den 90er Jahren ist auf den Nachholbe-darf in den Neuen Bun-desländern, aber auch auf eine verstärkte Nach-frage, u.a. durch Zuwan-derungen, in den Alten Bundesländern zurück-zuführen. Gewinner die-ses Booms waren neben dem ländlichen Umland vermehrt die Kernstädte.

Seit der Jahrtausendwende verstetigt sich die Entwicklung wieder auf deutlich niedrigerem Niveau. Einen vergleichsweise hohen Bedeutungsverlust hat der Teilmarkt der Mehrfamilienhausprojekte erfahren. Während in der Vergangenheit ein erheblicher Anteil des Wohnungsbaus von Investoren und Wohnungsbaugesellschaften ausging, ist die Eigentumsbildung nach den Ergebnissen der EXPERTENKOMMISSION WOHNUNGSWIRTSCHAFTLICHER STRUKTURWANDEL insbesondere in den Neuen Ländern verstärkt auf das Immobilienmarktsegment des individuellen Eigenheimbaus ausgerichtet – nach wie vor mehrheitlich an den Rändern der bestehenden Siedlungsbereiche (zit. in THIEL 2008: 145). Ebenso zeigen die Ergebnisse der Wohneigentumsstudie von TNS INFRATEST (2009, u.a. im Auftrag des BMBau), dass mit steigender Tendenz über die Hälfte der neuen Eigentümer in Westdeutschland zwischen 2004 und 2007 Gebrauchtimmobilien erworben.

Abb. 33: Wohneigentumsentwicklung unter Berücksichtigung von Ballungs-räumen u. ländlichen Räumen (Quelle: TNS INFRATEST, LBS Research)

Nach aktuellen Untersuchungen zur Wohneigentumsentwicklung wollten 70 % aller Immobilienkäufer im Jahr 2009 ein gebrauchtes Objekt erwerben (TNS INFRATEST, 2010). Im Hinblick auf die räumliche Verteilung der Nachfrage wird in den Alten Bundesländern

eine zunehmende Verlagerung in die Ballungsräume festgestellt. Die Befunde von TNS Infratest werden u.a. durch die Difu-Studie „Wohnen in der Innenstadt als Lebensstil" (BRÜHL, ECHTER et al 2005) bestätigt. Aufgrund der Entwicklung der Wohnungsnachfrage in den letzten Jahren lässt sich zum jetzigen Zeitpunkt großräumig eine gewisse Parallelität von Suburbanisierung und Reurbanisierung konstatieren (vgl. BBR 2009), die aus Sicht des Immobilienmarktes derzeit insbesondere in den Alten Bundesländern in zwei Richtungen tendiert: einerseits eine anhaltende Nachfrage nach Einfamilienhausbebauung im Umland und andererseits eine steigende Nachfrage nach Gebrauchtimmobilien unterschiedlicher Größenordnungen, die verstärkt auch die Kernstädte betrifft (TNS

INFRATEST, 2010). Welcher der beiden Trends in Zukunft die Oberhand gewinnen wird, hängt auch davon ab, inwieweit es gelingt, die Rahmenbedingungen für das Bauen und Wohnen sowohl in den Städten als auch allgemein in den Innenbereichen zu verbessern (vgl. JÖRISSEN, COENEN 2007: 12).

Auch in Bayern ist die Bautätigkeit hinsichtlich der jährlich genehmigten Wohnungen in Wohngebäuden insgesamt von etwa 68.000 (1998) auf ca. 30.000 Wohnungen (2008) kontinuierlich rückläufig. Dabei ist der Rückgang von Wohnungen in Ein- und Zweifamilienhäusern ebenso stark ausgeprägt wie in Mehrfamilienhäusern (vgl. BAYLAFSTDV 2009b).

Abb. 34: Jährlich genehmigte Wohnungen in Bayern 1998 bis 2008 nach Bautypen (Quelle: BAYLAFSTDV 2009b)

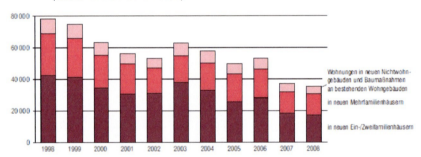

So ist auch die Wohnungsbaunachfrage in Bayern im 1. Halbjahr 2009 erneut rückläufig. Dabei ging die Zahl der zum Neubau freigegebenen Einfamilienhäuser nur wenig zurück (-1,7 %), die der Zweifamilienhäuser etwas stärker (-8,2 %). Am deutlichsten rückläufig war die Zahl der geplanten neuen Mehrfamilienhäuser (-20,4 %). Allerdings hielt sich der Rückgang der darin vorgesehenen Wohnungen in Grenzen, da verstärkt „größere" Mehrfamilienhäuser mit 13 oder mehr Wohnungen für den Neubau freigegeben wurden (vgl. BAYLAFSTDV 2009b).

Folgerungen und Herausforderungen für die kommunale Ebene

Aus den Kennzahlen lassen sich zusammenfassend folgende Entwicklungstendenzen und Veränderungen der Wohnraumnachfrage ableiten:

- Die Zahl der Personen pro Haushalt sinkt, bei gleichzeitiger Zunahme kleinerer Ein- und Zweipersonenhaushalte. Dies betrifft vor allem die Großstädte und Verdichtungsräume.

- Insbesondere durch die Zunahme der kleineren Haushalte ist mit einer steigenden Zahl der Haushalte insgesamt trotz rückgängiger Bevölkerungszahlen zu rechnen.
- Die Wohnflächeninanspruchnahme pro Person nimmt weiter zu.
- Für die Wohnraumnachfrage spielen die Bedürfnisse einer wachsenden Zahl älterer Menschen eine zunehmend wichtigere Rolle.
- Im Zuge des Remanenzeffektes beanspruchen ältere Ein- und Zweipersonenhaushalte große Wohnungen und Einfamilienhäuser im Bestand, wobei erst ab 2015 und 2020 mit einer stärkeren Verfügbarkeit dieser Immobilien gerechnet wird.
- Die Nachfrage wird sich aufgrund pluralisierter Lebens-, Alters- und Hausformen weiter ausdifferenzieren. Während der Stellenwert von Familien in Zukunft zurückgeht, gewinnen kinderlose Nachfragegruppen wie Singles oder Paare an Bedeutung.
- Innerhalb eines Lebenszykluses finden in erhöhtem Maße Wohnraumanpassungen statt: „passendes Wohnobjekt zur jeweiligen Lebensphase".
- Die Wohnungsbautätigkeit nimmt sowohl bundesweit als auch in Bayern stetig ab. Bundesweit ist vor allem ein Bedeutungsverlust bei Mehrfamilienhausprojekten in Zusammenhang mit Investoren und Wohnungsbaugesellschaften festzustellen. In Bayern ist der Rückgang von Wohnungen in Ein- und Zweifamilienhäusern ebenso stark ausgeprägt.
- Aktuelle Studien zur Wohneigentumsentwicklung zeigen, dass das Nachfrageinteresse an Gebrauchtimmobilien als Alternative zum Neubau zunimmt.

In Abgleich mit dem demographischen Wandel ergibt sich eine ambivalente Situation. Die auf den ersten Blick zwingende Schlussfolgerung „weniger Menschen brauchen weniger Wohnraum", d.h., als Folge des demographischen Wandels werde die Wohnraumnachfrage zurückgehen, ist bei genauer Betrachtung zu differenzieren. Ein zentraler Aspekt ist, dass die Wohnungsnachfrage nicht primär von der Zahl der Einwohner, sondern von der Struktur und Anzahl der Haushalte bestimmt wird (vgl. SCHADER-STIFTUNG, www.schader-stiftung.de). Wie dargestellt lassen die Veränderungen der Haushaltsstrukturen auf eine zumindest mittelfristig steigende Zahl von Haushalten und eine auch zukünftig zunehmende Wohnflächeninanspruchnahme pro Person schließen.

Das bedeutet, dass die quantitativen Folgen des Bevölkerungsrückgangs aufgrund altersstruktureller Effekte und Veränderungen der Wohnansprüche erst mit Verzögerung bei der Wohnflächeninanspruchnahme zum Tragen kommen und

dadurch die immobilienwirtschaftlichen Folgen voraussichtlich noch verstärkt werden können (vgl. SCHADER-STIFTUNG, www.schader-stiftung.de).
Wesentliche Ursache ist die relative Zunahme der Ein- und Zweipersonenhaushalte in allen Altersgruppen infolge veränderter Lebensformen, v.a. aber durch die auch absolut wachsende Gruppe der über 65-Jährigen. Da ältere Menschen im Zuge des sog. Remanzeffekts dazu neigen, nach dem Auszug der Kinder in ihrer/ihrem zu groß gewordenen Familienwohnung/-haus bleiben, kommt es zu einer statistischen Erhöhung der durchschnittlichen Wohnfläche pro Person und zur Reduzierung der Wohndichte in allen Siedlungsstrukturtypen. Dieser Prozess führt aber gerade in ländlichen Gebieten zu einer spürbaren Abnahme der Wohn- und Siedlungsdichte mit den bereits in *Kap. 3.1.3* dargestellten Auswirkungen für die Aufrechterhaltung der kommunalen Infrastruktur und steigende Unterhaltskosten. Aufgrund der zwischenzeitlich noch ansteigenden Wohnraumnachfrage, insbesondere im Eigenheimsektor, ist damit zu rechnen, dass sich die bereits in der Vergangenheit, insbesondere in ländlichen Gebieten und im Zuge von Suburbanisierungsprozessen *(siehe nachfolgendes Kap.)* aufgetretene disperse Siedlungsentwicklung – wenn auch abgeschwächt – fortsetzen wird.

In den alten Bundesländern werden erst zwischen 2015 und 2020 verstärkt Eigenheime in den Siedlungsgebieten der ersten und zweiten Generation auf den Markt kommen (vgl. BBSR 2010: 2). Das erhöhte Angebot trifft zeitlich mit einer teilweise reduzierten Nachfrage zusammen, da ab 2020 die Zahl der Privathaushalte voraussichtlich stagnieren oder zurückgehen wird. Infolge der zu erwartenden Angebotsüberhänge ist dann mit einer verstärkten Reduzierung der Immobilienwerte, gegebenenfalls auch der wachsenden Notwendigkeit des Umbaus auch in den Alten Bundesländern zu rechnen (vgl. SCHADER-STIFTUNG, www.schader-stiftung.de).

Vor diesem Hintergrund sollte es das Ziel von Kommunen sein, ein zeitliches Aufeinandertreffen einer stärker nachlassenden Nachfrage und eines gleichzeitig in höherem Umfang auf den Markt kommenden Angebots möglichst zu vermeiden und diesbezügliche Präventionsstrategien zu entwickeln. Dies ist umso mehr von Bedeutung, nachdem die Gefahr besteht, dass starke Angebotsüberhänge die privat- und marktwirtschaftlichen Kräfte des Immobilienmarktes überfordern. Davon ausgehend, dass den Kommunen die Bereitstellung von Wohnraum u.a. im Zuge der Bauleitplanung obliegt, liegt im Sinne einer Neuinterpretation von Steuerungsaufgaben die zukünftige Herausforderung immer mehr darin, bedarfsorientierte Angebotsanpassungen vorzunehmen.

Von daher wird nachfolgend eine schrittweise Annäherung an die Aufgabenstellungen und Steuerungsmöglichkeiten der Kommunen hinsichtlich einer veränderten Wohnraumnachfrage vorgenommen. Der erste Schritt umfasst zunächst eine differenziertere Betrachtung des Begriff „Nachfrage". Geht man von dem vorrangigen Angebot in ländlichen Gebieten und teilweise auch Verdichtungsräumen mit dem „Eigenheim auf der grünen Wiese" aus, werden damit von kommunaler Angebotsseite in erster Linie die Zielgruppe Familien – häufig in Verbindung mit der Familiengründungsphase – angesprochen. Wie die Prognosen zeigen, wird einerseits gerade diese Zielgruppe quantitativ weiter abnehmen und es befinden sich andererseits auch deren Rahmenbedingungen in einem laufenden Veränderungsprozess: steigende berufliche Flexibilitäts- und Mobilitätsansprüche, vielfältige finanzielle Anforderungen hinsichtlich höherer Lebenshaltungskosten durch private Altersvorsorge etc., die die Möglichkeiten eines Eigenheimerwerbs oder -baus herabsetzen. Für Kommunen ist es deshalb durchaus lohnenswert, sich unabhängig von Familien insgesamt einen Überblick über relevante Nachfragegruppen zu verschaffen.

Abb. 35: Relevante Haushaltsformen für Zu- und Wegzüge in der Region München (Quelle: IMU-Institut 2004: 26)

Familien		
2 erwachsene Personen mit mindestens einem im Haushalt lebenden Kind		
in der Expansionsphase	**in der Konsolidierungsphase**	**Großfamilien**
2 erwachsene Personen mit mindestens einem im Haushalt lebenden Kind unter 6 Jahren	2 erwachsene Personen mit mindestens einem im Haushalt lebenden Kind, wobei alle Kinder mindestens 6 Jahre sind	mehr als 2 Personen über 18 Jahre mit mindestens einem Kind
Alleinerziehende		
1 erwachsene Person mit mindestens einem Kind		
Paare		
2 erwachsene Personen		
jüngere Paare	**Paare mittleren Alters**	**ältere Paare**
Befragte/r und zweite Person über 18 bis unter 35 Jahre	Befragte/r oder zweite Person 35 bis unter 50 Jahre alt	Befragte/r oder zweite Person 50 Jahre und älter
Singles		
1 erwachsene Person		
jüngere Singles	**Singles mittleren Alters**	**ältere Singles**
Befragte/r unter 35 Jahre alt	Befragte/r 35 bis unter 50 Jahre und älter	Befragte/r 50 Jahre und älter
Wohngemeinschaften		
mehr als 2 erwachsene Personen ohne Kinder		

Eine beispielhafte Ausdifferenzierung der Wohnraumnachfrage nach relevanten Lebens- und Haushaltsformen bietet eine Studie des INSTITUTS FÜR MEDIENFORSCHUNG UND URBANISTIK (IMU-Institut) aus dem Jahr 2004, in der unter dem Titel „Warum umziehen?" den Wanderungsmotiven von Zu- und Fortzügen privater Haushalte in 13 Städten der Region München nachgegangen wurde. Der Untersuchung wurden fünf verschiedene Lebens- und Haushaltsformen mit verschiedenen Ausprägungen zugrunde gelegt.

Auch wenn in der Region München spezielle Rahmenbedingungen und Nachfragegruppen (wie Wohngemeinschaften) zu berücksichtigen sind, nimmt auch in ländlichen Bereichen die Bedeutung der Nachfragegruppen Paare und Singles sowie deren altersmäßige Differenzierung zu. Dies betrifft insbesondere junge und ältere Ein- und Zweipersonenhaushalte, für die häufig kaum ein geeignetes, kleinräumigeres Angebot vorhanden ist. Wenn Kommunen diese Zielgruppen halten wollen, dann gelingt dies nur, wenn ein vielfältigeres Wohnangebot für alle Lebenslagen und -phasen zur Verfügung gestellt werden kann.

Abhängig von den zur Verfügung stehenden Steuerungsressourcen (u.a. Finanz- und Personalmittel) stellt sich im nächsten Schritt die Frage, was Kommunen konkret tun können, insbesondere wenn von privater Seite kein Investitionsinteresse besteht und ihnen keine kommunalen Wohnungsbauträger zur Verfügung stehen. Um die Situation massiver Angebotsüberhänge zu vermeiden, sind insbesondere nachfrageorientierte Steuerungsansätze gefragt, die die Mobilisierung von Bestandspotenzialen befördern. Zunächst ließen sich damit vor allem Beratungs- und Vermittlungsaufgaben verbinden, um Angebot und Nachfrage zueinander zu bringen und Bewegung in kleinräumige Immobilienmärkte zu bringen. Eine Steuerungsmöglichkeit könnte eine professionelle Bau- und Umsetzungsberatung sein, die die privaten Akteure informiert, aktiviert, befähigt, motiviert und bei der Realisierung berät und den strategischen Prozess in Form organisiert (vgl. GOLDSCHMIDT 2005: 79).

Angelehnt an die neueren Instrumente der Städtebauförderung wie den sog. Sanierungsfond im Rahmen des Programms „Aktive Stadt- und Ortsteilszentren", geht es im Kern darum, so weit als möglich private Investitionen anzustoßen.

Um auf die Veränderungen der Wohnraumnachfrage von kommunaler Seite reagieren zu können, ist insgesamt eine stärkere Verzahnung von städtebaulichen und immobilienwirtschaftlichen Aspekten erforderlich (vgl. GOLDSCHMIDT 2005: 65). Von Seiten der Kommunen erfordern städtebauliche Aktivitäten eine stärkere Berücksichtigung immobilienwirtschaftlicher Rahmenbedingungen. Ebenso drängen von Seiten des Immobilienmarktes über das einzelne Objekt hinausgehende stadt- und siedlungsstrukturelle Aspekte des Wohnens (Umfeldbedingungen, Standortqualitäten etc.) zukünftig stärker in den Vordergrund und legen eine stärkere Vernetzung und Verzahnung mit dem Städtebau nahe.

FALLER kommt zu dem Schluss, dass der Städtebau bzw. die Qualität des Städtebaus erheblich vernachlässigt wird. Dies gilt in allen wesentlichen Raumkategorien (Großstädte, Verdichtungsräume und Stadtregionen sowie ländliche Gebiete) und führt insgesamt zu einer Beförderung disperser Siedlungsstrukturen (vgl. FALLER 2001: 2).

3.3.3 Zunahme des „Flächenverbrauchs" für Siedlungs- und Verkehrsfläche

Die räumliche Entwicklung in Deutschland ist durch eine anhaltend hohe Flächeninanspruchnahme für Siedlungs- und Verkehrsflächen gekennzeichnet, wofür auch der Begriff "Flächenverbrauch" verwendet wird. Darunter wird die Umwidmung von vormals meist land- und forstwirtschaftlich genutzter Fläche zu siedlungs- und verkehrsbezogener Nutzung verstanden. Angegeben wird die Inanspruchnahme bzw. Umwidmung freier Fläche für Siedlungs- und Verkehrszwecke (SuV) in Hektar pro Tag [ha/d]. Der Indikator setzt sich zusammen aus Gebäudeflächen und denjenigen Freiflächen, die den Zwecken der Gebäude untergeordnet sind, den überwiegend gewerblich oder industriell genutzten Betriebsflächen, der Freizeit- und Erholungsfläche, der Friedhofsfläche sowie den Flächen, die dem Straßen-, Schienen- und Luftverkehr dienen (vgl. LFU BAYERN, www.stmug.bayern.de/umwelt/boden/flaechensparen).

Nachdem der Begriff „Fläche" neutral ohne konkrete Nutzungszuweisung angelegt ist, wird diese im eigentlichen Sinne nicht „verbraucht", sondern dauerhaft einer anderen Nutzung zugeführt. Unabhängig hat sich der Begriff „Flächenverbrauch" mit den damit zusammenhängenden Problemstellungen etabliert. Das Umweltmedium Grund und Boden gehört als nicht vermehrbare Ressource zum endlichen Naturkapital und erfüllt zahlreiche unentbehrliche Funktionen. Art und Intensität der Nutzung der Bodenfläche stellen – neben den Material- und Energieströmen – den zweiten wesentlichen Bereich der Umweltnutzung durch den Menschen dar. Grund und Boden können in einer Art und Weise genutzt werden, die die ursprünglichen ökologischen Funktionen sowie das Spektrum künftiger Nutzungsmöglichkeiten erheblich einschränkt. Da das Angebot an Fläche nicht vermehrbar ist, stehen die verschiedenen Nutzungsformen untereinander in Konkurrenz. Hinzu kommt, dass auf Grund und Boden private Verfügungsrechte unterschiedlichster Art existieren, was die Steuerung der Flächeninanspruchnahme erheblich beeinträchtigt (vgl. JÖRISSEN, COENEN 2007: 9).

Vor dem Hintergrund der Nachhaltigkeitsdiskussion wird die Bedeutung des Problems des Flächenverbrauchs bzw. einer weiterhin hohen und teilweise unkoordinierten Inanspruchnahme von Siedlungs- und Verkehrsfläche (SuV) zunehmend erkannt. Um den Bezug zu den Herausforderungen und Möglichkeiten der Kommunen herzustellen, bedarf es jedoch zuerst einer Auseinandersetzung mit dem Umfang der Inanspruchnahme sowie mit den Faktoren, Hintergründen und Zusammenhängen, die das Wachstum der Siedlungs- und Verkehrsfläche verursachen (vgl. BETZHOLZ, WEBER 2009: 17).

Abb. 36: Dimensionen und Einflussfaktoren des Flächenverbrauchs (Quelle: BETZHOLZ, WEBER 2009: 17)

BETZHOLZ und WEBER unterscheiden bei den relevanten Zusammenhängen der Flächeninanspruchnahme nach den funktionsbezogenen Dimensionen (u.a. Wohnen, Wirtschaft, Verkehr), den gesellschaftspolitischen Einflussfaktoren sowie den multikausalen Prozessen, wie der Suburbanisierung. Für

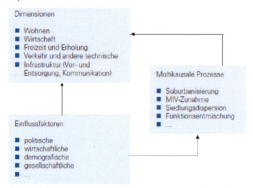

die nachfolgende Darstellung wird der Schwerpunkt zunächst auf die funktionsbezogenen Dimensionen in Abhängigkeit vom jeweiligen Umfang der Flächeninanspruchnahme gelegt.

Kennzahlen für die Zunahme des Flächenverbrauchs in Deutschland

Der als gleitender Vierjahresdurchschnitt vom STATISTISCHEN BUNDESAMT berechnete tägliche Flächenzuwachs für Siedlungs- und Verkehrsfläche in Deutschland hat in den Jahren 2005 bis 2008 um durchschnittlich 104 ha/Tag zugenommen. Die Flächenzunahme hat sich damit gegenüber den vorausgegangenen Vierjahreszeiträumen seit 1997 etwas verlangsamt. Der Flächenzuwachs hatte zwischen 1997 und 2000 noch 129 ha/Tag betragen und dann über 128, 123, 115, 115, 114, 113 und nochmals 113 ha/Tag auf den aktuellen Wert abgenommen (vgl. STATISTISCHES BUNDESAMT 2009, www.destatis.de).

Abb. 37: Flächeninanspruchnahme für Siedlungs- und Verkehrsfläche (SuV) in Deutschland 1996 bis 2008 (Quelle: STATISTISCHES BUNDESAMT 2009, www.destatis.de)

Betrachtet man die Ergebnisse der jährlichen Erhebungen der Siedlungs- und Verkehrsfläche seit 1996, so wechseln sich Rückgang und Anstieg der Flächeninanspruchnahme ab. Da auf ein einzelnes Jahr bezogene Aussagen häufig wenig aussagekräftig sind, spiegeln die vorgenannten vierjährigen Durchschnittszahlen die langfristige Entwicklung besser wider. Gegenüber 1992, dem ersten Jahr, in dem für Deutschland in seinen heutigen Grenzen Zahlen für die Flächeninanspruchnahme vorliegen, hat die Siedlungs- und Verkehrsfläche bis 2008 um insgesamt 17,0 % (6.832 km²) zugenommen; 80 % des Zuwachses fallen auf Siedlungsflächen, 20 % auf Verkehrsflächen. Gegenüber den jeweiligen Ausgangsdaten weist die Zunahme im Bereich der Siedlungsflächen um 23,0 % eine deutlich höhere Dynamik gegenüber der Zunahme der Verkehrsflächen um 8,2 % auf (vgl. STATISTISCHES BUNDESAMT 2009).

Der Zuwachs der Siedlungs- und Verkehrsfläche war deutlich höher als der Anstieg der Einwohnerzahl: Während die Siedlungs- und Verkehrsfläche zwischen 1996 und 2008 um ca. 11,5 % zunahm, stagnierte die Bevölkerungsentwicklung in diesem Zeitraum (ca. 82,0 Mio. 1996 auf ca. 82,0 Mio. 2008). Aus Sicht des Statistischen Bundesames dürfte eine Erklärung hierfür sein, dass mit wachsendem Bruttoinlandsprodukt pro Kopf und steigendem Einkommen auch der individuelle Flächenanspruch gestiegen ist (vgl. STATISTISCHES BUNDESAMT 2009: 77).

Tab. 2: Siedlungsfläche nach wirtschaftlichen Aktivitäten[46] absolut in km² (Quelle: STATISTISCHES BUNDESAMT 2009, www.destatis.de)

Produktionsbereiche	Siedlungsfläche				
	1992	1996	2000	2004	92 - 04
Landwirtschaftliche Erzeugnisse	2 862	3 031	2 932	2 740	**-4,2%**
Produzierendes Gewerbe	**3 344**	**3 602**	**3 649**	**3 582**	**+7,1%**
Hoch- und Tiefbau	489	501	485	454	-7,1%
Sonstige Bauarbeiten	382	424	412	395	+3,4%
Übriges Produzierendes Gewerbe	2 473	2 677	2 752	2 734	+10,6
Dienstleistungen	**4 424**	**4 641**	**5 201**	**5 673**	**+28,2%**
Großhandelsdienstleistungen	288	314	352	381	+33,2%
Einzelhandelsdienstleistungen	493	520	603	711	+44,5%
Kultur- und Sportdienstleistungen	1 115	1 174	1 334	1 476	+32,4%
Übrige Dienstleistungen	2 528	2 633	2 912	3 104	+22,8%
Alle Produktionsbereiche	**10 631**	**11 274**	**11 782**	**11 996**	**+12,8%**
Private Haushalte (v.a. Wohnen)	**12 022**	**12 659**	**13 457**	**14 678**	**+22,1%**
Ungenutzte Siedlungsfläche (Brachen)	1 211	1 333	1 582	1 502	+24,0%
Insgesamt	**23 864**	**25 267**	**26 821**	**28 175**	**+18,1%**

---

[46] Zur Differenzierung der Siedlungs-/Verkehrsfläche nach wirtschaftlichen Aktivitäten liegen vom STATISTISCHEN BUNDESAMT keine aktuelleren Zahlen (Referenzjahr 2008) vor.

Bei der Entwicklungsdynamik nach den absoluten Zahlen liegen im Zeitraum 1992 bis 2004 die privaten Haushalte mit einer Zunahme der Flächeninanspruchnahme von 22,1 % weit vor den wirtschaftlichen Produktionsaktivitäten mit einer Zunahme von 12,8 %. Innerhalb der Produktionsaktivitäten sind sehr unterschiedliche Entwicklungen festzustellen: Während der Dienstleistungsbereich eine sehr starke Zunahme (+28,2 %) zu verzeichnen hat, fällt diese beim produzierenden Gewerbe (+7,1 %) deutlich geringer aus; der landwirtschaftliche Sektor hat an Flächenanteil (-4,2 %) verloren (vgl. STATISTISCHES BUNDESAMT 2009: 77f). Auch innerhalb der einzelnen Sektoren gibt es starke Abweichungen; so ist die Flächeninanspruchnahme z.b. im Bereich der Einzelhandelsdienstleistungen als Teilsegment des Dienstleistungssektors um 44,5 % gestiegen. Die Entwicklung der Flächeninanspruchnahme spiegelt so die veränderte Bedeutung von Wirtschaftsstrukturen wider: abnehmende Bedeutung des Landwirtschafts- und Produktionssektors, während die Bedeutung des Dienstleistungssektors stark zugenommen hat.

Als die „Hauptproduzenten des siedlungsbezogenen Flächenverbrauchs" können zweifelsfrei die privaten Haushalte angesehen werden. Gegenüber einer stagnierenden Einwohnerentwicklung hat die Siedlungsflächeninanspruchnahme durch private Haushalte überproportional stark zugenommen. Wie bereits im *vorherigen Kap.* dargestellt, ist ein Faktor in dem deutlich gestiegenen Wohnflächenanspruch je Einwohner zu sehen, der von 36 m² (1996) auf 42 m² je Einwohner (2004) zugenommen hat (vgl. STATISTISCHES BUNDESAMT 2008: 12f).

In Bezug auf die Daten des STATISTISCHEN BUNDESAMTES ist es hingegen gelungen, mehr Wertschöpfung auf weniger produktionsbezogener Siedlungsfläche zu erzeugen. Die Flächenintensität, d.h. der Quotient aus der für Produktionsaktivitäten beanspruchten Siedlungsfläche und der Summe der durch diese Aktivitäten erzielten Bruttowertschöpfung, sank im Referenzzeitraum 1996 bis 2004 um 5,1 %. Der Zuwachs der beanspruchten Siedlungsfläche war also niedriger als der Anstieg der wirtschaftlichen Leistung. Diese Entkopplung zwischen gesamtwirtschaftlicher Produktion und der damit korrespondierenden Nutzung von Siedlungsfläche ist aus Sicht des STATISTISCHEN BUNDESAMTES allerdings nicht vorrangig auf eine sparsamere Flächennutzung in den einzelnen Sektoren und Branchen, sondern hauptsächlich auf den Wandel der Wirtschaftsstruktur hin zu weniger flächenintensiven Produktionsaktivitäten (vgl. STATISTISCHES BUNDESAMT 2008: 13).

Entwicklung der Flächeninanspruchnahme in Bayern

Mit 16,4 ha pro Tag im Jahr 2008 hat Bayern bundesweit mit den höchsten Anteil an neu in Anspruch genommener Siedlungs- und Verkehrsfläche (SuV). Insgesamt ist die Entwicklung der Flächeninanspruchnahme seit 1981 durch Auf- und Abwärtsbewegungen gekennzeichnet.

Abb. 38: Entwicklung der Flächeninanspruchnahme (SuV) pro ha/Tag in Bayern
(Quelle: BAYERISCHES LANDESAMT FÜR UMWELTSCHUTZ, Daten zum Flächenverbrauch)

Die stärkste Zunahme war in den Vierjahreszeiträumen 1997 bis 2000 mit 28,4 km² pro ha und 1993 bis 1996 mit 27,4 km² pro ha. In den Jahren 2001 bis

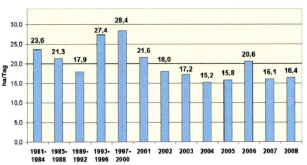

2004 war die Flächeninanspruchnahme parallel zum konjunkturellen Abschwung rückläufig. Der prägnante Anstieg 2006 war auf mehrere Ursachen zurückzuführen: eine insgesamt anziehende Baukonjunktur, eine verstärkte Bautätigkeit im Zuge der Ende 2005 ausgelaufenen Eigenheimzulage sowie eine Umstellung des Liegenschaftswesens (vgl. LFU BAYERN 2009). Dagegen ist 2007 und 2008 wieder eine Verlangsamung eingetreten.

Abb. 39: Entwicklung der Gebäude- und Freifläche nach Unterkategorien im Zeitraum 1997 bis 2008 (Quelle: BAYERISCHES LANDESAMT FÜR UMWELTSCHUTZ, Daten zum Flächenverbrauch)

Die Siedlungsfläche bzw. de- und Freifläche (ohne flächen) hat in Bayern im Zeitraum 1997 bis 2008 lich um 17,3 %

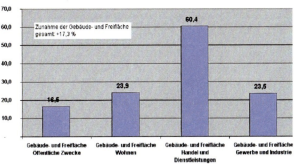

zugenommen. Im Vergleich der verschiedenen Unterkategorien hebt sich insbesondere die Entwicklung von „Handel und Dienstleitungen" mit +60,4 % ab. Die Entwicklung von „Wohnen" und „Gewerbe und Industrie" liegt mit +23,9 % beziehungsweise +23,5 % nahezu gleichauf, während der „öffentliche Sektor" mit +16,5 % in vergleichsweise abgeschwächter Form zugenommen hat (vgl. LFU BAYERN 2009).

Die auffallend starke Entwicklung des Handels könnte u.a. mit einem tendenziell freizügigeren Umgang von Handelsentwicklungen außerhalb der Kernstädte im Rahmen der Landes-, Regional- und Bauleitplanung in Zusammenhang gesehen werden. Diese Entwicklung wird begleitet von einem Strukturwandel des Einzelhandels – mit der verstärkten Ansiedlung von größeren, flächenintensiven Handels- und Outletzentren an verkehrsgünstigen Randbereichen sowie der zumindest teilweisen Schwächung des Handels in den städtischen Innenbereichen.

Abb. 40: Zunahme der Siedlungs- und Verkehrsfläche pro ha/Tag nach Regionsgruppen (Quelle: BAYERISCHES LANDESAMT FÜR UMWELTSCHUTZ, Daten zum Flächenverbrauch)

Über den langfristigen Betrachtungszeitraum seit 1981 weisen die Grenzland- und überwiegend strukturschwachen Regionen die kontinuierlich stärkste Zunahme der Siedlungs- und Verkehrsfläche auf.

Für den aktuellen Referenzzeitraum von 2005 bis 2008 liegen die Grenzland- und überwiegend strukturschwachen Regionen mit einer Zunahme von 7,9 ha/Tag noch deutlich vor den sonstigen ländlichen Regionen mit einer Zunahme von 5,1 ha/Tag. In den Regionen mit großen Verdichtungsräumen war die Zunahme mit 4,3 ha/Tag am niedrigsten. Die Entwicklung nach Regionsgruppen in Bayern deckt sich damit weitgehend mit dem bundesweiten Trend: Je weiter es von den großen Verdichtungs- und Agglomerationsräumen nach außen geht, desto stärker ist die Dynamik der Flächeninanspruchnahme.

Räumliche Verteilung der Flächenneuinanspruchnahme

Nachdem eine weitergehende Datenaufbereitung und Darstellung der räumlichen Verteilung der Flächenneuinanspruchnahme von Siedlungs- und Verkehrsfläche (SuV) von Seiten der einschlägigen Quellen (Statistisches Bundesamt, Daten zur Raumbeobachtung etc.) kaum zur Verfügung steht, wird nachfolgend auf die Berechnungen von SCHILLER und GUTSCHE (2009A) sowie SIEDENTOP und KAUSCH (2004) mit einer differenzierteren Einordnung des Flächenverbrauchs nach bestimmten Standorttypen bis hin zur Gemeindegröße zurückgegriffen, auch wenn sich diese auf den weniger aktuellen Erhebungszeitraum von 1997 bis 2000 bzw. 2001 beziehen. Bundesweit war dieser Zeitraum von einer besonderen Entwicklungsdynamik geprägt, die tägliche Neuinanspruchnahme von Flächen zu Siedlungs- und Verkehrszwecken lag

Nach den Berechnungen von SCHILLER und GUTSCHE fanden nahezu 70 % des nationalen „Flächenverbrauchs" außerhalb der stärker verdichteten Stadtregionen (Kernstädte und ihr enger suburbaner Raum) statt, davon wiederum knapp 70 % in Umlandgemeinden ohne zentralörtliche Funktion. Der Anteil der Kernstädte am „Gesamtverbrauch" lag bei lediglich 10 % (vgl. SCHILLER, GUTSCHE 2009: 58).

Darauf aufbauend haben SCHILLER und GUTSCHE die Kommunen innerhalb der Einzugsbereiche nach Zentralitätsstufen unterschieden.

Abb. 41: Anteile der Standorttypen an der Flächenneuinanspruchnahme in Deutschland (Quelle: SCHILLER, GUTSCHE 2009a: 60, nach eigenen Berechnungen)

Demnach waren relevante Flächenzuwächse hauptsächlich in den Umlandgemeinden ohne zentralörtliche Funktion festzustellen. Zudem wird wiederum sichtbar, dass die Flächeninanspruchnahme auch außerhalb des Einflussbereichs von Kernstädten

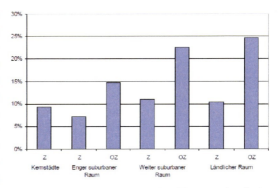

im ländlich-peripheren Raum erheblich vorangeschritten ist. Dies macht die Intensität des „Sub-/Desurbanisierungsprozesses" deutlich. Die Dynamik der Flächeninanspruchnahme nimmt ausgehend von den Kernstädten nach außen zu.

Um ein vollständigeres Bild zu bekommen, ziehen SCHILLER und GUTSCHE unterschiedliche Bezugsgrößen zur Einordnung der Flächeninanspruchnahme wie die Katasterfläche sowie die Einwohnerzahlen heran.

Abb. 42: Wachstumsdynamik der Flächenneuinanspruchnahme auf Basis Katasterfläche und Einwohnernach Standorttypen (Quelle: SCHILLER, GUTSCHE 2009a: 61, nach eigenen Berechnungen)

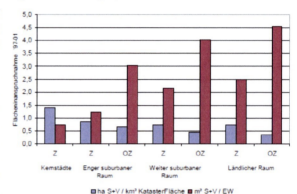

Gemessen an der Bevölkerungszahl fällt der Siedlungs- und Verkehrsflächenzuwachs in den Kernstädten unterdurchschnittlich aus. Wird hingegen die Katasterfläche als Bezugsgröße gewählt, realisierten die Kernstädte eine überproportionale Flächeninanspruchnahme. Auf relativ wenig Grundfläche (9 % der Katasterfläche insgesamt) wurden im Zeitraum 1997 bis 2000 in relativ hohem Umfang neue Siedlungsflächen ausgewiesen. Dies könnte auf eine zunehmende lokale Freiflächenverknappung in den Grenzen der Kernstädte hindeuten. Das gegenteilige Extrem stellen die nicht-zentralen Orte in ländlichen Räumen dar. Hier fiel der Flächenverbrauch aufgrund der geringen Bebauungsdichte bevölkerungsbezogen weit überdurchschnittlich aus. Bezogen auf die Katasterfläche war die Flächeninanspruchnahme hingegen unterdurchschnittlich. Insgesamt ergibt sich außerhalb der Kernstädte sowohl für die nicht-zentralen Orte als auch die zentralen Orte bezogen auf die Einwohnerzahlen eine überproportional starke Flächeninanspruchnahme (vgl. SCHILLER, GUTSCHE 2009a: 62f).

Aktuellere Berechnungen (1997 bis 2006) des BBR in Differenzierung nach Groß-, Mittel-, Kleinstädten und Landgemeinden in den Alten Bundesländern bestätigen, dass das relative Wachstum hinsichtlich des Gesamtanteils am täglichen Flächenverbrauch in allen drei Bezugszeiträumen vorrangig in Mittelstädten und ländlichen Räumen stattfindet.

Abb. 43: Veränderung der Siedlungs- und Verkehrsfläche nach Größentypen in Westdeutschland (Quelle: BBR 2008, eigene Berechn., laufende Raumbeobachtung)

Während jedoch die tägliche Flächeninanspruchnahme insbesondere der Mittelstädte sowie abgeschwächt auch der Landgemeinden und Kleinstädte infolge geringerer Bautätigkeit rückgängig ist, hat der absolute Flächenverbrauch der Großstädte nach einer Abschwächung zwischen 2001 und 2004 wieder stärker zugenommen.

Insgesamt zeigt die Differenzierung des Flächenverbrauchs nach räumlicher Verteilung und Gemeindegröße erkennbare Konzentrationsmerkmale. Einerseits kann ein großräumlicher Konzentrationstrend zugunsten der höher verdichteten Regionen ausgemacht werden. Andererseits findet ein wesentlicher Teil des Flächenverbrauchs in kleineren Kommunen bis 10.000 Einwohner statt. Der Flächenverbrauch ist damit die Triebkraft der fortschreitenden Herausbildung disperser Siedlungsstrukturen, die ausgehend von einem hohen Flächenverbrauch und einem immer weiter in die Fläche gehenden Infrastrukturaufbau auch einen erhöhten Rohstoff- und Energieaufwand nach sich ziehen (vgl. SIEDENTOP, KAUSCH 2004: 46; BBR/DOSCH 2008).

Politische und rechtliche Grundlagen zur Reduzierung der Flächeninanspruchnahme

Eine Reduktion der Flächeninanspruchnahme gilt seit Jahren als zentrales Ziel einer nachhaltigen Entwicklung. Bereits in der 1985 verabschiedeten Bodenschutzkonzeption der Bundesregierung wurde eine „Trendwende im Landverbrauch" gefordert. In der Nachhaltigkeitsstrategie der rot-grünen Bundesregierung nahm die Steuerung der Flächeninanspruchnahme für Siedlungs- und Verkehrszwecke eine wichtige Rolle ein. Ziel der Nachhaltigkeitsstrategie ist eine Reduktion des täglichen Zuwachses der Siedlungs- und Verkehrsfläche auf 30 ha/Tag im Jahr 2020 (STATISTISCHES BUNDESAMT 2009: 75). Diese Zielsetzung baut vorrangig auf dem Schutz der Funktionsfähigkeit von Böden, der Erhaltung des Lebensraumes von Flora und Fauna sowie dem Freiraumschutz für Frei- und Erholungsflächen des Menschen auf (vgl. BBR 2005: 94). Gefordert wird eine

149

räumlich differenzierende Betrachtungsweise, die der unterschiedlichen Qualität, Tragekapazität und Empfindlichkeit von Böden Rechnung trägt. Ziel einer nachhaltigen Entwicklung müsste es sein, die Multifunktionalität der Böden zu erhalten, den Freiraum zu schützen und eine Bodenvorratspolitik zu betreiben, die auch künftigen Generationen ein möglichst breites Spektrum an Nutzungsoptionen eröffnet (vgl. JÖRISSEN, COENEN 2007: 9).

Ausgehend von dem derzeit aktuellen Referenzwert von bundesweit durchschnittlich 104 ha/Tag erscheint es fraglich, inwieweit eine Reduzierung auf 30 ha/Tag im Jahr 2020 realistisch erreicht werden kann. Damit dies gelänge, wäre ein verbindlicheres Maßnahmenpaket notwendig, in das auch die nachfolgenden Ebenen der Länder, Landkreise und Kommunen eingebunden sein müssten und das auf eine konsequente Nutzung der Potenziale im Bestand abzielt. Modellrechnungen des BBR verdeutlichen, »dass die bei Umsetzung des Ziels-30-ha der Nationalen Nachhaltigkeitsstrategie eintretende „politische" Verknappung des Angebotes durch eine verstärkte Wiedernutzung – die Mobilisierung der baureifen Brachen vorausgesetzt – zumindest mittelfristig weitgehend ausgeglichen werden könnte« (DOSCH 2006: 34).

Im Baugesetzbuch (2007) ist der Flächenschutz in der sog. „Bodenschutzklausel" in § 1a Abs. 2 verankert:»Mit Grund und Boden soll sparsam und schonend umgegangen werden; dabei sind zur Verringerung der zusätzlichen Inanspruchnahme von Flächen für bauliche Nutzungen die Möglichkeiten der Entwicklung der Gemeinde insbesondere durch Wiedernutzbarmachung von Flächen, Nachverdichtung und andere Maßnahmen zur Innenentwicklung zu nutzen«. Hierzu ist im Raumordnungsgesetz (ROG, 2004) in § 2 (2) festgehalten:»Der Wiedernutzung brachgefallener Siedlungsflächen ist der Vorrang vor der Inanspruchnahme von Freiflächen zu geben«.

Nach Art. 2 Nr. 12 des Bayerischen Landesplanungsgesetzes (BayLplG) soll eine Zersiedlung der Landschaft verhindert werden. Ergänzt wird dies durch den Art. 2 Nr. 13:»Grund und Boden sind nicht vermehrbar. Der sparsame Umgang mit diesen Gütern bei Maßnahmen der Siedlung und der Infrastruktur und die Möglichkeiten der Minderung des Flächenverbrauchs sind zu berücksichtigen« (BayLplG, 2004).

Im Bayerischen Landesentwicklungsprogramm (LEP, 2006) ist eine bestandsorientierte Siedlungsentwicklung in den Zielen zur nachhaltigen Siedlungsentwicklung (BVI) verankert (LEP 2006: 56):»Zur Verringerung der Inanspruchnahme von Grund und Boden sollen vorrangig

- die vorhandenen Potenziale (Baulandreserven, Nachverdichtung, Brachflächen und leerstehende Bausubstanz) in den Siedlungsgebieten genutzt
- und flächensparende Siedlungs- und Erschließungsformen angewendet werden.

[…] Die Zersiedelung der Landschaft soll verhindert werden. Neubauflächen sollen möglichst in Anbindung an geeignete Siedlungseinheiten ausgewiesen werden«.

Gemessen an den Flächenschutzzielen des Bundesraumordnungsgesetzes und des Baugesetzbuches besteht die Aufgabe der kommunalen Raumplanung ausgehend von einem »sparsamen und schonenden Umgang« darin, durch Flächennutzungs- und Bauleitplanung die Flächeninanspruchnahme so zu steuern, dass negative ökologische, ökonomische und soziale Effekte vermieden werden können. Die bisherigen Erfahrungen zeigen allerdings, dass das Planungsrecht bzw. dessen Umsetzung diese Aufgabe nur unzureichend erfüllt, obwohl es konkrete Ansatzpunkte für eine flächenschonende Politik bietet.

In der Diskussion um geeignete Strategien wird daher vor allem von Umweltseite gefordert, bodenbelastende und flächenkonsumierende Nutzungsformen zu verteuern, um die Differenzen zwischen den Marktpreisen und den „tatsächlichen" Preisen unter Berücksichtigung von Folgekosten auszugleichen.[47] Vorgeschlagen werden einerseits Internalisierungsinstrumente, die die kommunale Neuausweisung von Siedlungsflächen eindämmen sollen: Einführung eines Handels mit Flächenausweisungskontigenten oder einer ergänzenden Baulandausweisungsumlage als weiteres Instrument des kommunalen Finanzausgleichs. Andererseits werden Instrumente ins Feld geführt, die eine höhere Besteuerung oder Abgabenbelastung von Grund und Boden für die „Endverbraucher" private Haushalte und Gewerbe vorsehen: so z.B. die Einführung einer „Grundsteuer C" für nicht bebaute Grundstücke oder die Einführung einer von Bauherrn zu entrichtenden Neuerschließungsabgabe (vgl. JÖRISSEN, COENEN, STELZER 2005: 245). Diese Vorschläge haben sich bislang jedoch als politisch wenig durchsetzungsfähig erwiesen.

---

[47] Siehe hierzu u.a. Sachverständigenrat für Umweltfragen SRU „Umweltgutachten 2000, 2002 u. 2004"; Rat für nachhaltige Entwicklung (RNE) 2004 „Mehr Wert für die Fläche"; Enquete-Kommission 1998 „Schutz des Menschen und der Umwelt".

Folgerungen und Herausforderungen für die kommunale Ebene

Aus den Kennzahlen lassen sich zusammenfassend folgende Entwicklungstendenzen zur Flächeninanspruchnahme für Siedlungs- und Verkehrsfläche ableiten:

- Konstanter, weitgehend von der Einwohnerentwicklung abgekoppelter Trend zur Ausweitung der Siedlungs- und Verkehrsfläche , der erst in den letzten Jahren eine Abschwächung erfahren hat.

- Seit Anfang der 90er Jahre dominiert dabei die Zunahme der Siedlungsfläche mit der Flächeninanspruchnahme für Gebäude- und Freiflächen.

- An dieser Entwicklung waren in den letzen Jahren die Privathaushalte vor allem mit der Zunahme von Wohnflächen überproportional stark beteiligt. Demgegenüber hat die Bedeutung der Flächeninanspruchnahme durch den gewerblichen Bereich abgenommen.

- In Bayern ist die Dynamik der Handelsentwicklung überdurchschnittlich stark ausgeprägt, die sich nicht nur auf eine gestiegene Nachfrage, sondern auch auf veränderte Rahmenbedingungen von Angebotsseite zurückführen lässt.

- Kennzeichnend für die räumliche Verteilung der Flächeninanspruchnahme ist das Nebeneinander von hohen absoluten Zuwächsen der Siedlungs- und Verkehrsfläche in den Agglomerationsräumen und hohen relativen Zuwächsen in ländlichen und peripheren Regionen.

- Die Flächeninanspruchnahme vollzieht sich in hohem Maße räumlich-dispers, wobei ein Großteil der Kommunen beteiligt ist. Dabei sind keine signifikanten Anpassungen der Flächeninanspruchnahme an unterschiedliche räumliche Strukturvoraussetzungen feststellbar.

Mit dem Wohnen als Hauptproduzenten der Flächeninanspruchnahme schließt sich der Kreis mit einem engen Bezug zu den beiden anderen Trends zur Bevölkerungsentwicklung unter Demographiebedingungen und einer veränderten Wohnraumnachfrage: Trotz einer insgesamt stagnierenden bzw. leicht abnehmenden Bevölkerungsentwicklung nimmt die Flächen- und insbesondere die Wohnflächeninanspruchnahme weiter zu. Wie bereits dargestellt, sind die wesentlichen Gründe für die steigende Wohnflächeninanspruchnahme in der Veränderung von Wohnansprüchen und Haushaltsstrukturen, u.a. mit einer wachsenden Zahl von kleineren Haushalten, zu sehen. Auch zwischen der Art der baulichen Nutzung und der Größe der beanspruchten Grundstücksfläche besteht ein unmittelbarer Zusammenhang. Bezogen auf einen Quadratmeter Wohnfläche benötigen freistehende Ein- und Zweifamilienhäuser ein Vielfaches an Grundstücksfläche gegenüber Mehrfamilienhäusern.

Für die Gewerbebaulandentwicklung wird, ausgehend von einer in den letzten Jahren gegenüber dem Wohnbereich geringer werdenden Bedeutung, langfristig mit einer sinkenden Aussenbereichsquote gerechnet (vgl. DOSCH, BECKMANN, 2004: 59f). Als Gründe für den Rückgang sind das bereits erreichte Gewerbeflächenüberangebot, strukturelle Veränderungen, die rückläufige öffentliche Subventionierung kommunaler Gewerbeflächenentwicklung und der teilweise Erfolg von Konversions- und Brachenrevitalisierung zu nennen (vgl. EINIG 2005: 49). Strukturelle Verschiebungen zwischen den Wirtschaftsbereichen spiegeln sich in einer Verlagerung der Flächeninanspruchnahme vom produktiven hin zum Dienstleistungssektor wider. Eine Dienstleistungsgesellschaft verlangt nicht mehr nach großen Produktionsflächen (vgl. Dosch 2008: 42). Aus Sicht des BBR ist der Bedarf der Wirtschaft an Flächen aktuell und vermutlich auch auf lange Zeiträume gedeckt (vgl. DOSCH 2008: 42).

Eine wesentliche Folge der Flächeninanspruchnahme ist die Beförderung einer räumlich-dispersen Siedlungsentwicklung, an der ein Großteil der Städte und Gemeinden unabhängig von strukturellen Voraussetzungen partizipiert (vgl. SIEDENTOP, KAUSCH 2004: 47). Diese Entwicklung läuft quer zu dem in Deutschland – zumindest auf dem Papier – bedeutsamen regionalplanerischen Leitbild der „dezentralen Konzentration" und orientiert sich vielmehr an dem vereinfachten Anspruch „gleicher Entwicklungschancen für alle", ohne den regional unterschiedlich verändernden strukturellen und demographischen Rahmenbedingungen Rechnung zu tragen (vgl. BBR 2005: 108). Faktisch ist dies allein unter Berücksichtigung der demographischen Entwicklung auf Dauer weder möglich noch sinnvoll. Im Zuge der Siedlungsdispersion zeichnet sich für die Mehrheit der Kommunen hinsichtlich zu erwartender rückgängiger Bevölkerungszahlen eine langfristig erhebliche Auslastungs- und Tragfähigkeitsgefährdung der vorhandenen kommunalen Infrastruktur ab.»Noch sind die ökonomischen Risiken einer sich vertiefenden Entkopplung des Flächenverbrauchs von der demographischen Entwicklung kaum erforscht. Unstrittig dürfte aber sein, dass die Wirtschaftlichkeit der Infrastrukturversorgung mit sinkender Siedlungsdichte zurückgeht. Aufgrund von Kostenremanenzen wird die Gebührenbelastung für die Haushalte spürbar zunehmen. Immer weniger Einwohner werden für immer stärker überdimensionierte Netze bezahlen müssen« (SIEDENTOP, KAUSCH 2004: 47).

Neben den ökologischen und ökonomischen Auswirkungen kristallisieren sich zunehmend auch negative soziale Folgen hinsichtlich der räumlichen Verteilung der Flächeninanspruchnahme heraus – sowohl auf großräumiger wie auch auf kleinräumiger Ebene. Die derzeitigen Entwicklungstendenzen deuten auf eine sich weiter entwickelnde soziale Entmischung (Segregation) von Einwohner- und Haushaltsstrukturen unabhängig von regionalen Schrumpfungs-, Stagnations- und Wachstumsprozessen hin (vgl. MAINZ 2005: 57). Während großräumig in den Kernstädte kleinere Haushalte und insbesondere Singlehaushalte von jüngeren und älteren Bevölkerungsgruppen stark zunehmen, wandern vor allem besser verdienende Familien mit Kindern in das Umland ab, um sich dort den Wunsch nach Eigenheimen zu erfüllen. In ähnlicher Weise ist dieser Prozess auch klein-räumig vor allem in Klein- und Mittelstädten sowie in ländlichen Gemeinden zu beobachten; die Familien zieht es in die Baugebiete an den Siedlungsrändern, während in den Innenstädten und Ortskernen vorrangig die älteren Menschen oder Menschen mit Migrationshintergrund verbleiben. Die Folge ist eine unaus-gewogene Sozialstruktur, die wiederum sich auf die kommunalen Versorgungs- und Infrastrukturen auswirken.

Obwohl allgemein von einer weiter steigenden Wohnflächennachfrage bis 2025 ausgegangen wird, wird sich nach Ansicht von JÖRISSEN und COENEN die demo-graphische Entwicklung bereits kurz- bis mittelfristig auf die Neuinanspruchnah-me von Siedlungsflächen auswirken, da die Generation der 25- bis 40-Jährigen – jener Altersgruppe, die in erster Linie als Nachfrage für Einfamilienhäuser in Be-tracht kommt – zahlenmäßig zurückgeht. Dabei steht dieser Gruppe ein, in den nächsten 10 bis 15 Jahren durch die Auflösung der Remanznachfrage *(siehe auch Kap. 3.3.2)* beträchtlich wachsendes Wohnraumangebot im Bestand zur Verfügung – insbesondere, wenn es sich um die direkte Erbengeneration han-delt. In vom BÜRO FÜR TECHNIKFOLGENABSCHÄTZUNG (TAB) im Auftrag des deut-schen Bundestages durchgeführten Simulationsrechnungen zur Flächeninan-spruchnahme ergibt sich innerhalb einer Status-quo-Prognose ein in erster Linie demographisch bedingter Rückgang des Flächenverbrauchs auf 81,5 ha/Tag in 2020 und auf 74,5 ha/Tag im Jahr 2030 (vgl. JÖRISSEN, COENEN 2007: 11f).

Die Dynamik des Flächenverbrauchs macht deutlich, dass die räumliche Stand-ortlenkung der Bautätigkeit zukünftig eine zentrale Aufgabe „überörtlicher Sied-lungspolitik" darstellt. Dahingehend scheinen die bisherigen Strategien und Steuerungsmöglichkeiten der Landes- und Regionalplanung begrenzt zu sein. Um an dieser Stelle unmittelbar an die Themenstellung der Untersuchung anzu-knüpfen, kommen dafür prinzipiell zwei Grundstrategien in Frage: auf dem Wege der Freiwilligkeit von unten oder durch restriktive Steuerung und Vorgaben von oben.

Die Zweckmäßigkeit quantitativer Reduktionsziele zur Verringerung der Flächeninanspruchnahme ist keineswegs unumstritten. Gegen die Festlegung pauschaler Ziele sprechen sich neben den kommunalen Spitzenverbänden insbesondere die Verbände der Bau- und Wohnungswirtschaft aus. Neben dem Eingriff in die kommunale Planungshoheit könnte aus ihrer Sicht eine Drosselung des Siedlungsflächenangebots u.a. zu knappheitsbedingten Bodenpreissteigerungen führen, den Neubau verteuern und zunehmende Verteilungskonflikte verursachen (vgl. JÖRISSEN, COENEN 2007: 15, 52f). Das Für und Wider einer Reduktion der Flächeninanspruchnahme macht deutlich, dass die Ziele einer nachhaltigen Siedlungsflächenentwicklung differenziert und auf die Bedingungen der Kommunen angepasst werden müssen. Dazu bedarf die Steuerung der Flächeninanspruchnahme einer Doppelstrategie von quantitativen und qualitativen Elementen (siehe u.a. SCHILLER, GUTSCHE 2009a, SIEDENTOP 2003), die regional und kommunal differenziert sein müssten. Eine solche Strategie könnte u.a. folgende Zielkomponenten umfassen (vgl. JÖRISSEN, COENEN 2007: 15f):

- Förderung der Innenentwicklung: u.a. durch Umlenkung der Flächennachfrage in den städtebaulichen Bestand, Mobilisierung vorhandener Flächenreserven, Wiedernutzung von Brachflächen, Schließung von Baulücken, Nachverdichtung, qualitative Aufwertung der bestehenden Bausubstanz und Anpassung an sich wandelnde Nutzerbedürfnisse.

- Flächensparende Siedlungsentwicklung: Bevorzugung flächen- und kostensparender Bauweisen und höherer Siedlungs- und Bebauungsdichten.

- Sicherung von Freiräumen: durch Vermeidung weiterer Landschaftszerschneidungen oder die quantitative Sicherung der verbliebenen größeren unzersiedelten Landschafts-und Naturräume (im Zuge von Biosphärenreservaten oder Naturparks).

Die Komplexität dieser Aufgabe macht deutlich, dass Erfolge zur Reduzierung der Flächeninanspruchnahme nur mit einem Bündel von Maßnahmen erreichbar sein dürften, wobei u.a. das Steuerrecht, das Bauplanungs- und Raumordnungsrecht sowie die Wohnungs- und Städtebauförderung einzubeziehen wären. Die Kombination der Instrumente müsste so angelegt sein, dass insgesamt eine gerechte Nutzen- und Lastenverteilung entsteht sowie negative ökonomische und soziale Auswirkungen vermieden werden (vgl. JÖRISSEN, COENEN 2007: 15f).

Aufgrund der Komplexität der Steuerungsaufgaben und des damit verbundenen Managementanspruchs wird auch der Begriff des „kommunalen Flächenmanagements" oder alternativ des „Flächenressourcenmanagements" verwendet *(siehe auch Kap. 1.3)*. Kommunales Flächenmanagement soll im Sinne einer Doppelstrategie nach innen die Entwicklung attraktiver und lebenswerter Ortskerne befördern sowie nach außen zu einer Verringerung des Flächenverbrauchs betragen. Dabei wird davon ausgegangen, dass ausreichend Innenentwicklungspotenziale hinsichtlich ungenutzter Flächen und Immobilien im Bestand vorhanden sind, um den gegenwärtigen und zukünftigen Flächenbedarf zu decken. »Kommunales Flächenmanagement bedeutet, dass Flächenbedarf und innerörtliches Flächenpotenzial systematisch erhoben und gegenübergestellt werden« (LFU BAYERN 2009: 2). Es beinhaltet im Sinne eines proaktiven Managementansatzes die gezielte Einbindung von Bevölkerung und Grundstückseigentümern zur Mobilisierung von Innenentwicklungspotenzialen (vgl. LFU BAYERN 2009: 2).

3.3.4 Vom Angebot zur Nachfrage: Bedeutung, Möglichkeiten und Grenzen nachfrageorientierter räumlicher Steuerung auf kommunaler Ebene

Aus den dargestellten Trends ergibt sich für die zukünftige Steuerung der räumlichen bzw. städtebaulichen Entwicklung auf kommunaler Ebene das Aufeinandertreffen folgender, vereinfachter Vorzeichen:

- Die Bevölkerung wird im Zuge der demographischen Entwicklung älter und mittel- bis langfristig sind stärkere Bevölkerungsrückgänge zu erwarten.

- Die Wohnraumnachfrage wird vielfältiger und mittel- bis langfristig abnehmen.

- Die Flächenzunahme für Siedlungs- und Verkehrsfläche – insbesondere für Wohnflächen – entwickelt sich räumlich dispers und zunächst auf weiterhin hohem Niveau.

Zunächst einmal gilt es festzustellen, dass eine vorrangig angebotsorientierte Baulandentwicklung der Kommunen wesentlich zu einer Zunahme der Siedlungs- und Wohnfläche sowie zu einer erhöhten spezifischen Flächeninanspruchnahme je Einwohner beigetragen hat (vgl. EINIG 2005: 48f). Dabei stellt sich die Kernfrage, inwieweit dies unter Berücksichtigung der Bevölkerungsentwicklung unter Demographiebedingungen hinsichtlich einer steigenden Wohnflächennachfrage gerechtfertigt war und ist oder ob dies vor allem mittel- bis langfristig zu der Gefahr größerer Angebotsüberhänge beiträgt. Dazu erscheint eine räumliche Differenzierung notwendig, die sich konsequenter an dem regionalplanerischen Leitbild der „dezentralen Konzentration" orientiert. Ausgehend von der vorherrschenden Siedlungsdispersion erscheint es mehr als fraglich, dass bei einer stagnierenden und tendenziell abnehmenden Bevölkerungsentwicklung eine teilweise massive Ausweitung des Angebotes in allen Regionstypen mittel- bis langfristig durch eine entsprechende Nachfrage gedeckt werden kann. Dies betrifft insbesondere jenen absehbaren Zeitraum ab 2015, bei dem verstärkt die Auflösung der Remanenznachfrage und freiwerdende Wohnraumpotenziale der Baby-Boomer-Generation auf eine stärkere demographische Dynamik mit einhergehenden Schrumpfungsprozessen treffen. Vereinfacht bedeutet dies: Mittel- bis langfristig trifft eine abgeschwächte Nachfrage auf ein erhöhtes Angebot.

Unsicherheiten und Risiken angebotsorientierter Baulandstrategien nehmen zu

Über den Umfang vorzuhaltender Baulandflächen – ob für Wohnen oder für Gewerbe – besteht im Allgemeinen eine große Unsicherheit. Prinzipiell kann einerseits ein unzureichendes Angebot zu einem Engpass für die Entwicklung einer Kommune werden, andererseits birgt ein zu groß bemessenes Angebot die Gefahr, keine adäquaten Abnehmer zu finden. Diese grundsätzliche Unsicherheit bei angebotsorientierten Baulandstrategien wird durch die Trends und ihre beschriebenen Auswirkungen zukünftig noch weiter verschärft. Ein wesentliches Problem ist, dass eine angebotsorientierte Baulandentwicklung systemimmanent auf das Selbstläuferprinzip ausgerichtet war. D.h., eine Auseinandersetzung mit Bedarfs- und Nachfrageentwicklungen fand nur unzureichend statt. Allerdings gestalten sich Bedarfsprognosen angesichts einer zunehmend vielfältigeren Nachfrage schwierig. Dies betrifft vorrangig die Wohnsiedlungsentwicklung, nachdem im Bereich der Gewerbeflächenentwicklung die Ausrichtung auf Neuansiedlung häufig mehr dem „Prinzip Hoffnung" als der tatsächlichen Nachfrage entsprach. In dem Bemühen, sich im interkommunalen Standortwettbewerb zu behaupten, werden in der heutigen Praxis meist Standorte „auf der grünen Wiese" entwickelt, die abgesehen von Gunstlagen immer stärker mit dem Risiko einer mangelnden Nachfrage behaftet sind (vgl. SIEDENTOP 2003: 97).

Je größer das Baulandangebot ist, umso höher wird das Risiko, dass sich die hohen Investitionskosten der Baulandbereitstellung – abgesehen von den weiteren Folgekosten – mangels Nachfrage nicht amortisieren. Eine weiterhin vorrangig angebotsorientierte Ausweitung von Bauland nach außen hat neben ökologischen und sozialen auch erhebliche fiskalische Folgerisiken. Diese kumulieren sich in einer negativen Entwicklungsspirale, in der mit geringeren Einnahmen weiterhin Infrastrukturanlagen finanziert werden müssen, die nicht im gleichen Maße rückgebaut werden können, wie Bevölkerungsverluste eintreten.

Von der Angebots- zur erforderlichen Nachfrageorientierung

Die Kommunen stehen vor der Herausforderung, dass bisher in Wachstumsphasen eingeübte Steuerungsroutinen unter verstärkten Demographie- und Schrumpfungsbedingungen nur noch begrenzt wirksam sind. Das Überwechseln vom Angebots- zum Bedarfs- bzw. Nachfrageprinzip drängt sich allein deswegen auf, weil der Druck zunimmt, selektiv-haushälterisch mit den verfügbaren Mitteln umzugehen. »Dies bedeutet aber, dass die kommunalen Instanzen stärker mit anspruchsvollen Aufgaben der „Bedürfnisabklärung" belastet werden: d.h. eine zunehmende Endstandardisierung ihrer Aufgaben erfahren« (GESER 1999, o. S.). Für den Bereich der städtebaulichen Entwicklung ist zunächst zu klären, was sich mit den Begriffen „Bedarf" und „Nachfrage" verbindet. Ausgehend von der weitergehenden Frage nach relevanten Nachfrage- und Zielgruppen ist eine Unterscheidung zwischen Wohnsiedlungs- und Gewerbeentwicklung erforderlich. Die Konkretisierung der Nachfrage zur Wohnsiedlungsentwicklung orientiert sich neben der Herkunft (Einheimische, Zuzügler aus dem nachbarschaftlichen oder weiteren regionalen Umfeld) stark an der veränderten Wohnraum- und Immobiliennachfrage. Das bedeutet, die Nachfrage in der Wohnsiedlungsentwicklung ist von vielfältigeren Haushaltsstrukturen und einer zunehmend breiter werdenden Bedürfnisvielfalt geprägt. Größere, an Einfamilienhausbebauung angepasste Haushaltsstrukturen (Familien) nehmen ab, dagegen gewinnen kleinere Haushaltsstrukturen (ältere und jüngere Ein- oder Zweipersonenhaushalte) auch in ländlichen Bereichen zunehmend an Bedeutung. Insofern verwundert es nicht, dass aktuelle Untersuchungen des Immobilienmarktes in den Alten Bundesländern eine steigende Immobiliennachfrage in den städtischen Zentren feststellen (TNS INFRATEST, 2010), nachdem diese von Haus aus eine vergleichsweise große Angebotsvarianz hinsichtlich unterschiedlicher Größenordnungen oder der besseren Verfügbarkeit von Gebrauchtimmobilien aufweisen. Dagegen könnte sich die Erfordernis eines vielfältigeren Wohnraumangebots als ein tendenzieller Standortnachteil für die Umland- und ländlichen Gemeinden erweisen, die bisher eindimensional Einfamilienhausstrukturen entwickelt haben. Umso wichtiger ist es, für ein vielfältigeres Angebotsspektrum auch Angebote im Bestand zu mobilisieren. Die spannende Frage wird sein, ob und wie, unter Berücksichtigung von Verfügbarkeiten und Investitionsbereitschaften von öffentlicher und privater Seite, eine nachfrageorientierte Entwicklung bzw. eine deutliche Umstrukturierung des Angebots gerade in Umland- und ländlichen Gemeinden möglich ist.

Weniger komplex erscheint die Eingrenzung der Nachfrage zur Gewerbeflächenentwicklung. Ausgehend von den beiden Grundstrategien der Bestandspflege für einheimische Betriebe und der Neuansiedlung von Betrieben von außen sind die unterschiedlichen Betriebszweige, deren Größe und daran angepasste Standortanforderungen maßgebend. Als flächenbedeutsame Betriebszweige spielen u.a. Produktionsbetriebe, Logistiker, Einzelhandel, Dienstleister und Handwerksbetriebe eine Rolle. Davon ausgehend kann der Bedarf für Gewerbeflächen neben dem Zeitfaktor (kurz-, mittel- und langfristig) in folgende, grobe Kategorien eingeteilt werden: Produktions-, Lager-, Verkaufs- und Büroflächen, wobei neben dem Neubau auch Bestandsflächen zu berücksichtigen sind. Auf dieser Basis ließe sich im ersten Schritt ohne einen allzu großen Aufwand zumindest ein regelmäßiges Gewerbeflächenmonitoring mit einer Befragung der einheimischen Betriebe im Sinne eines bedarfsorientierten Instrumentariums aufbauen.

Auch wenn der Weg von der Angebots- zur Nachfrageorientierung für viele Kommunen Neuland darstellt, so erscheint ausgehend von einer konsequenten

Orientierung an den Nachfragegruppen und deren Bedürfnissen eine Annäherung zum Aufbau nachfrageorientierter Steuerungselemente möglich.

Begrenzte Reichweite einer Steuerung auf einzelgemeindlicher Ebene

Davon ausgehend, dass eine nachfrageorientierte Steuerung im Rahmen städtebaulicher Entwicklung zukünftig erforderlich ist, so erscheint deren Reichweite auf einzelgemeindlicher Ebene begrenzt. Dies liegt vor allem daran, dass eine wirkungsvolle Steuerung räumlicher Entwicklungen darauf angewiesen ist, in wesentlich stärkerem Maße auf den Immobilien- bzw. Grundstücksmarkt einzuwirken. Denn sie muss die Inanspruchnahme von Grund und Boden sehr viel enger als die herkömmliche Baulandausweisungs- und Angebotspolitik auf die Nachfrage anpassen und dabei auch den Bestand einbeziehen.

Dies liegt von der Angebotsseite her nicht nur in der räumlichen Beschränktheit wichtiger Kompetenzen für die rechtliche Steuerung der Flächennutzung, sondern auch von Seiten des Bedarfs an einer lokal begrenzten Wahrnehmung von Nachfragegruppen und -entwicklungen. So ist der Versuch einer einzelnen Gemeinde, die Nachfrage entgegen Marktpräferenzen stärker auf den Bestand zu lenken, der Gefahr des Scheiterns ausgesetzt, wenn ohne weiteres auf Neubaugrundstücke in Nachbargemeinden ausgewichen werden kann (vgl. SIEDENTOP 2003: 97). Dieser räumlichen Beschränkung der Planungskompetenz steht auf der anderen Seite ein besonderer verfassungsrechtlicher Schutz der kommunalen Planungshoheit gegenüber. Diese ist als Teil der Selbstverwaltungsgarantie der Gemeinden durch Art. 28 Abs. 2 GG geschützt.

In beiden Richtungen, sowohl der Angebots- als auch der Nachfrageseite, ist die zukünftige Steuerung räumlicher bzw. städtebaulicher Entwicklungen auf eine Erweiterung der Handlungsspielräume über die Grenzen der einzelnen Gemeinden hinaus angewiesen.

Eine Weiterentwicklung von Steuerungsansätzen zur räumlichen bzw. städtebaulichen Entwicklung setzt notwendigerweise die Berücksichtigung der kommunalen Planungshoheit als Grundlage voraus. Daraus folgt ein Bedürfnis nach horizontaler Kooperation zwischen den Gemeinden als Träger der kommunalen Planungshoheit. Dabei setzen die Inanspruchnahme von Grund und Boden oder der Umgang mit Immobilien von Grund auf eine hohe rechtliche und finanzielle Verbindlichkeit voraus. Von daher sind Ansätze interkommunaler Kooperation auf dem Feld der räumlichen und städtebaulichen Entwicklung u.a. daran zu messen, inwieweit sie diesem Anspruch äquivalent zur einzelgemeindlichen Ebene auch gerecht werden können.

4 Grundlagen und Rahmenbedingungen von interkommunaler Kooperation zur Steuerung räumlicher Entwicklungsfunktionen

4.1 Einordnung, Formen und Rahmenbedingungen von interkommunaler Kooperation

4.1.1 Begrifflichkeit, Wesen und rechtliche Einordnung

Eine gesetzliche festgeschriebene Definition von „interkommunaler Kooperation" oder des synonym verwendeten Begriffs der „interkommunalen Zusammenarbeit" existiert nicht. In Anlehnung an die Begriffsbestimmungen in *Kap. 1.2* wird unter „interkommunale Kooperation" die freiwillige Zusammenarbeit von kommunalen Gebietskörperschaften, hier Gemeinden, kreisangehörigen oder kreisfreien Städten, auf der Grundlage gemeinsamer Interessen oder Ziele verstanden (vgl. GAWRON 2004: 7; SPANNOWSKY, BORCHERT 2003: 67). SPANNOWSKY und BORCHERT sehen in der Freiwilligkeit ein entscheidendes Merkmal, die neben Partnerschaft gleichzeitig eine Gleichberechtigung und Gleichrangigkeit der beteiligten Kooperationspartner impliziert (vgl. SPANNOWSKY, BORCHERT 2003: 67).

Die freiwillige Kooperation zwischen Gemeinden ist infolge des Selbstverwaltungsrechts gemäß Art. 28 GG gedeckt. »Eine verfassungsgemäße Kooperation bedingt jedoch, dass die Gemeinde keine wesentlichen Einschnitte in ihrem Selbstverwaltungsrecht erfährt« (Winkel 1998: 31). Demnach dürfen interkommunale Zusammenschlüsse nicht gegen relevante Verfassungsprinzipien verstoßen. Zu beachten ist insbesondere das Verantwortungs- und Demokratieprinzip nach Art. 20 Abs. 2 GG und Art. 28 Abs. 1 GG. Damit darf die interkommunale Kooperation nicht zur Regel der Aufgabenerfüllung werden. Sonst findet eine Verschiebung der Verantwortung statt und führt zu einer Erschwerung der Kontroll- und Weisungsmöglichkeiten der demokratisch gewählten Mandatsträger (vgl. Vorbuchner 1996: 40f).

Die Möglichkeiten zur konkreten Ausgestaltung interkommunaler Kooperation sind in den länderspezifischen Kommunalordnungen, Finanzausgleichsgesetzen (FAG) oder in Gesetzen über kommunale Zusammenarbeit wie dem KommZG in Bayern geregelt. Innerhalb dieses Rahmens haben Gemeinden und Städte grundsätzlich freie Wahlmöglichkeit, welche Rechts- und Organisationsform sie für eine Kooperation wählen (vgl. Winkel 1998: 31). Dazu gibt es eine Bandbreite von informellen bis formell-verbindlichen Möglichkeiten der Kooperation *(siehe Kap. 4.1.2)*. Während eine seit langem praktizierte und vielerorts eingespielte interkommunale Zusammenarbeit in Verbandsformen (v.a. Zweckverbände) bewährte rechtliche Institutionalisierungen etabliert hat, sind besonders im letzten Jahrzehnt viele informelle Kooperationsformen entstanden (vgl. GAWRON 2004: 7, DILLER 2002).

Die in *Kap. 3.1.2* zugrunde gelegte Klassifizierung kommunaler Aufgaben gibt eine Orientierung für die Frage, ob eine kommunale Aufgabe in interkommunaler Kooperation erledigt werden kann. Dies betrifft die Zuordnung (eigener oder übertragener Wirkungskreis) sowie die Art (Pflichtaufgabe oder freiwillige Aufgabe) der kommunalen Aufgaben.

Zunächst erscheinen für eine interkommunale Kooperation vor allem die Aufgaben des eigenen Wirkungskreises in Frage zu kommen. Die Aufgaben des übertragenen Wirkungskreises stellen hinsichtlich der inneren Verwaltungsorganisation insofern eine Besonderheit dar, nachdem diese in Bayern als Ausfluss der kommunalen Gebietsreformen von kleineren Gemeinden auch im Rahmen von Verwaltungsgemeinschaften nach Art. 8, 58 der Bayerischen Gemeindeordnung (GO) erfüllt werden können. Dieser Ansatz hat sich in Bayern in vielen Fällen bewährt, um eine tragfähige Verwaltungsstruktur mit einer möglichst ortsnahen Lösung zu verbinden. Darüber hinaus können Verwaltungsgemeinschaften als öffentlich-rechtliche Körperschaften mit ihren vorhandenen, verbindlichen und auch eingespielten Strukturen eine geeignete organisatorische Basis für weitergehende interkommunale Kooperationen in anderen Aufgabenfeldern sein.

Hinsichtlich der Art der Aufgaben kommen aufgrund der kommunalen Selbstverwaltungsgarantie sowohl Pflichtaufgaben als auch freiwillige Aufgaben für eine Erfüllung durch interkommunale Kooperation in Frage. Auch wenn in der Praxis in den letzten Jahren die Bedeutung von freiwilligen Aufgaben zugenommen hat, so stellen auch die Pflichtaufgaben ein klassisches Feld interkommunaler Kooperation dar. Gerade zu den Aufgaben der Daseinsvorsorge (Art. 57 Abs. 2 GO) gibt es in Form von Zweckverbänden wie z.B. Schul-, Wasser-, Abwasserzweckverbände jahrzehntelange Erfahrungen. Aus gesetzgeberischer Sicht (Art. 57 Abs. 3 GO) darf die fehlende Leistungsfähigkeit einer einzelnen Gemeinde bei Pflichtaufgaben kein Grund für die mangelnde Erfüllung oder Nichterfüllung sein. Demnach ist bei Übersteigen der Leistungsfähigkeit einer einzelnen Gemeinde die Pflichtaufgabe in interkommunaler Zusammenarbeit zu erfüllen. In Art. 57 Abs. 3 GO ist ein ausdrücklicher Hinweis auf die Möglichkeit der Bildung von Zweckvereinbarungen und Zweckverbänden (nach KommZG) enthalten.

Hinsichtlich der räumlichen Einordnung kann sich interkommunale Kooperation nach Auffassung von GAWRON »nachbarschaftsbezogen, stadt-umland-geprägt oder regionalorientiert entwickeln« (vgl. GAWRON 2004: 7). Der Begriff der „regionsbezogenen Kooperation" wurde bereits 1998 von der ARL verwendet (ARL 1998: 3). Nach dem zugrunde gelegten Verständnis der Untersuchung *(siehe Kap. 1.2)*, dass sich relevante interkommunale Kooperationen hinsichtlich ihrer

Größenordnung und Aufgabenwahrnehmung unterhalb der nächsthöheren kommunalen oder gebietskörperschaftlichen Ebene bewegen, spielt die regionalorientierte bzw. regionsbezogene Kooperation aufgrund ihrer teilweisen Überschneidung zu bestehenden Gebietskörperschaften wie den Landkreise oder gebietskörperschaftlichen Sonderformen wie Umland-, Regional- und Mehrzweckverbänden[48] im Rahmen der Untersuchung keine Rolle. Dies begründet sich unabhängig von Größenordnungen u.a. mit der Problematik, dass das regionsbezogene Modell häufig entweder informell und schwach institutionalisiert aufgebaut ist oder bei Bildung gebietskörperschaftlichen Einheiten einer anderen Ebene[49] entspricht. Dagegen baut die interkommunale Kooperation nach dem Verständnis der Untersuchung konsequent auf die kommunale Selbstverwaltungsgarantie und das Subsidiaritätsprinzip *(siehe Kap. 1.2)* auf.

Es existiert eine Vielzahl von Kooperationsansätzen, die sich voneinander u.a. in der Raumorientierung, im Verbindlichkeits-/Institutionalisierungsgrad und in der Bindungsintensität unterscheiden. Dabei entwickeln sich interkommunale Kooperationen häufig von einer anfänglich schwachen zu einer schrittweise höheren Verbindlichkeit bzw. Institutionalisierung. Der Verbindlichkeits-/Institutionalisierungsgrad ist somit nicht nur Ausdruck für organisatorische Komplexität, Formalisierung und Verbindlichkeit, sondern auch innerhalb eines Entwicklungsstufenmodells von Belang. Für die erfolgreiche Ausgestaltung der interkommunalen Zusammenarbeit werden auch zukünftig individuelle, auf die jeweilige Situation und Zielstellung zugeschnittene Lösungen entscheidend sein (vgl. GAWRON 2004: 8).

---

[48] Ausgehend von einer raumwissenschaftliches Betrachtung lag ein Forschungsschwerpunkt interkommunaler Kooperation in der Untersuchung großräumiger, gebietskörperschaftlicher Kooperationsstrukturen, wie der Verbandsregion Stuttgart oder der Umland-/Planungsverbände Frankfurt und Hannover (vgl. u.a. FÜRST 2001, PRIEBS 2003).

[49] In diesem Fall können Kompetenzen von der kommunalen auf die regionale Ebene verlagert werden, siehe z.B. Planungsverband Frankfurt, der als Zusammenschluss von 75 Gemeinden als Träger der Flächennutzungsplanung fungiert.

4.1.2 Kooperations-, Rechts- und Organisationsformen interkommunaler Kooperation

Die im *vorherigen Kap.* dargestellte Gestaltung des Verbindlichkeits-/Institutionalisierungs-grades interkommunaler Kooperation hängt wesentlich von der Festlegung der geeigneten Kooperations-, Rechts- und Organisationsform ab. Mit der Kooperations-, Rechts- und Organisationsform steht und fällt in der Regel die organisatorische und vertragliche Basis der Zusammenarbeit, um die Rechte und Pflichten der beteiligten Kommunen, die Verantwortlichkeiten und Zuständigkeiten sowie ggf. auch die finanzielle Beteiligung an Kosten und Nutzen so weit als möglich zu klären (vgl. u.a. WINKEL 1998: 29f).

Dazu soll die nachfolgende Darstellung eine Übersicht der prinzipiell in Frage kommenden Formen sowie deren Prinzipien und Eckpunkte geben.

Die wichtigsten Rechts- und Organisationsformen können wie folgt typisiert werden (u.a. WINKEL 1998: 31f; KLEMME 2002: 48f; MAGEL, KLAUS, KOETTER 2005: 40ff; FRICK, HOKKELER 2008: 51f):

Tab. 3: Die wichtigsten Rechts- und Organisationsformen in der Übersicht

Öffentlich-rechtlich	Privatrechtlich	Informell
• Zweckverband • Zweckvereinbarung • Kommunale Arbeitsgemeinschaft • Verwaltungsgemeinschaft • Planungsverband	• Eingetragener Verein (e.V.) • Gesellschaft mit beschränkter Haftung (GmbH)	• Netzwerke • Städtenetze

Für die Wahl der geeigneten Kooperations-, Rechts- und Organisationsform werden von verschiedenen Autoren (u.a. WINKEL 1998: 31f; HEINZ 2000: 194ff; KLEMME 2002: 48f; FRICK, HOKKELER 2008: 51f) u.a. folgende Kriterien genannt:

- Zahl und Größe der beteiligten Kommunen.

- Zweck, Aufgaben und Ziele der Kooperation.

- Grad der Verbindlichkeit der betreffenden kommunalen Aufgaben.

- Anteil hoheitlicher Aufgaben, welche interkommunal wahrzunehmen sind sowie die erforderliche Übertragung dieser Kompetenzen (z.B. an einen Zweckverband).

- Vorhandene materielle, finanzielle und personelle Ressourcen (z.B. Flächenpotenziale, Kommunalfinanzen, Personaleinsatz).

- Sicherung ausreichenden Mitspracherechts der beteiligten Kommunen (Demokratieprinzip).

- Sicherstellung eines weitgehend fairen und gerechten Lasten-Nutzen-Risiken-Ausgleichs (u.a. erforderlicher Kosten, Erträge/Einnahmen sowie etwaiger Risiken).

- Erfordernis hoher Handlungsfähigkeit und Flexibilität bei der Wahrnehmung der Aufgaben.

- Bestehende Politik- und Verwaltungsstrukturen der beteiligten Kommunen (z.B. bestehende interkommunale Formen wie Verwaltungsgemeinschaft).

- Institutionelle Absicherung, insbesondere bei Aktivitäten bzw. Maßnahmen von wesentlicher Bedeutung und hohem Aufwand für die beteiligten Kommunen.

Die Kriterien zeigen, dass vorrangig organisatorische, inhaltliche und ressourcenbezogene Bedingungen relevant sind. Der zweckmäßige, ggf. rechtlich erforderliche oder im Zuge des Kooperationsprozesses tatsächlich ausgehandelte Verbindlichkeits-/Institutionalisierungsgrad hat aufgrund seiner vielfältigen Bezüge eine wichtige querschnittsbezogene oder gar ausschlaggebende Stellung für die Wahl der Form.

Um auf Grundlage der Kriterien eine erste Übersicht über die Bandbreite der Gestaltungsmöglichkeiten darzustellen, wird auf eine Strukturierung von HEINZ (2000) zurück gegriffen:

Tab. 4: Ausprägungen interkommunaler Kooperationsformen (Quelle: eigene Erstellung in Anlehnung an HEINZ 2000: 195):

Kriterium	grobe Ausprägung
Verbindlichkeits-/Institutionalisierungsgrad	Formell bzw. hart *oder* informell bzw. weich
Ausrichtung	Aufgaben-, projektorientiert *oder* territorial bzw. regionsorientiert
Aufgabenumfang	Sektoral/monofunktional (Einzelaufgaben) *oder* multifunktional
Aufgabenübertragung/ Kompetenzen	Vollständige Übertragung von Rechten, Pflichten, Kompetenzen *oder* Teilübertragung *oder* Reduzierung auf einen reinen Verwaltungsvollzug
Entscheidungsfindung	Effizienz- bzw. mehrheitsorientiert *oder* konsensorientiert
Fiskalischer Regelungsbedarf	Nur aufwandsbezogen *oder* umfassender Lasten-Nutzen-Risiko-Ausgleich
Ausgleichsmechanismus	Verteilungsorientiert bzw. festgelegter Schlüssel *oder* bedarfsgerecht
Rechts-/Orgaform	Öffentlich-rechtlich *oder* privatrechtlich *oder* informell

a) Öffentlich-rechtliche Rechts- und Organisationsformen

Für die Durchführung hoheitlicher Aufgaben im Rahmen von interkommunaler Kooperation bietet sich die öffentlich-rechtliche Form an. Dies gilt vor allem auch für die Regelung finanzrechtlicher Belange der öffentlichen Hand. (vgl. WINKEL 1998: 32).

Zweckverband

Der Zweckverband (vgl. u.a. MAGEL, KLAUS, KOETTER 2005: 44f, SPANNOWSKY, BORCHERT 2003: 100f; WINKEL 1998: 39) u.a. gemäß Art. 17 ff KommZG Bayern ist eine Körperschaft des öffentlichen Rechts mit eigener Rechtspersönlichkeit, die der gemeinsamen Wahrnehmung einzelner, kommunaler Aufgaben dient. Er verwaltet seine Angelegenheiten im Rahmen der Gesetze unter eigener Verantwortung. Rechte und Pflichten der an einem Zweckverband beteiligten Gemeinden gehen zur Erfüllung der Zweckverbandsaufgaben auf den Zweckverband über. Der Zweckverband ist befugt, auch hoheitliche Aufgaben (z.B. Bauleitplanung) zu übernehmen.

Innerhalb des Zweckverbandes muss der räumliche Wirkungsbereich entsprechend den beteiligten Gemeinden festgelegt werden, er stellt jedoch aufgrund einer fehlenden Gebietshoheit keine eigene Gebietskörperschaft dar. Neben Gebietskörperschaften können auch natürliche und juristische Personen des Privatrechts Mitglieder des Zweckverbandes sein.

Bei der Wahl des Verbandszwecks und der Gestaltung der Verbandssatzung haben die Gründungsmitglieder einen weiten Gestaltungsspielraum. Obligatorische Organe sind die Zweckverbandsversammlung und der Verbandsvorsitz. Die Zusammensetzung der Verbandsversammlung und Stimmverteilung ist zwischen den Mitgliedern zu regeln. Der Finanzbedarf eines Zweckverbandes kann u.a. durch Gebühren und Beiträge sowie durch Einnahmen aus Geschäftstätigkeiten gedeckt werden. Über den Ausgleich von Vor- und Nachteilen kann eine Vereinbarung im Rahmen eines Lasten-Nutzen-Risiko-Ausgleichs getroffen werden.

Der Zweckverband ist eine in Deutschland seit Jahrzehnten eingeführte und bewährte Organisationsform. Klassische Anwendungsgebiete sind etwa Schulverbände, Wasser- und Abwasserverbände und Verbände zur Abfallbeseitigung. Hinzu gekommen sind Aufgabenfelder wie die Entwicklung von Gewerbegebieten oder Zweckverbände im Bereich Tourismus.

Wichtige Merkmale des Zweckverbandes sind seine funktionale Ausrichtung auf bestimmte „Zwecke" und Aufgaben sowie die hohe Verbindlichkeit der Kooperation mit der erforderlichen Regelung des Lasten-Nutzen-Risiko-Ausgleichs. Die Kompetenzverlagerung an den Zweckverband schafft operative Vorteile hinsichtlich einer flexibleren und effizienteren Entscheidungsfindung; dies kann jedoch aus demokratischer Sicht in Bezug auf eingeschränktere Mitsprachemöglichkeiten der Mitgliedsgemeinden auch als Nachteil angesehen werden.

Zweckvereinbarung

Eine Zweckvereinbarung (vgl. u.a. MAGEL, KLAUS, KOETTER 2005: 45f, SPANNOWSKY, BORCHERT 2003: 94f; WINKEL 1998: 37f) kann zwischen Gebietskörperschaften durch einen öffentlich-rechtlichen Vertrag geschlossen werden. Mit einer Zweckvereinbarung können die beteiligten Gebietskörperschaften eine oder mehrere mit einem bestimmten Zweck verbundene Aufgabe/n an eine Kommune übertragen (u.a. Art. 7 KommZG). Das Aufgabenspektrum einer Zweckvereinbarung umfasst sowohl Pflichtaufgaben als auch freiwillige Aufgaben. Im Unterschied zum Zweckverband wird keine neue Rechtspersönlichkeit geschaffen, sondern es wird eine bestimmte Aufgabe durch Vertrag delegiert. Ein häufiger Fall (lt. Art. 7 Abs. 2 KommZG), ist die Mitbenutzung einer kommunalen Einrichtung (z.B. Sport-/ Kultureinrichtungen).

Bei der Übertragung einer Aufgabe gehen auch die, zur Wahrnehmung dieser Aufgabe erforderlichen Befugnisse an die betreffende Kommune über (Art. 8 Abs. 1 KommZG), es sei denn, dass in der Zweckvereinbarung kein Befugnisübergang festgelegt wird. Ebenso kann auch das Satzungs- und Verordnungsrecht (z.B. Beitrags-, Gebührensatzungen) übertragen werden. Die Aufgabenübertragung durch Zweckvereinbarung bewirkt das Recht und die Pflicht zur Aufgabenerfüllung. Aufgrund einer Zweckvereinbarung können Kommunen auch die betreffenden Aufgaben gemeinschaftlich durchführen und hierzu gemeinschaftliche Einrichtungen schaffen oder betreiben. In diesem Fall bleiben die Befugnisse bei den Beteiligten.

Wichtiges Merkmal der Zweckvereinbarung ist die flexible Aufgabenübertragung im Rahmen eines öffentlich-rechtlichen Vertrags – im Gegensatz zu einer gemeinsamen Aufgabenwahrnehmung innerhalb eines Zweckverbandes. Zweckvereinbarungen werden in der Praxis vorzugsweise für reines Verwaltungshandeln oder die Mitbenutzung von Einrichtungen angewendet. Für die Wahrnehmung umfassenderer kommunaler Aufgaben erscheint sie weniger geeignet, da gemeinsame Organe und Mitsprachemöglichkeiten fehlen.

Kommunale Arbeitsgemeinschaft

Die kommunale Arbeitsgemeinschaft (vgl. u.a. MAGEL, KLAUS, KOETTER 2005: 46f; SPANNOWSKY, BORCHERT 2003: 91f; WINKEL 1998: 35f) etabliert sich auf der

Basis von Vereinbarungen, wobei diese an keine Rechtspersönlichkeit gekoppelt ist. Von daher werden die Rechte und Pflichten der Beteiligten als Träger von Aufgaben und Befugnissen nicht berührt.

Die Arbeitsgemeinschaft ist u.a. im bayerischen KommZG nach Art. 4 bis 6 geregelt. Gegenüber informellen Formen muss die kommunale Arbeitsgemeinschaft hinsichtlich der Beteiligtenstellung und der Aufgaben genau definiert sein. Das KommZG kennt zwei Formen der kommunalen Arbeitsgemeinschaften, die „einfache" und die „besondere" Arbeitsgemeinschaft. Die einfache Arbeitsgemeinschaft wirkt nur beratend und empfehlend; ihre Beschlüsse haben also keinerlei Bindungswirkung für die Beteiligten. Dagegen kann bei der besonderen Arbeitsgemeinschaft eine gewisse Verbindlichkeit der Beschlüsse vertraglich vereinbart werden.

Bei der Wahl der Aufgaben der Arbeitsgemeinschaft und der Ausgestaltung ihrer Form haben die Kommunen freie Wahl. Es muss sich allerdings um Aufgaben handeln, die die Beteiligten gemeinsam berühren. Beispielhaft nennt das Gesetz lediglich die Abstimmung von Planungen und Einrichtungen oder die Vorbereitung von Flächennutzungsplänen.

Als ein wesentliches Merkmal ist die kommunale Arbeitsgemeinschaft eine reine Interessengemeinschaft, die zu einer eigenständigen und eigenverantwortlichen Aufgabenwahrnehmung nicht befugt und nicht in der Lage ist. Die Aufgaben bleiben auf reines Verwaltungshandeln wie Vorbereitungen, Abstimmungen oder Beratungen beschränkt. Die kommunale Arbeitsgemeinschaft stellt die unverbindlichste öffentlich-rechtliche Organisationsform dar.

Verwaltungsgemeinschaft

Benachbarte Gemeinden können eine Verwaltungsgemeinschaft als Körperschaft des öffentlichen Rechts mit eigener Rechtspersönlichkeit bilden; in Bayern nach Maßgabe der Verwaltungsgemeinschaftsordnung (VGemO). Die Verwaltungsgemeinschaft soll nach der Zahl der Gemeinden und Einwohner sowie nach der räumlichen Ausdehnung unter Berücksichtigung der örtlichen Verhältnisse und landesplanerischen Gesichtspunkten (Zentrale-Orte-Prinzip) so abgegrenzt werden, dass sie ihre Aufgaben zweckmäßig und wirtschaftlich erfüllen kann.

Nach Art. 4 VGemo nimmt eine Verwaltungsgemeinschaft alle Angelegenheiten des übertragenen Wirkungskreises zur Erfüllung der Aufgaben der inneren Verwaltung für ihre Mitgliedsgemeinden wahr, ausgenommen des Satzungs- und Verordnungsrechts. Dazu obliegen der Verwaltungsgemeinschaft die verwaltungsmäßige Vorbereitung und der Vollzug der Beschlüsse der Mitgliedsgemeinden im Sinne von Erledigungsaufgaben. Die Mitgliedsgemeinden können durch zusätzliche Zweckvereinbarungen weitere Aufgaben und Befugnisse des eigenen Wirkungskreises auf die Verwaltungsgemeinschaft übertragen, so z.B. Aufgaben der Daseinsvorsorge wie Wasserversorgung, Abwasserentsorgung, Schule. Die Gemeindeverwaltungsverbände in Baden-Württemberg erfüllen in eigener Zuständigkeit u.a. auch die vorbereitende Bauleitplanung hinsichtlich der Erstellung von Flächennutzungsplänen.

Organe der Verwaltungsgemeinschaft sind nach Art 6 VGemO die Gemeinschaftsversammlung und der/die Gemeinschaftsvorsitzende. Die Gemeinschaftsversammlung besteht aus den gewählten Vertretern der Mitgliedsgemeinden. Zur Deckung des Finanzbedarfs erhebt die Verwaltungsgemeinschaft von ihren Mitgliedsgemeinden eine einwohnerbezogene Umlage, soweit ihre sonstigen Einnahmen nicht ausreichen, um ihren Finanzbedarf zu decken.

Wichtige Merkmale der Verwaltungsgemeinschaft sind, dass neben den Aufgaben des übertragenen Wirkungskreises (innere Verwaltung) auch Aufgaben des eigenen Wirkungskreises von den Mitgliedsgemeinden übertragen werden können. Insofern können die Verwaltungsgemeinschaften den Charakter von Mehrzweckverbänden einnehmen, wobei die Verbindlichkeit der Verwaltungsgemeinschaften mit Zweckverbänden vergleichbar ist.

Planungsverband

Nach § 205 BauGB können sich Kommunen und sonstige öffentliche Planungsträger zu einem Planungsverband (vgl. u.a. MAGEL, KLAUS, KOETTER 2005: 47; WINKEL 1998: 42) zusammenschließen, um nach Abs. 1 »durch gemeinsame zusammengefasste Bauleitplanung den Ausgleich der verschiedenen Belange zu erreichen«.

Planungsverbände sind Körperschaften des öffentlichen Rechts mit eigener Rechtspersönlichkeit. Der Planungsverband ist ein selbständiger Träger der Planungshoheit und tritt nach Maßgabe seiner Satzung für die Durchführung der Bauleitplanung (Flächennutzungsplanung und Bebauungsplanung) an die Stelle der Mitgliedsgemeinden. Dem Planungsverband können in der Satzung auch weitere Aufgaben, die der Gemeinde vom Baugesetzbuch zugeteilt werden, übertragen werden (§ 205 Abs. 4 BauGB). Planungsverbände mit erweiterten Aufgaben treten in der Praxis vor allem in Großstadt- bzw. Metropolregionen auf. Dort dienen sie vornehmlich der Abstimmung der vielfältigen Entwicklungs- und Planungsbelange zwischen der Kernstadt und den Umlandgemeinden. Beispiele sind der Kommunalverband Hannover, der z.b. für die Aufgabengebiete Planung, ÖPNV, Wirtschaftsförderung und Naherholung zuständig ist, oder der Regionalverband Stuttgart, der als Mehrzweck-Pflichtverband mit gebietskörperschaftlichem Status und eigenen Entscheidungsbefugnissen versehen ist. Wie bereits im *vorherigen Kap.* ausgeführt, erscheinen derartige Formen der nächsthöheren, regionalen Planungsebene – vergleichbar mit den regionalen Planungsverbänden in Bayern – zuordenbar.

Mit Blick auf die Praxis in Bayern sind Planungsverbände, z.b. zur gemeinsamen Flächennutzungsplanung, sehr selten. Eine Anwendung finden diese in Kombination mit zweckverbandlichen Lösungen zur Entwicklung interkommunaler Gewerbegebiete, die auch die gemeinsame Bauleitplanung einschließt.

<u>Wichtiges Merkmal</u> des Planungsverbandes ist, dass er sich vor allem für die Abstimmung der Bauleitplanung zwischen öffentlich-rechtlichen Gebietskörperschaften eignet. Er dient deshalb vorrangig der Abstimmung der Flächennutzung, um so auch auf kleinräumigerer Ebene eine abgestimmte und geordnete Entwicklung zu ermöglichen.

b) Privatrechtliche Rechts- und Organisationsformen

Grundsätzlich gilt, nur wenn der öffentliche Zweck in einer Rechtsform des privaten Rechts erfüllt werden kann, können sich die beteiligten Kommunen einer solchen Rechtsform bedienen. Privatrechtliche Organisationsformen sind erst dann heranzuziehen, wenn im Rahmen der gesetzlichen Vorgaben (u.a. Gemeindeordnungen der Länder) die entsprechenden Aufgaben nicht oder nicht effizient genug in öffentlich-rechtlicher Form zu bewältigen sind.

Grundsätzlich dürfen gesetzlich vorgegebene hoheitliche Aufgaben der Kommunen nicht an privatrechtliche Organisationsformen delegiert werden. Sind finanzrechtliche Belange zwischen beteiligten Gemeinden betroffen, so müssen privatrechtliche Organisationsformen in der Regel einen haftungsbeschränkenden Charakter (siehe u.a. Bayer. GO Art. 92) aufweisen, weshalb Gesellschaftsformen wie die Gesellschaft des bürgerlichen Rechts (GbR), KG (Kommanditgesellschaft) oder sonstige privatrechtliche Rechtsformen ohne Haftungsbeschränkung ungeeignet sind. Die Aktiengesellschaft ist insofern als problematisch einzustufen, nachdem der Vorstand nach § 76 Aktiengesetz unter eigener Verantwortung tätig ist; dieser kann selbst dann nicht unter kommunale Aufsicht gestellt werden, wenn die Kommune Mehrheitseigner ist (vgl. WINKEL 1998: 32, MAGEL, KLAUS, KOETTER 2005: 38f).

Verein (e.V.)

Der eingetragene Verein (vgl. u.a. MAGEL, KLAUS, KOETTER 2005: 43f; SPANNOWSKY, BORCHERT 2003: 123f; WINKEL 1998: 46f) ist als juristische Personen des Privatrechts ein freiwilliger, auf eine gewisse Dauer angelegter Zusammenschluss von natürlichen oder juristischen Personen, die einen gemeinschaftlichen Zweck verfolgen. Er ist körperschaftlich organisiert und daher unabhängig vom Wechsel der Mitglieder. Vereine verfügen über eine von den Mitgliedern beschlossene Satzung, die das Vereinsleben regelt. Die Mitgliederversammlung ist das wesentliche Entscheidungsorgan, über sie wird auch der Vereinsvorstand gewählt und ggf. weitere Vereinsorgane (z.B. Beirat) legitimiert. Neben gewählten Mitgliedern besteht zur Besetzung von Vereinsorganen auch die Möglichkeit zur Festlegung geborener Mitglieder, die sich zur personenunabhängigen Einbindung von Kommunen anbietet.

Nach dem Vereinsziel wird unterschieden zwischen ideellen und wirtschaftlichen Vereinen. Ein Idealverein liegt vor, wenn der Zweck der Vereinsgründung nicht auf Gewinnerzielung in einem wirtschaftlichen Geschäftsbetrieb ausgerichtet ist (z.B. Kultur, Sport und Soziales). Dagegen sind wirtschaftliche Vereine auf die Gewinnerzielung oder die wirtschaftliche Förderung ihrer Mitglieder ausgerichtet. Vereine tragen - vor allem hinsichtlich der Übernahme kultureller und sozialer Aufgaben - häufig zu einer Entlastung von Kommunen bei, verbessern das Leistungsangebot für die Bevölkerung und tragen auch zum gesellschaftlichen Leben und der Identifikation der Bevölkerung bei. In der interkommunalen Praxis werden sie besonders in freiwilligen Aufgabenbereichen wie Tourismus, Wirtschaftsförderung, Regionalmarketing oder Kultur angewendet.

<u>Wesentliches Merkmal</u> des eingetragenen Vereins ist seine Flexibilität hinsichtlich einer weitgehend frei gestaltbaren Zweckorientierung und Arbeitsweise. Für interkommunale Kooperation kann aufgrund der starken Personenorientierung nur ein eingeschränkter Grad an Verbindlichkeit geschaffen werden. Ebenso schließt sich die Wahrnehmung hoheitlicher Aufgaben aus.

GmbH

Die Gesellschaft mit beschränkter Haftung (vgl. u.a. MAGEL, KLAUS, KOETTER 2005: 42f; SPANNOWSKY, BORCHERT 2003: 114f; WINKEL 1998: 49f) ist eine Kapitalgesellschaft mit eigener Rechtspersönlichkeit. Im Gegensatz zu den Personengesellschaften stehen bei ihr nicht die einzelnen Gesellschafter als Personen, sondern ihre Kapitalbeteiligungen im Vordergrund. Gesellschafter einer GmbH kann jede Kommune, jede natürliche Person, aber auch jede sonstige Gesellschaft oder Rechtspersönlichkeit werden. Geführt wird die GmbH von einem oder mehreren Geschäftsführern. Die GmbH hat im Sinne des Handelsgesetzbuches kaufmännische Sorgfaltspflichten einzuhalten (u.a. kaufmännische Buchführung und Erstellung von Bilanzen). Das Stammkapital einer GmbH muss mindestens 25.000 Euro betragen, wobei sich die Haftung von Seiten des Gesetzgebers auf das Stammkapital beschränkt.

Die Einflussnahme kann durch die Gestaltung der Gesellschafterversammlung geregelt werden. Dies ermöglicht eine flexiblere Entscheidungsfindung unabhängig von den einzelnen Kommunalparlamenten. Dabei kann es zu Interessensgegensätzen zwischen den öffentlichen, gemeinwohlorientierten Zielsetzungen der Kommunen sowie den betriebswirtschaftlichen Erfordernissen der GmbH kommen.

Die GmbH ist als privatrechtliche Form zur Erledigung kommunaler Aufgaben verbreitet. Die Kommunen können eine GmbH im Sinne eines Outsourcings für jeden gesetzlich zulässigen Zweck gründen - ausgenommen hoheitliche Aufgaben. In der Praxis ist sie u.a. in den Bereichen ÖPNV, Energie und Wirtschaftsförderung zu finden. Häufige Einsatzbereiche im interkommunalen Zusammenhang sind wirtschaftliche Aufgaben wie Wirtschaftsförderung, Tourismusentwicklung oder Stadtmarketing.

Wesentliches Merkmal der GmbH ist eine vergleichsweise hohe Flexibilität in der Ausgestaltung des Gesellschaftsvertrages, der Aufgabenfelder und der Geschäftsführung. Die freie Entscheidungsfindung im Rahmen der Gesellschafterversammlung gegenüber Kommunalparlamenten kann sowohl als Vorteil hinsichtlich einer höheren Flexibilität, als auch als Nachteil durch den Verlust demokratischer Kontrolle erachtet werden.

c) Informelle Organisationsformen

Seit den 90er Jahren werden vermehrt informelle Formen der Zusammenarbeit praktiziert. Die Zusammenarbeit gestaltet sich in der Regel offen, da verbindliche Regeln fehlen. Oft fungieren informelle Formen als Anfangsstadium oder Vorläufer zur Entwicklung formeller Organisationsformen.

Netzwerke

Netzwerke sind nach BENZ »relativ dauerhafte, nicht formal organisierte, durch wechselseitige Abhängigkeiten und gemeinsame Verhaltenserwartungen bzw. -orientierungen stabilisierte Kommunikations- und Interaktionsbeziehungen zwischen Vertretern von Organisationen. Meist stehen diese Akteure in Kooperationsverhältnissen. Sie verhandeln, tauschen Informationen und Ressourcen aus und unterstützen sich gegenseitig« (BENZ 2003: 35).

Netzwerken ist ein diskursorientiertes Politikverständnis zugrunde gelegt, welches vorrangig von Kommunikation, Austausch, Diskussion, Abstimmung und abgeschwächt von Verhandlung geprägt wird. Dabei bleibt die Autonomie der einzelnen Mitglieder von Kooperationsnetzwerken gewahrt, d.h. sie bleiben unabhängig und selbstständig handlungsfähig (vgl. Fürst 1994, zit. in KLEMME 2002: 57). Die Kooperation im Netzwerk bezieht sich inhaltlich auf definierte Schnittstellen gemeinsamer Interessen, die gegenseitige Verhaltens- und Erwartungsabstimmung erfolgt situativ durch ein flexibles Wechselspiel von Autonomie und Abstimmung, Konkurrenz und Kooperation (vgl. SEMLINGER 1993: 347).

BENZ unterscheidet zwischen Netzwerken, die einen territorialen Raumbezug aufweisen, und fachlich sektoralen Netzwerken. Erstere wirken integrierend und erleichtern somit die Kooperation über Fragen, die mehr dem Feld der Regionalentwicklung (Regionalmarketing, Tourismusentwicklung etc.) entsprechen. Angesichts der Handlungsorientierungen der Kommunen sind sie auch schwerer aufzubauen und langfristig zu stabilisieren. Sektorale Netzwerke führen Kommunen mit ähnlichen Problemwahrnehmungen zusammen (vgl. BENZ 2003: 35f).

Wichtiges Merkmal von informellen Formen wie Netzwerke ist die Schaffung von Diskussions-, Austausch- und Abstimmungsplattformen, wobei die Entscheidungs- und Handlungsautonomie der einzelnen Mitglieder gewahrt bleibt. Das Element der Selbstverpflichtung erhält damit einen hohen Stellenwert. Derartige informelle Formen entsprechen häufig der Anfangsphase von Kooperationsprozessen, wenn es gilt ein gemeinsames Problemverständnis sowie die Kooperationsbedarfe und –ziele zu identifizieren. Eine dauerhafte Etablierung ohne eine stärkere Verbindlichkeit bzw. Institutionalisierung erscheint im kommunalen Zusammenhang fraglich.

Städtenetze

Städtenetze stellen spezielle Ausprägung informeller Kooperationsformen dar (vgl. u.a. KLEMME 2002: 58; BUNZEL et al 2002: 317; SPANNOWSKY, BORCHERT 2003: 32f). Diese sind häufig mit einem Bezug zu Instrumenten der Raumordnung bzw. Landes- und Regionalplanung wie dem Instrument der Teilraumgutachten in Bayern entstanden. Als ergänzendes Instrument sollen »sie die Brücke zwischen interkommunaler Kooperation und Regionalplanung schlagen« (BENFER et al. 1998: 133, zit. in KLEMME 2002: 60). Städtenetze wurden 1997 als

Instrument zur Verwirklichung von Raumordnungsplänen im novellierten Raumordnungsgesetz in § 13 rahmenrechtlich verankert.

In der Praxis beziehen sich Städtenetze häufig auf Kooperationen zwischen (Kern-)Städten und weniger zwischen Stadtregionen insgesamt. Im übertragenen Sinne bedeutet das die Konzentration auf die Knoten (Städte) und Verbindungen eines Netzes ohne eine stärkere Berücksichtigung von Maschen (Stadtregionen, Zwischenräume etc.). Hierbei ist das Modell der Städtenetze in den letzten Jahren in starkem Maße von dem Ansatz der Metropolregionen mit der Kooperation von Kernstädten und ihrem Umland abgelöst worden. Bekanntere Städtenetze in Bayern sind das MAI (München-Augsburg-Ingolstadt) oder das Sächsisch-Bayerische Städtenetz Chemnitz-Zwickau-Plauen-Hof-Bayreuth.

Eine häufige Motivation lag in der Verbesserung der Wettbewerbsfähigkeit und Standortattraktivität im Sinne von Standort- und Regionalmarketing sowie der Optimierung von verkehrstechnischen Verbindungen (Bundesautobahnen, Bahnstrecken etc.). Dagegen weisen Städtenetze weniger eine konkrete Problemlösungsorientierung auf (vgl. u.a. KLEMME 2002: 59).

<u>Wichtiges Merkmal</u> von Städtenetzen ist die spezielle Ausprägung von Netzwerken mit einer Konzentration auf die Partnerschaft von (Kern-)Städten. Aufgrund des netzwerkartigen Charakters sind es in erster Linie Interessengemeinschaften, die personell, zeitlich und inhaltlich begrenzt sind. Trotz ihres meist mehrdimensionalen Anspruchs beschränkt sich die Zusammenarbeit auf die übergeordnete Verbesserung der Wettbewerbsfähigkeit und Standortattraktivität und weniger auf die konkrete Bewältigung kommunaler Aufgaben.

c) Zusammenfassung

Das breite Spektrum der Kooperations-, Rechts- und Organisationsformen bietet kooperierenden Kommunen die Möglichkeit, die für ihre Zwecke und Rahmenbedingungen geeignete Form auszuwählen und für ihre Zwecke zu gestalten. Ohne einen konkreten Bezug ist eine differenziertere Abwägung von Vor- und Nachteilen der dargestellten Grundformen weniger zielführend.

Kooperation hatte in den letzten Jahren als Instrument auf interkommunaler und regionaler Ebene Konjunktur (vgl. DILLER 2002). Dadurch ist vielen Regionen eine teilweise unreflektierte und „wildwüchsige Kooperationslandschaft" mit verschiedenen und sich nicht immer ergänzenden Kooperationen entstanden. Hierbei spielte die mangelnde Differenzierung zwischen der kommunalen und regionalen Ebene mit den jeweiligen Kompetenzen und Aufgaben eine wichtige Rolle. »Viele Räume wurden und werden durch das Nebeneinander verschiedener

Strukturen und Projekte sowie die Zersplitterung der Aufgaben geschwächt und nicht wie beabsichtigt gestärkt« (KLEMME 2002: 61). Jedoch scheint die „Kooperationseuphorie" Ende der 90er und zu Beginn des letzten Jahrzehnts inzwischen immer mehr in der Realität und Herausforderung einer dauerhaften Etablierung anzukommen. Demzufolge findet teilweise keine Weiterführung von informellen Strukturen oder in Einzelfällen auch wieder eine Rückführung bzw. Auflösung von weniger erforderlichen oder zweckmäßigen formellen Strukturen statt.

Neben dem Verbindlichkeitsgrad wird die Wahl der Organisations- und Rechtsform gekennzeichnet von der prinzipiellen Abwägung zwischen der Flexibilität von Entscheidungs- und Handlungsbefugnissen auf interkommunaler Ebene einerseits sowie der Berücksichtigung der demokratisch gewählten Kommunalparlamente und deren Einflussnahme andererseits. Der Wahl und den Gestaltungsmöglichkeiten der Organisations- und Rechtsform durch die kommunalen Kooperationspartner sind Grenzen hinsichtlich der Beachtung der rechtsstaatlichen und kommunalrechtlichen Grundlagen wie dem Demokratieprinzip gesteckt *(siehe Kap. 2.2)*. Dazu ist insbesondere für formelle und auf hoheitliche Aufgaben bezogene Kooperationen eine Abstimmung mit den kommunalrechtlichen Aufsichtsbehörden (u.a. die Kommunalaufsicht an den Landratsämtern) erforderlich. Die kommunalen Kooperationspartner haben deshalb keinen unbegrenzten Gestaltungsspielraum und die Wahl der Organisations- und Rechtsform ist in der Regel an einen Begründungsnachweis nach innen und außen gekoppelt (vgl. SPANNOWSKY, BORCHERT 2003: 90).

Insgesamt erscheint ein ausreichendes Spektrum an Kooperations-, Rechts- und Organisationsformen von für die jeweiligen Zwecke bedarfsorientiert gestaltbaren Grundformen sowohl für hoheitliche Aufgaben, Pflichtaufgaben und freiwillige Aufgaben als auch eine sektorale und mehrdimensionale Ausrichtung gegeben. Davon ausgehend ist im Rahmen der empirischen Untersuchung zu klären, inwieweit die Grundformen hinsichtlich der jeweiligen Zweckorientierung zur räumlichen bzw. städtebaulichen Entwicklung in geeigneter Weise angewendet werden. Für den inhaltlichen Schwerpunkt der Untersuchung – der räumlichen bzw. städtebaulichen Entwicklung – grenzen sich die Grundformen insofern ein, als vor allem jene in Frage kommen, die die gemeinsame Wahrnehmung von hoheitlichen Aufgaben ermöglichen. Dies betrifft vorzugsweise die formellen und öffentlich-rechtlich angelegten Formen des Zweckverbandes, der Verwaltungsgemeinschaft oder des Planungsverbandes.

4.1.3 Grundlagen der Finanzierung auf interkommunaler Ebene unter Berücksichtigung von Verteilungs-/Ausgleichsmöglichkeiten

Zur Durchführung von Aufgaben oder Maßnahmen in interkommunaler Kooperation bedarf es der Klärung, wie die Finanzierung bzw. Bereitstellung der erforderlichen Ressourcen erfolgen soll. Dabei ist die Aufteilung des Aufwands bzw. des Nutzens eine der Kernfragen interkommunaler Kooperation.

Zur Finanzierung von Maßnahmen in interkommunaler Kooperation können sowohl einmalige als auch wiederkehrende Zahlungen erforderlich werden. Einmalige Zahlungen sind z.b. Investitionsmittel, die zur Realisierung eines Vorhabens (z.b. Planungs- und Erschließungskosten für ein interkommunales Gewerbegebiet) benötigt werden. Wiederkehrende Zahlungen können für die Gewährleistung des Betriebs (z.b. Personalkosten) oder als Umlage eines nicht kostendeckend betriebenen Angebots erforderlich werden. Bei der Finanzierung gemeinsamer Vorhaben geht es nicht nur um Finanzmittel – häufig werden dabei auch Sachmittel und Personalressourcen eingebracht (vgl. WINKEL 1998: 59).

Bei den Finanzmitteln handelt es sich im günstigsten Fall um Haushaltsmittel der beteiligten Kommunen, die für das gemeinsame Vorhaben bereitgestellt werden müssen. Für Investitionen sind diese Mittel im Investitionshaushalt und für laufende Aufwendungen, wie Unterhaltungskosten zum Betrieb von Einrichtungen, im Verwaltungshaushalt einzustellen. Dabei bleibt es jeder der beteiligten Gebietskörperschaften überlassen, wie sie die Finanzmittel für ihren Anteil beschafft. Kommunen mit knapper Haushaltslage können ihre Beteiligung an Vorhaben in interkommunaler Kooperation ggf. auch über Kredite finanzieren, die jedoch in der Regel durch die jeweils zuständige Kommunalaufsicht zu genehmigen sind (vgl. WINKEL 1998: 59).

Eine weitere Beteiligungsmöglichkeit an interkommunalen Kooperationen ist die Bereitstellung von Sachmitteln. Bei Sachmitteln handelt es sich vor allem um das Einbringen von Flächen oder auch beweglichen Gütern wie z.B. Fahrzeugen im Rahmen eines Bauhoffuhrparks. Vergleichbar mit Sachmitteln können auch Personalleistungen eingebracht werden. Dies ist vor allem dann zweckmäßig, wenn mit dem bestehenden Personal eines oder mehrerer Partner die erforderlichen Aufgaben des gemeinsamen Vorhabens abgedeckt werden können. Das Einbringen von Personalleistungen erfolgt in der Praxis z.B. bei gemeinsamen Gewerbegebietsprojekten von Städten und Umlandgemeinden. In diesen Fällen wird von den größeren Partnern häufig die personelle Geschäftsführung und Projektsteuerung übernommen.

Im Vergleich zu einem individuellen Vorgehen sind im Rahmen von Kooperationsvorhaben die sog. Transaktionskosten in besonderer Weise zu berücksichtigen (vgl. MAINZ 2005: 203). Nach RICHTER und FURUBOTN lassen sich Transaktionskosten wie folgt untergliedern (vgl. RICHTER, FURUBOTN 1999: 51):

- Die Anbahnungskosten von Kooperationen (u.a. Vorlauf-, Such- und Informationskosten im engeren Sinne).

- Die Verhandlungs- und Vereinbarungskosten (bis zum Vertragsabschluss oder Satzungsbeschluss etc.).

- Die laufenden Durchführungs- und Abwicklungskosten (u.a. Kontroll-, ggf. Anpassungs-, Koordinierungs- sowie laufende Informationskosten).

Grundsätzlich gilt: Je zielorientierter und schneller die Partner zu einem Ergebnis kommen und je geringer die Reibungsverluste während der Durchführung, desto geringer ist der Aufwand für Transaktionskosten. Hierbei stellt sich allerdings das generelle Problem, dass viele dieser Kosten weniger wahrgenommen und deshalb auch weniger beachtet werden. Es kommt nicht selten vor, dass sich Einigungsprozesse hinsichtlich der Rechts- und Organisationsform oder von Vertrags- und Satzungsgrundlagen, so z.B. im Rahmen von interkommunalen Gewerbegebieten, über Jahre ohne Entscheidungsfindungen hinziehen. Diese teilweise kostenintensiven Verzögerungs- und Wiederholungsschleifen, die sich häufig durch eine weniger auf Entscheidungen ausgerichtete Steuerung bedingen, hängen u.a. mit einem mangelnden Bewusstsein für Transaktionskosten von Seiten der kommunalen Entscheidungsträger zusammen. Einerseits mag das Zustandekommen von interkommunaler Kooperation dadurch auch begünstigt werden, andererseits sollten sich interkommunale Prozesse in stärkerem Maße an dem selbst gesteckten Effizienzargument messen lassen. Dazu ist es im ersten Schritt notwendig, diese oftmals versteckten Kosten hinsichtlich laufenden Koordinations- oder Kommunikationsaufwendungen transparenter darzustellen und ggf. auch zu monetarisieren.

Es besteht eine enge Wechselbeziehung zwischen Transaktionskosten und der Vertrauensbasis zwischen den Partnern *(siehe Kap. 4.1.4)*: Misstrauen, Missverständnisse und Konflikte führen mit einem dadurch bedingten Mehraufwand für Kommunikations-, Koordinations- und Schlichtungsprozesse zu einer teilweise erheblichen Zunahme von Transaktionskosten (vgl. DILLER 2002: 38f). Für die Frage der Effizienz von Kooperationen ist der Abgleich zwischen den erzielbaren Synergien und dem einzusetzenden Transaktionsaufwand von Bedeutung.

Möglichkeiten der Kosten-Nutzen-Verteilung

Für die Verteilung des Aufwands (Kosten) und des Nutzens (zusätzliche Einnahmen) im Zuge von Vorhaben in interkommunaler Kooperation bieten sich prinzipiell folgende Möglichkeiten an (vgl. WINKEL 1998: 66):

- Gleichverteilung: Eine Gleichbeteiligung aller aus einer Kooperation resultierenden Lasten und Nutzen ist die einfachste Lösung. Es ist jedoch zu berücksichtigen, dass eine paritätische Verteilung des Nutzens und der Lasten nur bei annähernd gleich starken Partnern realistisch ist und insofern in der Praxis eine Ausnahme darstellt.

- Einwohnerorientierte Verteilung: Bei Kooperation zwischen ungleichen Partnern wird deren Einwohnerzahl häufig als einfache und nachvollziehbare Grundlage herangezogen. Die Einwohnerzahl spiegelt in etwa die Finanzkraft und Verwaltungsstärke der beteiligten Kommunen wider. Somit können die vorhandenen Ressourcen in Relation zur Finanzbelastung und Verwaltungskraft der Beteiligten einigermaßen angemessen verteilt werden.

- Flächenorientierte Verteilung: Hierfür gibt es in der Praxis zwei Varianten, die Berücksichtigung der kommunalen Gesamtflächen sowie die Aufteilung nach konkreten, vorhabensbezogenen Flächenanteilen. Mit der Aufteilung unter Berücksichtigung von kommunalen Gesamtflächen kann den erhöhten Infrastrukturaufwendungen von flächenstarken Gemeinden Rechnung getragen werden. Voraussetzung für eine vorhabensbezogene Flächenaufteilung ist, dass die beteiligten Kommunen entsprechende Flächenanteile einbringen können. Dies setzt jedoch sehr spezielle flächenmäßige Rahmenbedingungen voraus. Darüber hinaus sind die Flächen in der Regel von den Kommunen noch nicht gesichert bzw. erworben. Eine reine flächenorientierte Verteilung erscheint in der Praxis nur bedingt geeignet, stattdessen wird der Flächenaspekt häufiger in Kombination mit anderen Faktoren (z.B. Einwohnerzahl) angewandt.

- Kombinierte Verteilung: Als eine weitere Variante ist es ein kombinierter Verteilungsschlüssel möglich. Eine Anwendung in der Praxis findet sich z.B. beim Stadtentwicklungsverband Ulm/Neu-Ulm, der einen Grundverteilungsmodus von Ausgaben und Einnahmen zu zwei Dritteln nach Einwohnern und ein Drittel nach Flächenanteilen geregelt hat.

- Steuerorientierte Verteilung: Ein weiterer möglicher Verteilungsmaßstab orientiert sich am Steueraufkommen der Kommunen. Dies betrifft nicht die vorhabensbezogenen Steuereinnahmen (z.B. Gewerbesteuereinnahmen aus einem interkommunalen Gewerbegebiet), die im Rahmen einer Ausgaben-Einnahmen-Verteilung nach den oben genannten Varianten berücksichtigt werden, sondern die Aufteilung des darüber hinausgehenden kommunalen Steueraufkommens. Je nach den Gegebenheiten der Kooperation können die kommunale Gesamtentwicklung über die Veränderungen der Steuerkraftmesszahl, die Gewerbeentwicklung über das Gewerbesteueraufkommen und die Veränderungen für die Lebenssituation der Bevölkerung über die veränderte Höhe der Einkommensteuer erfasst werden. Um einen einheitlichen Maßstab herzustellen, sollte das Steueraufkommen nach Einwohnern umgerechnet und nach Möglichkeit auch die Wirkungen des Finanzausgleichs berücksichtigt werden. Eine steuerorientierte Verteilung ist dynamischen Entwicklungen und einer höheren Komplexität unterworfen.

• Politische Verteilung: Abschließend ist auch eine Verteilung im Zuge eines politischen Willensbildungsprozesses möglich. In der Regel werden hierfür die oben genannten objektiven Faktoren zur Orientierung zugrunde gelegt.

Wie dargestellt bieten sich verschiedene Varianten zur Kosten-Nutzen-Verteilung an, die sich im Wesentlichen nach stabilen Faktoren (einwohner- oder flächenbezogen), einer entwicklungs- und steuerbezogenen Verteilung oder einer Aufteilung, die sich flexibler aus einem politischen Willensbildungsprozess unterscheiden.

Für den Nutzenaspekt von interkommunaler Kooperation besteht das grundsätzliche Problem, dass Steuern immer gebietsbezogen erhoben werden und entsprechend zufließen. So fallen bei interkommunalen Gewerbegebieten derjenigen Kommune die Gewerbesteuern zu, auf deren Flächenanteil sich die Betriebe befinden. Diese Steueranrechnung bedeutet für sie im kommunalen Finanzausgleich rechnerisch Mehreinnahmen, die in der Folge zu einer erhöhten Steuerkraftmesszahl und zu geringeren Schlüsselzuweisungen führen. Um zu verhindern, dass sich für die "Stammgemeinde" Nachteile im Zuge des kommunalen Finanzausgleichs ergeben, sind u.a. in Bayern sowie vergleichbar u.a. in Baden-Württemberg und Hessen entsprechende Regelungen innerhalb des Finanzausgleichs getroffen worden.

So sieht das Bayerische Finanzausgleichsgesetz (FAG, Stand 2008) in Art 4 Abs. 5 (4) vor, dass im Rahmen von interkommunalen Vorhaben getroffene Vereinbarungen über die Verteilung des Gewerbesteuer- oder Grundsteueraufkommens auf Antrag aller beteiligten Gemeinden bei der Ermittlung der Steuerkraftmesszahl berücksichtigt werden können. D.h., gemeinsame Gewerbe- oder Grundsteuereinnahmen können vor der Berechnung der Steuerkraftmesszahl aufgeteilt werden. Voraussetzung ist, dass diese Vereinbarung ernsthaft getroffen wurde und eine Mindestlaufzeit von fünf Jahren vorgesehen ist (vgl. StMF 2008: 36). Dies erfordert u.a. eine verbindliche Regelung über die Aufteilung des zu erzielenden Gewerbe- oder Grundsteueraufkommens innerhalb einer öffentlich-rechtlichen Zweckvereinbarung nach Art 7 KommZG oder in einer Zweckverbandssatzung nach Art. 19 KommZG.

Um geeignete fiskalisch wirksame Regelungen unter Berücksichtigung des kommunalen Finanzausgleichs zu treffen, stellen sich von Seiten des Gesetzgebers erhöhte Ansprüche an die Verbindlichkeit der Kooperation bzw. deren vertragliche Grundlagen.

Möglichkeiten in Form von Ausgleichszahlungen und Ausgleichsgeschäften

Die Regelung von Verteilungsdisparitäten durch Ausgleichszahlungen ist prinzipiell durch den kommunalen Finanzausgleich geregelt. Mehreinnahmen werden gemindert und zugleich findet eine gewisse Umverteilung in Richtung finanzschwacher Kommunen statt. Dies macht auch deutlich, dass nach der derzeitigen Struktur des kommunalen Finanzausgleichs eine gesetzliche Ausgleichsregelung existiert, neben der zusätzliche freiwillige Ausgleichszahlungen auf interkommunaler Ebene im Einzelfall nur einen beschränkten Einsatzbereich finden (vgl. SPANNOWSKY, BORCHERT 2003: 164, WINKEL 1998: 76).

Freiwillige Ausgleichszahlungen erscheinen nur dann relevant, wenn mit einer Zahlung projektbezogene und konkrete Vorteile für die Kommunen verbunden sind. Um dies für alle Beteiligten verbindlich zu regeln, kommen für derartige Leistungen die gemeinsame Trägerschaft und der gemeinsame Betrieb als das ggf. zweckmäßigere Lösungsmittel in Frage.

Ein weiteres Steuerungsinstrument zum finanziellen Interessenausgleich im Rahmen interkommunaler Kooperation stellen aus Sicht von SPANNOWSKY und BORCHERT Ausgleichs- und Koppelgeschäfte dar. Eine kooperative Lösung ist auch bei unterschiedlichen Interessen denkbar, sofern »der Verhandlungsgegenstand ausgeweitet wird und eine größere Verhandlungsmasse entsteht« (SPANNOWSKY, BORCHERT 2003: 165f).

So kann in Konfliktsituationen oder Blockaden durch die Verknüpfung von zwei oder mehreren Entscheidungen mit unterschiedlich verteilten Kosten und Nutzen ggf. eher eine Einigung erzielt werden. Theoretisch kann jede der beteiligten Kommunen in den Bereichen nachgeben, die für sie vergleichsweise weniger wichtig sind, und kann dafür Konzessionen in den für sie selbst wichtigeren Fragen erwarten. Im Idealfall könnte bei einer Saldierung der aus vielen Einzelentscheidungen zufallenden Vor- und Nachteile ein von allen mitgetragenes, positives Gesamtergebnis erreicht werden.

Auch wenn die Grundüberlegung von Ausgleichs- und Kopplungsgeschäften nachvollziehbar erscheint, so bestehen jedoch Zweifel, inwieweit sich diese in der Praxis realisieren lassen bzw. wie sinnvoll ein derartiges Vorgehen überhaupt ist. Dies setzt zunächst voraus, dass sich geeignete Ausgleichsmöglichkeiten für alle beteiligten Kommunen finden lassen. Je stärker sich die Kommunen anderweitiger Ausgleichsgeschäfte zur Regelung einer ursprünglichen Kernaufgabe bedienen, desto komplexer und ggf. brüchiger wird der Interessenausgleich – insbesondere unter Einbeziehung des Zeitfaktors. Ebenso stoßen komplexere Ausgleichsgeschäfte an die bestehenden Grenzen politisch-administrativer Entscheidungsstrukturen. Die sensible demokratische Entscheidungsstruktur auf kommunaler Ebene sorgt dafür, dass der Spielraum für Ausgleichsgeschäfte zusätzlich eingeengt wird (vgl. SPANNOWSKY, BORCHERT 2003: 165f).

Auf Grundlage der rechtlichen Vorgaben spricht – u.a. des kommunalen Finanzausgleichs – vieles dafür, vorzugsweise eine auf den jeweiligen Zweck fokussierte und verbindliche Aufteilung von Aufwand und Nutzen zu erzielen. Dies entspricht auch dem im Untersuchungsgegenstand *(siehe Kap. 1.2)* zugrunde gelegten Betrachtungsschwerpunkt auf funktionsräumliche Ansätze.

4.1.4 Anforderungen und Voraussetzungen für das Zustandekommen interkommunaler Kooperation

Zu den Anforderungen, Grundsätzen und Voraussetzungen für das Zustandekommen interkommunaler Kooperation liegen eine Reihe von Überlegungen und Erkenntnissen vor (u.a. HOLLBACH-GRÖMIG, FLOETING et al 2005; WALKER SPÄH 2003, SPANNOWSKY, BORCHERT 2003; WINKEL 1998).

Um diese einordnen zu können, ist es zunächst hilfreich, den Kooperationsbegriff zu differenzieren. BENZ spricht in diesem Zusammenhang von Kooperation als mehrstufigem Prozess (Benz 1994: 75): »Die erste Stufe beinhaltet die *Kooperationsbereitschaft* (sog. „Meta-Präferenz"): Akteure müssen überhaupt erst bereit sein, in einen Kooperationsprozess einzutreten. Die zweite Stufe umfasst den Verlauf des *Kooperationsprozesses*. Dieser ist dann erfolgreich, wenn sich alle Teilnehmer auf ein gemeinsames Ergebnis einigen können. Die dritte Stufe beinhaltet dann die *Umsetzung des Kooperationsergebnisses*«. Die folgenden Ausführungen konzentrieren sich vor allem auf die ersten beiden Stufen.

In Anlehnung an SPANNOWSKY und BORCHERT verbindet sich das Zustandekommen einer interkommunalen Kooperation im Kern mit der Frage, »wo der konkrete Nutzen oder Vorteil der Zusammenarbeit gegenüber einem einzelgemeindlichen Vorgehen liegt« (SPANNOWSKY, BORCHERT 2003: 162).

Hierfür gibt es zwei unterschiedliche Maßstäbe (vgl. SPANNOWSKY, BORCHERT 2003: 162f):

- Der eine Maßstab orientiert sich am Gesamtinteresse der beteiligten Kommunen, z.B. bei der Beförderung eines gemeinsamen Wirtschafts- und Siedlungsraumes.

- Der andere Maßstab orientiert sich am Eigeninteresse der einzelnen Kommune und den für sie erreichbaren Nutzen; z.B. bei der konkreten Ansiedlungserwartung von Gewerbebetrieben oder Wohnbevölkerung im jeweiligen Gemeindegebiet mit einer verbesserten Einnahmesituation.

Demnach kommt nach dem ersten Bewertungsmaßstab eine Kooperation zustande, »wenn der bei einem gemeinsamen Handeln erreichbare Gesamtnutzen den bei getrenntem Handeln der Kommunen erreichbaren Nutzen übersteigt« (SPANNOWSKY, BORCHERT 2003: 162). Dies erfordert einen Orientierungswechsel von der einzelgemeindlichen Sichtweise zur Wahrnehmung eines solidarischen Gesamtinteresses. Als Voraussetzung erweisen sich hierfür u.a. ein gutes Vertrauensverhältnis zwischen den Gemeinden oder eine vergleichbare Ausgangssituation für ein besseres gegenseitiges Verständnis als förderlich.

* Wie kann eine Bereitschaft erzeugt werden?

183

Nach dem zweiten Bewertungsmaßstab kommt es auf den Nutzen für jede einzelne Kommune an. Eine Kooperation kann prinzipiell nur dann auf den Weg gebracht werden, wenn für jede beteiligte Kommune ein gemeinsames Handeln vorteilhafter ist als ein Alleingang. Es gehört inzwischen zu den Binsenweisheiten, dass eine Kooperation eher zustande kommt, wenn die beteiligten Kommunen ein Eigeninteresse und damit letztlich auch einen Eigennutzen im Sinne der vielbeschworenen Win-win-Situation haben. Nach den bisherigen Erfahrungen sind jedoch in der Praxis Interessenskonstellationen selten, unter denen alle Partner für sich Kooperationsgewinne erzielen können. »Würde die Bewertung des Kooperationsgewinns vorrangig auf das Eigeninteresse jeder Kommune fokussiert, folgt daraus zwangsläufig, dass weniger Kooperation stattfindet« (SPANNOWSKY, BORCHERT 2003, S. 163).

Von daher stellt sich an interkommunale Aufstellungsprozesse die Anforderung, mit den beiden Bewertungsmaßstäben des gemeinsamen Gesamtinteresses und des jeweiligen Einzelinteresses offen umzugehen und den jeweiligen Nutzen unter Berücksichtigung des Aufwands und Risikos soweit als möglich transparent herauszuarbeiten. Wie die Erfahrungen mit interkommunalen Gewerbegebieten zeigen, liegt die Schwierigkeit u.a. darin, dass sich Steuereinnahmen nur sehr bedingt abschätzen lassen. Interessant erscheinen insbesondere jene Steuerungsansätze, mit denen es gelingt, die fiskalischen Einzelinteressen der einzelnen Kommunen auf ein gemeinsames Kollektivinteresse zu überführen.

Interkommunale Kooperation und gemeinsam getragene Vorhaben sollten grundsätzlich nur für Aufgabenfelder zur Anwendung kommen, die damit eindeutig vorteilhaft – ob für das Gesamtinteresse oder das Einzelinteresse der einzelnen Kommunen – wahrgenommen werden. Dafür ist in der Anbahnungsphase ein ergebnisoffener Prozess ohne Vorfestlegungen eine wichtige Voraussetzung. Wenn innerhalb eines offenen Abwägungsprozesses ein gemeinsam tragfähiges Ergebnis zustande kommt, ist eine gute Basis für eine notwendige dauerhafte Mitwirkung sämtlicher Beteiligten gelegt. Sämtliche Aufgaben, die genauso gut oder ohne wesentliche Vorteile von Gebietskörperschaften eigenständig bewältigt werden können, sollten auch weiterhin eigenständig wahrgenommen werden (vgl. WINKEL 1998: 26). Dahingehend sollten Kompromissversuche, die ein unklares Rollenspiel zwischen einzelgemeindlicher und interkommunaler Ebene nach sich ziehen, vermieden werden.

In Verbindung mit einem ergebnisoffenen Prozess gilt, wie bereits dargelegt *(siehe Kap. 1.2)*, für jede Art von interkommunaler Kooperation, der Grundsatz einer rein freiwilligen Beteiligung. Allerdings ist Freiwilligkeit keineswegs mit Unverbindlichkeit gleichzusetzen, stattdessen ist eine Partnerschaft auf freiwilliger Basis auf Verbindlichkeit unbedingt angewiesen. Versuche einer Kooperationsstrategie, „die Türen nach allen Seiten offen zu lassen", sind über kurz oder lang zur mangelnden Effizienz oder zum Scheitern verurteilt. Von daher ist es einerseits wichtig, zu Beginn verbindliche Grundlagen hinsichtlich Rechts-/Organisationsform, Verträgen, Regelungen etc. für die Kooperation zu legen sowie diese in der Vorhabendurchführung gemäß der getroffenen Absprachen bzw. Vereinbarungen konsequent einzuhalten. An derartigen Kooperationen sollten nur die Gebietskörperschaften beteiligt werden, die vom Vorhaben überzeugt und zur Umsetzung der jeweiligen Aufgabenfelder tatsächlich erforderlich sind (vgl. WINKEL 1998: 27).

Aus Sicht von WINKEL bedarf es statt umfassender, mulitsektoraler Kooperationsvorhaben vielmehr eines Weges bedarfsorientierter und überschaubarer Vorhaben und Schritte. Die mit der Kooperation angestrebten Vorteile müssen für jeden Beteiligten klar und deutlich erkennbar sein. Es muss, *wie im vorangegangenen Kap.* dargelegt, eine angemessene, ausgeglichene Verteilung des Aufwands, Nutzens und Risikos zwischen den Beteiligten bestehen, wobei hier mit ausgeglichen nicht „gleich" gemeint ist. Vielmehr sollte angemessen die jeweilige Größe, Leistungskraft und Problemlage der beteiligten Gebietskörperschaften mitberücksichtigt werden (vgl. WINKEL 1998: 26f).

Beim Thema Freiwilligkeit der Zusammenarbeit spielen auch die finanziellen Anreize des Staates bzw. staatlicher Förderprogramme eine besondere Rolle (vgl. DIRNBERGER 2003: 233). Die goldenen Zügel des Staates manövrieren jedoch häufig auf einem schmalen Grat, nicht nur kurzzeitige, vorrangig auf Fördermittelakquirierung ausgerichtete „Eintagsfliegen" zu befördern, sondern einen Spielraum für zweckmäßig gestaltbare und dauerhaft ausgerichtete Kooperationen zu ermöglichen. Wie bereits mehrfach dargelegt, ist u.a. eine differenziertere Trennung zwischen regionaler und interkommunaler Ebene und dem Bezug zu kommunalen Aufgabenstellungen eine unbedingte Voraussetzung. Als Beispiel ist hierzu die Ausgestaltung der Integrierten Ländlichen Entwicklung (ILE) in Bayern über die Verwaltung für Ländliche Entwicklung zu nennen. Kernpunkt des „bayerischen ILE-Weges" ist die konsequente und flexible Ausrichtung auf die Gemeinden und kommunale Aufgabenstellungen. Um sich gegenüber der regionalen Ebene abzugrenzen, wird in den Leitlinien zur ILE eine Maximalgröße von 10 Gemeinden als Rahmen gesetzt. Um den vielseitigen Anforderungen in der Praxis Rechnung zu tragen, ist die ILE in Bayern flexibel sowohl auf die Bearbeitung und Lösung zweckorientierter als auch komplexerer Problemstellungen ausgerichtet (vgl. RAAB 2006: 92; STMLF 2005). Das bedeutet, dass die Gemeinden von Anfang an flexibel für sich selbst festlegen können, welchen Weg sie bestreiten wollen *(siehe Kap. 4.2.3)*.

Es liegt auf der Hand, dass neben einer Nutzenorientierung der Aspekt des Vertrauens beim Zustandekommen und bei der Fortführung von Kooperationen eine wichtige Rolle spielt. »Wenn Kooperationen scheitern, dann meist an einer ausgeprägten Misstrauenskultur« (Fürst 1997, 129). Es stellt sich die Frage, wie Vertrauen letztlich zustande kommt bzw. befördert werden kann und welche Prozesse und Zeiträume dafür erforderlich sind. Ausgehend von einem zweckorientierten und funktionsräumlichen Ansatz bleiben dafür erfahrungsgemäß keine allzu großen Spielräume. Von daher sind jene Kooperationen begünstigt, bei denen die Partner bereits über Erfahrungen in der Zusammenarbeit verfügen oder es bestenfalls bereits eine gemeinsame Organisationsplattform (z.B. im Rahmen einer Verwaltungsgemeinschaft) gibt.

Vertrauen ist ein wesentlicher Faktor für den mit der Kooperation verbundenen (Mehr-)Aufwand gegenüber einzelgemeindlichen Lösungen. Durch eine vertrauensvolle Zusammenarbeit sinken die Transaktionskosten *(siehe Kap. 4.1.3)*.

Eine Forschergruppe des Difu um HOLLBACH-GRÖMIG (2005) hat in ihrer Studie zur „Interkommunalen Kooperation in der Wirtschafts- und Infrastrukturpolitik" vier unterschiedliche Fallstudien in ost- und westdeutschen Regionen untersucht. Dabei ging es um die Beschreibung der Voraussetzungen und Erfolgsfaktoren derartiger Kooperationsformen in den Handlungsfeldern Daseinsvorsorge, kommunales Wirtschaften und Regionalmarketing *(siehe Kap. 2.1)*.

Zur Etablierung von Kooperationsansätzen war das Vorhandensein von Promotoren und Persönlichkeiten, die sich aktiv und vehement für die Kooperationen einsetzten, eine zentrale Voraussetzung. Als weitere wichtige Erfolgsfaktoren wurden u.a. eine tragfähige Regelung zur Kosten-Nutzen-Verteilung, klare Regeln und Verbindlichkeiten, ein flexibles Projektmanagement sowie begünstigende externe Fördermittel und Programme festgestellt (vgl. HOLLBACH-GRÖMIG, FLOETING et al. 2005: 103ff).

Eine bestätigende Erkenntnis zur Kosten-Nutzen-Verteilung und den damit zusammenhängenden Transaktionskosten ist, dass Kosteneinsparungen wesentlich davon abhängen, inwieweit die Bereitschaft zu Zugeständnissen bei den Kooperationspartnern vorhanden ist. In besonderer Weise wurde deutlich, dass unter Berücksichtigung der demokratischen Legitimation verbindlichere und institutionell angelegte Kooperationsstrategien in Abgrenzung zu offeneren, territorialen Ansätzen erforderlich sind (vgl. HOLLBACH-GRÖMIG, FLOETING et al. 2005: 117). Entsprechend der fachlichen Schwerpunktsetzung der Untersuchung wa-

186

ren die untersuchten Fallstudien zweckorientiert auf den Aufbau von interkommunalen Strukturen hinsichtlich eindeutiger Kooperationsgegenstände ausgerichtet; dagegen spielte die abstraktere Entwicklung eines Regionalmarketings und einer Regionalidentität eine untergeordnete Rolle (vgl. HOLLBACH-GRÖMIG, FLOETING et al. 2005: 103f). Ebenso ist die Gewährleistung von Verbindlichkeit ohne eine klare Kompetenzzuweisung bei einem gleichzeitigem Verlust umfassender Autonomieansprüche von Seiten der einzelnen Gemeinde kaum möglich (vgl. HOLLBACH-GRÖMIG, FLOETING et al. 2005: 116f).

Das Zustandekommen einer interkommunalen Kooperation hängt schließlich auch von der Kooperationsgröße hinsichtlich der Anzahl der beteiligten Gemeinden in Korrelation zu ihren jeweiligen Interessen ab. Je mehr Gemeinden sich beteiligen bzw. beteiligen wollen, desto größer ist prinzipiell das Spektrum der Interessen. Dies könnte nicht nur den Aushandlungsprozess in der Anfangsphase erschweren, sondern stellt auch an die Durchführung eine erhöhte Anforderung. Vor allem unter Transaktionskostenaspekten erscheint deshalb die Beschränkung der Zusammenarbeit auf für den Zweck zugeschnittene, wenige, funktional interessierte Gemeinden sinnvoll (vgl. (vgl. MAINZ 2005: 203).

Insgesamt ist eine Kooperationsstrategie nicht beliebig einsetzbar. »Wegen der hohen Voraussetzungen an ihre Entstehung und ihre anspruchsvollen Erfolgsbedingungen ist sie nicht grundsätzlich anderen Formen vorzuziehen« (KESTERMANN 1997: 63, zit. in DILLER 2002, S. 41). Nach Ansicht von THIERSTEIN ist Kooperation »kein Erfolgsgarant, sondern bedeutet bewusste Allokation von Risiken auf jeden beteiligten Partner. Kooperation heißt die Bündelung von knappen Ressourcen auf der geeigneten räumlichen Maßstabsebene« (THIERSTEIN 2006: 7).

Aufgrund der genannten Anforderungen muss deshalb immer im Einzelfall und unter Berücksichtigung des konkreten Zwecks erwogen werden, ob eine Zusammenarbeit sinnvoll und wünschenswert ist.

Zusammenfassend bieten in Anlehnung an WALKER SPÄH für das Zustandekommen interkommunaler Kooperation u.a. folgende Grundvoraussetzungen eine Orientierung (vgl. WALKER SPÄH 2003: 96):

- Es sind die Vor- und Nachteile der gemeinsamen gegenüber einer einzelgemeindlichen Aufgabenwahrnehmung (Effizienz) abzuwägen.

- Es sind das gemeinsame Potenzial und vorhandene Ressourcen zur besseren Aufgabenerfüllung (Effektivität) zu beurteilen.

- Es ist hinsichtlich des zu erwartenden Nutzens zwischen dem Gesamtinteresse der Kooperation sowie dem Einzelinteresse der beteiligten Gemeinden abzuwägen.

- Es sollte eine angemessene und faire Kosten-Nutzen-Risiko-Verteilung vorgenommen werden.

- Die rechtlichen Voraussetzungen zur Übertragbarkeit der Aufgaben sind zu schaffen; dabei sollte auf eine ausreichende Verbindlichkeit geachtet werden.

- Es sind operative Regelungen und die Bereitstellung von Ressourcen erforderlich, welche die kooperative Erfüllung der Aufgaben entsprechend dem Zweck tatsächlich gewährleisten.

- Es sollte eine möglichst hohe Interessenübereinstimmung zwischen den beteiligten Gemeinden vorhanden sein.

- Es sollte ein Vertrauensverhältnis zwischen den Gemeinden bzw. deren Vertretern (Bürgermeister) gegeben sein.

- Der Rechtsschutz sowie die demokratische Kontrolle und die Mitwirkung sollten berücksichtigt werden.

- Die Anzahl und Struktur der beteiligten Kommunen sollte räumlich-funktional auf den jeweiligen Zweck zugeschnitten bzw. begrenzt sein.

4.2 Einordnung, Instrumente und Möglichkeiten von interkommunaler Kooperation zur Steuerung räumlicher Entwicklungsfunktionen

4.2.1 Erklärungsansätze zur Bedeutungszunahme der interkommunalen Kooperation zur Steuerung räumlicher Entwicklungsfunktionen

Wie die Erkenntnisse aus *Kap. 3.2 und 3.3* zeigen besteht im Bereich der räumlichen bzw. städtebaulichen Planung ein zunehmender interkommunaler Koordinierungsbedarf. Dazu werden einleitend die wesentlichen Zusammenhänge und in besonderer Weise die Rolle eines „interkommunalen Flächenmanagements" dargestellt. Darauf aufbauend erfolgt eine Vertiefung in ausgewählten Handlungsfeldern zur räumlichen bzw. städtebaulichen Entwicklung.

Bedeutungszunahme interkommunaler Kooperation zur qualitativen Steuerung räumlicher Entwicklungsfunktionen

Wichtigster Ausgangspunkt der Erkenntnisse aus der Betrachtung der bisherigen Vorgehensweisen, Rahmenbedingungen und Trends der Steuerung der räumlichen Entwicklung auf kommunaler Ebene ist, dass die zukünftigen Herausforderungen einen Wandel von der klassischen Angebotsplanung zu einem nachfrageorientierten Planungs- und Steuerungsprozess erfordern. Dabei richtet sich bislang die räumliche bzw. städtebauliche Entwicklung auf kommunaler Ebene vorrangig auf Quantitätsaspekte aus - Qualitäts- und Effizienzüberlegungen spielen bislang nur eine untergeordnete Rolle. Bis heute sind immer noch viele Kommunen unabhängig von ihrer Größe und ihren jeweiligen Standorteigenschaften bemüht, in relevantem Umfang geeignetes Wohn- oder Gewerbebauland vorzuhalten, um kurzfristig auf eine entsprechende Nachfrage reagieren zu können. Neben umfassenden Aufwendungen für Planung, Grunderwerb und Erschließung führt dies vielfach zu einer für die Gemeinden weniger effizienten Angebotsbereitstellung. Während im Bereich der Gewerbeflächenentwicklung in vielen Regionen seit längerem ein Überangebot vorherrscht, zeichnet sich diese Entwicklung, bedingt durch Stagnations- und Schrumpfungsprozesse, auch immer mehr bei der Wohnsiedlungsentwicklung ab. Aus Sicht der Nachfrage sind sowohl in der Gewerbeentwicklung von Seiten der Unternehmen als auch zunehmend von privaten Haushalten hinsichtlich der Wohnsiedlungsentwicklung vielfältige Interessen und Anforderungen vorzufinden, was sich in regional orientierten Immobilienmärkten widerspiegelt (vgl. RUTHER-MEHLIS, WEBER 2010: 1).

Die Anforderungen einer nachfrageorientierten Weiterentwicklung implizieren das Element der verantwortungsbewussten und zukunftsorientierten Qualitätssicherung. Der Wandel des Steuerungsverständnisses führt zwangsläufig auch innerhalb der kommunalen Planungsebene zu Verschiebungen und Verlagerungen, um eine bessere Koordination der Siedlungs-, Gewerbe-, Infrastruktur- und Freiraumentwicklung herbeizuführen. Mit einer nachfrageorientierten Planung und Steuerung verbindet sich das Ziel einer qualitativen Verbesserung der räumlichen Planung u.a. durch eine stärkere Berücksichtigung und Abschätzung der Nachfragesituation (vgl. SPANNOWSKY, BORCHERT 2003: 199f).

Zunehmendes Steuerungserfordernis mittels Flächenmanagementstrategien

Die räumliche bzw. städtebauliche Entwicklung auf kommunaler Ebene befindet sich in dem Spannungsfeld, dass sie ausgehend von der kommunalen Planungshoheit einerseits rechtlich-nominell mit einer hohen Steuerungskompetenz ausgestattet ist, dass andererseits deren räumliche Beschränktheit auf die einzelne Kommune unter veränderten Rahmenbedingungen wie Stagnations- und Schrumpfungsprozessen zunehmend zu Steuerungs- und Handlungsverlusten führt. Dies betrifft insbesondere den Versuch, Angebot und Nachfrage stärker aufeinander abzustimmen. So erscheint die Strategie, die Nachfrage entgegen vorherrschender Marktpräferenzen auf Potenziale im Bestand zu lenken, wenig aussichtsreich, wenn ohne weiteres auf Neubaugrundstücke der Nachbargemeinden ausgewichen werden kann (vgl. BUNZEL et al. 2006: 9; SIEDENTOP 97f). Von daher stellt sich die Frage, inwieweit die Steuerungs- und Wirkungsmöglichkeiten eines kommunalen Flächenmanagements angesichts eines regional orientierten Bauland- und Immobilienmarktes von Haus aus eng begrenzt sind. Konkurrierendes Verhalten zwischen den Gemeinden erschwert den Einstieg in ein kommunales Flächenmanagement. Aufgrund der räumlichen Grenzen durch die vorherrschende Anwendung rechtlich steuernder Instrumente ist ein Flächenmanagement in besonderer Weise auf die Kooperation zwischen Gemeinden angewiesen. Der räumlichen Beschränktheit der Planungskompetenz steht auf der anderen Seite die verfassungsrechtliche Bedeutung der kommunalen Planungshoheit in Abgrenzung zu höheren Ebenen gegenüber. Daraus folgt für eine nachfrageorientierte Ausrichtung der räumlichen bzw. städtebaulichen Entwicklung ein Bedürfnis nach horizontaler Kooperation zwischen den Gemeinden als Träger der kommunalen Planungshoheit (vgl. BUNZEL et al. 2006: 9).

Der Begriff „Flächenmanagement" hat sich in Bezug auf die kommunale Ebene aus der Diskussion um eine Reduzierung der Flächeninanspruchnahme entwickelt. War das Ziel einer „effizienteren Flächeninanspruchnahme" zunächst stärker mit ökologischen Aspekten (u.a. Freiraumsicherung sowie Freihaltung von ökologischen Lebensräumen von Bebauung) verbunden, so wird dieses in letzter Zeit durch ökonomische, funktionale und städtebauliche Gesichtspunkte ergänzt. Dahingehend entwickelt sich ein Flächenmanagement auf interkommunaler Ebene zu einem Steuerungsansatz, der in integrativer Weise auf eine effiziente und qualitative Nutzung von räumlichen Entwicklungsreserven ausgerichtet ist (vgl. RUTHER-MEHLIS, WEBER 2010: 1).

Demnach stehen bei einem interkommunalen Flächenmanagement annäherungsweise zwei Aspekte im Vordergrund: Zum einen soll die Beschränktheit an Steuerungsfähigkeit der vorhandenen Planungsinstrumente durch die räumliche Ausdehnung der Aufgaben kompensiert werden und zum anderen sollen unter Berücksichtigung aller relevanter Rahmenbedingungen in stärkerem Maße nachfrageorientierte Potenziale mobilisiert werden. Dazu erscheint für den Aufbau eines interkommunalen Flächenmanagements zunächst eine Weiterentwicklung auf drei Steuerungsebenen überlegenswert:

- Eine realistische Abschätzung von Angebots- und Nachfragepotenzialen unter besonderer Berücksichtigung der Bestandsentwicklung.

- Die nachfrageorientierte Weiterentwicklung und Ergänzung des bestehenden formellen und informellen Planungs- und Steuerungsinstrumentariums.

- Eie Entwicklung tragfähiger Aufwands-Nutzen-Risiko-Verteilungsmechanismen sowie geeigneter Rechts- und Organisationsstrukturen.

Fachlicher Kern eines interkommunalen Flächenmanagements ist eine nachhaltigere Flächenvorsorge, um flexibler auf entsprechende Nachfrage reagieren zu können. Dabei können folgende Phasen eines interkommunalen Flächenmanagements unterschieden werden (vgl. SPANNOWSKY, BORCHERT 2003: 198):

- Die Schaffung der organisatorischen und rechtlichen Voraussetzungen.

- Die Ermittlung und Abschätzung von vorhandenen Angebots- und Nachfragepotenzialen.

- Die Klärung von nachfrageorientierten Angebots- und Entwicklungsschwerpunkten.

- Die gezielte Mobilisierung, Entwicklung und ggf. Zurücknahme von Angebotspotenzialen entsprechend den Schwerpunktsetzungen.

- Die Verwaltung und Vermarktung der Angebotspotenziale mit Ansprache der Nachfragegruppen.

Für alle Phasen sollten entsprechende Steuerungsinstrumente und -strategien zur Verfügung stehen. Eine tiefergehende Betrachtung bietet sich methodisch in folgenden Schritten an (vgl. SPANNOWSKY, BORCHERT 2003: 199):

- Die Auseinandersetzung mit den grundsätzlich zur Verfügung stehenden Steuerungsmitteln sowie deren rechtlichen und fachlichen Rahmenbedingungen, Funktionsweisen etc.; hierbei spielt der Bezug zum Anwendungsstand in der kommunalen Praxis eine wichtige Rolle.

- Die Einschätzung der Steuerungsmöglichkeiten hinsichtlich der Frage, inwieweit die zur Verfügung stehenden Steuerungsmittel für eine nachfrageorientierte Einflussnahme auf interkommunaler Ebene genutzt werden können.

Nachfolgend wird unter Berücksichtigung der bisherigen Erkenntnisse den Handlungsfeldern und Steuerungsinstrumentarien sowohl den verfügbaren bzw. in der Praxis verwendeten Steuerungsmitteln als auch den nutzbaren, nachfrageorientierten Steuerungsmöglichkeiten auf interkommunaler Ebene nachgegangen.

4.2.2 Grundlagen, Instrumente und Steuerungsmöglichkeiten im Bereich der Bauleitplanung (verpflichtendes Grundinstrumentarium)

Das Handlungsfeld der Bauleitplanung kann mit den Bausteinen der Flächennutzungsplanung und des Bebauungsplans analog zur Anwendung auf einzelgemeindlicher Ebene *(siehe Kap. 3.2.2)* prinzipiell als „rechtlich verpflichtendes" Grundinstrumentarium angesehen werden, sofern sich Kommunen für eine Durchführung in interkommunaler Kooperation entscheiden.

Die Anwendungsmöglichkeiten interkommunaler Kooperation erstrecken sich grundsätzlich auf die beiden relevanten Ebenen der Bauleitplanung sowie ggf. der ergänzenden Rahmenplanung als freiwilliges Instrumentarium. Diese lassen sich hinsichtlich des rechtlichen Rahmens sowie der Ziele und Wirkungen prinzipiell folgenden Kooperationsfällen zuordnen:

- Eine interkommunal nach einheitlichen Zielen und auf eine abgestimmte Nutzung ausgerichtete Flächennutzungsplanung für das Gesamtgebiet oder Teilbereiche der beteiligten Gemeinden;

- Eine – analog zur einzelgemeindlichen Ebene – interkommunal vorhaben- und projektorientierte Anwendung der Bebauungsplanung; dieser kann bedarfsorientiert eine informelle Rahmenplanung vorgeschaltet werden, um im Vorfeld gemeinsame Entwicklungspotenziale und Zielstellungen auszuloten.

- Die ausgehend von der Flächeninanspruchnahme im Rahmen von Bebauungsplänen vorzunehmende, interkommunal abgestimmte Durchführung der naturschutzfachlichen Eingriffs-Ausgleichsregelung.

a) Flächennutzungsplanung

Grundlagen und relevante Steuerungsmittel

Die Aufgabe der Flächennutzungsplanung kann auf Grundlage des BauGB von den Kommunen gemeinsam und variabel auf den jeweiligen Bedarf hin wahrgenommen werden.

Zur Übersicht sind im Zuge der Flächennutzungsplanung folgende Stufen der Abstimmung und Zusammenarbeit innerhalb eines zunehmenden Kooperations- und Verbindlichkeitsgrades möglich:

- Die interkommunale bzw. nachbarschaftliche Abstimmungspflicht nach § 2 Abs. 2 BauGB hinsichtlich einer Rücksichtnahme und Vermeidung unzumutbarer Auswirkungen.

- Die Koppelung rechtlich selbständiger, einzelgemeindlicher Flächennutzungspläne innerhalb eines sog. „additiven Flächennutzungsplans".

- Die Aufstellung eines „gemeinsamen Flächennutzungsplans" nach den §§ 203, 204 und 205 BauGB, entweder mit Einbeziehung aller Darstellungen oder der Begrenzung auf bestimmte sachliche oder räumliche Teilbereiche (Voll- oder Teilbindung).

- Die Aufstellung eines „gemeinsam zusammengefassten Flächennutzungsplans" innerhalb eines gemeinsamen Planungsverbandes gemäß § 205 Abs. 1 BauGB.

Für benachbarte Gemeinden besteht nach § 2 Abs. 2 BauGB eine interkommunale Abstimmungspflicht bezüglich der Bauleitplanung und eine Anpassungspflicht hinsichtlich der Ziele der Raumordnung (vgl. SPANNOWSKY, BORCHERT 2003: 168; BUNZEL et al 2002: 32f). Der § 2 Abs. 2 BauGB begründet damit einen Anspruch auf Abstimmung, der im Kern die Rücksichtnahme und Vermeidung unzumutbarer Auswirkungen auf die Nachbargemeinde vorsieht. Die benachbarten Gemeinden sind dahingehend als Träger öffentlicher Belange nach § 4 BauGB zu beteiligen, sofern deren Planungshoheit von der Bauleitplanung berührt wird. Die Abstimmungspflicht kann als die schwächste Form des interkommunalen Nachbarschaftverhältnisses angesehen werden (vgl. BUNZEL et al 2002: 32). Eine Koordination der Siedlungsflächenentwicklung, wie sie auf Grundlage der Erkenntnisse zu einer nachfrageorientierten Entwicklung *(siehe Kap. 3.2.4)* erforderlich wäre, setzt aber nicht nur die Rücksichtnahme voraus, sondern auch eine weitergehende gemeinsame Steuerung von Art und Umfang eines nachfrageorientierten Angebots, der räumlichen Schwerpunktsetzung und der zeitlichen Inanspruchnahme (vgl. BUNZEL et al. 2006: 9).

Über die bloße Rücksichtnahme hinausgehend, ist die Anwendung des sog. „additiven Flächennutzungsplans" möglich. Dieser gilt nicht als gemeinsamer Flächennutzungsplan im Sinne des § 204 Abs. 1 BauGB und stellt auch kein eigenständiges Planungsinstrument dar. Ein additiver Flächennutzungsplan wird von BUNZEL et al. wie folgt definiert:»eine Summe rechtlich selbstständiger, einzelgemeindlicher Flächennutzungspläne, die regelmäßig auf der Grundlage eines weitestgehend abgestimmten Planentwurfs, also einer gemeinsamen Flächennutzungsplanung, in selbstständigen Planaufstellungsverfahren zustande kommen« (BUNZEL et al. 2002: 72f). Von Seiten der operativen Durchführungspraxis können die Bestandsaufnahme, die Erstellung von Entwicklungszielen sowie ein Planungsentwurf gemeinsam durchgeführt werden. Aus rechtlicher Sicht wird in jeder beteiligten Gemeinde ein einzelgemeindlicher Flächennutzungsplan aufgestellt. Das bedeutet, dass die erforderlichen Beschlüsse eigenständig gefasst und die Verfahrensschritte rechtlich getrennt sind. Am Ende stehen mehrere selbständige Flächen-nutzungspläne nebeneinander, die keine formellen Bindungswirkungen unter den Gemeinden haben. Somit stellt der additive Flächennutzungsplan eine operativ intensivierte Form der Abstimmungspflicht nach § 2 Abs. 2 BauGB dar (vgl. BUNZEL et al. 2002: 73f).

Der hinsichtlich des Kooperations- und Verbindlichkeitsgrades deutlich weiter gehende „gemeinsame Flächennutzungsplan" soll nach § 204 Abs. 1 Satz 1 BauGB aufgestellt werden,»wenn ihre städtebauliche Entwicklung wesentlich durch gemeinsame Voraussetzungen und Bedürfnisse bestimmt wird oder ein gemeinsamer Flächennutzungsplan einen gerechten Ausgleich der verschiedenen Belange ermöglicht. [...] Der gemeinsame Flächennutzungsplan kann von den beteiligten Gemeinden nur gemeinsam aufgehoben, geändert oder ergänzt werden« (§ 204 Abs. 1 Satz 3 BauGB).

Dem Wort „gemeinsam" kommt insofern eine rechtliche Bedeutung zu, als die Beschlussfassung aller zum Gesamtplan erfolgen muss. Der gemeinsame Flächennutzungsplan entfaltet seine bindenden Wirkungen auf Grundlage des BauGB, wobei in Anlehnung an BUNZEL et al in gewisser Weise die Planungshoheit im Bereich der Flächennutzungsplanung von der einzelgemeindlichen Ebene auf die Gemeinschaft übergeht. Die Planungshoheit der einzelnen Gemeinden wird dadurch geschützt, dass für ein Zustandekommen des Gesamtplans sowie für Änderungen und Ergänzungen alle beteiligten Kommunalparlamente zustimmen müssen. Anders als beim einzelgemeindlichen Plan können sich jedoch die Partnergemeinden nicht mehr einseitig von den Feststellungsbeschlüssen lösen (vgl. Bunzel et. Al. 2002: 47).

Der gemeinsame Flächennutzungsplan kann mit einer Vollbildung aller Darstellungen beschlossen werden; alternativ können aber auch bestimmte sachliche oder räumliche Teilbereiche von der Bindungswirkung ausgenommen werden (§ 204 Abs. 1 Satz 3 BauGB). Sachliche Teilbereiche können Darstellungen zu Wohn- und gewerblichen Nutzungen oder zu Windenergiestandorten sein. Auch bei einer Beschränkung der Bindungswirkungen muss der „gemeinsame Flächennutzungsplan" immer das Gesamtgebiet aller beteiligten Gemeinden umfassen. Die Bindungswirkung tritt nach übereinstimmender Beschlussfassung aber nur für die bestimmten Teilbereiche ein. Für die ausgenommenen Teilbereiche gilt die eigenständige Beschlussfassung sowie Änderungs- und Ergänzungsmöglichkeit (vgl. Bunzel et al. 2002: 49). Anstelle eines gemeinsamen Flächennutzungsplans können die beteiligten Gemeinden eine Vereinbarung über Darstellungen in ihren einzelgemeindlichen Flächennutzungsplänen abschließen (§ 204 Abs. 1 Satz 4 BauGB).

Nach § 205 Abs. 1 BauGB können sich Gemeinden »zu einem Planungsverband zusammenschließen, um durch gemeinsame zusammengefasste Bauleitplanung den Ausgleich der verschiedenen Belange zu erreichen. Der Planungsverband tritt nach Maßgabe seiner Satzung für die Bauleitplanung und ihre Durchführung an die Stelle der Gemeinden«. Zweck einer „gemeinsam zusammengefassten Flächennutzungsplanung" ist, dass die beteiligten Gemeinden eine Gemeinschaftslösung erarbeiten und die städtebaulichen und funktionalen Belange zusammenfassend abwägen, so dass zum Wohle des Gesamtgebietes ein Ausgleich der verschiedenen Interessen und Belange ermöglicht wird (vgl. Bunzel et al. 2002: 141).

Der Planungsverband (siehe Kap. 4.1.2) kann nach § 205 BauGB prinzipiell alle gemeindliche Aufgaben nach dem BauGB übernehmen, wie die Bauleitplanung, Landschaftsplanung, Bodenordnung oder Ausgleichsflächenregelung. Im Bereich der Bauleitplanung betrifft dies sowohl die Aufstellung gemeinsam zusammengefasster Flächennutzungspläne als auch die Aufstellung von Bebauungsplänen (siehe nachfolgenden Abschnitt).

Weitere Aufgabenbereiche können ihm auf Grundlage der Gesetzgebung der Länder nach Mehrzweckverbandsrecht zugeteilt werden (vgl. Braunsteiner 2002: 83). Der Planungsverband wird in der Regel auf freiwilliger Basis von den

Beteiligten gemeinsam gegründet oder kann unter bestimmten Voraussetzungen den Betroffenen durch Entscheidung der Landesregierung auferlegt werden („Zwangsplanungsverband"). Die Aufgabe der gemeinsam zusammenfassenden Flächennutzungsplanung kann auch gem. § 203 BauGB nach Entscheidung der Landesregierung und nach Antrag eines der Planungsträger oder der für die Landesplanung zuständigen Stelle in individuellen Fällen auf eine andere Gebietskörperschaft übertragen werden (vgl. BUNZEL et al. 2002 35ff; MAGEL, KLAUS, KOETTER 2005: 80).

Mit der Novelle des ROG 1998 ist nach § 8 Abs. 4 ROG und unter Berücksichtigung der in § 9 Abs. 6. ROG geregelten Voraussetzungen die Zulassung eines „regionalen Flächennutzungsplanes" (RegFNP) aufgenommen worden, der zugleich die Funktion eines Regionalplans und eines Flächennutzungsplans übernimmt. Diese rahmenrechtliche Option ist bislang von wenigen Bundesländern wie Sachsen-Anhalt und Hessen aufgegriffen worden – u.a. in Bayern hat der Gesetzgeber bislang von dieser Möglichkeit abgesehen. Von Seiten einer Anwendung des regionalen Flächennutzungsplanes in der Praxis ist u.a. das Beispiel Planungsverband „Ballungsraum Frankfurt a.M." bekannt. Dahingehend ist der regionale Flächennutzungsplan besonders in verdichteten Räumen und bei sonstigen relevanten raumstrukturellen Verflechtungen vorgesehen. Eine (teil-)räumliche Begrenzung ist durch das Teilraumplanungsverbot der Raumplanung ausgeschlossen. Ebenso müssen die Voraussetzungen denen eines gemeinsamen Flächennutzungsplans nach § 204 BauGB entsprechen (vgl. BUNZEL et al. 2002: 77f). Damit ergeben sich Bedingungen und zugleich Grenzen für die Durchführung in der Praxis, um die Beteiligung der Gemeinden unter Berücksichtigung der kommunalen Planungshoheit auf Flächennutzungsplanebene adäquat zu gewährleisten.

Aufgrund der in der Untersuchung zugrunde gelegten Abgrenzung von interkommunaler Kooperation auf Basis der gemeindlichen Ebene gegenüber einer übergeordneten regionalen Ebene wird der regionale Flächennutzungsplan hinsichtlich seiner „regionalen" und großräumigeren Ausrichtung an dieser Stelle nicht weiter vertieft.

Steuerungsmöglichkeiten unter besonderer Berücksichtigung einer Nachfrageorientierung

Wie dargestellt, stehen den Gemeinden vielfältige Möglichkeiten zur gemeinsamen Flächennutzungsplanung von der nachbarschaftlichen Rücksichtnahme über einen zusammengefassten Flächennutzungsplan bis hin zu einem gemeinsamen Planungsverband zur Verfügung. Die Anwendung dieser Möglichkeiten ist deshalb auch innerhalb eines Entwicklungsmodells denkbar, wobei die additive Flächennutzungsplanung die Möglichkeit zu einem niederschwelligen Einstieg bietet. Die Variabilität der planerischen Steuerungsmittel wird ergänzt durch eine Auswahl geeigneter Organisations- und Rechtsformen von Vereinbarungen bis hin zu zweck- bzw. planungsverbandlichen Lösungen *(siehe Kap. 4.1.2)*.

Davon ausgehend, dass mittel- bis langfristig von einer weiter rückgängigen Baulandnachfrage ausgegangen werden kann sowie Innenentwicklungspotenziale in teilweise beträchtlichem Maße zunehmen werden, nimmt auch die Erfordernis zu einer übergemeindlich stärker abgestimmten Flächennutzungsplanung zu. Wo, wenn nicht im Rahmen der Flächennutzungsplanung als dem gemeindlichen Leitbild der zukünftigen Flächen- und Bodennutzung, kann/soll/muss die Basis für eine stärkere übergemeindliche Abstimmung der städtebaulichen Entwicklung stattfinden. Dies betrifft insbesondere den Ausschluss einander widersprechender oder gegenläufiger Ziel- und Zwecksetzungen (vgl. DIRNBERGER 2005a: 198). Hierbei ist ein übergemeindlicher Betrachtungszusammenhang eine wichtige Voraussetzung, um demographische Prozesse und Wanderungstendenzen sowie deren zu erwartende Folgen für die zukünftige Nachfrageentwicklung in stärkerem Maße der Flächennutzung zugrunde zu legen. Demzufolge könnte der Flächennutzungsplan eine qualitative Ergänzung und Aufwertung hinsichtlich einer „sozialplanerischen" Komponente auf interkommunaler Ebene erfahren.

Wichtige Schwerpunktbereiche für abgestimmte Flächennutzungsplanungen sind vor dem Hintergrund der demographischen Entwicklung der Zusammenhang zwischen der zukünftigen baulichen Entwicklung sowie die Aufrechterhaltung von Infrastruktur- und Daseinsvorsorgeeinrichtungen. So könnten zukünftige Flächenentwicklungen zielgerichteter an bestehenden Infrastruktur- und Daseinsvorsorgeeinrichtungen ausgerichtet werden, um deren Auslastung längerfristig zu sichern sowie städtebauliche und funktionale Beziehungen im Siedlungsgefüge zu optimieren (vgl. BUNZEL et al. 2002: 145).

Eine wesentliche Herausforderung ist die Frage, wie eine Koordinierungswirkung hinsichtlich gemeinsam abgestimmter und akzeptierter Schwerpunktsetzungen für die zukünftige bauliche Entwicklung zustande kommen kann. Ausgehend von der allgemein formulierten Anforderung eines angemessenen und fairen Interessenausgleichs, erscheint dieser auf Ebene der Flächennutzungsplanung ggf. schwierig; im Zuge des vorbereitenden Charakters handelt es sich weitgehend um Flächen, auf die die Kommunen noch keinen unmittelbaren Zugriff haben. Von daher erscheint für die Sinnhaftigkeit einer abgestimmten oder gemeinsamen Flächennutzungsplanung die Koppelung weitergehender Instrumente und Aktivitäten mit einem faktisch begründbaren Interessenausgleich erforderlich.

Darüber hinaus sind für abgestimmte Flächennutzungsplanungen interaktive Planungsprozesse in besonderer Weise von Bedeutung. Dies betrifft insbesondere die gemeinsame Festlegung von Standards und Kriterien, die den weiteren Bewertungen und Schwerpunktsetzungen zugrunde gelegt werden kann. Ziel ist eine effiziente und bedarfsorientierte Vorbereitung der Flächeninanspruchnahme, die die Rahmenbedingungen, wie z.b. demographische Prozesse, in geeigneter Weise berücksichtigt, eine zielgerichtete räumliche und funktionale Schwerpunktsetzung ermöglicht und letztlich zur Vermeidung von Überangeboten und ggf. Engpässen beiträgt.

b) Bebauungsplanung

Grundlagen und relevante Steuerungsmittel

Wie eingangs dargestellt, können Bebauungspläne entsprechend der Anwendungspraxis auf einzelgemeindlicher Ebene primär als Planungsinstrument zur Umsetzung gemeinsamer Vorhaben oder Projekte in kommunaler Trägerschaft[50] eingesetzt werden. Kooperationsgegenstand ist nicht der einzelne Bebauungsplan selbst, sondern dieser dient als ein Bestandteil zur Umsetzung interkommunaler Ziele und Vorhaben. Neben der Bereitstellung neuer Gewerbe-/Industrie- oder Wohnsiedlungsgebiete und Überplanung von Bestandsgebieten kann die Bebauungsplanung u.a. auch für die Schaffung der planungsrechtlichen Voraussetzungen für Sondernutzungen im Bereich Infrastruktur, Daseinsvorsorge, Erholung und Freizeit eingesetzt werden. Bislang wichtigster Anwendungsbereich ist in der Praxis die Entwicklung interkommunaler Gewerbegebiete (vgl. BUNZEL et al. 2002: 172f; MAGEL, KLAUS, KOETTER 2005: 78).

Dieses Interesse kann bezüglich der Lage des gemeinsamen Vorhabens in folgende Varianten unterschieden werden (vgl. BUNZEL et al. 2002: 41; MAGEL, KLAUS, KOETTER 2005: 84):

- Ein gemeinsames Vorhaben, das zur Realisierung an ein bestimmtes, in sich geschlossenes Gebiet in einer der beteiligten Gemeinden gekoppelt ist.

---

[50] Der an dieser Stelle verwendete Begriff des „Vorhabens" in (inter-)kommunaler Trägerschaft z.B. für die Realisierung von Gewerbe- oder Wohngebieten grenzt sich vom „vorhabenbezogenen Bebauungsplan" nach § 12 BauGB als Sonderform der Bebauungsplanung ab. Dieser findet Anwendung, wenn ein präzise umrissenes Projekt von einem Vorhabenträger (Investor) realisiert werden soll.

Die Kooperation zielt wie am Beispiel eines interkommunalen Gewerbegebietes *(siehe Kap. 4.2.3)* auf einen gemeinsamen Zweck ab und beinhaltet neben der gemeinsamen Planung auch die entscheidende Frage, wie Kosten und Einnahmen aufgeteilt werden. Die Flächen und planungsrechtlichen Voraussetzungen sind ein wichtiger Bestandteil, jedoch nicht das Hauptmotiv der Zusammenarbeit.

- Das Planungsgebiet liegt auf unterschiedlichen Gemeindegebieten.

Die Schaffung der planungsrechtlichen Voraussetzungen kann entweder durch einen Planungs- oder Zweckverband, dem die Kompetenz zur gemeinsamen Aufstellung des Bebauungsplans von den beteiligten Gemeinden übertragen wurde, erfolgen. Alternativ können die Gemeinden für die einzelnen, auf ihrem jeweiligen Gemeindegebiet liegende Teile des Plangebiets rechtlich selbständige, aber in Abstimmung mit dem Kooperationspartner entwickelte, Bebauungspläne aufstellen. In diesem Fall des sog. „additiven Bebauungsplans" ist die Übertragung auf einen Planungs- oder Zweckverband nicht notwendig.

Die Koppelung von aneinander angrenzenden Bebauungsplänen zu einem additiven Bebauungsplan setzt ein zugrunde gelegtes, einheitliches Planungskonzept voraus, um sicherzustellen, dass in der Abwägung auch die Anbindung und weitere Entwicklung der angrenzenden Gebiete berücksichtigt werden. Planerische Grundlage kann ein gemeinsamer Flächen-nutzungsplan entsprechend § 8 Abs. 2 BauGB sein. Ausreichend ist nach § 204 Abs. 1 BauGB eine Vereinbarung über die Zweckbindung der maßgeblichen Flächen des gemeinsamen Vorhabens. Alternativ können sich die beteiligten Gemeinden im Rahmen eines „städtebaulichen Rahmenplanes" *(siehe nachfolgenden Abschnitt)* auf eine gemeinsame Zielsetzung und Konzeption verständigen und entsprechend vertraglich einigen (vgl. BUNZEL et al. 2002: 41f).

Im Falle der gemeindeübergreifenden Planung eines in sich geschlossenen Gebietes kann ein rechtlich einheitlicher Bebauungsplan nur durch eine öffentlich-rechtliche Kooperationsform wie den Planungsverband (§ 205 Abs. 1 BauGB) oder Zweckverband (Art. 17 ff KommZG Bayern) aufgestellt werden. Im Gegensatz zur Flächennutzungsplanung besteht bei der Aufstellung eines Bebauungsplanes keine Möglichkeit, einen „gemeinsamen" Plan durch übereinstimmende Beschlussfassungen der beteiligten Gemeinden aufzustellen (vgl. BUNZEL et al 2002: 40). Nach Maßgabe der Satzung *(siehe Kap. 4.1.2)* kann der Planungsverband die Zuständigkeit für folgende Aufgaben im Rahmen der Bebauungsplanung übernehmen (vgl. BUNZEL et al. 2002: 35):

- der Planungsverband ist für sämtliche Bebauungspläne im Verbandsgebiet zuständig;

- der Planungsverband ist für die Bebauungspläne in einem konkreten Teilbereich des Verbandsgebietes zuständig (z.b. für ein gemeinsames Gewerbegebiet);

- der Planungsverband ist für alle Bebauungspläne, die einen bestimmten Zweck verfolgen (z.b. Gewerbegebietsentwicklung, naturschutzfachliche Eingriffs-Ausgleichsregelung), zuständig.

Für die gemeinsame Aufstellung von vorhabenbezogenen Bebauungsplänen sind in Anlehnung an empirische Untersuchungen des Difu folgende Motive und Vorteile maßgeblich (vgl. BUNZEL et al. 2002: 175 ff):

- Flächenverfügbarkeit am jeweils geeigneten Standort (Rahmenbedingungen, Standortvoraussetzungen),

- Wirtschaftlichkeit und Effizienz (u.a. Kosten- und Verfahrensoptimierung),

- gemeinsame Erschließung/Infrastruktur,

- Kosten- und Risikoteilung,

- Erhöhung der Wettbewerbsfähigkeit,

- Kompensation eingeschränkter Flächenressourcen,

- Ermöglichung konkreter Investitionsvorhaben.

Als ein wesentlicher, gegenüber allen anderen Faktoren herausragender Nachteil wurden der erhöhte Abstimmungsbedarf und der aufwendigere Einigungsprozess genannt.

Unabhängig von gebiets- und flächenbezogenen Aspekten stehen alle weiteren Motive in dem Zusammenhang von Wirtschaftlichkeit und Effizienz. Der Vorzug, gemeinsame Potenziale und Synergien zu nutzen sowie dadurch Vorhaben auf dem Kooperationsweg effizienter realisieren zu können, hängt jedoch wesentlich davon ab, ob und wie aufwendig die Partner zu gemeinsamen Ergebnissen bei der Aufstellung von Bebauungsplänen kommen.

Steuerungsmöglichkeiten unter besonderer Berücksichtigung einer Nachfrageorientierung

Im Gegensatz zur Flächennutzungsplanung ist der gesetzliche Rahmen und die damit verbundenen Steuerungsmittel für eine gemeinsame Bebauungsplanung entsprechend der Ebene der „verbindlichen Bauleitplanung" enger und verbindlicher gesetzt. Die additive Bebauungsplanung ist nur unter der Voraussetzung eines räumlich-flächigen Zusammenhangs und eines bereits zugrunde gelegten Planungskonzeptes möglich. Für die Aufstellung eines gemeinsamen Bebauungsplanes ist eine öffentlich-rechtliche Kooperationsform hinsichtlich eines Planungs- oder Zweckverbandes erforderlich. Zu berücksichtigen ist, dass sich der Zweckbezug der Bebauungsplanung sowie die daraus folgende planungsrechtliche Absicherung und Verbindlichkeit (nach BauGB: „rechtsverbindliche Festsetzungen für die städtebauliche Ordnung") auch in den Kooperationsstrukturen und Rahmenbedingungen auf interkommunaler Ebene wiederspiegelt.

Vor diesem Hintergrund erscheint der ergänzende Einsatz eines *städtebaulichen Rahmenplanes* nach § 140 Nr. 4 BauGB im Vorgriff einer gemeindeübergreifenden Bebauungsplanung in besonderer Weise geeignet, um auf informeller Ebene bedarfsorientiert und zielgerichtet die Grundlagen für einen nachfolgenden formellen Bebauungsplan legen zu können. In Bezug auf die wichtigen Faktoren der Wirtschaftlichkeit und Effizienz bietet der Rahmenplan einen geeigneten "Rahmen", um ohne den Druck eines formellen Planungsverfahrens auf interkommunaler Ebene zu Ergebnissen zu kommen.

Entsprechend der Einordnung als Grundinstrumentarium ist die Bebauungsplanung ein wichtiger und notwendiger Bestandteil städtebaulicher Außen- und teilweise auch Innenentwicklung. Dahingehend ist sie per se auf die Aufbereitung des Angebots ausgerichtet, in dem sie die erforderlichen planungsrechtlichen Voraussetzungen für nachfolgende Nutzungen schafft. Für eine stärkere Nachfrageorientierung sind von daher weniger Lenkungswirkungen zu erwarten. Diese hängt gemeinsam mit der Rechts- und Organisationsform wesentlich davon ab, inwieweit eine isolierte Entwicklung einzelner Flächen/Gebiete vorgenommen wird oder ob in Anlehnung an die Flächennutzungsplanung eine weitergehende Abstimmung relevanter Bebauungsplanungen zugrunde gelegt wird.

c) Kompensationsflächenpools

Grundlagen und relevante Steuerungsmittel

Mit der Novellierung des BauGB 1998 wurde sowohl die räumliche als auch die zeitliche Entkopplung des naturschutzfachlichen Ausgleichs von den zu erwartenden Eingriffen durch die Bauleitplanung ermöglicht; hierzu § 1a Abs. 3 Satz 3 BauGB:»Soweit dies mit einer nachhaltigen städtebaulichen Entwicklung und den Zielen der Raumordnung sowie des Naturschutzes und der Landschaftspflege vereinbar ist, können die Darstellungen und Festsetzungen auch an anderer Stelle als am Ort des Eingriffs erfolgen«.

Die Kompensation[51] kann damit nicht nur an anderer Stelle innerhalb des Gemeindegebiets, sondern auch auf dem Gebiet einer oder mehrerer anderer Gemeinden vorgesehen werden. Zur Vorbereitung derartiger Kompensationsmöglichkeiten kann eine interkommunale Flächennutzungsplanung genutzt werden, indem mit Hilfe eines parallel zu erarbeitenden Landschaftsplanes ein gemeindeübergreifendes Ausgleichs- und Ersatzflächenkonzept entwickelt wird. Aus naturschutzfachlicher Sicht hat dieses Vorgehen den Vorzug, dass eine Betrachtung von Landschafts- und Naturräumen nicht an den Verwaltungsgrenzen der einzelnen Gemeinden endet und sich Ausgleichs- und Ersatzmaßnahmen flexibler an fachlichen Erfordernissen orientieren können. Dabei ist allerdings auf den gesetzlich geforderten funktionalen Zusammenhang zwischen Eingriff und Ausgleich zu achten (vgl. BUNZEL et al. 2002: 145).

Für eine derartige Bündelung und Bevorratung von Ausgleichs- und Ersatzflächen bieten sich interkommunale „Kompensationsflächenpools" oder auch interkommunale „Kompensationsflächenmanagements" an. Aufbauend auf die Flächennutzungs- und Landschaftsplanung können potenzielle Ausgleichs- und Ersatzflächen in Poollösungen bevorratet und Kompensationsmaßnahmen im Vorgriff auf zu erwartende Eingriffe vorbereitet oder durchgeführt werden. Der über den Pool hinausgehende Begriff des Kompensationsmanagements umfasst die Durchführung, dauerhafte Pflege und Unterhaltung sowie die Abrechnung der Kompensationsmaßnahmen. (vgl. MAGEL, KLAUS, KOETTER 2005: 71f).

In der Literatur ist die Handhabung von Kompensationsflächenpools im kommunalen wie interkommunalen Rahmen unter dem Begriff „Ökokonto" hinreichend behandelt und diskutiert worden (u.a. Bunzel et al. 2002; BUNDESMINISTERIUM FÜR VERKEHR, BAU- UND WOHNUNGSWESEN 2001; BRUNS 2000).

Eine Übersicht der zu erfüllenden Aufgaben im Rahmen eines Kompensationsflächenpools/-managements haben BUNZEL und BÖHME wie folgt zusammengestellt:

- »Entwicklung eines gemeindeübergreifenden Ausgleichskonzepts,
- Bereitstellung der erforderlichen Flächen durch Kauf, Pacht o.ä.,
- Verwaltung des zur Umsetzung des Ausgleichs notwendigen Vermögens,
- Durchführungen der Ausgleichsmaßnahmen,

---

[51] Auf Grundlage der Regelungen des Bundesnaturschutzgesetzes (BNatschG) ist zu prüfen, ob die mit dem Eingriff einhergehenden Beeinträchtigungen vermeidbar sind oder nicht. Unvermeidbare Beeinträchtigungen sind vorrangig auszugleichen (Ausgleichsmaßnahmen) oder in sonstiger Weise zu kompensieren (Ersatzmaßnahmen). Ersatzmaßnahmen sind solche, die an anderer Stelle zur Verbesserung des Naturhaushaltes und des Landschaftsbildes durchgeführt werden.

- Abwicklung im Rahmen eines Ökokontomodells,
- dauerhafte Pflege der Maßnahmen und Erfolgskontrolle« (BUNZEL, BÖHME 2002: 127).

Steuerungsmöglichkeiten unter besonderer Berücksichtigung einer Nachfrage-orientierung

Wie bereits die Ergebnisse einer von Seiten des Difu im Jahr 2002 durchgeführten Befragung gezeigt haben, sind Kompensationsflächenpools in Ergänzung zur Bebauungsplanung ein relevantes Handlungsfeld zur interkommunalen Zusammenarbeit. Der Erfolg dieser Modelle scheint vor allem darin begründet zu sein, dass sie Vorteile für verschiedene Akteure mit sehr unterschiedlichen Interessen bringen können (vgl. BUNZEL, BÖHME 2002). »Die Vielzahl interkommunaler Anwendungsbeispiele deutet auf ein konfliktarmes Handlungsfeld hin, aus dem alle Beteiligten einen erkennbaren Nutzen ziehen können« (MAGEL, KLAUS, KOETTER 2005: 72).

Hinsichtlich einer Nachfrageorientierung erscheinen Kompensationsflächenpools als Modell in besonderer Weise von Interesse, um im Sinne eines interkommunalen Flächenmanagements in einer zeitlichen und räumlichen Flexibilität Entwicklungsreserven zu bewirtschaften. »Bewirtschaften heißt somit nicht nur schützen und erhalten, sondern auch entwickeln und gestalten« (RUTHER-MEHLIS, WEBER 2010: 1). Dieser Aspekt wird im *nachfolgenden Kap.* differenzierter aufgegriffen.

4.2.3 Grundlagen, Instrumente und Steuerungsmöglichkeiten im Rahmen des Besonderen Städtebaurechts sowie der Ländlichen Entwicklung (freiwilliges Grundinstrumentarium)

Analog zur einzelgemeindlichen Ebene *(siehe Kap. 3.2.2)* können die Steuerungsinstrumente des besonderen Städtebaurechts und im Rahmen der Ländlichen Entwicklung als freiwillige Grundinstrumentarien mit inhaltlich breiteren Anwendungsmöglichkeiten angesehen werden.

Unter dem Dach des Besonderen Städtebaurechts hat insbesondere im Bund-Länder-Programm Stadtumbau West in einigen Bundesländern die Bedeutung interkommunaler Kooperation in den letzten Jahren zugenommen. Interkommunale Kooperation war 2008 ein Schwerpunktthema beider Bundestransferstellen Stadtumbau West und Ost. Gegenüber dem Stadtumbau West weisen jedoch andere Städtebauförderprogramme wie der Stadtumbau Ost oder das Programm Soziale Stadt keine annähernd vergleichbaren interkommunalen Kooperationsräume auf (vgl. KARSTEN et al. 2009: 17).

Aufbauend auf die steigende Inanspruchnahme und Erfahrungen im Rahmen des Stadtumbaus West wurde aktuell ein neues Bund-Länder-Städtebauförderungsprogramm „Kleinere Städte und Gemeinden – überörtliche Zusammenarbeit und Netzwerke" initiiert, das vor allem auf kommunale Daseinsvorsorgefunktionen ausgerichtet ist.

Im Rahmen der Ländlichen Entwicklung auf Basis des Flurbereinigungsgesetzes (FlurbG) ist die „Integrierte Ländliche Entwicklung" (ILE) in einigen Bundesländern wie Bayern eng an interkommunale Kooperation gekoppelt. Die ILE wurde als Fördergrundsatz erstmals im Rahmenplan 2004 bis 2007 der Bund-Länder-Gemeinschaftsaufgabe zur Verbesserung der Agrarstruktur und des Küstenschutzes (GAK) verankert. Allerdings weist die ILE bundesweit eine hohe räumliche und inhaltliche Anwendungsvarianz auf; in vielen Bundesländern, vor allem in Ostdeutschland (u.a. Thüringen, Sachsen-Anhalt), wird sie als regionales Entwicklungsinstrument eingesetzt und vereinzelt tritt sie auch als freiwilliges Instrumentarium im Rahmen der Landes- und Regionalplanung (Brandenburg) auf.

a) Steuerungsinstrumente im Rahmen des Besonderen Städtebaurechts

Grundlagen und relevante Steuerungsmittel

Die zunehmende Häufigkeit interkommunaler Kooperation im Rahmen des Stadtumbaus West ist im Zusammenhang mit raumstrukturellen Entwicklungen zu sehen. Vor allem peripher gelegene ländlich geprägte Räume in Westdeutschland verzeichnen in den letzten Jahren zunehmend Schrumpfungsprozesse. Kennzeichnend für diese Schrumpfungsprozesse ist häufig ein verstärkter wirtschaftlicher Strukturwandel (u.a. aufgelöste Altindustrie- oder Bundeswehrstand-orte), der zu Arbeitsplatzverlusten und in der Folge zu verstärkter Abwanderung, Einwohnerverlusten und demographischen Prozessen führt. Insbesondere sind polyzentrische Klein- und Mittelstädte sowie Landgemeinden von diesen Entwicklungen betroffen und stehen u.a. vor den Aufgaben, Konversionen einer neuen Nutzung zuzuführen sowie das Wohnungsangebot und soziale Infrastruktureinrichtungen an veränderte Bedarfe anzupassen. Vor diesem Hintergrund wird im Rahmen des Stadtumbaus West in zunehmendem Maße die interkommunale Zusammenarbeit als ein Erfolg versprechender Lösungsweg für diese Herausforderungen gesucht (vgl. KARSTEN et al. 2009: 1; www.stadtumbauwest.de). Dies gilt insbesondere für das Land Hessen mit 17 interkommunalen Kooperationen, aber auch für Bayern, Nordrhein-Westfalen und Schleswig-

Holstein. In Bayern gibt es aktuell fünf interkommunale Verbünde im Rahmen des Stadtumbaus West, die allesamt im Bezirk Oberfranken liegen.

Die BUNDESTRANSFERSTELLE STADTUMBAU WEST hat im Jahr 2009 eine vergleichende Auswertung des Stands der interkommunalen Stadtumbau-Prozesse vorgenommen (vgl. KARSTEN et al. 2009). Im Jahr 2009 waren in 24 interkommunalen Verbünden 101 Stadtumbau-West-Kommunen organisiert. Von den 101 Kommunen zählen 37 bis zu 5.000 Einwohner, 51 Kommunen zwischen 5.000 und 20.000 Einwohner und nur 13 über 20.000 Einwohner. Die Anzahl der innerhalb einer Kooperation zusammengeschlossenen Kommunen reicht von zwei bis hin zu neun Kommunen. Am häufigsten fanden sich drei Kommunen zur Zusammenarbeit im Stadtumbau bereit, was die hohe Bedeutung nachbarschaftlicher Bezüge verdeutlicht (vgl. KARSTEN et al. 2009: 1ff).

Die Erarbeitungsverfahren der Konzepte spiegeln vergleichbare Vorgehensweisen wider. Alle Konzepte wurden von externen Planern bzw. Moderatoren unter Begleitung durch interkommunale Gremien und Arbeitsgruppen erstellt. Unterschiede zeigen sich hinsichtlich der Beteiligung lokaler Experten bzw. der Bürgerschaft. Einige Prozesse konzentrieren sich stärker auf die Einbindung kommunaler Experten und Multiplikatoren, andere auf eine breitere Mitwirkung interessierter Bürger. Aus Sicht der BUNDESTRANSFERSTELLE entsteht insgesamt der Eindruck, dass die interkommunalen Kooperationen im Stadtumbau zu einer hochwertigeren Planungsqualität gegenüber vergleichbaren einzelgemeindlichen Vorhaben angeregt haben (vgl. KARSTEN et al. 2009: 8f).

Den interkommunalen Kooperationen im Stadtumbau West liegen sowohl formelle als auch informelle Organisationsformen zugrunde. So wird beispielsweise im Rahmen des Stadtumbaus in Hessen die Anforderung gestellt, zumindest mittelfristig eine formelle Organisationsform zu schaffen. Die häufigste Form ist die kommunale Arbeitsgemeinschaft, gefolgt von zweckverbandlichen Lösungen, die sich vorrangig auf Kooperationen in Hessen beziehen. Die fünf bayerischen Kooperationen haben sich bislang nur informell mit entsprechenden Gremien organisiert (vgl. KARSTEN et al. 2009: 8f).

Bei den interkommunalen Themen, Vorhaben und Projekten weist das Ziel der Anpassung des Wirtschaftsstandortes gegenüber der Anpassung des Wohnstandortes oder der sozialen und technischen Infrastruktur eine höhere Bedeutung auf (vgl. KARSTEN et al. 2009: 6f). Dies ist u.a. darauf zurückzuführen, dass die Wirtschafts- und Gewerbeentwicklung mit positiven Entwicklungserwartungen verbunden ist, während die Wohnraum- und Infrastrukturanpassung vor allem im Zuge von Rückbauerfordernissen die „Verteilung des Verlusts" bedeutet. Letztlich spiegelt dies das Bemühen der beteiligten Kommunen wieder, interkommunale Projekte herauszuarbeiten, bei denen ein Mehrwert gegenüber einzelgemeindlichen Ansätzen bei der Anpassung an den demographischen und wirtschaftlichen Wandel zu erwarten ist.

Abb. 44: Interkommunale Handlungsfelder u. Themen in städtebaulichen Entwicklungskonzepten im Rahmen des Stadtumbau West (Quelle: BUNDESTRANSFERSTELLE WEST / KARSTEN et al. 2009: 7)

Organisations- und Verwaltungsmanagement				
Stadtumbau-management	Leerstandserfassung und Flächenvermarktung	Marketing für den Wohn- und Wirtschaftsstandort	Tourismusmarketing	Zusammenarbeit bei Verwaltungsaufgaben
Anpassung Infrastruktur				
soziale Infrastruktur		Versorgung & Mobilität		
Anpassung Wirtschaftsstandort				
Stärkung von Zentren	Revitalisierung von Brachflächen	Ausbau touristischer Infrastruktur	Ausweisung interkommunaler Gewerbeflächen	gemeinsame Profilbildung in der Wirtschaftsstrukturpolitik	Gewerbeflächenentwicklung und -vermarktung
Anpassung Wohnungsstandort				
zielgruppenspezifische Anpassung des Wohnungsbestands		Aufwertung des Wohnumfelds und des öffentlichen Raums		
Aktivierung bürgerschaftlichen Engagements				

Neben der Entwicklung gemeinsamer Vorhaben spielt auch der Koordinierungsaspekt hinsichtlich abgestimmter Maßnahmen eine wichtige Rolle. Nahezu alle städtebaulichen Entwicklungskonzepte beinhalten gemeinsame Vorschläge und Prioritätensetzungen für Stadtumbau-Gebiete und Maßnahmen, die auf Grundlage des besonderen Städtebaurechts die Voraussetzung für den investen Fördermitteleinsatz sind (vgl. KARSTEN et al. 2009: 7f).

Die Mehrzahl der interkommunalen Projektvorschläge zielt auf die Anpassung des Wirtschaftsstandortes an den wirtschaftsstrukturellen Wandel ab. In einigen Kooperationen stellt die Revitalisierung industrieller oder militärischer Konversionsflächen über einen Zweckverband den Kern der Kooperation dar. Eine stärkere Rolle spielt auch der Ausbau der touristischen Infrastruktur, z.B. über Radwegeentwicklungen oder die Weiterentwicklung von bestehenden touristischen Anziehungspunkten (vgl. KARSTEN et al. 2009: 12).

Die demographischen und städtebaulichen Analysen der Entwicklungskonzepte belegen vor allem Handlungsbedarfe bei der Anpassung von Wohnstandorten in den beteiligten Kommunen. Diese Handlungsbedarfe umfassen insbesondere die Innenstädte und Ortskerne, in denen umfangreichere Anpassungen der Gebäudesubstanz an heutige Bedürfnisse und Nachfragequalitäten als notwendig erachtet werden. Im Vordergrund stehen Maßnahmen, die die Wohnstandorte zielgruppenorientiert für Familien oder Senioren im Zusammenhang zwischen Einzelgebäuden, Wohnumfeld und öffentlichen Raum qualifizieren. Aufgrund der Siedlungs- und Eigentümerstruktur in den mehrheitlich ländlichen Regionen fokussieren sich die Projektvorschläge in der Hauptsache auf Gebäudebestände privater Eigentümer. In vereinzelten Konzepten wird auch die Qualifizierung größerer Wohnstrukturen in der Hand institutioneller Eigentümer wie kleinerer kommunaler Wohnbauträger aufgegriffen (vgl. KARSTEN et al. 2009: 13f).

In einem Großteil der städtebaulichen Entwicklungskonzepte spielt die Bestandsaufnahme der sozialen Infrastruktur (insbesondere Schulen, Kinderbetreuungseinrichtungen, Sportanlagen, Schwimmbäder, Alteneinrichtungen, Dorfgemeinschaftshäuser) sowie die Einzelhandelsversorgung und Mobilität eine große Rolle. Gleichwohl finden sich hierzu bislang nur wenige konkrete interkommunale Projektvorschläge. Häufig werden vertiefte Analysen vorgesehen, um die Neuordnung von Infrastruktureinrichtungen wie z.B. Schulstandorte diskutieren zu können. Derartige Infrastrukturanpassungen stellen ein schwieriges und ggf. auch konfliktreiches Feld interkommunaler Zusammenarbeit dar. Die wenigen konkreten Projekte zielen daher auf Bündelung von Nutzungen (u.a. Dienstleistungszentrum) oder auf die Schaffung arbeitsplatznaher Kinderbetreuungseinrichtungen ab. Im Hinblick auf eine verbesserte Mobilität im ländlichen Raum werden vereinzelt bürgerschaftliche Angebotsformen (u.a. Bürgerbus) vorgeschlagen (vgl. KARSTEN et al. 2009: 15).

Aufbauend auf städtebauliche Entwicklungskonzepte und deren Ergebnisse werden die Kooperationen im Rahmen der Umsetzung von einem Stadtumbaumanagement im Sinne eines weiteren Steuerungsmittels begleitet. In den meisten Kooperationen wurde das interkommunale Stadtumbaumanagement im Rahmen eines Dienstleistungsauftrages an ein externes Büro vergeben. Das Stadtumbaumanagement sieht im Sinne eines „Managements" im Wesentlichen Steuerungs-, Koordinierungs- und Beratungsaufgaben u.a. zur Vorbereitung und Umsetzung von Maßnahmen sowie Monitoring und Controlling des Stadtumbauprozesses vor. Aufgrund der noch geringen Umsetzungszeiträume und Laufzeiten sind bis dato noch keine fundierteren Erkenntnisse zur Wirksamkeit des interkommunalen Stadtumbaumanagements vorhanden. Zu berücksichtigen ist, dass die interkommunalen Stadtumbaumanagements[52] nicht nur städtebauliche Vorhaben im engeren Sinne, sondern in Anlehnung an die Ergebnisse der Entwicklungskonzepte auch Projekte im Rahmen der Wirtschafts- oder Tourismusentwicklung etc. begleiten.

---

[52] In der Auswertung der BUNDESTRANSFERSTELLE STADTUMBAU WEST (vgl. KARSTEN et al. 2009) wurde der Aspekt des interkommunalen Stadtumbaumanagements nicht weiter aufgegriffen.

Aufgrund der verstärkten Nachfrage nach interkommunaler Zusammenarbeit von Seiten der Kommunen in ländlich geprägten Räumen wurde aktuell ein neues Bund-Länder-Städtebauförderungsprogramm „Kleinere Städte – überörtliche Zusammenarbeit und Netzwerke" aufgelegt, das speziell auf die Kooperation kleinerer Städte und Gemeinden »in dünn besiedelten, ländlichen, von Abwanderung bedrohten oder vom demographischen Wandel betroffenen Räumen« ausgerichtet ist (OBERSTE BAUBEHÖRDE IM STMI 2010: 1). Dafür sind im Programmjahr 2010 18 Mio. Euro zur Verfügung gestellt, im Vergleich dazu ist der Stadtumbau West für das Programmjahr 2010 mit 86 Mio. Euro Bundesmitteln ausgestattet. Dieses neue, interkommunale Programm der Städtebauförderung zielt vorrangig auf die Sicherung und Stärkung der kommunalen Daseinsvorsorge ab und orientiert sich dazu an einem funktionsräumlichen Ansatz: »Erhaltung und Entwicklung der kommunalen Infrastruktur und Daseinsvorsorge in vorrangig überörtlich zusammenarbeitenden oder ein Netzwerk bildenden Städten oder Gemeinden in funktional verbundenen Gebieten bzw. kleineren Städten in Abstimmung mit ihrem Umland« (OBERSTE BAUBEHÖRDE IM STMI 2010: 1).

Steuerungsmöglichkeiten unter besonderer Berücksichtigung einer Nachfrage-orientierung

Im Rahmen des Bund-Länder-Programms Stadtumbau West haben sich in den letzten Jahren eine Reihe von interkommunalen Kooperationen zur Erarbeitung gemeinsamer Konzepte und der Umsetzung städtebaulicher Vorhaben entwickelt, wobei bei nahezu allen Kooperationen das Städtebauförderungsprogramm Anlass für den Start der Zusammenarbeit war (vgl. KARSTEN et al. 2009: 2). Dies lässt - auch in Abgrenzung zu anderen Programmen im Rahmen der Städtebauförderung - darauf schließen, dass sich der Stadtumbau West für interkommunale Kooperation in besonderer Weise anbietet, nachdem sich Schrumpfungsprozesse nicht auf einzelne Gemeinden begrenzen lassen und bedarfsorientierte Lösungsansätze eine gemeindeübergreifende Betrachtung von Funktionen und Arbeitsteilungen erfordern. In Bezug auf die räumliche Einordnung der Untersuchung scheint dies in besonderer Weise für kleinräumige und nachbarschaftsbezogene Kooperationen im ländlich geprägten Raum zutreffend zu sein, nachdem sich die interkommunalen Kooperationen im Stadtumbau West auch dort konzentrieren (vgl. KARSTEN et al. 2009: 17).

Zu berücksichtigen ist, dass die interkommunalen Kooperationen im Stadtumbau West noch vergleichsweise kurze Entwicklungszeiträume aufweisen. Die Mehrzahl der Vorhaben befindet sich entweder in der Erarbeitung von Entwicklungskonzeptionen oder in der Anfangsphase der Maßnahmenumsetzung. Von daher bleibt die Entwicklung in den kommenden Jahren, insbesondere hinsichtlich erhöhter Anforderungen im Rahmen der Umsetzung, abzuwarten.

Vor dem Hintergrund der zeitlichen Einordnung zeigen die Auswertungen von Seiten der BUNDESTRANSFERSTELLE STADTUMBAU WEST zunächst eine Korrelation zwischen der Qualität der städtebaulichen Entwicklungskonzepte und einem interkommunal abgestimmten Vorgehen. Die vorliegenden Entwicklungskonzepte weisen eine hohe analytische und konzeptionelle Qualität auf, »die für die beteiligten kleinen Kommunen teilweise als neue Planungskultur bezeichnet werden kann. Die interkommunale Kooperation scheint dafür Beschleuniger zu sein, weil planerisches Neuland betreten wird und dafür auf der Basis einheitlicher Analysen um gute Lösungen gerungen wird« (KARSTEN et al. 2009: 17f).

Nach den Erfahrungsberichten ergeben sich interkommunale Verbünde in der Regel nur dort, wo von staatlicher Seite Vorteile für interkommunale Zusammenschlüsse in Aussicht gestellt werden. »Ob die Eigenmotivation von Kommunen zu interkommunalen Kooperationen im Stadtumbau in Zukunft steigt, wird nicht zuletzt auch davon abhängen, ob die nun anstehenden Umsetzungsphasen der bestehenden Kooperationen im Stadtumbau den Mehrwert interkommunaler Zusammenarbeit auch für die Einzelkommune belegen können« (KARSTEN et al 2009: 19). Die Stabilisierung der Kooperationen in der Umsetzungsphase könnte u.a. von der Profilierung des interkommunalen Stadtumbaumanagements einerseits in der Rolle eines „kleinräumigen Regionalmanagements" mit vielfältigen fachlichen Themenstellungen und Projektentwicklungen sowie andererseits in Form einer mittel- bis langfristigen Begleitung von zielgerichteten und übergemeindlich getragenen Wohn- und Infrastrukturanpassungen abhängen.

Die Handlungsschwerpunkte und Projekte interkommunaler Kooperationen weisen gegenüber einzelgemeindlichen Konzepten keine elementaren Unterschiede auf. Der Unterschied liegt darin, »dass Ansätze formuliert werden, bei denen nicht jede der beteiligten Kommunen alles bekommt oder alles tut« (KARSTEN et al. 2009: 19). Eine Erweiterung der Steuerungsmöglichkeiten betrifft insbesondere eine stärkere Konzentration durch abgestimmte Arbeitsteilung sowie das Verständnis gegenseitigen Voneinander-Lernens. Hierin liegt auch eine Begründung dafür, dass alle interkommunalen Konzepte sowohl gemeinsame als auch einzelgemeindliche Projektvorschläge enthalten (vgl. KARSTEN et al. 2009: 19).

Inhaltlich ist den interkommunalen Entwicklungskonzepten nach Auffassung der BUNDESTRANSFERSTELLE STADTUMBAU WEST mehrheitlich ein Paradigmenwechsel zu entnehmen: In der Regel wird Stagnation bzw. Schrumpfung als Herausforderung akzeptiert, die gemeinsame Steuerungsbemühungen erfordert. Von Seiten der Angebotsentwicklung spielt die Mobilisierung eines erweiterten Flächenangebots bestenfalls in Form der Revitalisierung von Industrie- oder Militärbrachen eine Rolle; fast ausnahmslos wird Innenentwicklung als städtebauliches Ziel formuliert (vgl. KARSTEN et al. 2009: 18).

Handlungsschwerpunkte der Kooperationen sind die regionale Wirtschaft, insbesondere auch die Tourismusentwicklung. Strategien zur Anpassung des Wohnungsbestandes an die Nachfrage sowie der damit zusammenhängende Umbau der sozialen Infrastruktur sind hinsichtlich vorgesehener Projekte und Maßnahmen derzeit noch von etwas nachrangiger Bedeutung.

Die verhaltene Bedeutung der wohnungswirtschaftlichen und infrastrukturellen Anpassung als das Kernthema des Stadtumbaus lässt darauf schließen, dass vor allem unter Rückbaubedingungen und der dadurch erforderlichen „Verteilung des Verlustes" überaus anspruchsvolle Voraussetzungen an eine interkommunale Kooperation gekoppelt sind. Es bleibt abzuwarten, inwieweit diese Themen, aufbauend auf eine wachsende Kooperations- und Vertrauensbasis, eine stärkere Bedeutung erlangen können. An dieser Stelle stellt die Beförderung interkommunaler Kooperation im Stadtumbau West eine gewisse Gratwanderung zwischen der Beförderung der schwierigen, aber notwendigen Anpassung städtebaulicher Grundfunktionen sowie der Flexibilität gegenüber den positiver besetzten Themen wie der Standort-, Tourismus- und Erholungsentwicklung. Hierbei ist zu berücksichtigen, dass gerade Bemühungen um ein Standort- und Tourismusmarketing auf einer kleinräumigen, interkommunalen Ebene hinsichtlich Wirksamkeit und Wahrnehmbarkeit an ihre Grenzen stoßen.

Insgesamt zeigen die Ansätze im Rahmen des Programms Stadtumbau West, dass gerade kleinräumige und nachbarschaftlich ausgerichtete interkommunale Kooperationen im ländlich geprägten Raum Chancen der Ressourcenbündelung und abgestimmten Arbeitsteilung bieten. Dies entspricht dem Anliegen des Programms, Anpassungsmaßnahmen zur Bewältigung des demografischen und wirtschaftlichen Wandels zu unterstützen (vgl. KARSTEN et al. 2009: 20).

Ausgehend von den Erfahrungen und der verstärkten Nachfrage nach interkommunaler Zusammenarbeit innerhalb des Stadtumbaus West bleibt abzuwarten, wie sich das neue Bund-Länder-Städtebauförderungsprogramm „Kleinere Städte – überörtliche Zusammenarbeit und Netzwerke" entwickelt. Dahingehend hat die Städtebauförderung vor dem Hintergrund der, auch in ländlichen Gebieten in den Alten Bundesländern zunehmenden Herausforderungen im Zuge des demografischen Wandels *(siehe Kap. 3.3.1)*, das Erfordernis einer verstärkten interkommunalen Kooperation erkannt. Darüber hinaus wird ein starker funktionaler Zusammenhang zwischen städtebaulicher Entwicklung und Daseinsvorsorgeaufgaben zugrunde gelegt, wobei ein Hinweis auf die Koordinierung der Wohnsiedlungsentwicklung außen vor geblieben ist.

Auch wenn die Erfahrungen des Stadtumbaus West einerseits auf eine verhaltene Kooperationsbereitschaft in diesem Bereich hindeuten, so zeigen andererseits die Analyseergebnisse der Entwicklungskonzepte einen umfangreichen Steuerungsbedarf, der auf einzelgemeindlicher Ebene mit dem Anspruch einer umfassenderen Nachfrageorientierung der Siedlungs- und Infrastrukturentwicklung nur sehr begrenzt zu bewältigen ist. Von daher wäre es wünschenswert, dass die funktionalen und bedarfsorientierten Zusammenhänge zwischen der Sicherung der Daseinsvorsorge und der Koordinierung der Wohnsiedlungsentwicklung von Programmseite offener thematisiert werden. Der Anspruch eines »prozesshaft angelegten, lernenden Programms« lässt hierfür Entwicklungsspielräume (OBERSTE BAUBEHÖRDE IM STMI 2010: 2).

Ausgehend von den Erfahrungen des Stadtumbaus West sind die Möglichkeiten einer staatlichen Förderung ein wichtiger Anreiz für das Zustandekommen interkommunaler Kooperation. Dieser grundsätzliche Anreiz könnte mit der Verknüpfung von Mindestanforderungen im Sinne einer Lenkungswirkung weiterentwickelt werden. Eine entsprechende Lenkungswirkung sieht z.B. der Stadtumbau in Hessen mit der Vorgabe von Mindestanforderungen an die Rechts- und Kooperationsform vor.

b) Steuerungsinstrumente im Rahmen der Ländlichen Entwicklung

Grundlagen und relevante Steuerungsmittel

Mit den Instrumentarien der Flurneuordnung und der Dorferneuerung ist die Ländliche Entwicklung unter dem Dach des FlurbG traditionell stark auf örtlich angelegte Steuerungsansätze ausgerichtet. Ähnlich wie beim Stadtumbau West haben diese, vor dem Hintergrund veränderter struktureller Rahmenbedingungen, vor allem auch im Rahmen der Dorferneuerung eine Diskussion über die Grenzen örtlicher Vorgehensweisen und eine stärkere Abstimmung auf kleinräumiger Ebene ausgelöst. Ein überörtlicher Betrachtungsblickwinkel wurde in besonderer Weise mit dem Fördergrundsatz der „Integrierten Ländlichen Entwicklung" (ILE) verbunden.

Die „Gemeinschaftsaufgabe zur Verbesserung der Agrarstruktur und des Küstenschutzes" (GAK) wurde im Jahr 2004 mit der Verankerung der Integrierten

Ländlichen Entwicklung (ILE) als Fördergrundsatz der Rahmenplanung einer umfassenderen Reformbemühung unterzogen. Mit „integriert" war ein breiterer Entwicklungsansatz mit der Aufnahme neuer Förder- und Steuerungsgegenstände wie „integrierte ländliche Entwicklungskonzepte" und „Regionalmanagement" beabsichtigt. Um die Rahmenbedingungen interkommunaler Kooperation im Bereich der Ländlichen Entwicklung besser einordnen zu können, erscheint es zunächst hilfreich, die Stellung der ILE in Rückkopplung zur GAK festzustellen. Hierfür sind zwei Pole maßgebend: einerseits die „klassische" Agrarstrukturverbesserung und andererseits ein vom Begriff „integriert" abgeleiteter „umfassender Entwicklungsansatz", der auf alle relevanten Funktionen in ländlich geprägten Gebieten ausgerichtet ist (vgl. RAAB 2006: 191).

In Anlehnung an die Inhalte des Fördergrundsatzes ILE im GAK-Rahmenplan ergibt sich folgendes Bild (vgl. BMVEL 2003):

- Einerseits wurden Weichenstellungen hin zu einem umfassenderen Entwicklungsansatz getroffen: Aufnahme neuer Förder-/Steuerungsinstrumente „integrierte ländliche Entwicklungskonzepte" (ILEK) und „Regionalmanagement", die dynamische Anwendungs- und Entwicklungsmöglichkeiten bieten.

- Auch wenn im Rahmen des Fördergegenstands „Dorferneuerung" u.a. zur Sicherung von Gemeinschaftseinrichtungen ein Bezug zu gemeindlichen Aufgaben hergestellt wurde, spielt andererseits die Agrarstrukturverbesserung immer noch eine maßgebliche Rolle; dies betrifft Fördergegenstände wie die „Anlage von Schutzpflanzungen", „Neuordnung ländlicher Grundbesitz" sowie „Kooperation von Land- und Forstwirten mit anderen Partnern".

Zusammengefasst befindet sich die ILE in einem Spagat zwischen neuen, dynamischen Steuerungsinstrumenten wie ILEK und Management einerseits sowie noch relativ stark in der Agrarstrukturverbesserung verhafteten umsetzungsorientierten Fördergegenständen andererseits (vgl. RAAB 2006: 191). Auf Grundlage der generellen Überlegungen stellt sich die Frage, wie der sich bietende Rahmen des ILE-Fördergrundsatzes ausgestaltet wurde und wird. Dabei ist zu berücksichtigen, dass ausgehend von dem Anspruch an eine „integrierte ländliche Entwicklung" die dynamischen Steuerungsinstrumente und umsetzungsorientierten Fördergegenstände nicht losgelöst voneinander betrachtet werden können, sondern in einem engem Wechselverhältnis stehen. Während das ILEK die Aufgabe hat, den gezielten Einsatz der umsetzungsorientierten Fördergegenstände vorzubereiten, ist das Management vor allem auf die Umsetzungsbegleitung beim Einsatz ausgerichtet.

Dabei hat die Gebietskulisse einen entscheidenden Einfluss auf die Möglichkeiten und Wirkungen dieses Wechselspiels. Die Gebietsgröße für den Einsatz von ILEK hängt u.a. ganz wesentlich davon ab, welche Aussageschärfe (u.a. zur Umsetzung) erwartet wird. Je größer das Gebiet (bzw. je kleiner die Maßstabsebene), desto schwieriger wird es, konkretere fachliche Aussagen für den Einsatz umsetzungsorientierter Fördergegenstände zu treffen.

In ähnlicher Weise gilt dies auch für den Einsatz von „Regionalmanagement", das im GAK-Rahmenplan mit Mindestgrößen von 50.000 bzw. 30.000 Einwohnern mehr auf der Ebene eines an „regionaler Entwicklung" orientierten Managements festgelegt wurde.

Als Zwischenfazit zu den mit dem ILE-Fördergrundsatz verbundenen Steuerungsinstrumenten und Fördergegenständen lässt sich von Seiten des Rahmenplanes eine unterschiedliche räumliche – teilweise ggf. auch widersprüchliche – Maßstabsebene feststellen (vgl. RAAB 2006: 192).

Vor diesem Hintergrund wurde die ILE in Bayern konsequent auf den Bezug zu ländlich geprägten Gemeinden auf Grundlage der Aufgaben und Instrumente der Verwaltung für Ländliche Entwicklung angelegt. Darüber hinaus wurde die strategische Grundausrichtung der ILE in Bayern eng an interkommunale Abstimmung und Kooperation gekoppelt

Der Fokus auf die interkommunale Zusammenarbeit wird damit begründet, dass sich neuere strukturelle Problemstellungen zumindest teilweise nicht mehr befriedigend in örtlich punktuellen, sondern verstärkt in überörtlichen Gesamtzusammenhängen lösen lassen (vgl. STMLF 2005: 6). Hierzu bietet das FlurbG als gesetzliche Grundlage wichtige Voraussetzungen: Nach § 7 kann das Flurneuordnungsgebiet mehrere Gemeinden umfassen; die §§ 5 u. 10 sehen die Gemeinden als Beteiligte und Nebenbeteiligte in einem Verfahren vor; § 37 Abs. 2 stellt einen querschnittsorientierten Auftrag heraus (vgl. STMLF 2005: 5).

Um den vielseitigen Anforderungen in der Praxis Rechnung zu tragen, ist die integrierte ländliche Entwicklung in Bayern auf eine flexible fachlich-inhaltliche Anwendung mit einer Reihe von unterschiedlichen Einsatzmöglichkeiten ausgerichtet (vgl. STMLF 2005: 14):

- Beiträge zur Lösung konkreter Problemstellungen, die relevante Zusammenhänge und Themenstellungen berücksichtigen (z.B. Gewässerentwicklung – v.a. unter Berücksichtigung anderer Nutzungen wie Landwirtschaft, Erholung).

- Bearbeitung komplexer Problemstellungen, die mehrere Handlungsfelder betreffen (z.B. Bevölkerungs- und Siedlungsentwicklung in Zusammenhang mit Versorgung/Infrastruktur etc.).

- Erarbeitung eines ILEK mit dem Ziel, eine generelle Grundlage für den Bedarf und die Möglichkeiten einer übergemeindlichen Zusammenarbeit in einem Gebiet zu bekommen.

Dem Begriff „integriert" liegt der Anspruch zugrunde, ausgehend von Schwerpunktsetzungen inhaltliche Wechselbeziehungen zu relevanten Funktionen, Fachdisziplinen und Aufgaben zu berücksichtigen. Hierbei hat die Bodenordnung als Kernaufgabe der Verwaltung für Ländliche Entwicklung eine besondere Bedeutung, nachdem sie querschnittsorientiert angelegt ist und Zusammenhänge zu allen wichtigen Funktionen sowie kommunalen Aufgaben aufweist (vgl. GEIERHOS, EWALD, JAHNKE 2005: 355f).

Ausgehend von diesen generellen Anwendungsmöglichkeiten und der dargestellten strategischen Ausrichtung konzentrieren sich die Entwicklungsaktivitäten der ILE in Bayern auf folgende Kernhandlungsfelder (vgl. STMLF 2005: 9f):

Handlungsfeld Dorf und Siedlung	u.a. abgestimmtes Vorgehen zur Innenentwicklung
Handlungsfeld Wirtschaft, Gewerbeentwicklung und Landwirtschaft	u.a. übergemeindliche Gewerbeflächenentwicklung oder landwirtschaftliche Infrastruktur
Handlungsfeld Grund- und Nahversorgung (Infrastruktur)	u.a. abgestimmtes Vorgehen zu Gemeinschafts-/Nahversorgungseinrichtungen
Handlungsfeld Landschaft und Landnutzung	u.a. übergemeindliche Gewässerentwicklung
Handlungsfeld Erholung (Tourismus)	u.a. Ausbau des Erholungsangebotes

In Bezug auf die gebietsbezogene Anwendung sollte die Größe der Zusammenarbeit deutlich unterhalb eines Landkreises liegen. Demnach ist eine Größe von mindestens zwei bis ca. zehn Gemeinden vorgesehen, um neben überschaubaren Abstimmungsprozessen und Organisationsstrukturen eine fachlich sinnvolle Aussagenschärfe gewährleisten zu können (vgl. STMLF 2005: 15).

Abb. 45: Die gebietsbezogenen Anwendungsaspekte der ILE in Bayern (Quelle: STMLF 2005: 15)

Daneben sind zwei besondere Anwendungsfälle zur grenzüberschreitenden Zusammenarbeit sowie zur Zusammenarbeit von Umlandgemeinden mit kleineren Städten im ländlichen Raum möglich (vgl.

STMLF 2005: 15). Interessant ist, dass der gesetzte Rahmen von zwei bis zehn Gemeinden nahezu mit den Größenverhältnissen im Rahmen des Stadtumbaus West übereinstimmt (zwei bis neun Gemeinden).

Ähnlich wie beim Stadtumbau West sieht auch die ILE in Bayern Prioritätensetzungen für nachfolgende Maßnahmen über die Instrumente der Ländlichen Entwicklung (Dorferneuerung, Flurneuordnung) vor. Diese zielen darauf ab, dass in der jeweiligen Gemeinde nicht das komplette Spektrum von möglichen Maßnahmen nach dem Prinzip der „Giesskanne" angewendet wird, sondern dass die Lösung konkreter und vorrangiger Probleme aus übergemeindlicher Sicht im Vordergrund steht (vgl. STMLF 2005: 30f, RAAB 2006: 193). Analog zum Stadtumbaumanagement ist im Rahmen der ILE eine sog. Umsetzungsbegleitung vorgesehen, deren Hauptaufgabe die Begleitung und das Management von Maßnahmen und Umsetzungsaktivitäten auf Grundlage des integrierten ländlichen Entwicklungskonzeptes ist (vgl. STMLF 2005: 21).

Zum Praxisstand der ILE in Bayern gibt es bis dato keine umfangreichen Auswertungen, jedoch liegen von Seiten des BEREICHS FÜR ZENTRALE AUFGABEN einige Grunddaten zur Struktur der ILE-Gebiete vor.

Abb. 46: ILE-Gebiete und kommunale Allianzen in Bayern, Stand: Januar 2010 (Quelle: BEREICH ZENTRALE AUFGABEN / STMLF 2010)

Insgesamt gibt es in Bayern 38 ILE-Gebiete (grün) und „kommunale Allianzen"[53] (blau), die auf das Vorläufermodell der „Regionalen Landentwicklung" (RLE) und Gruppenflurbereinigungsverfahren zurückzuführen sind. Beteiligt sind 325 Gemeinden, was einem Anteil von 16 % der kreisangehörigen bayer. Gemeinden entspricht.

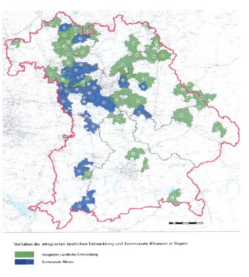

Vorhaben der integrierten ländlichen Entwicklung und Kommunale Allianzen in Bayern

- Integrierte Ländliche Entwicklung
- Kommunale Allianz

---

[53] Der Begriff „kommunale Allianzen" wird in Bayern für interkommunale Kooperationen im Rahmen der Ländlichen Entwicklung – insbesondere im fränkischen Raum – verwendet. Häufiges Kennzeichen interkommunaler Allianzen sind Zusammenschlüsse auf informeller Basis. Der Begriff wird jedoch teilweise auch für formelle Kooperationsformen verwendet.

Wie die Karte veranschaulicht, liegt ein deutlicher Schwerpunkt der ILE-Gebiete im nordbayerischen Raum. Das auffallend starke Gefälle zwischen nordbayerischem und südbayerischem Raum lässt vermuten, dass die stärkere strukturelle Problemlage im nordbayerischen Raum eine wichtige Rolle für die Motivation zur Kooperation im Rahmen der ILE spielt. Von drei ILE-Gebieten wird die Möglichkeit zu transnationaler interkommunaler Kooperation mit Nachbargemeinden in der Tschechischen Republik genutzt; ein weiteres ILE-Gebiet umfasst eine bundesländerübergreifende Zusammenarbeit zwischen bayerischen und sächsischen Gemeinden.

Die Größenordnung der ILE-Gebiete liegt zwischen 2 und 23 beteiligten Gemeinden, wobei über 80 % (31 Gebiete) die Referenzgröße zwischen 2 und 10 beteiligten Gemeinden aufweist.

Abb. 47: Größe der ILE-Gebiete nach beteiligten Gemeinden, Stand: Januar 2010
(Quelle: BEREICH ZENTRALE AUFGABEN / StMLF 2010)

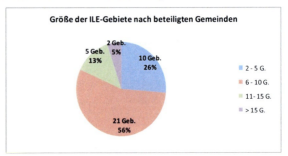

Bei einem geringeren Teil der ILE-Gebiete (ca. 20 %) gehen die Größenordnungen in der Praxis über den ursprünglich gesetzten Rahmen von bis zu 10 Gemeinden hinaus.

In Ergänzung dazu ermöglichen auch die Einwohnerzahlen der Gebiete eine Einordnung der Gebietsgrößen im Rahmen der ILE in Bayern. Die Spannweite der ILE-Gebiete liegt insgesamt zwischen 4.500 und 58.000 Einwohnern.

Abb. 48: Größe der ILE-Gebiete nach Einwohnerzahlen, Stand: Januar 2010 (Quelle: BEREICH ZENTRALE AUFGABEN / StMLF 2010)

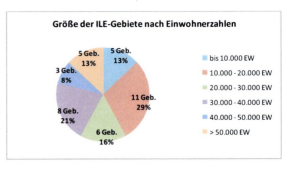

Die Auswertung nach Einwohnerzahlen zeigt eine heterogene Verteilung nach einzelnen Gebietsklassen.
Über 40 % der ILE-Gebiete liegt in der Größenordnung bis 20.000 Einwohnern,

zwischen 20.000 und 40.000 sind es weitere knapp 40 %, während etwa 20 % der ILE-Gebiete eine Größe über 40.000 Einwohnern erreichen. In 33 ILE-Gebieten sind die integrierten ländlichen Entwicklungskonzepte fertig erstellt – 5 befinden sich derzeit in Bearbeitung. Für etwa die Hälfte der ILE-Gebiete mit fertigem Konzept (17) wurden Umsetzungsbegleitungen vergeben. Die inhaltlichen Schwerpunkte der integrierten ländlichen Entwicklungskonzepte sind vielfältig. Am häufigsten werden genannt: Landwirtschaft, Landnutzung, Landschaft, Tourismus und Erholung, Wirtschaft und Gewerbe, Grund- und Nahversorgung, Kultur und Soziales sowie Siedlungsentwicklung.

Steuerungsmöglichkeiten unter besonderer Berücksichtigung einer Nachfrageorientierung

Von Seiten der, zumindest angestrebten Größenordnungen sowie der wesentlichen Steuerungsinstrumente weist die ILE in Bayern Parallelen zur interkommunalen Zusammenarbeit im Rahmen des Stadtumbaus West auf. Beiden Programmen liegt die Konzentration auf kleinräumige Kooperationen sowie eine flexible räumliche und inhaltliche Zusammensetzung zugrunde. Ebenso erscheint eine ausgeprägtere strukturelle Problemlage sowohl für die Kooperation im Rahmen der ILE als auch innerhalb des Stadtumbaus West ein wichtiger Faktor für die Bereitschaft zur Kooperation zu sein.

Wie der Stadtumbau West bietet die ILE in Bayern mit dem integrierten ländlichen Entwicklungskonzept (vergleichbar mit städtebaulichen Entwicklungskonzepten) ein konzeptionell angelegtes Steuerungsinstrumentarium sowie mit der Umsetzungsbegleitung (vergleichbar mit Stadtumbaumanagement) ein umsetzungsbezogenes Steuerungsinstrumentarium an. Neben der Prioritätensetzung für den zukünftigen Instrumenteneinsatz der Ländlichen Entwicklung über Dorferneuerung und Flurneuordnung (vergleichbar mit der Prioritätensetzung von Stadtumbaumaßnahmen) wird die Entwicklung von inhaltlichen Maßnahmen und Projekten außerhalb des Instrumentariums der Ländlichen Entwicklung ebenso flexibel gehandhabt.

Im Gegensatz zu einem starren territorialen Entwicklungsansatz steht bei der ILE in Bayern die Aufrechterhaltung und Verbesserung von Funktionen im Vordergrund. Damit ist von vornherein eine starke Problemorientierung und Flexibilität innerhalb der vorgegebenen Handlungsfelder verbunden.

Die Siedlungsentwicklung ist von der programmatischen Seite explizit auf ein abgestimmtes Vorgehen zur Innenentwicklung ausgerichtet. Inwieweit sich dieses auch in der Praxis der ILE-Gebiete hinsichtlich einer stärkeren Nachfrageorientierung widerspiegelt, lässt sich mangels verwertbarer Auswertungen und Daten nicht differenzierter beurteilen. Ansätze erscheinen insofern gegeben, nachdem die Innenentwicklung in einigen ILE-Gebieten einen Schwerpunkt der Zusammenarbeit darstellt.

Die Ausgestaltung der ILE in Bayern zeigt, dass es möglich ist, die GAK mit dem „Fördergrundsatz ILE" konsequent zu einem „umfassenden Entwicklungsansatz" für ländliche geprägte Gebiete weiterzuentwickeln[54]. Die Herausforderungen der nächsten Jahre liegen darin, die strukturellen und funktionalen Umstrukturierungsprozesse in den ländlich geprägten Gemeinden und Städten zu erkennen und aktiv zu steuern. Voraussetzung hierfür ist die stärkere Berücksichtigung aller relevanten Funktionen und demzufolge die Auseinandersetzung mit Themenstellungen, die über das bisherige, im GAK-Rahmenplan verankerte Förderspektrum hinausgehen. Dies betrifft insbesondere eine stärkere Ausrichtung auf kommunale Daseinsvorsorgefunktionen in Zusammenhang mit den Handlungserfordernissen einer abgestimmten Siedlungs- und Innenentwicklung (vgl. RAAB 2006: 195). Hierfür sind, insbesondere unter Stagnations- und Schrumpfungsbedingungen, die Definition von Mindeststandards sowie eine an die Daseinsvorsorgestruktur ausgerichtete und interkommunal abgestimmte Schwerpunktsetzung der Siedlungs- und Innenentwicklung erforderlich. Unter Berücksichtigung der Ziele der Raumordnung könnte sich die ILE in Bayern mit einer konsequenten funktionsräumlichen Schwerpunktsetzung zu einem wirkungsvollen Steuerungsinstrument jenseits einer pauschalen Fördermittelverteilung profilieren. Die ARL-Arbeitsgruppe „Ländliche Räume im Struktur- und Politikwandel" stellt hierzu fest, dass von Seiten der Agrarressorts »eine Parallelentwicklung zur Raumordnung gefördert wird, die den Zielen einer nachhaltigen und Ressourcen sparenden Raumordnung vielfach im Wege stehen, häufig dieser sogar widersprechen: [...] Eine strategische Ausrichtung der Förderung des ländlichen Raumes an den Zielen der Raumordnung würde zu einer höheren Nachvollziehbarkeit, Stringenz und Effizienz der Politik für ländliche Räume führen« (FRANZEN, HAHNE et al. 2008: 26).

---

[54] Die OECD (2007) kommt in ihrem *„Prüfbericht zur Politik für ländliche Räume in Deutschland"* zu dem Ergebnis, dass die "Gemeinschaftsaufgabe zur Verbesserung der Agrarstruktur und des Küstenschutzes" (GAK) auf einen noch sehr sektorspezifischen Entwicklungsansatz zur Agrarstrukturverbesserung zurück greift (vgl. OECD 2007: 20).

4.2.4 Grundlagen, Instrumente und Steuerungsmöglichkeiten zur Gewerbeflächenentwicklung

»Im Rahmen städtebaulicher Entwicklungen stellt die Kooperation bei der Gewerbeflächenentwicklung den am häufigsten vorkommenden Fall dar« (HOLLBACH-GRÖMIG, FLOETING et al 2005: 89). Kommunen, die eine Kooperation in diesem Handlungsfeld anstreben, können daher auf umfangreiche Erfahrungen, Regelungen und Verfahren zurückgreifen. Die am häufigsten praktizierte Form ist die gemeinsame Entwicklung eines Gewerbegebiets durch mehrere Gemeinden, wobei das zu entwickelnde Gebiet auf den Gemarkungsflächen mehrerer Gemeinden oder auch nur auf dem Gebiet einer Gemeinde liegen kann. Viele Gemeinden verfügen aber über bereits bestehende Gewerbegebiete, die häufig unabhängig von den interkommunalen Gewerbegebieten in Eigenregie und damit mit der Gefahr einer gewissen Konkurrenzsituation betrieben werden. Um dies zu verhindern – und vor dem Hintergrund der Diskussion um eine effizientere Form der Flächeninanspruchnahme *(siehe Kap. 3.3.3)* – richten sich die Anforderungen in verstärktem Maße an eine, über die einzelne Fläche hinausgehende Steuerung des Gewerbeflächenangebotes im Sinne eines „Flächenmanagements" (vgl. HOLLBACH-GRÖMIG, FLOETING et al. 2005: 89). Für eine derartige interkommunale Gewerbeflächenentwicklung mit dem Steuerungsansatz des Flächenmanagements gibt es bislang noch kaum Praxisbeispiele.

Die Steuerungsmöglichkeiten zur interkommunalen Gewerbeflächenentwicklung lassen sich unter Berücksichtigung des Flächen-/Raumbezuges in zwei wesentliche Strategien gliedern:

- Entwicklung und Vermarktung einzelner interkommunaler Gewerbegebiete.
- Abgestimmte Entwicklung und Vermarktung mehrerer Gewerbegebiete oder des umfassenderen Gewerbeflächenangebots.

Prinzipiell ist auch eine Kombination beider Steuerungsansätze denkbar.

a) Interkommunale Gewerbegebiete

Grundlagen und relevante Steuerungsmittel unter Berücksichtigung empirischer Erkenntnisse

Unter dem Begriff „interkommunales Gewerbegebiet" wird in Anlehnung an KRIEGER die gemeinsame Planung, Realisierung und Vermarktung eines Gewerbe- und Industriegebietes durch mindestens zwei Kommunen verstanden (vgl. Krieger 1994: 6). In der Regel betrifft die Entwicklung eines interkommunalen Gewerbegebietes eine einzelne zusammenhängende Fläche. Die Entwicklung interkommunaler Gewerbegebiete stellt ein häufiges und seit längerem praktizier-tes Feld einer interkommunalen Kooperation im Bereich der räumlichen bzw. städtebaulichen Entwicklung dar (vgl. KAHNERT, RUDOWSKY 1999: 5f). Demzufol-ge sind interkommunale Gewerbegebiete auch ein intensiver untersuchtes Feld der interkommunalen Kooperation (u.a. WUCHANSKY, KÖNIG 2006; LITSCH 2007, BUNZEL et al. 2002, MÜLLER 2001; KAHNERT, RUDOWSKY 1999; *siehe Kap. 2.1*). Für das Zustandekommen eines interkommunalen Gewerbegebiets sind sowohl hoheitliche wie auch nicht-hoheitliche Aufgaben erforderlich. Insbesondere das Erfordernis von hoheitlichen Aufgaben schränkt die Wahl relevanter Rechts- und Organisationsformen ein. Zu unterscheiden sind folgende Entwicklungsstufen:

- Schaffung der erforderlichen Voraussetzungen hinsichtlich Flächensicherung, Bauleitplanung und Erschließung: dies betrifft im Wesentlichen den Flächen-erwerb, die Flächennutzungs- und Bebauungsplanung sowie die (Teil-)Erschließung.

- Gewährleistung des laufenden Betriebs in Bezug auf Vermarktung und An-siedlung: dies betrifft u.a. Bodenpreispolitik, Marketing, Beratung von Unter-nehmen, Grundstücksverkauf, Baugenehmigung sowie die steuerliche Ab-rechnung.

Bei der Zuständigkeitsregelung der hoheitlichen Aufgaben im Zuge der Bauleit-planung und späteren Baugenehmigung sind die Passfähigkeit der Rechts- und Organisationsform sowie der Einfluss der einzelnen Kommunalparlamente in be-sonderem Maße zu berücksichtigen. Die Zuständigkeit für die Bauleitplanung ist unter Berücksichtigung der rechtlichen Vorgaben des BauGB, entweder unter Beibehaltung der einzelgemeindlichen Verantwortlichkeit oder über die Kompe-tenzverlagerung auf interkommunaler Ebene, ein wesentlicher Meilenstein für die Auswahl der Rechts- und Organisationsstruktur. Dazu sind angemessene Struk-turen und Mitspracherechte innerhalb der gewählten Organisationsform zu finden *(siehe Kap. 4.1.2)*.

Ebenso ist die Verteilung von Kosten, Nutzen und Risiko eine wichtige Voraus-setzung, was auch den Umgang mit Gewerbesteuereinnahmen unter Berück-sichtigung des kommunalen Finanzausgleichs betrifft. Wie in *Kap. 3.2.1.3* darge-stellt, sehen Bundesländer wie Bayern, Baden-Württemberg und Hessen die Be-rücksichtigung von Verteilungsregelungen bei interkommunalen Gewerbegebie-ten auf Grundlage des jeweiligen Finanzausgleichsgesetzes vor. So können nach dem Bayerischen Finanausgleichsgesetz (FAG) die Verteilungsregelungen des Gewerbesteuer- oder Grundsteueraufkommens auf Antrag aller beteiligten Gemeinden bei der Ermittlung der Steuerkraftmesszahl berücksichtigt werden.

Demzufolge können gemeinsame Gewerbe- oder Grundsteuereinnahmen vor Berechnung der Steuerkraftmesszahl unter der Voraussetzung verbindlicher Verteilungsregelungen und einer Mindestlaufzeit von fünf Jahren aufgeteilt werden, so dass für die Standortgemeinde kein Nachteil entsteht (vgl. StMF 2008: 36).

Die Erhebung der Gewerbesteuer richtet sich grundsätzlich nach dem Gewerbesteuerhebesatz der jeweiligen Standortgemeinde, auf dessen Flur sich das interkommunale Gewerbegebiet befindet. Sollte ein interkommunales Gewerbegebiet die Gemarkung mehrerer Gemeinden betreffen, so könnte dies für die angesiedelten Betriebe unterschiedliche Hebesätze bedeuten. Grundlegend ist, dass die Festlegung der Höhe der Hebesätze im Rahmen der kommunalen Selbstverwaltung den einzelnen Kommunalparlamenten obliegt, nachdem diese unabhängig vom interkommunalen Gewerbegebiet auch von den jeweiligen Ausgangsbedingungen (z.B. spezifische Infrastrukturkosten) abhängig sind.

Zentrales Steuerungselement eines interkommunalen Gewerbegebietes ist die Festlegung eines entsprechenden Verteilungsschlüssels *(siehe Kap. 4.1.3)*. Bei interkommunalen Gewerbegebieten wird häufig eine Verteilung in Orientierung an die Gemeindegrößen (einwohner- oder flächenbezogen) vorgenommen, so dass die beteiligten Gemeinden die Lasten entsprechend ihrer Finanzkraft tragen können (vgl. WUCHANSKY, KÖNIG 2006: 69).

Aus der Vielzahl der in der vorliegenden Literatur beschriebenen Beispiele lassen sich als wesentliche Argumente für interkommunale Gewerbegebiete ableiten (vgl. u.a. BUNZEL et al. 2002: 232f; WUCHANSKY, KÖNIG 2006: 80):

- „Flächenargument": Aufgrund der anspruchsvolleren Standort- und Rahmenbedingungen wie Verkehrsanbindungen, städtebauliche Umfeldverträglichkeit, Immissionsschutz etc. ist bei Gewerbeflächen eine eingeschränktere Flächeneignung, Nutzbarkeit und Verfügbarkeit gegeben. Ein häufiger Fall ist auch die Entwicklung oder Erweiterung von Gewerbeflächen im Grenzbereich zweier oder mehrerer Gemeinden.

- „Wirtschaftlichkeitsargument": Dies betrifft insbesondere die Aufteilung von Kosten und Risiken; Letztere werden bei einer Gewerbeflächenentwicklung als höher eingestuft als bei einer Wohnbaulandentwicklung.

- „Wettbewerbsargument": In einem hart umkämpften Standortwettbewerb werden die Chancen der Vermarktung und Wahrnehmung in einem Verbund als aussichtsreicher angesehen als in Alleingängen. Darüber hinaus setzen Ansiedlungserfolge im Wettbewerb in der Regel kommunale Beratungs- und Unterstützungsleistungen voraus, die nicht von einzelnen Gemeinden vorgehalten werden können.

Im Wesentlichen geht es um planungs-, finanzierungs- und entwicklungsorientierte Kooperationsanlässe. Eine gemeinsame Planung, Finanzierung und Entwicklung eröffnet für viele Gemeinden überhaupt erst die Chance für die gewerbliche Nutzung von Flächen und die Generierung von Gewerbesteuereinnahmen (vgl. u.a. BUNZEL et al. 2002: 232).

Um dem Stand interkommunaler Gewerbegebiete in Deutschland auf der Basis vorhandender empirischer Untersuchungen näher auf den Grund zu gehen, wird nachfolgend vor allem auf die vergleichsweise aktuelle Untersuchung des ILS[55] zu 110 untersuchten interkommunalen Gewerbe-/Industriegebieten in Deutschland zurückgegriffen.

Für das Zustandekommen interkommunaler Gewerbegebieten ist u.a. die Größe der Kooperation hinsichtlich der Anzahl beteiligter Kommunen von Bedeutung.

Abb. 49: Anzahl der beteiligten Kommunen an interkommunalen Gewerbegebietsentwicklungen in Deutschland (Quelle: WUCHANSKY, KÖNIG 2006: 75)

Im Ergebnis spiegeln sich hierzu überschaubare Größenordnungen wider. In über 60 % der untersuchten Gewerbegebietsprojekte kooperieren zwei Kommunen miteinander; bei ca. 20% sind es drei und bei knapp 10 % vier Kooperationspartner. Bei den

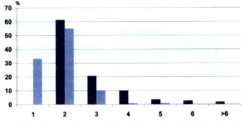

restlichen ca. 10 % entwickeln mehr als vier Gemeinden ein gemeinsames Gewerbegebiet (vgl. WUCHANSKY, KÖNIG 2006: 74). LITSCH kommt in seiner Erhebung zu den interkommunalen Gewerbegebieten in Baden-Württemberg zu vergleichbaren Ergebnissen: In den häufigsten Fällen sind es zwei (50 %) oder drei Kooperationspartner (20 %) – nur ein Drittel der Kooperationen bestehen aus mehr als drei Kooperationspartnern (vgl. LITSCH 2007: 48f).

Was die Größe der Kommunen nach Einwohnerzahlen betrifft, so sind es vor allem kleinere Gemeinden sowie Klein- und Mittelstädte, die sich zur gemeinsa-

---

[55] INSTITUT FÜR LANDES- UND STADTENTWICKLUNGSFORSCHUNG UND BAUWESEN DES LANDES NORDRHEIN WESTFALEN (ILS); im Folgenden werden zu verschiedenen Aspekten die Ergebnisse der Untersuchung zugrunde gelegt, nachdem diese die umfassendste und aktuellste, dem Verfasser bekannte Studie im Bereich interkommunaler Gewerbegebiete darstellt. Ergänzend wird u.a. auf die Erhebung von LITSCH (2007) zum Stand der interkommunalen Gewerbegebiete in Baden-Württemberg im Rahmen einer Master-Thesis zurückgegriffen. Punktuell wird auch auf Erkenntnisse einer Untersuchung von MÜLLER zu acht ausgewählten interkommunalen Gewerbegebieten in Bayern Bezug genommen (MÜLLER 2001).

men Gewerbegebietsentwicklung zusammenschließen (vgl. WUCHANSKY, KÖNIG 2006: 75). Ergänzend dazu wurde in der Erhebung der interkommunalen Gewerbegebiete in Baden-Württemberg auch die raumstrukturelle Lage berücksichtigt: Diese verteilen sich je zur Hälfte auf „Verdichtungsräume" sowie auf "ländliche Räume" (vgl. LITSCH 2007: 51f). Weiterhin wurde in der ILS-Studie auch die Frage nach den Organisations- und Rechtsformen aufgegriffen *(siehe Kap. 4.1.2).*

Abb. 50: Organisationsformen ausgewählter interkommunaler Gewerbegebiete in Deutschland (Quelle: WUCHANSKY, KÖNIG 2006: 79)

Im Ergebnis der ILS-Studie stellt sich eine mehrheitliche Bevorzugung (38 %) des Zweckverbandes dar; dies betrifft insbesondere Vorhaben, in denen auch die Bauleitplanung gemeinsam vorgenommen wurde. Zu berücksichtigen ist, dass auch die Kombinationsformen zu einem hohen Anteil auf den Zweckverband aufbauen (21 % von insgesamt 28 %). In nennenswerter Größenordnung folgen die öffentlich-rechtliche Vereinbarung mit 9 % (+5 % innerhalb von Kombilösungen), die privatrechtliche GmbH mit 7 % sowie der öffentlich-rechtliche Planungsverband (+4 % innerhalb von Kombilösungen) mit 5 % – seltener wurde mit 3 % eine kommunale Arbeitsgemeinschaft gegründet (vgl. WUCHANSKY, KÖNIG 2006: 79). Bei den interkommunalen Gewerbegebieten in Baden-Württemberg spielt der Zweckverband eine noch größere Rolle: 78 % der Kooperationen bauen auf eine zweckverbandliche Lösung auf, weitere 7 % sind eine Mischform aus Zweckverband und GmbH – dem Rest liegen öffentlich-rechtliche Vereinbarungen (10 %) sowie GmbH und sonstige Rechtsformen (5 %) zugrunde (vgl. LITSCH 2007: 49). MÜLLER kommt zu dem Ergebnis, dass dem Zustandekommen von Zweckverbänden häufig über Jahre andauernde Einigungsprozesse mit einem hohen zeitlichen Aufwand vorausgegangen sind. Während jedoch über Regelungen im Vorfeld langwierig gerungen wird, treten im laufenden Betrieb in der Regel kaum Probleme oder Konflikte auf (vgl. MÜLLER 2001: 120).

In Anknüpfung an die Frage der Flächeninanspruchnahme sind bei interkommunalen Gewerbegebieten die siedlungs- und raumbezogenen Rahmenbedingungen von besonderem Interesse. So ergab die Untersuchung des ILS, dass zwei Drittel der untersuchten Vorhaben einen neuen, vom Bestand isolierten Siedlungsansatz darstellen; nur etwa ein Drittel arrondieren oder grenzen unmittelbar an bestehende Strukturen an. Den Schwerpunkt stellen neue, autobahn- oder bundesstraßennah gelegene Gewerbestandorte dar, die mehrheitlich ohne konkrete Siedlungsbezüge im bisherigen Freiraum entwickelt werden (vgl. WUCHANSKY, KÖNIG 2006: 76). Von Seiten der Verkehrsanbindung liegen über die Hälfte (55 %) der untersuchten Vorhaben unmittelbar an einer Bundesstraße; 28 % an einer Bundesautobahn.

Abb. 51: Flächengrößen (Bruttobauland) ausgewählter interkommunaler Gewerbegebiete in Deutschland (Quelle: WUCHANSKY, KÖNIG 2006: 74)

Die Betrachtung der Flächengrößen ermöglicht einen weiteren Aufschluss zur Frage der Flächeninanspruchnahme interkommunaler Gewerbegebiete. Diese ergibt zunächst eine große Bandbreite an beanspruchten Kooperationsflächen. Etwa die Hälfte der untersuchten Gewerbegebiete liegt in der Größenordnung zwischen 20 bis 80 ha (Bruttobauland inkl. Verkehrs-, Grünflächen etc.). Besonders auffallend ist, dass knapp 19 % eine Größe von über 140 ha (brutto) aufweisen. Die Durchschnittsgröße der bundesweit erfassten interkommunalen Gewerbegebiete liegt bei 96 ha Bruttofläche. Dieser relativ hohe Wert ist auf eine Vielzahl von großen Gewerbeflächen zurückzuführen (vgl. WUCHANSKY, KÖNIG 2006: 73f). Ergänzend dazu wurde bei der Erhebung in Baden-Württemberg der Frage nach zusätzlich vorhandenen Flächenpotenzialen nachgegangen. Demnach verfügen 30 % über weitere erschlossene Gewerbeflächen in einer Größenordnung über 5 ha, 62 % haben ein verfügbares Gewerbeflächenpotenzial von unter 5 ha – nur in 8 % sind keine weiteren Gewerbeflächen vorhanden (vgl. LITSCH 2007: 54).

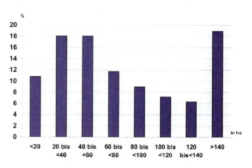

Im Rahmen der Vertiefung der Vermarktungsstrategie zeigt das Ergebnis der ILS-Studie, dass sehr unterschiedliche Strukturen und Vorgehensweisen praktiziert werden.

Abb. 52: Organisation der Vermarktung ausgewählter interkommunaler Gewerbegebiete in Deutschland (Quelle: WUCHANSKY, KÖNIG 2006: 81)

In einem ersten groben Überblick können drei größere Gruppen eingeteilt werden: 70 % mit einzelorganisatorischer Lösung, 20 % mit Kombinationsmodell und 10 %, die sich noch nicht entschieden haben (laufende Einigungsprozesse). Die Kombinationslösungen sind aufgrund des Mangels an klaren Zuständigkeiten bzw. systembedingt

Organisation der Vermarktung

19 %	Interkommunales Gremium
17 %	Betreibergesellschaft
10 %	Noch nicht entschieden
8 %	Zweckverband
6 %	Jede Kommune für ihren Flächenanteil
6 %	Landesentwicklungsgesellschaft (LEG)
5 %	Wirtschaftsförderung einer Belegenheitskommune
4 %	Regionale Wirtschaftsförderung
2 %	Entwicklungsgesellschaft
1 %	Kommunale Anstalt öffentlichen Rechts (KAÖR)
1 %	Förderverein
1 %	Marketinggesellschaft
20 %	**Kombination aus verschiedenen Organisationen**

erhöhten Transaktionskosten von Haus aus kritischer zu hinterfragen. Bei den meisten Kooperationsvorhaben (19 %) steht ein gremienorientierter Ansatz im Vordergrund; personenorientierte Lösungen sind vorrangig hinter der Betreibergesellschaft (17 %), der Übernahme durch die Wirtschaftsförderung einer beteiligten Kommune (5 %) oder der regionalen Wirtschaftsförderung (4 %) sowie Entwicklungs- (2 %) und Marketinggesellschaft (1 %) zu vermuten (vgl. WUCHANSKY, KÖNIG 2006: 81). Eine operative personelle Verankerung erscheint insgesamt bei nur etwa einem Viertel aller Vorhaben nachvollziehbar gegeben. Müller kommt zu dem Ergebnis, dass durch die hohen Anfangsinvestitionen für Flächenerwerb, Planung und Erschließung die Bereitschaft sinkt, in die laufende Vermarktung von Flächen zu investieren. Eine personelle Verankerung ist fast durchgängig schwach ausgeprägt; ein häufig anzutreffendes Modell ist die „Nebenbeschäftigung" für fachfremde Verwaltungsmitarbeiter (vgl. MÜLLER 2001: 116). Angesichts eines harten Standortkonkurrenzkampfes im Bereich von Gewerbeansiedlungen sowie teilweise beträchtlicher Flächengrößen und des dafür erforderlichen Mitteleinsatzes drängt sich die Frage der Verhältnismäßigkeit von erwünschten Ansiedlungserfolgen und eingesetztem Know-how auf, wobei hierzu differenziertere empirische Befunde notwendig wären.

Zusammen mit der organisatorischen und personellen Lösung spielt die zugrunde gelegte Ansiedlungs- und Vermarktungsstrategie eine wichtige Rolle, inwieweit sich die Entwicklung interkommunaler Gewerbegebiete gegenüber einer klassischen Angebotsplanung auf einzelgemeindlicher Ebene qualitativ abgrenzen kann.

Abb. 53: „Ansiedlungsstrategie" ausgewählter interkommunaler Gewerbegebiete in Deutschland (Quelle: WUCHANSKY, KÖNIG 2006: 81)

Die Untersuchungen des ILS erbrachten, dass in 45 % der befragten interkommunalen Gewerbegebiete Vorgaben bezüglich der vorrangigen Ansiedlung bestimmter Branchen im Sinne einer Zielgruppen-/Branchenorientierung be-

Ansiedlung / Ausschluss bestimmter Branchen	
- Mehrfachnennungen möglich -	
Vorrang	**Ausschluss**
Logistikunternehmen	Innenstadtrelevanter Einzelhandel
Produzierendes Gewerbe	Großflächiger Einzelhandel
Flugaffines Gewerbe	Betriebe, die auf Altstandorten untergebracht werden können
Dienstleistungsbetriebe + produzierendes Gewerbe	Logistikunternehmen + Einzelhandel
Arbeitsplatzintensive Unternehmen + produzierendes Gewerbe	Abfallbeseitigung/Müllverbrennung

stehen. Einen vergleichsweise hohen Stellenwert nehmen mit je 12 % die Branchen produzierendes Gewerbe und Logistik ein. Von Bedeutung ist außerdem sog. flugaffines Gewerbe, das auf Gewerbegebieten in der Nähe von Flughäfen präferiert wird. Ein Branchenmix aus produzierendem Gewerbe und Dienstleistung würde in 6 % der Gewerbegebiete vorrangig angesiedelt werden. Arbeitsplatzintensivere Betriebe unter besonderer Berücksichtigung produzierenden Gewerbes sehen 4 % der Befragten als Ansiedlungsschwerpunkt; über die Hälfte der Ansiedlungsstrategien bevorzugen spezifische Branchenkombinationen.

Zur Ansiedlungsstrategie gehört auch die Frage nach dem Ausschluss von Branchen. In knapp 40 % der befragten Vorhaben werden bestimmte Branchen von einer Ansiedlung im interkommunalen Gewerbegebiet mehr oder weniger verbindlich ausgeschlossen. An oberster Stelle stehen dabei Einzelhandel und Logistik sowie branchenunabhängig die vorhandenen Bestandsbetriebe (vgl. WUCHANSKY, KÖNIG 2006: 82). Im Umkehrschluss verfolgen jedoch über 50 % der befragten interkommunalen Gewerbegebiete eine offene Ansiedlungs- und Vermarktungsstrategie ohne relevante Festlegungen.

Demzufolge ist häufig eine weit geöffnete Schere zwischen ursprünglichen Zielsetzungen und Prognosen zur Auslastung der Gebiete und Arbeitsplatzeffekte und den tatsächlich eintreffenden Wirkungen festzustellen (vgl. MÜLLER 2001: 121). In vielen interkommunalen Gewerbegebieten gab es jahrelange Überbrückungsphasen zwischen den erforderlichen, hohen Anfangsinvestitionen für Flächenerwerb, Planung und Erschließung sowie den ersten konkreten Unternehmensansiedlungen. Diese langen Vorfinanzierungsphasen verschärfen den Ansiedlungsdruck und senken die Hemmschwelle, auch geringer qualifizierte Betriebe in Bezug auf Arbeitsplatzeffekte, Flächeninanspruchnahme oder Immissionen anzusiedeln (vgl. MÜLLER 2001: 121).

Steuerungsmöglichkeiten unter besonderer Berücksichtigung einer Nachfrage-orientierung

Interkommunale Gewerbegebiete stellen hinsichtlich der Verbreitung und Erfahrungszeiträume das in der Praxis am häufigsten angewendete Steuerungsinstrument zur räumlichen bzw. städtebaulichen Entwicklung im Rahmen interkommunaler Kooperation dar. Kein Instrument weist eine vergleichbare Verbreitung oder vergleichbar lange Erfahrungszeiträume auf.

Es gibt eine Reihe von Interessen, die aus Planungs-, Finanzierungs- und Entwicklungsgründen für eine Kooperation zur Gewerbeflächenentwicklung sprechen. Dabei zielen derartige Kooperationen auf funktionsräumliche „Zweckbündnisse" ab. In Anlehnung an die voran gestellten Befunde lassen sich zusammenfassend folgende Kennzeichen ableiten (u.a. WUCHANSKY, KÖNIG 2006; LITSCH 2007, MÜLLER 2001:

- Organisation: Weitgehend formelle und verbindliche Kooperations- und Organisationsstrukturen mit der häufigsten Form zweckverbandlicher Lösungen, denen eine bewährte Kosten-Nutzen-Risiko-Verteilung zugrunde liegt. Wie die Umfragen in Bayern zeigen, gehen dem jedoch häufig langwierige und mit einem hohen Zeitaufwand verbundene Anbahnungsprozesse voraus.

- Standort-/Flächenbezug: In Zusammenhang mit vermeintlich günstigen Standortvoraussetzungen, u.a. mit der unmittelbaren Anbindung an Bundesstraßen oder Autobahnen, werden größere, häufig vom Bestand abgekoppelte Flächen entwickelt.

- Vermarktung: Über der Hälfte der vom ILS bundesweit untersuchten Kooperationen liegt keine dezidierte Ansiedlungs- und Vermarktungsstrategie zugrunde. Hinzu kommt, dass die personelle Verankerung von Vermarktungsaufgaben häufig schwach ausgeprägt ist.

Insgesamt ergibt sich bei interkommunalen Gewerbegebieten eine tendenziell mangelnde Übereinstimmung zwischen Investitionen und Ansprüchen einerseits sowie den Strategien und eingesetzten Steuerungsmitteln andererseits. Dies könnte u.a. darauf zurückzuführen sein, dass Kosten und Risiko geteilt sind und folglich für die einzelnen Partnergemeinden eine niedrigere Risikohemmschwelle besteht. Zugleich verbindet sich mit einer schlagkräftigeren Trägerstruktur die Hoffnung, dass sich interkommunale Gewerbegebiete besser vermarkten lassen. Vergleichbar mit Wertpapiergeschäften führt dies im Sinne eines „Portfolio-Effektes" zur Nivellierung der Risiken; d.h. auf einzelgemeindlicher Ebene werden die Risikogrenzen vermutlich enger gezogen werden als bei einem interkommunalen Gewerbegebiet.

Inwieweit sich die dargestellten Größenordnungen interkommunaler Gewerbegebiete von bundesweit durchschnittlich 96 ha mit einer gezielten nachfrageorientierten Entwicklung verbinden lassen, erscheint ebenso fraglich, wie der pauschale Beitrag interkommunaler Gewerbegebiete zu einer sparsamen Flächeninanspruchnahme. Dahingehend erfolgt die Flächenausweisung häufig ohne konsequente Abstimmung zu den bereits vorhandenen, entwickelten Gewerbeflä-
chenpotenzialen. Zudem ist auch die siedlungsräumliche Einbindung interkommunaler Gewerbegebiete aus städtebaulicher, ökonomischer und ökologischer
Sicht kritisch zu hinterfragen. Im günstigeren Fall liegen die Gewerbeflächen am
Siedlungsrand, mehrheitlich sind diese vollkommen isoliert im Freiraum gelegen.
Anhand dieser quantitativen und qualitativen Indikatoren ist der in der Literatur
vielfach dargestellte Zusammenhang einer Reduzierung des Flächenverbrauchs
durch interkommunale Gewerbegebiete prinzipiell fragwürdig bzw. im Einzelfall
zu beurteilen (vgl. LITSCH 2007: 55).

Die Entwicklung einzelner interkommunaler Gewerbegebiete unterscheidet sich
angesichts einer teilweise hohen Ressourcenbindung von Seiten der strategischen und personellen Steuerungsvoraussetzungen insgesamt wenig von einer
klassischen Angebotsplanung (vgl. MÜLLER 2001: 116f). Dies wird dadurch verschärft, dass es sich um ein „Spiel auf eine Karte bzw. Fläche" mit einer mangelnden Standortvarianz handelt. Aus Sicht von DRESSEN stellen auf einzelne
Gewerbeflächen bezogene interkommunale Kooperationen „Insellösungen" dar,
»denn sie werden selten eingebunden in systematische, nicht nur auf einzelne
Flächen bezogene regionsweite Ansätze, die Gewerbeflächen auf die Standorte
[…] entsprechend spezifischer Bedarfe ausrichten« (DRESSEN 2004: 5).

Von Angebotsseite würde dies zunächst voraussetzen, dass eine Abstimmung
mit den übrigen Gewerbeflächenangeboten der einzelnen Partnergemeinden
vorgenommen wird. Über das interkommunale Gewerbegebiet hinaus sollten
auch die übrigen Gewerbeflächenangebote mit der Möglichkeit einer größeren
Vielfalt an Standortqualitäten eingebunden und aus einer Hand vermarktet werden (vgl. WUCHANSKY, KÖNIG 2006: 71).

Von der Nachfrageseite übersieht die bei vielen interkommunalen Gewerbegebieten vorherrschende, einseitige Ausrichtung auf Neuansiedlung von Unternehmen von außen, dass die Gewerbeflächennachfrage in der Regel überwiegend aus der Region selbst kommt. Nach Schätzungen von RUTHER-MEHLIS liegt
der regions- und bestandsbezogene Nachfrageanteil bei über 80 % bis 90 % der
gesamten Nachfrage (vgl. RUTHER-MEHLIS 2010).

Unter Berücksichtigung der realen Markt- und Nachfrageverhältnisse erscheint
unter Einbeziehung von Bestandspflegestrategien ein differenziertes Rollenspiel

zwischen interkommunalen und kommunalen Gewerbeflächenangeboten hinsichtlich unterschiedlicher Standort- und Unternehmensprofile im Sinne eines Flächenmanagements erforderlich. Dahingehend sieht auch das ILS in seinen „Handlungsempfehlungen für die Entwicklung interkommunaler Gewerbegebiete" einen Bedarf zur Weiterentwicklung interkommunaler Gewerbegebiete zu einem „interkommunalen Gewerbeflächenmanagement", das nicht nur eine einzelne Fläche entwickelt, sondern auf eine weitreichendere Abstimmung und ggf. Entwicklung des Gewerbeflächenangebotes abzielt. Für ein derartiges Gewerbeflächenmanagement sind vergleichbar mit interkommunalen Gewerbegebieten »verbindliche vertragliche Regelungen notwendig, um einen fairen dauerhaften Interessensausgleich zu gewährleisten« (WUCHANSKY, KÖNIG 2006: 72).

b) Interkommunales Gewerbeflächenmanagement

Grundlagen und relevante Steuerungsmittel

Dem "interkommunalen Gewerbeflächenmanagement" liegt in Abgrenzung zu der Entwicklung eines einzelnen Gewerbegebietes die, über eine einzelne Fläche hinausgehende Abstimmung oder Steuerung des Gewerbeflächenangebotes zugrunde. Nach dem derzeitigen Kenntnisstand bieten sich hierfür zwei verschiedenen Ansätze an:

- Interkommunaler Gewerbeflächenpool,

- gemeinsame Entwicklung mehrerer interkommunaler Gewerbegebiete unter einem gemeinsamen organisatorischen Dach

Interkommunaler Gewerbeflächenpool am Beispiel REGENA

An die Forderung nach einem interkommunalen Gewerbeflächenmanagement knüpft das Modell des „interkommunalen Gewerbeflächenpools" an. In Anlehnung an RUTHER-MEHLIS und WEBER zielt das Grundmodell des regionalen Gewerbeflächenpools darauf ab, »dass die beteiligten Gemeinden Flächen auf eigener Gemarkung in einen Pool einbringen sowie gemeinsam die Erschließung und Vermarktung auf der Basis eines gemeinsamen Risiko- und Vorteilsausgleichs betreiben« (RUTHER-MEHLIS, WEBER: 2010). Dieses Modell ist auf die „Entwicklung des regionalen Gewerbeflächenpools Neckar-Alb" (REGENA) zurück zu führen.

Mit acht Gemeinden des Regionalverbands Neckar-Alb (u.a. Balingen, Hechingen und Nachbargemeinden) wurde im Jahr 2004 das Organisationsmodell für einen regionalen bzw. interkommunalen Gewerbeflächenpool initiiert. Die Entwicklung des REGENA-Modells wurde u.a. im Rahmen des Bundesprogramms REFINA sowie durch das Ministerium für Umwelt und Verkehr und das Wirtschaftsministerium von Baden- Württemberg gefördert.

Ziel des Regionalen Gewerbeflächenpools ist eine gemeinsame Entwicklung und Vermarktung der Gewerbeflächen mehrerer Kommunen, um dadurch eine gegenseitige Konkurrenz auszuschließen und ein Überangebot an Gewerbeflächen zu vermeiden. Ausgewählte Gewerbegebiete, Ausgleichsflächen sowie die Einnahmen durch Grundstücksverkäufe und Gewerbesteuern werden gemeinsam bewirtschaftet. Das Besondere an diesem Modell ist die Möglichkeit für Gemeinden, die keine eigenen Gewerbeflächen ausweisen können, sich finanziell mit einer Einlage in den Pool zu beteiligen und somit am wirtschaftlichen Erfolg hinsichtlich Grundstückserlösen und Gewerbesteuereinnahmen partizipieren zu können (vgl. DRESSEN 2004: 9).

Allerdings können der Möglichkeit der Kapitalbeteiligung im Sinne eines Investments unter Berücksichtigung der jeweiligen finanziellen Situation der Gemeinden Grenzen gesetzt sein *(siehe Abschnitt „Steuerungsmöglichkeiten")*.

Abb. 54: Arbeitskonzept interkommunaler Gewerbeflächenpool (Quelle: RUTHER-MEHLIS 2010)

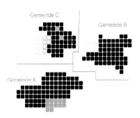

Das Arbeitskonzept des interkommunalen Gewerbeflächenpools sieht im Wesentlichen vor, dass die Gemeinden Mitglied im Gewerbeflächenpool werden, indem sie Gewerbeflächen oder Kapital einbringen. Über die Aufnahme von Flächen

Flächenanteile im Pool:

Gemeinde A: Bietet im Pool die bereits erschlossenen Grundstücke an

Gemeinde B: Verzichtet auf die Neuausweisung und beteiligt sich über eine finanzielle Einlage am Pool

Gemeinde C: Bietet Innenentwicklungsflächen im Pool an. Neubauflächen sollen erst zu einem späteren Zeitpunkt und bei entsprechendem Bedarf geplant werden

Alle Flächen bleiben bis zu einem Verkauf im Eigentum der jeweiligen Gemeinden.

in den Pool wird von den dafür zuständigen Gremien nach einheitlichen Kriterien entschieden, um so den Ankauf von Ladenhütern mit ungünstigen Standortvoraussetzungen vermeiden zu können. Das Einbringen von Flächen bedingt, dass die erforderlichen bauleitplanerischen Voraussetzungen (Flächennutzungs- und Bebauungsplan) für die entsprechenden Gewerbeflächen durch die einzelnen Standortgemeinden geschaffen werden.

Der Satzungsentwurf von REGENA (Stand 18.10.2007) setzt unter § 2 die Mitgliedschaft im Gewerbeflächenpool an die Einbringung von a) erschlossenen oder b) nicht erschlossenen Gewerbeflächen im Eigentum der Gemeinde, c) geeigneten Ausgleichsflächen oder d) eine Geldeinlage vor. Letztere bietet auch Gemeinden die Möglichkeit zur Beteiligung, die über keine entsprechenden Flächenressourcen verfügen.

Alle Flächen des Pools bleiben bis zu einem Verkauf im Eigentum der jeweiligen Gemeinde. Die Möglichkeiten einer Bestandspflege von lokalen Betrieben berücksichtigt bzw. durch Regelungen gegenüber einer Neuansiedlung von außen abgegrenzt. Im Falle der Neuansiedlung eines Betriebes von außen, ist die Gemeinde verpflichtet, die betreffende Fläche dem Gewerbeflächenpool anzubieten. Der Verkaufserlös für die Flächen verbleibt bei der Gemeinde, das Gewerbesteueraufkommen von angesiedelten Betrieben fließt an die Poolgemeinschaft und wird entsprechend der jeweiligen Poolanteile verteilt (vgl. RUTHER-MEHLIS, WEBER 2010: 2).

Die Poolanteile bzw. der Verteilungsschlüssel richtet sich nach dem Wert der eingebrachten Flächen oder Geldeinlagen. Die Bewertung der eingebrachten Flächen stellt ein wesentliches Steuerungsmittel des Gewerbeflächenpools dar. Zu klären ist, nach welchen Kriterien und von wem bewertet wird. Für das Ziel einer einfachen und fairen Bewertung bieten sich Kriterien wie der Bodenrichtwert, der tatsächliche Verkaufspreis oder ein modifizierter Ausgangspreis nach fachübergreifender Bewertung von unternehmerischen, städtebaulichen und ökologischen Aspekten an.

Im Satzungsentwurf von REGENA (Stand 18.10.2007) sind unter § 4 Bewertung der Flächen der Bodenrichtwert sowie die zusätzliche Berücksichtigung von ökonomischen, ökologischen und städtebaulichen Standortfaktoren sowie der rechtliche Zustand der Fläche vorgesehen. Die Wertermittlung soll über eine Bewertungskommission vorgenommen werden, die aus Mitgliedern (Gemeindevertretern) der Verbandsversammlung, sachkundigen Personen und dem Vorsitzenden des lokalen Gutachterausschusses besteht.

Die Kosten und Erlöse des Pools werden nach dem Wert der eingebrachten Flächen auf die Zweckverbandsmitglieder umgelegt. Wird eine Poolfläche verkauft, fließt der Anteil der Erschließungskosten an die Gemeinde zurück. Der Rest des Erlöses fließt in den Pool und wird jährlich – ihrem Anteil entsprechend – an die Poolmitglieder ausgeschüttet. Entsprechend der Poolanteile werden auch die Gewerbesteuereinnahmen verteilt *(siehe nachfolgend Abb. 55)*.

Abb. 55: Rechenbeispiel zur Funktionsweise der Ermittlung der Poolanteile sowie der Erlöse am Beispiel REGENA (Quelle: GUST 2003, RUTHER-MEHLIS 2010)

	Einge-brachte Fläche (ha)	Er-schlos-sen	€/qm	Anteil Boden-wert (Euro)	Bewer-tung (Euro)	Anteil (%)	Erlös nach 1.Jahr (Euro)	
							Erstattung Erschl.beitrag	Ausschüttung Anteil
Balingen	20	ja	30	15	3.000.000	23,44	150.000	90.234,38
Schömberg	10	ja	20	10	1.000.000	7,81		30.078,12
Haigerloch	5	ja	20	10	500.000	3,91	40.000	15.039,06
Hechingen/ Bodelshausen	20	ja	35	17,5	35.000.000	27,34	175.000	105.273,43
Dottemhausen	10	nein	15	15	1.500.000	11,7		45.117,19
Bisingen	20	nein	15	15	3.000.000	23,44		90.234,38
Grosselfingen	2	ja	20	10	200.000	1,56	20.000	6.015,62
Meßstetten	0	nein	Einlage		100.000	0,78		3.007,82
Summe	87				12.800.000		385.000,00	385.000,00

Die Vermarktung von Poolflächen ist aus einer Hand über eine gemeinsame Poolverwaltung vorgesehen, die entweder über vorhandene Personalressourcen aus einer der Partnergemeinden oder über eine eigene Personallösung in Trägerschaft des Zweckverbandes abgedeckt wird. Einen Kernpunkt zur Steuerung des Gewerbeflächenpools bilden „Verfahrensregeln", die wesentliche Grundsätze der Zusammenarbeit sowie insbesondere die Abgrenzung zwischen lokaler Bestandspflege und Neuansiedlung regeln sollen (vgl. DRESSEN 2004: 10f):

- Jede Gemeinde, die sich am Pool beteiligt, hat das Recht, Betrieben aus dem Ort eine Erweiterungsfläche im eigenen Gewerbegebiet anzubieten.

- Es dürfen keine Hindernisse für einen Gewerbetreibenden aufgestellt werden, der eine Gemeinde zugunsten einer Neuansiedlung im Flächenpool verlassen will.

- Will ein einheimischer Gewerbetreibender innerhalb der Heimatgemeinde erweitern und stehen dafür nur Poolflächen zur Verfügung (bzw. wird eine solche bevorzugt), kann die Standortgemeinde diesen Teil aus dem Pool herausnehmen und den eigenen Gewerbeflächen zuordnen.

- Sollte ein externer Investor bei einer Gemeinde auftreten, hat sie das Recht, diesem zunächst auf der eigenen Gemarkung liegende Poolflächen anzubieten.

- Sollte ein externer Investor eine Gewerbefläche bevorzugen, die bislang noch nicht im Pool ist, so kann die Gemeinde diese Fläche zur Verfügung stellen, muss sie dazu aber in den Pool einbringen.

- Tritt ein externer Investor direkt an den Pool heran, dann ist es die erste Priorität der Poolverwaltung, das Interesse dieses Investors zu halten und ihm ein wunschgemäßes Grundstück anzubieten. In zweiter Priorität sollte der Pool auf eine Gleichverteilung im Rahmen des Pools achten, damit auch die Randgebiete zum Zug kommen.
- Die Ansiedlung von Gewerbebetrieben muss im Einvernehmen mit der Standortgemeinderfolgen (Vetorecht).

Über die Entwicklung des Modells hinaus ist es bislang im Rahmen von REGENA noch nicht gelungen, die betreffenden Kommunen zu einem Zweckverband zur gemeinsamen Bewirtschaftung eines Gewerbeflächenpools zusammenzuschließen. Dies liegt insbesondere daran, dass sich zwei strategisch wichtige und flächenstarke Kommunen bislang nicht zu einer verbindlichen Beteiligung entschließen konnten.

Entwicklung „mehrerer interkommunaler Gewerbegebiete" unter einem gemeinsamen Dach am Beispiel InKomZ

Eine vom Modell von REGEA abgewandelte Form des Gewerbeflächenmanagements stellt das Beispiel der interkommunalen Kooperation der drei nordhessischen Kommunen Sontra-Herleshausen-Nentershausen dar, die sich u.a. mit Hilfe des Stadtumbaus West im Jahr 2006 zu einem „Zweckverband Interkommunale Zusammenarbeit" (InKomZ) zusammengeschlossen haben. Neben den drei Gemeinden sind auch die beiden Landkreise Werra-Meißner und Hersfeld-Rotenburg dem Zweckverband befristet bis Ende 2016 mit dem Ziel einer Starthilfe beigetreten.

Kernstrategie ist es, mehrere Gewerbeflächen (Konversionsflächen und „neue" Flächen) auf Basis des InKomZ gemeinsam hinsichtlich Flächensicherung, Planung und Erschließung zu entwickeln und aus einer Hand zu vermarkten.

Übergeordnetes Ziel der Kooperation ist es, die Herausforderungen des wirtschaftlichen und gesellschaftlichen Strukturwandels gemeinsam zu bewältigen, damit die Funktionen Wohnen, Arbeiten, Freizeit und Erholung in den drei Kommunen nachhaltig gesichert werden können (vgl.: www.inkomz.de/InKomZ-Organisation.121.0.html).

Dem Aufbau eines interkommunalen Gewerbeflächenmanagements und der Vermarktung von Gewerbeflächen unter der Regie des Zweckverbandes kommt eine Schlüsselfunktion für die Zusammenarbeit der drei Kommunen zu. Die beteiligten Gemeinden haben sich im Rahmen der Erarbeitung ihres interkommunalen Entwicklungskonzeptes über den Stadtumbau West darauf geeinigt, einerseits auf ausgewählte Gewerbeflächenentwicklungen zu verzichten und andererseits mehrere Gewerbeflächen in den Zweckverband einzubringen.

Entsprechend § 3 Absatz 6 der Zweckverbandssatzung (Stand 20.12.2006) erfüllt der InKomZ in eigener Regie u.a. folgende Aufgaben (Satzung InKomZ 2006: 4):

- Übernahme der Bauleitplanung entsprechend den Aufgaben eines Planungsverbandes im Sinne von § 205 Baugesetzbuch (BauGB) für die gemeinsam zu entwickelnden Gewerbegebiete.

- Herstellung und Unterhaltung der, für die gemeinsam zu entwickelnden Gewerbegebiete erforderlichen inneren Erschließungsanlagen.

- Ankauf und Vermarktung der betreffenden Grundstücke.

Abb. 56: Übersicht über die gemeinsam zu entwickelnden und aufgegebenen Gewerbegebiete (Quelle: SCHÄFER 2008)

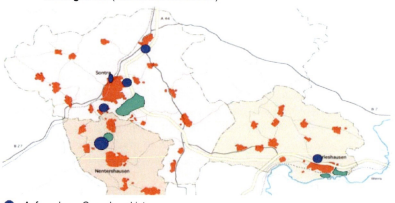

- ● Aufgegebene Gewerbegebiete
- ● Gemeinsam zu entwickelte Gewerbegebiete

Der für die gemeinsame Entwicklung bedeutendste Standort ist die ehemalige Husarenkaserne mit einer 80 ha (Bruttobauland) großen Konversionsfläche, die seit Anfang 2009 zur Vermarktung als Gewerbestandort zur Verfügung steht. Im Hinblick auf die Bauleitplanung der Militärkonversion übernimmt der Zweckverband u.a. die Aufgabe eines Planungsverbandes im Sinne § 205 BauGB. Der Zweckverband strebt eine schrittweise Vermarktung und Erschließung in Zusammenarbeit mit der Bundesanstalt für Immobilienaufgaben (BImA), die Eigentümerin der Konversionsflächen ist, an. Im ersten Schritt soll die Kasernenfläche als Kerngebiet für industrielle, Handwerks- oder Dienstleistungsnutzungen vermarktet werden. Darüber hinaus wird von Seiten des InKomZ ein weiteres, „neues" Gewerbegebiet mit anderen Standortvoraussetzungen entwickelt. Ebenso werden für zwei weitere Bestands- und Ergänzungsgebiete die weiteren Erschließungen und Unterhaltungsmaßnahmen über den Zweckverband geregelt. Für sämtliche Gewerbegebiete ist der Zweckverband für den Flächenerwerb, die Entwicklung sowie die Vermarktung zuständig.

Der Zweckverband bzw. dessen Kosten werden anteilig von den Gemeinden auf Basis eines Verteilungsschlüssels nach Einwohnerzahlen getragen. Die Satzung enthält außerdem Regelungen zum Vorteils- und Nachteilsausgleich und zu Entschädigungen.

Die Geschäftsführung des InKomZ wird von einer Mitarbeiterin der Stadtverwaltung einer der beteiligten Kommunen übernommen. Eine fachliche Unterstützung erfolgt über das, an ein externes Büro beauftragte Stadtumbaumanagement.

Insgesamt wird die interkommunale Zusammenarbeit bei der Gewerbeflächenentwicklung und Vermarktung im Kooperationsraum InKomZ von Seiten der BUNDESTRANSFERSTELLE STADTUMBAU WEST als weitreichend bewertet: »weil von den jeweiligen Gemeinden auf Einzelstandorte verzichtet wurde, das Management bestehender Gewerbegebiete der Gemeinden dem Zweckverband übertragen und eine Einigung zur Konzentration auf die zukunftsträchtigsten Flächenpotenziale erreicht wurde« (KARSTEN et al 2009: 13).

Aufbauend auf das Beispiel das InKomZ wären in der Praxis verschiedene Steuerungsmöglichkeiten für ein interkommunales Gewerbeflächenmanagement denkbar. So könnte für die Abgrenzung zwischen interkommunaler und kommunaler Gewerbeflächenentwicklung u.a. eine flächenbezogene Größenordnung zugrunde gelegt werden; z.B. Flächen bis 2 ha unterliegen der Entwicklung der einzelnen Kommunen, Gewerbeflächen ab einer Mindestgröße von 2 ha werden an den interkommunalen Zweckverband zur Entwicklung angeboten.

Steuerungsmöglichkeiten unter besonderer Berücksichtigung einer Nachfrageorientierung

Ein über die Entwicklung einzelner Flächen hinausgehendes interkommunales Gewerbeflächenmanagement ist in der Praxis sowohl über die gemeinsame Entwicklung mehrerer interkommunaler Gewerbegebiete oder nach dem Modell des interkommunalen Gewerbeflächenpools denkbar. Grundidee ist die verbindliche Abstimmung von räumlichen Nutzungsschwerpunkten im Sinne einer interkommunalen Arbeitsteilung sowie von Prioritätensetzungen bei der Entwicklung der in Frage kommenden Gewerbeflächen/-gebiete. Die Inwertsetzung der jeweiligen kommunalen Standorteigenschaften in einem abgestimmten System eines interkommunalen Flächenmanagements schafft die Möglichkeit, um die Gewerbeflächenausweisung zu einer gemeinsamen Standortpolitik zu entwickeln (vgl. RUTHER-MEHLIS, WEBER 2010: 2).

Dies bedingt u.a. folgende zentrale Voraussetzungen:

- Auseinandersetzung mit tatsächlichen Nachfrage- und Bedarfsstellungen des „Gewerbeflächenmarktes", vor dem Hintergrund, dass Neuansiedlungen von außen nur begrenzt tragfähig erscheinen und der Nachfrageschwerpunkt realistischerweise mehr in der Bestands- und Weiterentwicklung der bereits bestehenden Betriebe liegen wird.

- Eine Beteiligungsmöglichkeit der Gemeinden, die entsprechend der o.g. Arbeitsteilung und Schwerpunktsetzung im Sinne eines Vorteils-/Nachteilsausgleichs auch unabhängig von Flächeneinlagen möglich ist.

Beide Voraussetzungen stehen mit dem Ziel einer höheren Flächen- und Kosteneffizienz in einem wechselseitigen Zusammenhang. An einem Gewerbeflächenmanagement teilnehmende Gemeinden unterliegen nicht mehr dem Druck, für alle sie möglicherweise betreffenden Ansiedlungsfälle Flächen vorzuhalten. Dadurch können Überangebote vermieden sowie die Vorhaltekosten für die Gewerbeflächenentwicklung auf das erforderlich gehaltene Maß reduziert werden (vgl. RUTHER-MEHLIS, WEBER 2010: 2). Dies setzt jedoch voraus, dass auch Gemeinden partizipieren können, die ggf. auf eine Gewerbeflächenentwicklung auf ihrer Gemarkung verzichten.

Die beiden dargestellten Steuerungsansätze des interkommunalen Gewerbeflächenpools am Beispiel von REGENA und der Entwicklung mehrerer interkommunaler Gewerbegebiete unter einem Dach am Beispiel InKomZ unterscheiden sich hinsichtlich der wesentlichen Steuerungsmerkmale wie folgt:

- Gewerbeflächenpool: Zentrales Steuerungselement ist die Bewertung der eingebrachten Flächen nach einem vorher festgelegten Verfahren, auf dessen Grundlage Poolanteile erworben und die entsprechende Auszahlung von Überschüssen erfolgen können.

- Entwicklung mehrerer interkommunaler Gewerbegebiete: Aufbauend auf das erprobte Modell zur Entwicklung einzelner Gewerbeflächen ist das zentrale Steuerungselement die Festlegung eines gemeinsamen Verteilungsschlüssels, nach dem die Kosten und Einnahmen aufgeteilt werden.

Im Vergleich dieser beiden Steuerungsansätze scheinen sich unter Berücksichtigung der dargestellten Voraussetzungen gewisse Vorteile für die Entwicklung mehrerer Gewerbegebiete unter einem Dach zu ergeben. Bei der zentralen Frage, wie eine Beteiligung und ein Ausgleich für alle Gemeinden – ob mit oder ohne zu entwickelnde Gewerbeflächen – möglich sind, ist der beim Gewerbeflächenpool gewählte Weg des Erwerbs von Poolanteilen über die Bewertung eingebrachter Flächen schlüssig, jedoch im Vergleich zur Festlegung eines festen Verteilungsschlüssels komplexer und aufwändiger (vgl. HOLLBACH-GRÖMIG, FLOETING et al. 2005: 101). Ein Schwachpunkt des Gewerbeflächenpools könnte die Beteiligung von Gemeinden ohne Flächen über Geldeinlagen sein. In der Praxis müssten viele Gemeinden mangels Rücklagen die Kapitalbeteiligung über eine Kreditaufnahme bewerkstelligen. Dieser sind aus kommunalrechtlichen Gesichtspunkten – zumindest in Bayern – klare Grenzen gesetzt. Nach § 71 Abs. 1 der Bayerischen Gemeindeordnung (GO) ist die Kreditaufnahme von Kommunen zwingend an eine Investition gebunden: »Kredite dürfen unter der Voraussetzung des Art. 62 Abs. 3 nur im Finanzhaushalt beziehungsweise im Vermögenshaushalt und nur für Investitionen, für Investitionsförderungsmaßnahmen und zur Umschuldung aufgenommen werden«. Eine Kapitalbeteiligung über Kredit ist für Kommunen letztlich nur dann möglich, wenn diese direkt mit investiven Maßnahmen z.B. für die Erschließung von Flächen gekoppelt werden würde.

Aufbauend auf das erprobte Modell zur Entwicklung einzelner Gewerbeflächen scheinen sich Vorteile für die Entwicklung mehrerer Gewerbeflächen unter einem organisatorischen Dach zu ergeben. Dies betrifft vor allem die einfacheren Beteiligungs- und Ausgleichsmöglichkeiten über die Festlegung eines Verteilungsschlüssels. Darüber hinaus wäre auch eine Mischung zwischen beiden Steuerungsansätzen denkbar, d.h., auf Basis eines Gewerbeflächenpools können u.a. auch mehrere interkommunale Gewerbegebiete eingebracht werden. Wichtig ist jedoch, dass die Regelungen für die beteiligten Gemeinden transparent, überschaubar und vor allem in der Praxis ohne einen hohen administrativen Aufwand durchführbar bleiben.

Unabhängig vom Modell zielt die Weiterentwicklung von der einzelnen Gewerbegebietsentwicklung zum interkommunalen Gewerbeflächenmanagement langfristig darauf ab, dass weniger Gewerbeflächen, dafür aber wettbewerbsfähigere Standorte entwickelt werden. Neben einer effizienteren Verwendung kommunaler Mittel wäre dies auch mit einem effizienteren Umgang mit Flächenpotenzialen verbunden (vgl. RUTHER-MEHLIS, WEBER 2010: 2).

4.2.5 Grundlagen, Instrumente und Steuerungsmöglichkeiten zur Wohnsiedlungsentwicklung

Die Wohnsiedlungsentwicklung weist im Vergleich zur Gewerbeentwicklung andere und teilweise komplexere Rahmenbedingungen, Zusammenhänge und Einflüsse auf (vgl. FORUM BAULANDMANAGEMENT NRW 2010: 1f):

- Die Beeinflussung durch die Bevölkerungsentwicklung, die bedingt durch den demographischen Wandel und veränderte Wanderungsbewegungen verstärkt Stagnations- und Schrumpfungsprozesse erwarten lässt. Diese stellen besondere Ansprüche an eine zukünftige Wohnsiedlungsentwicklung, die auch durch ein groß- und kleinräumiges Nebeneinander von Schrumpfung, Stagnation und Wachstum bestimmt sein wird.

- Eine aus quantitativer Sicht mittel- bis langfristig zu erwartende, sinkende Nachfrage nach Wohnraum sowie sich weiter ausdifferenzierende Wohnraumbedürfnisse aus qualitativer Perspektive. Darüber hinaus spielt für die Quantität des Wohnraumangebotes die zu erwartende stärkere Verfügbarkeit von Immobilien ab 2015 und 2020 unter Berücksichtigung von Remanenzeffekten eine wichtige Rolle.

- Die mittel- bis langfristige Aufrechterhaltung von Infrastruktur angesichts einer anhaltend hohen Flächeninanspruchnahme für Wohnflächen sowie einer, sich v.a. in ländlichen Gebieten, dispers entwickelnde Siedlungsstruktur.

- Das zunehmende Erfordernis zur Einbeziehung von Potenzialen im Bestand. Eine damit in Zusammenhang stehende, nachfrageorientierte Entwicklung stellt für die Kommunen noch teilweise Neuland dar, insbesondere was die Ansätze zur Beförderung von privaten Investitionen betrifft.

- Durch den Einwohnerbezug sind gegenüber der Gewerbeflächenentwicklung komplexere Verteilungs- und Ausgleichsmechanismen erforderlich. Dies betrifft u.a. die stärkere Einflussnahme der Einwohner auf den kommunalen Finanzausgleich. Dabei ist es in Bezug auf *Kap. 3.2.3* keineswegs erwiesen, dass sich eine Neuausweisung von Wohnbauland unter Berücksichtigung von Erschließungs- und langfristigen Infrastrukturfolgekosten tatsächlich für die Kommunen rechnet.

- Unter den gegebenen fiskalischen Rahmenbedingungen setzt der Wettbewerb um Einwohner die Kommunen im Rahmen der Wohnsiedlungsentwicklung einem permanenten Handlungsdruck aus, wobei der Bevölkerungszuwachs der einen Gemeinde zumeist einen Wanderungsverlust für benachbarte Gemeinden bedeutet.

Aus Sicht des FORUMS BAULANDMANAGEMENT NORDRHEIN-WESTFALEN »könnten durch verstärkte interkommunale Kooperation die Kommunen diesen ruinösen Wettbewerb durchbrechen, die Auslastung ihrer Infrastrukturausstattung optimieren und gemeinsam attraktive Wohnangebote unterschiedlicher Qualitäten entwickeln. Sie bietet zudem die Chance, disperses Siedlungswachstum zu verhindern und die Reduzierung der Flächeninanspruchnahme voranzutreiben« (FORUM BAULANDMANAGEMENT NRW 2010: 1).

Tatsächlich spielt die interkommunale Kooperation in der Wohnsiedlungsentwicklung bislang kaum eine Rolle und demzufolge existieren auch nur sehr wenige erprobte Steuerungsansätze (vgl. u.a. DUHM et al 2003: 82ff; BUNZEL et al 2002: 306). Diese beschränken sich auf vereinzelte, gemeindeübergreifende Vorhaben bei der Entwicklung von Konversionsflächen oder größerer Wohnungsbauprojekte (vgl. BUNZEL et al 2002: 306, FORUM BAULANDMANAGEMENT NRW 2010: 1).

Angesichts der noch geringen Bereitschaft der Kommunen zur interkommunalen Kooperation in der Wohngebietspolitik wirft die ARL-Arbeitsgruppe „Ländliche Räume im Struktur- und Politikwandel" die Frage auf, »wie denn Schrumpfung im Alleingang bewältigt werden soll. Es fehlt aber nicht nur die Bereitschaft, in interkommunale Siedlungsstrategien einzusteigen. Das Handeln vor Ort ist selbst von größter Ambivalenz gekennzeichnet, nach wie vor fahren die Kommunen eine Doppelstrategie von Innenentwicklung und „Grüner Wiese": Weiter werden in vielen Ortsteilen Baugebiete vorgehalten oder ausgewiesen, obwohl eine Rückführung der Baurechte und eine Stärkung der Kerne längst notwendig erscheint« (FRANZEN, HAHNE et al 2008: 32).

Die mangelnde Kooperationsbereitschaft zur Wohnsiedlungsentwicklung ist u.a. an die Frage gekoppelt, wie Aufwand und Nutzen einer Kooperation praktikabel und angemessen auf alle beteiligten Gemeinden verteilt werden können. Gegenüber der Gewerbeflächenentwicklung erscheint bei der Wohnsiedlungsentwicklung die Aufteilung der Einkommensteueranteile und sonstiger einwohnerbezogener Einnahmen sowie des Aufwands, u.a. hinsichtlich der langfristigen Infrastrukturfolgenkosten beispielsweise für soziale Einrichtungen wie Kindergärten etc., deutlich komplexer und erschwert dadurch eine Kooperationslösung. Die Verteilungsproblematik manifestiert sich demnach sowohl in der Monetarisierung des langfristigen Nutzens als auch in der Berücksichtigung der Infrastrukturfolgekosten, etwa für den Neubau und dauerhaften Unterhalt entsprechender Infrastrukturen (vgl. BOELE-KEIMER, DRANSFELD 2002: 77, FORUM BAULANDMANAGEMENT NRW 2010: 3).

Hinzu kommt, dass die Aufgabenstellungen zur Wohnsiedlungsentwicklung hinsichtlich der genannten Rahmenbedingungen und Einflüsse einer stärkeren Veränderungsdynamik unterworfen sind. Dies betrifft die zunehmenden Anforderungen zur Revitalisierung von Ortskernen und älteren Siedlungsgebieten sowie im Falle absehbar stärkerer Angebotsüberhänge das Erfordernis zum Rückbau. Auch wenn sich dahingehend ein allmähliches Bewusstsein bei vielen Kommunen entwickelt, mangelt es in der kommunalen Praxis an wirksamen Steuerungsansätzen und Orientierungshilfen (vgl. FORUM BAULANDMANAGEMENT NRW 2010: 3). Zu einer anspruchsvollen Verteilungskomplexität kommt eine zunehmende Aufgabenkomplexität hinzu. Einerseits nimmt ein nachfrageorientiertes und kooperatives Steuerungserfordernis zur Wohnsiedlungsentwicklung zu, andererseits erschweren veränderte Rahmenbedingungen das Zustandekommen von Kooperationslösungen. Ausgehend von der Vorstellung, dass das Zustandekommen von interkommunaler Kooperation im Wesentlichen davon abhängt, inwieweit es einen gemeinsamen Nutzen zu verteilen gibt, erscheint die Motivation für eine Zusammenarbeit umso verhaltener, wenn vorrangig Revitalisierungs- und Rückbauprozesse zu bewältigen sind.

Die Berücksichtigung der verschiedenen Akteure am Wohnungsmarkt (wie private Investoren und Kleineigentümer, Wohnungsbaugesellschaften etc.), die an kooperativen Entwicklungen zu beteiligen wären, jedoch teilweise kleinteilige Interessen verfolgen, ist aus Sicht des FORUMS BAULANDMANAGEMENT NORDRHEIN-WESTFALEN ein weiterer Grund für die Zurückhaltung bei der interkommunalen Wohnsiedlungsentwicklung (vgl. FORUM BAULANDMANAGEMENT NRW 2010: 3). Dabei könnte gerade für kleinere Gemeinden in ländlichen Gebieten die interkommunale Kooperation eine geeignete Organisationsplattform für die Einbindung von privaten Akteuren und Mitteln sein, nachdem allein kommunal häufig die kritische Masse an Ressourcen fehlt.

Grundlagen und relevante Steuerungsmittel

Aufgrund der sehr wenigen Praxisfälle gibt es folglich auch nur sehr wenige erprobte und untersuchte Steuerungsinstrumente zur interkommunalen Wohnsiedlungsentwicklung. Dies betrifft insbesondere konsistente Instrumentarien, die analog zur Gewerbeflächenentwicklung verschiedene Teilbereiche wie eine gemeinsame Bedarfsfeststellung, Angebotskoordinierung, Entwicklung und Vermarktung beinhalten. Ebenso sind bis dato noch kaum Beispiele bekannt, die die Außen- und Innenentwicklung gleichermaßen berücksichtigen.

In Anbetracht der Herausforderungen sind Steuerungsinstrumente gefragt, die über einzelne Schritte hinausgehende Ansätze und Strategien im Sinne von Flächenmanagement ermöglichen. Ausgehend von einer gemeinsamen Ermittlung und Beurteilung zukünftiger Flächenbedarfe wäre eine darauf aufbauende gemeinsame Prioritätensetzung, die je nach Bedarf auch die zeitliche Staffelung der Flächeninanspruchnahme sowie eine gemeinsame Entwicklung und Vermarktung vorsieht, ein Schritt in die richtige Richtung (vgl. FORUM BAULANDMANAGEMENT NRW 2010: 3f).

Dahingehend erscheinen prinzipiell die Steuerungsinstrumente der Gewerbeflächenentwicklung auch auf die Wohnsiedlungsentwicklung übertragbar, wenngleich in der Ausgestaltung andere Rahmenbedingungen zu berücksichtigen sind:

- Entwicklung eines oder mehrerer interkommunaler Wohngebiete – vergleichbar mit interkommunalen Gewerbegebieten;
- Flächenmanagementansätze, z.B. hinsichtlich des Aufbaus eines interkommunalen Wohnbauflächenpools – vergleichbar mit Gewerbeflächenpool.

Interkommunales Wohngebiet am Beispiel des Zweckverbandes Entwicklungsgemeinschaft Altenholz-Dänischenhagen-Kiel

Das Beispiel des Zweckverbandes Entwicklungsgemeinschaft Altenholz-Dänischenhagen-Kiel ist eines der wenigen bundesweit bekannten Vorhaben für die Entwicklung eines interkommunalen Wohngebietes. Ausgangspunkt war die Entwicklung eines interkommunalen Gewerbegebietes; darauf aufbauend wurde eine Teilfläche als interkommunales Wohngebiet entwickelt.

Zu der ursprünglich geplanten Gewerbeflächenentwicklung der beiden benachbarten Gemeinden Dänischenhagen (ca. 3.500 Einwohner) und Altenholz (ca. 10.000 Einwohner) ist die Stadt Kiel (ca. 230.000 Einwohner) als weiterer Partner hinzugekommen, nachdem deren eigene Flächenpotenziale weitestgehend erschöpft waren. Die relevanten Flächen liegen auf den Gemarkungen der Gemeinden Altenholz und Dänischenhagen. Für die Beteiligung an der interkommunalen Gewerbe- und Wohngebietsentwicklung wurden von Seiten der Stadt Kiel im Gegenzug Gebietsangleichungen zugunsten der Nachbargemeinden Altenholz und Dänischenhagen vorgenommen.

Aufbauend auf ein Strukturkonzept zur gemeinsamen Gewerbe- und Wohngebietsentwicklung wurde zunächst ein gemeinsames Gewerbegebiet entwickelt. Nachdem die Nachfrage nach Gewerbeflächen geringer als erwartet war, wurde für eine Teilfläche auf der Gemarkung der Gemeinde Altenholz ein interkommunales Wohngebiet in funktionaler Einheit mit einer verträglichen Einzelhandelsnutzung vorgesehen (vgl. BMBVS / BBR 2006: 70; RAUM & ENERGIE 2009: 4). Das Wohngebiet umfasst ca. 14 ha mit 200 Wohneinheiten. Die Planungshoheit ist bei der Standortgemeinde, der Gemeinde Altenholz verblieben. Die Verbandsmitglieder haben die vertragliche Verpflichtung, sich gegenseitig über ihre Planungen und Entscheidungen im Vorwege zu unterrichten (vgl. BMBVS / BBR 2006: 70).

Aufbauend auf den Vorgaben des Bebauungsplanes wurde die Entwicklung des interkommunalen Wohngebietes an einen Investor übergeben, der die Bebauung u.a. über mehrere Bauträger realisierte. Das städtebauliche Konzept sah eine familienfreundliche Ausrichtung mit überwiegend kleinen bezahlbaren Grundstücken und sog. „Quadra-Häusern"[56] vor. Insbesondere aufgrund der konzeptionellen und finanziellen Attraktivität konnten bislang ca. 95 % der Wohneinheiten vermarktet werden. Dabei war nach der Erschließung im Jahr 2006 bereits Ende 2007 ein Großteil der angebotenen Häuser verkauft.

Die Vermarktung des interkommunalen Wohngebietes erfolgte bzw. erfolgt mit Unterstützung einer Ansprechpartnerin bei der Gemeinde Altenholz. Weitere Regelungen sehen u.a. vor, dass die Bewohner des interkommunalen Wohngebietes frei in der Wahl von Schulen und Kindergärten zwischen den drei Kommunen sind. Mit dem Investor wurde für die Wohnfolgeinfrastruktur ein Strukturausgleich vereinbart, der zwischen den drei Kommunen gedrittelt wurde.

Als organisatorischer Rahmen wurde 1997 der Zweckverband „Entwicklungsgemeinschaft Altenholz-Dänischenhagen-Kiel" gegründet. Um Kosten und Aufwand möglichst gering zu halten, wurde die Geschäftsführung des Zweckverbandes vertraglich auf eine Gemeinde (Altenholz) übertragen. Die wesentlichen Weichenstellungen werden mittels erforderlicher einstimmiger Beschlüsse durch die Zweckverbandversammlung getroffen. Diese besteht aus je zwei Vertretern jeder beteiligten Kommune bzw. insgesamt sechs Personen, um auf Anforderungen möglichst flexibel reagieren zu können. Die Verwaltungskosten werden durch eine Umlage zu je ein Drittel von den Gemeinden getragen, wobei bisher immer ein Überschuss durch das Steueraufkommen zu verteilen war (vgl. BMBVS / BBR 2006: 70; RAUM & ENERGIE 2009: 4f).

Das Steueraufkommen, auch sämtlicher im interkommunalen Wohngebiet anfallenden Steuern, wird entsprechend einer Vereinbarung inklusive einer Zusatzvereinbarung unter den drei Kommunen aufgeteilt. Die Zusatzvereinbarung zum Ausgleich von Vor- und Nachteilen aus der interkommunalen Wohnbebauung (Stand 03.03.2006) lässt sich in folgendem Berechnungsschema zusammenfassen:

---

[56] „Quadra-Häuser": würfelartige angeordnete Reihenhäuser; durch die würfelartige Anordnung können gegenseitige Störungen vermieden bzw. vermindert werden.

Abb. 57: Vereinbarte Mechanismen zum Vor- und Nachteilsausgleich der interkommunalen Wohngebietsentwicklung Altenholz-Dänischenhagen-Kiel (Quelle: RUTHER-MEHLIS 2009)

Schritt 1:
Grundsteuer
+ Gemeindeanteil an der Einkommensteuer
+ Gemeindeanteil an der Umsatzsteuer
+ Vergnügungssteuer
+ Hundesteuer
+ Schlüsselzuweisungen
+ Familienleistungsausgleich
- Kreisumlage
= Summe je Einwohner in der jeweiligen Gemeinde

Schritt 2:
Errechnete Summe im Gebiet lt. Einwohnerstatistik
- Einvernehmlich festgestellte Ausgaben (Beleuchtung, Straßenreinigung, Straßenbaulast)
= Aufteilung auf die 3 Mitgliedsgemeinden zu je 1/3

Sämtliche zu berücksichtigen Einnahmen werden pro Einwohner der Gemeinde ermittelt und auf die Einwohnerzahl des interkommunalen Wohngebietes entsprechend der Einwohnermeldestatistik hochgerechnet.

Beim Aufwand werden nur die direkt im Gebiet anfallenden Unterhaltskosten wie z.B. Straßenbaulast, Beleuchtung und Straßenreinigung berücksichtigt bzw. zugunsten der Standortgemeinde abgezogen. Der verbleibende Saldo wird auf die drei Mitgliedsgemeinden zu je einem Drittel aufgeteilt. Nach Aussage von örtlichen Akteuren hat sich dieses Berechnungsmodell nach insgesamt ca. 5 Jahren Laufzeit in der Praxis bewährt.

Die weitergehenden Infrastrukturfolgekosten wie Kindergarten, Schule etc. bleiben vor dem Hintergrund des Strukturausgleichs durch den Investor sowie der Regelung der freien Wahlmöglichkeit für die Bewohner außen vor. In der Praxis wird die Wohnfolgeinfrastruktur von den Bewohnern in allen drei beteiligten Kommunen vorgenommen. Auf die Einbeziehung der Wohnfolgeinfrastruktur in die Ausgleichsregelungen wurde bewusst verzichtet, nachdem der Berechnungsaufwand komplexer und größer erschien als der absehbare Nutzen.

Der Zweckverband Altenholz-Dänischenhagen-Kiel wurde hinsichtlich der interkommunalen Wohngebietsentwicklung im Rahmen des bundesweiten Wettbewerbs „KommKOOP – erfolgreiche Beispiele interkommunaler Kooperationen" nominiert (vgl. BMBVS / BBR 2006).

Insgesamt zeigt das Beispiel des Zweckverbandes Altenholz-Dänischenhagen-Kiel, dass auf Grundlage des Zweckverbandsmodells auch eine entsprechende Verteilungs- bzw. Ausgleichslösung zur interkommunalen Entwicklung eines Wohngebiets gefunden werden kann. Vor dem Hintergrund der bisherigen Laufzeit (seit Erschließung ca. 5 Jahre) und der größtenteils verkauften Wohneinheiten hat sich dieses Modell in der Praxis nach Aussagen örtlicher Akteure bewährt. Ein Hauptgrund für das Zustandekommen ist insbesondere darin zu se-

243

hen, dass durch die Einschaltung eines Investors das finanzielle Risiko für die beteiligten Kommunen von Anfang an begrenzt werden konnte. Eine weitere wichtige Voraussetzung für die Einigung in den Ausgleichsregelungen war die Konzentration auf die laufenden Unterhaltskosten – ohne sich hinsichtlich der Wohnfolgeinfrastruktur zu verzetteln.

Der spezielle Fall der drei Kommunen in Schleswig-Holstein ist insofern bemerkenswert, weil die drei Kommunen hinsichtlich der strukturellen Voraussetzungen und Größenordnungen stark voneinander abweichen und trotzdem den Weg zu einer gleichberechtigten Teilhabe eingeschlagen haben.

Aufbau eines interkommunalen Wohnbauflächenpools am Beispiel des Vorhabens PFIF

Das Land Baden-Württemberg hat sich zum Ziel gesetzt, die Inanspruchnahme bislang unbebauter Flächen für Siedlungs- und Verkehrszwecke deutlich zurückzuführen, um seine Entwicklungsmöglichkeiten langfristig zu sichern. Um dies zu erreichen, wurden unter besonderer Einbindung von Kommunen verschiedene Aktivitäten und Vorhaben[57] auf den Weg gebracht. Eines davon ist das Projekt „Praktiziertes Flächenmanagement in der Region Freiburg (PFIF)", das auf das REFINA-Vorhaben „Kommunales Flächenmanagement in der Region Freiburg (komreg)" aufbaut. Das Projekt PFIF wird durch das Umweltministerium des Landes Baden-Württemberg gefördert und ist auf eine Laufzeit von zwei Jahren bis Ende 2010 angelegt.

Durch Anwendung und Erprobung von konkreten Steuerungsinstrumenten sowie die Weiterentwicklung von qualitativen und methodischen Standards einer flächensparenden Siedlungsentwicklung soll PFIF einen konkreten und umsetzungsorientierten Beitrag zur Reduzierung der Flächeninanspruchnahme leisten (www.pfif.info).

Als ein bisheriger Meilenstein haben die Stadt Freiburg sowie zwölf weitere Umlandgemeinden Ende 2009 eine freiwillige Vereinbarung unterzeichnet, die darauf abzielt, eine zukunftsfähige, bedarfsorientierte und qualitätsvolle Siedlungsflächenentwicklung zu verwirklichen. Ein wichtiges kommunikatives Bindeglied innerhalb des Projekts stellt das „Forum Regionales Flächenmanagement" dar. Dadurch haben alle beteiligten Kommunen und sonstige Akteure der Region die Möglichkeit, sich im Forum aktiv zur Thematik Flächenmanagement auszutauschen und konkrete Umsetzungsinstrumente mitzugestalten.

---

[57] U.a. wurde dazu von Seiten des Landes Baden-Württemberg 2010 ein Förderprogramm „Flächen gewinnen durch Innenentwicklung" aufgelegt.

Neben dem vorgesehenen Wohnbauflächenpool wurde als eines der weiteren Umsetzungsinstrumente eine Bestandsflächenbörse initiiert. Die im Rahmen der Bestandsaufnahme ermittelten Grundstücke und Objekte verkaufsbereiter Eigentümer stellen die Grundlage für den Aufbau der Bestandsflächenbörse für Flächen im Bestand dar. Damit soll eine gemeindeübergreifende Aktivierung bislang nicht systematisch am Markt präsenter Innenentwicklungspotenziale erreicht werden (vgl. www.pfif.info).

Aufbauend auf der internetbasierten Wohnbaulandbörse wird die Einrichtung eines regionalen Wohnbauflächenpools als Steuerungskernelement auf Seiten der Kommunen angestrebt. Nach dem Vorbild des Gewerbeflächenpools soll der Wohnbauflächenpool die interkommunale Konkurrenz in der Wohnungsmarktregion Freiburg mindern. Wohnbauflächen auf der Gemarkung der beteiligten Gemeinden können hierzu in einen gemeinsam bewirtschafteten Pool eingebracht und einer Wohnnutzung zugeführt werden. Die teilnehmenden Gemeinden vereinbaren einen z.B. monetären Interessensausgleich, der die mit der Baulandentwicklung verbundenen Vor- und Nachteile berücksichtigt. Im Rahmen des Projekts sollen vor allem auch die organisatorischen Möglichkeiten untersucht und Vorschläge für eine mögliche Rechtsform entwickelt werden (vgl. www.pfif.info; RUTHER-MEHLIS 2009).

Das Grundmodell eines Wohnbauflächenpools in der Region Freiburg sieht die gleichen Grundmechanismen wie der im *vorherigen Kap.* dargestellte Gewerbeflächenpool vor: »Beteiligte Gemeinden bringen Flächen auf eigener Gemarkung in einen Pool ein und betreiben gemeinsam Vermarktung« (RUTHER-MEHLIS 2009).

Wie beim Gewerbeflächenpool können sich die Gemeinden sowohl mit Flächen als auch mit Kapital beteiligen. Im Sinne eines Flächenmanagements können dem Pool neu entwickeltes Wohnbauland sowie Innenentwicklungsflächen eingegliedert werden, wobei die Flächen bis zu einem Verkauf im Eigentum der jeweiligen Gemeinden verbleiben. Um das Risiko für die jeweilige Standortgemeinde abzupuffern, soll für die Erschließung von Flächen ggf. ein »systemimmanenter Risikoausgleich« vorgesehen werden (vgl. RUTHER-MEHLIS 2009).

Zentrales Element ist die Bewertung der eingebrachten Flächen. Hierzu gibt es allerdings noch keine konkreten Vorstellungen, nach welchen Kriterien und mit welchem Prozedere diese vorgenommen werden kann. Dies betrifft u.a. die Frage, wie Innenentwicklungspotenziale im Vergleich zu neuem Wohnbauland bewertet werden.

Abb. 58: Ausgleich von Nutzen und Lasten im Wohnbauflächenpool auf Basis von Verkaufserlösen (Quelle: RUTHER-MEHLIS 2009)

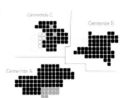

Ausgleich von Nutzen und Lasten im Pool

Gemeinde A: Den Aufwendungen für Grunderwerb, Planung und Erschließung stehen Einnahmen durch den Verkauf der Flächen gegenüber

Gemeinde B: Hat keine direkten Aufwendungen, profitiert aber von den Einnahmen der beteiligten Gemeinden

Gemeinde C: Erst in Zukunft entstehen Aufwendungen für Grunderwerb, Planung und Erschließung

Ebenso wie die Bewertungsmechanismen existieren zu der Frage des Ausgleichs bislang noch eher grobe, entwurfsartige Vorstellungen und noch kein detailliert ausgearbeitetes Konzept. Im ersten Schritt sollen die Verkaufserlöse abzüglich der Aufwendungen für Grunderwerb, Planung und Erschließung dem Pool zugeführt und an die beteiligten Gemeinden entsprechend der Poolanteile ausgeschüttet werden. Im nächsten Schritt müsste für die komplexeren einwohnerbezogenen Ausgaben und Einnahmen ein weiterer Interessenausgleich verhandelt werden. Dies betrifft insbesondere die Anpassung von Wohnfolgeeinrichtungen wie z.B. Kinderbetreuungseinrichtungen. Unter „Anpassung" müsste im Falle einer höheren Auslastung ein quantitativer und qualitativer Ausbau, im Falle einer ebenso denkbaren geringeren Auslastung auch eine Reduzierung berücksichtigt werden. Die Anpassung würde sich nach der Bevölkerungs- und Alterszusammensetzung sowie den finanziellen und organisatorischen Möglichkeiten der einzelnen Gemeinden richten (vgl. RUTHER-MEHLIS 2009). Zum jetzigen Zeitpunkt ist es noch sehr vage, wie für die Anpassung der weiteren Wohnfolgeinfrastruktur eine geeignete Ausgleichslösung gefunden werden kann.

Unabhängig davon, dass es bis dato noch eher grobe Vorstellungen für die Ausgestaltung eines Wohnbauflächenpools im Rahmen des Projekts PFIF gibt, stellt sich das gleiche Problem wie beim Gewerbeflächenpool: Einer Kapitalbeteiligung mittels Kreditaufnahme sind kommunalrechtliche Grenzen gesetzt. Damit zusammenhängend könnte sich insgesamt möglicherweise das Problem ergeben, dass nur die Gemeinden mit Flächen hinreichend vom Pool profitieren können. Die Anreize und der Nutzen für Gemeinden mit keinen oder nur wenigen Flächen, ggf. kleinteiligen Innenentwicklungspotenzialen, erscheinen mehr oder weniger begrenzt. Eine Konzentration der Wohnstandortentwicklung auf bevorzugte Gemeinden und Standorte kann realistischer weise nur dann gelingen, wenn der Entwicklungsverzicht der anderen Gemeinden an einen entsprechenden Ausgleich gekoppelt ist.

Steuerungsmöglichkeiten unter besonderer Berücksichtigung einer Nachfrageorientierung

Angesichts eines vorhandenen Nachfragedrucks und der damit verbundenen Möglichkeit zur Angebotsorientierung können am Beispiel des interkommunalen Wohngebiets Altenholz-Dänischenhagen-Kiel kaum Rückschlüsse für eine gezielte Bedarfs- bzw. Nachfrageorientierung abgeleitet werden. In gewisser Weise gilt dies auch für die Region Freiburg mit einer vergleichsweise stabilen Nachfragesituation, wobei das Instrument des Flächenpools durch einen bedarfsorientierten Steuerungsmodus gekennzeichnet ist.

Unabhängig davon zeigen die beiden dargestellten Beispiele angesichts des noch weitgehenden Vakuums in der Steuerungspraxis zur interkommunalen Wohnsiedlungsentwicklung, erste weiterführende Steuerungsansätze auf:

- Die Entwicklung des interkommunalen Wohngebiets Altenholz-Dänischenhagen-Kiel baut auf die bedarfsorientierte Ergänzung eines bestehenden Gewerbegebietes auf. Dieser wurde, mit der Ausrichtung auf familienfreundliches Wohnen und einem entsprechenden städtebaulichen Konzept, eine projektbezogene Nachfrageorientierung erfolgreich zugrunde gelegt. Darüber hinaus konnte durch die Einschaltung eines Investors das Vermarktungsrisiko für die beteiligten Kommunen von vornherein begrenzt sowie durch die Konzentration auf Steuereinnahmen und direkten Unterhaltungskosten ein praktikabler Ausgleichsmodus entwickelt werden. Wenngleich das Beispiel einige grundlegende Erkenntnisse ermöglicht, so lassen sich durch die speziellen Rahmenbedingungen und Voraussetzungen nur bedingt übertragbare Folgerungen ableiten.

- Das noch im Aufbau befindliche Modell des interkommunalen Wohnbauflächenpools im Rahmen des Vorhabens „PFIF – Praktiziertes Flächenmanagement in der Region Freiburg" orientiert sich an dem Steuerungsansatz eines Flächenmanagements, in das insgesamt die Wohnbauflächen- und auch Innenentwicklungspotenziale der beteiligten Gemeinden eingebunden werden sollen.
Wie schon bei der Gewerbeflächenentwicklung ist die Poollösung bezüglich des Flächenmanagementansatzes unter Berücksichtigung einer interkommunalen Arbeitsteilung und umfassenderen Nachfrageorientierung strategisch nachvollziehbar, jedoch stehen noch wichtige und komplexe Steuerungselemente zur Vertiefung an: u.a. a) die Überprüfung des Nutzens und Ausgleichs für Kommunen ohne Flächeneinlagen, b) die Erarbeitung eines Bewertungsmodells für die Einbringung von Flächen sowie c) die Konkretisie-

rung eines Ausgleichsmodells mit Klärung der relevanten einwohnerbezogenen Ausgaben und Einnahmen. Inwieweit die Vertiefung dieser Punkte mit einem praktikablen und akzeptablen Steuerungsmodell verbunden werden kann, bleibt abzuwarten.

Nachdem die beiden Beispiele nur in begrenztem Maße verallgemeinerbare Aussagen zu den Steuerungsmöglichkeiten interkommunaler Wohnsiedlungsentwicklung ermöglichen, bietet es sich an dieser Stelle an, auf die weiter entwickelten Ansätze und Erfahrungen im Bereich der Gewerbeentwicklung zurückzugreifen.

Eine singuläre Entwicklung von einzelnen interkommunalen Wohnbaugebieten erscheint wie in dem Beispiel des Zweckverbandes Altenholz-Dänischenhagen-Kiel nur unter bestimmten Rahmenbedingungen zielführend, wie z.B. anderweitig begrenzten oder ausgeschöpften Flächenressourcen, einem adäquaten Nachfragepotenzial oder einer sinnvollen städtebaulichen und infrastrukturellen Anbindung. Wie die Erfahrungen von interkommunalen Gewerbegebieten zeigen, können diese ohne verbindliche Abstimmung mit dem vorhandenen Angebot der einzelnen Gemeinden auch ein erhöhtes Nachfragerisiko nach sich ziehen. Wie bei der Gewerbeflächenentwicklung erscheinen auch zur interkommunalen Wohnsiedlungsentwicklung Steuerungsansätze im Sinne eines umfassenderen Flächenmanagements gefragt, wie sie auch im Vorhaben PFIF mit der Einbeziehung aller relevanten Angebote zur Außen- und Innenentwicklung zugrunde gelegt werden.

Ausgehend von den Erfahrungen in der Gewerbeflächenentwicklung kann auf bewährte Organisationslösungen wie dem Zweckverbandsmodell aufgebaut werden. Von ebenso entscheidender Bedeutung ist die Entwicklung eines adäquaten Kosten-Nutzen-Risiko-Ausgleichs, wobei dieser im Rahmen der Wohnsiedlungsentwicklung in einem besonderen Spannungsfeld zwischen komplexen Anforderungen einerseits sowie einer überschaubaren und praktikablen Lösung andererseits steht.

Darüber hinaus kann für die Steuerung der Wohnsiedlungsentwicklung die Einbindung von Privaten eine wichtige Rolle spielen, vor allem dann, wenn sich besondere Anforderungen zu Innenentwicklung und Revitalisierung stellen. Von daher bieten sich neben rein „kommunalen Lösungen" auch alternative Steuerungs- und Organisationsmodelle an, die die Einbindung von privaten Akteuren vorsehen.

Dahingehend wären für eine nachfrageorientierte, interkommunale Wohnsiedlungsentwicklung folgende grundsätzliche Steuerungs- und Organisationsmodelle denkbar:

- Schwerpunkt neu zu entwickelndes Wohnbauland auf der „grünen Wiese" oder größerer zusammenhängender Innenentwicklungspotenziale in vorrangig „(inter-)kommunaler" Trägerschaft. Voraussetzung hierfür ist, dass über eine vorrangig lokale Nachfrage hinaus eine nennenswerte (teil-)regionale Nachfrage besteht.

  In Weiterentwicklung käme ggf. auch für die interkommunale Wohnsiedlungsentwicklung die gemeinsame Entwicklung von mehreren Wohnbauflächen unter einem gemeinsamen organisatorischen Dach im Sinne eines Flächenmanagements in Frage.

- Schwerpunkt kleinteilige Innenentwicklung und Revitalisierung über PPP-Modell[58] in öffentlich-privater Trägerschaft. Ausgehend von Stagnations- und Schrumpfungsprozessen liegt der Nachfrageschwerpunkt in einer punktuellen, lokalen Nachfrage.

Davon ausgehend, dass insbesondere kleinere Gemeinden in ländlichen Gebieten mit einer nachfrageorientierten Bestandsentwicklung an ihre Grenzen stoßen, wäre zur Beförderung der Innenentwicklung und Revitalisierung der Aufbau von neuen Finanzierungs- und Steuerungsinstrumenten wie kleiner, zweckmäßiger Wohnbaugesellschaften oder -genossen-schaften in Partnerschaft mit Privaten denkbar. Übergeordnete Zielsetzung derartiger Formen wäre es, die verschiedenen öffentlichen und privaten Interessen zur Wohnsiedlungsentwicklung zu bündeln. Unter Einbeziehung privaten Kapitals[59] und privaten fachlichen Know-hows könnte deren Aufgabenstellungen bedarfsweise auf Mobilisierung, Beratung und Bewertung sowie Zwischenerwerb, Aufbereitung und Weiterveräußerung von Wohnraumangeboten im Bestand ausgerichtet werden. Aufbauend auf die lokale Nachfragesituation könnte so ein vielfältigeres Wohnangebot für verschiedene Lebensphasen alternativ zur Einfamilienhausbebauung „auf der grünen Wiese" geschaffen werden: wie z.B. kleinteiliges Übergangswohnangebot für junge Erwachsene oder attraktiven Wohnangebote für Senioren.

Angesichts einer mittel- bis langfristig zu erwartenden Angebotszunahme im Bestand sowie einer zunehmend mit Unsicherheiten behafteten Nachfrageentwick-

---

[58] PPP-Modell: Als Public-Private-Partnership wird die Mobilisierung privaten Kapitals und Fachwissens zur Erfüllung staatlicher Aufgaben bezeichnet.

[59] In die gleiche Richtung gehend, sieht das Bund-Länder-Programm der Städtebauförderung „Aktive Stadt- und Ortsteilzentren" über die Einrichtung eines sog. „Verfügungsfonds", die gezielte Einbindung privater Finanzressourcen vor (siehe Kap. 3.1.2.2). Dieser finanziert sich mit bis zu 50 % aus Mitteln der Städtebauförderung von Bund, Land und Gemeinde sowie zu mindestens 50 % aus Mitteln privater Akteure oder zusätzlichen Gemeindemittel.

lung ist zu erwarten, dass sich für die Kommunen das Risiko bei der Ausweisung von Wohnbauland erhöht und gleichzeitig die Erfordernisse zur Innenentwicklung zunehmen. Nach Einschätzung des FORUMS BAULANDMANAGEMENT in Nordrhein-Westfalen wird eine verstärkte interkommunale Kooperation in der Wohnbaulandentwicklung angesichts der Herausforderungen über kurz oder lang unausweichlich (vgl. FORUM BAULANDMANAGEMENT NRW 2010: 1).

Dies betrifft insbesondere den Zusammenhang zur kommunalen Infrastruktur und die Aufrechterhaltung von wohnortnahen Daseinsvorsorgeeinrichtungen. Nahezu alle wichtigen kommunalen Infrastruktur- bzw. Daseinsvorsorgeeinrichtungen sind mehr oder weniger an die Wohnsiedlungsentwicklung gekoppelt. Von daher muss die Wohnsiedlungsentwicklung – in wesentlich stärkerem Umfang als die Gewerbeflächenentwicklung – in einer engen Wechselbeziehung mit bestehenden Infrastruktur- und Daseinsvorsorgeeinrichtungen gesteuert werden. Wenn Kommunen unter Schrumpfungsbedingungen eine flächige Auflockerung der Siedlungsstruktur und deren Folgen für die Infrastruktur vermeiden wollen, dann sind gemeinsam abgestimmte Schwerpunktsetzungen für die Innenentwicklung unerlässlich.

4.2.6 Fazit zu den interkommunalen Steuerungsinstrumentarien und -möglichkeiten zur Steuerung räumlicher Entwicklungsfunktionen

Insgesamt ergibt die Betrachtung der vorhandenen Steuerungsinstrumentarien und -mittel zur räumlichen bzw. städtebaulichen Entwicklung mittels interkommunaler Kooperation ein differenziertes Bild hinsichtlich weiter entwickelter und noch weniger ausgereifter Steuerungsansätze.

Dies betrifft insbesondere die Entwicklungsunterschiede:

- zwischen einer abgegrenzten Entwicklung einzelner Gebiete und den Flächenmanagementansätzen zur umfassenderen Koordinierung von Angebots- und Nachfragepotenzialen,

- zwischen den beiden Schwerpunktfunktionen der Gewerbeflächen- und Wohnsiedlungsentwicklung.

Die bisherige Praxis zur Steuerung räumlicher Entwicklungsfunktionen auf interkommunaler Ebene weist Parallelen zur Steuerungspraxis auf einzelgemeindlicher Ebene auf. Wie vor allem die Untersuchungsergebnisse zu dem am weitesten entwickelten Feld der interkommunalen Gewerbegebiete zeigen, sind bis dato auch viele Entwicklungen auf interkommunaler Ebene auf eine punktuelle Angebotsbereitstellung ausgerichtet. Sofern – wie am Beispiel der interkommunalen Gewerbegebiete – zusätzliche, angebotsorientierte Potenziale auf den Markt gebracht werden, können die Aktivitäten auf interkommunaler Ebene zu einer kontraproduktiven Verschärfung der Angebotssituation beitragen. Aufgrund wechselhafter und vielerorts nachlassender Nachfrage nach Gewerbe- und zunehmend auch nach Wohnbauland entwickelt sich die Flächenvorhaltung für die Kommunen zu einer schwerer kalkulierbaren Investition. Flächenmanagement auf interkommunaler Ebene wird deshalb zu einem erforderlichen Steuerungswerkzeug, um die wirtschaftlichen, sozialen und ökologischen Entwicklungsreserven nachfrageorientiert und haushälterisch zu nutzen (vgl. RUTHER-MEHLIS, WEBER 2010: 1). Zwar gibt es vereinzelte Flächenmanagementansätze, jedoch mangelt es an konsistenten und in der Praxis erprobten Steuerungsmodellen. So ist das „Flächenpoolmodell" – ob für die Gewerbeflächen- oder Wohnsiedlungsentwicklung – hinsichtlich der Grundstrategie der umfassenderen Einbindung von Entwicklungspotenzialen und der Reduzierung der kommunalen Wettbewerbssituation richtungsweisend, in der konkreten Ausgestaltung müssen jedoch noch zentrale Punkte, wie eine angemessene Beteiligungsmöglichkeit von Kommunen ohne oder mit nur geringen Flächenpotenzialen, geklärt werden. Die umfassende Entwicklung von interkommunalen Gewerbegebieten unter einem gemeinsamen organisatorischen Dach (Beispiel „InKomZ") erscheint für die Gewerbeentwicklung derzeit am ehesten tragfähig und praxistauglich; ein vergleichbar entwickeltes, auf Flächenmanagement ausgerichtetes Steuerungsinstrument zeichnet sich in der Wohnsiedlungsentwicklung – auch mangels Übertragungsmöglichkeiten – noch nicht ab.

Die Gründe für die noch weitaus geringeren Erfahrungen zur Wohnsiedlungsentwicklung auf interkommunaler Ebene sind vielfältig. Während die Grenzen einer einzelgemeindlichen Gewerbeflächenentwicklung seit längerem wahrgenommen werden, verbindet sich mit der Wohnsiedlungsentwicklung in wesentlich höherem Maße ein „ureigenes" Feld kommunaler Selbstbestimmung und Planungshoheit. Dazu erschweren aus Sicht von DUHM et al. vor allem fiskalische und steuerrechtliche Rahmenbedingungen interkommunale Kooperationen in diesem Handlungsfeld (vgl. DUHM et al. 2003: 82f).

Auch wenn Stagnations- und Schrumpfungsprozesse die quantitativen Wahrnehmungsmöglichkeiten der kommunalen Planungshoheit auf einzelgemeindlicher Ebene teilweise spürbar einschränken, erfordert der Paradigmenwechsel zu einer qualitativeren Wahrnehmung innerhalb von Kommunalparlamenten und gegenüber der Bevölkerung länger andauernde Erkenntnis- und Vermittlungsprozesse. Neben diesem „politischen" Aspekt ist die Wohnsiedlungsentwicklung gegenüber der Gewerbeflächenentwicklung durch komplexere Rahmenbedingungen gekennzeichnet: Dies betrifft die strukturellen Zusammenhänge zur Bevölkerungsentwicklung, die Berücksichtigung der kleinteiligen Innenentwicklungspotenziale und deren teilweise beschränkte Mobilisierungsmöglichkeiten, die damit zusammenhängende Erfordernis zur Einbindung von Privaten, die komplexeren Einflussfaktoren bei der Abschätzung von Nutzen und Aufwand sowie die engere Wechselbeziehung zu Daseinsvorsorge- und Infrastrukturaufgaben.

Um den »ruinösen Wettbewerb« und die vielerorts nicht bedarfsgerechte Handhabung im Bereich der Wohnsiedlungsentwicklung zu durchbrechen, sieht das FORUM BAULANDMANAGEMENT in Nordrhein-Westfalen einen zunehmenden Bedarf für eine interkommunale Abstimmung von Angebots- und Nachfragepotenzialen: »Die gemeinsame Ermittlung und Beurteilung zukünftiger Flächenbedarfe und eine darauf aufbauende interkommunale Priorisierung bzw. zeitliche Staffelung der Flächeninanspruchnahme wäre ein Schritt in die richtige Richtung« (FORUM BAULANDMANAGEMENT NRW 2010: 3). In Abhängigkeit von der Dynamik von Schrumpfungsprozessen erscheint eine alleinige Staffelung der zukünftigen

Flächeninanspruchnahme für eine wirkungsvolle Steuerung der Wohnsiedlungsentwicklung nicht als per se ausreichend. In Anlehnung an die Folgerungen der ARL-Arbeitsgruppe „Ländliche Räume im Struktur- und Politikwandel" zur Bewältigung von Schrumpfungsprozessen erfordert eine Stärkung der Ortskerne und bisherigen Siedlungsgebiete unter Berücksichtigung von Daseinsvorsorgefunktionen ggf. auch eine ergänzende Rückführung von Baurechten oder gezielte Rückbaumaßnahmen (vgl. FRANZEN, HAHNE et al. 2008: 32). Dabei stellt das Zustandekommen von interkommunalen Kooperationen zur Steuerung von Schrumpfungsprozessen auf Grund eines nicht auf Anhieb sichtbaren Nutzens eine besondere Herausforderung dar. Wenn es sich in der kommunalen Praxis als schwierig darstellt, zu koalieren, um auf Grundlage einer positiven Nachfragesituation zusätzliche Entwicklungseffekte zu generieren, so ist mit nicht minder geringeren Hemmschwellen zu rechnen, wenn es darum geht, „Schrumpfung" zu organisieren bzw. zu verteilen.

Damit dies gelingt, muss aus Sicht des FORUMS BAULANDMANAGEMENT offen diskutiert werden, »ob zusätzliche Hilfestellungen oder Anreize erforderlich sind, welche Städte und Gemeinden zugunsten der Entwicklung und Erprobung gemeinsamer Konzepte zum Verzicht auf – vermeintlich – eigene Entwicklungsoptionen bewegen könnten« (FORUM BAULANDMANAGEMENT NRW 2010: 3). Aufgrund der mehrfach dargestellten Komplexität der Anforderungen sowie der Zusammenhänge zur Daseinsvorsorgeentwicklung erscheint gerade unter Schrumpfungsbedingungen ein gezielter staatlicher Anreiz für die intensivere Erprobung von praxistauglichen Steuerungsmodellen auf interkommunaler Ebene notwendig.

Für die Anwendung von Steuerungsinstrumentarien zur räumlichen bzw. städtebaulichen Entwicklung spielt ausgehend von strukturellen Rahmenbedingungen ein abgegrenzter räumlicher Bezug eine wichtige Rolle. Die ausgewerteten Steuerungsinstrumente, Untersuchungen und Praxisbeispiele bestätigen hinsichtlich der Anzahl der beteiligten Kommunen und deren strukturelle Größenordnungen die Bedeutung einer kleinräumigen und nachbarschaftlichen Ebene vor allem zwischen kleineren Landgemeinden sowie Klein- und Mittelstädten. Das am stärksten in den dargestellten Bereichen vorkommende Spektrum der innerhalb der Kooperationen zusammengeschlossenen Kommunen reicht von zwei bis hin zu zehn Kommunen. Im Feld interkommunaler Gewerbegebiete oder des Stadtumbaus West sind es häufig auch nur zwei oder drei Gemeinden, die sich zusammenschließen. Eine derart niedrige Anzahl der Kooperationspartner reduziert zwar auf der einen Seite den Einigungs- und laufenden Abstimmungsaufwand, andererseits sind dadurch die potenziellen Synergieeffekte begrenzt. Vor diesem Hintergrund steht die Anzahl der kommunalen Kooperationspartner in einem Spannungsfeld zwischen Einigungs- und Abstimmungsaufwand sowie nutzbaren Synergieeffekten. Um hierbei zu einer tragfähigen und zweckmäßigen Lösung zu kommen, wären aus Sicht eines Flächenmanagementansatzes und einer stärkeren Nachfrageorientierung funktionale, städtebauliche und raumplanerische sowie ökonomische und ökologische Gesichtspunkte ggf. stärker zu berücksichtigen.

In der Gesamtschau des bestehenden interkommunalen Steuerungsinstrumentariums zur räumlichen bzw. und städtebaulichen Entwicklung auf interkommunaler Ebene wird vor allem deutlich, dass auf Flächenmanagementstrategien und eine konsequentere Nachfrageorientierung aufbauende Steuerungsansätze trotz zunehmender Bedarfsstellungen weitgehend Neuland darstellen. Diese Erkenntnis ist ein wichtiger Maßstab für die Einordnung der nachfolgenden empirischen Untersuchungen und der zu erwartenden Ergebnisse.

5 Grundlagen der empirischen Untersuchung

5.1 Konzeptioneller Bezugsrahmen

5.1.1 Anforderungen an den konzeptionellen Bezugsrahmen

Ziel dieses Abschnittes ist es, in Überleitung zur Empirie einen Erklärungszusammenhang für interkommunale Kooperation zu entwickeln. Kern des konzeptionellen Bezugsrahmens ist es, im Sinne eines iterativen Vorgehens die bisherigen Erkenntnisse in vorläufigen Erklärungszusammenhängen zu strukturieren und für die eigenen empirischen Untersuchungen vorzubereiten. Nach RÖSSL ist es die Aufgabe des konzeptionellen Bezugsrahmens, die Transparenz des Untersuchungsprozesses durch Systematisierung und Dokumentation gegenüber Dritten zu gewährleisten(vgl. RÖSSL 1990: 100f).

Die Anforderungen an die Erarbeitung an einen konzeptionellen Bezugsrahmen sind (vgl. GROCHLA 1978: 56f, zit. in STEINER 2002: 86):

- *Integrative Betrachtung:* Die wesentlichen Parameter sollten berücksichtigt und Aussagen über ihre Beziehung zueinander im Sinne von Verbundenheitsannahmen getroffen werden.

- *Grundlage für die Empirie:* Der Bezugsrahmen sollte eine konzeptionelle Grundlage für den Aufbau der empirischen Untersuchungsmethodik darstellen. Die Erkenntnisse der Empirie dienen im Sinne eines iterativen Vorgehens der Überprüfung und ggf. zur Verfeinerung.

- *Nachvollziehbarkeit/Verwendbarkeit:* Der Bezugsrahmen sollte in der Praxis nachvollziehbar und verwendbar sein. Dies betrifft v.a. den Einsatz innerhalb der empirischen Untersuchung, ggf. eine weitergehende Verwendung.

Diese Anforderungen sind nicht ohne weiteres gleichzeitig zu erfüllen. Eine wesentliche Voraussetzung ist eine integrative Betrachtungsweise mit der Klärung von Beziehungs- und Wirkungszusammenhängen. Darüber hinaus kann ein Bezugsrahmen beispielsweise einen hohen empirischen Bezug, jedoch eine geringe Praxistauglichkeit aufweisen. Insofern muss der konzeptionelle Bezugsrahmen bedarfsorientiert auf die Themenstellung der Untersuchung sowie die vorgesehene Anwendung angepasst werden (vgl. STEINER 2002: 86).

Aufbauend auf eine konzeptionell-theoretische Einordnung wird der konzeptionelle Bezugsrahmen in zwei Stufen abgeleitet:

- Grundlegendes Wirkungsmodell zur Konfiguration von interkommunaler Kooperation unter Berücksichtigung relevanter Wirkungszusammenhänge.

- Handlungsrahmen für eine nachfrageorientierte Steuerung der räumlichen Entwicklung.

5.1.2 Zugrunde gelegter konzeptioneller Hintergrund

Im Zentrum der Überlegungen zu einem konzeptionellen Bezugsrahmen steht die Frage, welche Voraussetzungen für eine tragfähige und wirksame Steuerung der räumlichen Entwicklung durch interkommunale Kooperation erforderlich sind. Hierzu werden aufbauend auf den Untersuchungsrahmen *(Kap. 1.3)*, den Forschungsstand *(Kap. 2.1)* und die Ableitung von Hypothesen *(Kap. 2.2)* folgende konzeptionelle Modelle zugrunde gelegt:

- Modell der Zweckgemeinde: in Ausrichtung auf einen flexiblen, funktionsräumlichen Ansatz auf Basis einer „variablen Geometrie".

- Governance-Modell: in Ausrichtung auf die integrative Betrachtung und Konfiguration von Steuerungsstrukturen unter Berücksichtigung der Beziehungs- und Wirkungszusammenhänge sowie die Kohärenz der relevanten Parameter.

Das Hauptaugenmerk der nachfolgenden Vertiefungen liegt darin, auf Grundlage der Modelle die zentralen Aspekte für den Bezugsrahmen einzugrenzen und Denkanstöße abzuleiten.

a) Funktionsräumlicher Ansatz auf Basis des Modells der Zweckgemeinde

Im Kern findet der funktionsräumliche Ansatz eine Anwendung in dem im *Kap. 2.1* bereits grob dargestellten Modell der FOCJ („Functional Overlapping Competing Jurisdictions") und dem für die Praxisanwendung abgeleiteten Modell der „Zweckgemeinde".

Aus rechtlicher Sicht lässt sich das von BRUNO S. FREY und REINER EICHENBERGER (1997) entwickelte FOCJ-Modell am ehesten mit einer öffentlich-rechtlichen Gebietskörperschaft vergleichen, die zweckorientiert in der Regel über keine allumfassende Zuständigkeit verfügt. In der Praxis können darunter Spezialgemeinden, Zweckverbände oder Genossenschaften des öffentlichen Rechts verstanden werden (vgl. DE SPINDLER 1998: 27).

In Anlehnung an DE SPINDLER baut das sog. FOCJ-Modell zusammenfassend auf folgende vier zentrale Elemente auf (vgl. DE SPINDLER 1998: 50f).

- Funktionalität (F): die Optimierung der staatlichen oder kommunalen Organisationsstrukturen an die zu erfüllende Art von Aufgaben;

- Überlappung (O): die flexible Abgrenzung des Raumes bzw. der Nutzer von staatlichen oder kommunalen Leistungen. „Überlappung" bedeutet, dass innerhalb eines Raumes je nach Funktion unterschiedliche Konstellationen und Partnerschaften möglich sind.

- Wettbewerb (C): die Berücksichtigung des Wettbewerbselements bei staatlichen bzw. kommunalen Angeboten, die auch die direkten oder indirekten Arten der Mitwirkung seitens der Bürgerschaft oder sonstiger Partner betreffen.

- Öffentlich-rechtliche Körperschaft (J): die Notwendigkeit eines geeigneten Trägers für die Leistung öffentlicher Aufgaben mit den zugehörigen Kompetenzen.

Aus dem Modell der FOCJ hervorgehend ist die Zweckgemeinde eine eigenständige öffentlich-rechtliche Körperschaft, die hierarchisch den Kommunen mit einer eigenen Entscheidungs-[60] und Finanzverantwortung gleichgestellt ist. Vergleichbar mit deutschen Zweckverbänden sind Sie auf einzelne Aufgabenbereiche (z.B. Infrastruktur, Daseinsvorsorge oder Raumentwicklung) spezialisiert, weshalb sie auch als „Spezialgemeinde" bezeichnet werden können. Die Zweckgemeinde zielt auf der Basis der Freiwilligkeit vorrangig darauf ab, dass Gemeinden ihren Bedürfnissen und Aufgaben entsprechend und auf freiwilliger Basis mit anderen Gemeinden zusammenarbeiten. Dabei können bereits vorhandene Kooperationsformen zusammengelegt werden oder brachliegende Synergie- und Kooperationspotenziale erschlossen werden (vgl. WALKER SPÄH 2003: 97f; www.zweckgemeinde.ch/index.php?mainmenu=2).

Hinsichtlich der funktionsspezifischen Ausrichtung kommt die Form der deutschen Zweckverbände dem Modell der FOCJ und Zweckgemeinde nahe (vgl. BENZ, FÜRST 2003: 33). Im Unterschied zu den deutschen Zweckverbänden liegt jedoch der FOCJ und Zweckgemeinde hinsichtlich des Rangs einer eigenständigen öffentlich-rechtlichen Gebietskörperschaft eine weitergehendende rechtliche Stellung zugrunde.

Ein wichtiges Element der Zweckgemeinde ist das Konzept der „Funktionalräume". Funktionalräume orientieren sich variabel an räumlichen Grundfunktionen wie Siedlungsstrukturen oder an den entsprechenden Verkehrs- und Pendlerbeziehungen unabhängig von den Grenzen einzelner Kommunen. Damit verbindet sich ein Steuerungsanspruch, der ein Gebiet als einen dynamischen Kooperationsraum entlang von einzelnen Funktionen und Aufgaben versteht (vgl. LÖWIS, WIECHMANN, MÜLLER 2005). Die Bedeutung dieser sog. „variablen Geometrie" sieht BENZ u.a. in der kommunalen oder regionalen Wettbewerbssituation und veränderten Rahmenbedingungen begründet: Dadurch »werden Gebietskörperschaften gezwungen ihre Arbeit nicht allein auf ihr Gebiet, sondern auf einen funktional definierten Handlungsraum hin zu orientieren. So entstehen Strukturen

---

[60] Entsprechend dem Staats- und Demokratieverständnis in der Schweiz sind der Zweckgemeinde ebenso wie den Gemeinden direkte Entscheidungs- und Mitbestimmungsformen zugrunde gelegt.

einer „variablen Geometrie", weil die räumliche Reichweite von Funktionsverflechtungen je nach Themen (Aufgaben) verschieden ist« (BENZ 2002: 65).

Davon ausgehend kann der funktionsräumliche Ansatz in besonderer Weise auf
die Aufgaben der räumlichen Entwicklung übertragen werden:

- Die kommunale Wettbewerbssituation hat bislang in der Gewerbeflächen-
  und Wohnsiedlungsentwicklung eine hohe Bedeutung. Unter neueren Herausforderungen wie die Bewältigung von Schrumpfungsprozessen führt sie in
  den Grenzen der einzelnen Gemeinden zu einer teilweisen Verschärfung von
  Problemlagen.

- Steuerungsbemühungen auf einzelgemeindlicher Ebene laufen mit einem
  rein territorialen und wettbewerbsorientierten Verständnis der räumlichen
  Entwicklung Gefahr, an Nachfrageentwicklungen, existierenden Angebotspotenzialen sowie übergemeindlich ausgerichteten Bauland- und Immobilienmärkten vorbei zu agieren.

- Die Anwendung des funktionsräumlichen Ansatzes könnte annäherungsweise darauf abzielen, in flexiblen Kooperationsstrukturen die Steuerung von
  Angebot und Nachfrage unter Berücksichtigung der spezifischen Rahmenbedingungen zu verbessern sowie eine stärkere Nachfrageorientierung zu befördern.

Ausgehend von den Überlegungen und Erfahrungen in der Schweiz wird der
funktionsräumliche Ansatz verstärkt auch in der Raumentwicklung in Deutschland aufgegriffen. So kommt die ARL-Arbeitsgruppe „Ländliche Räume im Struk-
tur- und Politikwandel" hinsichtlich der Weiterentwicklung der Politik für ländliche
Räume zu folgender Empfehlung: »Eine besondere Bedeutung kommt der Vernetzung innerhalb von funktionalen Verflechtungsräumen zu: In regionalen Kooperationen können gezielt Stärken gestärkt und Schwächen kompensiert werden, um kontraproduktive innerregionale Konkurrenzen zu reduzieren und komplementäre Entwicklungen zu fördern. […] Dahingehend sollte auch hier das Instrument der interkommunalen Kooperationen stärker eingesetzt werden«
(FRANZEN, HAHNE et al 2008: 39 f).

b) Konfiguration von Steuerungsstrukturen auf Basis des Governance-Modells

In Bezug auf die bisherigen Erkenntnisse ist deutlich geworden, dass die Rahmenbedingungen der räumlichen Entwicklung auf interkommunaler Ebene Antworten für tragfähige, wirksame und effektive Steuerungsstrukturen fordern. Für
die Wirksamkeit von Steuerungsstrategien im kommunalen oder regionalen Kon-

text ist eine der zentralen Anforderungen des Governance-Modells von grundlegender Bedeutung: Es kann nur dann wirkungsvoll funktionieren, wenn die räumlichen, strukturellen, organisatorischen und strategischen Voraussetzungen sinnvoll aufeinander abgestimmt sind (vgl. BENZ 2002: 19f).

Um dem näher zu kommen, bietet es sich zunächst an, die relevanten Ebenen
und Parameter sowie deren Beziehungs- und Wirkungszusammenhänge im Sin-
ne einer Steuerungskonfiguration zu erkennen und abzugrenzen. Damit wird der
Bezug zum Thema Governance hergestellt. Nach Auffassung von BENZ ist die
Verwendung von Governance-Modellen für den Aufbau und die Analyse von
Steuerungskonfigurationen und -praktiken in besonderer Weise geeignet, da er
diese nicht isoliert, sondern eingebettet in institutionelle Kontexte erfasst (vgl.
BENZ 2005: 408).

Um konkreten Ansätzen für den konzeptionellen Bezugsrahmen näher zu kommen, geht es im ersten Schritt zunächst um die Ableitung der zentralen Elemente
eines Steuerungsmodells. Hierfür bietet der sog. „Governance Cube" eine Orientierung, der von THIERSTEIN et al. als Handlungsmodell für Metropolregionen entwickelt wurde und unabhängig vom räumlichen Kontext auch Anregungen für die
interkommunale Ebene bietet (vgl. THIERSTEIN et al. 2006: 104f).

Abb. 59: Elemente des „Governance-Cube" als Handlungsmodell für Metropolregionen (Quelle: THIERSTEIN et al. 2006: 105)

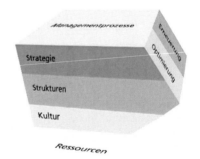

Das Handlungsmodell ba-
siert auf einer Analyse der
vorhandenen Ressourcen
sowie der Einschätzung
des Handlungsbedarfs. Die beiden Varianten „Erneuerung" und „Optimierung"
beziehen sich auf die unterschiedlichen Ausprägungen des Handlungsbedarfs. In
Zusammenhang mit den drei zentralen Grundelementen des Governance-Cube
– Strategie, Strukturen und Kultur – verbindet sich der Anspruch, dass ein Steue-
rungserfolg nur dann zu Stande kommt, wenn alle drei Bausteine gleichzeitig beachtet und bearbeitet werden. Ebenso müssen sich diese in einem langfristig
tragfähigen Prozess gegenseitig bedingen (vgl. THIERSTEIN et al. 2006: 105).

Im Einzelnen werden die drei Dimensionen wie folgt erörtert (THIERSTEIN et al.
2006: 106):

- Die Dimension der „Strategie" bezieht sich auf die Klärung der Funktion unter Berücksichtigung der räumlichen und strukturellen Voraussetzungen. Ein wichtiger Aspekt ist die Berücksichtigung und Verteilung von knappen Ressourcen.

- Die Dimension der „Struktur" bezieht sich auf »die Aufbau- und Ablauforganisation sowie Informations- und Managementsysteme im Sinne von Regelwerken, die die Erfüllung der Aufgaben unterstützen«.

- Die Dimension der „Kultur" »umfasst die Verhaltensweisen, insbesondere die ihnen zugrunde liegenden kulturellen Denkweisen, Werte, Prinzipien und Normen«. Dabei spielt auch der Aspekt der Vertrauenskultur eine wichtige Rolle: »Entwickelt sich ein auf Gegenseitigkeit und Austausch bauendes Verständnis und Vertrauensverhältnis oder stehen Misstrauen, Missgunst oder Kirchturmdenken im Vordergrund«.

Auch wenn der Governance-Cube nicht „eins zu eins" auf die Erfordernisse der interkommunalen Kooperation übertragbar ist, so gibt dieser grundlegende Anregungen für die Ableitung des konzeptionellen Bezugsrahmens. Von Seiten der Grundelemente sind die Ebenen der „Strategie" und „Struktur" auch für die interkommunale Kooperation – in zumindest in abgewandelter Form – von Bedeutung. Dahingehend sind die Grundelemente auf die Erfordernisse der interkommunalen Kooperation hin anzupassen und als eigenes schlüssiges Modell zu definieren.

5.1.3 Wirkungsmodell zur Konfiguration von interkommunaler Kooperation

Der konzeptionelle Bezugsrahmen dient im Kern dazu, eine grundlegende Konfiguration interkommunaler Kooperation im Sinne eines Wirkungsmodells zu ermöglichen. In Anknüpfung an die Erkenntnisse des vorherigen Abschnittes erscheint als Grundlage für die Definition des Bezugsrahmens eine wirksame und tragfähige Steuerung auf Basis des Governance-Modells nur möglich, wenn die Grundelemente eine enge Wechselwirkung aufweisen und im Ergebnis eine möglichst hohe Übereinstimmung bzw. Kohärenz erzielt wird. Neben der Definition einzelner Grundelemente setzt dies auch die Klärung der dazwischen liegenden Beziehungs- und Wirkungszusammenhänge voraus.

Im ersten Schritt werden aufbauend auf die Grundlagen des Modells der Zweckgemeinde sowie des Governance-Modells bzw. -cubes folgende Grundelemente für die interkommunale Kooperation abgeleitet:

- Zweck/Funktion: Die möglichst optimale Erfüllung von Zweck und Funktion stellt beim Modell der Zweckgemeinde den Ausgangspunkt für alle weitere Überlegungen dar.

  Diesem Grundelement können u.a. folgende Teilaspekte zugeordnet werden:

  - Problemlösungsansatz: betrifft ausgehend von der Problemstellung die weitergehende Klärung von realistischen Lösungsansätzen, wobei insbesondere die Abwägung eines interkommunalen Problemlösungsansatzes gegenüber einzelgemeindlichem Vorgehen von Bedeutung ist.

  - Zielstellung: betrifft die Ableitung von gemeinsamen Zielen, die mittels interkommunaler Kooperation erreicht werden sollen.

  - Aufgabenstellung: betrifft aufbauend auf den Problemlösungsansatz und die Zielstellung die Klärung von einzelnen Aufgaben und Schritten zur Umsetzung.

- Räumlicher Bezug: Auf Grundlage des Modells der Zweckgemeinde sollte dieser im Sinne einer „variablen Geometrie" auf eine geeignete „kritische Masse" für die jeweilige Zweckerfüllung unter Berücksichtigung von Funktionsverflechtungen etc. ausgerichtete sein.

  Darunter fallen u.a. folgende Teilaspekte:

  - Bedarf/Problemstellung: betreffen die sich stellenden Anforderungen, Probleme und Herausforderungen in enger Wechselbeziehung zu den strukturellen Ausgangsbedingungen.

- Strukturelle Ausgangsbedingungen: betrifft ökonomische, soziale, topographische oder ökologische Ausgangsbedingungen, die einen maßgeblichen Einfluss auf Entwicklungsprozesse wie Wachstums-, Stagnations- oder Schrumpfungsprozesse haben.

- Anzahl der Gemeinden: diese lässt u.a. Rückschlüsse auf die Prozessanforderungen oder Anforderungen an die Organisationsstruktur etc. zu.

- Einwohnergröße: betrifft u.a. den Umfang der potenziellen Nutznießer und ermöglicht Rückschlüsse auf die Größe und die Ressourcen der mitwirkenden Kommunen, wobei auch die einzelgemeindlichen Einwohnergrößen für die Frage der Homogenität, Heterogenität oder funktionaler Ergänzung/Arbeitsteilung eine Rolle spielen.

• Organisationsstruktur: Diese umfasst alle strukturellen, rechtlichen und finanziellen Voraussetzungen der Kooperation und steht in engem Zusammenhang mit der Kernfunktion der Steuerung. Hierbei spielt bei der Ausgestaltung von Strukturen, Regelungen und Ressourcen die Abgrenzung zu den einzelgemeindlichen Strukturen eine wichtige Rolle.

Darunter fallen u.a. folgende Teilaspekte:

- Rechtsform: betrifft die Wahl der Rechts- und Organisationsform unter Berücksichtigung der jeweiligen Möglichkeiten und Anforderungen. Eine Grundorientierung bietet die Frage nach dem Erfordernis einer eher stärkeren oder eher schwächeren Institutionalisierung.

- Organisation/Gremien: betrifft ausgehend von der Rechts- und Organisationsform die Gestaltung und Konstituierung von erforderlichen Gremien oder sonstiger Organisationseinheiten (Arbeitsforen etc.).

- Legitimation: betrifft u.a. die Einbindung der gewählten kommunalen Entscheidungsträger im Spannungsfeld zwischen der Berücksichtigung des Demokratieprinzips und der Gewährleistung einer adäquaten Entscheidungs- und Handlungsfähigkeit auf kommunaler Ebene.

- Regelungen: betrifft u.a. die zu definierenden Regelungen in vertraglichen Grundlagen wie Satzungen oder Vereinbarungen (u.a. Verteilungsregelungen) unter Berücksichtigung der generellen Rollen-, Kompetenz-, Aufgabenverteilung zwischen interkommunaler und einzelgemeindlicher Ebene.

- Finanzausstattung: betrifft die Klärung und Bereitstellung der erforderlichen finanziellen Rahmenbedingungen und Ressourcen.

- Personalausstattung: betrifft die Klärung und Bereitstellung der ggf. erforderlichen personellen Rahmenbedingungen.

Ausgehend von den drei definierten Grundelementen „Zweck/Funktion", „Räumlicher Bezug" und „Organisationsstruktur" folgt im nächsten Schritt eine Klärung der zwischen ihnen bestehenden Beziehungs- und Wirkungszusammenhänge:

- Zweck/Funktion <-> Räumlicher Bezug: Hierfür bietet sich der Begriff der „Bedarfsangepasstheit" an; d.h. die Gestaltung der Raumstruktur sollte eine dem Zweck und der Funktion entsprechende, bedarfsangepasste und handhabbare Größe ergeben (hinsichtlich der Anzahl der Gemeinden, Bevölkerung, Fläche oder sonstiger Ressourcen wie Finanzen).

- Zweck/Funktion <-> Organisationsstruktur: Die Frage der erforderlichen Verbindlichkeit bzw. des „Verbindlichkeitsgrades" der organisatorischen Grundlagen gemessen an dem zu erfüllenden Zweck stellt den wesentlichen Zusammenhang zwischen diesen beiden Grundelementen dar. Im Sinne von „structure follows function" sollten die Wahl und die Gestaltung der Organisationstrukturen an den Zweck bzw. die Funktion angepasst werden. Eine, über die Bedürfnisse der Zweckerfüllung hinausgehende „Überinstutionalisierung" sollte ebenso vermieden werden, wie eine, gemessen an der beabsichtigen Zweckerfüllung zu geringe Verbindlichkeit bzw. Institutionalisierung.

- Organisationsstruktur <-> Räumlicher Bezug: Der dazu verwendete Begriff der „Strukturangepasstheit" zielt darauf ab, dass die Organisationsstruktur möglichst den räumlichen Voraussetzungen entsprechend sollte. Dies betrifft z.B. die Frage von erforderlichen Ressourcen und Verteilungsregelungen gemessen an der Größe und Struktur der beteiligten Gemeinden.

Insgesamt sollte es das Ziel sein, eine möglichst hohe Übereinstimmung/Kohärenz hinsichtlich der Grundelemente sowie deren Beziehungs- und Wirkungszusammenhänge untereinander herzustellen. Um diese in einem Gesamtzusammenhang darzustellen, ermöglicht der „funktionsräumliche Ansatz", abgeleitet aus dem Modell der FOCJ und Zweckgemeinde, eine geeignete Orientierung. Analog zum Governance-Modell setzt auch die Idee der Zweckgemeinde ausgehend von der Funktion und einer darauf ausgerichteten flexiblen räumlichen Geometrie eine konsequente Übereinstimmung mit der Organisationsstruktur voraus.

Von daher bietet sich der Begriff der „funktionsräumlichen Kohärenz" als Klammer für den integrativen Gesamtzusammenhang des Bezugsrahmens an. Dieser verdeutlicht, dass im Zuge der interkommunalen Kooperation die Frage nach Zweck und Funktion der Ausgangspunkt für die Wahl und Ausgestaltung der erforderlichen räumlichen und organisatorischen Strukturen sein sollte.

Zusammenfassend ergibt sich folgendes Wirkungsmodell zur Konfiguration von interkommunaler Kooperation.

Abb. 60: Wirkungsmodell zur Konfiguration von interkommunaler Kooperation ausgehend vom Anspruch einer funktionsräumlichen Kohärenz (Quelle: eigene Darstellung)

Ausgehend von der Orientierung für die Ausgestaltung der Gesamtstruktur einer interkommunalen Kooperation wird das Wirkungsmodell den nachfolgenden empirischen Untersuchungen zugrunde gelegt.

Hierbei spielt auch der Zeithorizont eine wichtige Rolle. *Ausgehend von Zweck und Funktion erscheint dieser h*äufig nicht von vornherein klar abgrenzbar, sondern unterliegt unter Berücksichtigung der Kooperationskomplexität einer prozesshaften Entwicklung. Aufgrund des Prinzips der Freiwilligkeit entspricht die interkommunale Kooperation in der Praxis häufig weniger den Idealvorstellungen einer vollständig rationalen und planbaren Vorgehensweise, sondern wird in der Regel von unterschiedlichen Interessenslagen sowie teilweise weniger kalkulierbaren, spontanen Verhandlungsstrategien beeinflusst. Dahingehend hat das Wirkungsmodell keinesfalls den Anspruch eines in sich geschlossenen Systems, sondern erfordert für die jeweilige Situation eine dynamische Anpassung.

5.1.4 Handlungsrahmen für eine nachfrageorientierte Steuerung räumlicher Entwicklungsfunktionen

Die Ausgangsbedingungen und Erfordernisse einer nachfrageorientierten Steuerung räumlicher Entwicklungsfunktionen auf interkommunaler Ebene wurden in den vorangegangenen Kapiteln umfangreich erläutert. An dieser Stelle soll ergänzend zum dem Wirkungsmodell zur generellen Konfiguration von interkommunaler Kooperation sowie in Bezug auf die (Haupt-)Hypothese ein Handlungsrahmen für eine nachfrageorientierten Steuerung der räumlichen Entwicklung konkretisiert werden.

Vor dem Hintergrund, dass es – wie im *Kap. 4.2* dargestellt – in der Praxis bislang nur in Ansätzen und Teilsegmenten nachfrageorientierte Steuerungsinstrumentarien zur räumlichen Entwicklung gibt, werden ausgehend von dem Anspruch eines „integrierten" Flächenmanagements relevante, aufeinander aufbauende Strategien und Aufgaben im Sinne eines konsistenten Gesamtsystems abgeleitet. Nach Auffassung von KÖTTER stellt sich an ein „integriertes Flächenmanagement" der Anspruch,»für die vielfältigen und sich ständig ändernden Nutzungsansprüche an den Grund und Boden („Nachfrage") die passenden Flächen zur richtigen Zeit, in angemessener Qualität und Quantität sowie zum angemessenen Preis zur Verfügung zu stellen« (KÖTTER 2003: 180). Dahingehend können für ein kommunales Flächenmanagement u.a. folgende Kriterien herangezogen werden (vgl. KÖTTER 2003: 182f):

- Effektivität: Die verfügbaren Flächen und Potenziale sollten unter Berücksichtigung der jeweiligen Zielgruppe und Funktion nachhaltig/haushälterisch genutzt und eine unnötige Flächeninanspruchnahme vermieden werden.

- Effizienz: Der Aufwand und Nutzen im Rahmen der Flächenbereitstellungen sollte in ein ausgewogenes, wirtschaftlich tragfähiges Verhältnis gebracht werden.

- Querschnittsorientierung: Die ökonomischen, sozialen und ökologischen Aspekte der Flächennutzung sollten berücksichtigt und gegeneinander abgewogen werden.

Um diesen Kriterien gerecht zu werden, empfiehlt es sich, das Flächenmanagement auf zwei Ebenen anzulegen. Die strategische Ebene umfasst u.a. die Verifizierung der zu entwickelnden Angebotspotenziale und Schwerpunkte sowie die Klärung der grundsätzlichen Herangehensweisen, Strategien und Ziele zur Flächenentwicklung. Die operative Ebene ist einzelnen Maßnahmen, Aufgaben und Schritten zugeordnet (vgl. SPANNOWSKY, BORCHERT 2003: 198f, KÖTTER 2003: 183f). Insofern setzt ein wirksames Flächenmanagement eine klare Strategie- und Rahmensetzung sowie die zusammenhängende Wahrnehmung von einzelnen Aufgaben voraus. »Auf dieser Grundlage ist Flächenmanagement als ein ergebnisorientiertes Handlungsfeld zur effizienten Steuerung und Koordination aller Maßnahmen zur Entwicklung und Bereitstellung von Flächen für bauliche oder sonstige Zwecke zu verstehen« (KÖTTER 2003: 181f).

Abb. 61: Aufgaben eines Flächenmanagements nach KÖTTER (Quelle: KÖTTER 2003: 181)

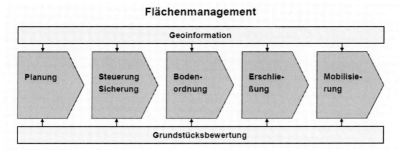

Über diese grundlegenden Kriterien und Aufgaben hinausgehend, erscheint im Rahmen einer nachfrageorientierten Steuerung eine stärkere Berücksichtigung des Nachfrageaspektes sowie der Vermarktung erforderlich. Bislang wurde ein Schwerpunkt des kommunalen Flächenmanagements[61] auf die datenbankmäßige Erfassung und Verwaltung von Angebotspotenzialen, teilweise auch in einer katastermäßigen Aufbereitung, gelegt (vgl. u.a. LFU BAYERN, LUBW BADEN-WÜRTTEMBERG, UMWELTBUNDESAMT). Aus methodischer Sicht erscheint es erforderlich, die eher quantitative und angebotsorientierte Sichtweise der datenbankmäßigen Erfassung von "Flächenpotenzialen" auf Grundlage der Auseinandersetzung mit der realen Nachfragesituation durch einen qualitativen und nachfrageorientierten Blickwinkel zu den baulichen, städtebaulichen, infrastrukturellen, finanziellen und sonstigen Rahmenbedingungen zu erweitern.

Unter dem Begriff der "Nachfrageorientierung" wird im Kern die „objektive" Orientierung von Steuerungsstrategien an der konkreten Marktsituation des jeweiligen Gebiets verstanden – in Abgrenzung zu einer vorrangig auf „aktiv-subjektive" Vermarktungsstrategien basierenden Vorgehensweise.

Mit dem Anspruch eines umfassenderen und nachfrageorientierten interkommunalen Flächenmanagements lassen sich folgende Bausteine verbinden *(siehe dargestellte Steuerungsebenen in Kap. 4.2.1):*

---

[61] Daneben wurde und wird teilweise auch der Begriff „Flächenressourcenmanagement" verwendet, der in engem Bezug zum Ziel des ökologisch motivierten „Flächensparens" steht (siehe u.a. LFU BAYERN 2003: Studie „Kommunales Flächenressourcenmanagement").

- Erfassung und Qualifizierung von Angebotspotenzialen: Diese betrifft sowohl die Außenentwicklungspotenziale, insbesondere verfügbares Bauland auf Bebauungsplanebene unter Berücksichtigung der Erschließungssituation, als auch die Innenentwicklungspotenziale wie Baulücken, Brachen und Leerstände unter besonderer Berücksichtigung der Verfügbarkeiten bzw. Mobilisierungsmöglichkeiten. Je nach Bedarf und Ressourcen ist zu überprüfen, wie umfangreich eine derartige Erfassung erforderlich ist. Aufbauend auf eine quantitative Ersterfassung sind die Angebotspotenziale nach qualitativen Aspekten wie städtebaulichen oder infrastrukturellen Rahmenbedingungen zu differenzieren. Aufbauend auf die Ersterfassung sollte der weitere Umgang mit den Daten hinsichtlich einer regelmäßigen Aktualisierung und Verwaltung geklärt werden. Ein wichtiges Ziel besteht darin, auf konkreter Datengrundlage die kommunalen Entscheidungsträger und die Bevölkerung für die Problemzusammenhänge zu sensibilisieren.

  Aufgrund des Erfassungsaufwands, erforderlichen Know-hows und nachfolgenden Sensibilisierungsprozesses erscheint die gemeinsame Durchführung und Abstimmung dieses Bausteins auf interkommunaler Ebene zielführend.

- Ermittlung der Nachfrageentwicklung und des Bedarfs: Einen groben Rückschluss zu Nachfrageentwicklungen ermöglicht u.a. die Analyse der statistisch erfassten Baugenehmigungen und Baufertigstellungen in den betreffenden Kommunen – ggf. zusätzlich im nachbarschaftlichen regionalen Umfeld. Zur Bedarfsklärung sind detailliertere, zielgruppenorientierte oder auf bestimmte Angebotssegmente bezogene Bedarfsabfragen oder -Prognosen in Abgleich mit aktuellen Markttendenzen und -strömungen erforderlich.

  Eine Durchführung dieses Bausteins auf interkommunaler Ebene ist insofern begründet, nachdem erst mit dem Blick auf die Situation mehrerer Gemeinden und des nachbarschaftlichen regionalen Umfelds eine reellere Einschätzung der Bedarfs- und Nachfragesituation ermöglicht wird.

- Differenzierung der zu erwartenden Nachfrage: Die betrifft zunächst die Frage, woher die Nachfrage kommt bzw. inwieweit die Nachfrage vorrangig von innen (Umverlagerung) oder verstärkt auch von außen (Zuzug/Neuansiedlung) zu erwarten ist. Weiterhin kann die Nachfrage von außen nach der Herkunft innerhalb des regionalen Umfelds (z.B. innerhalb 30-km-Radius oder innerhalb des betreffenden Landkreises) sowie außerhalb des regionalen Umfelds differenziert werden. Während sich die Nachfrage im gewerblichen Bereich u.a. nach den in der Gemeinde oder im regionalen Umfeld vorhandenen Branchen richtet, wäre eine Definition der Nachfragegruppen für die Wohnsiedlungsentwicklung u.a. nach Lebensphasen, Alters- und Haushaltsstrukturen (siehe u.a. *Kap. 3.3.2*) denkbar.

In Bezugnahme auf die beiden vorherigen Bausteine wäre auch die Durchführung dieses Bausteins unter Berücksichtigung des erforderlichen Knowhows in interkommunaler Kooperation sinnvoll, wobei sich ggf. eine stärkere Konzentration auf die lokale Nachfragesituation ergeben könnte.

- Abstimmung von Angebot und Nachfrage sowie nachfrageorientierte Entwicklung, Aufbereitung und Vermarktung des Angebots: Die Abstimmung von Angebot und Nachfrage sowie die daraus hervorgehenden Konsequenzen für die Aufbereitung und Vermarktung hängen wesentlich davon ab, inwieweit aufgrund der Nachfragedynamik von einer Angebotsverknappung oder von Angebotsüberhängen auszugehen ist. Ausgehend von einer Angebots- oder Nachfrageorientierung kommen je nach Bedarf für die Entwicklung, Aufbereitung und Vermarktung des Angebots folgende Strategien in Betracht:

  - Angebotsorientiert:

    Strategien der Außenentwicklung mit dem Instrumentarium der verbindlichen Bauleitplanung, ggf. zusätzliche Bereitstellung oder Zurücknahme ausgewiesener Potenzialer;

    Strategien der Bestandsentwicklung schwerpunktmäßig über dem freiwilligen Steuerungsinstrumentarium, wie z.B. städtebauliche Aufwertungs-, Anpassungs- oder Rückbaumaßnahmen unter Einbindung der Grundstückseigentümer.

  - Nachfrageorientiert:

    Zusätzliche interaktive Strategien wie u.a. Informationsaufbereitung, Beratung, Qualifizierung oder finanzielle Anreize (kommunales Förderprogramm) etc., die eine möglichst gezielte Ansprache von Nachfragegruppen betreffen.

Wie bereits dargestellt, setzt die Entwicklung, Aufbereitung und Vermarktung von nachfrageorientierten Angeboten deren qualitative Differenzierung voraus. Neben der qualitativen Einordnung von Baulandpotenzialen gilt dies auch hinsichtlich einer stärkeren nachfrageorientierten Differenzierung von Bestandspotenzialen. Unter der Grundvoraussetzung einer Mobilisierungsmöglichkeit können sich beispielsweise die Vermarktungsmöglichkeiten im Rahmen der Wohnsiedlungsentwicklung unter Berücksichtigung von Lagen und Standortbedingungen wie die Nähe zu Versorgungs-, Infrastruktur- und Erholungseinrichtungen, städtebaulichen Voraussetzungen, Verkehrs- und Wegebeziehungen oder nachbarschaftlichen Bezügen sehr unterschiedlich darstellen.

Grundsätzlich ist eine Durchführung dieses Bausteins auf interkommunaler Ebene nach den verschiedenen Rahmenbedingungen und Zielstellungen zu unterscheiden. Dies betrifft insbesondere die Abwägung zwischen folgenden Möglichkeiten:

- Strategische Abstimmung von Angebot und Nachfrage auf interkommunaler Ebene sowie operative Umsetzung der Entwicklung und Vermarktung auf einzelgemeindlicher Ebene via Bauleitplanung, freiwilliger Steuerungsinstrumente etc..

- Konsequente interkommunale Durchführung von der Abstimmung bis zur operativen Umsetzung der Entwicklung und Vermarktung unter einem gemeinsamen Dach.

Insgesamt wird durch die annäherungsweise Beschreibung des Bausteins deutlich, dass in Bezug auf die Haupthypothese ein nachfrageorientiertes Vorgehen in räumlichen Schwerpunktfunktionen auf kleinräumiger Ebene eine interkommunale Abstimmung und Kooperation mehr oder weniger voraussetzt.

Abb. 62: Aufeinander aufbauende Bausteine einer nachfrageorientierten Steuerung räumlicher Entwicklungsfunktionen auf interkommunaler Ebene (eigene Darstellung)

Erfassung und Qualifizierung von Angebotspotenzialen

Erfassung der Außen- und Innenentwicklungspotenziale (vorrangig quantitative Ersterfassung)

Qualifizierung der Angebotspotenziale, regelmäßige Aktualisierung/Verwaltung

Sensibilisierung der Entscheidungsträger und der Bevölkerung

Ermittlung des Bedarfs bzw. der Nachfrageentwicklung

Analyse der Baulandentwicklung in den betreffenden Kommunen – ggf. zusätzlich im nachbarschaftlichen regionalen Umfeld

Zielgruppenorientierte oder auf bestimmte Angebotssegmente bezogene Bedarfsabfragen in Abgleich mit aktuellen Markttendenzen

Abstimmung von Angebot und Nachfrage sowie nachfrageorientierte Entwicklung, Aufbereitung u. Vermarktung

Zusammenfassende Bewertung von Angebot und Nachfrage

Klärung von Steuerungs- / Handlungsspielräumen in Abwägung zwischen interkommunaler und einzelgemeindlicher Ebene

Differenzierung der zu erwartenden Nachfrage

Klärung der Nachfrageherkunft (von innen / Umverlagerung bzw. von außen / Neuansiedlung)

Definition der reellen Ziel- / Nachfragegruppen

Konkretisierung von nachfrageorientierten Strategien und Zielstellungen

Während die interkommunale Entwicklung und Vermarktung von umfassenderen Angebotspotenzialen zur Gewerbeflächenentwicklung auf handhabbare Rahmenbedingungen sowie prinzipiell erprobte und entwickelbare Ansätze und Instrumente zurückgreifen kann, sind für eine vergleichbare Steuerung der Wohnsiedlungsentwicklung noch eine Reihe von teils komplexeren Herausforderungen zu bewältigen. Von daher erscheint, wie im letzten Baustein dargestellt, eine offene Klärung der reellen Steuerungs- und Handlungsspielräume in Abwägung zwischen interkommunaler oder einzelgemeindlicher Ebene erforderlich.

In Anlehnung an den, in *Kap. 4.2.2* aufgezeigten Praxisstand, wäre es zum gegenwärtigen Zeitpunkt zu hoch gegriffen, sämtliche Bausteine im Rahmen der nachfolgend untersuchten Fallbeispiele zu erwarten. Vielmehr sollten im Sinne eines Orientierungsrahmens die vorhandenen Steuerungsbemühungen hinsichtlich der Möglichkeiten und Grenzen herausgearbeitet und überprüft werden.

5.2 Untersuchungsmethodik

5.2.1 Fallstudien als Untersuchungsansatz

Als Forschungsansatz wird für die empirische Untersuchung der Fallstudien-Ansatz gewählt. In Bezug auf den aufgezeigten Untersuchungsgegenstand *(Kap. 1.2)*, den Stand der Forschung *(Kap. 2.1)* und die Erkenntnisse aus der Aufarbeitung fachlicher Grundlagen *(Kap. 3 und 4)* stellen sich für die empirische Untersuchung insbesondere folgende Herausforderungen:

- In der Praxis gibt es auf der Ebene kleinräumiger Kooperationsstrukturen bislang wenige Beispiele für die Steuerung räumlicher Entwicklungsfunktionen – vor allem im Bereich der Wohnsiedlungsentwicklung.

- Die relevanten Faktoren und Zusammenhänge des Kooperations- und Steuerungsprozesses sind zu erfassen, um Rahmenbedingungen, Praktiken und Voraussetzungen der Steuerung auf den Grund gehen zu können.

Hierfür bietet sich der Fallstudienansatz in besonderer Weise an, nachdem dieser auf eine umfassendere Analyse von interessanten Einzelfällen in Bezug auf die ganzheitliche Erfassung verschiedener Dimensionen, Vernetzungen und Wechselwirkungen abzielt. Nach LAMNEK ist es das Ziel der (Einzel-)Fallstudie, »einen genaueren Einblick in das Zusammenwirken einer Vielzahl von Faktoren zu erhalten, wobei sie meist auf das Auffinden und das Herausarbeiten komplexer Vorgänge gerichtet ist« (LAMNEK 1995: 7).

Fallstudien finden in der empirischen Politik- und Regionalforschung eine häufige Anwendung. Bei einer Fallstudie handelt es sich nicht um eine sozialwissenschaftliche Methode oder Erhebungstechnik, sondern um einen „approach" – einen Forschungsansatz (vgl. LAMNEK 1995: 4). Die Fallstudie gilt als ein nicht standardisiertes Verfahren, das es durch eine flexible Vorgehensweise sowie die Kombination unterschiedlicher Ansätze und Techniken ermöglicht, komplexe Themenstellungen in ihrer jeweiligen Verflechtung zu analysieren und Problem- und Wirkungszusammenhänge zu erfassen (vgl. YIN 2003: 11ff; HELLSTERN/WOLLMANN 1979: 142).

Die Fallstudien lassen sich hinsichtlich ihrer theoretischen Aussagekraft und Funktion für die wissenschaftliche Theoriebildung in drei Typen klassifizieren (vgl. YIN 2003 11ff; BORCHARDT, GÖTHLICH et al. 2007; HELLSTERN/WOLLMANN 1979):

- Illustrative Fallstudien: zielen weitgehend darauf, die Arbeitsweise, Wirkungszusammenhänge und Auswirkungen von Programmen, Maßnahmen und Aktionen zu beschreiben und genügen bei unzureichendem Theoriewissen für einen Problemeinstieg.

- Explorative Fallstudien: dienen der Klärung von Problem- und Fragestellungen, zur Vertiefung von Wirkungszusammenhängen sowie zur Identifizierung damit zusammenhängender Steuerungs- und Handlungszusammenhänge (Mängel, Hindernisse etc.). Die Interpretationsfähigkeit ihrer Ergebnisse kann durch Mehrere-Fälle-Studien (multi-case-study) oder vergleichende Fallstudien (comparative-study) verbessert werden.

- Hypothesenüberprüfende Fallstudien: sind auf die Prüfung von Wirkungszusammenhängen angelegt und setzen ein umfassenderes Problem- und Theoriewissen voraus. Dies betrifft u.a. die theoretische Ableitung von relevanten Wirkungsweisen als Ausgangspunkt für die empirische Untersuchung. An Stelle von umfassend konzipierten Fallstudien bieten sich systematisch auf Ergänzung angelegte Teilstudien (block-building-technique) und Mehrere-Fälle-Studien (multi-case-study) an.

In der Untersuchung werden hypothesengeleitete, explorative Fallstudien verwendet, denen neben den Ausgangshypothesen *(Kap. 2.2)* der konzeptionelle Bezugsrahmen *(Kap. 4.3, 4.4)* zugrunde liegt. Die Erkenntnisse der Fallstudien dienen u.a. zur Klärung der Untersuchungsfragen, der Vertiefung von Erklärungs- und Wirkungszusammenhängen („explorativ") sowie zusammen mit den Erkenntnissen aus *Kap. 3 und 4* der Überprüfung und Differenzierung der Ausgangshypothesen („hypothesengeleitet").

Der hypothesengeleitete und explorative Ansatz der Fallstudien wird als Ergänzung angesehen. Die abgeleiteten Ausgangshypothesen geben der empirischen Untersuchung eine Orientierung, ohne damit den Anspruch eines rein deduktiven Untersuchungsprozesses zu erheben. Ebenso wurden die Hypothesen auch nicht, wie u.a. von LAMNEK im Rahmen der qualitativen Sozialforschung postuliert, rein induktiv aus den empirischen Beobachtungen heraus entwickelt[62] (vgl. LAMNEK 1995: 23). Dabei wird auch im Rahmen der qualitativen Sozialforschung die theoretische Aufarbeitung und Bündelung von Vorkenntnissen in Form von Fragestellungen oder konzeptionellen Hinführungen für die empirischen Untersuchungen als erforderlich erachtet, ohne dadurch die Offenheit des empirischen Untersuchungsprozesses generell in Frage zu stellen (vgl. FLICK 2006: 72f). Theoretische oder konzeptionelle Ausgangsversionen haben »den Charakter der Relativität und Vorläufigkeit, die durch die prozesshafte Weiterentwicklung oder

---

[62] Entspricht dem Prozessmodell der sog. „gegenstandsbegründeten Theoriebildung" (vgl. FLICK 2006: 69f).

Ergänzung der Version – etwa durch zusätzliche Interpretation neuen Materials – zu einer zunehmenden Gegenstandsbegründung führen. [...] Dabei beginnt der Forschungsprozess nicht als „Tabula rasa". Ausgangspunkt ist vielmehr ein Vor-Verständnis des zu untersuchenden Gegenstandes bzw. Feldes« (FLICK 2006: 72f). Dahingehend stellen die Ausgangshypothesen ebenso wie der konzeptionelle Bezugsrahmen eine vorläufige, sich prozesshaft weiterentwickelnde konzeptionelle Grundlage dar, in der der Standpunkt der Untersuchung in transparenter Form dargelegt wird; davon ausgehend bleibt eine inhaltliche und methodische Offenheit für die empirische Untersuchung gewahrt.

Ausgehend von der Anwendung des Fallstudien-Ansatzes ist der Untersuchungsprozess sowohl durch induktive als auch deduktive Elemente gekennzeichnet. Hierbei werden die strukturelle, prozessuale sowie kontextuale Dimension beleuchtet, die für die Steuerungsfähigkeit interkommunaler Kooperationen zur Steuerung räumlicher Entwicklungsfunktionen verantwortlich sind (vgl. LAMNEK 1995: 225).

5.2.2 Auswahl der Fallbeispiele

Wie dargestellt, ist es die Aufgabe der Fallstudien, die Hypothesen und Fragestellungen der Untersuchung auf der Grundlage der Wirkungszusammenhänge des konzeptionellen Bezugsrahmens vertieft an konkreten Praxisbeispielen zu untersuchen und zu überprüfen. Entsprechend dem zugrunde gelegten Untersuchungsrahmen war die Auswahl auf geeignete Praxisbeispiele interkommunaler Kooperation in Bayern ausgerichtet.

Erster Schritt war es, über Gespräche mit Regierungsstellen, Fachverwaltungen und Rückkopplungen mit den Verantwortlichen vor Ort eine Vorauswahl von überhaupt in Frage kommenden Vorhaben mit einem Bezug zu räumlichen Entwicklungsfunktionen vorzunehmen. Ausgangspunkt für die Eruierung potenzieller Vorhaben waren einschlägig bekannte Beispielprojekte u.a. aus dem Bereich der Landesentwicklung (Bayer. Wirtschaftsministerium), der Verwaltung für Ländliche Entwicklung (Bayer. Landwirtschaftsministerium, Ämter für Ländliche Entwicklung), Städtebauförderung (Bayer. Innenministerium sowie Regierungen) oder der Initiative Flächenmanagement des Bayer. Landesamtes für Umweltschutz. Dahingehend hatte ein Teil der relevanten Vorhaben Auswahlverfahren auf Landes- oder Bundesebene durchlaufen, deren Schwerpunkt jedoch häufig mehr in der Darstellung beabsichtigter Strategien, Konzepte und Zielstellungen lag – weniger hinsichtlich konkreter Steuerungs- und Umsetzungsbemühungen.

Darauf aufbauend wurden in halbstandardisierten Telefoninterviews mit Verantwortlichen vor Ort sowie zusätzlichen Unterlagenrecherchen der inhaltliche Bezug und die Passfähigkeit zum Untersuchungsthema geklärt. So wurde u.a. der Frage nachgegangen, inwieweit über Konzepte und normative Zielaussagen hinaus konkrete Steuerungsbemühungen gegeben sind. Vor dem Hintergrund, dass – wie in *Kap. 4.2.5* dargestellt – im Bereich der Wohnsiedlungsentwicklung insgesamt nur sehr wenige Praxisbeispiele vorzufinden sind und auch die Gewerbeflächenentwicklung mit dem Ansatz des umfassenderen Flächenmanagements ein neueres Feld darstellt, war die Auswahl weniger auf ausgereifte „Best-practise-Beispiele", sondern auf grundsätzlich zutreffende Steuerungsansätze ausgerichtet (vgl. FLICK 2006: 69).

Unter Berücksichtigung des Untersuchungsrahmens erfolgte eine Eignungsüberprüfung anhand einer Stärken-Schwächen-Analyse auf Basis der im Anhang *(A V)* dargestellten Kriterien und Fragestellungen. Ausgewählt wurden Praxisbeispiele, die neben unterschiedlichen strukturellen Ausgangsbedingungen die beiden Schwerpunktfunktionen Wohnsiedlungs- und Gewerbeflächenentwicklung mit verschiedenen Steuerungsansätzen oder -instrumenten bearbeiten.

Ausgewählt wurden folgende Fallbeispiele, dargestellt anhand der grundlegenden Kriterien und Merkmale.

Tab. 5: Ausgewählte Fallbeispiele im Überblick

	Schwerpunktfunktion Wohnsiedlungsentwicklung		Schwerpunktfunktion Gewerbeflächenentwicklung	
	Interkommunales Flächenmanagement Allianz Oberes Werntal	Stadtumbau Allianz Nördliches Fichtelgebirge	Gewerbliches Standortmarketing Allianz A7 – Franken-West	Stadtentwicklungsverband Ulm/Neu-Ulm
Organisations-/Rechtsform	• Kommunale Arbeitsgemeinschaft (gem. Art. 4 ff KommZG). • Vereinbarung zum Allianzmanagement.	• Informelle Arbeitsgemeinschaft. • Vereinbarung zum Stadtumbaumanagement.	• Informelle Arbeitsgemeinschaft.	• Zweckverband (gem. Art. 17 ff KommZG Bayern).
Größenverhältnisse	• Zusammenschluss von 10 Gemeinden mit insg. ca. 52.000 Einwohnern. • Gemeindegrößen zwischen ca. 2.500 und 10.500 Einwohnern.	• Zusammenschluss von 9 Gemeinden mit insg. ca. 34.000 Einwohnern. • Gemeindegrößen zwischen ca. 1.700 und 8.000 Einwohnern.	• Zusammenschluss von 11 Gemeinden mit insg. ca. 18.000 Einwohnern. • Gemeindegrößen zwischen ca. 700 und 6.200 Einwohnern.	• Zusammenschluss von zwei Städten mit insg. ca. 174.000 Einwohnern; Ulm: 121.500 - Neu-Ulm: 53.000 Einwohnern.
Lage/Gebietsstruktur	• Regierungsbezirk Unterfranken. • Lage westlich des Oberzentrums Schweinfurt. Stadt-Umlandbereich (Schweinfurt), Allgemeiner ländlicher Raum, Bedeutung über-	• Regierungsbezirk Oberfranken. • Lage im nordöstlichen Oberfranken in Grenznähe zur Tschechischen Republik. • Lage zwischen Oberzentrum Hof und mögli-	• Regierungsbezirk Mittelfranken. • Lage im westbayerischen Raum in unmittelbarer Nachbarschaft zu Baden-Württemberg. • Lage zwischen den Oberzentren Ansbach	• Regierungsbezirk Schwaben (Bayern) und Regierungsbezirk Tübingen (Baden-Württemberg). • Lage im westbayerischen Grenzraum Bayern und Baden-

	Schwerpunktfunktion Wohnsiedlungsentwicklung		Schwerpunktfunktion Gewerbeflächenentwicklung	
	Interkommunales Flächenmanagement Allianz Oberes Werntal	Stadtumbau Allianz Nördliches Fichtelgebirge	Gewerbliches Standortmarketing Allianz A7 – Franken-West	Stadtentwicklungsverband Ulm/Neu-Ulm
	regionaler Entwicklungsachsen. • Eine Kommune weist die Funktion eines Unterzentrums auf.	chen Doppel-Oberzentrum Wunsiedel-Marktredwitz. • Nachhaltig zu stärkender ländlicher Teilraum; überregionale Entwicklungsachsen berühren das Gebiet an Rändern. • Vier Kommunen haben eine zentralörtliche Funktion (Unterzentrum)	(Süden) und Würzburg (Norden). • Nachhaltig zu stärkender ländlicher Teilraum; Bedeutung überregionaler Entwicklungsachsen. • Eine Kommune weist die Funktion eines möglichen Mittelzentrums auf.	Württemberg. • Verdichtungsraum, Bedeutung überregionaler Entwicklungsachsen. • Gemeinsames, länderübergreifendes Doppel-Oberzentrum.
Relevante Steuerungsansätze/ -instrumente	• Interkommunales Flächenmanagement mit bislang vorrangigen Aktivitäten zur gemeinsamen Angebotserhebung. • Abgestimmte Strategien zur Innenentwicklung. • Gemeinsames interkommunales Allianzmanagement, u.a. mit Schwerpunkt „Innenentwicklung".	• Interkommunales Entwicklungskonzept. • Stadtumbau mit Schwerpunkt Wohnungswirtschaft, u.a. Anpassungs- und Rückbauanforderungen. • Externes Stadtumbau-Management.	• Integriertes ländliches Entwicklungskonzept. • Aufbau eines interkommunalen Standortmarketings. • Interkommunales Gewerbegebiet.	• Gemeinsames Gewerbeflächenportfolio und Standortmarketing. • Interkommunales Standort- und Flächenmanagement (unter dem Dach des SEV). • Umfangreiche und detaillierte Satzung.

	Schwerpunktfunktion Wohnsiedlungsentwicklung		Schwerpunktfunktion Gewerbeflächenentwicklung	
	Interkommunales Flächenmanagement Allianz Oberes Werntal	Stadtumbau Allianz Nördliches Fichtelgebirge	Gewerbliches Standortmarketing Allianz A7 – Franken-West	Stadtentwicklungsverband Ulm/Neu-Ulm
Relevante Förderinstrumentarien	• Als einziges Beispiel für das landesweite Modellvorhaben „Flächenmanagement in interkommunaler Zusammenarbeit" (FLIZ) über das Landesamt für Umweltschutz (LfU) ausgewählt. • Integrierte Ländliche Entwicklung (ILE).	• Stadtumbau West in interkommunaler Kooperation.	• Integrierte Ländliche Entwicklung (ILE).	• Entwicklung aus eigenem Antrieb – ohne relevantes Förderinstrumentarium.

Ausgehend von dem in *Kap. 1.2* dargestellten Untersuchungsrahmen decken sich alle ausgewählten Praxisbeispiele mit den dargestellten Rahmenbedingungen. Der Stadtentwicklungsverband Ulm/Neu-Ulm weicht hinsichtlich der Struktur des Oberzentrums und der einwohnerbezogenen Größenordnung von den übrigen Praxisbeispielen in stärkerem Umfang ab. Der Begriff „kleinräumig und nachbarschaftlich" *(siehe Kap. 1.2)* ist insofern zutreffend, weil die Siedlungsstrukturen der beiden Städte unmittelbar aneinander angrenzen und auf engstem Raum eine Vielzahl von funktionalen Überlagerungen vorherrschen. Davon ausgehend ist die Auswahl hinsichtlich der umfassenderen Flächenmanagementansätze, der umfangreicheren Grundlagen und des längeren Entwicklungszeitraums begründet.

Abb. 63: Lage der ausgewählten Fallbeispiele

Aus der Auswahl der Fallbeispiele ergeben sich für die weitere Vertiefung folgende vorläufige Erkenntnisse und Aspekte:

- Von Seiten der Schwerpunktfunktionen lassen sich je zwei Vorhaben im Bereich Wohnsiedlungsentwicklung und Stadtumbau sowie im Bereich Gewerbeentwicklung einordnen.

- Die Vorhaben spiegeln unterschiedliche räumlich-strukturelle Rahmenbedingungen wider – von kleinstrukturierten Gebieten (Allianz A7 – Franken West) bis hin zum Oberzentrum (Ulm/Neu-Ulm).

- Die Fallbeispiele im gewerblichen Bereich weisen längere Entwicklungs- und Erfahrungszeiträume auf, während die Fallbeispiele zur Wohnsiedlungsentwicklung sich noch vergleichsweise im Anfangsstadium befinden.

- Ebenso erscheinen nachfrageorientierte Steuerungsansätze auf interkommunaler Ebene bislang in den meisten Fallbeispielen noch wenig ausgereift.

- Bis auf den Stadtentwicklungsverband Ulm/Neu-Ulm sind die anderen drei Fallbeispiele in Zusammenhang mit dem Einsatz von Förderinstrumentarien entstanden. Davon ausgehend ist zu klären, welche Rolle Förderinstrumentarien im Sinne eines „goldenen Zügels" für interkommunale Kooperationen spielen; annäherungsweise könnten u.a. die Rollen der „ursächlichen Motivation" oder des „zusätzlich begünstigenden Faktors" in Frage kommen.

5.2.3 Konkretisierung der Durchführungsmethodik

Die vier ausgewählten Praxisbeispiele werden in Anwendung von Methoden der qualitativen Sozialforschung untersucht, mit welchen die Fälle und Prozesse in den Besonderheiten ihrer jeweiligen Rahmenbedingungen, ihrer Zusammenhänge (Kontexte) und ihrer Komplexität erfasst und beschrieben werden können (vgl. LAMNEK 1995: 223). Der Anwendung von Methoden aus der qualitativen Sozialforschung liegen in Anlehnung an LAMNEK folgende Prinzipien zugrunde (vgl. LAMNEK 1995: 21ff).

- Offenheit und Flexibilität: Darunter wird die Offenheit gegenüber den Untersuchungspersonen, der Untersuchungssituation und den Untersuchungsmethoden verstanden. Der Wahrnehmungsfilter sollte offen bleiben, damit auch nicht erwartete Informationen erfasst werden können. Dies setzt flexible Vorgehensweisen voraus.

- Forschung als Kommunikation: Die kommunikative Leistung spielt bei der Untersuchung eine wichtige Rolle. Die Untersuchung (Forschung) versteht sich als ein kommunikativer Prozess, bei dem eine Interaktion zwischen Forscher und dem Erforschtem stattfindet.

- Prozesscharakter: Nicht nur die Forschung ist einem Prozess, sondern auch der Untersuchungsgegenstand unterliegt hinsichtlich sozialer Zusammenhänge und Interaktionen einer Prozesshaftigkeit. Zentrales Anliegen ist es, diese Prozesse analytisch zu erfassen und zu erklären.

- Reflexivität: Unter der Reflexivität wird verstanden, dass einzelne Glieder und Handlungen kontextgebunden und somit Teil eines umfassenderen Regelwerks sind. Die Herausforderung der Untersuchung liegt darin, „reflexiv" den Bezug zwischen einzelnen Daten und Erkenntnissen in einem Gesamtzusammenhang herzustellen und zu interpretieren. Einen derartigen Gesamtzusammenhang bietet u.a. das in *Kap. 4.3* abgeleitete Wirkungsmodell.

Grundsatz der qualitativen Sozialforschung ist es, die Methode ausgehend vom Untersuchungsgegenstand zu wählen und zu entwickeln. Wie bereits in *Kap. 5.1* dargestellt, basiert neben dem für die qualitative Sozialforschung sehr wichtigen Prinzip der Offenheit jede wissenschaftliche Untersuchung auf gewissen konzeptionelle Vorannahmen und Orientierungen. Ein völlig unvoreingenommener Zugang zur Empirie ist ohne derartige Vorannahmen weder sinnvoll noch möglich (vgl. GLÄSER, LAUDEL 2004: 59). Für den Erfolg qualitativer Forschung ist entscheidend, dass der Untersuchung einerseits Orientierungen wie untersuchungsleitende Fragen oder „sensibilisierende Konzepte" zugrunde gelegt werden, dabei gleichzeitig eine Offenheit für neue, unerwartete Erkenntnisse gewährleistet wird (vgl. FLICK 2006: 72f). Die Herausforderung besteht darin, in begründeter und transparenter Weise induktive und deduktive Elemente in einem diesbezüglich aufeinander abgestimmten, methodischen Gesamtrahmen zu nutzen.

Um der Komplexität des Untersuchungsgegenstandes gerecht zu werden, ist der Einsatz mehrerer aufeinander abgestimmter Forschungsmethoden zielführend (vgl. HELLSTERN, WOLLMANN 1979: 175). Dieser „Methodenmix" als Kombination von qualitativen und quantitativen Vorgehensweisen dient einerseits der zielgerichteten Erfassung von Informationen und dem daraus abzuleitenden Erkenntnisgewinn sowie andererseits der Überprüfbarkeit anhand konzeptioneller Grundlagen (vgl. u.a. KROMREY 1991:427 zit. in SCHERER 2005: 13). In diesem Sinne dienen die Ausgangshypothesen, die Ausführungen über die fachlichen Grundlagen und deren Einordnung sowie der konzeptionelle Bezugsrahmen als Basis für die Formulierung der empirisch zu vertiefenden Fragestellungen und zur Einordnung der gewonnen Erkenntnisse.

Die Auswahl der einzelnen methodischen Erhebungsinstrumente wird einerseits durch den Anspruch einer hohen Informations- und Erkenntnisgewinnung und andererseits durch prozessualen und fachlichen Bezug bestimmt.

Allgemein kann für die Analyse gesellschaftspolitischer Prozesse zwischen zwei Grundformen von Untersuchungsmethoden unterschieden werden (vgl. HELLSTERN, WOLLMANN 1979: 147):

- Interaktive Erhebungsmethoden, die auf der Interaktion zwischen Forschern und Akteuren beruhen, wie z.B. Interviewtechniken, Expertengespräche und Gruppendiskussion.

- Nichtreaktive Erhebungsmethoden, die sich auf die Analysen von Dokumenten und Unterlagen etc. beziehen, wobei Forscher sowie Betroffene nicht miteinander in Kontakt treten.

Im Rahmen der folgenden Fallstudien werden die interaktiven Erhebungsmethoden der Expertengespräche und der Gruppendiskussion (Werkstattgespräche) sowie die nichtreaktiven Erhebungsmethoden der Dokumentenanalyse kombiniert, um nähere Erkenntnisse zu den strukturellen, fachlichen und prozessualen Aspekten einer nachfrageorientierten Steuerung der räumlichen Entwicklung mittels interkommunaler Kooperation zu gewinnen.

Entsprechend dem Anspruch eines aufeinander abgestimmten "Methodenmixes" sind den verwendeten Erhebungsmethoden folgende Funktionen, Inhalte und Schritte zugrunde gelegt:

Abb. 64: Übersicht Untersuchungsmethodik hinsichtlich Erhebungsmethoden (eigene Darstellung)

Bausteine/Erhebungsmethoden	einzelne Inhalte/Schritte, u.a.
a) Expertengespräch/-interview (Einstiegs- und Ergänzungselement) Leitfadengestütztes Experteninterview mit ausgewählten Schlüsselpersonen	➜ Erörterung der Ausgereiftheit der Kooperationsstruktur sowie der Steuerungsansätze ➜ Klärung der vorhandenen Rahmenbedingungen

b) Dokumentenanalyse (Erfassungs-/ Analyseelement) Analyse und Auswertung vorhandener Dokumente, Unterlagen und Daten (Strukturdaten, Konzepte, Studien etc.)	➜ Erfassung und Analyse relevanter Strukturdaten zur strukturellen Ausgangslage ➜ Auswertung von Daten zu den Anforderungen der räumlichen Schwerpunktfunktion ➜ Aufarbeitung von Zielstellungen, Strategien sowie Steuerungsinstrumentarien

c) Werkstattgespräche / Gruppendiskussion (Bewertungselement) Vorbereitung, Durchführung und Auswertung von Werkstattgesprächen zur Bewertung der relevanten Untersuchungsfelder	➜ Überprüfung der nominellen Zielerreichung unter Berücksichtigung von Steuerungsmitteln ➜ Bewertung der funktionsräumlichen Kohärenz, Übereinstimmung von Zweck, Organisation und Gebietszuschnitt ➜ Bewertung einer nachfrageorientierten Steuerung der räumlichen Entwicklung

Auch wenn die Abbildung in vereinfachter Weise ein rein lineares Vorgehen widerspiegelt, so ist das tatsächliche Vorgehen durch eine prozesshafte, bedarfsorientierte und demzufolge auch punktuell flexible Anwendung der Erhebungsmethoden geprägt.

a) Expertengespräche/-interviews

Als geeignete Einstiegs- und Ergänzungsmethode wurde das „Expertenge-spräch/-interview" herangezogen. Vor dem Hintergrund seiner häufigen und viel-fältigen Verwendung kann das Experteninterview als eine der am meisten ver-wendeten Methoden der qualitativen Sozialforschung angesehen werden. Exper-teninterviews gelten als eine spezielle Anwendungsform von „leitfadengestützten Interviews" (vgl. MEUSER, NAGEL 1997: 481f). In Experteninterviews wird die je-weils befragte Person nicht als Einzelfall betrachtet, sondern in ihrer Eigenschaft als Repräsentant für eine Gruppe oder für ein bestimmtes Thema (vgl. MEUSER, NAGEL 1997: 481f).

Nach Ansicht von LIEBOLD und TRINCZEK geben leitfadengestützte Experteninter-views »exklusive Einblicke in Strukturzusammenhänge und Wandlungsprozesse von Handlungssystemen, etwa in Entscheidungsstrukturen und Problemlösungen von Organisationen und Institutionen« (LIEBOLD, TRINCZEK 2005: o. S.). Exper-tengespräche gelten insbesondere dann als eine geeignete Methode, wenn die Untersuchung darauf abzielt, komplexe Sachverhalte zu analysieren und neue Einblicke zu gewinnen, ohne konzeptionelle Vorüberlegungen außen vor lassen zu müssen (vgl. MEUSER, NAGEL 1997: 481f; LIEBOLD, TRINCZEK 2005: o. S.).

Als Kriterien für die Ausgestaltung bieten sich u.a. an: Grad der Standardisie-rung, Art der Fragen sowie die Art und Weise der Kommunikation (vgl. LAMNEK 1995: 37). Die Form eines leitfadengestützten Interviews ordnet sich in die „halb-standardisierten Interviewtechniken" ein. Innerhalb des Leitfadens sind zwar die Fragen vorstrukturiert, jedoch bleiben die Antworten offen und es können aus der Gesprächssituation heraus zusätzliche offene Fragen erörtert werden.

Die leitfadengestützten Experteninterviews wurden auf, im Rahmen der Fallstu-dienauswahl bereits durchgeführte Interviews und Gespräche mit den dort zu-grunde gelegten Fragestellungen und interviewten Personen aufgebaut. Der Personenkreis wurde für die Interviews wie folgt abgegrenzt: die Sprecher der Bür-germeister oder Verbandsvorsitzenden, Geschäftsführer oder verantwortliche Verwaltungsmitarbeiter, internes Management oder externes Manage-ment/Beratung sowie Vertreter von Förderstellen.

Die Experteninterviews zielten in der Funktion des Einstiegselements darauf ab, die Ausgereiftheit der Kooperationsstruktur sowie der Steuerungsbemühungen unter Berücksichtigung der vorhandenen Rahmenbedingungen zu beleuchten *(siehe Grundlagen der Fallstudien A V)*.

Die Expertengespräche erfolgten auf dem Weg von Telefoninterviews. Die Ergebnisse wurden in Stichworten und teilweise im Wortlaut protokolliert. In Bezug auf die begrenzte Anzahl der Interviewten wurde die Analyse- und Bewertungsfunktion in den Experteninterviews von vornherein als nachrangig betrachtet bzw. schwerpunktmäßig im Rahmen der nachfolgenden Schritte und Methoden (Dokumentenanalyse und Werkstattgespräche) aufgegriffen. Dahingehend müssen die Ergebnisse der Interviews im Kontext mit den Ergebnissen der Experteninterviews sowie der Werkstattgespräche betrachtet werden.

Im Sinne einer Ergänzungsfunktion wurden auch punktuell zur Dokumentenanalyse sowie vor und nach den Werkstattgesprächen Interviews durchgeführt.

Neben dem Interviewleitfaden ist im Anhang (A V) eine Liste der Interviewpartner aufgeführt.

b) Dokumenten/-inhaltsanalyse

Die „Dokumenten- oder Inhaltsanalyse" ist eine Erhebungstechnik, um Unterlagen und Daten zu analysieren, die als Dokumente in schriftlicher oder elektronischer Form vorliegen. Ein wesentliches Kennzeichen ist die Verwendung von vorgegebenen Kategorien, die in der Regel aus den theoretischen Grundlagen oder -Modellen abgeleitet sind. Die Dokumenten- oder Inhaltsanalyse ist vor allem auf eine zielgerichtete Auswertung entlang der Kategorien ausgerichtet (vgl. FLICK 2006: 279). Bei der Dokumenten- oder Inhaltsanalyse könnte sich das Problem ergeben, dass die Vollständigkeit und Aktualität der Unterlagen nicht unbedingt gegeben ist und möglicherweise bestimmte Sachverhalte des Untersuchungsgegenstandes nicht abgedeckt sind. Um diese Nachteile auszugleichen, wird empfohlen, die Dokumentenanalyse in Kombination mit anderen Werkzeugen einzusetzen. Die Beurteilung der ermittelten Daten sollte möglichst in Zusammenhang mit interaktiven Methoden vorgenommen werden.

Die Dokumenten- bzw. Inhaltsanalyse bezog sich auf, zu den Fallbeispielen verfügbaren Konzepten, Studien, Akten, Satzungen und Pläne etc.. In Anlehnung an SPÖHRING wurde im Rahmen der Fallstudien auf die Form der „strukturierenden Dokumenten- oder Inhaltsanalyse" zurückgegriffen. Diesbezüglich werden Unterlagen hinsichtlich festgelegter Aspekte durchforstet. Kriterien für diese Strukturierung können formale oder inhaltliche Aspekte sein (vgl. SPÖHRING 1995: 202). Ausgehend von der Erfassungs- und Analysefunktion wurde folgender Analyserahmen mit einzelnen Schritten und Kategorien zugrunde gelegt:

- Erfassung und Analyse von relevanten, sozio-ökonomischen Strukturdaten zur groben Einordnung der strukturellen Ausgangssituation der Fallbeispiele;

hierbei wurde auf ausgewählte Indikatoren zur Bevölkerungs- und Standort-entwicklung der kommunalen Statistiken, (v.a. der Statistik kommunal) zu-rückgegriffen.

- Auswertung von verfügbaren Quellen, Daten und Ergebnissen, die die Ent-stehung und organisatorischen Grundlagen der Kooperation betreffen.

- Auswertung von verfügbaren Quellen, Daten und Ergebnissen, die die Anfor-derungen zur räumlichen Schwerpunktfunktion hinsichtlich der Angebotssitu-ation sowie Bedarfs-/ Nachfrageentwicklungen betreffen.

- Aufarbeitung nomineller Zielstellungen, Strategien etc., die im Rahmen der Fallbeispiele der Schwerpunktfunktion zugrunde gelegt wurden.

Die Auswertungen dienten u.a. der gezielten Vorbereitung der Werkstattgesprä-che, für die in komprimierter Form Anforderungen zur räumlichen Schwerpunktsi-tuation, zu Zielaussagen und Strategien etc. aufbereitet wurden. Die jeweiligen Quellen der Fallstudien sind an das Literaturverzeichnis *(A I)* angehängt.

c) Werkstattgespräche (Gruppendiskussion)

Die im letzten Schritt angewendeten „Werkstattgespräche" ordnen sich in die auf Gruppen bezogenen Verfahren der qualitativen Sozialforschung ein, wobei im Wesentlichen zwischen der „Gruppendiskussion" und dem „Gruppeninterview" unterschieden wird (vgl. FLICK 2006: 168ff).

Allgemein lässt sich die Gruppendiskussion als eine Erhebungsmethode be-zeichnen,»die Daten durch die Interaktionen der Gruppenmitglieder gewinnt, wobei die Thematik durch das Interesse des Forschers bestimmt wird« (LAMNEK 1998, 27). Während in der Gruppendiskussion interaktive Meinungsbildungspro-zesse im Mittelpunkt stehen, wird das Gruppeninterview durch eine strukturierte Datenerhebung mittels Fragebogen charakterisiert (vgl. FLICK 2006: 169f).

Die Anforderungen an die Diskussionsleitung und Methodik decken sich weitge-hend mit allgemeinen Moderationsspielregeln (vgl. FLICK 2006: 173ff; SPÖHRING 1995: 220ff). Der Gruppendiskussion ist ausgehend vom Untersuchungsgegen-stand ein strukturierter Ablauf mit den zu diskutierenden Fragen zugrunde zu le-gen. Der Forscher hat in der Rolle der Diskussionsleitung eine vorrangig leitende und moderierende Funktion. Er ist verantwortlich dafür, dass jeder Teilnehmer die Möglichkeit hat, zu Wort zu kommen, und achtet vor allem darauf, dass „the-menzentriert" diskutiert und der inhaltliche Rahmen nicht zu stark verlassen wird, wobei der Diskussionsdynamik ein gewisser Spielraum gelassen werden sollte (vgl. FLICK 2006: 174).

Die Gruppengröße richtet sich nach dem Untersuchungsgegenstand und sollte zwölf Personen nicht übersteigen. Als zeitlicher Rahmen sind ein bis vier Stunden der Regelfall. Die Dokumentation kann über einen Tonbandmittschnitt, eine Protokollführung oder Metaplantechniken erfolgen (vgl. SPÖHRING 1995: 226f). Die Anwendung der Gruppendiskussion im Rahmen der Werkstattgespräche orientiert sich an den o.g. Grundlagen der Gruppendiskussion, wobei sich die konkrete Ausgestaltung nach den Erfordernissen des Untersuchungsgegenstandes richtet (vgl. FLICK 2006: 175). Ausgehend von der Bewertungsfunktion zielten die Werkstattgespräche darauf ab, entlang eines strukturierten Ablaufs und Fragenkatalogs eine Einschätzung und Bewertung zu den jeweiligen Sachverhalten aus Sicht der Teilnehmer zu bekommen.

Entsprechend den Diskussionsschwerpunkten und Fragen wurden in Vorbereitung auf die Werkstattgespräche relevante Ergebnisse der Dokumentenanalyse als Power-Point-Input oder Tischvorlage aufbereitet. Insgesamt umfasst der Ablauf einen zeitlichen Rahmen von ca. 3 Stunden. Die Dokumentation erfolgte anhand von Metaplantechnik, indem Diskussionsergebnisse auf vorstrukturierten Pinwänden festgehalten wurden. In der Nachbereitung wurden die Plakatergebnisse auf elektronische Dokumente übertragen und eine Auswertung auf Basis der Untersuchungsfragen *(Kap. 1.3)* sowie des konzeptionellen Bezugsrahmens *(Kap. 5.1)* vorgenommen.

Der Teilnahme bzw. Einladung (mit Erläuterung zu Zielen und Ablauf etc.) zu den Werkstattgesprächen richtete sich an Bürgermeister der beteiligten Gemeinden, verantwortliche Verwaltungsmitarbeiter, internes Management oder externes Management, externe Planer/Berater sowie Vertreter von Förderstellen. Trotz der vorhandenen Mitwirkungsbereitschaft vor Ort sowie einer großzügigen Vorlaufzeit gestalteten sich teilweise auf Seiten der Fallbeispiele die Terminierung der Werkstattgespräche und eine breitere Teilnahme als schwierig. Dies ist u.a. darauf zurückzuführen, dass neben erhöhten Anforderungen im kommunalen „Alltagsgeschäft" bei einem Teil der kommunalen Entscheidungsträger Ermüdungserscheinungen gegenüber derartigen Untersuchungen bestehen, insbesondere wenn es sich um Modellvorhaben mit einer stärkeren Multiplikatorenfunktion handelt.

An den durchgeführten Werkstattgesprächen nahmen drei bis fünf Personen teil. Sofern wichtige Schlüsselpersonen nicht teilnehmen konnten oder sich weitergehende inhaltliche Nachfragen ergeben haben, wurden im Zuge der Auswertung bedarfsweise telefonische Rückkopplungen zu den Ergebnissen vorgenommen.

Aufbau, Fragenkatalog und Termine der Werkstattgespräche sind im Anhang *(A V)* dokumentiert.

6 Fallstudien

6.1 Fallstudie „Interkommunales Flächenmanagement Allianz Oberes Werntal"

Kurzprofil *(siehe Kap. 5.2.2)*

Räumliche Schwerpunktfunktion

- Wohnsiedlungsentwicklung in Verbindung mit Innenentwicklung und Flächenmanagement.

Organisationsstruktur

- Kommunale Arbeitsgemeinschaft (gem. Art. 4 ff. KommZG).
- Vereinbarung zum Allianzmanagement.

Gebietsstruktur

- Zusammenschluss von 10 Gemeinden mit insg. ca. 52.000 Einwohnern; ca. 310 km² Gebietsfläche.
- Gemeindegrößen zwischen ca. 2.500 und 10.500 Einwohnern.
- Lage westlich des Oberzentrums Schweinfurt mit vielfältigen Verflechtungen.
- Stadt-Umlandbereich (Schweinfurt), Allgemeiner ländlicher Raum, Bedeutung überregionaler Entwicklungsachsen (BAB A71, A70, A7).
- Eine Kommune (Markt Werneck) weist die Funktion eines Unterzentrums auf.

Strukturelle Ausgangslage

- Mittelfristig überdurchschnittlicher Bevölkerungsrückgang und Alterungsprozess.
- Von Seiten der Wirtschaftsstruktur mittelständisch geprägt, wobei insbesondere die unmittelbare Nähe zum Oberzentrum Schweinfurt von Bedeutung ist.

Ausgangssituation zur Wohnsiedlungsentwicklung

- Unter Berücksichtigung der Innenentwicklungspotenziale (Baulücken, Leerstände) ist der Immobilienmarkt von stärkerem Angebotsüberhang gekennzeichnet.
- Deutlicher Rückgang der Nachfrage nach Wohnbauland.

Relevante Steuerungsansätze/-instrumente

- Interkommunales Flächenmanagement; abgestimmte Strategien zur Innenentwicklung.
- Gemeinsames interkommunales Allianzmanagement, u.a. mit Schwerpunkt „Innenentwicklung".

Relevante Förderinstrumentarien

- Einziges Beispiel des landesweiten Modellvorhabens „Flächenmanagement in interkommunaler Zusammenarbeit" (FLIZ) über das bayer. Landesamt für Umwelt (LfU).
- Integrierte Ländliche Entwicklung (ILE).

Abb. 65: Logo der Allianz Oberes Werntal (Quelle: www.oberes-werntal.de)

6.1.1 Strukturelle Ausgangslage

a) Gebiet, Lage und Raumstruktur

Von den zehn Gemeinden der „Allianz Oberes Werntal" liegen die neun Mitgliedsgemeinden Bergrheinfeld, Dittelbrunn, Euerbach, Geldersheim,
Niederwerrn, Poppenhausen, Waigolshausen, Wasserlosen, Werneck auf dem
Gebiet des Landkreises Schweinfurt; die nördlichste Gemeinde Oerlenbach ist
dem Landkreis Bad Kissingen zugehörig. Die Allianz Oberes Werntal umfasst ein
Gebiet mit ca. 52.000 Einwohnern und einer Fläche von knapp 310 km², wobei
die Siedlungsstruktur sowohl von Flächengemeinden als auch kompakteren Gemeinden gekennzeichnet ist.

Abb. 66: Gebiet der Allianz Oberes Werntal (Quelle: www.oberes-werntal.de)

Das Gebiet der Allianz Oberes Werntal
ist durch die Lage im westlichen Umfeld
des kreisfreien Oberzentrums Schweinfurt geprägt. Großräumig befindet sich
das Gebiet zwischen den Verdichtungsräumen der Oberzentren Schweinfurt
und Würzburg. Durch die Anschlüsse zu
den Bundesautobahnen A71 im Osten
(Richtung Thüringen), A70 im Süden
sowie die A7 im Westen weist das Ge-
biet eine hervorragende Anbindung an überregionale Verkehrsachsen auf. Insbesondere die A71 spielt seit der Fertigstellung im Jahr 2005 für die Verbindung
Richtung Thüringen eine wichtige Rolle (vgl. MAIER et al. 2003: 3).

Zur Raumstruktur, d.h. landes- und regionalplanerischen Funktionen und zent-
ralörtlicher Einstufung, sind auf Grundlage des
LANDESENTWICKLUNGSPROGRAMMS BAYERN (2006) und des REGIONALPLANS DER
REGION MAIN-RHÖN (2008) nachfolgende Vorgaben von Bedeutung.

Das Gebiet teilt sich im Wesentlichen in zwei Raumkategorien auf:

- dem „Stadt-Umlandbereich" des Oberzentrums Schweinfurt sind die Gemeinden Bergrheinfeld, Dittelbrunn, Euerbach, Geldersheim, Niederwerrn
  zugeordnet;

- die Kategorie „Allgemeiner ländlicher Raum" betreffen Oerlenbach,
  Poppenhausen, Wasserlosen, Waigolshausen und den Markt Werneck.

Abb. 67: Auszug Raumstruktur zur Allianz Oberes Werntal (Quelle: Struktur-karte LEP BAYERN 2006)

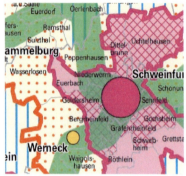

Der Verdichtungsraum Schweinfurt ist hinsichtlich der landesplanerischen Raumeinheit den „Sonstigen Verdichtungsräumen[63]" zugeordnet (vgl. LEP BAYERN 2006). Der Markt Werneck weist als Unterzentrum eine zentralörtliche Einstufung auf.

b) Ausgewählte Parameter zur Bevölkerungs- und Standortentwicklung

Anhand ausgewählter Parameter und Strukturdaten ergibt die Bevölkerungs- und Standortentwicklung der Allianz Oberes Werntal folgendes Bild.

Tab.6: Ausgewählte Strukturdaten der Allianz Oberes Werntal (Quelle: BayLfStaD, STATISTIK KOMMUNAL 2009)

Parameter	Allianz Oberes Werntal
Bevölkerungsstand 2008:	**51.737** Einwohner (EW)
Größenunterschiede nach Einwohnern 2008: - größte Kommune: - kleinste Kommune:	Werneck 10.714 EW Geldersheim 2.501 EW
Langfristige Bevölkerungsentwicklung von 1987 bis 2008:	**+11,7 %** (Zuwachs) +13,6% Bayern
Mittelfristige Bevölkerungsentwicklung von 2004 bis 2008:	**-2,0 %** (Abnahme) +0,6% Bayern
Mittelfristiger natürlicher Saldo je 1.000 Einwohner von 2004 bis 2008:	**-27,9** (mehr Sterbefälle als Geburten)
Mittelfristige Wanderungsbewegung je 1.000 Einwohner von 2004 bis 2008:	**-224,9** (mehr Weg- als Zuzüge)
Billetermaß zur demographischen Alterungsfähigkeit 2008:	**-0,54** (Ø); -0,49 Bayern
Sozialversicherungspflichtig Beschäftige am Arbeitsort 2008:	**6.373** Beschäftigte
Pendlersaldo 2008:	**-12.961** Beschäftigte
Arbeitsplatzzentralität 2008 (Verhältnis Beschäftigte Arbeitsort und Beschäftigte Wohnort):	**33 %**

---

[63] „Sonstige Verdichtungsräume" bzw. Verdichtungsräume außerhalb der „großen Verdichtungsräume"; hierzu zählen in Bayern Räume wie Ingolstadt, Regensburg, Würzburg oder Neu-Ulm/Ulm (vgl. LEP BAYERN 2006).

Die grobe Betrachtung der strukturellen Ausgangslage kann in folgenden Punkten zusammengefasst werden:

- Mittelfristig sich verstetigende Bevölkerungsverluste signalisieren einen absehbaren Schrumpfungstrend.

- Die Bevölkerungsrückgänge sind vorrangig auf Wanderungsverluste zurückzuführen, wobei diese zwangsläufig auch die Nachfrageentwicklung nach Wohnbauland betreffen.

- Die Daten zum Billetermaß spiegeln einen etwas überdurchschnittlich ausgeprägten Alterungsprozess wider.

- Die Funktion des Arbeitsplatzstandortes ist in Zusammenhang mit der Lage im Stadt-Umland-Bereich des Oberzentrums Schweinfurt von geringerer Bedeutung.

- Mittelfristig positive Entwicklung des quantitativen Arbeitsplatzangebotes.

6.1.2 Entstehung sowie Grundlagen der Entwicklung und Organisation

Entstehung und Entwicklungsgrundlagen

Die Interkommunale Allianz Oberes Werntal wurde als eine Arbeitsgemeinschaft der Kommunen Bergrheinfeld, Euerbach, Geldersheim, Niederwerrn, Oerlenbach, Poppenhausen, Wasserlosen und Werneck im Oktober 2003 gegründet. Im Jahr 2008 ist die Gemeinde Waigolshausen der Allianz beigetreten und zuletzt kam 2009 die Gemeinde Dittelbrunn hinzu.

Die Gründung und Gebietsabgrenzung der Allianz Oberes Werntal geht in besonderer Weise auf die Entwicklung der Bundesautobahn A71[64] und ein dazu von der damaligen Direktion für Ländliche Entwicklung (DLE) Würzburg in Auftrag gegebenes Entwicklungskonzept zu den Möglichkeiten der interkommunalen Entwicklung zurück.

Die Realisierung der BAB A 71 von Schweinfurt nach Erfurt war aus damaliger Sicht mit den Aussichten auf eine wesentliche Verbesserung der überregionalen Verkehrsanbindung und von Standortbedingungen verbunden. Gleichzeitig war davon auszugehen, dass die A71 auch Auswirkungen auf regionale Verkehrsströme hat und letztlich zu teilräumlich unterschiedlichen Be- und Entlastungen

---

[64] Teilraumgutachten „Entwicklungskonzept A 71 – ImPULS für Main-Rhön, Entwicklungsachse als Kooperationsraum" (Regionaler Planungsverband Main-Rhön), Beginn Herbst 2002, Fertigstellung Endbericht Ende 2003.

führt. Von daher zielten die Ausgangsüberlegungen der Kooperation in Bezug auf die A71 darauf ab, neue Potenziale und Chancen zu nutzen – aber auch Risiken und Beeinträchtigungen zu minimieren (vgl. MAIER et al. 2003: 3). Ausgehend von dem Entwicklungskonzept war für die Entstehung vor allem der funktionsräumliche Aspekt ausschlaggebend, für den neben der A71 auch die gemeinsame Lage im westlichen Bereich des Oberzentrums Schweinfurt eine wichtige Rolle spielte. Begünstigend kam hinzu, dass in einigen Teilbereichen bereits Kooperationen, wie Abwasser-, Wasserzweckverbände und Schulverbände, bestanden.

Mit dem Ziel einer gemeinsamen Entwicklungsgrundlage wurde, wie bereits eingangs dargestellt, in den Jahren 2002 und 2003 mit Unterstützung der damaligen Direktion für Ländliche Entwicklung (DLE) Würzburg[65] ein inhaltlich breit angelegtes „Interkommunales Entwicklungskonzept" im Sinne eines räumlich-strukturellen Gutachtens erarbeitet. Dieses formulierte auf der Basis einer Struktur- sowie Stärken-Schwächen-Analyse Leitprojekte und Handlungsfelder für den gemeinsamen Kooperationsraum sowie Maßnahmen und Projekte zu folgenden Themenschwerpunkten:

- wirtschaftlichen Entwicklung,
- Schaffung eines verbesserten sozialen und kulturellen Wohnumfeldes,
- Stärkung der Position des Oberen Werntals als Bestandteil der Region Main-Rhön und des Raumes Schweinfurt.

Ausgehend von einer Verfestigung der Kooperation konnte, zunächst mit Unterstützung[66] durch die Abteilung Landesentwicklung am bayerischen Wirtschaftsministerium (StMWIVT), ab Oktober 2003 ein Allianzmanagement eingerichtet werden. Das gemeinsame Allianzmanagement mit dem Schwerpunkt der Anlaufstelle, Koordination und Impulsgebung für örtliche wie interkommunale Aktivitäten stellte einen wichtigen Meilenstein für die Etablierung der Kooperation dar *(siehe nachfolgenden Abschnitt zu den Grundlagen der Organisation).*

Aufbauend auf das Interkommunale Entwicklungskonzept (2003) wurde im Jahr 2006 ein Integriertes Ländliches Entwicklungskonzept (ILEK) in Federführung durch das Allianzmanagement und mit Unterstützung des Amtes für Ländliche Entwicklung (ALE) Unterfranken erstellt. Dieses berücksichtigt im Sinne eines umsetzungsbezogenen Strategie- und Handlungskonzeptes sowohl die Aufgaben der Kommunen wie auch den Instrumenteneinsatz der Ländlichen Entwick-

---

[65] Inzwischen unbenannt in Amt für Ländliche Entwicklung (ALE) Unterfranken.

[66] Die Unterstützung des StMWIVT erfolgte aus sog. Phasing-out-Mitteln des Europäischen Fonds für regionale Entwicklung (EFRE).

lung *(siehe Kap. 4.2.3)*. Als grundlegendes Steuerungsinstrumentarium für die laufende Umsetzung sieht es eine kontinuierliche Fortschreibung vor. An der Schnittstelle zwischen den Instrumenten der Ländlichen Entwicklung und kommunalen Aufgaben ist es in besonderer Weise auf die Bereiche Infrastrukturverbesserung, Flurneuordnung, Dorferneuerung sowie Innenentwicklung im Sinne einer Ortskernrevitalisierung ausgerichtet (vgl. FREY/ILEK 2006).

Auf Grundlage des ILEK hat sich die Allianz Oberes Werntal insgesamt folgende Handlungsfelder zugrunde gelegt (vgl. www.oberes-werntal.de):

- Regionalmarketing
- Standortförderung
- Naherholung und Freizeit
- Kultur
- Dorf- und Flurentwicklung

Ausgehend von einem Dorferneuerungsprozess in Obbach, einem Ortsteil der Mitgliedsgemeinde Euerbach, und der Erarbeitung des ILEK wurde das Thema Innentwicklung stärker aufgegriffen und forciert. In der Folge hat sich die Allianz Oberes Werntal am Modellvorhaben „Flächenmanagement in interkommunaler Zusammenarbeit" (FLIZ) in Trägerschaft durch das bayerische Landesamt für Umwelt (LfU) als eine von ca. 20 Kooperationen beworben *(siehe Kap. 6.1.3)*.

Grundlagen der Organisation

Die Allianz Oberes Werntal ist eine „kommunale oder einfache Arbeitsgemeinschaft" entsprechend Art. 4 ff. bayerisches KommZG *(siehe Kap. 4.1.2)*. Ausgehend vor der grundsätzlichen Klärung der Aufgaben der Arbeitsgemeinschaft wurde zur Einrichtung und Abwicklung des Allianzmanagements eine vertragliche Vereinbarung zwischen der Gemeinde Euerbach als Träger des Allianzmanagements und den übrigen Partnerkommunen zugrunde gelegt. Der finanzielle Eigenanteil des Allianzmanagements für die Kommunen wird über eine einwohnerbezogene Umlage geregelt. Alle weiteren Grundlagen, Vorhaben und Aktivitäten unterliegen einem informellen Vorgehen.

Zentrales Steuerungsgremium ist die „Runde der Bürgermeister", die sich bislang gemeinsam mit dem Allianzmanagement zu monatlichen Jour-fixe-Terminen trifft. Neben den Bürgermeistern und dem Allianzmangement werden bedarfsweise zusätzlich Vertreter von relevanten Fachbehörden (u.a. Landratsamt, Amt für Ländliche Entwicklung) hinzu geladen. Die wesentliche Funktion liegt in der Steuerung und Koordinierung laufender Maßnahmen und Aktivitäten im Rahmen der Allianz sowie im Austausch kommunaler Themen und Vorhaben. Derzeit wird überlegt, den zeitlichen Rhythmus anzupassen bzw. zu vergrößern (Quelle: Ergebnisse des Werkstattgesprächs; Aussagen Experteninterviews).

Auf der Arbeits- und Umsetzungsebene gibt es themenorientierte und bedarfsbezogene Arbeits- und Projektgruppen, wobei die Umsetzung von Maßnahmen im Vordergrund steht.

Zur Entwicklung des Allianzgebietes, Umsetzung gemeinschaftlicher Vorhaben sowie zur Geschäftsführung der „Arbeitsgemeinschaft Allianz Oberes Werntal" wurde beginnend ab Oktober 2003 ein Allianzmanagement mit Sitz in der Gemeinde Euerbach eingerichtet. Hauptaufgabe ist die Koordination der Entwicklungsaktivitäten auf der Grundlage des ILEK und in besonderer Weise die Vorbereitung und Durchführung von Projekten. In Abstimmung mit der Bürgermeisterrunde obliegt es dem Allianzmanagement, die Projektvorschläge für die Allianz abzustimmen und zur Umsetzung zu bringen.

Im Einzelnen umfasst das Allianzmanagement folgende Aufgaben (vgl. www.oberes-werntal.de):

- Konzepte und Projekte zur Kommunal- und Regionalentwicklung initiieren, entwickeln und durchführen;
- kommunale und regionale Kräfte mobilisieren und ihre Potenziale erschließen;
- Projektideen aufgreifen, sammeln und vermitteln;
- Zusammenarbeit initiieren, moderieren und koordinieren;
- Vernetzung der Akteure;
- von außen neue Ideen in die Region tragen;
- Partner zur Umsetzung der Projekte gewinnen;
- Finanzierungs- und Förderrecherche;
- die Region Oberes Werntal nach innen und außen positiv darstellen und zu profilieren.

Die Finanzierung des Allianzmanagements erfolgte bislang aus unterschiedlichen Töpfen. Vom Beginn im Herbst 2003 bis zur Jahresmitte 2008 wurde es mit Unterstützung der Abteilung Landesentwicklung am bayerischen Wirtschaftsministerium (StMWIVT) u.a. aus Mitteln des Europäischen Fonds für Regionale Entwicklung (EFRE) gefördert. In der Zeit von Jahresmitte 2008 bis Jahresanfang 2009 finanzierte sich das Allianzmanagement ausschließlich aus Mitteln der beteiligten Kommunen. Seit Anfang 2009 erhält die Allianz Oberes Werntal eine

Förderung[67] vom Amt für Ländliche Entwicklung Unterfranken. Die Zuwendungen stammen u.a. aus der Gemeinschaftsaufgabe Verbesserung der Agrarstruktur und des Küstenschutzes (GAK) und sind an die Umsetzungsbegleitung im Rahmen des Integrierten Ländlichen Entwicklungskonzepts gebunden. Im Zuge dessen stellt die Beförderung der Innenentwicklung eine Schwerpunktaufgabe des Allianzmanagements dar.

Auf Grundlage des Werkstattgesprächs werden organisatorische Optimierungsmöglichkeiten hinsichtlich der Steuerungsebene erkannt. Zur Vorbereitung von Vorgehensweisen und Aktivitäten würde sich alternativ zur jetzigen („großen") Bürgermeisterrunde ein kleinerer Kreis von zwei bis drei Vertretern der Gemeinden und der Allianzmanagerin anbieten (Quelle: Dokumentation Werkstattgespräch Allianz Oberes Werntal).

6.1.3 Grundlagen, Anforderungen und Ziele zur räumlichen Schwerpunktfunktion

Grundlagen

Die Allianz Oberes Werntal wurde als Fallstudie für die Schwerpunktfunktion Wohnsiedlungsentwicklung in Verbindung mit Innenentwicklung und Flächenmanagement ausgewählt.

Dies ist u.a. darin begründet, dass die Allianz Oberes Werntal[68] das einzige Kooperationsgebiet für das landesweite Modellvorhaben „Flächenmanagement in interkommunaler Zusammenarbeit" (FLIZ) in Trägerschaft des bayerischen Landesamtes für Umwelt (LfU) darstellte. Im Mittelpunkt des im Jahr 2007 gestarteten Modellvorhabens stand die Erprobung von abgestimmten Erhebungsstrategien/-instrumentarien für die Realisierung einer verstärkten Innenentwicklung. Ursprünglich war das Vorhaben mit dem Kernanliegen des Aufbaus eines kommunalen Flächenmanagementinstrumentariums auf Landkreisebene vorgesehen, jedoch konnte dafür landesweit kein interessierter und geeigneter Landkreis gefunden werden, weshalb das LfU sich dann für die Entwicklung auf interkommunaler Ebene entschieden hat.

---

[67] Finanzierung Allianzmanagement: 60 % Förderung über ILE (GAK), 40 % Eigenanteil der Gemeinden entsprechend Umlage.

[68] Im Modellvorhaben „Flächenmanagement in interkommunaler Zusammenarbeit" (FLIZ) war die erst 2009 hinzugekommene Gemeinde Dittelbrunn nicht beteiligt bzw. berücksichtigt.

Abb. 68: Projektstruktur und Bausteine des „FLIZ-Vorhabens" (Quelle: LFU BAYERN, 2009: 19)

Neben der Abschätzung des zukünftigen Wohnbaulandbedarfs galt es u.a. die vorhandenen Baulandpotenziale im Bestand, wie z.B. Baulücken, Brachflächen oder leerstehende Bausub-

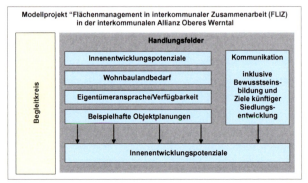

stanz, zu erfassen und in einer zu entwickelnden Datenbank zu verwalten. Darauf aufbauend sollten anhand von Objektplanungen beispielhafte Umnutzungs- und Sanierungsmöglichkeiten aufgezeigt werden sowie Maßnahmen zur Aktivierung von innerörtlichen Potenzialen eingeleitet werden. Die interkommunale Kooperation zielte darauf ab, die Synergieeffekte einer auf Flächenmanagement basierenden Innenentwicklung zu erkennen und zu nutzen (vgl. LFU BAYERN, 2009: 7).

Ausgangspunkte bzw. Wegbereiter für die intensivere Beschäftigung mit den Themen der Innenentwicklung und dem Ansatz eines Flächenmanagements in der Allianz Oberes Werntal waren nachfolgende parallel laufende Vorhaben:

- Schwerpunkt Innenentwicklung im Rahmen der Dorferneuerung des Ortsteils Obbach (Gemeinde Euerbach); ausgehend von einer Vertiefungsplanung wurde u.a. das Modellprojekt einer sog. „Bauhütte" geplant und durchgeführt; die Bauhütte sieht die beispielhafte Demonstration innovativer Bau- und Sanierungstechnologien anhand eines Musterhauses vor.

- Modellhafte Anwendung eines Innenentwicklungs-Checks am Beispiel von Obbach im Rahmen des Forschungs- und Entwicklungsvorhabens „Innenentwicklung im Rahmen der Dorferneuerung"; über den Innenentwicklungs-Check wurden beispielhaft die Bestandspotenziale und Rahmenbedingungen der Innentwicklung erfasst.

- Erfassung der Erfordernisse und des Umfangs von Maßnahmen zur Ortskernrevitalisierung in den Allianzgemeinden im Rahmen des Integrierten Ländlichen Entwicklungskonzeptes.

Ausgangssituation und Anforderungen

Für die Frage nach den Anforderungen zur jeweiligen Schwerpunktfunktion ist, entsprechend den erarbeiteten Grundlagen, vor allem die Abwägung zwischen dem vorhandenen Angebot und – soweit abschätzbar – der Nachfragesituation von Interesse.

Beginnend mit der Nachfrageentwicklung wurde im Rahmen des FLIZ-Vorhabens mittels einer eigens entwickelten Berechnungsmethodik der zukünftige Wohnbaulandbedarf der Allianzgemeinden ermittelt. Zunächst wurden auf Basis der Bevölkerungsentwicklung zwischen 2001 und 2006 in den Kommunen sowie der Bevölkerungsprognose für die Landkreise die jährliche Bevölkerungsprognosewerte für die einzelnen Gemeinden als Basis für den Wohnbauflächenbedarf abgeleitet.

Tab 7: Relativierte Landkreisprognose zur Ableitung der Bevölkerungsprognose für die einzelnen Gemeinden in Abgleich mit der durchschnittlichen jährlichen Bevölkerungsentwicklung 2004 - 2008 (Quelle: LFU BAYERN, 2009: 36; Statistik kommunal 2010)

Landkreis (Lkr.) Kommune	Bevölkerungs-entwicklung 2001-2006 * p. a.	Differenz der realen Bevölkerungsentwick-lung p. a. der Kommune zum Landkreis	Relativierte Prognose der Bevölkerungsent-wicklung p. a. 2006-2020 (Übertrag Differenz Kommune/Landkreis)	Durchschnittliche jährl. Bevölkerungsentwickl. in % 2004 – 2008
Lkr. Schweinfurt	**- 0,30 %**		**- 0,31 %**	
Bergrheinfeld	- 0,10 %	+ 0,20 %	- 0,11 %	0,5 %
Euerbach	- 0,20 %	+ 0,10 %	- 0,21 %	-0,6 %
Geldersheim	- 0,50 %	- 0,20 %	- 0,51 %	-0,9 %
Niederwerrn	0,00 %	+ 0,30 %	- 0,01 %	0,0 %
Poppenhausen	- 0,20 %	+ 0,10 %	- 0,21 %	-0,8 %
Waigolshausen	- 0,50 %	- 0,20 %	- 0,51 %	-0,4 %
Wasserlosen	- 0,30 %	0,00 %	- 0,31 %	-0,5 %
Werneck	- 0,20 %	+ 0,10 %	- 0,21 %	-0,3 %
Lkr. Bad Kissingen	**- 0,40 %**		**- 0,32 %**	
Oerlenbach	- 0,20 %	+ 0,20 %	- 0,12 %	-0,8 %

Quelle: www.inka.bayern.de 2007)   p. a. = per annum (pro Jahr)

Diese Bevölkerungsprognose geht davon aus, dass im Prognosezeitraum zwischen 2006 und 2020 mit Ausnahme der Gemeinde Niederwerrn mit jährlichen Bevölkerungsrückgängen zwischen -0,11 und -0,51 % zu rechnen ist. Werden dem die aktuelleren Zahlen der durchschnittlichen jährlichen Bevölkerungsentwicklung von 2004 - 2008 gegenübergestellt, so wird gegenüber den Annahmen des FLIZ-Vorhabens deutlich, dass diese mit Ausnahme von Bergrheinfeld und Niederwerrn eine stärkere Dynamik des Bevölkerungsrückgangs zwischen -0,3 bis -0,9 % widerspiegeln. Dies lässt vermuten, dass die Bevölkerungsprognose im Rahmen des FLIZ-Vorhabens als eher optimistisch betrachtet werden kann.

Tab 8: Saldierung des Wohneinheitenbedarfs sowie abgeleitete Bedarfsflächen für Wohnbauland im Prognosezeitraum 2006 - 2020 (Quelle: LFU BAYERN, 2009: 37)

Kommune	Äußerer Bedarf in WE	Innerer Bedarf in WE	Bedarf insgesamt in WE	Flächenbedarf insgesamt in ha
Bergrheinfeld	-37,35	106,61	69,26	4,1
Euerbach	-41,17	61,74	20,57	1,5
Geldersheim	-87,30	44,80	-42,50	-2,4*
Niederwerrn	-5,10	160,57	155,47	6,3
Poppenhausen	-55,03	81,77	26,74	2,1
Waigolshausen	-84,77	51,84	-32,93	-2,6*
Wasserlosen	-57,80	58,53	0,73	0,1
Werneck	-126,41	189,24	62,83	5,5
Oerlenbach	-39,41	102,66	63,25	6,0
Gesamt	**-449,57**	**805,92**	**356,35**	**25,6***

WE = Wohneinheiten   * negative Flächenbedarfe werden beim Summieren = 0 gesetzt

Die Bevölkerungsprognose wurde auf den Neubedarf an Wohnbauland in Wohneinheiten umgerechnet. Dies erfolgte in einer Differenzierung zwischen äußerem (Baulandausweisung) und innerem (Innenentwicklung) Bedarf, wobei beim inneren Bedarf ein Auflockerungsfaktor von 0,3 % berücksichtigt wurde (vgl. LFU BAYERN, 2009: 36). Für die Allianz Oberes Werntal wurde insgesamt ein Wohnbauflächenbedarf von 25,6 ha im Zeitraum zwischen 2006 und 2020 ermittelt. Die Spanne reicht von -2,6 ha (Waigolshausen) und -2,4 ha (Geldersheim) bis zu 6,3 ha (Niederwerrn).

Ergänzend zu der Erhebung des Wohnbauflächenbedarfs im Rahmen des FLIZ-Vorhabens gibt auch die Entwicklung der Baugenehmigungen und Baufertigstellungen einen Aufschluss über den Bedarf bzw. die Nachfrageentwicklung.

Abb. 69: Entwicklung der Baufertigstellungen und -genehmigungen für Wohngebäude 2000 - 2008 in der Allianz Oberes Werntal (Quelle: eigene Darstellung/BayLfStaD STATISTIK KOMMUNAL 2009)

Dies wird durch die Betrachtung der Entwicklung im Zeitraum zwischen 2000 und 2008 stätigt. Innerhalb dieses Zeitraums sind sowohl die

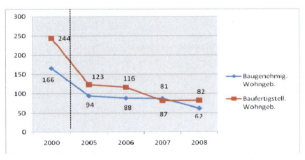

Baufertigstellungen als auch die Baugenehmigungen auf ca. ein Drittel ihrer Ausgangswerte aus dem Jahr 2000 geschrumpft. Dieser Rückgang hat sich auch in den letzten Jahren kontinuierlich fortgesetzt, so dass unter Einbeziehung der Trends zur Bevölkerungsentwicklung hinsichtlich zunehmender Wanderungsverluste und Alterungsprozesse von einer weiter sinkenden Nachfrage ausgegangen werden kann.

Von Seiten der Angebotsbetrachtung wurden mit dem Schwerpunkt auf die Innenentwicklung die innerörtlichen Entwicklungspotenziale in Form von Baulücken, Brachflächen, leerstehenden Wohngebäuden und landwirtschaftlichen Hofstellen, Althofstellen mit Restnutzung sowie Gebäuden mit absehbarem Leerstandsrisiko erfasst. Von den Innenentwicklungspotenzialen im Umfang von insgesamt 252 ha ist ca. 50 % auf Baulücken zurückzuführen. Sieht man von den Althofstellen mit Restnutzung und den sonstigen Potenzialen mit Leerstandsrisiko ab, verbleibt ein Baulücken- und Leerstandspotenzial im Umfang von 147 ha (vgl. LFU BAYERN, 2009: 23ff).

Tab 9: Übersicht Innenentwicklungspotenziale und Mobilisierungsmöglichkeiten (Quelle: LFU BAYERN, 2009: 11)

	Anzahl	Fläche
Innenentwicklungspotenziale, davon		**252 ha**
Baulücken	1.432	127 ha
Leerstände	236	20 ha
Althofstellen mit Restnutzung	440	45 ha
Sonstige	468	60 ha
kurz- und mittelfristig aktivierbare Innenentwicklungspotenziale, davon		**39 ha**
Baulücken mit Eigennutzungsabsicht des Eigentümers	94	13 ha
Baulücken mit verkaufsbereitem Eigentümer	237	21 ha
Leerstände mit Eigennutzungsabsicht des Eigentümers	32	2 ha
Leerstände mit verkaufsbereitem Eigentümer	48	3 ha
Wohnbaulandbedarf (bis 2020)		**25 ha**

Aufbauend auf die Potenzialerfassung wurden die reellen Aktivierungspotenziale im Rahmen einer Eigentümerbefragung ermittelt. Bei einer Rücklaufquote von durchschnittlich 60 % haben sich Eigentümer von 237 Baulücken im Umfang von 21 ha sowie 48 leerstehenden Gebäuden mit etwa 3 ha zum Verkauf bereit erklärt. Darüber hinaus sind auch die Baulücken und Leerstände mit zeitlich absehbarer Eigennutzungsabsicht zu berücksichtigen, da diese einen Teil des Bedarfs abdecken. Für die Angebotsentwicklung ebenso von Bedeutung ist, dass mehr als die Hälfte der Eigentümer von Baulücken und Leerständen kurz- bis mittelfristig keine konkreten Interessen verfolgt. Der am häufigsten genannte Grund für eine unklare Aktivierungsperspektive war die Bevorratung für Kinder und Enkelkinder, was der Strategie der familiären Bevorratungspolitik entspricht (vgl. LFU BAYERN, 2009: 9f). Vor allem mittel- bis langfristig wird auch dieses Potenzial auf die Angebotsentwicklung Einfluss nehmen.

In der Gegenüberstellung der bis 2020 – ohnehin eher optimistisch – berechneten Wohnbaulandbedarfszahlen der Allianzkommunen von 25,6 ha mit den ermittelten Innenentwicklungspotenzialen von 252,4 ha ergibt sich in einer groben quantitativen Annäherung ein Nachfrage- und Angebotsverhältnis von 1 : 10.

Tab 10: Vergleich des zukünftigen Wohnbauland-Flächenbedarfs mit den Innenentwicklungspotenzialen in den Allianzkommunen (Quelle: LFU BAYERN, 2009: 39)

Kommune	Flächenbedarf bis 2020 gesamt (ha)	innerörtliche Entwicklungspotenziale gesamt (ha)	klassische Baulücken (ha)
Bergrheinfeld	4,1	47,0	26,2
Euerbach	1,5	29,9	10,8
Geldersheim	0 / (-2,4)*	13,1	9,2
Niederwerrn	6,3	9,1	6,7
Poppenhausen	2,1	21,7	8,6
Waigolshausen	0 / (-2,6)*	12,8	7,5
Wasserlosen	0,1	25,0	14,1
Werneck	5,5	50,7	21,6
Oerlenbach	6,0	43,1	22,2
Gesamt	25,6 (20,6)	252,4	126,7**

* negative Flächenbedarfszahlen werden beim Summieren = 0 gesetzt
** Summenabweichung durch Rundungseffekte

Werden die im Rahmen der Erhebungen ermittelten Aktivierungspotenziale von Seiten der verkaufsbereiten Eigentümer (24 ha) berücksichtigt, so könnte bereits mit diesem Potenzial rein quantitativ der Wohnbaulandbedarf bis 2020 nahezu gedeckt werden.

Unter Berücksichtigung von zusätzlichen Potenzialen zur Außenentwicklung[69] ist für die Situation der Allianz Oberes Werntal von einem deutlichen Überangebot auszugehen, wobei kleinräumig unterschiedliche Ausprägungen festzustellen sind. Eine Ausnahme stellt die Gemeinde Bergrheinfeld mit einer bis dato noch stabileren Bevölkerungsentwicklung und Nachfrage dar; weiterhin weist die Gemeinde Niederwerrn gegenwärtig zumindest eine stagnative Entwicklung auf. Al-

---

[69] Die Außenentwicklungspotenziale wurden im FLIZ-Vorhabens nicht weiter vertieft.

le anderen Gemeinden sind mehr oder weniger stark vom Gesamttrend einer rückgängigen Nachfrage betroffen. Die strukturelle Faktenlage gibt Anzeichen dafür, dass unter den absehbaren Maßgaben der Bevölkerungs-, Alterungs- und Wanderungsentwicklung von einer sich weiter öffnenden Schere zwischen einer abnehmenden Nachfrage und einem zunehmenden Angebot auszugehen ist.

Wie im Rahmen des FLIZ-Vorhabens festgestellt wurde, erscheint vor dem Hintergrund der ermittelten Daten eine rein einzelgemeindliche Steuerung der Wohnsiedlungsentwicklung nur begrenzt in der Lage, diesem Prozess entgegenzuwirken (vgl. LFU BAYERN, 2009: 69f).

Ausgehend von der Entwicklung eines Überangebots kann unter Einbeziehung der fachlichen Erkenntnisse im Rahmen des FLIZ-Vorhabens folgendes Fazit zur Ausgangssituation gezogen werden (vgl. LFU BAYERN, 2009: 69f):

- Rückgang der Baufertigstellungen und Baugenehmigungen im Zeitraum 2000 bis 2008 auf ca. 1/3 ihrer Ausgangswerte aus dem Jahr 2000.
- Zahlreiche Baulücken als Ergebnis der kommunalen Bodenpolitik in der Vergangenheit.
- Mit dem unmittelbaren Aktivierungspotenzial von verkaufsbereiten Eigentümern ließe sich rein quantitativ der im Rahmen des FLIZ-Vorhabens ermittelte Wohnbauflächenbedarf nahezu decken.
- Baugebietsausweisungen aus der jüngeren Vergangenheit nehmen den Nachfragedruck von der Innenentwicklung.
- Über die Hälfte der Eigentümer von Baulücken und Leerständen im Bestand verfolgt kurz- bis mittelfristig keine konkreten Interessen, wobei auch dieses Angebot mittel- bis langfristig zu berücksichtigen ist.

In Ergänzung dazu sehen die Vertreter der Allianzgemeinden die Problemstellungen für eine verstärkte Innenentwicklung in interkommunaler Abstimmung u.a. in folgenden Punkten (vgl. LFU BAYERN, 2009: 72; Ergebnisse der Expertengespräche).

- Zunehmende Leerstandentwicklung, u.a. durch den Strukturwandel in der Landwirtschaft.
- Zunehmender Rückzug von Handel und Dienstleistungen aus den kleineren Gemeinden und Ortsteilen.
- Mangelnde Verkaufsbereitschaft der Eigentümer bzw. überzogene Preisvorstellungen.
- Allgemein geringe Akzeptanz von Innenentwicklungsprojekten bei der Bevölkerung.

• Geringe Akzeptanz der Gemeinderäte für Investitionsmaßnahmen bei Innenentwicklungsprojekten (z.b. für Zwischenfinanzierungsstrategien).

• Fehlende Gesamtkonzepte zur Innenentwicklung zur argumentativen Unterstützung von Einzelmaßnahmen.

Ziele und Strategien

Im Rahmen des FLIZ-Vorhabens wurden die bisherigen boden- und baulandpolitischen Ziele, Beschlüsse sowie die Aktivitäten zur Innenentwicklung auf einzelgemeindlicher Ebene recherchiert. Die Auswertung ergab, dass es noch keine dezidierten Zielstellungen und Beschlussfassungen zu einer verstärkten Innenentwicklung z.b. durch einen Vorrang Innen- vor Außenentwicklung oder eine verstärkte Nutzung von Bestandsflächen in den einzelnen Gemeinden gibt. Vereinzelte Ansätze zur Innenentwicklung sind an die Dorferneuerung oder Städtebauförderung gekoppelt *(siehe Kap. 3.2.2)*, wie z.b. Erwerb, Sanierung und Umnutzung von einzelnen Gebäuden (alte Schulgebäude, ehemalige Synagoge). Als weitergehende Ansätze werden das Engagement der Allianzgemeinden im Rahmen des FLIZ-Vorhabens sowie die Aktivitäten im Rahmen der Dorferneuerung Obbach (Gde. Euerbach) mit der modellhaften Initiierung der Bauhütte angeführt. Eine zunehmende Bedeutung erlangen auch Altortrahmenpläne, welche die Potenziale und Rahmenbedingungen für die städtebauliche Entwicklung der Ortskerne aufzeigen und in ein rahmengebendes Konzept mit Zielstellungen für zukünftige Maßnahmen lenken (vgl. LFU BAYERN, 2009: 69ff).

Vor dem Hintergrund der Erfassungsdaten wurde im Rahmen des Modellvorhabens im April 2008 ein Strategieworkshop mit den Vertretern der Kommunen durchgeführt. Neben der Bewertung der Ausgangssituation und der Klärung des Handlungsbedarfs wurden gemeinsame Ziele und Strategien der Innentwicklung erarbeitet. Bei der Ziel- und Maßnahmenerarbeitung kristallisierten sich die Sensibilisierung und gezielte Ansprache der Eigentümer von Baulücken und Leerständen, verbesserte Beratungsleistungen für Bau- und Umbauwillige sowie eine verstärkte Bürgerinformationsarbeit heraus.

Im Rahmen des Workshops konnte ein Konsens gefunden werden, dass über einen Grundsatzbeschluss dem Anliegen einer verstärkten Innenentwicklung kommunalpolitisch Nachdruck verliehen werden könnte, sowohl in der Innenwirkung gegenüber Gemeinderäten und Verwaltung als auch in der Außenwirkung gegenüber den Bürgern, Eigentümern und potenziellen Investoren. Eine weitere Außenentwicklung sollte nur unter der Voraussetzung stattfinden, dass die Flächen zu 100% im Eigentum der Kommunen sind und damit steuernd auf die potenziellen Käufer der Grundstücke Einfluss genommen werden kann (vgl. LFU BAYERN, 2009: 73).

Alle neun Allianzkommunen haben per Ratsbeschlüsse der beim Workshop erarbeiteten „Erklärung zur Innenentwicklung und Flächenmanagement in der interkommunalen Allianz Oberes Werntal" zugestimmt. Die Erklärung umfasst einen allgemeinen Einführungsteil, der die Bedeutung und Erfordernis der Ortskernrevitalisierung und Innenentwicklung als wesentliche Zukunftsaufgabe für die Kommunen definiert. Als Katalog konkreter Steuerungs- und Handlungsansätze zur Innenentwicklung wurden in der Grundsatzerklärung folgende Ziele und Maßnahmen festgelegt (LFU BAYERN, 2009: 73f):

- Die vorrangige Nutzung von Bauland und Gebäuden im Bestand gegenüber der Neuausweisung von Baugebieten im Außenbereich.

- Gegenseitiger und frühzeitiger Informationsaustausch über flächenbezogene Entwicklungen und Entscheidungen in den einzelnen Allianzgemeinden.

- Fortführung und regelmäßige Aktualisierung der Datenbank der Innenentwicklungspotenziale inkl. jährlicher Berichterstattung an die einzelnen Gemeindegremien und die Interkommunale Allianz.

- Durchführung gemeinsamer Aktivitäten zur Förderung des Bewusstseinswandels für unterschiedliche Zielgruppen wie Bevölkerung, politische Gremien und Bauwillige (z.B. Informationsveranstaltungen, Flyer, Broschüren, gelungene Beispiele).

- Durchführung konkreter Maßnahmen zur Aktivierung innerörtlicher Baulandpotenziale, wie z.B. systematische Ansprache von Baulückeneigentümern.

- Aufbau einer interkommunalen Grundstücks- und Immobilienbörse zur Vermarktung von Baugrundstücken und Gebäuden im Bestand.

- Prüfung und Einführung finanzieller Anreize für Bauen im Bestand in den Allianzkommunen.

Entsprechend dem in *Kap. 5.3* dargelegten Vorgehen der Fallstudienuntersuchung wurden die Ziele und Maßnahmen im Rahmen des Werkstattgesprächs hinsichtlich der Frage nach der Zielerreichung bzw. dem Umsetzungsstand aufgegriffen. Im ersten Schritt wurde zunächst eine Einordnung der Zielstellungen hinsichtlich einer Relevanz für die interkommunale Kooperation vorgenommen, die zu folgenden Ergebnissen[70] führte (Quelle: Dokumentation des Werkstattgesprächs vom 22.07.2010):

---

[70] Im Sinne einer transparenten Darstellung sind die erarbeiteten Diskussionsergebnisse des Werkstattgesprächs auf Basis der Dokumentation in grauer Farbe hinterlegt.

Nicht alle in der Grundsatzerklärung vereinbarten Ziele und Maßnahmen verbinden sich unmittelbar mit einer gemeinsamen oder interkommunal abgestimmten Vorgehensweise.

Wichtigste Zielstellung ist die vorrangige Nutzung von Bauland und Gebäuden im Bestand vor der Neuausweisung von Baugebieten im Außenbereich. Hierbei spielt ein gegenseitiger und frühzeitiger Informationsaustausch über flächenbezogene Entwicklungen und Entscheidungen in den einzelnen Allianzgemeinden eine wichtige Rolle.

Ein weiteres, interkommunal relevantes Ziel ist die Durchführung gemeinsamer Aktivitäten zur Förderung des Bewusstseinswandels für unterschiedliche Zielgruppen wie die Bevölkerung, politische Gremien und Bauwillige.

Darauf aufbauend wurde im Rahmen des Werkstattgesprächs der Stand der Zielerreichung und Umsetzung wie folgt bewertet (Quelle: Dokumentation des Werkstattgesprächs):

Der Umsetzungsschwerpunkt im FLIZ-Vorhaben lag auf dem Aufbau interkommunal abgestimmter Instrumente für die systematische Ermittlung von Angebotspotenzialen (Datenbank) sowie die Angebotsmobilisierung mittels Eigentümeransprache. Davon ausgehend ist eine punktuelle Aktivierung und Vermarktung von Baulücken im Bestand festzustellen.

Die Vereinbarungen der Grundsatzerklärung zur weiteren Außenentwicklung wurden bislang von allen Allianzgemeinden eingehalten.

Vor allem die Ermittlung der Angebotspotenziale hat das Bewusstsein für die Problemstellungen zur Innenentwicklung bei den kommunalen Mandatsträgern und teilweise auch bei der Bevölkerung enorm weiterentwickelt. Zitat: »Die Allianz Oberes Werntal ist nach dem FLIZ-Vorhaben eine „andere" Allianz als vor dem FLIZ-Vorhaben. Ohne das FLIZ-Vorhaben wäre der Schwerpunkt Innenentwicklung und die Überzeugung der kommunalen Mandatsträger nicht möglich gewesen.«

Über das FLIZ-Projekt hat sich eine stärkere Wahrnehmung von außen entwickelt. Die Allianz Oberes Werntal hat sich zu einer Keimzelle für Weiterentwicklung des Themas Innenentwicklung auf Landkreisebene, in den Nachbarregionen in Unterfranken sowie teilweise auch mit einer landesweiten Wahrnehmung entwickelt (Vorträge auf Fachtagungen etc.).

Wie bereits dargestellt, ist für die Frage der Zielerreichung und des Umsetzungsstandes zu berücksichtigen, dass das Vorhaben FLIZ (LfU) vorrangig auf die quantitative Ermittlung der Angebotspotenziale sowie den Aufbau dafür geeigneter Instrumente (Datenbank) ausgerichtet war. Eine stärkere qualitative Berücksichtigung der vorhandenen Strukturen und Funktionen – vor allem vor dem Hintergrund der überwiegenden Schrumpfungsprozesse – sowie daraus zu ziehende Rückschlüsse auf die Nachfragesituation standen ebenso nicht im Fokus wie eine intensivere Eruierung der Rahmenbedingungen und Steuerungsmöglichkeiten interkommunaler Kooperation. Auf Grundlage der Aussagen in den Experteninterviews ist zur Einordnung der Zielerreichung zu berücksichtigen, dass die Rolle der Allianz Oberes Werntal als landesweit einziges Modellvorhaben teilweise auch zu Ermüdungserscheinungen hinsichtlich vieler Außentermine und Vortragsanfragen geführt hat.

Im Nachgang zum Werkstattgespräch wurde eine Erhebung zum Stand der Aktivierung von Baulücken und Leerständen in den Gemeinden der Allianz Oberes Werntal in einem 3-Jahres-Zeitraum durchgeführt. Die Erhebung diente u.a. dazu, die im Werkstattgespräch getroffenen Aussagen zur Zielerreichung bzw. zum Umsetzungstand hinsichtlich des quantitativen Umfangs der Mobilisierung und Vermarktung zu überprüfen.

Tab. 11: Erhebungsergebnisse zum Stand der Aktivierung von Baulücken und Leerständen in den Gemeinden der Allianz Oberes Werntal im Zeitraum Juli 2007 – Juli 2010 (Quelle: Allianz Oberes Werntal 2010)

Gemeinde*	Baulücken				Leerstände				
	Gesamt (davon Eigennutzung)	Altort	Siedlungsgebiet 60er - 70er Jahre	Siedlungsgebiet 80er - 90er Jahre	Gesamt	Wohngebäude Altort	Wohngebäude 60er - 70er Jahre	Wohngebäude 80er - 90er Jahre	Althofstelle (davon im Altort)
Bergrheinfeld	13 (4)	--	7	6	4	--	--	--	4 (3)
Euerbach	2 (1)	--	k.A.	k.A.	14	--	4	4	6 (6)
Geldersheim	7 (1)	1	k.A.	k.A.	1	1	--	--	--
Niederwerrn	6 (3)	--	3	3	1	--	1	--	--
Oerlenbach	15 (1)	--	k.A.	k.A.	4	--	--	--	4 (4)
Poppenhausen	1 (0)	--	1	--	1	--	--	--	1 (1)
Waigolshausen	3 (0)	2	--	1	2	--	--	--	2 (2)
Wasserlosen	0	--	--	--	9	--	--	--	9 (9)
Werneck	10 (0)	--	k.A.	k.A.	16	2	3	--	11 (11)
Allianz gesamt	57 (10)				52	3	8	4	37 (36)

* Die Gemeinde Dittelbrunn hat keine entsprechenden Daten gemeldet. Diese war im Zeitraum des FLIZ-Vorhabens noch kein Mitglied in der Allianz Oberes Werntal.

Davon ausgehend, dass eine Vorlaufzeit für die Sensibilisierung und Bewusstseinsbildung zu berücksichtigen ist, ist eine wahrnehmbare Dynamik hinsichtlich der Aktivierung von Baulücken und Leerständen festzustellen. Legt man das derzeitige Niveau der Baugenehmigungen bzw.   -fertigstellungen von jährlich ca. 60 bis 80 Wohngebäuden im Allianzgebiet zugrunde, so ist davon auszugehen, dass die Aktivierung der Baulücken und Leerstände einen nennenswerten Anteil der Nachfrage abdeckt.

Das Niveau der aktivierten Leerstände weicht zahlenmäßig nur geringfügig von den aktivierten Baulücken ab. Dies bedeutet, dass die Nachfrage nach der Umnutzung von Leerständen eine ähnlich große Rolle spielt, wie die Nachfrage nach der Bebauung von Baulücken. Dabei stellt die Umnutzung von Althofstellen mit ca. 70% den Hauptanteil des aktivierten Leerstandspotenzials dar. Insgesamt konnte bereits ein erheblicher Teil des im Rahmen des FLIZ-Vorhabens erhobenen, „kurz- bis mittelfristig aktivierbaren Leerstandspotenzials" vermarktet werden.

Vor dem Hintergrund der Erhebungsergebnisse erscheint die im Werkstattgespräch zum Umsetzungsstand getroffene Einschätzung einer »punktuellen Aktivierung und Vermarktung von Baulücken im Bestand« verhaltener formuliert, als es die Größenordnungen und relevanten Marktanteile widerspiegeln. Insgesamt zeigt sich, dass eine Umorientierung von der Außen- zur Innenentwicklung auf eine entsprechende Nachfrage stößt, wobei zusätzliche nachfrageorientierte Ausbau- und Entwicklungspotenziale begleitend durch kontinuierliche Sensibilisierungsaktivitäten möglich erscheinen.

6.1.4 Steuerung der Schwerpunktfunktion im Kontext einer Nachfrageorientierung

In Anknüpfung an die Bewertung der Zielerreichung und des Umsetzungsstandes galt es, u.a. in Orientierung an die Ausgangsfragen und -hhesen sowie den in *Kap. 5.1.4* aufgezeigten „Handlungsrahmen für eine nachfrageorientierte Steuerung", die eingesetzten Steuerungsinstrumente zu erörtern. Ausgehend von einer ersten Abfrage nach relevanten Steuerungsansätzen und -instrumentarien innerhalb der Experteninterviews wurden diese im Rahmen der Werkstattgespräche vertieft und die Möglichkeiten hinsichtlich einer Nachfrageorientierung beurteilt.

Eingesetzte Steuerungsansätze/-instrumente

In Anlehnung an den Anspruch eines „Flächenmanagements in interkommunaler Zusammenarbeit" wurden nachfolgende relevante Steuerungsansätze und -instrumente identifiziert (Quelle: Dokumentation des Werkstattgesprächs; Experteninterviews):

- Die übergeordnete Steuerungsstrategie baut auf die freiwillige Selbstverpflichtung der einzelnen Gemeinden auf Basis der gemeinsamen Ziele in der Grundsatzerklärung auf.
  Über die Grundsatzerklärung hinaus war und ist keine weitergehende Verbindlichkeit, beispielsweise mit dem Bezug zur Bauleitplanung, vorgesehen *(siehe nachfolg. Kap. 6.1.5)*.

- Aufbau und Erprobung einer Datenbank zur quantitativen Erfassung der Innenentwicklungspotenziale in Koppelung mit einer systematisierten Eigentümeransprache. Dieses Instrumentarium wird ausgehend vom FLIZ-Vorhaben inzwischen landesweit als „Kommunale Flächenmanagement-Datenbank" in Form einer CD-ROM zur Verfügung gestellt.

- Ein abgestimmtes Beratungsangebot wird derzeit in allen Allianzgemeinden aufgebaut.

- Die Bauhütte Obbach (Modellprojekt) stellt im Rahmen der interkommunalen Gesamtstrategie zur Innenentwicklung hinsichtlich des dort angebotenen Vortrags- und Seminarangebots einen für die Allianz wichtigen Ort zur Bewusstseinsbildung dar.

- Auf Allianzebene war zunächst eine Immobilienbörse (Webportal) geplant, diese wird derzeit mit der Möglichkeit eines größeren Einzugsgebietes auf Landkreisebene aufgebaut.

In den dargestellten Steuerungsmitteln spiegelt sich neben der Grundsatzerklärung das vorrangig angebotsorientierte Verständnis des FLIZ-Vorhabens mit dem Schwerpunkt auf dem Aufbau eines standardisierten Erfassungsinstrumentariums und einer systematisierten Eigentümeransprache wider.

Dieses Vorgehen kann von zwei Seiten betrachtet werden:

- Wie im Bereich der Zielerreichung dargestellt, hat die quantitative Erfassungsstrategie einerseits einen wichtigen Beitrag zu einer Sensibilisierung der politischen Entscheidungsträger und der Bevölkerung geleistet.

- Andererseits ist diese einseitig auf die quantitative Erfassung und Aktivierung des Angebots ausgerichtete Strategie ohne stärkeren Bezug zur reellen Nachfragesituation zu hinterfragen. Ausgehend von der Betrachtung der Nachfrageseite würden sich zwangsläufig qualitative Anforderungen (städtebauliche, funktionale Einbindung etc.) im Wechselspiel zwischen dem Flurstück/Objekt, dem Quartier und örtlichen Funktionen stellen, die wiederum eine Rückkopplung für die Erfassung und Differenzierung des Angebots ermöglichen würden.

Nachfrageorientierung

Zum Einstieg in die Thematik nachfrageorientierter Strategien wurde im Rahmen des Werkstattgesprächs zunächst der Frage nach den Grenzen einzelgemeindlicher Vorgehensweisen nachgegangen (Quelle: Dokumentation des Werkstattgesprächs):

- Es werden begrenzte Steuerungsmöglichkeiten der einzelnen Kommune hinsichtlich des vorhandenen Überangebots und Schrumpfungsprozesses erkannt. Das Überangebot ist auf die kommunale Angebotsplanung und Bodenpolitik in der Vergangenheit zurückzuführen, die viele Baulücken in privater Hand sowie begrenzte kommunale Steuerungsmöglichkeiten hinterlassen hat.

- Auf Grundlage der Schrumpfungsbedingungen und begrenzten Nachfrage werden auch nur beschränkte Möglichkeiten der Beeinflussung oder Steuerung im Zuge der interkommunalen Kooperation gesehen. Ausgehend von einer sich teilweise im lokalen Rahmen abspielenden Nachfrage wird unter Schrumpfungsbedingungen der einzelgemeindlichen Steuerung nach wie vor eine wichtige Rolle zuerkannt.

Auffallend ist, dass die einzelgemeindliche Steuerungsrolle ambivalent gesehen wird. Auch in Bezug auf die Grundsatzerklärung werden einerseits klare Grenzen u.a. hinsichtlich einer stärkeren interkommunalen Abstimmung der weiteren Außenentwicklung erkannt, andererseits soll die einzelgemeindlich angelegte, kommunale Planungshoheit weiterhin gewährleistet werden. Diese Sichtweise manifestiert sich u.a. darin, dass im Rahmen des FLIZ-Vorhabens über die dargestellten Steuerungsansätze hinaus die alternativen Möglichkeiten interkommunaler Kooperation nicht näher beleuchtet und demzufolge auch nicht diskutiert wurden.

Weiterhin wurde im Werkstattgespräch die Frage nach den Nachfrageschwerpunkten und reellen Nachfragegruppen erörtert. Einleitend wurde festgestellt, dass über die dargestellten Bausteine des FLIZ-Vorhabens hinaus bislang noch keine intensivere Auseinandersetzung über Nachfrageschwerpunkte oder Nachfragegruppen geführt wurde.

Die nachfolgenden Diskussionspunkte verstehen sich deshalb als Überlegungen und Vorschläge für die zukünftige Entwicklung (Quelle: Dokumentation des Werkstattgesprächs):

- Die Nachfrage findet überwiegend auf „lokaler" und „regionaler" Ebene, in den Allianzgemeinden und im erweiterten Umfeld der regionalen Nachbargemeinden (inkl. Oberzentrum Schweinfurt) statt. Dem entsprechend spielt sich auch die Wanderung vorrangig innerhalb der einzelnen Gemeinden (von älteren Siedlungsgebieten in neuere Baugebiete) oder in Teilbereichen des Landkreises ab.

- Auf Grundlage des Schrumpfungsprozesses erscheint eine stärkere räumlichen Schwerpunktsetzung der Wohnsiedlungs-/Innenentwicklung in Abhängigkeit von anderen Funktionen sowie Daseinsvorsorge- und Infrastrukturen erforderlich. Dies ist jedoch in besonderer Weise von den vorhandenen Funktionen und Qualitäten der einzelnen Gemeinde abhängig.

- Ausgehend von vorhandenen Potenzialen bieten sich folgende Nachfragestrategien an:

  - Junge Paare und junge Familien als Zielgruppe insbesondere für Baulücken und ggf. für leerstehende Gebäude.

  Die Nachfrage nach Baulücken ist stark von den jeweiligen Standortfaktoren des Flurstücks und des Gebietes hinsichtlich Topographie, Aussichten, Wohnumfeld, Lage etc. abhängig. Abhängig von der zeitlichen Phase der Siedlungsgebiete stellen sich die Ausgangsbedingungen wie folgt dar:

  - Siedlungsgebiete 60er/70er Jahre: Ein Problem stellen die großen Grundstücke und strengere Vorgaben seitens der früheren Bebauungspläne dar; prinzipiell sind stärkere und kostenaufwendigere Eingriffe in heute, als eher ungünstig wahrgenommene, große Grundstücks- und Gebäudestrukturen (Veränderung Grundrisse etc.) erforderlich.

- Siedlungsgebiete 80er/90er Jahre: Attraktiver und besser vermittelbar, nachdem die Gebäude- und Grundstücksstrukturen weitgehend den heutigen Ansprüchen entsprechen und deutlich höhere Baustandards gegeben sind.

• Als weitere Nachfragegruppen und darauf ausgerichtete Angebote werden gesehen:
  - Übergangswohnangebot für junge Erwachsene.
  - Attraktives Wohnangebot für Senioren.

Auf Grundlage der Ergebnisse könnten die bisher erfassten und aktivierbaren Innenentwicklungspotenziale durch die nachfrageorientierten und qualitativen Aspekte überprüft und ergänzt sowie eine Vermarktungsstrategie in stärkerer Orientierung an den relevanten Nachfragegruppen entwickelt werden. Zu berücksichtigen ist jedoch, dass angesichts einer stark rückgängigen Nachfrage auch bei einer konsequenteren Zielgruppenorientierung die Vermarktungschancen begrenzt erscheinen.

Zur weitergehenden Frage, *wie das Angebot mit Bedarf und Nachfrage sinnvoll aufeinander abgestimmt werden könnte und welche Rolle dabei der interkommunalen Kooperation zukommt,* führte die Diskussion innerhalb des Werkstattgesprächs zu folgendem Ergebnis (Quelle: Dokumentation des Werkstattgesprächs):

• Unter Schrumpfungsbedingungen ist die Bauleitplanung als Steuerungsinstrument nur sehr begrenzt von Bedeutung.

• Ebenso helfen für die Aktivierung von Leerstandspotenzialen zu einseitig auf architektonische Überlegungen abzielende Umbaulösungen ohne den Bezug zu relevanten Nachfragegruppen oder städtebauliche und funktionale Umfeldbedingungen nur sehr bedingt weiter. Stattdessen sind flexible, nachfrageorientierte Umbaulösungen im Zusammenhang zwischen Gebäude und Standort/Quartier erforderlich.

Angesichts der teilweise hohen Dichte in den Ortskernen sind auch abgestimmte Auflockerungsstrategien zu berücksichtigen, um attraktive Freiräume in Orientierung an heutige Wohnstandards zu schaffen.

• Der Aufbau des Beratungsangebotes für interessierte Bauherrn stellt ein wichtiges Instrumentarium dar, für das auch interkommunal abgestimmte Vorgehensweisen und Standards zugrunde gelegt werden sollen.

Daneben wird eine Optimierung staatlicher Rahmenbedingungen zur Beförderung der Innenentwicklung als notwendig angesehen:

- Konkret betrifft dies den Zugriff auf die Möglichkeiten eines städtebaulichen Sanierungsgebietes (§ 141 BauGB) auch unabhängig von Instrumentarien der Städtebauförderung, um generell Bauherrn im Bestand finanzielle Anreize durch erhöhte bzw. verkürzte Abschreibungsmöglichkeiten (§§ 7h und 11a EStG) anbieten zu können.

Insgesamt wurde die Diskussion um Nachfragestrategien und eine stärkere Nachfrageorientierung im Rahmen des Werkstattgesprächs als ein erforderliches Zusatzelement zu den bisherigen Steuerungsansätzen bewertet. Neben der Klärung von Nachfragegruppen und -strategien betrifft dies insbesondere eine stärkere qualitative Berücksichtigung von Standortfaktoren sowie damit zusammenhängende städtebauliche und funktionale Rahmenbedingungen.

In Bezug auf die Diskussionsergebnisse könnte die Bauleitplanung zur Steuerung des Überangebotes innerhalb eines interkommunal abgestimmten Vorgehens zur Angebotsanpassung als ergänzendes Steuerungselement in Betracht gezogen werden. Dahingehend hat die Grundsatzerklärung bislang noch mehr den Charakter eines „Friedensabkommens" im übertragenen Sinne als den einer tiefergreifenden Steuerungsfunktion bzw. Begründung für die interkommunale Kooperation. Damit soll der ebenso wichtige, symbolische und politische Charakter der Erklärung keineswegs abgewertet werden, für diesen wäre jedoch eine differenziertere steuerungs- und umsetzungsbezogene Untersetzung erforderlich. Zu berücksichtigen ist, dass ein Teil der Inhalte in der Grundsatzerklärung, die im Kern die „interkommunale Kooperation" betreffen, im Vorhaben nicht entsprechend methodisch und fachlich aufgearbeitet wurden und dementsprechend auch nicht gemeinsam mit den Vertretern der Gemeinden adäquat diskutiert und vorbereitet werden konnten.

Insgesamt erscheinen in Anbetracht der Dimension und der absehbaren Zunahme der Angebotsüberhänge Steuerungsstrategien nur bedingt aussichtsreich, die allein die Aktivierung und Vermarktung einzelner Flurstücke und Objekte verfolgen. Dazu könnten Steuerungs- und Abstimmungsstrategien erforderlich sein, die städtebauliche und funktionale Bezüge im Sinne einer langfristig ausgerichteten und interkommunal abgestimmten ortsräumlichen Entwicklung vorsehen. Sofern eine flächige Auflockerung der Siedlungsstruktur nach dem „Zufallsprinzip" und deren Folgen für die Aufrechterhaltung der Infrastruktur vermieden werden sollen, könnte die Auseinandersetzung mit der Frage, *wo innerhalb der Allianz sowie innerhalb der einzelnen Gemeinden und Ortsteile die Schwerpunkte der zukünftigen Wohnsiedlungs- und Innenentwicklung liegen sollen,* hilfreich sein. Eine weitere Herausforderung könnte darin liegen, die guten Ansätzen zur Sensibilisierung und Öffentlichkeitsarbeit zu einem gezielteren Marketing mit konkreter Zielgruppenansprache weiterzuentwickeln. Kern eines solchen interkommunal abgestimmten Marketings könnte in der beispielhaften Darstellung von Innenentwicklungspotenzialen unter Berücksichtigung von quartiersbezogenen Wohnstandortqualitäten liegen. Nur auf der Ebene des einzelnen Flurstücks oder leerstehenden Gebäudes erscheint es ungleich schwieriger, den Konkurrenznachteil von Innenentwicklungspotenzialen gegenüber dem Bauland „auf der grünen Wiese" zumindest in Ansätzen zu überwinden.

Zusammenfassend entsteht der Eindruck, dass der Anspruch eines „Flächenmanagements in interkommunaler Kooperation" innerhalb des FLIZ-Vorhabens sowohl von methodisch-fachlicher als auch strategischer Seite nur auf einen gezielten Teilbereich angelegt wurde. Dies bezieht sich insbesondere auf eine stärker angebotsorientierte Betrachtung der Situation in den Gemeinden und weniger in der Einbindung und Vertiefung von Rahmenbedingungen, Anforderungen und Strategien der interkommunalen Kooperation. Im Vordergrund stand die Entwicklung und Erprobung eines Erfassungsinstrumentariums mit dem Ergebnis einer allgemein verwendbaren Flächenmanagement-Datenbank. Dieses Ergebnis wäre prinzipiell auch in mehreren Gemeinden eines Gebietes ohne die spezielle „interkommunale Komponente" denkbar gewesen. Dies erklärt sich u.a. durch den ursprünglichen Ansatz von Seiten des LfU, die Entwicklung eines derartigen Erfassungsinstrumentariums auf der Ebene eines Landkreises durchzuführen. Ebenso ergeben sich Erklärungsansätze aus der inhaltlichen Entwicklung und Auseinandersetzung des Themas Flächenmanagement in Trägerschaft durch das LfU. Der ursprünglich stärker betonte, umweltbezogene bzw. ökologisch begründete Ansatz des LfU lag in der Zielstellung des Flächensparens bzw. der Verringerung des Flächenverbrauchs. Dem liegt die Strategie zugrunde, auf kommunaler Ebene die Potenziale im Bestand zu nutzen und die Außenentwicklung zu begrenzen oder zu vermeiden.

Die flächige Erhebung der Bestandspotenziale stellt dahingehend eine Strategie dar, um einen Bewusstseinsbildungsprozess bei den kommunalen Entscheidungsträgern auszulösen – wie es auch im Rahmen des FLIZ-Vorhabens gelungen ist. Die dadurch beabsichtigte Wirkung einer Angebotsumschichtung von außen nach innen setzt jedoch voraus, das auch mittel- bis langfristig eine adäquate Nachfrage vorhanden ist. Ohne die stärkere Berücksichtigung der Nachfrage kann diese Herangehensweise jedoch zu Brüchen bzw. zu fehlenden

Schnittstellen zur weiteren Steuerung und Umsetzung führen, insbesondere, wenn – wie im Fall der Allianz Oberes Werntal – angesichts der Nachfrageentwicklung eine Angebotsumschichtung faktisch nur noch begrenzt möglich ist. An dieser Stelle liegt es insbesondere in der Verantwortung des Vorhabenträgers, im Zuge eines derartigen Modellvorhabens über die Grundsatzerklärung hinaus bedarfsorientierte und praktikable Schnittstellen für die weitere Steuerung und Umsetzung zu ermöglichen oder wenigstens aufzuzeigen.

6.1.5 Beurteilung der „interkommunalen Kooperation" auf Grundlage einer funktionsräumlichen Kohärenz

Die zusammenfassende Beurteilung der „interkommunalen Kooperation" – Allianz Oberes Werntal zur Wohnsiedlungsentwicklung mit dem Schwerpunkt Innenentwicklung wurde anhand des im konzeptionellen Bezugsrahmen abgeleiteten Wirkungsmodells vorgenommen.

Im Werkstattgespräch wurde dieses zunächst erläutert sowie schrittweise die Elemente der Kooperation entlang der einzelnen Wirkungszusammenhänge beurteilt (Quelle: Dokumentation des Werkstattgesprächs):

Strukturangepasstheit (Organisationsstruktur <-> räumlicher Bezug)

- Die räumlichen Rahmenbedingungen des Gebietes hinsichtlich der Größenordnungen und funktionalen Bezüge sowie die jetzige Organisationsstruktur werden unter Berücksichtigung der nachfolgenden Punkte als stimmig angesehen:

  - Die kommunale Arbeitsgemeinschaft nach KommZG ist als Rechts- und Kooperationsform zum jetzigen Zeitpunkt mit der Bürgermeisterrunde als zentraler Steuerungsebene ausreichend.

  - Die Regelung der Geschäftsführung mit der Anstellung des Allianzmanagements und damit zusammenhängender Abwicklungen wird zweckmäßig auf Basis einer gemeinsamen Vertragsgrundlage von einer Mitgliedsgemeinde übernommen.

  - Die Funktion des Allianzmanagements ermöglicht unter Berücksichtigung des Gebietszuschnitts eine nachhaltige Wirkung für die einzelnen Gemeinden.

  - Es findet eine regelmäßige Information und Einbindung der Stadt- und Gemeinderäte statt.

Von Seiten der Strukturangepasstheit erscheint der Zusammenhang zwischen der Organisationsstruktur und dem räumlichen Bezug stimmig. Wie in der strukturellen Ausgangssituation dargestellt, sind die Größenunterschiede überschaubar; darüber hinaus mit dem Bezug zur BAB A71 und der Lage im westlichen Bereich des Oberzentrums Schweinfurt sind gemeinsame funktionsräumliche Bezüge als geeignete Voraussetzungen für eine gemeinsame interkommunale Organisationsstruktur in Form der kommunalen Arbeitsgemeinschaft gegeben.

Bedarfsangepasstheit (Zweck/Funktion <-> räumlicher Bezug)

- Wie in der Zielsetzung dargestellt, ist der Zweck der Allianz Oberes Werntal im Bereich der Wohnsiedlungsentwicklung auf eine gemeinsam abgestimmte Beförderung der Innenentwicklung ausgerichtet.

- In Bezug auf die Vereinbarungen der Grundsatzerklärung stößt die Allianz bei der Zweckerfüllung gegenwärtig auf äußere und innere Herausforderungen:

  - Herausforderungen von außen: Aufgrund der vereinbarten Zurückhaltung bei der Neuausweisung von Wohnbauland stellt das Allianzgebiet teilweise ein „Zuzugspotenzial" für die Nachbargemeinden im regionalen Umfeld dar. Dahingehend wäre eine über das Allianzgebiet hinausgehende Abstimmung und Willensbildung der Kommunen innerhalb des Landkreises erforderlich. Dies würde u.a. eine aktive Steuerungsrolle des Landkreises voraussetzen; mangels eines klaren politischen Bekenntnisses zur Innenentwicklung wird diese ist bis dato nicht wirksam wahrgenommen.

  - Herausforderungen von innen: Aktuell steht eine Klärung der strukturellen Unterschiede der Gemeinden und der damit zusammenhängenden Voraussetzungen für die Innenentwicklung an, nachdem die Gemeinde Bergrheinfeld (als einzige Allianzgemeinde mit positiver Bevölkerungsentwicklung) ein überschaubares Wohngebiet entwickeln möchte. Einer vorhandenen Nachfrage steht absehbar kein adäquates Angebot in Form von Bauland oder aktivierbaren Innenentwicklungspotenzialen zur Verfügung. Aufgrund dessen wird eine Diskussion sowohl um die Einhaltung der Vereinbarungen in der Grundsatzerklärung als auch um eine stärkere räumliche und inhaltliche Differenzierung als erforderlich angesehen. Die Grundsatzerklärung sieht neben dem uneingeschränkten Vorrang der Innen- vor der Außenentwicklung einen „frühzeitigen Informationsaustausch" über relevante Vorhaben vor. Angedacht werden könnte beispielsweise eine stärkere räumliche Differenzierung zwischen den unmittelbar an Schweinfurt gelegenen Umlandgemeinden sowie den peripherer gelegenen Gemeinden.

Wie die Diskussionsergebnisse im Rahmen der Bedarfsangepasstheit belegen, setzt eine differenziertere Klärung von Rahmenbedingungen und Möglichkeiten der Innenentwicklung die stärkere Berücksichtigung der strukturellen und funktionsräumlichen Ausgangslage der einzelnen Gemeinden voraus. Dies betrifft u.a. die unterschiedliche Ausprägung der Bevölkerungs- und demographischen Entwicklung sowie die Frage nach Standortfaktoren wie z.B. vorhandene Funktionen und Anbindungen. Wie im Werkstattgespräch diskutiert, könnte perspektivisch im Zusammenhang zwischen der Wohnsiedlungs- und Innenentwicklung sowie sonstigen Funktionen, Daseinsvorsorgeeinrichtungen und Standortvoraussetzungen ein differenzierterer funktionsräumlicher Ansatz im Sinne einer interkommunalen Arbeitsteilung, Profilierung und Differenzierung entwickelt werden (vgl. FRANZEN, HAHNE et al 2008: 33f).

Verbindlichkeitsgrad (Zweck/Funktion <-> Organisationsstruktur)

- Aufbauend auf den Steuerungsansatz der „freiwilligen Selbstverpflichtung" im Rahmen der Grundsatzerklärung wird ein bis dato auf informelle Strukturen aufbauender, eher schwach ausgeprägter Verbindlichkeitsgrad fest gestellt.
- Ausgehend von dem bisherigen Schwerpunkt der Zweckerfülllung hinsichtlich einer abgestimmten Potenzialermittlung werden die bisherigen Organisationsgrundlagen sowie die „freiwillige Selbstverpflichtung" der einzelnen Gemeinden als ausreichend bzw. kohärent angesehen.
  Diese Beurteilung ist u.a. darauf zurückzuführen, dass die kommunale Planungshoheit der einzelnen Gemeinde unangetastet bleiben soll.
  Um dem Ziel des Informationsaustauschs und der Einbindung zu entsprechen, haben sich die Allianzgemeinden darauf geeinigt, die Allianz Oberes Werntal bei anstehenden Bebauungsplan-Verfahren als einen Träger öffentlicher Belange (TÖB) zu beteiligen.
- Insgesamt wird die bisherige Steuerung der Wohnsiedlungs- und Innenentwicklung im Wechselspiel zwischen interkommunaler und kommunaler Ebene sowie dem Allianzmanagement als funktionsfähig erachtet.

Ausgehend von den bisher verfolgten Steuerungsstrategien zur Beförderung der Innenentwicklung erscheint die im Werkstattgespräch vorgenommene Beurteilung des Verbindlichkeitsgrades mit dem Bezug zu den vorhandenen Organisations- und Steuerungsstrukturen (kommunale Arbeitsgemeinschaft, Grundsatzerklärung etc.) nachvollziehbar. In Rückgriff auf die dargestellten Herausforderungen zum Punkt Bedarfsangepasstheit stellt sich jedoch die Frage, welche Wirkungen die interkommunale Kooperation zur Zweckbeförderung der Innenentwicklung auf Basis einer ausschließlichen „freiwilligen Selbstverpflichtung" mittel-bis langfristig zu leisten im Stande ist.

Wie auch die Ergebnisse im Rahmen des Werkstattgesprächs zeigen, bestehen teilweise Zweifel, inwieweit ausgehend von dem derzeit niederschwellig ange-setzten Verbindlichkeitsgrad von der interkommunalen Kooperation ein wirksa-mer und nachhaltiger Beitrag zu erwarten ist. Ziel dieses Vorgehens sollte eine ergebnisoffene und konsequente Abwägung zwischen den Möglichkeiten eines einzelgemeindlichen und interkommunalen Vorgehens sein.

Insgesamt ist festzustellen, dass die derzeitigen Steuerungsansätze der inter-kommunalen Kooperation einseitig auf eine punktuelle Aktivierung und Vermark-tung von Innenentwicklungspotenzialen ausgerichtet sind – was aber nur bedingt für den eigentlichen Kernhandlungsbedarf eines bereits vorhandenen und ab-sehbar weiter zunehmenden Überangebots an Wohnraum bei parallel rückgän-giger Nachfrage zutreffend ist. Dies betrifft insbesondere die gezieltere Vorberei-tung auf eine zwangsläufig abnehmende Siedlungs- und Wohndichte sowie die mittel- bis langfristigen Folgen dieses Prozesses für die Daseinsvorsorge- und Infrastrukturentwicklung.

Vor diesem Hintergrund ist die einseitige Strategie des FLIZ-Vorhabens mit der Umorientierung des Angebots von außen nach innen sowie die gleichermaßen angestrebte Aktivierung und Vermarktung von Baulücken und Leerständen „in der Fläche" zu hinterfragen. Angesichts der strukturellen Ausgangslage und deutlichen Angebotsüberhänge scheinen die Herausforderungen in einer konse-quent vorrangigen Nach- und Umnutzung des Leerstandes sowie eines geordne-ten, mittel- bis langfristigen Rückbaus im Sinne einer Umbaustrategie zu liegen. Wie die bisherigen Aktivierungsergebnisse zeigen, liegt in der Umnutzung von Leerständen ein gegenüber der Aktivierung von Baulücken nahezu gleichwerti-ges sowie verbunden mit einer stärkeren Nachfrageorientierung und gezielten Sensibilisierung perspektivisch ausbaubares Entwicklungspotenzial.

Wesentliche Steuerungsgrundlage dieser Umbaustrategie könnte eine abgestuf-te Prioritätensetzung der vorhandenen Siedlungsgebiete unter Berücksichtigung vorhandener Daseinsvorsorge- und Infrastrukturfunktionen sein. Dazu bietet sich die prozesshafte Entwicklung eines interkommunalen städtebaulichen Entwick-lungsrahmens an, der auf die umfassenderen Erfordernisse des Allianzgebiets zugeschnitten ist und dem ein qualitativer Umbau zugrunde liegt. Darauf aufbau-end wäre eine Konkretisierung der Ziele und Planungsgrundlagen im Wechsel-spiel zwischen Allianz und den einzelnen Gemeinden mit folgendem Rollenspiel denkbar:

- Allianz: Konkretisierung von Zielen sowie vergleichbarer Qualitäten und Standards einer Umbaustrategie im Rahmen eines interkommunalen städtebaulichen Entwicklungsrahmens.

- Einzelne Gemeinden: Rahmenpläne für einen geordneten Umbau auf Gemeinde- und Ortsebene auf Grundlage von prioritär zu entwickelnden Siedlungs- bzw. Innenentwicklungsbereichen – vergleichbar mit den Sanierungsgebieten der Städtebauförderung.

Mit diesem Ansatz könnte auch das erkennbare inhaltliche Vakuum zur Beförderung der Schwerpunktfunktion auf interkommunaler Ebene sinngebend gefüllt und der erforderliche Prozess der interkommunalen Kooperation im Bereich der Innenentwicklung inhaltlich neu belebt werden.

6.2 Fallstudie „Stadtumbau Allianz Nördliches Fichtelgebirge"

Kurzprofil *(siehe Kap. 5.2.2)*

Räumliche Schwerpunktfunktion

• Wohnsiedlungsentwicklung in Verbindung mit Stadtumbau (Städtebauförderung).

Organisationsstruktur

• Informelle Arbeitsgemeinschaft (keine ArGe gem. Art. 4 ff. KommZG).
• Vereinbarung zum Stadtumbaumangement.

Gebietsstruktur

• Zusammenschluss von 9 Gemeinden mit insg. ca. 34.000 Einwohnern; ca. 300 km² Gebietsfläche.
• Gemeindegrößen zwischen ca. 1.700 und 8.000 Einwohnern.
• Lage im nordöstlichen Oberfranken in unmittelbarer Grenznähe zu Tschechien.
• Nachhaltig zu stärkender ländlicher Teilraum; überregional bedeutsame Entwicklungsachsen (BAB A9, A93) berühren das Gebiet an den Rändern.
• Vier Kommunen weisen eine zentralörtliche Funktion als Unterzentrum bzw. gemeinsames Unterzentrum auf, weitere vier Kommunen sind von kleinzentraler Bedeutung.

Strukturelle Ausgangslage

• Mittelfristig überwiegend stärkere Bevölkerungsrückgänge und Überalterungstendenz.
• Stärkerer wirtschaftlich-industrieller Strukturwandel; v.a. hinsichtlich massiver Arbeitsplatzverluste in der Porzellanindustrie.

Ausgangssituation zur Wohnsiedlungsentwicklung

• Unter Berücksichtigung der Aussen- und Innenentwicklungspotenziale ist der Immobilien- und Grundstücksmarkt von stärkerem Angebotsüberhang gekennzeichnet.
• Strukturbedingt teilweise hohe Leerstandsquote – insbesondere im Bereich des Geschosswohnungsbaus.
• Nahezu kontinuierlicher Rückgang der Nachfrage nach Wohnbauland.

Relevante Steuerungsansätze/-instrumente

• Stadtumbau mit Schwerpunkt Wohnungswirtschaft.
• Interkommunales städtebauliches Entwicklungskonzept.
• Interkommunales Stadtumbau-Management.

Relevante Förderinstrumentarien

• Stadtumbau West (Städtebauförderung) in interkommunaler Kooperation.

Abb. 70: Logo der Allianz Nördliches Fichtelgebirge (Quelle: www.noerdlichesfichtelgebirge.de)

NÖRDLICHES FICHTELGEBIRGE
Franken von seiner schönsten Seite

6.2.1 Strukturelle Ausgangslage

a) Gebiet, Lage und Raumstruktur

Die „Allianz Nördliches Fichtelgebirge" umfasst die neun Kommunen Kirchenlamitz, Marktleuthen, Röslau, Schönwald, Weißenstadt (Landkreis Wunsiedel) sowie Oberkotzau, Schwarzenbach a.d. Saale, Sparneck, Zell (Landkreis Hof). Insgesamt leben auf einer Gebietsfläche von ca. 300 km² rund 34.000 Einwohner.

Abb. 71: Gebiet der Allianz Nördliches Fichtelgebirge (Quelle: IEK 2006: 16)

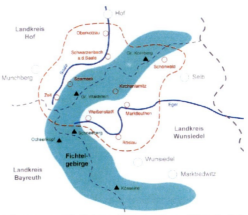

Das Gebiet ist durch die Lage im nordöstlichen Oberfranken in unmittelbarer Nähe der Grenze zur Tschechischen Republik geprägt. Unter Berücksichtigung regionaler zentralörtlicher Bezüge liegt das Gebiet zwischen dem Oberzentrum Hof im Norden und dem gemeinsamen möglichen Oberzentrum Wunsiedel-Marktredwitz im Süden.

Ebenso spielt der Bezug zu den Mittelzentren bzw. möglichen Mittelzentren Münchberg im Westen sowie Selb und Rehau im Osten eine Rolle. Die Bundesautobahnen A9 und A93 berühren das Gebiet, als die am nächsten gelegenen überregional bedeutsamen Entwicklungsachsen, an den beiden Rändern im Westen und Osten (vgl. IEK 2006: 16).

Grundlage für die Raumstruktur ist neben dem LANDESENTWICKLUNGSPROGRAMM (2006) der Regionalplan Region Oberfranken-Ost (1987 mit div. Fortschreibungen). Das gesamte Gebiet der Allianz Nördliches Fichtelgebirge ist der Kategorie „nachhaltig zu stärkender ländlicher Teilraum" zugeordnet. Im Einflussbereich überregionaler Entwicklungsachsen liegen die beiden Städte Schwarzenbach (BAB A9) und Schönwald (BAB A93). Außerdem ist die Gemeinde Röslau dem Stadt-Umlandbereich des möglichen, gemeinsamen Oberzentrums Wunsiedel-Marktredwitz zugewiesen.

Abb. 72: Auszug Raumstruktur zur Allianz Nördliches Fichtelgebirge (Quelle: Strukturkarte LEP BAYERN 2006)

Von den Kommunen im Untersuchungsraum sind die Stadt Schwarzenbach als Unterzentrum sowie die Städte Kirchenlamitz, Marktleuthen und Weißenstadt als Gemeinsames Unterzentrum festgesetzt. Zudem erfüllen Oberkotzau, Schönwald, Sparneck und Röslau die Funktion eines Kleinzentrums. Entsprechend ihren zentralörtlichen Funktionen sind den einzelnen Kommunen verschiedene funktionale Nahbereiche zugeordnet (vgl. IEK 2006: 16). Insgesamt erfüllen sieben Gemeinden eine zentralörtliche Funktion, womit eine Vielzahl von funktionsräumlichen Verflechtungen innerhalb des Gebietes und in das nachbarschaftliche Umfeld in Zusammenhang steht.

b) Ausgewählte Parameter zur Bevölkerungs- und Standortentwicklung

Anhand ausgewählter Parameter und Strukturdaten ergibt die Bevölkerungs- und Standortentwicklung der Allianz Nördliches Fichtelgebirge folgendes Bild.

Tab. 12: Ausgewählte Strukturdaten der Allianz Nördliches Fichtelgebirge (Quelle: BayLfStaD, STATISTIK KOMMUNAL 2009)

Parameter	Allianz Nördliches Fichtelgebirge
Bevölkerungsstand 2008:	**33.493** Einwohner (EW)
Größenunterschiede nach Einwohnern 2008: - größte Kommune: - kleinste Kommune:	Schwarzenbach 7.485 EW Sparneck 1.689 EW
Langfristige Bevölkerungsentwicklung von 1987 bis 2008:	**-7,1 %** (Abnahme) vgl.: +13,6% Bayern
Mittelfristige Bevölkerungsentwicklung von 2004 bis 2008:	**-3,7 %** (Abnahme) vgl.: +0,6% Bayern
Mittelfristiger natürlicher Saldo je 1.000 Einwohner von 2004 bis 2008:	**-414,0** (mehr Sterbefälle als Geburten)
Mittelfristige Wanderungsbewegung je 1.000 Einwohner von 2004 bis 2008:	**-113,4** (mehr Weg- als Zuzüge)

Parameter	Allianz Nördliches Fichtelgebirge
Billetermaß zur demographischen Alterungsfähigkeit 2008:	**-0,79** (Ø); -0,49 Bayern
Sozialversicherungspflichtig Beschäftige am Arbeitsort 2008:	**7.611** Beschäftigte
Pendlersaldo 2008:	**-3.552** Beschäftigte (Auspendlerüberschuss)
Arbeitsplatzzentralität 2008 (Verhältnis Beschäftigte Arbeitsort und Beschäftigte Wohnort):	**68 %**

Die strukturelle Ausgangslage der Allianz Nördliches Fichtelgebirge lässt sich wie folgt zusammen fassen:

- Lang- und mittelfristige Bevölkerungsrückgänge weisen auf einen sich verstetigenden Schrumpfungstrend hin.

- Die Bevölkerungsabnahme ist vor allem auf eine negative natürliche Bevölkerungsentwicklung mit deutlich mehr Sterbefällen als Geburten zurückzuführen.

- Die Daten zum Billetermaß ergeben einen vergleichsweise stark ausgeprägten Alterungsprozess, wobei bei einem Teil der Gemeinden bereits eine stärkere Überalterung stattgefunden hat bzw. stattfindet.

- Angesichts eines begrenzten Arbeitsplatzangebotes im näheren regionalen Umfeld spielt die dezentrale Vorhaltung von Arbeitsplätzen im Allianzgebiet eine wichtige Rolle, um Abwanderungen zu verhindern.

- Seit 1995 sind etwa zwei Drittel der Arbeitsplätze weggefallen, was insbesondere auf den Strukturwandel im Bereich der Porzellanindustrie zurückzuführen ist.

6.2.2 Entstehung sowie Grundlagen der Entwicklung und Organisation

Entstehung und Entwicklungsgrundlagen

Ausgangspunkt für die interkommunale Kooperation der Allianz Nördliches Fichtelgebirge war die Zusammenarbeit der beiden Städte Schwarzenbach a.d. Saale und Kirchenlamitz, um für größere Brachen der Porzellanindustrie Umnutzungsmöglichkeiten zu entwickeln. Im Zuge dessen wurde zur Generierung von Umnutzungsideen ein gemeinsamer städtebaulicher Wettbewerb durchgeführt.

Aufbauend auf die Kooperation der beiden Städte stand die Entstehung der Allianz Nördliches Fichtelgebirge im Jahr 2005 in unmittelbaren Zusammenhang mit der gemeinsamen Bewerbung der neun Gemeinden am Städtebauförderungsprogramm „Stadtumbau West" *(siehe Kap. 3.2.2.3)* und der gemeinsamen Erarbeitung eines dazu erforderlichen Entwicklungskonzeptes. Dabei lagen im Allianzgebiet in besonderer Weise Voraussetzungen für eine Aufnahme in das Programm „Stadtumbau West" vor. In Anlehnung an die, im *vorherigen Kap.* dargestellte, strukturelle Ausgangslage stehen die Schrumpfungsprozesse in der Allianz Nördliches Fichtelgebirge in enger Wechselbeziehung zwischen der Bevölkerungs- sowie Wirtschafts- und Arbeitsmarktentwicklung. Eine besondere Rolle spielt der Strukturwandel bzw. Niedergang von tragenden Industriezweigen, wie der Porzellanindustrie und des steinverarbeitenden Gewerbes. Mangels eines relevanten, alternativen „Arbeitsplatzzentrums" im näheren regionalen Umfeld haben die Schließung von Unternehmen und der Verlust von Arbeitsplätzen die Kommunen vor große Herausforderungen gestellt. Diese werden durch die Nähe zu Tschechien (wesentlich geringeres Lohnniveau) und zu den angrenzenden ostdeutschen Bundesländern Sachsen und Thüringen (höhere Fördersätze) noch verschärft. In der Folge rückgängiger Arbeits- und Ausbildungsplätze kam und kommt es zu einer verstärkten Abwanderung insbesondere der jüngeren erwerbsfähigen Bevölkerung. Dies hat wiederum Auswirkungen auf die Altersstrukturentwicklung hinsichtlich einer stärkeren Überalterungsdynamik (vgl. IEK 2006: 9f; *Kap. 6.2.2).*

Mit der Erkenntnis, dass diese Herausforderungen nicht allein mit punktuellen Maßnahmen in den einzelnen Städten und Gemeinden zu bewältigen sind und die Regierung von Oberfranken ihre Unterstützung über das Programm „Stadtumbau West" in Aussicht gestellt hat, haben sich die neun Städte und Gemeinden zur Zusammenarbeit entschlossen.

Als erster Schritt wurde in Kooperation mit der Regierung von Oberfranken 2005 ein Interkommunales Entwicklungskonzept (IEK) in Auftrag gegeben, dessen Fertigstellung im Jahr 2006 erfolgte. Innerhalb eines integrativen Ansatzes war das IEK darauf ausgerichtet, die räumliche als auch die inhaltliche Verflechtung von städtebaulicher und funktionaler Entwicklung in den Bereichen Wohnen, Arbeiten, Versorgung sowie Tourismus zusammenzuführen. Ziel war die Einleitung eines Transformationsprozesses, in dem notwendige Umbaumaßnahmen im baulichen und städtebaulichen Bereich mit entwicklungsfördernden Maßnahmen in anderen Bereichen wie Wirtschaft, Tourismus und Soziales verknüpft werden (vgl. IEK 2006: 10).

Die Erarbeitung des IEK erfolgte im Rahmen einer Dialogplanung zwischen den beauftragten Gutachtern gemeinsam mit den Bürgern und Akteuren der neun beteiligten Städte und Gemeinden und sah im Wesentlichen die Durchführung einer Bestandsaufnahme, die Erarbeitung eines Entwicklungsleitbildes und die Ableitung von Maßnahmen und Projekten vor. Der Untersuchungsrahmen umfasste folgende Themen:

- Städtebau und Siedlungswesen
- Wirtschaft und Soziales
- Einzelhandel und Nahversorgung
- Natur und Landschaft, Grün- und Freiflächen
- Tourismus, Erholung und Freizeit

Zusammengefasst wurden im Rahmen des IEK der zukünftigen Entwicklung des Nördlichen Fichtelgebirges folgende übergeordnete Strategien und Leitlinien zugrunde gelegt:

Abb. 73: Strategien und Leitlinien der Allianz Nördliches Fichtelgebirge im IEK (Quelle: IEK 2006: 243)

1 Soziale Kompetenz ausbauen

2 Gewerbliche Basis erneuern und fördern

3 Wohnraumangebot modernisieren und marktfähig gestalten

4 Rationalisierung und Qualifizierung der Infrastruktur

5 Mobilitätssysteme erhalten und verbessern

6 Forcierter Ausbau zu einer Tourismus- und Freizeitregion

7 Landschaft als entscheidendes Potenzial des Raumes entwickeln

Die Strategien und Leitlinien wurden durch zahlreiche lokale und interkommunale Maßnahmen- und Projektvorschläge untersetzt, wobei der Schwerpunkt der interkommunalen Projektvorschläge insbesondere in den Bereichen Soziales/Wirtschaft (u.a. Dienstleistungszentrum für Senioren) und Tourismus (u.a. Tourismusmanagement) sowie übergeordnet im Aufbau von Instrumenten für Öffentlichkeitsarbeit/Marketing (u.a. interkommunales Mitteilungsblatt) lag. Dagegen waren die Projektvorschläge in den Handlungsfeldern Wohnungswirtschaft und Ortskernentwicklung vorrangig auf lokaler bzw. einzelgemeindlicher Ebene angesiedelt; auf interkommunaler Ebene war u.a. die Einrichtung eines Leerstandsmanagements angelegt.

Nach Einschätzung aus den Expertengesprächen war die Erarbeitung des IEK teilweise zu sehr auf die fachgutachterliche Abarbeitung vorgegebener Themen ausgerichtet. Dagegen ist ein flexibler, umsetzungsbezogener Ansatz teilweise zu kurz gekommen, was insbesondere die interkommunale Ebene betraf.

Aufbauend auf das Interkommunale Entwicklungskonzept/IEK wurde beginnend ab dem Jahr 2008 ein interkommunales Stadtumbaumanagement mittels der Förderung durch das Programm „Stadtumbau West" vergeben. Schwerpunkt des Stadtumbaumanagements ist die Vorbereitung und Begleitung von Projekten *(siehe nachfolg. Abschnitt)*.

Daneben wurden projektbezogen eine befristete Stelle für das Sozialprojekt „Generation 1-2-3" eingerichtet und befristetet ein Tourismusbüro auf Basis einer halben Personalstelle beauftragt.

Grundlagen der Organisation

Die Allianz Nördliches Fichtelgebirge ist eine „informelle" Arbeitsgemeinschaft – ohne den Bezug zur „kommunalen Arbeitsgemeinschaft" nach Art. 4 ff bayerisches KommZG. Der Kooperation der neun Gemeinden gehen vielfältige Formen interkommunaler Zusammenarbeit in verschiedenen Aufgabenbereichen voraus.

Die Kooperationen umfassen neben der Verwaltungszusammenarbeit vor allem Aufgaben der Infrastrukturversorgung. Darüber hinaus gab es aber auch Ansätze der Zusammenarbeit im Bereich des Tourismus und des Standortmarketings. Neben den unterschiedlichen Inhalten der Kooperationen sind auch die Formen der Zusammenarbeit sehr unterschiedlich. Sie reichen von informellen Gesprächen bis hin zu fest institutionalisierten Formen im Rahmen von Zweckverbänden. Die Abgrenzung der jeweils beteiligten Kommunen hat sich funktionsräumlich an der jeweiligen Aufgabenstellung orientiert (vgl. IEK 2006: 28).

Die zentrale Steuerungs- und Koordinierungsfunktion wird von einer Lenkungsgruppe wahrgenommen, die im Kern aus den Bürgermeistern der beteiligten Kommunen, dem Stadtumbaumanagement, den Projektleitern („Generation 1-2-3") und Vertretern der Regierung von Oberfranken besteht. Zusätzlich werden themenbezogen Gäste wie Vertreter von Fachbehörden geladen, die den Prozess hilfreich unterstützen konnten. Die Lenkungsgruppe reflektierte die Projektansätze des Stadtumbaumanagements und traf Entscheidungen über das weitere Vorgehen. Sie bot ferner die Gelegenheit zum Informationsaustausch. Die Lenkungsgruppe trifft sich in einem Rhythmus von etwa 6 Wochen (vgl. UMBAUSTADT 2009: 6; Aussagen Experteninterviews). Nach Einschätzung aus dem Werkstattgespräch hat der allgemeine Informationsaustausch ein zu hohes zeitliches Gewicht, wodurch die Steuerungs- und Koordinierungsfunktion für die

Vor- und Nachbereitung von laufenden Vorhaben zu kurz kommt (Quelle: Dokumentation des Werkstattgesprächs).

Im Jahr 2008 wurden mit Begleitung des Stadtumbaumanagements u.a. kommunale Arbeitsgruppen im Sinne von Expertengesprächen in allen neun Kommunen veranstaltet. Arbeitsschwerpunkte waren die drei Hauptthemen Energie, Potenzialflächenmanagement und touristische Aspekte (vgl. UMBAUSTADT 2009: 6). Ebenso wurde im Jahr 2009 – mit der Absicht einer regelmäßigen Fortsetzung – ein Stadtumbauforum abgehalten, um mittels einer zentralen Veranstaltung die Entscheidungsträger und Bürger des Nördlichen Fichtelgebirges über den Stand und Verlauf des Stadtumbauprozesses sowie die Funktion des Stadtumbaumanagements zu informieren (vgl. UMBAUSTADT 2009: 6).

Das Stadtumbaumanagement mit der Kernfunktion der Koordinierung, Vorbereitung und Begleitung von Entwicklungsaktivitäten und Maßnahmen wird von einem externen Büro wahrgenommen. Nach Auffassung im Rahmen des Werkstattgesprächs ist das Profil bislang in erster Linie auf die Rolle eines „kleinräumigen Regionalmanagements" in der Zuständigkeit für alle relevanten Handlungsfelder des IEK ausgerichtet und weniger in der Kernfunktion eines „Stadtumbau-Managements" mit dem vorrangigen Bezug auf Wohnungswirtschaft und Daseinsvorsorge[71]. Dahingehend wird dem Stadtumbaumanagement im Sinne eines „Transmissionsriemens" hinsichtlich einer unabhängigen und querschnittsorientierten Koordinierungs- und Beratungsfunktion eine hohe Bedeutung für den Entwicklungsprozess zuerkannt. Durch die Förderung über das Programm Stadtumbau West wird eine kritische Masse für eine derartige Begleitung mit entsprechendem Know-how und Wissen gewährleistet, die angesichts der begrenzten finanziellen Mittel allein auf Basis der Kommunen kaum möglich wäre.

Der Vertrag für das Stadtumbaumanagement läuft noch bis zum September 2011, wobei auf Grundlage einer Bedarfsfeststellung eine jährliche Verlängerung praktiziert wurde. Ausgehend vom Stadtumbaumanagement war es das Ziel, weitergehende interkommunale Strukturen für die Weiterführung aufzubauen. In Teilbereichen wie der Tourismusstelle ist diese Etablierung zumindest vorläufig gelungen, teilweise werden aufgebaute Strukturen (Projektleitung[72] „Generation

---

[71] In Anlehnung an *Kap. 4.2.3* entspricht diese Rollendefinition der in vergleichbaren interkommunalen Stadtumbauvorhaben allgemein verbreiteten Auffassung eines Stadtumbaumanagements auf Grundlage der Evaluierung der Bundestransferstelle Stadtumbau West (2009).

[72] Die Stelle der Projektleitung für das Projekt „Generation 1-2-3" läuft aus, nachdem sich die Landkreise des Themas „Aufbau von sozialen Unterstützungsleistungen mittels neuer Formen bürgerschaftlichen Engagements" angenommen haben.

1-2-3") nicht weitergeführt (Quelle: Dokumentation des Werkstattgesprächs; Aussagen Experteninterviews).

Zur Abwicklung des Stadtumbaumanagements wurde eine vertragliche Vereinbarung zwischen der Stadt Kirchenlamitz und den übrigen Partnerkommunen getroffen. Der finanzielle Eigenanteil des Stadtumbaumanagements für die Kommunen in Höhe von 40 % wird über eine einwohnerbezogene Umlage geregelt, die sowohl einen einheitlichen Sockelbetrag als auch eine einwohnerbezogene Aufteilung beinhaltet.

Zur einfacheren Abwicklung von kleineren Maßnahmen wurde aktuell ein „interkommunaler Verfügungsfonds" mit einer Größenordnung von 30.000,- Euro eingerichtet, der zu 60% mit Mitteln aus dem Programm Stadtumbau West und zu 40 % mit Eigenmitteln der jeweils an den Maßnahmen beteiligten Kommunen gespeist wird. Dieser steht ausschließlich für Vorhaben des Gesamtverbundes aller neun Kommunen oder für „Teilkooperationen" mehrerer Mitgliedsgemeinden zur Verfügung; Maßnahmen einzelner Kommunen sind davon ausgeschlossen.

6.2.3 Grundlagen, Anforderungen und Ziele zur räumlichen Schwerpunktfunktion

Die Allianz Nördliches Fichtelgebirge wurde als Fallstudie für die räumliche Schwerpunktfunktion der Wohnsiedlungsentwicklung in Verbindung mit dem Stadtumbau im Rahmen der Städtebauförderung ausgewählt. Die Auswahl ist insbesondere darauf zurückzuführen, dass die Allianz Nördliches Fichtelgebirge eines von insgesamt fünf Beispielen zur interkommunalen Kooperation innerhalb des Programms „Stadtumbau West" in Bayern darstellt. Die generellen Ziele, Herangehensweisen und Schwerpunkte der interkommunalen Kooperation im Rahmen des Programms „Stadtumbau West" wurden in *Kap. 4.2.3* ausführlich erörtert.

Ausgangssituation und Anforderungen

Um die Stadtumbau-Ziele, Steuerungsbemühungen und Aktivitäten in der Allianz Nördliches Fichtelgebirge einordnen zu können, wird nachfolgend eine grobe Abwägung zwischen Angebot und Nachfrage auf Grundlage des Interkommunalen Entwicklungskonzeptes (IEK) sowie der Statistik kommunal vorgenommen.

Beginnend mit der Angebotssituation ergab eine Überprüfung des Wohnbaulandpotenzials im Rahmen des IEK (Stand: 2005), dass unabhängig von dem Potenzial auf Flächennutzungsplanebene in quantitativer Sicht ein erhebliches

Potenzial „baureif erschlossener Flächen" im Umfang von ca. 40 ha sowie „sofort verfügbare" Baulandreserven im Umfang von insgesamt ca. 14 ha vorhanden sind. Demnach umfasst das kurz- bis mittelfristige Angebotspotenzial zur Außenentwicklung insgesamt ca. 50 ha.

Abb. 74: Wohnbauflächenpotenzial in den Gemeinden der Allianz Nördliches Fichtelgebirge Ende 2005 sowie geschätzter Wohnbauflächenbedarf (Quelle: IEK 2006: 60 auf Grundlagen einer Gemeindebefragung)

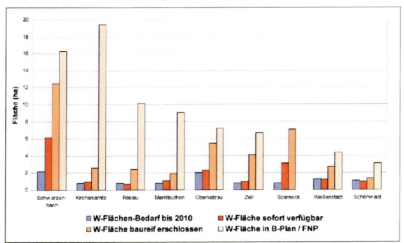

Am größten ist der Umfang sofort verfügbarer Bauflächen in der Stadt Schwarzenbach a.d. Saale, gefolgt vom Markt Sparneck und vom Markt Oberkotzau. Am geringsten ist er in der Gemeinde Röslau. Die IEK-Gutachter sind auf Grundlage des Nachfrageniveaus und unter Berücksichtigung von Entwicklungstrends davon ausgegangen, dass die „sofort verfügbaren" Bauflächenreserven in den meisten IEK-Gemeinden ausreichen, um den mittelfristigen Wohnbauflächenbedarf zu decken. Über den mittelfristigen Bedarf hinaus sind jedoch auch die „baureif erschlossenen" Flächen zu berücksichtigen, die für die Kommunen mit (Teil-)Investitionen verbunden waren. Die größten Reserven weisen demnach die Kommunen Schwarzenbach, Sparneck und Oberkotzau auf (vgl. IEK 2006: 60f). Von Seiten des Baulandangebots wurden im IEK ergänzend die Grundstückspreise erfasst (vgl. IEK 2006: 61f). Die meisten Allianzgemeinden konnten zum Zeitpunkt der IEK-Erstellung (Ende 2005) insbesondere in den Ortsteilen überaus preisgünstige Baugrundstücke anbieten (Grundstückspreise im Schnitt zwischen 10 bis 15 EUR pro qm ohne Erschließung), während die Baugrundstücke in den Hauptorten in der Regel teurer, jedoch immer noch auf einem vergleichsweise sehr niedrigen Niveau sind (Grundstückspreise im Schnitt zwischen 20 und 30 EUR pro qm ohne Erschließung).

Ergänzend zum Bauland- bzw. Außenentwicklungspotenzial wurde im Rahmen des IEK auch das Innenentwicklungspotenzial erfasst. Dies bezog sich vorrangig auf die Wohnungsleerstände im Geschosswohnungsbau und Gebäudeleerstände in den Ortskernen, während die Leerstandssituation in den „neueren" Siedlungsgebieten ab den 50er Jahren weitgehend unberücksichtigt blieb. Ebenso wurde in Abgrenzung zu den „jüngeren", kommunalen Baulandreserven auch nicht auf die bestandsbezogene Baulückensituation in privater Hand eingegangen.

Abb. 75: Anzahl der Wohnungsleerstände in den Gemeinden der Allianz Nördliches Fichtelgebirge Ende 2005 (Quelle: IEK 2006: 65 auf Grundlagen einer Gemeindebefragung, Schwerpunkt Wohnungsleerstände im Geschosswohnungsbau und leerstehende Wohngebäude in den Ortskernen)

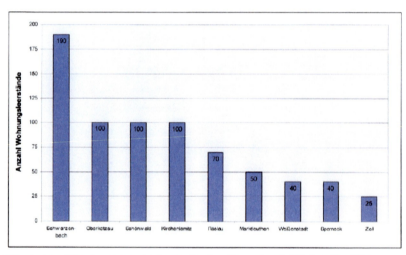

Die starken Wanderungsverluste sowie die allgemein rückläufige Bevölkerungsentwicklung haben im Allianzgebiet dazu geführt, dass zum Zeitpunkt der IEK-Erstellung ein großer Teil der in den Geschosswohnungsbauten angebotenen Mietwohnungen leer stand.

Hinzu kommt ein teilweise erheblicher Leerstand im Wohnbaubestand der Ortskerne. Insgesamt umfasst der quantiative Wohnungsleerstand im Geschosswohnungsbau und in den inner-örtlichen Wohngebäuden zum Zeitpunkt der IEK-Erstellung knapp über 700 Wohnungen und Wohngebäude im Allianzgebiet; in der einwohnerstärksten Stadt Schwarzenbach a.d. Saale fallen diese mit rund 190 Leerständen am höchsten und im eher einwohnerschwachen Markt Zell mit rund 25 Leerständen am geringsten aus. Relativ hoch ist die Zahl der Wohnungsleerstände auch in Oberkotzau, in Schönwald und in Kirchenlamitz mit jeweils ca. 100 Leerständen (vgl. IEK 2006: 65).

Darüber hinaus ist von einem zusätzlichen Leerstandspotenzial in den neueren Siedlungsgebieten auszugehen, das insbesondere die Baugebiete aus den 50er bis 70er Jahren betrifft, wobei perspektivisch vor allem die Siedlungsgebiete in den 60er und 70er Jahren nach Auflösung der Remanenzffekte *(siehe Kap. 3.1.3.2)* ein mittel- bis langfristiges Leerstandspotenzial darstellen könnten (vgl. IEK 2006: 65).

Eine qualitative Betrachtung der Leerstandssituation im Rahmen des IEK ergab, dass diese insbesondere Wohnungen mit geringem Wohnstandard und in meist sanierungsbedürftigen Häusern betrifft. Dagegen sind Wohnungen mit zeitgemäßem Wohnstandard in neueren oder renovierten Häusern sowie zusätzlich in guter Wohnlage größtenteils belegt (vgl. IEK 2006: 65).

Von Seiten der Nachfragesituation ist in der Allianz Nördliches Fichtelgebirge in den letzten Jahren ein deutlicher Rückgang der Nachfrage nach Wohnbauland festzustellen. Ablesen lässt sich dies an der Zahl der jährlichen Baugenehmigungen und Baufertigstellungen. Hierzu ist auf Grundlage des IEK und der Daten der Statistik kommunal eine Betrachtung des mittel- und langfristigen Entwicklungszeitraums möglich.

Abb. 76: Langfristige Entwicklung der Baulandnachfrage nach Baugenehmigungen/Baufertigstellungen Wohngebäude 1990 - 2004 in der Allianz Nördliches Fichtelgebirge im (Quelle: IEK 2006: 58; Datengrundlage BayLfStaD)

Bei der Baulandnachfrage ist zu berücksichtigen, dass die unmittelbare Nachwendezeit Anfang der 90er Jahre mit einem Nachfrageboom verbunden war, der nach Einschätzung im Rahmen des Werkstattgesprächs auf die damalige „Son-

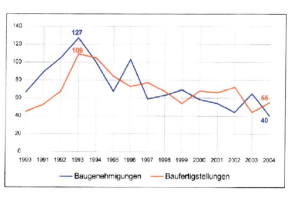

dersituation" und einer verstärkten Nachfrage aus den angrenzenden Neuen Bundesländern zurückzuführen war. So hat sich zwischen 1990 und 1993 die Baulandnachfrage mehr als verdoppelt. Ab 1993 ist die Baulandnachfrage nahezu kontinuierlich zurückgegangen und hat 2004 in etwa wieder das Ausgangsniveau von 1990 erreicht.

Abb. 77: Entwicklung der Baufertigstellungen und -genehmigungen für Wohngebäude 2004 - 2008 in der Allianz Nördliches Fichtelgebirge (Quelle: eigene Darstellung/ BayLfStaD STATISTIK KOMMUNAL 2009)

Im aktuelleren Entwicklungszeitraum zwischen 2004 und 2008 setzt sich der Rückgang der Baulandnachfrage weiter fort. Im Jahr 2008 sind im Allianzgebiet (mit 34.000 Einwohnern) 23 Baufertigstellungen und 16 Baugenehmi-

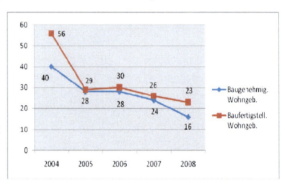

gungen zu verzeichnen. In den meisten Kommunen des Allianzgebietes ist die Baulandnachfrage nahezu zum Erliegen gekommen, so ist etwa im Jahr 2008 in Sparneck keine, in Kirchenlamitz, Oberkotzau, Röslau und Zell jeweils nur noch eine sowie in Marktleuthen und Weißenstadt zwei Baugenehmigungen erteilt worden.

Nach Auffassung der IEK-Gutachter ist die Ursache für die rückgängige Nachfrageentwicklung vor allem auf den starken Arbeitsplatzabbau zurückzuführen. Dieser hat einerseits den Wegzug von Menschen forciert und andererseits dazu geführt, dass sich die Einkommenssituation weiter Teile der verbliebenen Bevölkerung verschlechtert hat (vgl. IEK 2006: 58). Perspektivisch erscheint unter Berücksichtigung der kontinuierlichen Wanderungsverluste und der überdurchschnittlich starken Alterungsprozesse keine Nachfrageerholung in Sicht.

Auf Grundlage einer Abwägung zwischen der rückgängigen Nachfrageentwicklung und des vorhandenen Angebots zur Außen- („sofort verfügbare" und „baureif erschlossene" Reserven) und Innenentwicklung (Wohnungsleerstände im Geschosswohnungsbau und in den Ortskernen) lässt sich für die Allianz Nördliches Fichtelgebirge ein enormes, wenn auch nicht genauer bezifferbares Überangebot feststellen. Dieses wird durch noch wenig oder nicht berücksichtigte Angebotspotenziale hinsichtlich der „privaten" Baulücken im Bestand sowie der Wohnungsleerstände in den „neueren" Siedlungsgebieten erheblich verschärft.

Selbst wenn ausgehend vom Zeitpunkt der IEK-Erstellung im Jahr 2006 in der Zwischenzeit bereits erste Stadtumbaumaßnahmen durchgeführt wurden, ist realistischerweise davon auszugehen, dass diese noch nicht zu einer maßgeblichen Veränderung der Angebots- und Nachfragerelationen geführt haben.

Die IEK-Gutachter gehen insgesamt davon aus, dass »eine quantitative Ausweitung des Wohnbauflächenangebots in der Regel nicht erforderlich ist, jedoch sollte dafür gesorgt werden, dass baureif erschlossenes Wohnbauland auch sofort verfügbar ist. [...] Im Grundsatz ist es sicher richtig, die Nachfrage durch die Nutzung leerstehender Wohnungen und durch Innenentwicklung zu bedienen, jedoch muss hierbei auch bedacht werden, dass nur ein marktgängiges und kurzfristig verfügbares Wohnraumangebot attraktiv für potenzielle Nutzer ist. Nötig erscheint insofern ein differenziertes Wohnraumangebot, das die Bedürfnisse verschiedenster Nutzergruppen befriedigt und weiterhin auch Bauflächen im Außenbereich für den Ein- und Zweifamilienhausbau umfasst« (IEK 2006: 60f).

In der Konsequenz führt die Folgerung der IEK-Gutachter zu einer parallelen Innen- und Außenentwicklung, was angesichts der Tragweite des Schrumpfungsprozesses, die Fortsetzung einer dispersen Siedlungsentwicklung bedeutet – wenn auch unter anderen Vorzeichen und Rahmenbedingungen.

Die Ausgangssituation für den Stadtumbau in der Allianz Nördliches Fichtelgebirge lässt sich unter Einbeziehung der Erfassungsdaten und Erkenntnisse im Rahmen des IEK wie folgt zusammenfassen:

* Entwicklung der Baulandnachfrage ist nahezu zum Erliegen gekommen.

* Kurz- bis mittelfristiges Angebotspotenzial zur Außenentwicklung umfassen unter Berücksichtigung „sofort verfügbarer" und „baureif erschlossener" Reserven zum Zeitpunkt der IEK-Erstellung ca. 50 ha.

* Erhebliches Angebotspotenzial zur Innenentwicklung hinsichtlich der Wohnungsleerstände im Geschosswohnungsbau und in den Ortskernen (Stand 2005: 715 Wohnungs- und Gebäudeleerstände).

* Von Leerstand sind insbesondere Wohnungen mit geringem Wohnstandard in sanierungsbedürftigen Häusern betroffen.

* Zusätzliche, zu vermutende erhebliche Angebotspotenziale hinsichtlich der „privaten" Baulücken im Bestand sowie der Wohnungsleerstände in den „neueren" Siedlungsgebieten.

Ziele und Strategien

Im IEK wurden im Bereich Städtebau und Siedlungswesen in vier Handlungsfeldern Ziele für die zukünftige Gestaltung des Stadtumbauprozesses abgeleitet (vgl. IEK 2006: 247).

Abb. 78: Handlungsfelder und Ziele des Stadtumbaus der Allianz Nördliches Fichtelgebirge im Bereich Städtebau und Siedlungswesen auf Grundlage des IEK (Quelle: IEK 2006: 247)

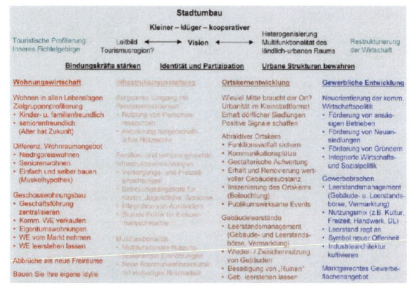

Mit dem Leitmotiv des Stadtumbaus im Bereich Städtebau und Siedlungswesen „kleiner – klüger – kooperativer" verbindet sich eine vorausschauende Steuerung des Schrumpfungsprozesses, bei dem die Kooperation eine bedeutende Rolle einnimmt (vgl. IEK 2006: 247). Im Folgenden werden die vertiefenden Erläuterungen für die relevanten Handlungsfelder der Wohnsiedlungsentwicklung – Wohnungswirtschaft und Ortskernentwicklung – näher dargestellt.

Handlungsfeld Wohnungswirtschaft

Der Stadtumbau zielt laut IEK im Bereich der Wohnungswirtschaft insbesondere darauf ab, ein differenziertes Wohnraumangebot für verschiedene Zielgruppen zu ermöglichen. Als wichtigste Zielgruppen der zukünftigen Wohnraumnutzung sind Familien mit Kindern und Senioren genannt; aber auch einkommensschwache Personen werden als relevante Zielgruppe angesehen.

Entsprechend der Zielgruppenorientierung sollte das Wohnraumangebot vor allem folgende Angebotssparten umfassen:

- Attraktives Wohnbauland für den Einfamilienhausbau („einfach und selber bauen").
- Preisgünstige Miet-/Eigentumswohnungen (Niedrigpreiswohnen).
- Barrierefreie Wohnungen für Senioren (verschiedene Wohnformen wie z.b. Service-Wohnen für Senioren, Eigentumswohnungen für Senioren, Mehr-Generationen-Häuser).

Dazu wird auf eine verstärkte Innenentwicklung ein besonderes Augenmerk gelegt, indem vor allem Baulücken und Leerstände innerhalb der bebauten Bereiche für das Wohnen verstärkt genutzt werden sollen. Um dies zu befördern, sollen Bauvorhaben im Ortskern (z.b. Umbau und Renovierung von Altbauten) durch zusätzliche Instrumente (z.b. Baukindergeld, kommunales Förderprogramm) besonders gefördert werden.

Als ein besonderes Problemfeld wird innerhalb des Handlungsfeldes Wohnungswirtschaft der vorhandene Geschosswohnungsbau angesehen. Als mögliche Strategien zur Bewältigung der Leerstandsproblematik wird ein Mix aus Verkauf, Umwandlung von Miet- in Eigentumswohnungen, Modernisierung, Umbau (z.b. barrierefreie Wohnungen), Rückbau (vorzugsweise von nicht mehr sanierungsfähigen Wohngebäuden) vorgeschlagen (vgl. IEK 2006: 248).

Zusammenfassend werden für das Handlungsfeld Wohnungswirtschaft folgende Ziele und Maßnahmen angeführt, die auch im Rahmen eines Workshops der interkommunalen Arbeitsgruppe „Städtebau" erarbeitet wurden (vgl. IEK 2006: 248):

- Attraktivität des Raumes für Senioren und „Rückkehrer" erhöhen.
- „Verwurzelte", Familien und Pendler im Raum halten.
- Vorhaltung eines marktgerechten Baulandangebots (sofort verfügbares Wohnbauland).
- Vorhaltung eines differenzierten Wohnraumangebots (u.a. senioren- und familiengerechtes Wohnraumangebot, multifunktionales Wohnen, Niedrigpreiswohnen).
- Ausbau seniorengerechter Wohnungen/Mehrgenerationenwohnangebote.
- Förderung der Innenentwicklung: Nutzung von Baulücken und Leerständen.
- Erhöhung der Eigentumsquote, Umwandlung von Mietwohnungen in Eigentumswohnungen sowie Modernisierung von Wohnungen.
- Aufbau eines Flächenmanagements mit Baulückenkataster sowie einer zentralen Gebäude- und Leerstandsbörse.

Handlungsfeld Ortskernentwicklung

Die Stärkung der Ortskernentwicklung soll mit der Sicherung des vielfach auftretenden urbanen Charakters der Ortskerne im Allianzgebiet verbunden werden. Die verschiedenen Maßnahmen sollen dazu beitragen, dass u.a. folgende ortskernspezifische Ziele erreicht werden:

- Sicherung der Funktionsvielfalt in den Ortskernen;
- Gestalterische Aufwertung der zentralen Bereiche in den Ortskernen (z.b. Marktplätze);
- Schaffung neuer Kommunikationsräume in den Ortskernen (Kommunikationsplätze im Freien oder Treffpunkte in Gebäuden);
- Erhalt und Renovierung wertvoller innerörtlicher Bausubstanz (z.b. Förderprogramm);
- Sicherung innerörtlicher Freiräume und Grünzonen.

Als eine besondere Anforderung wird der Umgang mit den teils leerstehenden Gebäuden in den Ortszentren angesehen. Hierzu sollte grundsätzlich eine Wiedernutzung der leerstehenden Gebäude angestrebt werden, sofern es sich um umnutzungs-, sanierungs- und modernisierungsfähige Gebäude handelt. Hierfür wird die Einführung eines Leerstandsmanagements mit Gebäude- und Leerstandsbörse vorgeschlagen. Nur in Ausnahmefällen sollten nicht mehr sanierungsfähige „Bauruinen" abgerissen werden, sofern hierdurch keine wesentlichen Störungen im Ortsbild entstehen oder ein Neubau als Ersatz vorgesehen ist (vgl. IEK 2006: 250).

Für das Handlungsfeld Ortskernentwicklung wurden insgesamt folgende Ziele und Maßnahmen zugrunde gelegt (vgl. IEK 2006: 251):

- Erhaltung der Urbanität der Ortskerne;
- Gestaltung und Aufwertung der Kernstädte;
- Ortsbildverbesserung;
- Renovierung von Altbauten (Finden von geeigneten Instrumenten);
- Einrichtung einer zentralen Gebäude- und Leerstandsbörse;
- Einrichtung eines Förderprogramms zum Erhalt älterer Bausubstanz;
- Beseitigung von „Ruinen" (verfallende Bausubstanz), aber keine Lücken im Ortsbild durch übereilte Abbrüche schaffen.

Auf Grundlage der dargestellten Ziele und Maßnahmen des IEK wurde im Rahmen des Werkstattgesprächs eine Überprüfung der Zielerreichung und des Umsetzungsstandes vorgenommen (Quelle: Dokumentation des Werkstattgesprächs vom 09.08.2010).

Dieser ging zunächst eine allgemeine Einschätzung zur Rolle des IEK sowie der dort verankerten Inhalte zur Funktion der Wohnsiedlungsentwicklung voraus: Aufgrund einer prinzipiell eher fachgutachterlichen Abarbeitung des IEK sind auch die Zielstellungen nur bedingt in den Kommunen verankert. Darüber hinaus wurde der Bereich der Wohnfunktion vorrangig auf lokale Maßnahmen aufgebaut.

In der Anfangsphase der Umsetzung und Begleitung durch das Stadtumbaumanagement ist die Schwerpunktsetzung auf andere Handlungsfelder wie Soziales und Tourismus gelegt worden.

Vor diesem Hintergrund wurde der Stand der Zielerreichung und Umsetzung wie folgt bewertet (Quelle: Dokumentation des Werkstattgesprächs):
Im Bereich der Wohnfunktion und Wohnungswirtschaft steht die Allianz hinsichtlich des interkommunalen Aspektes noch vergleichsweise am Anfang. Dahingehend ist zu berücksichtigen, dass nach Ansicht der Runde unter Schrumpfungsbedingungen die Zielsetzungen des Stadtumbaus in der Wohnsiedlungsentwicklung weniger eine interkommunale, als vielmehr eine einzelgemeindliche Ausrichtung und Steuerungsanstrengung erfordern. Dies spiegelt sich auch in einer vorrangig einzelgemeindlichen Maßnahmenentwicklung wieder. So wurde z.B. ein wohnungswirtschaftliches Konzept zur Konkretisierung von Umbau- oder Rückbaumaßnahmen für die Stadt Schönwald durchgeführt.

Als ein gemeinsamer, interkommunaler Umsetzungsschwerpunkt wurde die übergeordnete Verbesserung des Angebots für Senioren entwickelt (u.a. Projekt „Generation 1-2-3"), wobei auch die Verbesserung eines seniorengerechten Wohnungsangebots eine Rolle spielte.

Einen eindeutigen Mehrwert stellt die Anwendungsmöglichkeit des Instrumentariums der Städtebauförderung (Stadtumbau West), wie die damit zusammenhängenden Fördermöglichkeiten sowie das Stadtumbaumanagement, dar.

Auf Ebene der Bürgermeister konnte eine Sensibilisierung für die wohnungswirtschaftliche Anpassung unter Schrumpfungsbedingungen erreicht werden. Ebenso wurden teilweise auch die Gemeinde- und Stadträte sensibilisiert, wobei Ausbau- und Optimierungsmöglichkeiten erkannt werden. Ein Ansatzpunkt sind die bislang unterschiedlichen Umgangsweisen und Standards, was die Information und Einbindung der Gemeinde- und Stadträte in den beteiligten Gemeinden betrifft. Darüber hinaus sind die komplexen Anforderungen der Schrumpfung gegenüber der Bevölkerung schwer vermittelbar.

Diese Aussagen spiegeln teilweise die allgemeinen Erkenntnisse zur interkommunalen Kooperation im Rahmen des Stadtumbaus West wider. Die Wohnsiedlungsentwicklung sowie die erforderlichen Anpassungen unter Schrumpfungsbedingungen werden als eine vorrangig einzelgemeindliche Aufgabe aufgefasst.

Dagegen ist die Rolle der interkommunalen Kooperation insbesondere darin begründet, dass in einer interkommunalen Herangehensweise eine höhere Aufgeschlossenheit gegenüber wohnungswirtschaftlichen Anpassungserfordernissen unter Schrumpfungsbedingungen besteht (vgl. KARSTEN et al 2009: 19). Die interkommunale Kooperation hat demzufolge mehr die Funktion eines „Eisbrechers" für die Wahrnehmung von Rahmenbedingungen und Problemstellungen als die der gemeinsamen Aufgabenbewältigung.

In Bezug auf die bereits gewonnen Erkenntnisse im Rahmen der vorherigen Fallstudie zum „FLIZ-Vorhaben" in der Allianz Oberes Werntal wird die interkommunale Kooperation als eher abstrakter Steuerungsanspruch erhoben. Dies ist darauf zurückzuführen, dass die Kooperation im Rahmen von konzeptionellen Grundlagen – hier das für den Stadtumbauprozess zugrunde gelegte IEK – nicht als eigene Steuerungs- und Handlungsebene adäquat wahrgenommen und mit entsprechend differenzierten Zielstellungen, Strategien und Maßnahmen untersetzt wird.

6.2.4 Steuerung der Schwerpunktfunktion im Kontext einer Nachfrageorientierung

Die relevanten Steuerungsansätze und -instrumentarien zur Wohnsiedlungsentwicklung mittels interkommunaler Kooperation wurden im Rahmen des Werkstattgesprächs erörtert und eine anschließende Beurteilung der Nachfrageorientierung vorgenommen.

Eingesetzte Steuerungsansätze/-instrumente

In Anlehnung an das Leitmotiv „kleiner – klüger – kooperativer" ergab die Frage nach relevanten Steuerungsansätzen und -instrumentarien der Allianz Nördliches Fichtelgebirge im Rahmen des Stadtumbaus folgendes Ergebnis (Quelle: Dokumentation des Werkstattgesprächs):

- Die übergeordnete Steuerungsstrategie baut auf die freiwillige Selbstverpflichtung der einzelnen Gemeinden auf Basis der gemeinsamen Ziele im IEK auf. Auf dessen Grundlage war die Steuerung des Stadtumbaus im Bereich der Wohnsiedlungsentwicklung bislang vorrangig auf die Koordinierungsfunktion von lokalen Stadtumbaumaßnahmen ausgerichtet.

- Darüber hinaus gibt es zu interkommunalen Steuerungsinstrumenten für den Stadtumbau im Bereich der Wohnfunktion ansatzweise Strategieüberlegungen, jedoch noch kein dezidiert entwickeltes oder gar erprobtes Steuerungsinstrument. Der im IEK vorgeschlagene Aufbau eines Flächenmanagements wurde bislang mit dem Schwerpunkt eines gewerblichen Liegenschaftsmanagements, u.a. zur Aufbereitung von relevanten Flächen und Immobilien für das landesweite Gewerbeflächenportal „SISBY", aufgegriffen.

• Derzeit wird ein gemeinsames „wohnungswirtschaftliches Konzept" für die Kommunen Schwarzenbach, Marktleuthen, Kirchenlamitz und Röslau gestartet. Aufbauend auf die Erfahrungen des bereits durchgeführten wohnungswirtschaftlichen Konzeptes der Gemeinde Schönwald begründet sich der Bedarf und interkommunale Steuerungsansatz vor allem in dem Schwerpunkt abgestimmte Angebotsanpassung im Geschosswohnungsbau unter besonderer Berücksichtigung überkommunal tätiger Wohnungsbauträger.

Die dargestellten Steuerungsmittel knüpfen an die Erkenntnisse zum Stand der Zielerreichung und Umsetzung an:

• Die hervorgehobene Bedeutung der Koordinierungsfunktion von lokalen Umbaumaßnahmen knüpft an das im vorherigen Abschnitt dargestellte Problem einer mangelnden differenzierten Aufbereitung der interkommunalen Steuerungsebene im IEK an.

• Die freiwillige Selbstverpflichtung kann als – ohnehin unverbindliches – Steuerungsprinzip nur sehr begrenzt Wirkungen entfalten, nachdem für den Bereich der Wohnsiedlungsentwicklung bis zum jetzigen Zeitpunkt keine näher definierten Grundlagen und Zielstellungen, in welche Richtung sich die Kommunen gegenseitig „verpflichten", vorliegen.

Angesichts der Dimension des Überangebots könnte ein Ansatzpunkt darin liegen, die Sinnhaftigkeit der im IEK dargestellten, parallelen Innen- und Außenentwicklung zu überprüfen und entsprechende Zielstellungen und Vereinbarungen zu treffen.

• In Anlehnung an das Steuerungsinstrumentarium des wohnungswirtschaftlichen Konzeptes würde sich begleitend eine differenziertere Auseinandersetzung mit erforderlichen Anpassungsstrategien im gesamten Allianzgebiet anbieten.

Nachfrageorientierung

Um die Erfordernisse einer Nachfrageorientierung mittels interkommunaler Kooperation besser einordnen zu können, wurden im Rahmen des Werkstattgesprächs zunächst die Grenzen einzelgemeindlicher Vorgehensweisen erörtert (Quelle: Dokumentation des Werkstattgesprächs):

- Es werden begrenzte Steuerungsmöglichkeiten der einzelnen Kommune hinsichtlich des vorhandenen Überangebots erkannt. Dies betrifft insbesondere die Beschränkung der Außenentwicklung bzw. Wohnbaulandentwicklung, die allein auf der Basis von Bemühungen einzelner Kommunen als wenig wirksam angesehen wird.

- Gleichzeitig wird der einzelgemeindlichen Steuerung des Bestandsangebotes unter Schrumpfungsbedingungen und einer nur sehr begrenzt vorhandenen Nachfrage eine wichtige Rolle beigemessen.

- Grenzen auf einzelgemeindlicher Ebene stellen sich auch hinsichtlich der Möglichkeiten einer Vermarktung gegenüber Zielgruppen von außen.

Darauf Bezug nehmend ergibt sich für die einzelgemeindliche Steuerungsrolle eine Differenzierung zwischen der Außen- und Innenentwicklung. Im Umkehrschluss bzw. in der Folgerung für die interkommunale Ebene wird prinzipiell ein stärkeres Erfordernis zur Abstimmung der Außenentwicklung erkannt, während die Bestandsentwicklung mit einer vorrangig einzelgemeindlichen Steuerungsrolle verbunden wird. Diese Argumentation erscheint grundsätzlich nachvollziehbar, sie ist jedoch hinsichtlich der Passgenauigkeit unter Berücksichtigung der Angebots- und Nachfragesituation differenzierter zu beleuchten. Angesichts des massiven Überangebots scheinen Abstimmungserfordernisse nicht nur die Außenentwicklung, sondern insbesondere auch die Bestandsentwicklung zu betreffen, um eine adäquate Zielgenauigkeit und Angebotsbegrenzung entsprechend den wohnungswirtschaftlichen Zielsetzungen des IEK bewirken zu können.

Vor diesem Hintergrund ordnet sich auch die Diskussion der Frage nach den Nachfrageschwerpunkten und reellen Nachfragegruppen im Rahmen des Werkstattgesprächs ein (Quelle: Dokumentation des Werkstattgesprächs):

- In Anlehnung an das IEK zielen die Steuerungsbemühungen auf die Vorhaltung eines differenzierten Wohnraumangebots für verschiedene Zielgruppen ab. Als wichtigste Zielgruppen sind Familien mit Kindern, Senioren sowie in besonderer Weise die Gruppe einkommensschwacher Personen definiert.

- In der Umsetzung im Rahmen des Stadtumbaumanagements wurde bislang die Zielgruppe der Senioren insbesondere hinsichtlich gezielter Umbau- und Umstrukturierungsmaßnahmen von Wohnungen im Geschoßwohnungsbau (erdgeschossige Wohnungen, behindertengerechte Grundrisse und Ausstattung) identifiziert. Diese Angebotsentwicklung wurde auch entsprechend nachgefragt[73].

---

[73] Zu den Nachfrageeffekten im Zuge der Umbau- und Umstrukturierungsmaßnahmen zur Schaffung seniorengerechter Wohnangebote stehen keine konkreteren Daten zur Verfügung.

Aus ergänzender Sicht des Stadtumbaumanagements werden von den Kommunen, die ein seniorengerechtes Wohnen entwickelt haben, Signale der Marktsättigung rückgekoppelt. Von daher wird dieses Segment zumindest kurz- bis mittelfristig nur als bedingt ausbaubar erachtet.

- Die Nachfrage bei der Zielgruppe der Familien wird nur als sehr bedingt durch die Kommunen steuerbar angesehen. Hierbei spielt insbesondere die Vorhaltung einer adäquaten Daseinsvorsorge- und Infrastruktur eine wichtige Rolle.
- Im Rahmen des Umsetzungsprozesses wurde u.a. der Umgang mit teilweise praktizierten Ansiedlungs-, Kopf- oder Kinderprämien als Steuerungsinstrument diskutiert, wobei Ansätze zu einer einheitlicheren Linie sich nicht mehrheitlich durchsetzen konnten.

Auf Grundlage der Ergebnisse sind aufbauend auf die Grundlagen des IEK erste bedarfsgerechte Ansätze einer nachfrageorientierten Steuerung und Entwicklung des Wohnangebots zu verzeichnen. Dies betrifft insbesondere die Entwicklung eines seniorengerechten Wohnangebots unter Berücksichtigung von qualitativen, strukturellen und städtebaulichen Voraussetzungen. Auch wenn das Potenzial eines seniorengerechten Wohnangebots als zukünftig nur bedingt ausbaubar erachtet wird, so erscheinen derartige nischenförmige und zielgruppenorientierte Bestandsentwicklungen von richtungsweisender Bedeutung. Es gilt zu prüfen, inwieweit über die Senioren hinaus ein gezieltes Wohnangebot für andere Zielgruppen entwickelt werden könnte. Darüber hinaus gilt es insbesondere Bestandsstrategien in Verbindung mit der Zielgruppe Familie alternativ zur Außenentwicklung zu entwickeln.

Zu der weiterführenden Frage nach den Erfordernissen einer interkommunalen Abstimmung von Angebot und Nachfrage hat das Werkstattgespräch zu folgendem Ergebnis geführt (Quelle: Dokumentation des Werkstattgesprächs):

- Ein stärkerer Fokus für die Abstimmung von Angebot und Nachfrage wird im Bereich des Geschosswohnungsbaus in Kooperation mit den überkommunalen Wohnungsbauträgern gesehen.
- Die konsequentere Beschränkung der Außenentwicklung setzt eine stärkere Einbeziehung der kommunalen Planungshoheit und entsprechende Regelungen voraus. Diese werden derzeit als nicht mehrheitsfähig bzw. realisierbar angesehen.
- Im Zuge der Durchführung eines wohnungswirtschaftlichen Konzeptes für vier Kommunen in Kooperation mit relevanten Wohnungsbauträgern können neue Erkenntnisse und Erfahrungen für eine nachfrageorientierte Steuerung im Be-

stand gewonnen werden, die ggf. auch für das gesamte Allianzgebiet von Interesse sind.

• Insgesamt steht eine wirksame Steuerung von Angebot und Nachfrage in starker Abhängigkeit von dem Faktor „Zeit": Demnach hätte eine interkommunale Abstimmung vor 10 bis 15 Jahren mit einer deutlichen Beschränkung der Außenentwicklung erfolgen müssen. Dagegen werden in der Gegenwart und absehbaren Zukunft die Mittel und Möglichkeiten der Abstimmung zur Bewältigung des Überangebots angesichts einer erhöhten Schrumpfungsdynamik als begrenzt angesehen.

Insgesamt lässt die Diskussion im Rahmen des Werkstattgesprächs ein ernsthaftes Bemühen um nachfrageorientierte Steuerungs- und Umsetzungsansätze erkennen, auch wenn der interkommunalen Kooperation nur eine bedingte Steuerungsrolle beigemessen wird. Für die zweifelsfrei erkannte Notwendigkeit einer Nachfrageorientierung stellen die Ansätze des IEK eine Grundlage für die weitere Ausgestaltung und Umsetzung im Rahmen des Stadtumbaumanagements dar. Abgesehen von der prinzipiellen Frage nach der Sinnhaftigkeit einer weiteren Außenentwicklung wurden im IEK zielgruppenorientierte Strategien in Verbindung mit entwickelbaren Potenzialen des Wohnungsangebotes angelegt. Angesichts einer zu erwartenden weiter rückgängigen Nachfrage bleiben auch bei einer konsequenteren Zielgruppenorientierung die Vermarktungsmöglichkeiten begrenzt. Letztlich erscheinen Umbauprozesse in der Allianz Nördliches Fichtelgebirge in erster Linie auf Grundlage der angestammten Bevölkerungsgruppen und darauf aufbauenden zielgruppenorientierten und nischenförmigen Angebotssegmenten realistisch.

Die Sinnhaftigkeit einer Abstimmung auf interkommunaler Ebene begründet sich u.a. darin, dass die Nachfrage im Allianzgebiet insgesamt eine sehr begrenzte „Ressource" darstellt. Wie das Beispiel des seniorengerechten Wohnungsangebotes zeigt, ist eine nischenförmige Entwicklung mittels einzelgemeindlicher Umbaumaßnahmen mit der Gefahr verbunden, dass der „Punkt der Bedarfsdeckung" aufgrund einer mangelnden Abstimmung nicht rechtzeitig erkannt wird. Dies verdeutlicht, weshalb auch in der Bestandsentwicklung insgesamt eine interkommunale Abstimmung zweckmäßig und notwendig ist. Dies betrifft nicht nur die Strategie des Umbaus mit dem Schwerpunkt Umstrukturierung und Anpassung, sondern vor allem auch die des erforderlichen Rückbaus.

An dieser Schnittstelle zwischen den Erfordernissen der Anpassung und des Rückbaus setzt das Steuerungsinstrument des wohnungswirtschaftlichen Konzeptes in besonderer Weise an. Diesem liegt eine integrierte, qualitative wie quantitative Betrachtungsweise zugrunde, die sowohl funktionale Aspekte als auch die Entwicklung des Wohnungsmarktes berücksichtigt. Wesentliches Ziel ist die Identifizierung sowohl des vermarkt- und entwickelbaren als auch des nicht markt- und bedarfsgerechten Wohnungspotenzials sowie die daraus folgende Ableitung von Anpassungs- und Rückbauerfordernissen (vgl. DILCHER, VINZENZ et al. 2008). Dabei spielt die Kooperation der Kommunen mit weiteren Partnern *(siehe Kap. 3.2.2, 3.3.2, 4.2.5)* – hier konkret Träger des Geschosswohnungs-baus – eine wichtige Rolle.

Wie bereits in der Allianz Oberes Werntal könnten auch in der Allianz Nördliches Fichtelgebirge Steuerungs- und Abstimmungsstrategien erforderlich sein, die städtebauliche und funktionale Bezüge im Sinne einer langfristig ausgerichteten und interkommunal abgestimmten ortsräumlichen Entwicklung nach der Frage, *wo innerhalb der Allianz sowie innerhalb der einzelnen Gemeinden und Ortsteile die Schwerpunkte der zukünftigen Wohnsiedlungs- und Innenentwicklung liegen sollen*, vorsehen.

6.2.5 Beurteilung der „interkommunalen Kooperation" auf Grundlage einer funktionsräumlichen Kohärenz

Anhand des im konzeptionellen Bezugsrahmen abgeleiteten Wirkungsmodells *(Kap. 4.3)* wurde die derzeitige Konfiguration der „interkommunalen Kooperation" der Allianz Nördliches Fichtelgebirge zur Wohnsiedlungsentwicklung mit dem Schwerpunkt Stadtumbau abschließend beurteilt (Quelle: Dokumentation des Werkstattgesprächs):

Strukturangepasstheit (Organisationsstruktur <-> räumlicher Bezug)

Dazu wurden folgende Punkte festgestellt:

- Die Zusammensetzung der Gemeinden und die damit verbundene Raumstruk-tur hat sich im Zuge der Bewerbung im Rahmen des Programms Stadtumbau West so ergeben und stellt kein gewachsenes und vorher bereits erprobtes Gebilde dar. Voraussetzungen sind durch bestehende Kooperationen und funktionale Bezüge in Teilbereichen gegeben.

- Die organisatorischen Grundlagen bauen derzeit auf eine lockere, nicht institu-tionalisierte Zusammenarbeit auf.

- Die Regelung des Stadtumbaumanagements und damit zusammenhängender Abwicklungen wird zweckmäßig auf Basis einer gemeinsamen Vertragsgrund-lage von einer Mitgliedsgemeinde übernommen.

- Ein Optimierungsbedarf besteht hinsichtlich der bisher uneinheitlichen Information und Einbindung der Gemeinde- und Stadträte.

- Die Struktur der neun Gemeinden lässt sich derzeit (noch) nicht unter ein verbindlicheres, gemeinsames Dach als Voraussetzung für eine weitergehende gemeinsame Problem- und Aufgabenbewältigung bringen. Dies ist u.a. auf die unterschiedliche Ausgangssituation hinsichtlich der Größe und finanziellen Rahmenbedingungen der mitwirkenden Kommunen zurückzuführen.

- Dennoch konnte bislang prozesshaft eine „ausbaufähige Basis" für die interkommunale Kooperation zugrunde gelegt werden, auf die weiter aufgebaut werden kann.

Von Seiten der Strukturangepasstheit wird deutlich, dass die Parallelen hinsichtlich der strukturellen Rahmenbedingungen sowie der daraus folgenden, alle beteiligten Kommunen mehr oder weniger stark betreffenden Herausforderung zur Bewältigung des Schrumpfungsprozesses allein noch kein sinnstiftender Faktor für die interkommunale Kooperation ist. Auch wenn von außen betrachtet die Größe und Struktur der Kommunen keine für das Zustandekommen der Kooperation signifikant erschwerende Unterschiede aufweist, so wird dies durch die Innensicht relativiert. Derartige Erkenntnisse scheinen gerade für die Gestaltung der Anfangsphase einer Kooperation von Bedeutung, um von Seiten der Prozess-Steuerung in geeigneter Weise darauf reagieren zu können.

In Ansätzen wird eine Weiterentwicklung der organisatorischen Grundlagen zu einem „verbindlicheren, gemeinsamen Dach" als erforderlich angesehen. Vor dem Hintergrund der Dynamik des Schrumpfungsprozesses und der daraus resultierenden strukturellen Herausforderungen erscheint die Entwicklung von einer „Zweckgemeinschaft" zu einer verbindlicheren und belastbareren „Solidargemeinschaft" als ein richtungsweisender Weg. Auch wenn hierfür der weitere Entwicklungsprozess eine wichtige Grundlage ist, so klärt sich die Frage einer verbindlicheren Kooperation nicht von allein, sondern setzt in Abhängigkeit vom weiteren Entwicklungsprozess eine zeitlich abgesteckte Entscheidungsfindung voraus.

Bedarfsangepasstheit (Zweck/Funktion <-> räumlicher Bezug)

- Der bisherigen Arbeitsweise der Allianz Nördliches Fichtelgebirge liegt – u.a. unter Berücksichtigung der Anzahl von neun beteiligten Kommunen – zugrunde, dass unter einem gemeinsamen Dach je nach Themen-, Bedarfs- und Zielstellungen in unterschiedlichen räumlichen Konstellationen zusammengearbeitet wird („funktionsräumlicher Ansatz").

Diese Flexibilität wird als ein Vorteil der lockeren, nicht institutionalisierten Zusammenarbeit angesehen. Ein verbindlicherer Zusammenschluss würde entsprechend höhere Abstimmungs- und Begründungserfordernisse voraussetzen; ebenso würde der Druck zunehmen, bei gemeinsamen Vorhaben möglichst alle Kommunen „ins Boot zu nehmen".

- In Bezug auf die dargestellten Ziele des IEK ist der Zweck im Bereich der Wohnungswirtschaft insbesondere darauf ausgerichtet, ein differenziertes Wohnraumangebot für verschiedene Zielgruppen zu ermöglichen und dazu erforderliche Anpassungen vorzunehmen.

- Die Wohnsiedlungsentwicklung wird als eine Kernfunktion der gemeinsamen Stadtumbau-Aktivitäten angesehen, deren Steuerung und Umsetzung jedoch im Wesentlichen auf einzelgemeindlicher Ebene erfolgen muss.

Eine bedarfsgerechte interkommunale Konstellation im Bereich der Wohnsiedlungsentwicklung könnte sich mit der Durchführung eines wohnungswirtschaftlichen Konzeptes der vier Kommunen Schwarzenbach, Marktleuthen, Kirchenlamitz und Röslau in Kooperation mit privaten Wohnungsbauträgern ergeben.

- Zu den mit der Wohnfunktion eng zusammenhängenden Daseinsvorsorge- und Infrastruktureinrichtungen wurden die Möglichkeiten einer weitergehenden (funktionsräumlichen) Arbeitsteilung an verschiedenen Stellen (u.a. Schwimmbäder) diskutiert, wobei sich vor allem die Frage der Mobilität bzw. des Verkehrs als ein Schlüsselproblem erwiesen hat.

Die bisherige Arbeitsweise der Umsetzung in Begleitung durch das Stadtumbaumanagement ist durch einen funktionsräumlichen Ansatz gekennzeichnet. Das Argument, dass die nicht institutionalisierte Organisationsform die dazu erforderliche Flexibilität befördert, erscheint in gewisser Weise nachvollziehbar; dabei bleibt jedoch unberücksichtigt, dass die bisherigen gemeinsamen Aktivitäten sich auf weniger interessenbehaftete Vorhaben wie die soziale Vermittlungsstelle (Projekt „Generation 1-2-3") oder eine gemeinsame Tourismusstelle beziehen. Je nach Situation muss die Verbindlichkeit auch nicht zwangsläufig für das organisatorische Gesamtdach hergestellt werden, sondern bezieht sich ja gerade auf einzelne Zweckerfüllungen.

Wie bereits dargestellt, sind die Möglichkeiten der interkommunalen Abstimmung und Steuerung im Bereich der Wohnsiedlungsentwicklung noch nicht erschöpfend ausgelotet, insbesondere was die sensiblen Erfordernisse einer zielgruppenorientierten Angebotsentwicklung im Bestand und des erforderlichen Rückbaus betrifft.

Als Grundlage für zukünftige Schwerpunkte der Wohnsiedlungsentwicklung wurde die funktionsräumliche Situation der einzelnen Gemeinden im räumlichen Gesamtzusammenhang bislang nur bedingt aufgegriffen. Ausgehend von dem funktionalen Zusammenhang zwischen dem vorhandenen Wohnangebot sowie Daseinsvorsorge- und Infrastruktureinrichtungen etc. könnte ein differenzierterer funktionsräumlicher Ansatz entwickelt werden, der Aufschlüsse u.a. zu folgenden Punkten ermöglichen könnte:

- Identifizierung der Schwerpunkte der zukünftigen Wohnsiedlungsentwicklung auf interkommunaler, kommunaler und örtlicher Ebene.
- Zukünftig entwickelbare Wohnangebote sowie dazu erforderliche Anpassungsstrategien.
- Weitergehende Klärung von bewältigbaren Rückbauerfordernissen.

Auch wenn die Schrumpfungsprozesse zum gegenwärtigen Zeitpunkt städtebaulich und funktional ohne massivere Funktionsverluste oder eine spürbare Verteuerung der Infrastruktur noch einigermaßen „bewältigbar" erscheinen mögen, so ist dies keineswegs eine Gewähr, dass dies auch in Zukunft so Bestand haben wird.

Verbindlichkeitsgrad (Zweck/Funktion <-> Organisationsstruktur)

- Aufbauend auf die „freiwillige Selbstverpflichtung" wird ein bislang auf informellere Strukturen aufbauender, eher schwach ausgeprägter Verbindlichkeitsgrad festgestellt.
- Die bisherigen Organisationsgrundlagen sowie die „freiwillige Selbstverpflichtung" der einzelnen Gemeinden werden für die Erfordernisse im Bereich der Wohnsiedlungsentwicklung als ausreichend bzw. kohärent angesehen.
- Wie bereits dargestellt, werden verbindlichere Regelungen zur Beschränkung der zukünftigen Außenentwicklung derzeit als nicht realisierbar eingestuft.
- Ebenso wird für die Angebotsanpassung im Bestand und damit zusammenhängende Stadtumbauaktivitäten derzeit kein Bedarf für eine höhere Verbindlichkeit gesehen.

Der Verbindlichkeitsgrad der Allianz Nördliches Fichtelgebirge spiegelt den Ansatz einer „weniger ambitionierten Zweckgemeinschaft" wider. D.h., die Strategien und Aktivitäten werden darauf ausgerichtet, dass die Partnergemeinden eher niedrig gesteckte Grenzen der Zusammenarbeit akzeptieren und sich keine komplexeren und strittigeren Aushandlungsprozesse zumuten. Dies mag einerseits mit den Rahmenbedingungen des Schrumpfungsprozesses zusammenhängen, bei dem es keine vermeintlich offensichtlicheren Nutzenaspekte zu verteilen gibt; andererseits wird trotz der bestehenden Herausforderungen im Umgang mit den Schrumpfungsprozessen und einem gravierenden Überangebot kein weitergehender Bedarf für eine wirksamere und verbindlichere Kooperation gesehen.

Insgesamt bestätigt die Situation der Allianz Nördliches Fichtelgebirge weitgehend die Ergebnisse der bundesweiten Befragung zur interkommunalen Zusammenarbeit im Stadtumbau (vgl. KARSTEN et al. 2009).

Die Bewerbung am „Städtebauförderungsprogramm" und die Aussicht auf Fördermittel stellten im Sinne des „goldenen Zügels" den maßgeblichen Anlass für die Zusammenarbeit dar. Wenn, wie im Falle der Allianz Nördliches Fichtelgebirge, die Motivation zur Zusammenarbeit eng mit der Aufnahme in ein Förderprogramm verbunden ist und weniger auf einer gemeinsamen Zweck- und Aufgabenorientierung beruht, dann erscheint es nachvollziehbar, wenn die Grenzen der Partnerschaft von den beteiligten Kommunen eher niedrig gesteckt werden. Dahingehend stellt sich die Frage, inwieweit diese unverbindlichere Form der Zusammenarbeit für eine wirksame Steuerung von Schrumpfungsprozessen und ggf. stärker interessenbehafteten Handlungsfeldern des Stadtumbaus auf lange Sicht ausreichend sein kann. In Abhängigkeit von den Ergebnissen des wohnungswirtschaftlichen Konzeptes könnten sich ggf. Anpassungserfordernisse ergeben.

Eine wichtige Basis stellt das interkommunale (städtebauliche) Entwicklungskonzept dar. Das Beispiel der Allianz Nördliches Fichtelgebirge bestätigt das bundesweite Befragungsergebnis, dass durch eine übergemeindliche Betrachtungsweise die analytische, konzeptionelle und planerische Qualität steigt – insbesondere was die wohnungswirtschaftlichen Aspekte unter Berücksichtigung der Angebots- und Nachfragesituation betrifft. Wenn die interkommunale Kooperation jedoch mehr sein soll als ein „erweiterter Betrachtungsraum", dann muss sie konsequenterweise auch als eigene Steuerungs- und Handlungsebene berücksichtigt und ausgearbeitet werden. Auf deren Grundlage wäre ggf. auch eine gezieltere Positionierung der Rolle des interkommunalen Stadtumbaumanagements von einem „breit aufgestellten kleinräumigen Regionalmanagement" hin zu einer stärkeren „fachlich-planerischen Begleitung von Umbauprozessen in den Kernfunktionen" denkbar.

Zusammenfassend wird durch das Beispiel der Allianz Nördliches Fichtelgebirge die noch offene Kernfrage der Bedeutung und Funktion der interkommunalen Kooperation im Rahmen des Stadtumbaus deutlich. Eine wesentliche Begründung liegt darin, dass der interkommunale Zusammenhang dazu beiträgt, die Problemstellungen und Herausforderungen von Schrumpfungsprozessen zu erkennen und dafür zu sensibilisieren. Davon ausgehend wird jedoch das konkrete Steuerungspotenzial wieder auf die Ebene verlagert wird, wo – zumindest teilweise – die Probleme durch eine weniger bedarfsgerechte Boden- und Siedlungspolitik in der Vergangenheit entstanden sind. Der Versuch, die Wohnsiedlungsentwicklung vor dem Hintergrund eines massiven Überangebots allein auf einzelgemeindlicher Ebene zu steuern, führt in gewisser Weise die „Politik der Vergangenheit", wenn auch unter anderen Vorzeichen und Kenntnissen, fort. Die daraus resultierenden Grenzen betreffen insbesondere die hohe Sensibilität einer Angebotsentwicklung, die auf Basis einer sehr überschaubaren Nachfrage wahrgenommen werden muss. Ohne eine interkommunale Abstimmung scheinen auch die Möglichkeiten im Rahmen der Innenentwicklung begrenzt, nischenartig aufgebaute, marktfähige Angebote zu entwickeln und das Überangebot zumindest in Teilbereichen in den Griff zu bekommen.

6.3 Fallstudie „Gewerbliches Standortmarketing Allianz A7 – Franken West"

Kurzprofil *(siehe Kap. 5.2.2)*

Räumliche Schwerpunktfunktion

- Gewerbeflächenentwicklung in Verbindung mit dem Aufbau eines interkommunalen Standortmarketings (u.a. auf Grundlage eines interkommunalen Gewerbegebietes).

Organisationsstruktur

- Informelle Arbeitsgemeinschaft (keine ArGe gem. Art. 4 ff. KommZG).

Gebietsstruktur

- Zusammenschluss von 11 Gemeinden mit insg. ca. 18.000 Einwohnern und ca. 335 km² Gebietsfläche.
- Gemeindegrößen zwischen ca. 700 und 6.200 Einwohnern.
- Lage im westbayerischen Raum zwischen den Oberzentren Ansbach (Süden) und Würzburg (Norden).
- Nachhaltig zu stärkender ländlicher Teilraum, hohe Bedeutung überregionaler Entwicklungsachsen (BAB A7).
- Eine Kommune (Stadt Uffenheim) weist die Funktion eines möglichen Mittelzentrums auf; eine zusätzliche Kommune (Stadt Burgbernheim) ist von kleinzentraler Bedeutung.

Strukturelle Ausgangslage

- Mittelfristig überdurchschnittlicher Bevölkerungsrückgang und Alterungsprozess.
- Von Seiten der Wirtschaftsstruktur mittelständisch geprägt, kein regional bedeutsames Arbeitsplatzzentrum im unmittelbaren Umfeld.

Ausgangssituation zur Gewerbeflächenentwicklung

- Angebotsumfang deutet auf ein tendenzielles Überangebot hin.
- Vergleichsweise niedrige Bodenpreise.

Relevante Steuerungsansätze/-instrumente

- Aufbau eines interkommunalen Standortmarketings mit erweitertem Gebietszuschnitt.
- Integriertes ländliches Entwicklungskonzept.
- Interkommunales Gewerbegebiet.

Relevante Förderinstrumentarien

- Integrierte Ländliche Entwicklung (ILE).

Abb. 79: Logos Allianz A7 – Franken West (Quelle: www.franken-west.de); „GOLLIP" (Quelle: www.gollipp.de)

6.3.1 Strukturelle Ausgangslage

a) Gebiet, Lage und Raumstruktur

Abb. 80: Gebiet der Allianz A7 – Franken West (Quelle: www.franken-west.de)

Die 11 Kommunen der „Allianz A7 – Franken West" gehören zum mittelfränkischen Landkreis Neustadt a. d. Aisch – Bad Windsheim und umfassen ein Gebiet mit einer Fläche von 335 km² und ca. 18.000 Einwohnern; das Ausgangsgebiet des GOLLIPP umfasste ca. 7.500 Einwohnern.

Ausgehend von der großräumigen Lage im westbayerischen Grenzraum liegt das Gebiet in unmittelbarer Nachbarschaft zu Baden-Württemberg. Von Seiten der überregionalen Verkehrsanbindung ist vor allem die Bundesautobahn A7 von großer Bedeutung, die das Gebiet durchquert. Diese Anbindung ist insofern von Bedeutung, nachdem sich im näheren Umfeld kein relevantes Mittel- oder Oberzentrum befindet. Die nächst gelegenen Oberzentren sind Ansbach (ca. 40 km), Würzburg (ca. 45 km) und Nürnberg (ca. 70 km). Das Mittelzentrum Rothenburg ist mit einer Entfernung von ca. 30 km erreichbar.

Abb. 81: Auszug Raumstruktur zur Allianz A7 – Franken West (Quelle: Strukturkarte LANDESENTWICKLUNGSPROGRAMM BAYERN 2006)

Grundlage für die Raumstruktur des Gebiets ist neben dem LANDESENTWICKLUNGSPROGRAMM (2006) der REGIONALPLAN REGION WESTMITTELFRANKEN (1987 mit div. Fortschreibungen). Diese stellen das Gebiet als „nachhaltig zu stärkenden ländlicher Teilraum" dar, wobei zusätzlich die Einzugsbereiche der BAB A7 und der B13 als überregionaler Entwicklungsachsen von raumstruktureller Bedeutung sind. Im möglichen Mittelzentrum Uffenheim fokussieren sich die beiden überregionalen Entwicklungsachsen. Ergänzend ist Burgbernheim die Funktion eines Kleinzentrums zugeordnet.

b) Ausgewählte Parameter zur Bevölkerungs- und Standortentwicklung

Anhand ausgewählter Parameter und Strukturdaten ergibt die Bevölkerungs- und Standortentwicklung der Allianz A7 – Franken West folgendes Bild.

Tab. 13: Ausgewählte Strukturdaten der Allianz A7 – Franken West (Quelle: BayLfStaD, STATISTIK KOMMUNAL 2009)

Parameter	Allianz A7 – Franken West
Bevölkerungsstand 2008:	**17.**414 Einwohner (EW)
Größenunterschiede nach Einwohnern 2008: - größte Kommune: - kleinste Kommune:	Uffenheim 6.183 EW Hemmersheim 672 EW
Langfristige Bevölkerungsentwicklung von 1987 bis 2008:	**4,4 %** (Zuwachs) vgl.: +13,6% Bayern
Mittelfristige Bevölkerungsentwicklung von 2004 bis 2008:	**-2,9 %** (Abnahme) vgl.: +0,6% Bayern
Mittelfristiger natürlicher Saldo je 1.000 Einwohner von 2004 bis 2008:	**-43,8** (mehr Sterbefälle als Geburten)
Mittelfristige Wanderungsbewegung je 1.000 Einwohner von 2004 bis 2008:	**-327,4** (mehr Weg- als Zuzüge)
Billetermaß zur demographischen Alterungsfähigkeit 2008:	**-0,52 (Ø)**; -0,49 Bayern
Sozialversicherungspflichtig Beschäftige am Arbeitsort 2008:	**5.**014 Beschäftigte
Pendlersaldo 2008:	**-1.**123 Beschäftigte (Auspendlerüberschuss)
Arbeitsplatzzentralität 2008 (Verhältnis Beschäftigte Arbeitsort und Beschäftigte Wohnort):	**82 %**

Zusammenfassend wird die strukturelle Ausgangslage der Allianz Franken West durch folgende Punkte gekennzeichnet:

- Im mittelfristigen Betrachtungszeitraum ergeben sich bei nahezu allen Gemeinden des Allianzgebietes Bevölkerungsrückgänge, die insbesondere auf Wanderungsverluste sowie bei den meisten Gemeinden auch auf negative Salden der natürlichen Bevölkerungsentwicklung zurückzuführen sind.

- Vergleichbar mit der Allianz Oberes Werntal lassen die Daten zum Billetermaß einen eher überdurchschnittlich ausgeprägten Alterungsprozess erwarten.

- Eine angemessene Arbeitsplatzzentralität und eine relevante Zunahme des Arbeitsplatzangebotes scheinen keine ausreichenden Faktoren zu sein, um Wanderungsverluste in substanziellerem Umfang zu vermeiden.

- Die strukturellen Rahmenbedingungen und Größenordnungen der Gemeinden legen abgestimmte Entwicklungsbemühungen nahe. Dies betrifft insbesondere die auffallende Struktur- und teilweise auch erkennbare Funktionsschwäche der sehr klein strukturierten Gemeinden.

6.3.2 Entstehung sowie Grundlagen der Entwicklung und Organisation

Den Ausgangspunkt der „Allianz A7 – Franken West" stellt u.a. der Zweckverband „Industrie- und Gewerbepark Gollhofen-Ippesheim" (GOLLIPP) mit den acht Mitgliedsgemeinden: Ergersheim, Gollhofen, Hemmersheim, Ippesheim, Markt Nordheim, Oberickelsheim, Simmershofen und Weigenheim dar. Mit der Gründung des Zweckverbandes im Jahr 1991 gilt der GOLLIPP als eines der ältesten interkommunalen Gewerbegebiete in Bayern.

Mit den drei zusätzlichen Kommunen Burgbernheim, Gallmersgarten und Uffenheim hat sich seit 2005 die interkommunale Allianz A7 – Franken West" formiert, deren räumlicher Steuerungsansatz sich auf den Aufbau eines gewerblichen Standortmarketings bezieht.

Im Rahmen der Fallstudienbearbeitung wird in erster Linie auf die Allianz A7 – Franken West Bezug genommen, nachdem der Aufbau eines gemeinsamen gewerblichen Standortmarketings mehr der Intention eines umfassenderen und nachfrageorientierten Steuerungsinstruments bzw. Flächenmanagements entspricht. Ergänzend wird bei Bedarf die Situation des Gewerbeparks GOLLIPP einbezogen.

Entstehung und Entwicklungsgrundlagen

a) Zweckverband GOLLIPP

Dem im Jahr 1991 gegründeten Zweckverband „Industrie- und Gewerbepark Gollhofen-Ippesheim" (GOLLIPP) gingen Überlegungen voraus, wie angesichts des Strukturwandels in der Landwirtschaft alternative Arbeitsplatzangebote geschaffen werden können. Nach Aussagen in den Experteninterviews war die Kosten- und Risikoverteilung auf mehrere Gemeinden der ausschlaggebende Grund zur interkommunalen Zusammenarbeit, um einen Gewerbepark dieser Größenordnung bewerkstelligen zu können.

An der Bundesautobahn A7 wurde mit direkter Anbindung an die Anschlussstelle Gollhofen das räumliche Verbandsgebiet mit einer Gesamtfläche von ca. 62 ha auf den Gemarkungen der Gemeinden Gollhofen und Ippesheim ausgewiesen. In einem ersten Entwicklungsabschnitt wurde auf einem Teilbereich von 13,8 ha mittels des Bebauungsplans das Baurecht geschaffen sowie eine (Teil-) Erschließung vorgenommen. Auf dieser Fläche haben sich seither fünf Betriebe angesiedelt, die folgende Branchen und Betriebszweige repräsentieren: Betonwerk, Klebstoffproduktion, Handelsgesellschaft, Freizeitanlage sowie Autohof. Im Rahmen eines zweiten Bauabschnitts wird derzeit auf einer Fläche von 5 ha eine industrielle Bioerdgasanlage angesiedelt (Quelle: www.gollipp.de).

In der Startphase Ende der 80er Jahre war zunächst auch die Stadt Uffenheim beteiligt, diese ist jedoch aufgrund der Wahrnehmung eigener Interessen wieder ausgestiegen. Im Zuge dessen hat die Stadt Uffenheim parallel zum GOLLIPP ein eigenes, größeres Gewerbegebiet an der BAB A7 (Industrie- und Gewerbegebiet Uffenheim-Langensteinach) entwickelt. Hinsichtlich der jeweiligen Lage an Anschlussstellen der BAB A7 sowie der geringen räumlichen Entfernung von wenigen Kilometern hat sich zwangsläufig eine Konkurrenzsituation ergeben, die bis heute einen Einfluss auf die Zusammenarbeit zwischen der Stadt Uffenheim und den ländlichen Nachbargemeinden hat.

b) Allianz A7 – Franken West

Ausgangspunkt für die interkommunale Kooperation der Allianz A 7 – Franken West war die gemeinsame Durchführung eines Vorhabens der Integrierten Ländlichen Entwicklung (ILE), wobei nach Aussagen im Werkstattgespräch die Startinitiative federführend von Seiten des Amtes für Ländliche Entwicklung (ALE) Mittelfranken ausgegangen ist (Quelle: Dokumentation des Werkstattgesprächs vom 07.07.2010).

Zur Vorbereitung auf die ILE wurde im Mai 2005 ein Seminar mit allen 11 Mitgliedsgemeinden durchgeführt, das u.a. eine grobe Bedarfsfeststellung und die Ableitung von grundsätzlichen Zielstellungen beinhaltete. Aufbauend auf die Seminarergebnisse wurde im August 2005 die Allianz A7 – Franken West in Form einer „informellen" Arbeitsgemeinschaft gegründet sowie der Auftrag zur Erarbeitung eines Integrierten ländlichen Entwicklungskonzeptes (ILEK) erteilt. Wichtige Gemeinsamkeiten und Voraussetzungen für die Bildung einer interkommunalen Allianz und die Durchführung eines ILE-Vorhabens waren u.a.: die noch sehr ländlich-landwirtschaftlich geprägte Struktur des Gebietes, die Auswirkungen des landwirtschaftlichen Strukturwandels auf die städtebauliche und funktionale Entwicklung der Gemeinden und Dörfer sowie die dezentralen Arbeitsplatzmöglichkeiten angesichts eines fehlenden „Arbeitsplatzzentrums" im Nahbereich. In dem o.g. Seminar wurden als gemeinsame Themen insbesondere die Entwicklung der dörflichen Strukturen unter besonderer Berücksichtigung der Aufwertung der Ortskerne, die Bindung von jungen Menschen an die „Region" sowie die stärkere Zusammenarbeit zur wirtschaftlichen Entwicklung erkannt (vgl. ILEK 2007: 4). Dabei lag nach Aussagen in den Experteninterviews und im Werkstattgespräch der wichtigste Ausgangspunkt für die Zusammenarbeit darin, eine gemeinsame Vermarktung der Industrie- und Gewerbeflächen entlang der Bundesautobahn A7 wirkungsvoll umzusetzen – was insbesondere den GOLLIPP und das Gewerbegebiet Uffenheim-Langensteinach betraf. Wird die „Vorgeschichte" dieser beiden Gewerbegebiete berücksichtigt, so ist es mit der Allianz gelungen, den Kreis der Zusammenarbeit zumindest ansatzweise wieder zu schließen.

Über die Gewerbeflächenentwicklung hinaus stellt die BAB A7 insgesamt einen wichtigen Verbindungs-, Identitäts- und Entwicklungsfaktor für die Allianzgemeinden dar (siehe Namensgebung), wobei hinsichtlich der Bedeutung und Wirkungen zwischen den unmittelbar anliegenden und den Gemeinden in der „zweiten Reihe" zu unterscheiden ist.

Die Erarbeitung des ILEK fand im Zeitraum von Herbst 2005 bis Anfang 2007 statt. Das ILEK hatte zum Ziel,»neben den bereits bestehenden kommunalen Verflechtungen und Kooperationen die Zusammenarbeit auf weiteren Handlungsfeldern auszubauen, um vorhandene Potenziale besser ausschöpfen zu können, zukunftsfähige Netze einzugehen und Synergieeffekte stärker als bisher erzielen zu können« (ILEK 2007: 4). Auf Basis einer „kooperativen Arbeitsmethode" mit den Mitwirkungselementen Workshops und Fachgespräche sollte u.a.»die gemeindeübergreifende Zusammenarbeit durch konkrete Ziele und Maßnahmen mit Leben erfüllt und weiterentwickelt werden« (ILEK 2007: 4). Die zitierte Ziel- und Aufgabenstellung des ILEK wies demnach dem Ausbau und der konkreten Weiterentwicklung der interkommunalen Zusammenarbeit eine hohe Bedeutung zu.

Das ILEK beinhaltet u.a. folgenden Elemente: Potenzialanalyse unter Berücksichtigung von Ortsprofilen und Standortvoraussetzungen, Stärken-Schwächen-Analyse, Zielfindung und Leitlinien, gemeindeübergreifendes Entwicklungs- und Strategiekonzept sowie die Ableitung von Projekten. Als inhaltlicher Rahmen wurden folgende Handlungsfelder abgesteckt:

- Tourismus, Erholung und Freizeit
- Wohnen/Siedlungsentwicklung
- Orts- und Landschaftsbild
- Regenerative Energie
- Wirtschaft und Gewerbe
- Land- und Forstwirtschaft

Im Zuge einer Werkstatt wurden unter Mitwirkung der Gemeindevertreter folgende übergreifende Zielstellungen erarbeitet (vgl. ILEK 2007: 48):

- Stärkung und Entwicklung gewerblicher Arbeitsplätze in Uffenheim, Burgbernheim, Gallmersgarten und im interkommunalen Gewerbegebiet GOLLIPP. Dies betrifft vor allem die gemeinsame Vermarktung von Gewerbeflächen.

- Weiterentwicklung des Tourismus und der Naherholung durch ein verbessertes Angebot (u.a. in Gastronomie und Übernachtung, Verknüpfung der Fuß- und Radwege).

- Begleitung des Strukturwandels in der Landwirtschaft, Sicherung bäuerlicher Existenzen.

- Erhaltung dörflicher Ortskerne, ihre Belebung durch Umnutzung für Wohnen, Kleinbetriebe und Gemeinschaftsräume. Unterstützung u.a. über Dorferneuerung, Bodenordnung, Abbruchhilfen und Gestaltungssatzung.

Bezugnehmend auf diese Ziele wurde im ILEK ein „gemeindeübergreifendes Entwicklungskonzept" erarbeitet. Darin wurde u.a. eine Verständigung auf die beiden Siedlungsschwerpunkte Uffenheim und Burgbernheim vorgenommen, wodurch die vorhandene Infrastruktur ausgelastet und neue Wohnangebote sinnvoll entwickelt werden sollen. Ergänzend dazu sollen die Gemeinden und Orte mit landwirtschaftlicher Prägung vornehmlich im Bestand entwickelt werden, wobei die Revitalisierung der Ortskerne eine zentrale Rolle spielt. Weitere Aussagen beziehen sich vor allem auf den Ausbau von Tourismus- und Erholungsstrukturen (vgl. ILEK 2007: 63).

Abb. 82: Gemeindeübergreifendes Entwicklungskonzept / ILEK (Quelle: ILEK 2007: 62)

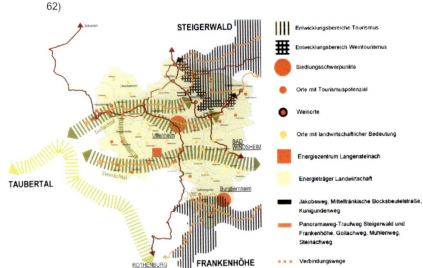

Grundlagen der Organisation

Wie die Allianz Nördliches Fichtelgebirge ist auch die Allianz A7 – Franken West eine „informelle" Arbeitsgemeinschaft – ohne den Bezug zur „kommunalen Arbeitsgemeinschaft" nach Art. 4 ff bayerisches KommZG.

Zentrales Steuerungsgremium ist der sog. „Allianzrat", der sich im Kern aus der Runde der Bürgermeister zusammensetzt und in monatlichen Jour-fixe-Terminen trifft. Zusätzlich nehmen an den Sitzungen des Allianzrats Vertreter von relevanten Fachbehörden wie dem Amt für Ländliche Entwicklung, dem Wirtschaftsreferat des Landratsamtes und dem Amt für Landwirtschaft und Ernährung regelmäßig teil; weitere Vertreter von Fachbehörden werden bedarfsweise hinzu geladen. Die wesentliche Funktion liegt in der Koordinierung laufender Maßnahmen und Aktivitäten im Rahmen der ILE sowie in der Abstimmung von Prioritäten für zukünftige Vorhaben (Quelle: Doku des Werkstattgesprächs; Aussagen Experteninterviews).

Neben dem Allianzrat gibt es auf der Arbeits- und Umsetzungsebene vier Arbeitskreise, die sich aus Gemeinderäten und Bürgern zu Schwerpunktthemen (u.a. Erholungsentwicklung) zusammensetzen. Deren Schwerpunkt ist die Vorbereitung und Umsetzung von Maßnahmen.

Aufbauend auf die Ergebnisse des ILEK wurde bislang keine kontinuierliche ILE-Umsetzungsbegleitung in Anspruch genommen. Externe Beratungsleistungen auf Ebene der Allianz sind in erster Linie im Bereich Marketing und Öffentlichkeitsarbeit angelegt, wobei dies in besonderer Weise den Aufbau von gemeinsamen Instrumentarien des Standortmarketings betrifft. Darüber hinaus werden Beratungsleistungen bedarfsweise und projektorientiert eingekauft (Quelle: Doku des Werkstattgesprächs; Aussagen Experteninterviews).

6.3.3 Grundlagen, Anforderungen und Ziele zur räumlichen Schwerpunktfunktion

Die Allianz A7 – Franken West wurde als Fallstudie für die räumliche Schwerpunktfunktion Gewerbeflächenentwicklung in Verbindung mit einem interkommunalen gewerblichen Standortmarketing[74] ausgewählt.

Ausgangssituation und Anforderungen

Um die Ziele, Steuerungsbemühungen und Aktivitäten zum gewerblichen Standortmarketing in der Allianz A7 – Franken West einordnen zu können, wird nachfolgend auf die Angebots- und Bedarfssituation auf Grundlage des ILEK sowie aktueller Darstellungen im Rahmen des Standortmarketing eingegangen.

Zur Beurteilung der Angebotssituation kann zwischen den baureifen, (teil-)erschlossenen Flächen auf Bebauungsplanebene sowie den längerfristigen Gewerbeflächenreserven auf Grundlage der Flächennutzungspläne unterschieden werden. Nachdem nur sehr beschränkte Informationen zu den qualitativen Voraussetzungen vorhanden sind, konzentriert sich die nachfolgende Betrachtung auf quantitative Aspekte.

Beide Angebotsebenen wurden im Rahmen der ILEK-Erstellung im Zeitraum 2006/2007 erhoben und dargestellt. Demnach umfasst das quantitative Angebot ca. 60 ha erschlossene Gewerbeflächen; auf Ebene des Flächennutzungsplans sind weitere ca. 150 ha Gewerbeflächen ausgewiesen.

---

[74] Bezug zur Begriffsdefinition von Standortmarketing im Rahmen des Vorhabens COMUNIS: Wesentliches Ziel eines Standortmarketings ist die Beeinflussung der Standortentscheidungen von Unternehmen. Dabei richtet sich das Marketing auf die Sicherung bestehender Betriebsstätten sowie die Gewinnung von neuen ansiedlungswilligen Unternehmen. Standortmarketing umfasst neben der Beschaffung und Vermarktung von Grundstücken auch die Gestaltung von Rahmen- und Standortbedingungen, um im Rahmen einer Produktpolitik die Standortbedingungen von Seiten der Kommunen für die Zielgruppe Unternehmen attraktiver zu gestalten (vgl. u.a. GUBLER, MÖLLER-SALIS 2006).

Abb. 83: Ermittelte Gewerbeflächenreserven auf Grundlage des ILEK (Quelle: ILEK 2007: 25)

Die größten erschlossenen Gewerbeflächenpotenziale bieten der interkommunale Gewerbepark GOLLIPP sowie die kommunalen Gewerbegebiete in den Kommunen Burgbernheim und Uffenheim. Nen-

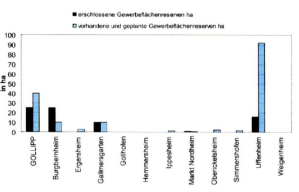

nenswerte Flächenreserven stehen außerdem in der Gemeinde Gallmersgarten zur Verfügung (vgl. ILEK 2007: 25).

Abb. 84: Räumliche Verteilung des Gewerbeflächenangebots (Quelle: ILEK 2007: 24)

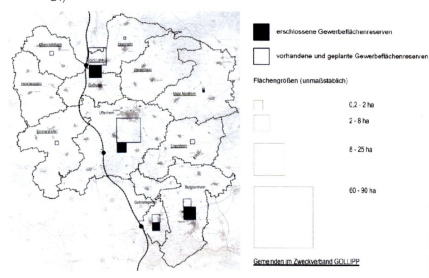

Mit Ausnahme von Burgbernheim konzentriert sich ein großflächigeres Gewerbeflächenangebot im Allianzgebiet auf die, an die BAB A7 anliegenden Kommunen. Die sich auf kleinteilige Flächen zur Bestandspflege reduzierenden Flächenreserven der übrigen Allianzgemeinden sind u.a. auf die Beteiligung am interkommunalen Gewerbepark GOLLIPP und den damit verbundenen Konzentrationseffekt zurück zu führen.

Zur ergänzenden Einschätzung der Bedarfssituation wurde im Rahmen des ILEK eine lineare Fortschreibung des Bedarfs bis 2020 auf Grundlage der Flächenausweisungen im zurückliegenden 10-Jahres-Zeitraum vorgenommen.

Abb. 85: Ermittelter Gewerbeflächenbedarf auf Grundlage des ILEK (Quelle: ILEK 2007: 25)

Bis 2020 wird lt. ILEK ein erheblicher Gewerbeflächenbedarf im Umfang von ca. 100 ha bei der Stadt Uffenheim gesehen. Weitere nennenswerte Bedarfe stellen sich in Burgbernheim

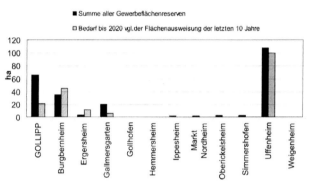

in Höhe von ca. 40 ha, auf Seiten des GOLLIPP mit ca. 20 ha sowie in Ergersheim mit ca. 10 ha. Für das Allianzgebiet wird insgesamt von einem Gewerbeflächenbedarf von etwa 175 ha im Zeitraum bis 2020 ausgegangen.

Auf Grundlage der Bedarfsermittlung werden im ILEK eher allgemeine Aussagen zur Abwägung von Angebot und Bedarf getroffen. Insgesamt werden bis 2020 die vorhandenen Flächenreserven im Allianzgebiet von den ILEK-Gutachtern als „ausreichend" eingeschätzt. Dies betrifft insbesondere das vorhandene Flächenangebot des GOLLIPP sowie in den Gewerbegebieten von Uffenheim und Gallmersgarten. Lediglich in Burgbernheim könne ggf. ein Engpass entstehen (vgl. ILEK 2007: 25). Nach Auffassung der ILEK-Gutachter stellt sich für die Gewerbeflächenentwicklung der Allianz A7 – Franken West»weniger die Notwendigkeit nach Erweiterung des quantitativen Flächenangebots, sondern vielmehr die Aufgabe, die vorhandenen Flächen als attraktive Standortadressen zu gestalten und überregional zu vermarkten« (ILEK 2007: 25).

Die Herangehensweise zur Bedarfsermittlung im Rahmen des ILEK ist methodisch und fachlich grundsätzlich in Frage zu stellen, nachdem auf Grundlage der zurückliegenden Flächenausweisungen und Angebotsentwicklungen nicht per se ein Bedarf bzw. eine Nachfrage im „planwirtschaftlichen Sinne" abgeleitet werden kann. Für eine reellere Bedarfsabschätzung auf Basis der tatsächlichen Verkaufszahlen von Gewerbeflächen in den letzten fünf oder zehn Jahren konnten keine Daten zur Verfügung gestellt werden. Ergänzend zu den Erhebungen des ILEK (2006/2007) wird in der aktuellen Standortbroschüre das vorhandene Angebot erschlossener Gewerbeflächen etwas differenzierter dargestellt:

Abb. 86: Aktuell verfügbare Industrie- und Gewerbeflächen auf Grundlage der Standortbroschüre (Quelle: ALLIANZ A7 FRANKEN WEST 2010: 14)

Nach dieser aktuellen Darstellung stehen derzeit insgesamt ca. 75 ha (teil-) erschlossene Gewerbeflächen zur Verfügung. Die größten Reserven hält Burgbernheim mit knapp 29 ha vor,

Gebiet	Kommunale Flächen		
	Größe	erschlossen	Preis*
ZV Gollhofen-Ippesheim	97.000 m²	ja	auf Anfrage
Uffenheim-Langensteinach	60.000 m²	ja	auf Anfrage **)
Uffenheim Nord	70.000 m²	ja	13,00 bis 18,00
Uffenheim Süd	150.000 m²	ja	30,00
Burgbernheim „Westl. Trieb"	127.000 m²	ja	13,00
Burgbernheim „Im Grund"	132.000 m²	ja	13,00
Burgbernheim Gewerbestraße	5.000 m²	ja	13,00
Burgbernheim „Industriestr. West"	25.500 m²	ja	13,00
Gallmersgarten	90.000 m²	ja	auf Anfrage

*) Preis in Euro je m² inkl. Erschließungs- und Herstellungsbeiträgen bez. der Grundstücksfläche für Wasser
**) voraussichtlich ab Mitte 2010 verfügbar

gefolgt von Uffenheim (28 ha), dem GOLLIPP (9,7 ha) sowie Gallmersgarten (9 ha). Von Seiten der Lage und Verkehrsanbindung liegen der Gewerbepark GOLLIPP und das Gewerbegebiet Uffenheim-Langensteinach unmittelbar an Autobahnanschlussstellen, die weiteren Gewerbegebiete einen bis max. fünf Kilometer von der BAB A7 gelegen. Die angegebenen Bodenpreise von 13 Euro/m² bis max. 30 Euro/m² für erschlossene Gewerbeflächen lassen auf eine mehr oder weniger ausgeprägte Subventionierung der Gewerbeflächenentwicklung unter Berücksichtigung der Planungs-, Erwerbs- und Erschließungskosten schließen.

Um eine grobe Einordnung der Bedarfsabschätzung im ILEK vorzunehmen zu können, werden die verkauften Gewerbeflächen des Stadtentwicklungsverbandes Ulm/Neu-Ulm im Umfang von ca. 90 ha im zurückliegenden 10-Jahres-Zeitraum *(siehe Kap. 6.4.2)* „zur Orientierung" herangezogen. Unter Berücksichtigung der Größenunterschiede, der hochwertigen Wirtschaftsstruktur sowie der um ein Vielfaches größeren Zahl an Bestandsbetrieben kann davon ausgegangen werden, dass die im ILEK im Zeitraum bis 2020 ermittelte Größenordnung des Bedarfs von ca. 175 ha eine deutliche Überdimensionierung gegenüber den reellen Marktpotenzialen darstellt. Ebenso deutet der aktuelle Angebotsumfang von 75 ha auf ein tendenzielles Überangebot hin, wobei hinsichtlich der unterschiedlichen Standortbedingungen und Vermarktungsmöglichkeiten eine Differenzierung zwischen den einzelnen Gebieten zu berücksichtigen wäre.

Ziele und Strategien

Die im ILEK erarbeitete Strategieentwicklung baut für die Schwerpunktfunktion der Gewerbeflächenentwicklung auf das Kernelement einer gemeinsamen Standortvermarktung und abgestimmten Profilbildung auf. Dazu werden drei Entwicklungsschwerpunkte definiert, die sich zukünftig durch eigenständige Profile voneinander abgrenzen und damit insgesamt zu einem eindeutigeren Standortangebot beitragen sollen. Ebenso soll mit der Profilbildung die Konkurrenzsituation und ein dadurch ausgelöstes Preisdumping vermieden werden. Die Profilbildung erfolgt auf der Grundlage der jeweiligen Standortqualitäten wie z.b. der vorhandenen Branchen und der Verkehrsanbindungen. Demzufolge werden folgende Gebiete für eine derartige Profilierung vorgeschlagen (vgl. ILEK 2007: 73):

- Gewerbegebiet Uffenheim-Langensteinach als Standortschwerpunkt für Technologie, Logistik und regenerative Energien.

- Gewerbegebiet GOLLIPP als Standortschwerpunkt für „autobahnorientiertes" Gewerbe und Logistik.

- Gewerbegebiet Burgbernheim (nicht näher lokalisiert) als Standortschwerpunkt für Produktion und Handwerk.

Abb. 87: Strategiekonzept zur zukünftigen Standortvermarktung von Gewerbeflächen im ILEK (Quelle: ILEK 2007: 72)

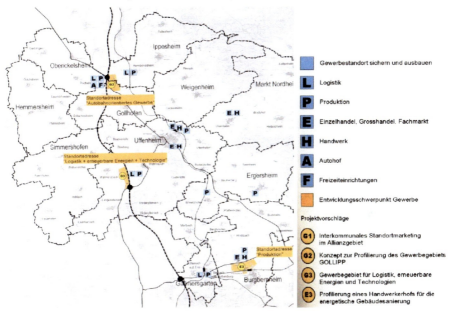

Bei genauerer Betrachtung der Profile und Standortschwerpunkte stellt sich die Frage, inwieweit diese, hinsichtlich der teilweisen Überlagerungen und nur vage vorgenommenen Abgrenzung von Branchen, als operative Steuerungs- und Entscheidungsgrundlage für die Kommunen bzw. deren interkommunale Abstimmung einsatz- bzw. verwertbar ist.

Aufbauend auf die Profilbildung werden von den ILEK-Gutachtern weitere Strategie-, Umsetzungs- und Projektvorschläge für den Aufbau eines interkommunalen Standortmarketings abgeleitet (vgl. ILEK 2007: 73):

- Mit einem interkommunalen Standortmarketing soll die Konkurrenzfähigkeit des Wirtschaftsstandortes bzw. der Allianz verbessert und aktuellen Anforderungen angepasst werden.

Dies soll mit folgenden Umsetzungs-/Projektvorschlägen erreicht werden:

- Aufbau eines Internetauftritts, der die Standortqualitäten darstellt und diese mit einer Immobilienbörse verknüpft.

- Mit einem Konzept zur Profilierung des GOLLIPP sollen die Vermarktungschancen verbessert werden. Hierbei könnte nach Auffassung der ILEK-Gutacher durch die Ansiedlung autobahnnahen Gewerbes (Freizeitgewerbe, Fastfood, Motel, Tankstelle etc.) das Profil des GOLLIPP gestärkt werden.

- Aufbau des Vermarktungsbausteins „regenerative Energie"[75] für das Gebiet Uffenheim-Langensteinach (u.a. Machbarkeitsstudie zur Ansiedlung einer Biogasanlage).

- Entwicklung eines Handwerkerhofs mit der Ausrichtung auf Gebäudesanierung als Marktsegment für Burgbernheim (ggf. durch Umnutzung eines leerstehenden Betriebsgebäudes).

Ergänzend zu den fachlichen Vorschlägen der ILEK-Gutachter wurden in einer, im Rahmen des ILEK durchgeführten, Zielfindungswerkstatt unter Mitwirkung von Gemeindevertretern für den Schwerpunkt Standortmarketing und Gewerbeflächenentwicklung folgende Ziel- und Strategiedefinitionen vorgenommen (vgl. ILEK 2007: 48):

- Stärkung und Entwicklung gewerblicher Arbeitsplätze.
  Eine entsprechende Konzentration von Gewerbe- und Arbeitsplatzstandorten ist in Uffenheim, Burgbernheim, Gallmersgarten und im interkommunalen Gewerbegebiet Gollipp vorgesehen.

---

[75] Die Überlegungen zur Profilbildung „regenerative Energie" im Gewerbegebiet Uffenheim-Langensteinach haben sich inzwischen insofern überholt, nachdem aktuell im GOLLIPP die konkrete Ansiedlung einer industriellen Biogasanlage vorgesehen ist.

- Zur Umsetzung dieses Zieles sollen folgende Strategien verfolgt werden:
  - Gemeinsame Vermarktung der Gewerbeflächen.
  - Gemeinsame Schwerpunktstandorte.
  - Profilierung von Einzelstandorten.
  - Pflege und Entwicklung von Bestandsbetrieben.

Auf Grundlage der dargestellten Ziele, Strategien und Maßnahmen des ILEK wurde im Rahmen des Werkstattgesprächs eine Überprüfung der Zielerreichung und des Umsetzungsstandes vorgenommen (Quelle: Dokumentation des Werkstattgesprächs vom 07.07.2010).

Dieser ging zunächst eine generelle Einordnung zur Herangehensweise des ILEK voraus:

Die Bewertungen sowie Strategie- und Umsetzungsvorschläge wurden im Rahmen des ILEK teilweise in Eigenregie der beauftragten Büros vorgenommen. Demgegenüber fand nur sehr bedingt eine Rückkopplung und prozesshafte Erarbeitung der einzelnen Bestandteile unter Einbindung der Kommunen statt. Aufgrund dessen sind die Inhalte des ILEK nur bedingt in den Kommunen verankert.

Vor diesem Hintergrund wurde der Stand der Zielerreichung und Umsetzung wie folgt bewertet (Quelle: Dokumentation des Werkstattgesprächs):

Auf Grundlage der Ergebnisse des ILEK war die Umsetzung bislang vor allem auf Aktivitäten zum Aufbau eines Standortmarketing ausgerichtet:

- Für die gezielte Darstellung nach außen wurden einzelne Instrumente wie eine gemeinsame Internetseite und Standortbroschüre aktuell (20009/2010) aufgebaut bzw. realisiert. Darüber hinaus werden Marketingaktionen (u.a. Mailingaktionen) durchgeführt.
  - Die im ILEK angedachte Hervorhebung von bestimmten Schwerpunktstandorten wurde in der Außendarstellung mit der Konzentration auf vier Standorte berücksichtigt.
  - Die im ILEK vorgeschlagene Profilierung von Einzelstandorten wurde nicht weiterverfolgt, nachdem dies von Seiten der Kommunen als ein „zu theoretisches Konzept" ohne erkennbaren Nutzen angesehen wurde.
- Es besteht insgesamt Konsens darin, dass nur über die gemeinsame Zusammenarbeit ein derartiges Standortmarketing sinnvoll und demzufolge nur über diesen Weg eine entsprechende Wahrnehmung von außen möglich ist. Ebenso ist man sich darin einig, dass Ansiedlungen im Gebiet hinsichtlich der Folgewirkungen (Schaffung von Arbeitsplätzen) letztlich allen Gemeinden im Sinne eines „gemeinsamen Wirtschaftsraumes" zu Gute kommen.

- Der Schwerpunkt der bisherigen Aktivitäten ist auf die Ansiedlung von Betrieben von außen (regional/überregional) angelegt. Dagegen wurde die abgestimmte Pflege und Entwicklung der Bestandsbetriebe im Gebiet bislang noch nicht angegangen.

- Aufgrund der geringen Vorlaufzeit ist zum jetzigen Zeitpunkt noch keine konkretere Einschätzung von Wirkungen (z.B. zusätzliche Betriebsansiedlungen sowie zusätzlich geschaffene Arbeitsplätze) möglich.

- Sonstige, allgemeine Wirkungen der Zusammenarbeit werden u.a. in einer wachsenden Vertrauensbasis zwischen den Partnern und in der einzelgemeindlichen Anwendung von Instrumentarien der Ländlichen Entwicklung gesehen. So sind u.a. insgesamt 22 Dorferneuerungsvorhaben im Allianzgebiet vorgesehen.

Vergleicht man die Aussagen zum Stand der Zielerreichung und Umsetzung mit den im Rahmen des ILEK definierten Zielstellungen, so wurde bislang in erster Linie das Ziel der „gemeinsamen Vermarktung" im Sinne der Erstellung von gemeinsamen „Werbemitteln" umgesetzt. Hierbei wurde der Vorschlag der ILEK-Gutachter hinsichtlich der Darstellung von gemeinsamen Schwerpunktstandorten aufgegriffen, während die Profilierung von einzelnen Standorten aus den dargestellten Gründen keine Berücksichtigung fand.

Der derzeitige Stand verdeutlicht, dass die Allianz A7 – Franken West der Zielerreichung eines interkommunalen Standortmarketings bislang vorrangig von Seiten der Kommunikationspolitik nähergekommen ist, während u.a. die Gestaltung von Standort- und Rahmenbedingungen als Grundlage von Vermarktungsaktivitäten noch weitgehend außen vor blieb.

Dies ist u.a. mit der teilweise geringen Belastbarkeit der Aussagen im ILEK in Zusammenhang zu sehen. So wurden durch die mangelnde Bedarfsermittlung teilweise Anforderungen abgeleitet, die nur bedingt den reellen Gegebenheiten entsprechen und insofern auch darauf aufbauende strategische Ansätze nur eine bedingte Zielgenauigkeit gewährleisten können. Neben der mangelnden Relevanz und Passgenauigkeit betrifft dies teilweise auch die unscharfe Abgrenzung von Strategieansätzen zu einer interkommunalen Standortvermarktung, die als solches keine operativ verwertbaren Steuerungs- und Entscheidungsgrundlagen – insbesondere für die Ebene der interkommunalen Kooperation – ermöglichen.

Insofern wird, wie in den beiden vorherigen Fallstudien, die interkommunale Ebene im ILEK nur in Ansätzen als eigene Steuerungs- und Handlungsebene berücksichtigt und aufgearbeitet.

6.3.4 Steuerung der Schwerpunktfunktion im Kontext einer Nachfrageorientierung

Die relevanten Steuerungsansätze und -instrumentarien eines interkommunalen, gewerblichen Standortmarketings wurden im Rahmen des Werkstattgesprächs erörtert und eine anschließende Beurteilung der Nachfrageorientierung vorgenommen.

Eingesetzte Steuerungsansätze/-instrumente

In Bezug zu den Ergebnissen des bisherigen Zielerreichungs- und Umsetzungsstandes verbinden sich mit dem interkommunalen Standortmarketing der Allianz A7 – Franken West bislang folgende Steuerungsansätze und -instrumentarien (Quelle: Dokumentation des Werkstattgesprächs; Experteninterviews):

- Grundsätzlich baut die übergeordnete Steuerungsstrategie auf die freiwillige Selbstverpflichtung der einzelnen Gemeinden auf Basis der gemeinsam erarbeiteten Ziele auf.

- Mit dem Schwerpunkt des gewerblichen Standortmarketings werden bislang folgende interkommunale Steuerungsinstrumente verbunden:
  - Gemeinsamer Internetauftritt: www.franken-west.de.
  - Gemeinsame Standortbroschüre und daran gekoppelte Marketingaktionen (u.a. Mailingaktionen an Unternehmen im regionalen Umfeld).

- Darüber hinaus stellt auch das ILEK ein relevantes Steuerungsinstrumentarium für den Aufbau eines interkommunalen Standortmarketings und die Gewerbeflächenentwicklung dar, jedoch wird auf die Ergebnisse des ILEK aus den bereits genannten Gründen nur eingeschränkt Bezug genommen.

- Ergänzend zu den Vermarktungsinstrumentarien „nach außen" wird für die Steuerung „nach innen" die Auffassung vertreten, dass die eigenständigen Steuerungs- und Handlungsweisen der Mitgliedsgemeinden beispielsweise hinsichtlich der Bearbeitung von Anfragen, Vergabeentscheidungen oder der zukünftigen Flächenentwicklung bewahrt bleiben sollen.

Die dargestellten Steuerungsmittel knüpfen an die Erkenntnisse zum Stand der Zielerreichung und Umsetzung an. In den Aussagen spiegelt sich u.a. die, bereits in den beiden vorherigen Fallbeispielen vertretene Auffassung der Rollenverteilung zwischen interkommunaler und kommunaler Ebene wider. Darin wird der interkommunalen Ebene nur ein sehr beschränkter Steuerungs- und Handlungsspielraum zuerkannt und stattdessen die weitgehende Beibehaltung der einzelgemeindlichen Steuerungs- und Entscheidungsstrukturen proklamiert.

Mit der Beschränkung auf die eher punktuellen Vermarktungsaktivitäten nach außen stellt sich die Frage, inwieweit diese bei gleichzeitiger Beibehaltung von Steuerungs- und Entscheidungsstrukturen auf ausschließlich einzelgemeindlicher Ebene die gewünschten Wirkungen (u.a. weniger Konkurrenz sowie zusätzliche Betriebsansiedlungen und Arbeitsplätze) entfalten können. Dies erscheint ohne eine konsequentere Untersetzung struktureller oder institutioneller Steuerungsgrundlagen auf interkommunaler Ebene – wie z.b. die Benennung eines gemeinsamen Ansprechpartners oder die Abstimmung von zukünftigen Flächenentwicklungen – nur bedingt möglich. Insofern sind die Bemühungen um ein „interkommunales Standortmarketing" bislang auf die wenig interessenbehafteten „Werbestrategien" ohne die Berücksichtigung der damit zusammenhängenden Steuerung der Produkt-, Preis- und Distributionspolitik ausgerichtet.

Nachfrageorientierung

Um die Erfordernisse einer Nachfrageorientierung mittels interkommunaler Kooperation besser einordnen zu können, wurden im Rahmen des Werkstattgesprächs zunächst die Grenzen einzelgemeindlicher Vorgehensweisen erörtert (Quelle: Dokumentation des Werkstattgesprächs):

- Begrenzte Steuerungsmöglichkeiten auf einzelgemeindlicher Ebene werden gegenwärtig hinsichtlich des tendenziellen Überangebots an Gewerbeflächen und einer sich dadurch verschärfenden Konkurrenzsituation erkannt. Die Konkurrenzsituation spiegelt sich u.a. in sehr niedrig angebotenen Bodenpreisen wider.

- Mittel- bis langfristig wird von sich verändernden Rahmenbedingungen ausgegangen, die die Spielräume der Gewerbeflächenentwicklung auf einzelgemeindlicher Ebene einengen:
  - Absehbare „physische" Grenzen von bislang bevorzugt nachgefragten Gewerbestandorten (Topographie-, Infrastruktur- und Gemarkungsgrenzen).
  - Zunehmende, aus der demographischen Entwicklung hervorgehende Engpässe in der kommunalen Finanzausstattung werden Alleingänge in der Gewerbeflächenentwicklung hinsichtlich des Kosten- und Risikoaufwands erschweren.

- Es wird darauf hingewiesen, dass im Rahmen des interkommunalen Gewerbeparks GOLLIPP die Erfordernisse zur Zusammenarbeit im Rahmen der Gewerbeflächenentwicklung (u.a. Kosten- und Risikoteilung) bereits vor 20 Jahren erkannt wurden.

Unter Berücksichtigung des vorherigen Abschnitts verdeutlichen die Ergebnisse die Ambivalenz zwischen:

- dem Erkennen der begrenzten und sich weiter einschränkenden Steuerungsmöglichkeiten auf einzelgemeindlicher Ebene einerseits
- sowie einer weitgehenden Beibehaltung der bisherigen Steuerungsstrukturen auf einzelgemeindlicher Ebene andererseits.

Vor dem Hintergrund der Wettbewerbssituation und der erbrachten Vorleistungen ergeben sich in der Realität folglich auch nur sehr begrenzte Spielräume was die Auswahl der Betriebe betrifft. Letztlich sind die Kommunen ungeachtet von ursprünglich definierten Zielstellungen und Anforderungen (Arbeitsplatzeffekte, Steuereinnahmen) »um jeden Betrieb froh, der sich ansiedeln möchte« (Aussage im Rahmen des Werkstattgesprächs).

Daran knüpfte die Diskussion mit der Frage nach den Nachfrageschwerpunkten und reellen Nachfragegruppen an (Quelle: Dokumentation des Werkstattgesprächs):

- Als Nachfrageschwerpunkte werden gesehen:
  - Neuansiedlung von Betrieben im regionalen Nahbereich (im Radius von ca. 30 bis 50 km); dies entspricht auch dem Verteiler der durchgeführten Mailingaktionen;
  - Entwicklungsanforderungen der im Gebiet ansässigen Bestandsbetriebe (Betriebserweiterungen etc.).
  - Eine zusätzliche Klärung von Branchenschwerpunkten ist unter Berücksichtigung der Standortbedingungen der einzelnen Gebiete denkbar. Wie bereits dargestellt, werden hierfür die Profilierungsansätze des ILEK als nicht zielführend angesehen.
- Insbesondere eine kontinuierliche Bestandspflege gegenüber den im Gebiet vorhandenen Betrieben wird als eine mittelfristig zu intensivierende Aufgabenstellung angesehen. Um dahingehend eine Kontinuität gewährleisten zu können, wäre eine institutionalisierte Form, beispielsweise über einen festen Ansprechpartner, überlegenswert.

Gegenüber den Aussagen im ILEK spiegeln die Ergebnisse eine reellere Einschätzung der Nachfragesituation wider. Dies betrifft insbesondere die hervorgehobene Bedeutung der Bestandsbetriebe u.a. hinsichtlich Betriebserweiterungen innerhalb des jeweiligen Gewerbegebietes oder Umsiedlungen innerhalb des Allianzgebietes. Entsprechend bietet es sich in Anlehnung an die Diskussionsergebnisse an, die Bestandpflege der im Allianzgebiet vorhandenen Betriebe stärker in den Fokus zu nehmen und hierfür die erforderlichen Voraussetzungen zu schaffen.

Zu der weiterführenden Frage nach den Erfordernissen einer interkommunalen Abstimmung von Angebot und Nachfrage hat das Werkstattgespräch zu folgendem Ergebnis geführt (Quelle: Dokumentation des Werkstattgesprächs):

- Ein wesentliches Element zur Verbesserung der Abstimmung zwischen Angebot und Nachfrage wird in dem Aufbau einer kontinuierlichen Bestandspflege gesehen, die nach Einschätzung mit einer stärkeren Institutionalisierung und Verbindlichkeit eines gemeinsamen Standortmarketings zusammenhängen würde.

- Eine zentrale Ansprechstelle wäre aus inhaltlichen Gesichtspunkten überlegenswert, eine tragfähige Lösung wird jedoch aufgrund der „Vorgeschichten" als schwierig beurteilt. Dahingehend sollte die gemeinsame Ansprechstelle nicht mit Ungereimtheiten aus der Vergangenheit belastet sowie weitergehend mit klaren Handlungsgrundlagen ausgestattet werden.

Insgesamt wurde die Diskussion um eine stärkere Nachfrageorientierung eng mit der Frage nach einer gemeinsamen Bestandspflege gekoppelt. Angesichts der hohen Bedeutung dieses Nachfragesegments und der bislang vorrangig nach außen orientierten Vermarktungsaktivitäten stellt die Bestandspflege bislang noch eine weitgehende Steuerungslücke dar.

Dabei weisen die Diskussionsergebnisse darauf hin, dass sich die Voraussetzungen für eine interkommunal abgestimmte Bestandspflege nicht ohne weiteres bewerkstelligen lassen. Mit der Schaffung eines gemeinsamen Ansprechpartners stellen sich weitergehende Fragen, die u.a. die Regelung von Ansiedlungsentscheidungen betreffen. Insofern ist die im Werkstattgespräch erkannte Erfordernis einer stärkeren Institutionalisierung und Verbindlichkeit zutreffend, wobei jedoch das bisherige Kooperationsniveau für derartige Klärungs- und Entscheidungsprozesse als nur begrenzt belastbar eingestuft wird.

Insofern verbindet sich mit der Frage der Bestandspflege eine generelle Weichenstellung, inwieweit die Kooperation in der bisher unverbindlichen und begrenzt wirksamen Weise fortgesetzt wird oder inwieweit eine verbindlichere Weiterentwicklung möglich ist.

6.3.5 Beurteilung der „interkommunalen Kooperation" auf Grundlage einer funktionsräumlichen Kohärenz

Anhand des im konzeptionellen Bezugsrahmen abgeleiteten Wirkungsmodells *(Kap. 5.1.3)* wurde die derzeitige Konfiguration der „interkommunalen Kooperation" der Allianz A7 – Franken West zur Gewerbeflächenentwicklung mit dem Schwerpunkt interkommunales Standortmarketing abschließend beurteilt (Quelle: Dokumentation des Werkstattgesprächs):

Strukturangepasstheit (Organisationsstruktur <-> räumlicher Bezug)

Dazu wurden folgende Punkte festgestellt:

• Rahmenbedingungen des Gebietes (räumlicher Bezug) und die jetzige Organisationsstruktur werden als stimmig angesehen:

- Eine, gemessen an den bisherigen gemeinsamen Aufgabenstellungen funktionsfähige Steuerungsstruktur

- Regelmäßige Information und Einbindung der Stadt- und Gemeinderäte

- Kontinuierliche Einbindung der Wirtschaftsförderung des Landkreises sowie des Amtes für Ländliche Entwicklung als Partner.

• Ggf. ist die jetzige Gebietsstruktur in Überlagerung mit bestehenden Kooperations- und Verwaltungsstrukturen zu überprüfen:

Während die „Verwaltungsgemeinschaft Uffenheim" komplett mit allen Gemeinden in der Allianz vertreten ist, sind von Seiten der „Verwaltungsgemeinschaft Burgbernheim" nur ein Teil der Gemeinden Allianzmitglieder; zwei Gemeinden dieser Verwaltungsgemeinschaft sind außen vor.

Die komplette Verwaltungsgemeinschaft Burgbernheim würde einerseits aus Sicht der Strukturangepasstheit eine verbesserte strukturelle und institutionelle Basis darstellen – andererseits erscheint dies aus Sicht der Bedarfsangepasstheit weniger sinnvoll, nachdem die beiden fehlenden Gemeinden nur einen geringen funktionalen Bezug zur Entwicklungsachse A7 aufweisen.

Ausgehend von den räumlichen Gegebenheiten spiegelt sich für die Allianz A7 – Franken West von Seiten der Strukturangepasstheit folgendes Bild wider:

• Die räumliche Zusammensetzung der Allianz begründet sich in besonderer Weise in der Zusammenarbeit zwischen der Stadt Uffenheim und den eher kleinstrukturierten Nachbargemeinden, wobei im Sinne einer kleinräumigeren Stadt-Umland-Kooperation zwangsläufig auch funktionale Verflechtungen (u.a. Daseinsvorsorge) von Bedeutung sind.

- Unter Berücksichtigung der „Vorgeschichten" hat man sich auf ein eher un-verbindlicheres Kooperationsniveau geeinigt, in welchem relevante Entschei-dungsprozesse auf einzelgemeindlicher Ebene weitgehend beibehalten wer-den und der interkommunalen Ebene kaum Steuerungskompetenzen zuer-kannt werden. Für den Bereich der Gewerbeentwicklung sind die „Vorge-schichten" insofern von Interesse, nachdem diese u.a. den damaligen Aus-stieg der Stadt Uffenheim aus der gemeinsamen Gewerbegebietsentwicklung im Vorfeld des GOLLIPP und den damit eingeschlagenen Weg zu einem ei-genen Konkurrenzangebot betreffen.

Zusammenfassend erscheint der jetzige Status der Organisationsstruktur unter Berücksichtigung der räumlichen Ausgangskonstellation nachvollziehbar, jedoch wäre es für eine nachhaltig angelegte Weiterentwicklung erforderlich, auf Basis der Klärung von „Vorgeschichten" einen offeneren Umgang mit stärker interes-senbehafteten Themen zu finden. Hierbei ist zu berücksichtigen, dass angesichts von zukünftig absehbaren Schrumpfungsprozessen die strukturellen und funktio-nalen Erfordernisse einer Zusammenarbeit zwischen der Stadt Uffenheim und den Nachbargemeinden tendenziell eher zunehmen werden.

Bedarfsangepasstheit (Zweck/Funktion <-> räumlicher Bezug)

- Wie in der Zielsetzung dargestellt, ist der Zweck des Aufbaus eines gemein-samen Standortmarketings insbesondere auf die Gewerbegebiete entlang der BAB A7 ausgerichtet.

- Insofern spiegelt dies auch die jetzige Gebietsstruktur wieder. Für alle Allianzgemeinden hat die BAB A7 als Entwicklungsachse eine wichtige Be-deutung.

- Eine Erweiterung zur Stärkung der Wettbewerbsposition wäre aus Sicht der Bedarfsangepasstheit vorrangig entlang der A7 sinnvoll. Eine dadurch erfor-derliche Überschreitung der Landkreis- bzw. Bezirksgrenzen wird zum jetzigen Zeitpunkt als wenig zielführend angesehen.

Mit dem engen Bezug zur BAB A7 ist der Aufbau eines Standortmarketings zur Gewerbeflächenentwicklung in der Allianz A7 – Franken West durch einen funk-tionsräumlichen Ansatz gekennzeichnet. Ebenso kann die Bedarfsangepasstheit im Wechselspiel zwischen Zweck/Funktion sowie dem räumlichen Bezug zu ei-ner kleinräumigen Stadt-Umland-Kooperation als prinzipiell kohärent angesehen werden.

Von Seiten der Ausgestaltung umfasst die Steuerungsfunktion im Zuge eines „interkommunalen Standortmarketings"[76] jedoch mehr als die „subsummierende" Darstellung des Gewerbeflächenangebots in gemeinsamen Werbemedien. Mit dem Begriff des „Marketings" verbinden sich – u.a. als Grundlage für die Kommunikationspolitik – u.a. die Fragen, wie das Angebot qualitativ und quantitativ aufeinander abgestimmt werden kann und an welcher Nachfrage sich dieses orientiert. Neben den Überlegungen zu einer stärkeren Abstimmung der Angebotsentwicklung im Sinne einer „gemeinsamen Produktpolitik" betrifft dies u.a. die Frage nach der Erfordernis einer gemeinsamen zentralen Ansprechstelle sowie damit zusammenhängend die perspektivische Abstimmung von Ansiedlungsentscheidungen („gemeinsame Distributionspolitik").

Letztlich stellt sich für die Kommunen der Allianz A7 – Franken West aus Sicht der Bedarfsangepasstheit die Frage, inwieweit ein "Standortmarketing" im Sinne eines umfassenderen Steuerungsansatzes tatsächlich gewollt ist oder inwieweit sich die Allianzgemeinden mit punktuellen und weniger wirksamen Werbemaßnahmen zufrieden geben wollen.

Verbindlichkeitsgrad (Zweck/Funktion <-> Organisationsstruktur)

- Aufbauend auf die „freiwillige Selbstverpflichtung" beruht die Kooperation der Allianz A7 – Franken West bislang auf informelle Strukturen. Zwischen den Mitgliedsgemeinden existieren derzeit keine weiterführenden Bindungen oder Verpflichtungen.

- Ausgehend von dem zentralen Zweck der gemeinsamen Gewerbeflächenvermarktung werden die informelle Form der Allianz und die entsprechend zugrunde gelegten Organisationsformen (u.a. Allianzrat) als ausreichend und kohärent angesehen.

- Zum jetzigen Zeitpunkt sind anspruchsvollere Ziele und Aktivitäten sowie daran angepasste verbindlichere Strukturen nicht vorgesehen bzw. auch nicht mehrheitsfähig.

Die Diskussionsergebnisse verdeutlichen einen Verbindlichkeitsgrad auf niederschwelligerem Niveau, bei dem die Partnergemeinden mehr oder weniger

---

[76] Bezug zur Begriffsdefinition von Standortmarketing im Rahmen des Vorhabens COMUNIS: Ausgehend von den allgemein anerkannten Merkmalen des „Marketings" umfasst auch die Steuerung des Standortsmarketings die Schritte Bestandsaufnahme (Marktforschung, Nachfragetrends), Ziel- und Strategieformulierung, Gestaltung des Marketing-Mix mit den vier sog „Ps": Produktpolitik, Preispolitik, Kommunikationspolitik und Distributionspolitik sowie die operative Umsetzung und Kontrolle (vgl. u.a. GUBLER, MÖLLER-SALIS 2006).

selbstverständlich die Grenzen der Zusammenarbeit akzeptieren und sich keine komplexeren oder strittigeren Aushandlungsprozesse zumuten.

Wie bei den beiden vorausgegangenen Fallstudien zu den Allianzen Oberes Werntal und Nördliches Fichtelgebirge wurden die Möglichkeiten der interkommunalen Kooperation als eigene Steuerungs- und Handlungsebene wenig aufgearbeitet, wobei dies vor allem das ILEK als grundlegendes Steuerungsinstrument betrifft. Dabei entspricht die Herangehensweise des ILEK der Allianz A7 – Franken West nur sehr bedingt dem in *Kap. 4.2.3* dargestellten Rahmen zur Integrierten Ländlichen Entwicklung in Bayern. Gemessen an den zugrunde gelegten Zielen der ILE in Bayern, die u.a. eine bedarfsorientierte Konzentration von Inhalten und Themen, einen klaren Bezug zur kommunalen und interkommunalen Ebene und eine konsequente Handlungsorientierung vorsehen *(siehe Kap. 4.2.3)*, war die Erarbeitung des ILEK der Allianz A7 – Franken West u.a. auf eine inhaltlich breite und weniger differenzierte Herangehensweise ohne eine konkretere Ausgestaltung interkommunaler Steuerungsgrundlagen angelegt.

Darüber hinaus scheint sich die „Zwecklegitimation" der Zusammenarbeit im Rahmen der ILE insbesondere in dem starken Einsatz des Instrumentariums der Dorferneuerung und der Flurneuordnung[77] von Seiten des Amtes für Ländliche Entwicklung (ALE) Mittelfranken zu begründen. Im Falle der Allianz A7 – Franken West schwächt dies den Druck einer Legitimation durch einen zu erzielenden Mehrwert im Zuge einer zweckorientierten Zusammenarbeit ab.

Ebenso ist aus förderpolitischen Gründen eine Förderung von reinen Werbemaßnahmen (u.a. Standortbroschüre) ohne weitergehenden interkommunalen Standortmarketing- oder Flächenmanagementansatz aus Sicht eines Amtes für Ländliche Entwicklung, dessen fachliche Kerninhalte sich mit Flächenmanagement und Bodenordnung verbinden, nur bedingt darstellbar.

Die sich bereits im vorherigen Kap. ergebende Kernfrage für die Bemühungen um ein interkommunales Standortmarketing der Allianz A7 – Franken West scheint darin zu liegen, wie viel Steuerungs- und Handlungsspielraum die einzelnen Kommunen faktisch bereit sind an die interkommunale Ebene abzutreten, um in wirksamer Weise eine abgestimmte gewerbliche Standortentwicklung zur Herabsetzung oder Vermeidung der Konkurrenzsituation sowie damit zusammenhängender Negativeffekte (Preisdumping etc.) zu erreichen.

---

[77] Entsprechend den Ausführungen in *Kap. 6.3.3* sind insgesamt 22 Dorferneuerungsvorhaben im Allianzgebiet vorgesehen.

6.4 Fallstudie „Stadtentwicklungsverband Ulm/Neu-Ulm"

Kurzprofil *(siehe Kap. 5.2.2)*

Räumliche Schwerpunktfunktion

• Gewerbeflächenentwicklung in Verbindung mit einem gemeinsamen Gewerbeflächenportfolio/-management.

Organisationsstruktur

• Zweckverband (gem. Art. 17 ff KommZG Bayern).

Gebietsstruktur

• Zusammenschluss von zwei Städten mit insgesamt ca. 174.000 Einwohnern; Ulm: 121.500 Einwohner, Neu-Ulm: 53.000 Einwohner.
• Lage im unmittelbaren Grenzraum Bayern und Baden-Württemberg.
• Verdichtungsraum mit Bezug zu überregionalen Entwicklungsachsen (BAB A7, A8).
• Gemeinsames, länderübergreifendes Doppel-Oberzentrum.

Strukturelle Ausgangslage

• Mittelfristiges Bevölkerungswachstum bei insgesamt rückläufiger Dynamik.
• Vergleichsweise durchschnittlicher Alterungsprozess.
• Bedeutung als regionales und teilweise überregionales Arbeitsplatzzentrum.
• Überregional bedeutender Wirtschaftsstandort mit vergleichsweise hochentwickelten Kompetenzfeldern sowie gebietsbezogen günstigen Standort-/Verkehrsanbindungen.

Ausgangssituation zur Gewerbeflächenentwicklung

• Die Daten zu den verkauften Gewerbeflächen lassen auf eine stabile Nachfragesituation schließen.
• Die derzeit verfügbaren Gewerbeflächen entsprechen in etwa dem Niveau der verkauften Gewerbeflächen im zurückliegenden 10-Jahres-Zeitraum.
• Auf Grundlage exemplarischer Umfrageergebnisse stammt die Nachfrage überwiegend von Bestandsbetrieben aus den beiden Stadtgebieten.

Relevante Steuerungsansätze/-instrumente

• Umfangreiche und detaillierte Zweckverbandssatzung.
• Interkommunales Standort- und Flächenmanagement.
• Gemeinsames Gewerbeflächenportfolio und Standortmarketing.

Relevante Förderinstrumentarien

• Entwicklung aus eigenem Antrieb – ohne relevantes Förderinstrumentarium.

Abb. 88: Logo des Stadtentwicklungsverbands Ulm/Neu-Ulm
(Quelle: www.stadtentwicklungsverband.ulm.de)

6.4.1 Strukturelle Ausgangslage

a) Gebiet, Lage und Raumstruktur

Der „Stadtentwicklungsverband Ulm/Neu-Ulm" umfasst ein Gebiet mit insgesamt 174.000 Einwohnern auf einer Fläche von 200 km². Das Stadtgebiet von Ulm umfasst ca. 120 km², das von Neu-Ulm ca. 80 km².

Abb. 89: Gebiet und Umfeld des Stadtentwicklungsverbands Ulm/Neu-Ulm (Quelle: SEV 2009: 2)

Die beiden Städte grenzen mit ihren Siedlungsgebieten, nur durch die Donau getrennt, direkt aneinander an. Aufgrund der unmittelbaren Nachbarschaft agieren die Bevölkerung und die Wirtschaftsakteure über die jeweiligen Stadtgrenzen hinaus (vgl. GÖNNER, MERK 2001: 10, zit. in MEIGEL 2006: 39).

Die Städte Ulm und Neu-Ulm liegen strategisch günstig am Knoten- und Kreuzungspunkt wichtiger überregional und regional bedeutsamer Entwicklungsachsen. Hierzu zählt insbesondere das Aufeinandertreffen der Ost-West-Verbindung München – Stuttgart (BAB A8) auf die Nord-Süd-Verbindung Füssen – Flensburg (A7). Die Funktion des Verkehrsknotenpunktes ergibt sich zudem durch die Konzentration einer Reihe von Bundesstraßenverbindungen aus allen Richtungen. Diese sind vor allem für die innere Erschließung der Gesamtregion und die Anbindung an benachbarte Wirtschaftsräume von Bedeutung.

Abb. 90: Auszug Raumstruktur des Stadtentwicklungsverbands Ulm/Neu-Ulm LEP und Regionalplan Donau-Iller (Quelle: Strukturkarte LANDESENTWICKLUNGSPROGRAMM BAYERN 2006. Regionalplan Donau-Iller, Fortschreibungsentwurf 2008)

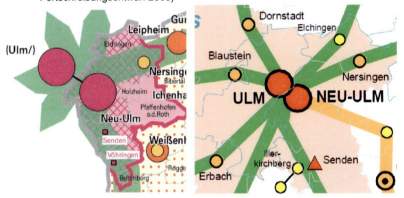

Aufgrund der unmittelbaren Grenzlage zwischen Bayern und Baden-Württemberg liegen der Raumstruktur des gemeinsamen Doppel-Oberzentrums Ulm und Neu-Ulm die beiden LANDESENTWICKLUNGSPROGRAMME Bayern (2006) und Baden-Württemberg (2005) sowie der REGIONALPLAN der „grenzüberschreitenden" REGION DONAU-ILLER zugrunde (1987 mit div. Fortschreibungen). Von Seiten der bayerischen Landesentwicklung ist das gemeinsame Doppel-Oberzentrum Ulm und Neu-Ulm mit Umfeld der landesplanerischen Raumeinheit der „sonstigen Verdichtungsräumen" in einer Reihe mit Räumen wie Ingolstadt, Regensburg, Schweinfurt oder Würzburg zugeordnet (vgl. LEP BAYERN 2006). Die Stadt Ulm hat den Status eines „Stadtkreises"[78], während die Stadt Neu-Ulm die Funktion der großen Kreisstadt (Landkreis Neu-Ulm) inne hat.

---

[78] Der Begriff „Stadtkreis" wird in Baden-Württemberg anstelle „kreisfreier Stadt" verwendet.

b) Ausgewählte Parameter zur Bevölkerungs- und Standortentwicklung

Anhand ausgewählter Parameter und Strukturdaten ergibt die Bevölkerungs- und Standortentwicklung des Stadtentwicklungsverbandes Ulm/Neu-Ulm folgendes Bild.

Tab. 14: Ausgewählte Strukturdaten des SEV Ulm/Neu-Ulm (BayLfStaD, STATISTIK KOMMUNAL 2009, StaLaBW STATISTIK KOMMUNAL 2009):

Parameter	SEV Ulm/Neu-Ulm
Bevölkerungsstand 2008:	**174.534** Einwohner (EW)
Größenunterschiede nach Einwohnern 2008:	Ulm 121.648 EW Neu-Ulm 52.886 EW
Langfristige Bevölkerungsentwicklung von 1987 bis 2008:	**+18,0 %** (Zuwachs) vgl.: +13,6% Bayern
Mittelfristige Bevölkerungsentwicklung von 2004 bis 2008:	**+1,7 %** (Zunahme) vgl.: +0,6% Bayern
Mittelfristiger natürlicher Saldo je 1.000 Einwohner von 2004 bis 2008:	**+1,3** (mehr Geburten als Sterbefälle)
Mittelfristige Wanderungsbewegung je 1.000 Einwohner von 2004 bis 2008:	**+42,6** (mehr Zu- als Wegzüge)
Billetermaß zur demographischen Alterungsfähigkeit 2008:	**-0,48 (Ø)**; -0,49 Bayern
Sozialversicherungspflichtig Beschäftige am Arbeitsort 2008:	**100.369** Beschäftigte
Pendlersaldo 2008:	**+41.008** Beschäftigte (Einpendlerüberschuss)
Arbeitsplatzzentralität 2008 (Verhältnis Beschäftigte Arbeitsort und Beschäftigte Wohnort):	**169 %**

Zusammenfassend wird die strukturelle Ausgangslage des Stadtentwicklungsverbandes Ulm/Neu-Ulm durch folgende Punkte gekennzeichnet.

• Mittelfristig abnehmende Dynamik der Bevölkerungsentwicklung hin zu geringen Zuwächsen und perspektivisch zu einer möglicherweise stagnativen Entwicklung.

• Bevölkerungszuwächse sind in erster Linie auf die Wanderungsgewinne zurückzuführen.

• Ausgehend von einem durchschnittlich ausgeprägten Alterungsprozess ist das Kooperationsgebiet auch zukünftig auf Wanderungsgewinne angewiesen, um eine Zunahme der Alterungsdynamik zu vermeiden.

• Für die Funktion als Arbeitsplatzstandort für das großräumigere regionale Umfeld ist vor allem das Arbeitsplatzangebot der Stadt Ulm von Bedeutung.

6.4.2 Entstehung sowie Grundlagen der Entwicklung und Organisation

Entstehung und Entwicklungsgrundlagen

Der „Stadtentwicklungsverband Ulm/Neu-Ulm" ist ein Zweckverband der Städte Ulm und Neu-Ulm mit dem Schwerpunkt der Gewerbeentwicklung, dem das bayerische Gesetz zur kommunalen Zusammenarbeit (KommZG) zugrunde liegt. Der Stadtentwicklungsverband Ulm / Neu-Ulm wurde in den Stadtratsgremien der beiden Städte im Juli 1999 mit Start zum 01.01.2000 beschlossen.

Um die Ausgangssituation für die Kooperation der beiden Städte einordnen zu können, erscheint zunächst ein Bezug zu den historischen Wurzeln hilfreich. Bis Anfang des 19. Jahrhunderts war die Verwaltungs- und Siedlungsentwicklung der damaligen Stadt Ulm von einem geschlossenen Stadtgebiet geprägt; 1810 wurde mit der Grenzziehung entlang der Donau und Iller der südöstliche Stadtteil nach Bayern eingegliedert. Mit der Gründung des Regionalverbandes Donau-Iller wurden 1973 per Staatsvertrag wieder gemeinsame, grenzüberschreitende Strukturen geschaffen (vgl. MEIGEL 2005: 37). Der grenzüberschreitende Regionalverband zielte auf eine bessere Vernetzung der Region ab und stellte die Grundlage für weitere Formen der Zusammenarbeit zwischen den beiden Nachbarstädten dar (vgl. REGIONALVERBAND DONAU-ILLER 2004: 5).

Aufgrund der engen räumlichen Verflechtungen *(siehe vorher. Kap.)* wurden und werden die beiden Städte von Seiten der Wirtschaftsakteure als „ein Wirtschaftsraum" unabhängig von Stadt- und Gemarkungsgrenzen wahrgenommen. In der Folge von Betriebsumsiedlungen und -ansiedlungen über die Stadtgrenzen hinweg hatte sich in den 90er Jahren eine massive Konkurrenzsituation zwischen den beiden Städten entwickelt, die laut Aussagen in den Experteninterviews ihren Höhepunkt in dem Wettbewerb um die Ansiedlung eines neuen Postverteilzentrums fand (Quelle: Experteninterviews). Im Nachgang zu dieser hart umkämpften Standortentscheidung entwickelte sich bei den Stadtverantwortlichen die Einsicht, dass sich ein derartiger Wettbewerb auf Dauer für beide Städte nachteilig auswirkt. Dies kommt auch in der Präambel der Verbandssatzung deutlich zum Ausdruck:»Die negative Konkurrenzsituation soll endgültig der Vergangenheit angehören« (SEV ULM/NEU-ULM 1999: 1).

In Zusammenhang mit einer zusätzlichen Flächenknappheit der beiden Städte führte dies dazu, dass auf der Basis von Grundsatzbeschlüssen der beiden Stadtratsgremien ab Anfang 1997 die interkommunale Kooperation der Städte Ulm und Neu-Ulm zum Zwecke einer gemeinsamen Gewerbeentwicklung vorbereitet wurde. Nach ca. zweieinhalb Jahren Vorbereitungszeit mündete diese in dem Beschluss einer Verbandssatzung, in der umfangreiche Grundlagen für die

Arbeit des Stadtentwicklungsverbandes gelegt wurden. So sind in der Verbandssatzung in differenzierter Weise u.a. die Ziele und Aufgaben des Verbandes, die Organe sowie die Verteilung des Gewerbesteueraufkommens festgelegt.

Laut der Aussagen im Werkstattgespräch sollte der Stadtentwicklungsverband perspektivisch hinsichtlich zusätzlicher Funktionen wie der Wohnsiedlungsentwicklung weiterentwickelt werden. Grundgedanke war es, äquivalent zu Gewerbeflächen auch neue Wohngebiete durch den Stadtentwicklungsverband zu entwickeln. Bei der Wohnsiedlungsentwicklung überwogen jedoch die Grenzen in der Praxis, die sich u.a. auf die komplexe Aufteilung von Kosten und Nutzen bezogen (Quelle: Doku Werkstattgespräch).

In der Präambel der Zweckverbandssatzung wird einleitend das Bekenntnis zu einem gemeinsamen Raumbezug hervorgehoben:»Die Städte Ulm und Neu-Ulm bilden einen Wirtschaftsraum, dessen Entwicklung zwischen den Zentren Stuttgart, Augsburg und München gesichert werden muss« (SEV ULM / NEU-ULM 1999: 1). Ebenso lassen sich aus der Präambel die Zielstellungen der interkommunalen Kooperation ableiten (vgl. SEV ULM / NEU-ULM 1999: 1f):

• Vermeidung der Konkurrenzsituation zwischen den beiden Städten (s.o.).

• Abstimmung der gewerblichen Ansiedlung, um damit Flächen für hochwertige Arbeitsplätze in ausreichendem Umfang zu sichern.

• Schaffung von anspruchsvollen städtebaulichen und ökologischen Rahmenbedingungen als Basis für eine von allen Beteiligten getragene Wirtschafts- und Arbeitsmarktentwicklung.

• Gemeinsame Planung, Flächenbereitstellung, Erschließung, Besiedelung und Bewirtschaftung eines sich über die Stadtgebiete erstreckenden Gewerbegebiets.

• Bündelung von Finanz- und Verwaltungskräften.

Nach § 1 der Verbandssatzung erstreckt sich der räumliche Wirkungsbereich des Verbandes auf das gesamte Gebiet der beiden Städte Ulm und Neu-Ulm. Im Rahmen der Aufgaben- und Zweckdefinition in § 2 Abs. 1 soll mit den für eine gemeinsame Gewerbeentwicklung relevanten Flächen ein gemeinsames Gewerbegebiet gebildet werden. Zum Startzeitpunkt setzte sich dieses aus acht Gewerbegebieten der Stadt Ulm mit 64,7 ha sowie 13 Gewerbegebieten auf Neu-Ulmer Gemarkung mit 52,2 ha zusammen, womit dem Verband zunächst insgesamt ca. 117 ha zur Verfügung standen. Darüber hinaus ist in der Verbandssatzung in § 2 Abs. 2 u. 5 geregelt, dass auch alle in den Flächennutzungsplänen neu ausgewiesenen Flächen Bestandteil des „gemeinsamen Gewerbegebietes" werden, sofern für diese eine gewerbliche, industrielle oder Handelsnutzung vorgesehen ist. In § 2 Abs. 2 der Verbandssatzung ist zur Einbringung von kommunalen Flächen in das gemeinsame Gewerbegebiet folgende Regelung festgelegt: »Soweit die für die Mitgliedsstädte verbindlichen Flächennutzungspläne über Abs. 1 hinaus zusätzlich neue Flächen für gewerbliche, industrielle oder Handelsnutzung [...] darstellen, werden diese Flächen durch Änderung dieser Satzung Bestandteil des gemeinsamen Gewerbegebiets« (SEV ULM / NEU-ULM 1999: 2).

Somit wurden dem Stadtentwicklungsverband über die Verbandssatzung nahezu alle relevanten Standorte für Gewerbe, Industrie und großflächigen Einzelhandel zur Erfüllung seiner Aufgaben zugeordnet bzw. die beiden Städte dazu verpflichtet, neu geplante Gewerbegebiete in das „gemeinsame Gewerbegebiet" des Verbandes einzugliedern (vgl. MEIGEL 2005: 40f, 73).

Die Aufgaben des Stadtentwicklungsverbandes sind in den §§ 2 bis 5 der Verbandssatzung wie folgt definiert (vgl. SEV ULM/NEU-ULM 1999: 4f; MEIGEL 2005: 42):

- <u>Aufgabenbereich Planung und Entwicklung (§ 2 Abs. 3)</u>: Alle kommunalen Rechte aus dem BauGB gehen hinsichtlich der relevanten Flächen für das gemeinsame Gewerbegebiet an den Stadtentwicklungsverband über. Die damit übertragenen Aufgaben umfassen im Wesentlichen:
  - Aufstellung von Bebauungsplänen und städtebaulichen Verträgen;
  - Erlass von Satzungen (nach Bauordnungsrecht);
  - Durchführung von Umlegungen und Erschließungsmaßnahmen.

- <u>Aufgabenbereich Bewirtschaftung und Infrastrukturentwicklung (§ 3 u. § 4)</u>: Dem Stadtentwicklungsverband obliegt die Erstellung von Leitlinien und konzeptionellen Grundlagen für die infrastrukturelle, wirtschaftliche und gewerbliche Entwicklung im Verbandsgebiet sowie die darauf Bezug nehmende Grundstückssicherung und -vermarktung. Dem Aufgabenbereich sind folgende Aufgaben untergeordnet:
  - Erwerb, Vermarktung und Veräußerung von Grundstücken;
  - Ansiedlungen und Verlagerungen von Betrieben sowie Bestandspflege;
  - Wirtschaftsförderung, Marketing und Werbung.

Grundlagen der Organisation

In Anlehnung an die Vorgaben des KommZG (Art. 17 ff) ist die Organisationsstruktur des Stadtentwicklungsverbandes in der Verbandssatzung in den §§ 8 bis 19 geregelt. Gegenüber der Verbandssatzung wurden in der Umsetzungspraxis Anpassungen vorgenommen, wobei die in der Verbandssatzung verankerte Grundstruktur weitgehend beibehalten wurde.

Abb. 91: Reale Organisationsstruktur des Stadtentwicklungsverbandes Ulm/ Neu-Ulm auf Grundlage der Verbandssatzung (Quelle: MEIGEL 2005: 69, überarbeitete Darstellung)

Die wesentlichste Änderung in der Durchführungspraxis bestand gegenüber der Verbandssatzung darin, einen ursprünglich angedachten, gegenüber der Verbandsversammlung kleineren Verbandsausschuss nicht zu etablieren. Die Rollen und Aufgaben der einzelnen Gremien des Stadtentwicklungsverbandes gestalten sich wie folgt (vgl. MEIGEL 2005: 43f):

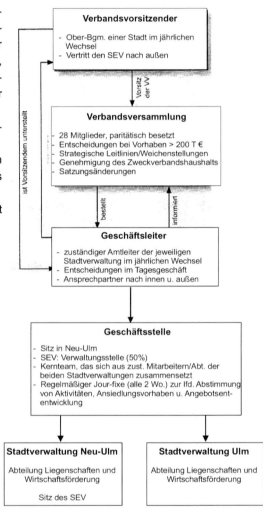

Verbandsvorsitzender

Das Amt des Verbandsvorsitzenden wird von den Oberbürgermeistern der beiden Städte für jeweils ein Kalenderjahr übernommen. Zu seinen Aufgaben zählt u.a. die Vertretung des Verbandes nach außen. Zudem fungiert der Vorsitzende als Ansprechpartner für operative Entscheidungen in Abstimmung mit der Geschäftsstelle.

Verbandsversammlung

Die Verbandsversammlung setzt sich aus insgesamt 28 Mitgliedern zusammen und ist paritätisch besetzt; dies bedeutet, beide Städte verfügen über jeweils 14 Stimmen.

Die Verbandsversammlung legt die Grundsätze für die Ansiedlungs- und Verkaufspolitik fest und beschließt bei Vorhaben[79], die einen Umfang von 200.000 Euro übersteigen. Derartige „Vorhaben" betreffen vorrangig den Erwerb oder die Veräußerung von Grundstücken.

Geschäftsleiter und Geschäftsstelle

Die Rolle der Geschäftsleitung wird im jährlichen Wechsel von den zuständigen Abteilungsleitern der beiden Stadtverwaltungen übernommen. Der Wechsel erfolgt in Abstimmung mit dem Verbandsvorsitz, so dass immer eine der beiden Städte den Verbandsvorsitz oder die Geschäftsführung inne hat. Der Geschäftsleiter ist für die operative Leitung des Geschäftsbetriebs zuständig, wofür ihm eine Geschäftsstelle unterstellt ist. Der Geschäftsstelle des Stadtentwicklungsverbandes sind im Sinne eines Kernteams die Mitarbeiter der Abteilungen Liegenschaften und Wirtschaftsförderung der beiden Stadtverwaltungen (6 Personen) zugeordnet. Ziels ist es, die vorhandenen Ressourcen gezielt zu nutzen und keine unnötigen Strukturen aufzubauen. Von daher ist beim Verband lediglich eine Verwaltungskraft auf Basis einer halben Stelle angestellt. Im Rahmen der operativen Umsetzung der Aufgaben des Verbandes ist die Geschäftsstelle u.a. befugt, Vorhaben wie Vergabeentscheidungen oder Flächenerwerb bis zu einer Höhe von 200.000 Euro in Eigenregie vorzunehmen.

Die Geschäftsstelle des Stadtentwicklungsverbandes versteht sich im Sinne des Prinzips „One Face to the Customer" als zentrale Anlaufstelle am Wirtschaftsstandort Ulm/Neu-Ulm für alle Fragen von ansiedlungsinteressierten Betrieben. Im Sinne einer „Lotsenfunktion" betrifft dies u.a. die Aufgabe, die Belange der Betriebe auch innerhalb der Stadtverwaltungen zu vermitteln oder zu koordinieren. Zentrales Ziel der Geschäftsstelle ist es, über das Instrument des Gewerbeflächenportfolios und der begleitenden Beratung geeignete Erweiterungsmöglichkeiten für bereits ansässige Betriebe im Verbandsgebiet zu bieten und Gewerbegrundstücke für interessierte neue Betriebe möglichst schnell verfügbar bereitzustellen. Im Zuge der Beratungs- und Unterstützungsleistungen der Geschäftsstelle sollen alle Voraussetzungen geschaffen werden, damit die Erweiterung/Ansiedlung zeitnah durchgeführt werden kann (vgl. SEV 2009b: 3).

---

[79] In der Verbandssatzung war die Beschlussfassung von Vorhaben über 1,5 Mio. € durch die Verbandsversammlung vorgesehen (vgl. SEV ULM/NEU-ULM 1999: 4).

Einnahmenverteilung

Abb. 92: Berechnungsschema zur Gewerbesteuerausgleichszahlung lt. Satzung
(Quelle: MEIGEL 2005: 47)

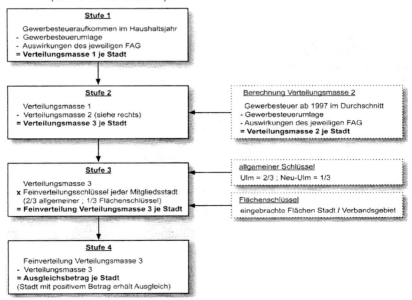

In Bezug auf § 21 war es ein zentrales Anliegen der Verbandssatzung, die Verteilung der Gewerbesteuereinnahmen gerecht zu regeln. Hierzu wurde eine mehrstufige Regelung ausgearbeitet, die u.a. die Mechanismen des Finanzausgleichs berücksichtigt.

In Anlehnung an MEIGEL kann die Regelung des Gewerbesteuerausgleichs anhand folgender Punkte vereinfacht zusammengefasst werden:

- Beide Stadtverwaltungen erfassen die Gewerbesteuern ab dem Jahr 1997 getrennt nach dem gemeinsamen Gewerbegebiet und eigenen Gewerbeflächen.

- Von Steuermehreinnahmen, egal auf welcher Gemarkung, sollen künftig beide Partner profitieren. Standortentscheidungen nach dem 01.01.2000 sollen „gewerbesteuerneutral" sein.

- Die jeweiligen Auswirkungen und Belastungen des Finanzausgleichs werden in Abzug gebracht.

- Die verbleibende Verteilungsmasse wird:

- Zu zwei Dritteln nach einem sog. „allgemeinen" oder fixen Verteilungsschlüssel aufgeteilt, der in Orientierung an die Größenverhältnisse zwischen den beiden Städten für die Stadt Ulm einen Zwei-Drittel-Anteil sowie für die Stadt Neu-Ulm einen Ein-Drittel-Anteil vorsieht.

- Zu einem Drittel nach einem sog. „Flächenschlüssel" aufgeteilt, der sich nach den jeweiligen Anteilen der eingebrachten Flächen richtet.

• Der Ausgleichsbetrag ist innerhalb von sechs Monaten nach dem Ende des jeweiligen Haushaltsjahres zur Zahlung fällig.

• Bei nicht angemessener Härte der Ausgleichszahlungen („Unbilligkeiten") für eine der beiden Städte verpflichten sich die Mitgliedsstädte den Ausgleichsbetrag unabhängig von den dargestellten Regelungen neu zu verhandeln.

• Darüber hinaus sind die Gewerbesteuerhebesätze bis zum 01.01.2005 anzugleichen.

Zusammenfassend stellt die Verbandssatzung des Stadtentwicklungsverbandes Ulm/Neu-Ulm hinsichtlich der dort festgelegten Grundsätze, Aufgaben, Organe und der Einnahmenverteilung ein anspruchsvolles und umfassendes Regelwerk für die gemeinsame Gewerbentwicklung dar. Dies betrifft die Berücksichtigung aller relevanten Aufgaben der Gewerbentwicklung von der Flächensicherung und Planung über die Vermarktung und Vergabe von Flächen bis hin zum gemeinsamen Standortmarketing ebenso wie eine stringente organisatorische Rollen- und Kompetenzzuordnung sowie die differenzierte Regelung der Gewerbesteuerverteilung.

Auf Basis der Satzungsregelungen wird in den nachfolgenden Kapiteln den realen Gegebenheiten in der Anwendungs- und Steuerungspraxis nachgegangen.

6.4.3 Grundlagen, Anforderungen und Ziele zur räumlichen Schwerpunktfunktion

Der Stadtentwicklungsverband Ulm/Neu-Ulm wurde als Fallstudie für die räumliche Schwerpunktfunktion Gewerbeflächenentwicklung in Verbindung mit einem gemeinsamen Gewerbeflächenportfolio und -management ausgewählt.

Ausgangssituation und Anforderungen

Zur besseren Einordnung der Angebots- und Nachfragesituation bietet sich die Darstellung der Wirtschaftsstruktur anhand einer von der Prognos AG im Jahr 2007 für die gesamte Innovationsregion Ulm[80] vorgenommenen Clusteranalyse an. Auch wenn die Ergebnisse aufgrund des übergeordneten Gebietsbezugs nicht 1:1 auf die Situation von Ulm und Neu-Ulm übertragbar sind, so lassen die Ergebnisse trotzdem auch Rückschlüsse auf die Wirtschaftsstruktur der beiden Städte zu. Dahingehend kommt die Clusteranalyse zu folgenden zusammenfassenden Ergebnissen (vgl. PROGNOS 2007: 3f):

- Die Innovationsregion Ulm verfügt über fünf zentrale Kompetenzfelder:
  - Pharma/Gesundheit (19.700 sozialversicherungspflichtig Beschäftigte, Stand 2006)
  - Metall (11.500 SVP-Beschäftigte)
  - Maschinenbau (11.800 SVP-Beschäftigte)
  - Nutzfahrzeugbau (7.900 SVP-Beschäftigte)
  - Logistik (8.100 SVP-Beschäftigte)

- In diesen fünf Kompetenzfeldern sind in der Innovationsregion rund 60.000 Menschen beschäftigt, was einem Anteil von rund 35 % (Deutschland 26 %) an der Gesamtbeschäftigung in der Region entspricht.

- Die Innovationsregion Ulm erreicht in diesen Kompetenzfeldern im Bundesvergleich einen deutlich überdurchschnittlichen Beschäftigtenbesatz und nimmt bundesweit eine führende Position ein. Lediglich 13 Regionen (darunter v.a. große Stadtregionen mit über 500.000 Einwohnern, u.a. München und Stuttgart) verfügen absolut gesehen über eine höhere Beschäftigtenzahl.

- Neben den Großkonzernen bilden die mittelständischen Unternehmen das wirtschaftliche Rückgrat der Region und tragen maßgeblich zur Beschäftigung, Steuerkraft und Standortsicherung bei.

---

[80] Die Innovationsregion Ulm besteht neben den beiden Städten Ulm und Neu-Ulm aus dem Alb-Donau-Kreis (Baden-Württemberg) sowie dem Landkreis Neu-Ulm (Bayern). Von den ca. 170.000 Beschäftigten in der Innovationsregion decken die beiden Städte Ulm und Neu-Ulm ca. 60 % (ca. 100.000 Beschäftigte) ab.

- Die Innovationsregion und die drei Teilregionen zeichnen sich in den Kompetenzfeldern durch eine starke regionale Arbeitsteilung aus. Alle drei Teilregionen verfügen in den Kompetenzfeldern über vielfältige und unterschiedliche Qualitäten, die durch die Kooperation der Innovationsregion ergänzt werden.

Die Ergebnisse verdeutlichen einerseits das ökonomische Potenzial der Innovationsregion Ulm mit der Kernstruktur der Städte Ulm und Neu-Ulm sowie andererseits, wie wichtig die wirtschaftlichen Bezüge zwischen den beiden Städten und dem Umland sind. Diese Rahmenbedingungen sind auch für die Angebots- und Nachfragesituation der Gewerbeflächen von grundlegender Bedeutung.

Als weitere Rahmenbedingung für die Gewerbeflächenvermarktung ist zu berücksichtigen, dass mit den kleineren Nachbargemeinden Elchingen, Nersingen, Dornstadt und Blaustein ein Kooperationsvertrag zur Vermarktung von Flächen vereinbart wurde. Gegen einen jährlichen Unkostenbeitrag von 5.000 Euro sind diese in vollem Umfang in die Instrumente des Standortmarketings eingebunden (u.a. Webpräsenz); darüber hinaus werden passende Anfragen an die Kooperationspartner weitergegeben. Voraussetzung für die Vermarktung deren Gewerbeflächen ist allerdings, dass die Rahmenbedingungen im Gesamtkontext des Gewerbeflächenmanagements stimmen; so wurde beispielsweise beim Gewerbegebiet „Containerbahnhof" der Gemeinde Dornstadt eine Anpassung des Namens und der Zielgruppen mit der Ausweitung auf Logistiker vorgenommen. Demzufolge findet in gewissem Rahmen eine Beratungs- und Steuerungsfunktion gegenüber den Kooperationspartnern statt.

Nachfolgend wird zwischen den Flächen auf dem Gebiet des Stadtentwicklungsverbandes („SEV-Gebiet") sowie dem „Kooperationsgebiet" mit den zusätzlichen Flächen der Nachbargemeinden unterschieden, wobei ein Schwerpunkt auf die Angebots- und Nachfragesituation für das Gebiet des Stadtentwicklungsverbandes gelegt wird.

Das Angebot von „sofort verfügbaren Gewerbeflächen" (mit Bebauungsplan und Erschließung) umfasst derzeit (Stand Sept. 2010) ca. 78,6 ha für das Gebiet des Stadtentwicklungsverbandes und rund 113 ha im gesamten Kooperationsgebiet.Auf dem Gebiet des Stadtentwicklungsverbandes befindet sich der deutlich größere Anteil des Angebots mit 64,0 ha (ca. 80 %) auf der Gemarkung der Stadt Ulm, während die Stadt Neu-Ulm aktuell Flächenreserven im Umfang von 14,6 ha (ca. 20 %) aufweist. Nachfolgend sind die einzelnen Gebiete der beiden Städte nach ihrer überwiegenden Nutzungseignung dargestellt.

Tab. 15: Aktuell verfügbare Gewerbeflächen/-gebiete innerhalb des Gewerbeflächenportfolios des Stadtentwicklungsverbandes Ulm/Neu-Ulm (Quelle: www.stadtentwicklungsverband.ulm.de, Stand Sept. 2010)

Gewerbeflächen	Fläche (ha)	€/qm	Nutzung
a) Verfügbare Gewerbeflächen der Stadt Ulm			
Science Park II	2,5 ha	105	Forschung, Entwicklung
Science Park III	12,0 ha	105	Forschung, Entwicklung
Ulm-Nord	10,0 ha	80 – 100	Produzierendes Gewerbe, Handwerk, Logistik
Donautal	22,0 ha	40 – 70*	Gewerbe, Industrie
Einsingen	2,5 ha	55 bzw. 90	Gewerbe, Handel
Güterverkehrszentrum	15,0 ha	80-88	Logistik
Gesamt (Ulm)	**64,0 ha**		
a) Verfügbare Gewerbeflächen der Stadt Ulm			
Flugplatz Schwaighofen	4,4 ha	80 bzw. 105	Produzierendes Gewerbe, Handwerk, Großhandel, Dienstleistung
Pfuhler Ried Nord	2,6 ha	75	Produzierendes Gewerbe, Handwerk, Großhandel, Dienstleistung
Edison Allee	1,7 ha	80 – 90	Dienstleistung, Forschung, Entwicklung
Nelson Areal	2,2 ha	105 bzw. 130	Dienstleistung, eingeschränktes Gewerbe
Burlafingen	3,7 ha	70	Produzierendes Gewerbe, Handwerk,Großhandel, Dienstleistung
Gesamt (Neu-Ulm)	**14,6 ha**		
Gesamt (SEV)	**78,6 ha**		

In Anlehnung an die Übersicht finden sich größere zusammenhängende Gewerbeflächen wie die Gebiete Donautal (22 ha), Science Park III (12 ha) und Ulm-Nord (10 ha) auf dem Stadtgebiet von Ulm. Auf Neu-Ulmer Gebiet sind teilweise noch Restflächen größerer Militärkonversionen wie das Nelson Areal und die Edison Allee vorhanden, wobei ein erheblicher Teil der Konversionsflächen bereits vermarktet werden konnte. Von Seiten einer groben Zielgruppenbetrachtung scheint sämtlichen relevanten Branchen kurzfristig Gewerbeflächen angeboten werden zu können.

Eine grobe Abschätzung der <u>Nachfragesituation</u> auf dem Gebiet des Stadtentwicklungsverbandes ermöglichen die jährlich ermittelten Verkaufszahlen[81] für den Zeitraum zwischen dem Start im Jahr 2000 bis 2009.

---

[81] Die hier dargestellten Verkaufszahlen beziehen sich auf notarielle Kaufverträge; in Abgrenzung zu dem Begriff der "Vergabe", der die Vorstufe zum Verkauf darstellt und womit z.B. Bestandsbetrieben über Optionsverträge Erweiterungsmöglichkeiten zugesichert werden.

**Abb. 93: Verkaufte Gewerbeflächen in m² im Gebiet des Stadtentwicklungsver-
bandes Ulm/Neu-Ulm 2000 bis 2009** (Quelle: Stadtentwicklungsverband
Ulm/Neu-Ulm 2010)

Insgesamt wurden im
Zeitraum zwischen
2000 und 2009 Ge-
werbeflächen in einer
Größenordnung von
88,5 ha verkauft –
davon 52,0 ha auf
Ulmer und 36,5 ha
auf Neu-Ulmer Ge-
biet. Im Durchschnitt
wurden über den 10-

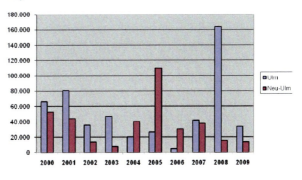

Jahres-Zeitraum jährlich rund 9 ha Gewebeflächen vermarktet. Über den gesamten Zeitraum betrachtet ergeben sich hinsichtlich der Dynamik der Flächenver-
käufe folgende Unterscheidungen:

• Zeitraum 2000 – 2004: gleichmäßigere Verkaufszahlen auf etwas niedrigerem Niveau (gesamt 36,5 ha, durchschnittlich 7 ha pro Jahr).

• Zeitraum 2005 – 2009: größere Schwankungen bei vergleichsweise stärkerer
  Nachfragedynamik (gesamt ca. 52 ha, durchschnittlich ca. 10 ha pro Jahr).

Die ergänzende Darstellung zur Anzahl der Verkaufsvorgänge ermöglicht einen
zusätzlichen Rückschluss auf die Nachfragesituation und zu den Aktivitäten von
Seiten der Geschäftsstelle.

**Abb. 94: Anzahl der Verkaufsvorgänge im Gebiet des Stadtentwicklungsverban-
des Ulm/Neu-Ulm 2000 bis 2009** (Quelle: Stadtentwicklungsverband
Ulm/Neu-Ulm 2010)

Im Zeitraum zwischen
2000 und 2009 sind
von Seiten des Stadt-
entwicklungsverban-
des insgesamt 176
Verkaufsvorgänge zu
verzeichnen – 110 auf
Ulmer sowie 66 auf
Neu-Ulmer Seite. Im
Durchschnitt wurden

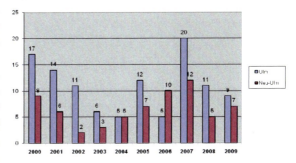

jährlich 17,6 Verkäufe vorgenommen. Insgesamt wird durch die Darstellung der verkauften Gewerbeflächen sowie der Verkaufserlöse unabhängig von Schwankungen eine stabile Nachfragesituation über den bisherigen Entwicklungszeitraum des Stadtentwicklungsverbandes deutlich.

Zur weiteren Differenzierung der Nachfragesituation liegen zwar keine Zahlen für die bisher vermarkteten Gesamtflächen vor, jedoch wurde von Seiten der Stadt Neu-Ulm im Jahr 2009 eine entsprechende Unternehmensbefragung im Gewerbegebiet „Flugplatz Schwaighofen" durchgeführt.

Abb. 95: Lage Gewerbegebiet „Flugplatz Schwaighofen" (Quelle: www.stadtentwicklungsverband.ulm.de, Sept. 2010)

Das Gewerbegebiet „Flugplatz Schwaighofen" umfasst insgesamt 41,6 ha und liegt in verkehrstechnisch günstiger Lage direkt an der B10 mit direkter Anschlussmöglichkeit an die Autobahnen A7 und A8. Bislang wurden 37,8 ha (ca. 90%) an 30 angesiedelte Betriebe mit insgesamt 1.530 Arbeitsplätzen vermarktet. Das Nutzungs- und Firmenspektrum umfasst im Wesentlichen produzierendes Gewerbe, Großhandel, Handwerk und Dienstleistungen; die betriebsbezogenen Grundstücksgrößen reichen von 0,2 bis 3,6 ha.

Bei der Unternehmensbefragung, an der alle 30 Betriebe mitgewirkt haben, wurde u.a. die Frage nach dem Herkunftsstandort gestellt.

Abb. 96: Herkunftsstandorte der angesiedelten Betriebe im Gewerbegebiet „Flugplatz Schwaighofen" (Quelle: STABSTELLE WIRTSCHAFTSFÖRDERUNG STADT NEU-ULM 2009)

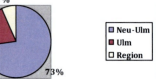

Das Ergebnis zeigt, dass die angesiedelten Betriebe überwiegend aus dem Stadtgebiet von Neu-Ulm (73 %) sowie ergänzend aus dem Einzugsbereich der Stadt Ulm (20 %) stammen.

Nur ein geringer Teil (7%) hat sich aus dem regionalen Umfeld angesiedelt; im Gegenzug ist kein Betrieb einer überregionalen Neuansiedlung zu zuordnen (vgl. STABSTELLE WIRTSCHAFTSFÖRDERUNG STADT NEU-ULM 2009).

In Anbetracht der bedeutenden Stellung als Wirtschaftsstandort mit hochentwickelten Kompetenzfeldern (vgl. PROGNOS 2007) sowie den gebietsbezogen günstigen Standort- und Verkehrsanbindungen wird anhand der Befragungsergebnisse im Gewerbegebiet „Flugplatz Schwaighofen" deutlich, welch wichtige Rolle Betriebsumsiedlungen bzw. -ansiedlungen innerhalb des Stadtgebietes bzw. SEV-Gebietes spielen.

Zusammenfassend lassen sich auf Basis der zur Verfügung stehenden Daten folgende Aussagen zur groben Abwägung der Angebots- und Nachfragesituation auf dem Gebiet des Stadtentwicklungsverbandes ableiten:

- Auf dem Gebiet des Stadtentwicklungsverbandes stehen derzeit ca. 78,6 ha sofort verfügbare Gewerbeflächen zur Verfügung, wobei der Hauptteil sich auf dem Gebiet der Stadt Ulm befindet.

- Im bisherigen Entwicklungszeitraum des Stadtentwicklungsverbandes zwischen 2000 und 2009 konnten bislang ca. 80 ha Gewerbeflächen vermarktet werden – dies entspricht 176 Verkaufsvorgängen. Entsprechend werden durchschnittlich 8 ha Gewerbeflächen im Jahr vermarktet.

- Die Daten zu den verkauften Gewerbeflächen sowie Verkaufserlösen lassen unabhängig von Schwankungen auf eine stabile Nachfragesituation schließen.

- Die derzeit sofort verfügbaren Gewerbeflächen von 78,6 ha entsprechen in etwa dem Niveau der verkauften Gewerbeflächen im Zeitraum zwischen 2000 und 2009. Sollte sich die Nachfrage weiterhin auf vergleichbarem Niveau entwickeln, so könnte dieses Gewerbeflächenpotenzial den Bedarf für den kommenden 10-Jahreszeitraum abdecken – unabhängig von der unterschiedlichen Angebotssituation der beiden Städte.

- Wie die Ergebnisse der exemplarischen Unternehmensbefragung im Gewerbegebiet „Flugplatz Schwaighofen" (Stadt Neu-Ulm) zeigen, handelt es sich bei den angesiedelten Betrieben überwiegend um Betriebsumsiedlungen bzw. -ansiedlungen innerhalb des Stadtgebietes (73 %) bzw. SEV-Gebietes (93 %). Die Ansiedlung aus dem regionalen Umfeld spielt nur eine geringfügige, die überregionale Neuansiedlung keine Rolle.

Ziele und Strategien

Nachdem der Stadtentwicklungsverband speziell auf die Funktion der gewerblichen Entwicklung zugeschnitten ist, decken sich die Ziele und Strategien zur Schwerpunktfunktion mit den im *vorherigen Kap.* dargestellten Entwicklungsgrundlagen auf Basis der Verbandssatzung.

Um einen direkteren Bezug zu den nachfolgenden Aussagen zum Stand der Zielerreichung herstellen zu können, werden an dieser Stelle die wichtigsten Zielstellungen der Verbandssatzung in verkürzter Form dargestellt (*siehe Kap. 6.4.2*; vgl. SEV ULM/NEU-ULM 1999: 1f):

- Ausgangspunkt: Bekenntnis zu einem gemeinsamen Wirtschaftsraum.
- Vermeidung der Konkurrenzsituation zwischen den beiden Städten.
- Abstimmung der Gewerbeflächenentwicklung, um in ausreichendem Umfang hochwertige Arbeitsplätze zu sichern.
- Schaffung von anspruchsvollen städtebaulichen und ökologischen Rahmenbedingungen.
- Bündelung von Finanz- und Verwaltungskräften.

Die Umsetzung dieser Zielstellungen stützt sich lt. Verbandssatzung im Wesentlichen auf zwei Strategie- bzw. Aufgabenfelder (*siehe Kap. 6.4.2*; vgl. SEV ULM/NEU-ULM 1999: 4f):

- 1) Gemeinsame Planung, Flächenbereitstellung, Erschließung und Bewirtschaftung von Gewerbeflächen.
- 2) Gemeinsame Wirtschaftsförderung und gemeinsames Standortmarketing in engem Bezug zur Flächenbewirtschaftung sowie einer Bestandspflege der im Gebiet ansässigen Betriebe.

Vor dem Hintergrund der dargestellten Ziele und Strategien der Verbandssatzung wurde im Rahmen des Werkstattgesprächs der Stand der Zielerreichung und Umsetzung entlang von relevanten Schwerpunkten wie folgt bewertet (Quelle: Dokumentation des Werkstattgesprächs):

<u>Zielerreichung mit Schwerpunkt „Identifikation und Organisation":</u>

- Es konnte eine hohe Identifikation mit dem gemeinsamen Wirtschaftsraum erreicht werden. Dieser stellt inzwischen eine selbstverständliche Entwicklungs- und Arbeitsbasis der Zusammenarbeit der beiden Städte dar.
- In hohem Maße konnte ein Vertrauen sowohl zwischen den politischen Entscheidungsträgern als auch unter den zuständigen Mitarbeitern der Stadtverwaltungen aufgebaut werden, was auch maßgeblich zu einem Abbau der Konkurrenzsituation beigetragen hat.
- Ein wesentlicher Effekt ist die Bündelung von personellen und finanziellen Ressourcen.
- Es konnte eine hohe Akzeptanz bei der Bevölkerung sowie wichtigen Partnern und Zielgruppen wie den Bestandsbetrieben erreicht werden.

Zielerreichung mit Schwerpunkt „Flächenentwicklung und Arbeitsplatzsicherung":

- Die Ausweitung der Arbeitsplätze erfolgte vorrangig auf Basis der Entwicklung der Bestandsbetriebe oder über die Schließung von betrieblichen Wertschöpfungsketten. Eine für die Schaffung von Arbeitsplätzen geringfügige Bedeutung wird in Neuansiedlungen von außen gesehen.

- Zur Zielstellung der Schaffung oder Sicherung „höherwertiger" Arbeitsplätze liegen keine konkreteren Analysen etc. vor. „Höherwertige" Arbeitsplätze hinsichtlich der Ansiedlung von Unternehmen des produktiven Sektors sowie in „Forschung und Entwicklung" sind insbesondere in den Gewerbegebieten „Oberer Eselsberg" (Neu-Ulm) sowie „Science Park II + III" (Ulm) entstanden.

- Im Wesentlichen ist es durch die Kooperation der beiden Städte gelungen, mittels einer höheren Standortvarianz und eines flexibleren Standortangebots Betriebe zu halten bzw. ihnen möglichst optimale Weiterentwicklungsmöglichkeiten zu bieten.

- In der Praxis weisen die im Rahmen des Stadtentwicklungsverbandes getroffenen Ansiedlungsentscheidungen eine hohe Akzeptanz bei beiden Städten auf. Auf Grundlage des Gesamtangebots an Gewerbeflächen sind letztlich die, für das jeweilige Unternehmen geeigneten bzw. möglichst optimalen Standortanforderungen ausschlaggebend.

- Anspruchsvollere städtebauliche und ökologische Rahmenbedingungen waren in der bisherigen Umsetzungspraxis weniger von Bedeutung. Nach Einschätzung sind diese in engem Zusammenhang mit der ursprünglichen Funktionszuweisung des Stadtentwicklungsverbandes hinsichtlich der Übertragung der Planungshoheit und dem Anspruch einer „Planung und Entwicklung aus einem Guss" zu sehen *(siehe hierzu nachfolgenden Abschnitt)*.

Zielerreichung mit Schwerpunkt „Zweck und Aufgabenwahrnehmung":

- Gegenüber der Satzung haben sich als Kernaufgaben des Verbandes insbesondere die Grundstücksvermittlung und -vergabe sowie das Standortmarketing entwickelt. Dahingehend konzentriert sich der Stadtentwicklungsverband bei der Gewerbeflächenentwicklung auf die Aufgaben der Vermarktung und Vergabe.

Im Gegensatz zur Verbandssatzung liegen in der Praxis die Aufgaben Ankauf, Planung, Erschließung und Verkauf im Kompetenzbereich der einzelnen Kommunen. Satzungsgemäß übernimmt jedoch der Stadtentwicklungsverband die Planungshoheit für die, über die beiden Städte entwickelten Bestandsflächen; d.h., Bebauungsplanänderungen werden von Seiten der Verbandsversammlung vorgenommen.

- Der Grund für die Abweichung der Aufgabenwahrnehmung von der Satzung liegt vor allem darin begründet, dass bislang die Entwicklung ausschließlich auf Basis von eingebrachten „Bestandsflächen" erfolgte und kein Erfordernis zur Ausweisung neuer Gebiete bestand. Eine entsprechend der Satzung umfassende eigentumsrechtliche Übergabe von Bestandsflächen an den Stadtentwicklungsverband hätte eine komplexe Bewertungsproblematik zur Folge gehabt, die angesichts der hohen inhaltlichen und rechtlichen Überlagerungen auf engem Raum (z.b. unterschiedliche Satzungsgrundlagen) nur mit hohem Aufwand lösbar gewesen wäre.

  Demzufolge wurden bislang nur bereits überplante und erschlossene Gebiete in die Obhut des Stadtentwicklungsverbandes zur Vermarktung und Vergabe gegeben. Aktuell steht in Neu-Ulm aufgrund des geringen Angebotes eine Entwicklung und Ausweisung neuer Gewerbeflächen an.

Die Aussagen ergeben zum Stand der Zielerreichung ein nach den einzelnen Schwerpunkten bzw. Zielstellungen differenziertes Bild, das in Abhängigkeit von der Übereinstimmung oder Abweichung zwischen der Umsetzungspraxis und den Festlegungen der Verbandssatzung in folgenden Punkten zusammengefasst werden kann.

a) Hohe Zielerreichung in Übereinstimmung zwischen Umsetzungspraxis und Verbandssatzung:

- Der „gemeinsame Wirtschaftsraums" konnte sich zu einer selbstverständlichen Entwicklungsbasis für die Kooperation der beiden Städte entwickeln.

- Die Konkurrenzsituation konnte nahezu ausgeschaltet werden; demnach werden Standortentscheidungen in gemeinsamer Abstimmung weitgehend nach den möglichst optimalen Standortanforderungen für den jeweiligen Betrieb getroffen.

- Mit der jetzigen Organisationsstruktur wird eine effiziente Bündelung von Finanz- und Verwaltungskräften erreicht.

- Durch die Verbesserung und Optimierung von Ansiedlungsbedingungen im Zuge einer höheren Standortvarianz und eines flexibleren Standortangebots konnte auch zu einer Sicherstellung von Arbeitsplätzen beigetragen werden. Dies wird durch die hohe Nachfragequote von Ansiedlungen bzw. von Umsiedlungen im Bestand bestätigt. Zumindest punktuell konnten sog. „höherwertige" Arbeitsplätze angesiedelt werden, auch wenn sich diese nicht näher verifizieren lassen und dafür auch andere Faktoren eine Rolle spielen.

- Als Kernaufgaben des Stadtentwicklungsverbandes haben sich die Grundstücksvermittlung und -vergabe sowie das Standortmarketing entwickelt.

- Der Stadtentwicklungsverband übernimmt die Planungshoheit für die ihm übertragenen, von den beiden Städten bereits entwickelten Bestandsflächen.

b) Abweichung in der Umsetzungspraxis gegenüber den Festlegungen in der Verbandssatzung:

- Die Aufgaben, die mit der „Flächenentwicklung" in Zusammenhang stehen, wie Ankauf, Planung, Erschließung und der notarielle Verkauf, sind im Kompetenzbereich der einzelnen Kommunen verblieben. Als Gründe wurden hierzu angeführt:
    - Die Entwicklung erfolgte bislang ausschließlich auf Basis von „Bestandsflächen".
    - Die Übergabe von Flächen an den Stadtentwicklungsverband hätte zu aufwendigen und nur bedingt lösbaren Abgrenzungs- und Bewertungsproblemen geführt.

- In Anlehnung an den vorherigen Punkt konnten von Seiten des Stadtentwicklungsverbandes bislang keine anspruchsvolleren städtebaulichen und ökologischen Rahmenbedingungen im Zuge der Planung umgesetzt werden, nachdem u.a. die Flächenentwicklung faktisch in der weitreichenden Kompetenz der beiden Städte verblieben ist.

Die Übersicht verdeutlicht zunächst, dass „unterm Strich" viele Zielstellungen entsprechend den Aussagen und Festlegungen in der Verbandssatzung erreicht werden konnten. Dies betrifft insbesondere das Kernziel der Vermeidung der Konkurrenzsituation durch eine funktionsfähige und wirksame Durchführungssystematik, in die alle relevanten Aufgaben der Gewerbeentwicklung von der Flächensicherung und Planung über die Vermarktung und Vergabe von Flächen bis hin zum gemeinsamen Standortmarketing einbezogen sind. Hierzu trägt – auch bei Städten einer solchen Größenordnung – die Bündelung der Finanz- und Verwaltungsressourcen in besonderer Weise bei. Auf der Ebene des gemeinsamen Gewerbeflächenportfolios führt die Angebotsbündelung der beiden Städte im Sinne eines Flächenmanagements zu einer höheren Standortvarianz, so dass für den jeweiligen Betrieb möglichst optimale Standortanforderungen geschaffen werden können.

Die dargestellten Abweichungen erscheinen hinsichtlich der Begründung einerseits nachvollziehbar, andererseits zeigen diese auf, dass die Messlatte zur Zusammenarbeit seitens der Verbandssatzung höher gesteckt wurde als die Rahmenbedingungen und Vorstellungen zur Umsetzung von Seiten der Partner. So wurden nach Aussagen in den Experteninterviews die beschlossene Verbandssatzung und insbesondere die getroffenen Regelungen zur Flächenentwicklung in der frühen Startphase zur nochmaligen Diskussion gestellt. Hierzu wurde eine Arbeitsgruppe aus Vertretern von Politik und Verwaltung beauftragt, eine Lösung alternativ zur Satzungsregelung zu erarbeiten. Im Ergebnis einigte man sich in der Arbeitsgruppe auf die dargestellte Praxis, in der der Stadtentwicklungsverband die Planungshoheit von bereits entwickelten Flächen übertragen bekommt. Die Verankerung der Flächenentwicklung und Planungshoheit beim Stadtentwicklungsverband erscheint aus „Sicht der Verbandssatzung" als eine strukturell stringente und systemisch angelegte Zuordnung, um den Steuerungszyklus auf interkommunaler Ebene konsequent zu schließen. Demgegenüber stellt die jetzige Regelung in der Praxis einen faktischen Entzug der Planungshoheit auf der Ebene des Stadtentwicklungsverbandes dar, der im Rahmen der Übertragung von Bestandsflächen noch bewältigbar erscheinen mag. Dieses „Kompromissmodell" könnte jedoch bei der erforderlichen Neuausweisung von Gewerbeflächen an seine Grenzen stoßen oder zu Brüchen in der Gesamtsystematik führen, nachdem dazu der Grad der Abstimmung nicht geregelt ist und sich ggf. auch nicht klar regeln lässt.

Auch wenn die Verbandssatzung bislang nicht 1:1 umgesetzt wurde, so lässt sich die bisherige Zielerreichung maßgeblich auf die dort verankerten, hochwertigen Grundlagen zurückführen. Dies betrifft den Aufbau einer umfassenden Steuerungssystematik zur Gewerbeflächenentwicklung ebenso, wie die stringente Ausrichtung auf die interkommunale Steuerungs- und Handlungsebene.

6.4.4 Steuerung der Schwerpunktfunktion im Kontext einer Nachfrageorientierung

Die relevanten Steuerungsansätze und -instrumentarien zur Gewerbeentwicklung unter dem Dach des Stadtentwicklungsverbandes Ulm/Neu-Ulm wurden im Rahmen des Werkstattgesprächs erörtert und eine anschließende Beurteilung der Nachfrageorientierung vorgenommen.

Eingesetzte Steuerungsansätze/-Instrumente

In Bezug zu den Ergebnissen des bisherigen Zielerreichungs- und Umsetzungsstandes sind folgende Steuerungsansätze und instrumentarien von Bedeutung (Quelle: Dokumentation des Werkstattgesprächs; Experteninterviews):

- Als grundsätzliche Steuerungsinstrumente werden der gemeinsame Zweckverband und die dafür zugrunde gelegte Verbandssatzung angesehen.

- Ein zentrales Steuerungsinstrument ist das gemeinsame Gewerbeflächenportfolio mit dem aufeinander abgestimmten Gewerbeflächenangebot der beiden Städte sowie der Kooperationspartner, das u.a. auf der Website des Stadtentwicklungsverbandes dargestellt und laufend angepasst wird. Ergänzend zu den „kommunalen Flächen" wurde über die Website des Stadtentwicklungsverbandes eine Immobilienbörse mit privaten gewerblichen Objekten zur Vermietung oder zum Verkauf aufgebaut, die ebenfalls regelmäßig gepflegt wird und derzeit rund 200 Objekte enthält. Das private Immobilienangebot wird in die Beratung potenzieller Investoren eingebunden.

- In Zusammenhang mit der Geschäftsstelle des Stadtentwicklungsverbandes stellen die Entwicklungs- und Koordinierungsabläufe einen maßgeblichen Bestandteil der Steuerung dar. Dies betrifft die laufende Abstimmung zwischen zuständigen Mitarbeitern der Liegenschaftsämter und Wirtschaftsförderungen der beiden Stadtverwaltungen sowie einen alle zwei Wochen stattfindenden Jour-fixe, der u.a. zur Koordinierung von Vergabeentscheidungen, Informationsaustausch über laufende Anfragen und zur gemeinsamen Überlegung hinsichtlich zukünftig zu entwickelnder Flächenpotenziale dient.

- In besonderer Weise wird die Systematik von Vergabeentscheidungen im Zusammenspiel zwischen Geschäftsstelle (bis 200.000 Euro) und Verbandsversammlung (über 200.000 Euro) als steuerungsrelevant betrachtet, durch die eine adäquate „Planungssicherheit" für die Betriebe bzw. Vorhabenträger gewährleistet werden kann. In die Vorberatung von Vergabeentscheidungen sind zudem die jeweiligen Ausschüsse der beiden Stadträte eingebunden.

- Als Grundlage für das ergänzende Steuerungsinstrumentarium des Standortmarketings im engeren Sinne wird jedes Jahr eine gemeinsame Jahresplanung festgelegt.

- Prinzipiell sind auch die Regelungen der Verbandssatzung zur Gewerbesteuerverteilung als Steuerungsinstrument angelegt, diese wurden bis dato jedoch noch nicht vollzogen. Aufgrund der komplexen Ausgangssituation mit unterschiedlichen Finanzausgleichungswirkungen ist die Betrachtung der Einnahmenentwicklung nur in einem längerfristigen Zeitraum sinnvoll. Vor dem Hintergrund der durch die Kämmerer ermittelten Basisdaten entsprechend der Satzung war bis 2007 faktisch kein Ausgleich notwendig. Seitdem ist eine einseitigere Entwicklung festzustellen, so dass die Klärung von Ausgleichsmöglichkeiten eine Relevanz bekommen hat. Dahingehend ist es noch unklar, inwieweit die Regelungen in der Verbandssatzung angewendet werden oder anderweitige Ausgleichsmöglichkeiten eruiert werden.

Die Steuerungsansätze des Stadtentwicklungsverbandes Ulm/Neu-Ulm lassen sich im Wesentlichen zwischen den Festlegungen in der Verbandssatzung und der „gelebten Praxis" differenzieren:

- Verbandssatzung: beruht auf einer umfassenden Steuerungslogik auf Seiten des Stadtentwicklungsverbandes, die sämtliche Funktionen, Rollen und Aufgaben innerhalb einer in sich schlüssigen Durchführungssystematik einbezieht und regelt.

- „Gelebte Praxis": unter Berücksichtigung der Abweichungen von der Verbandssatzung bis dato funktionierendes Steuerungssystem, dass sich insbesondere auf eine gewachsene Vertrauensbasis zwischen den handelnden Akteuren stützt. Dies betrifft insbesondere die Kernfunktion der Vermarktung und Vergabe von Flächen.

Auf die mit diesen beiden Steuerungsansätzen zusammenhängenden Aspekte und Risiken wird *im nachfolgenden Kap.* mit dem Fokus des „Verbindlichkeitsgrades" näher eingegangen.

Die wesentliche Qualität der Steuerungssystematik des Stadtentwicklungsverbandes verbindet sich insbesondere mit dem gemeinsamen Gewerbeflächenportfolio in Ergänzung durch die privaten Angebote der Immobilienbörse. Damit wird im Sinne eines Flächenmanagements interessierten Betrieben eine breite Varianz an Gewerbeflächen und Standorten angeboten, wobei dies wesentlich davon abhängt, dass bei der begleitenden Beratung die am besten geeignete Lösung für den jeweiligen Betrieb im Vordergrund steht. Nachdem bis dato keine Gewerbesteuerverteilung vollzogen wurde und die Gewerbesteuereinnahmen bei den einzelnen Kommunen verblieben sind, scheint bei aller Gemeinsamkeit und Abstimmung ein Interesse einer Ansiedlung im „eigenen" Stadtgebiet nicht irrelevant zu sein – insbesondere, wenn nahezu gleichwertige Standortbedingungen gegeben sein sollten.

Umso wichtiger wäre es, zum Steuerungsinstrument der Gewerbesteuerverteilung von der bis dato eher offenen Situation zu einer klaren Verfahrensregelung zu kommen. Ausgehend von der grundsätzlichen Klärung des Vollzugs wäre ggf. ein klar abgegrenzter Zeitraum für die Durchführung der Gewerbesteuerverteilung zu definieren.

Nachfrageorientierung

Um die Erfordernisse einer Nachfrageorientierung mittels interkommunaler Kooperation besser einordnen zu können, wurden im Rahmen des Werkstattgesprächs zunächst die Grenzen einzelgemeindlicher Vorgehensweisen erörtert (Quelle: Dokumentation des Werkstattgesprächs):

- Vor dem Hintergrund der speziellen Situation der Städte Ulm und Neu-Ulm werden Grenzen und Defizite einer Steuerung auf einzelgemeindlicher Ebene in folgenden Punkten gesehen:
  - Abwerben der Betriebe auf engem Raum (u.a. Preiskampf).
  - Geringere Varianz und Flexibilität des Standortangebots.
  - Geringere Wahrnehmung eines einzelgemeindlichen Standortmarketings nach innen und außen.
  - Höhere Vorhaltung von Kosten (u.a. Personal- und Marketingkosten).
- Zusammenfassend kann eine einzelgemeindliche Steuerung der Gewerbeflächenentwicklung den Anforderungen eines gemeinsam gewachsenen Wirtschaftsraumes nur sehr bedingt gerecht werden.

Wie bereits in den *vorherigen beiden Kap.* dargestellt, liegt die Gründung des Stadtentwicklungsverbandes Ulm/Neu-Ulm maßgeblich in der Erkenntnis der einzelgemeindlichen Grenzen einer raumbezogenen und bedarfsorientierten Steuerung der Gewerbeentwicklung begründet. Neben dem ursprünglichen Hauptargument der nachteiligen Konkurrenzsituation bezieht sich dies vor allem auf zwei Aspekte:

- „Aspekt des Flächenmanagements" hinsichtlich der eingeschränkteren Angebotsvarianz.
- „Kostenaspekt" hinsichtlich der größeren Vorhaltung von Personal- und Marketingkosten.

Durch diese Aspekte wird deutlich, dass auch bei derartigen Größenordnungen wie den beiden Städten Ulm und Neu-Ulm über den Raum- und Bedarfsbezug hinaus Grenzen hinsichtlich der Effizienz und Wirksamkeit einer einzelgemeindlichen Steuerung der Gewerbeentwicklung bestehen.

Daran knüpfte die Diskussion mit der Frage nach den Nachfrageschwerpunkten und reellen Nachfragegruppen an (Quelle: Dokumentation des Werkstattgesprächs):

- Als relevante Nachfragegruppen gelten vor allem Betriebe in den zentralen Kompetenzfeldern wie Metall, Maschinenbau, Nutzfahrzeugbau, Logistik und Pharma/Gesundheit. Ziel ist es, mit Unterstützung durch die Ansiedlungspolitik betriebliche Wertschöpfungsketten soweit wie möglich zu schließen.

- Zukünftig wird ein verstärkter Schwerpunkt auf die Bestandspflege und -entwicklung gelegt. Wie die aktuellen Ergebnisse der Unternehmensbefragung im Gewerbegebiet Flugplatz Schwaighofen belegen, lässt sich die überwiegende Nachfrage auf Umsiedlungen und Ansiedlungen von Bestandsbetrieben aus dem SEV-Gebiet zurückführen *(siehe vorheriges Kap.)*.

So waren die Marketingaktivitäten bislang auch in beträchtlichen Maße auf die Darstellung des Standorts nach außen mit dem Bezug zur Neuansiedlungsakquise ausgerichtet (u.a. Teilnahme an Messen wie expo real). In der aktuellen Weiterentwicklung wird aufgrund der hohen Bedeutung der Nachfrage aus dem Bestand oder dem näheren regionalen Umfeld die Bestandsentwicklung als zukünftige Hauptaufgabe angesehen, während die Ressourcen für das „Außenmarketing" zurückgenommen werden.

In Anlehnung an die grundlegenden Aussagen zur Nachfragesituation im Rahmen der Gewerbeflächenentwicklung in *Kap. 3.2.2.4* kann selbst in einem Gewerbeflächenmarkt, der sich, wie im Fall des SEV-Gebiets, auf eine bundesweit herausragenden Wirtschaftsstruktur bezieht, von einer weitgehend aus dem Bestand basierenden Nachfrage ausgegangen werden. Zur differenzierteren Beurteilung wären über die exemplarische Unternehmensbefragung im Gewerbegebiet Flugplatz Schwaighofen der Stadt Neu-Ulm hinausgehend ggf. weitere derartige Erhebungen und Befunde auf dem Gebiet des Stadtentwicklungsverbandes hilfreich. So wäre u.a. zu prüfen, inwieweit die Ansiedlung aus dem regionalen Umfeld in Zusammenhang mit den betrieblichen Wertschöpfungsketten in den zentralen Kompetenzfeldern ggf. ein relevanteres Nachfragesegment darstellen könnte.

Die vorgesehene Intensivierung der Bestandsentwicklung spiegelt sich u.a. in einem Paradigmenwechsel des Standortmarketings vom Außenmarketing zu einem verstärkten Innenmarketing wider. Hier stellt sich die Frage, in welchen Strategien, Medien oder Instrumenten eine derartige Trennschärfe zwischen Außen- und Innenmarketing eine Rolle spielt bzw. eine stärkere Profilierung des Innenmarketings sinnvoll und möglich ist (z.b. Elemente der Öffentlichkeitsarbeit wie Imagebroschüren, Messebesuche, Betriebskontakte etc.). So werden von Seiten der Geschäftsstelle bereits kontinuierliche Kontakte zu den Bestandsbetrieben gepflegt.

Zu der weiterführenden Frage nach den Erfordernissen einer interkommunalen Abstimmung von Angebot und Nachfrage hat das Werkstattgespräch zu folgendem Ergebnis geführt (Quelle: Dokumentation des Werkstattgesprächs):

- Die Steuerung bzw. Abstimmung von Angebot und Nachfrage findet im Wesentlichen auf folgenden Ebenen statt:
  - Auf operativer Ebene: insbesondere im Rahmen des gemeinsamen Jourfixe der Geschäftsstelle.
  - Auf Entscheidungsebene: im Rahmen der Verbandsversammlung, u.a. hinsichtlich strategischer Weichenstellungen.
- Die Nachfragesituation wird als „stabil" und für die Angebotsentwicklung insofern als „komfortabel" beurteilt, nachdem diese mit kürzeren Vorhaltungszeiten verbunden ist (geringeres Risiko und Kapitalbindung etc.).
- Über die gemeinsame Ansiedlungspolitik findet vor allem auch qualitativ eine Abstimmung zwischen Angebot und Nachfrage statt. Aufbauend auf das Angebotsportfolio sind die erforderlichen Rahmenbedingungen des Nachfragers für eine Vergabe entscheidend.
- Angebotsseitig ist mit der konsequenten Anwendung des „kommunalen Zwischenerwerbsmodells" eine deckungsgleiche Liegenschafts- und Bodenpolitik zugrunde gelegt. In deren Folge wurden/werden auch die Bodenpreise aufeinander abgestimmt.
- Im Zuge einer langfristigen Nachfrageabschätzung kann von einem Bedarf von 10 bis 15 ha pro Jahr für das SEV-Gebiet ausgegangen werden.
- Aufgrund des nur noch in begrenztem Umfang kurzfristig verfügbaren Gewerbeflächenangebots (14,6 ha) gibt es von Seiten der Stadt Neu-Ulm Neuausweisungsbestrebungen, die sich durch die stabile Nachfragesituation begründen. Hierzu ist eine gezielte Entwicklung von Flächen an der Autobahn (A7) hinsichtlich eines nachfrageorientierten Standorts angedacht.

Über die Erweiterung bestehender Gewerbegebiete (u.a. Science Park II + III) hinaus wird von Seiten der Stadt Ulm mittelfristig keine Neuausweisung von Flächen als erforderlich angesehen.

- Ein verstärktes Abstimmungserfordernis wird im Rahmen der Bestandspflege erwartet. Zur besseren und kontinuierlichen Erfassung der bestandsorientierten Nachfragesituation wird derzeit ein Gewerbeflächenmonitoring aufgebaut.

Insgesamt ist es im Rahmen des Stadtentwicklungsverbandes bis dato gelungen, die Gewerbeflächenentwicklung in Abstimmung zwischen Angebot und Nachfrage zu steuern sowie im Zuge dessen sowohl größere Überangebote als auch unnötige Engpässe zu vermeiden. Hierfür sind u.a. folgende Rahmenbedingungen und Steuerungselemente ausschlaggebend:

- Eine „stabile" sowie mehr oder weniger kontinuierliche Nachfragesituation auf Basis einer ausgeprägten Wirtschaftsstruktur.

- Die operativen Steuerungs-, Beratungs- und Unterstützungsleistungen von Seiten der Geschäftsstelle, die sich als eine als zentrale Anlaufstelle für die Betriebe des Wirtschaftsstandortes Ulm/Neu-Ulm etabliert hat und als solche auch wahrgenommen wird. Hierbei spielt auch der zugrunde gelegte Steuerungsansatz einer „Dienstleistungs- und Lotsenfunktion" gegenüber den Betrieben eine wichtige Rolle.

- Die Verankerung von Vergabeentscheidungen und Verkäufen auf Ebene des Stadtentwicklungsverbandes sowie die dazu erforderliche Angleichung der kommunalen Liegenschafts- und Bodenpolitik.

- In Ergänzung dazu stellt der beabsichtigte Aufbau eines kontinuierlichen Gewerbeflächenmonitorings zur konkreteren Abfrage des Gewerbeflächenbedarfs der Bestandsbetriebe einen wichtigen nachfrageorientierten Lückenschluss in der Steuerungssystematik des Stadtentwicklungsverbandes dar.

Ausgehend von diesen Faktoren hängt die weitere Steuerungsqualität des Gewerbeflächenmanagements maßgeblich davon ab, inwieweit eine auf die Standortbedürfnisse des Investors bzw. Betriebs ausgerichtete „nachfrageorientierte" Beratung und Ansiedlungspolitik aufrechterhalten werden kann. Eine grundlegende Voraussetzung dazu ist es, die Bedingungen einer angebotsbezogenen Wettbewerbssituation soweit wie möglich auszuschließen und entsprechend auch zur Frage der Gewebesteuerverteilung eine Klärung herbeizuführen.

Vor dem Hintergrund der zukünftigen Nachfrageprognose und vor allem auch der Gewerbesteuerverteilung ordnen sich die Aussagen zur weiteren Angebotsentwicklung ein. Wie dargestellt entspricht das gegenwärtige kurzfristig verfügbare Gewerbeflächenangebot dem Niveau der verkauften Gewerbeflächen im Zeitraum zwischen 2000 und 2009. Sollte sich die Nachfrage weiterhin auf vergleichbarem Niveau entwickeln, so könnte dieses Gewerbeflächenpotenzial in etwa den Bedarf für den kommenden 10-Jahreszeitraum abdecken.

Sofern keine belastbareren Befunde für eine signifikante Wachstumssteigerung vorhanden sind, erscheint aus Sicht des Stadtentwicklungsverbandes derzeit kein zwingender Neuausweisungsbedarf vorhanden. Zumindest für die nächsten drei bis fünf Jahre scheint ein ausreichender Angebotspuffer vorhanden, so dass mittelfristig eine gezieltere Neuausweisung in Abhängigkeit von den reellen Verkaufszahlen der nächsten Jahre vorgenommen werden könnte.

Die Frage eines Neuausweisungsdrucks auf Seiten der einzelnen Städte hängt maßgeblich mit der Klärung der Planungshoheit und der Gewerbesteuerverteilung zusammen. In Anlehnung an die Verbandssatzung war es gerade das Anliegen, über die dort getroffenen Regelungen den Druck einer einzelgemeindlichen Neuausweisungspolitik zu vermeiden und dadurch eine bedarfs- und nachfragegerechte Flächenpolitik auf Ebene des Stadtentwicklungsverbandes zu ermöglichen.

Durch die Handhabung in der Praxis, neue Gewerbegebiete planungsrechtlich in der Federführung der jeweiligen Kommune zu entwickeln und erst dann eine Eingliederung in den SEV vorzunehmen, wird ein Kernbestandteil der Steuerungssystematik der Verbandssatzung faktisch außer Kraft gesetzt, wonach sich die Städte verpflichtet haben, neu zu entwickelnde Gewerbeflächen in das „gemeinsame Gewerbegebiet" des Stadtentwicklungsverbandes einzugliedern (*siehe Kap. 6.4.2*; vgl. SEV ULM/NEU-ULM 1999: 2). In Verbindung mit der offenen Situation der Gewerbesteuerverteilung kann durch eine weniger verbindliche Abstimmung bei der Planung eine konsequente nachfrageorientierte Entwicklung auf Dauer nur bedingt gewährleistet werden (vgl. MEIGEL 2005: 74)

6.4.5 Beurteilung der „interkommunalen Kooperation" auf Grundlage einer funktionsräumlichen Kohärenz

Anhand des im konzeptionellen Bezugsrahmen abgeleiteten Wirkungsmodells *(Kap. 5.1.3)* wurde die derzeitige Konfiguration der „interkommunalen Kooperation" des Stadtentwicklungsverbandes Ulm/Neu-Ulm mit dem Schwerpunkt Gewerbeentwicklung abschließend beurteilt (Quelle: Dokumentation des Werkstattgesprächs):

Strukturangepasstheit (Organisationsstruktur <-> räumlicher Bezug)

- Angesichts eines über die Stadtgrenzen hinausgehenden Wirtschaftsraumes war und ist es notwendig, im Rahmen des Stadtentwicklungsverbandes die Organisationsstrukturen flexibel auf die räumlichen und funktionalen Gegebenheiten anzupassen.

- Die mit dem Stadtentwicklungsverband verbundenen Organisationsstrukturen werden unter Berücksichtigung der räumlichen Verhältnisse als zweckmäßig und wirksam erachtet. Dies betrifft v.a. die Zusammenarbeit im Rahmen der Geschäftsstelle und in der Verbandsversammlung. Dahingehend hat sich auch die unabhängig von den Größenunterschieden zwischen den beiden Städten vorgenommene „paritätische" Besetzung der Gremien bewährt.

- Unabhängig von der Kooperation mit den Nachbargemeinden wird eine Beibehaltung des jetzigen Bezugsgebietes und der jetzigen Strukturen mit den beiden Städten als Kern des Stadtentwicklungsverbandes als zweckmäßig angesehen.

Entsprechend den Aussagen weist die Strukturangepasstheit des Stadtentwicklungsverbandes Ulm/Neu-Ulm prinzipiell eine hohe Kohärenz zwischen den räumlichen und strukturellen Gegebenheiten sowie den Organisationsstrukturen auf. Dies ist maßgeblich darauf zurückzuführen, dass es sich um einen gewachsenen Wirtschaftsraum handelt, den bis zur Gründung des Stadtentwicklungsverbandes die relevanten Wirtschaftsakteure – mit Ausnahme der Kommunen – auch als solchen wahrgenommen haben. Trotz der gegebenen Rahmenbedingungen müssen jedoch die Erfordernisse einer Zusammenarbeit von Seiten der Kommunen erkannt und hinsichtlich einer Umsetzung in letzter Konsequenz auch gewollt sowie „gelebt" werden.

Die Grundidee der Verbandssatzung war es, entsprechend den räumlichen Gegebenheiten die Ebene der interkommunalen Kooperation im Sinne einer eigenständigen Organisations-, Steuerungs- und Handlungsebene mit weitgehenden

Kompetenzen und einer detaillierten Rollen- und Aufgabenverteilung zu versehen. Dies erschien auch deshalb von Bedeutung, nachdem es sich „lediglich" um
zwei Partner handelt und sich darauf Bezug nehmend auch die „paritätische" Besetzung der Gremien erklärt. Insgesamt wurden die „organisatorischen" Vorgaben der Satzung weitgehend umgesetzt. Die in der Satzung vorgesehene, klare
Rollen- und Aufgabenverteilung hat u.a. dazu beigetragen, dass sich ein Vertrauensverhältnis zwischen den handelnden Personen der beiden Städte entwickeln konnte.

Bedarfsangepasstheit (Zweck/Funktion <-> räumlicher Bezug)

- Ebenso wie für die Strukturangepasstheit ist der „gemeinsame Wirtschaftsraum" hinsichtlich der vielfältigen Funktionsüberlagerungen auch für Bedarfsangepasstheit prägend. Durch die direkt ineinander übergehenden Stadtgebiete können viele Funktionen nur in gemeinsamer Kooperation sinnvoll wahrgenommen bzw. gesteuert und entwickelt werden.

- Dies galt in besonderer Weise für die Wirtschafts- und Gewerbeentwicklung,
  wobei sich eine gegenseitige Konkurrenzsituation auf engem Raum für die
  Kommunen als nachteilige Strategie erwiesen hat. Dies betraf sowohl das ge-
  genseitige Abwerben von Betrieben von Seiten der Kommunen als auch das
  Ausspielen der Städte durch Betriebe hinsichtlich der Preisgestaltung oder die
  Erzwingung von Rahmenbedingungen.
  Mit der Gründung des Stadtentwicklungsverbandes wurde diese nachteilige
  Konkurrenzsituation unterbunden.

- Die gemeinsame Vermarktung und abgestimmte Vergabe des Gewerbeflächenangebotes stellt eine raum- und bedarfsgerechte Aufgabenwahrnehmung
  dar.

Wie die Strukturangepasstheit ist auch die Bedarfsangepasstheit maßgeblich
durch den „gewachsenen Wirtschaftsraum" geprägt. Ausgehend von der zentralen Bedarfsstellung, dass für die Betriebsumsiedlungen und -ansiedlungen über
die Stadtgrenzen hinweg keine adäquate bzw. befriedigende Steuerung auf einzelgemeindlicher Ebene möglich war, war die Gründung des Stadtentwicklungsverbandes von Anfang an auf den Zweck der Gewerbeentwicklung ausgerichtet.
Dahingehend kann die Bedarfsangepasstheit des Stadtentwicklungsverbandes
in hoher Weise als kohärent angesehen werden. Dazu trägt auch die räumlich-
funktionale Einbeziehung der direkt anliegenden Nachbargemeinden mittels
Kooperationsverträgen bei.

Das zentrale Ziel, die Voraussetzungen für eine möglichst optimale und effiziente An- und Umsiedlung von Betrieben im Sinne eines Flächenmanagements zu schaffen, entspricht in hohem Maße einem funktionsräumlichen Ansatz.

Verbindlichkeitsgrad (Zweck/Funktion <-> Organisationsstruktur)

- Ausgehend von der Rechtsform des Zweckverbandes wurden in der Verbandssatzung sehr weitgehende und verbindliche Strukturen auf einem hohen Niveau ausgelotet. Dies betrifft u.a. eine detaillierte Klärung der Rollen- und Aufgabenwahrnehmung sowie damit zusammenhängender Sachverhalte.

- In der Umsetzungspraxis hat sich vor allem auch die Vertrauensbasis zwischen den Stadtverwaltungen und handelnden Personen als eine wichtige Voraussetzung entwickelt.

- Das Kerngeschäft der Flächenvergabe erfolgt weitgehend reibungslos entsprechend der Vorgaben in der Satzung. Beschlüsse der Verbandsversammlung werden mit klaren Voten auf Grundlage der Empfehlungen von Seiten der Verwaltung getroffen. Über Vergaben in alleiniger Verwaltungskompetenz wird die Verbandsversammlung einmal im Jahr ausführlich unterrichtet.

- Durch die bisherige Konzentration auf Bestandsgebiete liegt bis zum jetzigen Zeitpunkt zumindest kein wesentlicher Widerspruch zu den verbindlichen Maßgaben der Verbandssatzung vor.

- In Bezug auf die vorgesehenen Neuausweisungen der Stadt Neu-Ulm geht der Trend darin, aufbauend auf der gewonnen Vertrauensbasis die bewährte Praxis beizubehalten und keine Änderungen am praktizierten Rollenspiel zwischen Kommunen und Stadtentwicklungsverband vorzunehmen; d.h., die Flächenentwicklung soll auch zukünftig in Federführung der beiden Städte erfolgen. Sofern dies von der Politik gewünscht wird, kann die Verbandssatzung an die Praxis angepasst werden. Aktuell wird jedoch für eine Anpassung der Satzung kein unmittelbarer Handlungsdruck gesehen.

- Die Frage der Flächenentwicklung steht auch in Zusammenhang mit der, in der Verbandssatzung definierten, Verteilungsregelung zu den Gewerbesteuereinnahmen. Hierbei wäre u.a. zu klären, inwieweit der umfassend auf das Bestandsgebiet definierte Verteilungsanspruch sinnvoll und praktikabel ist.
Hierzu ergibt sich ein differenziertes Meinungsbild:
  - Aus Sicht der Vertreter der Stadt Neu-Ulm wäre es denkbar, nur die, über den Stadtentwicklungsverband neu angesiedelten Flächen und die dort erzielten Gewerbesteuereinnahmen in die Verteilung einzubeziehen. Eine Berücksichtigung der Kosten für Erwerb, Planung und Erschließung er-

scheint aufgrund der abgestimmten Boden- und Liegenschaftspolitik sowie Bodenpreise nicht erforderlich.

Aus Neu-Ulmer Sicht wäre eine Verteilungsregelung insofern von Bedeutung, um einen verbindlicheren Anreiz für die Ausschaltung der Konkurrenzsituation im Rahmen der Ansiedlung zugrunde zu legen.

- Aus Sicht der Vertreter der Stadt Ulm ist das Erfordernis der Verteilungsregelung insgesamt in Frage zu stellen.

Mit dem in der Satzung verankerten Anspruch, den Stadtentwicklungsverband als eine, gegenüber den beiden Städten eigenständige Steuerungs- und Handlungsebene mit umfassenden Kompetenzen und Regelungen auszustatten, verbindet sich ein sehr hoher Verbindlichkeitsgrad, der in dieser Form als modellhaft angesehen werden kann. Dies bezieht sich vor allem auf die Qualität einer stringenten Durchführungssystematik, die dem Spagat zwischen organisatorischen und verwaltungsjuristischen sowie den fachlichen Anforderungen der Gewerbeentwicklung in umfassender Weise gerecht wird.

Die Abweichungen in der Praxis stehen in engem Zusammenhang mit einer über die Jahre gewachsenen Vertrauensbasis, die offensichtlich die teilweise entstandenen Lücken in der Steuerungssystematik bis dato ohne negative Beeinträchtigungen der Zweckerfüllung überbrücken konnte. Die bisher praktizierte Zweckerfüllung beruhte u.a. darin, dass von den beiden Kommunen bereits entwickelte Bestandsflächen in den Stadtentwicklungsverband eingebracht werden konnten.

Neben der Gewerbesteuerverteilung kann die Frage der Wahrnehmung der Planungshoheit bei der Neuausweisung von Gewerbeflächen – wie sie u.a. von Seiten der Stadt Neu-Ulm absehbar beabsichtigt ist – als richtungsweisend für die weitere Entwicklung des Stadtentwicklungsverbandes angesehen werden.

Hierzu sind unter Berücksichtigung des Verbindlichkeitsgrades grundsätzlich folgende Optionen denkbar:

- Die Praxis wird an den Verbindlichkeitsgrad der Verbandssatzung angepasst und demzufolge neue Gewerbeflächen verbindlich in das „gemeinsame Gewerbegebiet" eingegliedert und unter Wahrnehmung der Planungshoheit durch den Stadtentwicklungsverband mit allen dafür vorgesehen Kompetenzen entwickelt. Voraussetzung hierfür ist, dass eine in der Praxis praktikable Bewertungsregelung zu den eingebrachten Flächen gefunden wird.

- Entsprechend der bisher praktizierten Handhabung erfolgt die Flächenentwicklung und Neuausweisung weitgehend in der Verantwortung der einzelnen Städte, während sich der Stadtentwicklungsverband vorrangig um die Vermarktung und Vergabe der Flächen kümmert. In der Konsequenz hätte dies eine Satzungsänderung zur Folge; ggf. müsste die vorgesehene Durchführungssystematik in der Verbandssatzung auf diese Lösung hin überprüft und angeglichen werden.

Ausgehend von der Frage des Verbindlichkeitsgrades scheinen beide Optionen in unterschiedlichen Zeitdimensionen mit Risiken behaftet zu sein:

- Kurzfristig würde eine Anpassung der Rollenverteilung entsprechend der Satzung und die Erarbeitung einer praktikablen Bewertungsregelung eine Herausforderung für die Zusammenarbeit darstellen, die ggf. auch mit einer Bewährungsprobe des Vertrauensverhältnisses verbunden wäre.

- Mittel- bis langfristig würde sich mit einer Lösung auf Basis der bisher praktizierten Verfahrensweise eine strukturelle und funktionale Schwächung der Steuerungsfunktion des Stadtentwicklungsverbandes gegenüber den beiden Städten manifestieren. Insbesondere, wenn aufbauend auf eine derartige Lösung keine alternativen Abstimmungs- oder Interventionsregeln definiert werden, sind Risiken im Sinne von Konfliktsituationen insbesondere dann möglich, wenn eine Kommune Flächenentwicklungen favorisiert und ggf. auch planungsrechtlich durchführt, die mit den Zielsetzungen des Stadtentwicklungsverbandes oder den Interessen der anderen Kommune kollidieren.

Zu dieser substanziellen Frage scheint es bis zum jetzigen Zeitpunkt noch kein endgültiges Meinungsbild zu geben. Nach den Rückmeldungen und Einschätzungen im Rahmen des Werkstattgesprächs und der Experteninterviews spiegelt die jeweilige Haltung der beiden Städte differenzierte Auffassungen wider. Während die Stadt Neu-Ulm weniger Probleme darin sähe, nach der Verbandssatzung zu arbeiten und die Kooperation durch einen strukturell verankerten, höheren Verbindlichkeitsgrad langfristig zu sichern, möchte die Stadt Ulm in stärkerem Maße die eigenen kommunalen Entscheidungsbefugnisse beibehalten. Dies stellt jedoch keine grundsätzlichere Infragestellung dar, auch die Stadt Ulm möchte in hohem Maße an der organisatorischen und funktionalen Basis des Stadtentwicklungsverbandes als gemeinsame Kooperationsplattform festhalten.

Zusammenfassend haben sich beide Städte in der Praxis auf ein, gemessen an der Verbandssatzung, niederschwelligeres Niveau des Verbindlichkeitsgrades eingespielt: d.h. Zusammenarbeit auf Grundlage einer gewachsenen Vertrauensbasis, ohne die jeweiligen kommunalen Befugnisse zu sehr zu beschneiden und sich gleichzeitig nicht mit komplexeren Steuerungsprozessen auf interkommunaler Ebene zu belasten. Eine Strategie, die auch weiterhin eine stabile Vertrauensbasis erfordert. Im Idealfall sollten entsprechend der Verbandssatzung Regelungen so angelegt werden, dass diese auch unabhängig von Vertrauenssituationen und Personen langfristig tragfähig und wirksam funktionieren.

6.5 Fazit zur Auswertung der Fallstudien

Die Fallstudien verdeutlichen die Ausgangsbedingungen, Instrumente und Zusammenhänge zur Steuerung räumlicher Entwicklungsfunktionen in der Praxis. Nachdem sie vor dem Hintergrund des konzeptionellen Bezugsrahmens und der Untersuchungsmethodik analysiert und ausgewertet wurden, wird aufbauend auf eine überblicksartige Darstellung der Rahmenbedingungen und Ergebnisse *(Kap. 6.5.1)* ein Fazit zur Konfiguration der „interkommunalen Kooperation" *(Kap. 6.5.2)* sowie zu nachfrageorientierten Steuerungsansätzen *(Kap. 6.5.3)* gezogen. Zu berücksichtigen ist, dass die Ergebnisse der Fallstudien auf Grundlage der Erkenntnisse des fachlichen Grundlagenteils zu relativieren sind. Dies betrifft v.a. die Erkenntnis, dass es noch sehr wenige Ansätze und Erfahrungen einer nachfrageorientierten Steuerung gibt.

6.5.1 Rahmenbedingungen und Ergebnisse der Fallstudien im Überblick

Nachfolgend werden die wesentlichen Rahmenbedingungen und Ergebnisse der Fallstudien im Überblick dargestellt.

Tab. 16: Wesentliche Grundlagen und Erkenntnisse der Fallstudien im Überblick

	Schwerpunktfunktion Wohnsiedlungsentwicklung		Schwerpunktfunktion Gewerbeflächenentwicklung	
	Interkommunales Flächenmanagement Allianz Oberes Werntal	Stadtumbau Allianz Nördliches Fichtelgebirge	Gewerbliches Standortmarketing Allianz A7 - Franken-West	Stadtentwicklungsverband Ulm/Neu-Ulm
Räumliche Kernstrategie	• Innenentwicklung und Flächenmanagement.	• Stadtumbau mit Stadtumbau-Management.	• Aufbau eines Standortmarketings.	• Gewerbeflächenmanagement und -portfolio.
Entwicklungsgrundlagen	• Modellvorhaben „Flächenmanagement in interkommunaler Zusammenarbeit" (FLIZ); Integrierte Ländliche Entwicklung (ILE).	• Stadtumbau West in interkommunaler Kooperation sowie Interkommunales Entwicklungskonzept (IEK).	• Integrierte Ländliche Entwicklung (ILE) sowie Integriertes ländliches Entwicklungskonzept (ILEK).	• Verbandssatzung mit stringenter Steuerungs- und Durchführungssystematik.

	Schwerpunktfunktion Wohnsiedlungsentwicklung		Schwerpunktfunktion Gewerbeflächenentwicklung	
	Interkommunales Flächenmanagement Allianz Oberes Werntal	Stadtumbau Allianz Nördliches Fichtelgebirge	Gewerbliches Standortmarketing Allianz A7 - Franken-West	Stadtentwicklungsverband Ulm/Neu-Ulm
Organisationsform	• Kommunale Arbeitsgemeinschaft (gem. Art. 4 ff KommZG).	• Informelle Arbeitsgemeinschaft; Vereinbarung zum Stadtumbau-Management	• Informelle Arbeitsgemeinschaft.	• Zweckverband (gem. Art. 17 ff KommZG Bayern).
Gebietsstruktur	• Zusammenschluss von 10 Gemeinden mit insgesamt ca. 52.000 Einwohnern; ca. 310 km² Gebietsfläche. • Gemeindegrößen zwischen ca. 2.500 und 10.500 Einwohnern. • Lage westlich des Oberzentrums Schweinfurt; vielfältige Verflechtungen zu Schweinfurt. • Stadt-Umlandbereich (Schweinfurt); Allgemeiner ländlicher Raum; Bedeutung überregionaler Entwicklungsachsen (BAB A71, A70, A7).	• Zusammenschluss von 9 Gemeinden mit insgesamt ca. 34.000 Einwohnern; ca. 300 km² Gebietsfläche. • Gemeindegrößen zwischen ca. 1.700 und 8.000 Einwohnern. • Lage im nordöstlichen Oberfranken - in unmittelbarer Grenznähe zu Tschechien. • Nachhaltig zu stärkender ländlicher Teilraum; überregionale Entwicklungsachsen (BAB A9, A93) berühren das Gebiet an den Rändern.	• Zusammenschluss von 11 Gemeinden mit insgesamt ca. 18.000 Einwohnern und ca. 335 km² Gebietsfläche. • Gemeindegrößen zwischen ca. 700 und 6.200 Einwohnern. • Lage im westbayerischen Raum zwischen den Oberzentren Ansbach (Süden) und Würzburg (Norden). • Nachhaltig zu stärkender ländlicher Teilraum, hohe Bedeutung überregionaler Entwicklungsachsen (BAB A7).	• Zusammenschluss von zwei Städten mit ca. 174.000 Einwohnern; Ulm: 121.500, Neu-Ulm: 53.000 Einwohner. • Lage im unmittelbaren Grenzraum Bayern und Baden-Württemberg. • Verdichtungsraum mit unmittelbarem Bezug zu überregionalen Entwicklungsachsen (BAB A7, A8). • Gemeinsames Doppeloberzentrum.

	Schwerpunktfunktion Wohnsiedlungsentwicklung		Schwerpunktfunktion Gewerbeflächenentwicklung	
	Interkommunales Flächenmanagement Allianz Oberes Werntal	Stadtumbau Allianz Nördliches Fichtelgebirge	Gewerbliches Standortmarketing Allianz A7 - Franken-West	Stadtentwicklungsverband Ulm/Neu-Ulm
Grundlagen der Organisation	• „Runde der Bürgermeister" im Sinne eines Lenkungsgremiums, u.a. zur Koordinierung laufender Maßnahmen/Aktivitäten. • Gemeinsames interkommunales Allianzmanagement zur Koordination der Entwicklungsaktivitäten; u.a. „Innenentwicklung als Schwerpunktaufgabe	• Die Steuerungs- und Koordinierungsfunktion wird von einer Lenkungsgruppe mit Bürgermeistern, Stadtumbau-Management und Vertretern der Regierung. • Externes Stadtumbau-Management insbesondere zur Koordinierung, Vorbereitung und Begleitung von Maßnahmen.	• Zentrales Steuerungsgremium ist der sog. „Allianzrat" mit Bürgermeistern und Vertretern von Fachbehörden, u.a. Koordinierungs-/Austauschfunktion. • Eine kontinuierliche ILE-Umsetzungsbegleitung wird derzeit nicht in Anspruch genommen.	• Umfassende Verbandssatzung mit Rollen- und Aufgabenverteilung: - Entscheidungsebene: Verbandsversammlung zu strategischen Weichenstellungen. - Operative Ebene: gemeinsame Geschäftsstelle für laufenden Geschäftsbetrieb.
Ausgangssituation/ Anforderungen zur Schwerpunktfunktion	• Unter besonderer Berücksichtigung der Innenentwicklungspotenziale (Baulücken, Leerstände) ist der Immobilienmarkt von einem stärkerem Angebotsüberhang gekennzeichnet. • Deutlicher Rückgang der Wohnbaulandnachfrage. • Zahlreiche Baulücken als Ergebnis der kommunalen Bodenpolitik in der Vergangenheit.	• Unter Berücksichtigung der Aussen- und Innenentwicklungspotenziale ist der Immobilien- und Grundstücksmarkt von einem stärkeren Angebotsüberhang gekennzeichnet. • Strukturbedingt teilweise hohe Leerstandsquote – insbesondere im Bereich des Geschosswohnungsbaus.	• Vergleichsweise niedrige Bodenpreise lassen auf eine mehr oder weniger ausgeprägte Subventionierung der Gewerbeentwicklung schließen. • Angebotsumfang deutet auf ein tendenzielles Überangebot hin, wobei eine gebietsbezogene Differenzierung zu berücksichtigen wäre.	• Die Daten zu den verkauften Gewerbeflächen lassen auf eine stabile Nachfragesituation schließen. • Derzeit verfügbare Gewerbeflächen entsprechen in etwa dem Niveau der verkauften Gewerbeflächen im zurückliegenden 10-Jahres-Zeitraum.

	Schwerpunktfunktion Wohnsiedlungsentwicklung		Schwerpunktfunktion Gewerbeflächenentwicklung	
	Interkommunales Flächenmanagement Allianz Oberes Werntal	Stadtumbau Allianz Nördliches Fichtelgebirge	Gewerbliches Standortmarketing Allianz A7 - Franken-West	Stadtentwicklungsverband Ulm/Neu-Ulm
Relevante Ziele und Strategien zur Schwerpunktfunktion	• Baugebietsausweisungen aus der jüngeren Vergangenheit nehmen den Nachfragedruck von der Innenentwicklung.	• Nahezu kontinuierliche Rückgang der Nachfrage nach Wohnbauland – teilweise nur noch sehr geringe Nachfrage vorhanden.	*Für eine konkretere Bedarfsabschätzung konnten keine Daten zur Verfügung gestellt werden.*	• Auf Basis exemplarischer Umfrageergebnisse scheint die Nachfrage v.a. von lokalen Bestandsbetrieben zu stammen.
	Ziele und Strategien einer Grundsatzerklärung (u.a.): • Vorrangige Nutzung von Bauland und Gebäuden im Bestand vor der Neuausweisung von Baugebieten im Außenbereich. • Gegenseitiger Informationsaustausch über flächenbezogene Entwicklungen. • Fortführung einer Flächendatenbank. • Durchführung gemeinsamer Aktivitäten zur Förderung des Bewusstseinswandels und zur Aktivierung innerörtlicher Baulandpotenziale.	Ziele und Strategien des IEK: • Das Leitmotiv des Stadtumbaus lautet: „kleiner – klüger – kooperativer". • Ziel der Wohnungswirtschaft ist es, ein differenziertes Wohnraumangebot für verschiedene Zielgruppen zu ermöglichen. • Verstärkte Nutzung von Potenzialen der Innenentwicklung (Baulücken, Leerstände); gleichzeitig weiterhin Außenentwicklung zur Angebotsdiversifizierung. • Aufbau eines Leerstandsmanagements.	Vereinbarte Ziele und Strategien im Rahmen einer ILEK-Zielfindungswerkstatt: • Stärkung und Entwicklung gewerblicher Arbeitsplätze auf Basis einer Konzentration von Gewerbe-/Arbeitsplatzstandorten. • Die Umsetzung dieses Ziels beruht auf folgenden Strategien: - Gemeinsame Vermarktung der Gewerbeflächen. - Gemeinsame Schwerpunktstandorte. - Pflege und Entwicklung von Bestandsbetrieben.	Wichtigste Zielstellungen der Verbandssatzung: • Bewirtschaftung eines gemeinsamen Wirtschaftsraums. • Vermeidung der Konkurrenzsituation zwischen den beiden Städten. • Abstimmung der Gewerbeflächenentwicklung, um u.a. hochwertige Arbeitsplätze zu sichern. • Schaffung von anspruchsvollen städtebaulichen und ökologischen Rahmenbedingungen. • Bündelung von Finanz- und Verwaltungskräften.

	Schwerpunktfunktion Wohnsiedlungsentwicklung		Schwerpunktfunktion Gewerbeflächenentwicklung	
	Interkommunales Flächenmanagement Allianz Oberes Werntal	Stadtumbau Allianz Nördliches Fichtelgebirge	Gewerbliches Standortmarketing Allianz A7 - Franken-West	Stadtentwicklungsverband Ulm/Neu-Ulm
Zielerreichungs-/Umsetzungsstand	• Der Umsetzungsschwerpunkt (FLIZ-Vorhaben) lag auf dem Aufbau interkommunal abgestimmter Instrumente für die systematische Ermittlung von Angebotspotenzialen (Flächendatenbank) sowie die Angebotsmobilisierung mittels Eigentümeransprache. • Aufgrund von Erhebungsergebnissen konnte bislang eine spürbare Vermarktung von Baulücken und Leerständen im Bestand erreicht werden.	• Im Bereich der Wohnfunktion steht die Allianz hinsichtlich des interkommunalen Aspektes noch vergleichsweise am Anfang. • Unter Schrumpfungsbedingungen wird eine verstärkte einzelgemeindliche Steuerungsanstrengung als erforderlich gesehen. • Sensibilisierung für wohnungswirtschaftliche Anpassungserfordernisse auf Ebene der Entscheidungsträger.	• Der bisherige Schwerpunkt lag im Aufbau von Instrumenten zur Außendarstellung (s.u.) und ist vorrangig auf die Ansiedlung von Betrieben von außen angelegt. • Aufgrund der geringen Vorlaufzeit ist zum jetzigen Zeitpunkt noch keine konkretere Einschätzung von Wirkungen möglich.	• Es konnte eine hohe Identifikation mit dem gemeinsamen Wirtschaftsraum und eine starke Vertrauensbasis erreicht werden. • Durch eine höhere Standortvarianz und flexibleres Standortangebot konnten für die vorhandenen Betriebe optimale Bleibe- und Weiterentwicklungsmöglichkeiten angeboten werden. • Gegenüber der Satzung Konzentration auf die Aufgaben der Vermarktung und Vergabe.
Steuerungsansätze zur Schwerpunktfunktion	• Die übergeordnete Steuerungsstrategie baut auf die „freiwillige Selbstverpflichtung" der einzelnen Gemeinden auf Basis der gemeinsamen Ziele in der Grundsatzerklärung auf.	• Die übergeordnete Steuerungsstrategie baut auf die „freiwillige Selbstverpflichtung" der einzelnen Gemeinden auf Basis der gemeinsamen Ziele im IEK auf.	• Die übergeordnete Steuerungsstrategie baut auf die „freiwillige Selbstverpflichtung" der einzelnen Gemeinden auf Basis der gemeinsam erarbeiteten Ziele auf.	• Übergeordnete Steuerungsinstrumente sind der gemeinsame Zweckverband und die dafür zugrunde gelegte Verbandssatzung.

	Schwerpunktfunktion Wohnsiedlungsentwicklung		Schwerpunktfunktion Gewerbeflächenentwicklung	
	Interkommunales Flächenmanagement Allianz Oberes Werntal	Stadtumbau Allianz Nördliches Fichtelgebirge	Gewerbliches Standortmarketing Allianz A7 - Franken-West	Stadtentwicklungsverband Ulm/Neu-Ulm

	• Aufbau und Erprobung einer Datenbank zur quantitativen Erfassung der Innenentwicklungspotenziale in Koppelung mit einer systematisierten Eigentümeransprache.
	
	• Ein abgestimmtes Beratungsangebot wird derzeit in allen Allianzgemeinden aufgebaut.
		• Steuerung des Stadtumbaus war zur Wohnsiedlungsentwicklung bislang vorrangig auf die Koordinierungsfunktion von lokalen Stadtumbaumaßnahmen ausgerichtet.
		
		• Derzeit wird ein gemeinsames wohnungswirtschaftliches Konzept für vier Kommunen in Kooperation mit Wohnungsbauträgern gestartet.
			• Mit dem Schwerpunkt des gewerblichen Standortmarketings werden bislang folgende interkommunale Steuerungsinstrumente verbunden:
			  - Gemeinsamer Internetauftritt.
			  - Gemeinsame Standortbroschüre und daran gekoppelte Marketingaktionen (u.a. Mailingaktionen).
				• Zentrales Steuerungsinstrument ist das gemeinsame Gewerbeflächenportfolio mit abgestimmtem Gewerbeflächenangebot.
				
				• In Zusammenhang mit der Geschäftsstelle stellen die eingespielten Entwicklungs- und Koordinierungsabläufe einen maßgeblichen Bestandteil der Steuerung dar.

Abstimmung Angebot und Nachfrage	• Bislang wurde noch keine intensivere Auseinandersetzung über Nachfrageschwerpunkte oder Nachfragegruppen geführt. • Unter Schrumpfungsbedingungen wird die Bauleitplanung als Steuerungsinstrument nur von sehr begrenzter Bedeutung erachtet.	• Im IEK sind zielgruppenorientierte Strategien in Verbindung mit reellen Potenzialen des Wohnungsangebotes angelegt. • Eine konsequentere Beschränkung der Außenentwicklung wird derzeit als nicht realisierbar angesehen.	• Ein wesentliches Element zur Verbesserung der Abstimmung zwischen Angebot und Nachfrage wird in dem Aufbau einer kontinuierlichen Bestandspflege gesehen, die mit einer stärkeren Institutionalisierung eines gemeinsamen Standortmarketings zusammen hängen würde.	• Stabile Nachfragesituation vereinfacht die Angebotsentwicklung. • Über die gemeinsame Ansiedlungspolitik findet eine gemeinsame Abstimmung zwischen Angebot und Nachfrage statt. • Ein verstärktes Abstimmungserfordernis wird in der Bestandspflege gesehen.

	Schwerpunktfunktion Wohnsiedlungsentwicklung		Schwerpunktfunktion Gewerbeflächenentwicklung	
	Interkommunales Flächenmanagement Allianz Oberes Werntal	Stadtumbau Allianz Nördliches Fichtelgebirge	Gewerbliches Standortmarketing Allianz A7 - Franken-West	Stadtentwicklungsverband Ulm/Neu-Ulm
	• Aufbau des Beratungsangebotes für interessierte Bauherrn stellt ein wichtiges nachfrage-orientiertes Instrumentarium dar, für das auch interkommunal abgestimmte Vorgehensweisen und Standards zugrunde gelegt werden sollen.	• Durchführung eines wohnungswirtschaftlichen Konzeptes ermöglicht neue Erkenntnisse für eine nachfrageorientierte Steuerung im Bestand. • Abstimmung erscheint auch im Rahmen der Innenentwicklung erforderlich, um nischenförmige Angebote zu entwickeln.	• Eine zentrale Ansprechstelle wäre aus inhaltlichen Gesichtspunkten überlegenswert, eine tragfähige Lösung wird jedoch aufgrund der „Vorgeschichten" als schwierig beurteilt.	• Gegenüber Verbandssatzung werden neue Gewerbegebiete in der Federführung der jeweiligen Kommune entwickelt und ist die Gewerbesteuerverteilung noch offen; dies schwächt die Möglichkeiten einer nachfrageorientierten Steuerung ab.
Beurteilung der „interkommunalen Kooperation" (funktions-räumliche Kohärenz)	• Räumliche Rahmenbedingungen des Gebietes hinsichtlich der Größenordnungen und funktionalen Bezüge sowie die Organisationsstruktur werden als stimmig angesehen. • Aufbauend auf den Steuerungsansatz der „freiwilligen Selbstverpflichtung" wird ein eher schwach ausgeprägter Verbindlichkeitsgrad fest gestellt.	• Zusammensetzung der Gemeinden hat sich im Zuge der Bewerbung für das Programm Stadtumbau West so ergeben und stellt kein gewachsenes Gebilde dar. • Auf informelle Strukturen basierender, schwach ausgeprägter Verbindlichkeitsgrad. • Für die Angebotsanpassung im Bestand und damit zusammenhängen-	• Räumliche Rahmenbedingungen des Gebietes und die jetzige Organisationsstruktur werden als stimmig angesehen. • Auf informelle Strukturen basierender, schwach ausgeprägter Verbindlichkeitsgrad. • Ausgehend von der gemeinsamen Gewerbeflächenvermarktung werden die informelle Form der Allianz und die entspre-	• Angesichts des über die Stadtgrenzen hinausgehenden Wirtschaftsraumes war es notwendig, im Rahmen des SEV die Orgastrukturen flexibel auf die räumlichen und funktionalen Gegebenheiten anzupassen. • In der Verbandssatzung sehr weitgehende und verbindliche Strukturen ausgelotet.

Schwerpunktfunktion Wohnsiedlungsentwicklung		Schwerpunktfunktion Gewerbeflächenentwicklung	
Interkommunales Flächen-management Allianz Oberes Werntal	Stadtumbau Allianz Nördliches Fichtelgebirge	Gewerbliches Standort-marketing Allianz A7 - Franken-West	Stadtentwicklungsverband Ulm/Neu-Ulm
• Die kommunale Planungshoheit der einzelnen Gemeinde soll unangetastet bleiben. • Perspektivische Entwicklung eines interkommunalen städtebaulichen Entwicklungsrahmens, dem eine abgestufte Prioritätensetzung der vorhandenen Siedlungsgebiete unter Berücksichtigung vorhandener Infrastrukturfunktionen zugrunde liegt.	de Stadtumbauaktivitäten wird derzeit kein Bedarf für eine höhere Verbindlichkeit gesehen. • Perspektivisch bietet sich die Identifizierung von Schwerpunkten der zukünftigen Wohnsiedlungsentwicklung in Zusammenhang mit Infrastruktureinrichtungen an.	chend zugrunde gelegten Organisationsformen als ausreichend und kohärent angesehen. • Zum jetzigen Zeitpunkt sind anspruchsvollere Ziele und Aktivitäten sowie daran angepasste verbindlichere Strukturen nicht vorgesehen.	• Gemessen an der Verbandssatzung niederschwelligeres Niveau des Verbindlichkeitsgrades in der Praxis: d.h. Zusammenarbeit auf Grundlage einer gewachsenen Vertrauensbasis ohne die jeweiligen kommunalen Befugnisse zu sehr zu beschneiden.

6.5.2 Fazit zur Konfiguration der „interkommunalen Kooperation" auf Grundlage einer funktionsräumlichen Kohärenz

Grundsätzlich belegen die Auswertungen und Ergebnisse der vier Fallstudien, dass sich durch die Anwendung des Wirkungsmodells die relevanten Aspekte und Zusammenhänge zur Konfiguration einer „interkommunalen Kooperation" zielführend erfassen und bewerten lassen.

Zusammenfassend lassen sich aus den Fallstudien folgende Erkenntnisse zur Konfiguration der „interkommunalen Kooperation" ableiten:

Mangelnde Wahrnehmung der interkommunalen Kooperation im Sinne einer eigenständigen Steuerungs- und Handlungsebene

Insbesondere in den drei Fallstudien der Allianzen Oberes Werntal, Nördliches Fichtelgebirge und A7 – Franken West wird die interkommunale Kooperation kaum als eine – gegenüber den einzelnen Kommunen – eigenständige Steuerungs- und Handlungsebene für die räumlichen Schwerpunktfunktionen wahrgenommen. Dies lässt sich auf die geringe Auseinandersetzung mit den strukturellen, organisatorischen und fachlichen Grundlagen auf interkommunaler Ebene ebenso zurückführen, wie auf den mangelnden Aufbau von tragfähigen, interkommunalen Steuerungs- und Durchführungsstrukturen. Dahingehend entsteht der Eindruck, dass die „interkommunale Kooperation" einerseits zur Profilierung von Modellvorhaben („Flächenmanagement in interkommunaler Zusammenarbeit"/FLIZ in Federführung des LfU) und Förderprogrammen (Stadtumbau West, Integrierte ländliche Entwicklung) beitragen soll, andererseits jedoch in der konkreten Ausarbeitung nur ansatzweise eine Motivation besteht diese funktionsfähig „mit Leben zu erfüllen". Dies würde eine differenziertere Kenntnis über die Rahmenbedingungen und Möglichkeiten der interkommunalen Kooperation – im Speziellen zur Steuerung räumlicher Entwicklungsfunktionen – sowie deren flexible Übertragung in die Anwendungspraxis voraussetzen. Um dies zu gewährleisten, sind u.a. die Offenheit und Überzeugung der kommunalen Entscheidungsträger, eine ambitionierte Begleitungsrolle der Fördermittelgeber sowie eine entsprechende Qualifikation und Motivation auf Seiten von Planern und Beratern zur Erarbeitung von Entwicklungskonzepten oder zur Begleitung von Umsetzungen von Bedeutung.

Dass es möglich ist, eine auf die interkommunale Ebene zugeschnittene und stringente Steuerungs- und Durchführungssystematik zumindest zu entwickeln, zeigt die Verbandssatzung des Stadtentwicklungsverbandes Ulm/Neu-Ulm. Deren Wirksamkeit wird jedoch insofern relativiert, nachdem diese in der vorgesehenen umfassenden Form nicht praktiziert wird.

Genereller Steuerungsmodus von „freiwilliger Selbstverpflichtung" geprägt

In Bezug auf den vorherigen Aspekt wird durch die Ergebnisse der Fallstudien deutlich, dass aufbauend auf den, in allen Beispielen mehr oder weniger ausgeprägten Steuerungsmodus der „freiwilligen Selbstverpflichtung", die Steuerungskompetenzen auf einzelgemeindlicher Ebene möglichst wenig beschnitten und demzufolge der interkommunalen Ebene keine substanzielleren Steuerungskompetenzen zugestanden werden.

Insbesondere in den drei Fallstudien der Allianzen Oberes Werntal, Nördliches Fichtelgebirge und A7 – Franken West sind die Strategien und Aktivitäten darauf ausgerichtet, dass die Partnergemeinden eher niedrig gesteckte Grenzen der Zusammenarbeit akzeptieren und sich keine komplexeren und strittigeren Aushandlungsprozesse auf interkommunaler Ebene zumuten. Ausgehend von einem eher geringen Verbindlichkeitsgrad ist die interkommunale Kooperation als „strukturelles Beiwerk" zur einzelgemeindlichen Ebene angelegt, die auf diese Weise nur sehr begrenzte Steuerungswirkungen entfalten kann.

Dagegen wurde dem Stadtentwicklungsverband Ulm/Neu-Ulm mit der Verbandssatzung ein verbindlicher und auf eine hohe Wirksamkeit ausgerichteter Steuerungsansatz auf interkommunaler Ebene zugrunde gelegt. Die demgegenüber praktizierten Verfahrensweisen betreffen zentrale Steuerungselemente wie die Wahrnehmung der Planungshoheit sowie die Gewerbesteuerverteilung; dieser ursprüngliche Steuerungsanspruch wurde in wichtigen Teilbereichen durch den Ansatz des „gegenseitigen Vertrauens" abgelöst. Auf diese Weise nähert sich auch der Steuerungsansatz des Stadtentwicklungsverbandes Ulm/Neu-Ulm dem Modus der „freiwilligen Selbstverpflichtung" an.

Ein geringer Verbindlichkeitsgrad spiegelt sich in weniger fundierten Steuerungs- und Entwicklungsfunktionen wider

Ausgehend von einem geringen Verbindlichkeitsgrad ist die Steuerungsebene in den drei Fallstudien der Allianzen Oberes Werntal, Nördliches Fichtelgebirge und A7 – Franken West durch eine zeitlich hohe Frequenz von Treffen der "Lenkungsgremien" gekennzeichnet. Dabei nimmt u.a. eine allgemeinere Austauschfunktion einen hohen Stellenwert ein, während eine interkommunale Steuerungs- und Entwicklungsfunktion im engeren Sinne nur bedingt wahrgenommen wird. Zudem findet über diese Lenkungsgremien hinaus, eine feste oder regelmäßige

Einbindung der Stadt- und Gemeinderäte auf interkommunaler Ebene nur in Ansätzen statt und wird weitgehend den einzelnen Kommunen überlassen.

Im Vergleich dazu stützt sich die Steuerungsfunktion im Rahmen des Stadtentwicklungsverbandes Ulm/Neu-Ulm auf eine klar definierte Rollen- und Aufgabenverteilung mit der Verbandsversammlung als Entscheidungsgremium und den regelmäßigen Abstimmungs- und Arbeitstreffen auf Verwaltungsebene. Ausgehend von der Rollen- und Aufgabenverteilung sind beide Ebenen des Stadtentwicklungsverbandes an entsprechende Inhalte gekoppelt, die u.a. die Bearbeitung, Koordinierung und Beschlussfassung zu Vergabe und Verkauf von Gewerbeflächen betreffen.

Ausgehend von der Frage des Verbindlichkeitsgrades stehen Funktion und Bedeutung von interkommunalen Steuerungs- und Entscheidungsgremien in unmittelbaren Zusammenhang zu Aufgaben und Inhalten. Von daher erscheint bei den drei Fallstudien der Allianzen Oberes Werntal, Nördliches Fichtelgebirge und A7 – Franken West die hohe zeitliche Frequenz von Treffen und der damit verbundene Aufwand nur bedingt nachvollziehbar, nachdem es auf interkommunaler Ebene zu den räumlichen Schwerpunktfunktionen inhaltlich faktisch wenig zu steuern, abzustimmen, zu verhandeln oder zu entwickeln gibt. Hierbei ist zu berücksichtigen, dass ausgehend von den Entwicklungsgrundlagen und Zielstellungen die Wohnsiedlungs- oder Gewerbeentwicklung in allen genannten Beispielen eine Schwerpunktaufgabe darstellt.

Ohne konkrete Inhalte und deren prozesshafte Entwicklung läuft die interkommunale Kooperation Gefahr, dass Steuerungs- und Entwicklungsprozesse auf einen inhaltlich neutralen „Selbst- oder Scheinzweck" reduziert werden. Damit erscheint eine Weiterentwicklung und Stabilisierung der interkommunalen Kooperation auf Dauer in Frage gestellt und ist in Anlehnung an einen funktionsräumlichen Ansatz in letzter Konsequenz auch nur begrenzt sinnvoll. Die Steuerung und Entwicklung konkreter Inhalte setzt auf interkommunaler Ebene wiederum eine Mindest- oder Grundverbindlichkeit der beteiligten Kommunen voraus, wie auch das Beispiel des Stadtentwicklungsverbandes Ulm/Neu-Ulm bestätigt.

6.5.3 Fazit zur Steuerung räumlicher Entwicklungsfunktionen im Kontext einer Nachfrageorientierung

Die nachfrageorientierte Steuerung der jeweiligen räumlichen Entwicklungsfunktionen stellte aufbauend auf die Erkenntnisse der fachlichen Grundlagenkapitel *(Kap. 3 und 4)* und dem in *Kap. 5.1.4* erarbeiteten „Handlungsrahmen für eine nachfrageorientierte Steuerung" einen Betrachtungsschwerpunkt der Fallstudien dar. Für die Frage, welche Anforderungen sich mit einer nachfrageorientierten Steuerungsstrategie für das jeweilige Gebiet verbinden, spielt die Berücksichtigung der strukturellen Ausgangssituationen eine wichtige Rolle. Während die Angebotssituation die kommunale Bodenpolitik und Bauleitplanung in der Vergangenheit widerspiegelt, ist die Nachfragesituation wesentlich von strukturellen Trends wie Wachstums-, Stagnations- oder Schrumpfungsprozessen geprägt.

Vor diesem Hintergrund lassen sich folgende Erkenntnisse zur nachfrageorientierten Steuerung der räumlichen Schwerpunktfunktionen Wohnsiedlungs- und Gewerbeentwicklung ableiten:

Angebotsentwicklung auf einzelgemeindlicher Ebene nur bedingt auf die reale Marktsituation ausgerichtet

Mit Ausnahme des Stadtentwicklungsverbandes Ulm/Neu-Ulm zeichnet sich in allen anderen Fallstudien eine Tendenz zum Überangebot ab, wobei dies insbesondere die beiden Fallstudien zur Wohnsiedlungsentwicklung betrifft. Trotz fachlicher Aufarbeitung der Angebotssituation und teilweiser Sensibilisierung, war und ist die kommunale Boden- und Angebotspolitik nur sehr bedingt auf die reale Marksituation sowie Bedarfs- und Nachfrageentwicklungen ausgerichtet. Diese Strategie ist an eine verhältnismäßig hohe Kapitalbindung für den Grunderwerb sowie die Vorhaltung und Entwicklung von Siedlungs- und Gewerbeflächen gekoppelt. Im Falle eines Überangebots und dem Druck auf die Bodenpreise erhöht sich das Risiko einer mangelnden finanziellen Tragfähigkeit und einer, zumindest teilweise ausbleibenden Refinanzierung von Kosten. Damit verbindet sich eine „kommunalpolitische Erblast", die vor allem in Schrumpfungssituationen die Steuerungsmöglichkeiten angesichts rückläufiger kommunaler Einnahmen weiter beschränkt.

Dementsprechend ist auch der einzelgemeindliche Steuerungsmodus zu beleuchten. Im Umgang mit Überangeboten betrifft dies die Frage, welche Steuerungswirkung die Wahrnehmung der kommunalen Planungshoheit auf einzelgemeindlicher Ebene über eine Wettbewerbsstrategie hinausgehend zu leisten im Stande ist. Wie gerade die Beispiele zur Wohnsiedlungsentwicklung belegen, sind die Steuerungsmöglichkeiten auf einzelgemeindlicher Ebene umso begrenzter, je höher das Überangebot bzw. je schwächer sich die Nachfragesituation darstellt.

„Angebotsorientiertes Steuerungsparadoxon": trotz erkannter Grenzen wird an einzelgemeindlichen Steuerungskompetenzen weitgehend festgehalten

In allen vier Fallstudien werden die Grenzen einer noch weitgehend angebotsorientierten Steuerung auf einzelgemeindlicher Ebene zweifellos erkannt. Dies wird u.a. darauf zurückgeführt, dass eine erforderliche Steuerung oder Beschränkung der Außenentwicklung bzw. Baulandentwicklung allein auf der Basis von Bemühungen einzelner Kommunen als wenig wirksam angesehen wird. Trotz erkannter Grenzen und Defiziten wird jedoch an den einzelgemeindlichen Steuerungsstrukturen weitgehend festgehalten.

Dies bedeutet letztlich, dass die grundlegenden Strukturen und Steuerungsansätze der kommunalen Flächenentwicklung nicht in Frage gestellt werden, auch wenn diese zu den jetzigen Problemstellungen insbesondere im Bereich der Wohnsiedlungsentwicklung (u.a. Überangebot, Leerstandsentwicklung, abnehmende Siedlungsdichte) geführt haben. Der Weg hin zu einer für die interkommunale Ebene substanzielleren Ausstattung mit Steuerungskompetenzen und einer stärkeren Nachfrageorientierung erscheint nur möglich, wenn die Grenzen und Defizite auf einzelgemeindlicher Ebene nicht nur erkannt, sondern auch im Sinne einer kommunalen Reformpolitik konsequente Schlüsse gezogen werden. Hierfür ist die Verbandssatzung des Stadtentwicklungsverbandes Ulm/Neu-Ulm beispielgebend, nachdem sie sehr gezielt die angebots- und wettbewerbsorientierten Steuerungselemente auf die interkommunale Ebene verlagert.

Eine nachfrageorientierte Steuerung wird bislang nur in Ansätzen verfolgt

Eine konsequentere nachfrageorientierte Steuerung der jeweiligen räumlichen Schwerpunktfunktionen stellt in allen Fallstudien bislang noch keinen etablierten Steuerungsansatz dar. Dies betrifft u.a. die Aufarbeitung der Angebots- und Nachfragesituation, die daraus resultierende Auseinandersetzung mit den Erfordernissen einer stärkeren Nachfrageorientierung sowie Aufbau und Anwendung nachfrageorientierter Steuerungsinstrumente auf interkommunaler Ebene. Insbesondere in Bezug auf die Fallstudien der Allianzen Oberes Werntal, Nördliches Fichtelgebirge und A7 – Franken West ist die schwach ausgeprägte Nachfrageorientierung u.a. auf eine mangelhafte Berücksichtigung der Bedarfs- und Nachfragesituation sowie eine weniger differenzierte Ableitung entsprechender strategischer Folgerungen im Rahmen von Entwicklungsgrundlagen zurückzuführen. So wird im ILEK A7 – Franken West die Aussage zum zukünftigen Gewerbeflächenbedarf auf Basis der zurückliegenden Angebotsentwicklung ermittelt; im Rahmen des FLIZ-Vorhabens in der Allianz Oberes Werntal bleibt trotz des Flächenmanagementanspruchs der Aspekt einer qualitativen, nachfrageorientierten Strategie der Innenentwicklung weitgehend außen vor; im IEK Nördliches Fichtelgebirge wird eine parallele Innen- und Außenentwicklung trotz enormer Überangebote und einer hohen Leerstandsquote propagiert. Damit werden die Möglichkeiten nicht hinreichend genutzt, um im Rahmen einer prozesshaften Erarbeitung von Entwicklungsgrundlagen gemeinsam mit den Kommunen die Erfordernisse einer nachfrageorientierten Entwicklung zu klären und entsprechende Strategien abzuleiten.

Insgesamt findet sich in den Fallstudien kein fester verankertes, nachfrageorientiertes Steuerungsinstrumentarium auf interkommunaler Ebene vor. Als konkretere nachfrageorientierte Steuerungsinstrumente im Aufbau- oder Anfangsstadium sind insbesondere die Durchführung eines wohnungswirtschaftlichen Konzeptes in der Allianz Nördliches Fichtelgebirge und der Aufbau eines Gewerbeflächenmonitorings von Seiten des Stadtentwicklungsverbandes Ulm/Neu-Ulm zu nennen.

Letztlich ist zu klären, inwieweit die interkommunale Kooperation unter Berücksichtigung der Bedarfs- und Nachfragesituation wirksam zur Vermeidung von Überangeboten und ggf. auch Engpässen beitragen soll oder nicht. Wenn dies gewollt sein sollte, dann erfordert dies die Entwicklung von verbindlicheren und stringenten Steuerungssystematiken, die nach dem Vorbild der Verbandssatzung des Stadtentwicklungsverbandes Ulm/Neu-Ulm nicht nur den Aspekt der Vermarktung, sondern in konsequenter Weise auch die Kompetenzen der Angebotsentwicklung beinhalten.

7 Zusammenfassung, Folgerungen und Empfehlungen

7 Ergebnisse, Folgerungen und Empfehlungen

Das Schlusskapitel stellt eine zusammenfassende, reflektierende und resümierende Betrachtung der Untersuchungsergebnisse dar, gleichzeitig ist dieses Kapitel auch ein Ausblick hinsichtlich Perspektiven und weiterer Forschungsbedarfe. Die Zusammenfassung *(Kap. 7.1)* verbindet das methodische Vorgehen der Untersuchung mit den inhaltlichen Erkenntnissen und Ergebnissen. Die Überprüfung der Hypothesen *(Kap. 7.2)* stellt einen Bezug zu den theoretischen Ausgangspunkten her und „schließt damit den Kreis der Untersuchung". Auf der Grundlage der gewonnenen Erkenntnisse zeigen Folgerungen und Empfehlungen *(Kap. 7.3)* perspektivisch die Weiterentwicklungsmöglichkeiten des Untersuchungsthemas für verschiedene Adressaten auf. Der abschließende Ausblick *(Kap. 7.4)* geht auf die Bedarfe und weiteren Vertiefungsansätze von Wissenschaft und Forschung ein.

7.1 Zusammenfassung der Kapitel 1 bis 6

Entsprechend der anfangs zugrunde gelegten Zielstellung leistet die Untersuchung einen Beitrag zur Qualifizierung und Differenzierung einer nachfrageorientierten Steuerung räumlicher Entwicklungsfunktionen mittels interkommunaler Kooperation – im Spannungsfeld zwischen Freiwilligkeit und verbindlicher Steuerung. Ergebnis ist die Herausarbeitung von Wirksamkeit und Grenzen nachfrageorientierter Steuerungsmöglichkeiten unter besonderer Berücksichtigung einer Beurteilung der Konfiguration der jeweiligen „interkommunalen Kooperation".

Dieses wird in sechs Kapiteln hergeleitet. Aufbauend auf den Untersuchungsrahmen *(Kap. 1)* werden Ausgangshypothesen *(Kap. 2.1)* auf Basis von systemtheoretischen und vorläufigen fachlichen Grundlagen abgeleitet. Die Untersuchung geht von der Haupthypothese aus, dass „interkommunale Kooperation für räumliche Entwicklungsfunktionen ein geeignetes Steuerungsinstrument darstellt, um eine Umorientierung von einer angebotsorientierten Bodenpolitik zu einer bedarfsgerechten Nachfrageorientierung im Sinne von Flächenmanagement zu bewirken".

In der nachfolgenden, vertiefenden Aufarbeitung von fachlichen Grundlagen und Problembezügen werden zunächst die relevanten Rahmenbedingungen auf kommunaler Ebene u.a. hinsichtlich der Aufgabenwahrnehmung, Leistungsfähigkeit und Finanzierung *(Kap. 3.1)* beleuchtet. Als eine wichtige Rahmenbedingung bleibt festzuhalten, dass ausgehend von einem engen Zusammenhang zwischen kommunaler Finanz- und Raumpolitik das bestehende Gemeindefinanzsystem prinzipiell eine quantitativ ausgerichtete Flächenentwicklung befördert, indem es Gemeinden veranlasst, über die Ansiedelung von Gewerbebetrieben oder Einwohnern ihre Steuereinnahmen zu erhöhen.

Im nächsten Schritt wurden die Grundlagen, Instrumentarien und Wirkungsweisen der räumlichen bzw. städtebaulichen Entwicklung auf kommunaler Ebene *(Kap. 3.2)* erörtert. Der Bedeutungsgewinn eines kooperativen Steuerungsansatzes lässt sich aus dem Wandel des räumlichen Steuerungs- und Planungsverständnisses ableiten. Die Veränderungen des Planungsverständnisses spiegeln sich auch in der räumlichen bzw. städtebaulichen Aufgabenwahrnehmung wider. So wird das verbindliche Instrumentarium der Bauleitplanung in zunehmendem Maß durch ein freiwillig anzuwendendes Steuerungsinstrumentarium im Zuge von Stadterneuerung, städtebaulicher Sanierung, Stadtumbau, Dorferneuerung und Innenentwicklung ergänzt. Dagegen basiert das verpflichtende baurechtliche Instrumentarium auf der Phase eines dynamischen Bevölkerungs- und Wirtschaftswachstums. Während es sich darin bewährt hat, eine auf Wachstum orientierte Außenentwicklung und Angebotsbereitstellung zu organisieren, kann es nur in sehr begrenztem Maße dazu beitragen, den städtebaulichen Bestand an veränderte Bedarfsstrukturen anzupassen.

Neben der Bestandsorientierung zeichnen sich die freiwilligen Instrumente insbesondere durch prozessorientierte Vorgehensweisen aus, wobei im Sinne eines kooperativen Steuerungsansatzes die Partnerschaft zwischen den Kommunen und privaten Akteuren eine wichtige Rolle spielt. In Anlehnung an die Ausgangspunkte der Untersuchung sind neuere freiwillige Instrumentarien wie der „Stadtumbau" in besonderer Weise darauf ausgerichtet, bestehende Kapazitäten an veränderte Bedarfs-/Nachfragestrukturen anzupassen.

Trotz der zunehmenden Erfordernisse einer bestandsorientierten Entwicklung wird die Ausweisung von attraktivem Bauland mittels der Bauleitplanung immer noch als ein weit verbreiteter „Schlüssel" zum kommunalpolitischen Erfolg angesehen. Selbst unter lokalen Stagnations- und Schrumpfungsbedingungen sowie sinkenden kommunalen Einnahmen wird von vielen Gemeinden weiterhin auf eine nach außen orientierte Angebotspolitik als Erfolgsstrategie gesetzt. Diese wird u.a. von einer mangelnden Berücksichtigung bzw. Transparenz von Kosten und fiskalischen Wirkungen innerhalb von Entscheidungsprozessen begleitet. Eine angebotsorientierte Baulandentwicklung war und ist systemimmanent auf das Selbstläuferprinzip ausgerichtet – verbunden mit der Hoffnung, dass das Angebot eine entsprechende Nachfrage findet.

Durch die Aufarbeitung von relevanten Trends wie der demographischen Entwicklung und Wanderungsbewegungen, den Veränderungen der Wohnraumnachfrage sowie der Zunahme der Flächeninanspruchnahme *(Kap. 3.3)* ordnen sich anhand von einschlägigen Statistiken und Veröffentlichungen die zukünftigen Anforderungen an die Aufgabenwahrnehmung der räumlichen Entwicklung auf kommunaler Ebene ein. Die maßgeblichen Herausforderungen wie eine älter und in weiten Teilen abnehmende Bevölkerung, eine vielfältigere Wohnraumnachfrage sowie eine disperse Flächenentwicklung bewirken, dass die Unsicherheiten und Risiken angebotsorientierter Baulandstrategien zunehmen und damit auch die Erfordernisse einer stärkeren Nachfrageorientierung steigen werden.

Angesicht der zunehmenden Bedeutung einer nachfrageorientierten Steuerung der Flächeninanspruchnahme, erscheint deren Reichweite auf einzelgemeindlicher Ebene begrenzt. Dies liegt von Angebotsseite nicht nur an der räumlichen Beschränktheit für die rechtliche Steuerung der Flächennutzung, sondern auch von Seiten des Bedarfs an einer lokal begrenzten Wahrnehmung von Marktsituationen und Nachfrageentwicklungen. So ist der Versuch einer einzelnen Gemeinde, die Nachfrage entgegen Marktpräferenzen stärker auf den Bestand zu lenken, der Gefahr des Scheiterns ausgesetzt, wenn ohne weiteres auf Neubaugrundstücke in Nachbargemeinden ausgewichen werden kann. Wesentliche Erkenntnis zu den Rahmenbedingungen und Anforderungen auf kommunaler Ebene ist, dass sowohl von Angebots- als auch Nachfrageseite die zukünftige Steuerung räumlicher Entwicklungsfunktionen auf eine Erweiterung der Handlungsspielräume, über die Grenzen der einzelnen Gemeinden hinaus, angewiesen ist.

Die Darstellung der grundlegenden Rahmenbedingungen für die interkommunale Kooperation *(Kap. 4.1)* zeigt, dass hinsichtlich der rechtlichen und organisatorischen Voraussetzungen sowie finanziellen Verteilungs- und Ausgleichsmöglichkeiten ein, entsprechend der jeweiligen Anlässe und Zwecke, flexibel anwendbares Instrumentarium mit unterschiedlichen Verbindlichkeitsstufen zur Verfügung steht. Dessen Anwendung kann sich im Bereich von Daseinsvorsorgeaufgaben auf eine jahrzehntelange Erfahrung stützen.

Auf Grundlage einer systematischen Aufarbeitung von vorhandenen Steuerungsmitteln und -möglichkeiten ergibt sich für die Steuerung der räumlichen Entwicklungsfunktionen auf interkommunaler Ebene *(Kap. 4.2)* ein differenziertes Bild hinsichtlich weiter entwickelter und weniger ausgereifter Steuerungsansätze. Dies betrifft insbesondere die Unterschiede zwischen einer abgegrenzten Entwicklung einzelner Gebiete/Flächen sowie Flächenmanagementansätzen zur umfassenderen Koordinierung von Angebots- und Nachfragepotenzialen sowie

zwischen den beiden Schwerpunktfunktionen der Gewerbeflächen- und Wohnsiedlungsentwicklung.

Die bisherige Praxis zur Steuerung räumlicher Entwicklungsfunktionen auf interkommunaler Ebene weist Parallelen zum Stand auf einzelgemeindlicher Ebene
auf. Wie vor allem die Untersuchungsergebnisse zu dem etablierten Instrument
des interkommunalen Gewerbegebiets zeigen, sind bis dato auch derartige interkommunale Entwicklungen auf eine punktuelle Angebotsbereitstellung ausgerichtet. Sofern – wie am Beispiel der interkommunalen Gewerbegebiete – zusätzliche, angebotsorientierte Potenziale auf den Markt gebracht werden, können die
Aktivitäten auf interkommunaler Ebene zu einer kontraproduktiven Verschärfung
der Angebotssituation beitragen. Ein umfassendes Flächenmanagement auf
interkommunaler Ebene wird deshalb zu einem erforderlichen Steuerungswerkzeug, um die wirtschaftlichen, sozialen und ökologischen Entwicklungsreserven
nachfrageorientiert und haushälterisch zu nutzen. Zwar gibt es vereinzelte Flächenmanagementansätze wie z.b. Flächenpoollösungen, jedoch mangelt es
noch an konsistenten und in der Praxis erprobten Steuerungsmodellen.

Ein umfassendes Gewerbeflächenmanagement, das unter einem gemeinsamen
organisatorischen Dach die Entwicklung aller relevanten Gewerbeflächen verbindlich einbezieht (siehe Beispiel InKomZ in Hessen), stellt für die Gewerbeentwicklung auf interkommunaler Ebene derzeit ein trag- und ausbaufähiges Refe-
renzmodell dar. Ein vergleichbares, auf Flächenmanagement ausgerichtetes
Modell zeichnet sich für die Wohnsiedlungsentwicklung derzeit noch nicht ab. Zu
berücksichtigen gilt, dass die Wohnsiedlungsentwicklung durch komplexere
Rahmenbedingungen gekennzeichnet ist, die sich auf interkommunaler Ebene
kumulieren können.

In der Gesamtschau des bestehenden interkommunalen Steuerungsinstrumentariums zur räumlichen Entwicklung auf interkommunaler Ebene wird deutlich, dass
auf Flächenmanagementstrategien und eine konsequentere Nachfrageorientierung aufbauende Steuerungsansätze noch weitgehend ein Neuland darstellen.

Der konzeptionelle Bezugsrahmen *(Kap. 5.1)* zielt darauf ab, im Sinne eines iterativen Vorgehens die bisherigen Erkenntnisse in vorläufigen Erklärungszusammenhängen zu strukturieren und für die eigenen empirischen Untersuchungen
vorzubereiten. Der konzeptionelle Bezugsrahmen zeichnet sich durch eine ergänzende Ableitung eines Wirkungsmodells zur Konfiguration der „interkommunalen Kooperation" sowie eines Handlungsrahmens mit spezifischen Anforderungen an eine nachfrageorientierte Steuerung der räumlichen Entwicklung aus.

Neben der Definition der Grundelemente zur Konfiguration „interkommunaler Kooperation" – wie räumlicher Bezug, Organisationsstruktur sowie Zweck/Funktion – bezieht das Wirkungsmodell insbesondere die Klärung der dazwischen liegenden Struktur- und Funktionszusammenhänge wie Bedarfs-, Strukturangepasstheit sowie Verbindlichkeitsgrad ein.

Da es in der Praxis bislang nur in Ansätzen nachfrageorientierte Steuerungsinstrumentarien zur räumlichen Entwicklung gibt, werden in Verbindung mit dem Anspruch eines umfassenderen, „integrierten" Flächenmanagements vier aufeinander aufbauende Bausteine im Sinne eines konsistenten Handlungsrahmens abgeleitet.

Der Aufbau und das Vorgehen der Fallstudien *(Kap. 6)* greifen die Vorgaben aus dem konzeptionellen Bezugsrahmen systematisch auf. Die untersuchten Fallstudien der Allianzen Oberes Werntal, Nördliches Fichtelgebirge und A7 – Franken West sowie des Stadtentwicklungsverbandes Ulm/Neu-Ulm verdeutlichen die Ausgangsbedingungen, Instrumente und Zusammenhänge zur Steuerung räumlicher Entwicklungsfunktionen in der Praxis.

In Bezug auf den Aspekt der grundlegenden Konfiguration zeigt sich, dass die interkommunale Ebene aufbauend auf den vorrangigen Steuerungsmodus der „freiwilligen Selbstverpflichtung" nur sehr eingeschränkt mit Steuerungskompetenzen ausgestattet wird bzw. Steuerungskompetenzen weitgehend auf einzelgemeindlicher Ebene beibehalten werden. Eine Ausnahme stellt die Verbandssatzung des Stadtentwicklungsverbandes Ulm/Neu-Ulm dar, die eine umfassende und stringente Steuerungs- und Durchführungssystematik mit einer umfassenden Kompetenzzuweisung auf interkommunaler Ebene beinhaltet. Daran gemessen, scheint ein wesentliches Defizit darin zu liegen, dass die interkommunale Ebene nur sehr bedingt als eine eigenständige Steuerungs- und Handlungsebene wahrgenommen wird.

Zur spezifischen Situation der Nachfrageorientierung spiegeln die Ergebnisse der Fallstudien weitgehend die Erkenntnisse des fachlichen Grundlagenteils wider: Eine nachfrageorientierte Steuerung wird bislang nur in punktuellen Ansätzen verfolgt. Dies ist vorrangig auf die eingespielten Routinen einer angebotsorientierten Steuerungsstrategie – als in den realen Herausforderungen – zurückzuführen. Drei von vier Fallstudien sind durch mehr oder weniger deutliche Angebotsüberhänge gekennzeichnet.

Die wesentlichen Erkenntnisse und Ergebnisse sind in nachfolgender Übersicht dargestellt:

Tab. 17: Zusammenfassung wesentlicher Bausteine u. Erkenntnisse im Überblick

Kap. 3 **Rahmenbedingungen und Grenzen räumlicher Steuerungsstrategien auf kommunaler Ebene**	• Unsicherheiten und Risiken angebotsorientierter Baulandstrategien nehmen zu. • Wandel von der Angebots- zur Nachfrageorientierung erforderlich. • Begrenzte Reichweite einer nachfrageorientierten Steuerung auf einzelgemeindlicher Ebene. • Von Angebots- und Nachfrageseite ist eine Erweiterung der Spielräume über die Grenzen der einzelnen Gemeinde hinaus erforderlich.
Kap. 4 **Grundlagen und Möglichkeiten zur Steuerung räumlicher Entwicklungsfunktionen auf interkommunaler Ebene**	• Auch die Entwicklungsbemühungen auf interkommunaler Ebene sind bislang vorrangig auf eine punktuelle Angebotsbereitstellung ausgerichtet. • Mangel an konsistenten und in der Praxis erprobten Steuerungsmodellen im Sinne eines umfassenderen Flächenmanagements. • Gewerbeentwicklung weist gegenüber Wohnsiedlungsentwicklung weiter entwickelte und tragfähigere Steuerungsansätze auf. • Gezielte Anreize für die Erprobung von praxistauglichen Steuerungsansätzen – insbesondere unter Schrumpfungsbedingungen – notwendig.
Kap. 6 **Fallstudien**	• Mangelnde Wahrnehmung der interkommunalen Kooperation im Sinne einer „eigenen" Steuerungs- und Handlungsebene. • Genereller Steuerungsmodus von „freiwilliger Selbstverpflichtung" geprägt. • Ein geringer Verbindlichkeitsgrad spiegelt sich in einer weniger fundierten Steuerungs- und Entwicklungskultur wider. • Angebotsentwicklung auf einzelgemeindlicher Ebene nur bedingt auf die reale Marktsituation ausgerichtet. • „Angebotsorientiertes Steuerungsparadoxon": trotz erkannter Grenzen wird an den einzelgemeindlichen Steuerungskompetenzen weitgehend festgehalten. • Eine angebotsorientierte Steuerung wird bislang nur in Ansätzen verfolgt.

7.2 Überprüfung der Hypothesen

Ziel dieses Kapitels ist die Überprüfung, inwieweit sich die in *Kap. 2.2* zugrunde gelegten Hypothesen, zunächst die Teilhypothesen – dann die Haupthypothese, als zutreffend erwiesen haben.

> Teilhypothese 1: Da in räumlichen Entwicklungsfunktionen zunehmend weniger ein Automatismus zwischen Angebot und Nachfrage zu erwarten ist, führen rein einzelgemeindliche Steuerungsansätze eher zu Fehleinschätzungen hinsichtlich des Bedarfs und in der Folge zu Fehlentwicklungen.
> Zu berücksichtigen ist, dass einzelgemeindliche Entwicklungsstrategien auf bestehende fiskalische Anreizmechanismen ausgerichtet sind.

Diese Teilhypothese hat sich in der Untersuchung weitgehend bestätigt. In Bezug auf die einzelnen Aspekte begründet sich dies wie folgt:

- *In räumlichen Entwicklungsfunktionen ist zunehmend weniger ein Automatismus zwischen Angebot und Nachfrage zu erwarten.*

Die Erkenntnisse zu den fachlichen Grundlagen und die Ergebnisse der Fallstudien zeigen, dass eine Selbstregulierung zwischen Angebot und Nachfrage aufgrund von veränderten Rahmenbedingungen als weitgehend hinfällig und unrealistisch angesehen werden kann. Neben teilweise rückläufiger Nachfragetendenzen – insbesondere auf Seiten des Wohnraumbedarfs ist dies u.a. darauf zurückzuführen, dass Vermarktungschancen nur noch begrenzt von der Quantität des Angebots abhängig sind, sondern zielgruppenorientierte und qualitative Aspekte eine zunehmende Rolle spielen.

- *Rein einzelgemeindliche Steuerungsansätze führen eher zu Fehleinschätzungen hinsichtlich des Bedarfs und in der Folge zu Fehlentwicklungen.*

Die Ergebnisse der Untersuchung zeigen, dass rein einzelgemeindliche und angebotsorientierte Steuerungsansätze mit einer mangelnden Effizienz und einem höheren Risiko verbunden sind. Von Seiten der übergeordneten Trends stellt die kommunal verantwortete Flächeninanspruchnahme die wesentliche Triebkraft für die fortschreitenden Herausbildung disperser Siedlungsstrukturen dar, die ausgehend von einem hohen Flächenverbrauch und einem weiter in die Fläche gehenden Infrastrukturaufbau auch einen erhöhten Rohstoff- und Energieaufwand nach sich ziehen. In Ergänzung dazu verdeutlichen die Ergebnisse der Fallstudien, dass bestehende Angebotsüberhänge weitgehend auf die einzelgemeindliche Bodenpolitik der Vergangenheit zurückgeführt werden können.

- *Zu berücksichtigen ist, dass einzelgemeindliche Entwicklungsstrategien auf bestehende fiskalische Anreizmechanismen ausgerichtet sind.*

  Wie die Aufarbeitung der Rahmenbedingungen des bestehenden Gemeindefinanzierungssystems *(siehe u.a. Kap. 3.1.3)* zeigt, ist das kommunale Steuern und Handeln zum jetzigen Zeitpunkt einseitig auf die Ansiedlung von Einwohnern und Betrieben und eine wachstumsorientierte Baulandstrategie ausgerichtet. Dies wird insofern befördert, als dass ein wesentlicher Umfang der kommunalen Einnahmen flächen- und v.a. einwohnerbezogen ist.

Teilhypothese 2: Eine funktionsfähige Steuerung von räumlichen Entwicklungsfunktionen auf interkommunaler Ebene setzt zweckmäßige Kooperationsstrukturen, ein Mindestmaß an Kollektivinteressen sowie faire Ausgleichsregelungen im Rahmen einer gegenseitigen Vertrauensbasis voraus.

In Bezug auf den Stand und die Ergebnisse der Fallstudien ist eine belastbare Überprüfung dieser Teilhypothese nur bedingt möglich, wobei die jeweiligen Voraussetzungen zu differenzieren sind. Vorbehaltlich dessen kann sie insofern als zutreffend angesehen werden, nachdem die inhaltlichen Erfordernisse im Grundsatz bestätigt wurden – in den Fallstudien sich jedoch nur bedingt konsistentere und etabliertere Kooperations- und Steuerungsstrukturen vorfinden.

- *Zweckmäßige Kooperationsstrukturen.*

  In Anlehnung an das Wirkungsmodell zur Konfiguration der „interkommunalen Kooperation" setzt eine „zweckmäßige" Kooperationsstruktur für die Steuerung räumlicher Entwicklungsfunktionen voraus, dass der Aufbau der Organisationsstruktur die Erfüllung des Zwecks befördert bzw. ermöglicht und im Umkehrschluss keinen „Selbstzwecken" dient. In beispielgebender Weise wird diesem Anspruch die Verbandssatzung des Stadtentwicklungsverbandes Ulm/Neu-Ulm auf Grundlage einer stringenten Steuerungssystematik und einer klar definierte Rollen- und Aufgabenverteilung gerecht.

  Dies verdeutlich, dass der Aufbau „zweckmäßiger Kooperationsstrukturen" für die Steuerung räumlicher Entwicklungsfunktionen mit einem hohen Anspruch verbunden ist. Ausgehend von der Abgrenzung zur einzelgemeindlichen Ebene spielt der erforderliche institutionelle Kontext räumlicher Entwicklungsaufgaben u.a. hinsichtlich der Bauleitplanung sowie eigentumsrechtlicher und monetärer Aspekte eine wichtige Rolle. Wie im *Kap. 6.5.2* dargestellt, wird die interkommunale Ebene in den Fallstudien kaum als eigene, verbindlichere Steuerungs- und Handlungsebene angesehen und mit entsprechenden Steuerungskompetenzen ausgestattet. Unter derartigen Voraussetzungen kann die interkommunale Kooperation dem Anspruch der Zweckmäßigkeit nur sehr eingeschränkt gerecht werden.

- *Mindestmaß an Kollektivinteressen.*

Dieser Aspekt ist darauf zurückzuführen, dass das Zustandekommen einer interkommunalen Kooperation allein auf Basis der Bündelung von einzelgemeindlichen Interessen im Sinne einer „Win-win-Situation" nur bedingt realistisch ist und zusätzlich davon abhängt, dass auch Kollektiv- oder Gesamtinteressen bestehen oder entwickelt werden können.

Diese sind umso mehr von Bedeutung, je weniger der Nutzen unmittelbar ersichtlich ist und wie am Beispiel des Stadtumbaus der Allianz Nördliches Fichtelgebirge auf keine „positive" Verteilungsmasse aufgebaut werden kann. Folglich haben Kollektivinteressen bei der Steuerung von Schrumpfungsprozessen eine andere Bedeutung als in Wachstumsprozessen. Um langfristig die Herausforderungen von Schrumpfungsprozessen zu bewältigen, erscheint die Entwicklung zu „Solidargemeinschaften" mit einem belastbaren Fundament an gemeinsamen Interessen und Zielstellungen eine wichtige Voraussetzung.

Demzufolge findet sich in den Fallstudien mit dem Stadtentwicklungsverband Ulm/Neu-Ulm dort die etablierteste und verbindlichste Steuerungsstruktur vor, wo auch die Gemeinsamkeiten und Kollektivinteressen hinsichtlich der Entwicklung des gemeinsamen Wirtschaftsraums am stärksten sind.

- *Faire Ausgleichsregelungen.*

In engem Zusammenhang mit den zweckmäßigen Kooperationsstrukturen trifft dieser Aspekt im Rahmen der Fallstudien auf den Stadtentwicklungsverband Ulm/Neu-Ulm zu, jedoch wurde die in der Verbandssatzung getroffene Verteilungsregelung bislang noch nicht umgesetzt. Bei der Steuerung räumlicher Entwicklungsfunktionen liegt der Vorteil der interkommunalen Kooperation vor allem darin, die Kosten und Risiken gemeinsam zu tragen und entsprechend auch die Einnahmen zu verteilen. Solange dies nicht konsequent praktiziert wird, lässt sich eine mit negativen Auswirkungen verbundene kommunale Wettbewerbssituation nicht endgültig ausschließen. Dies verdeutlichen auch die Herausforderungen der Allianzen A7 – Franken West, Oberes Werntal und Nördliches Fichtelgebirge hinsichtlich einer wirksameren Steuerung des Überangebots.

- *Gegenseitige Vertrauensbasis.*

In Verbindung mit dem Ansatz der „freiwilligen Selbstverpflichtung" spielt diese in der Steuerungspraxis der Fallstudien einerseits eine herausragende

Rolle, andererseits wird dies dadurch relativiert, dass sie in der Regel nicht mit anspruchsvolleren oder komplexeren Kooperationsinhalten „auf die Probe gestellt wird". Dies lässt einen Rückschluss auf das Niveau der Vertrauensbasis in den Fallstudien zu. Dahingehend scheint es Tabuthemen zu geben, die weder als diskutierbar noch als verhandelbar gelten, obwohl sie faktisch maßgebliche Kooperationsinhalte betreffen (siehe z.b. verbindlichere Regelungen zur zukünftigen Angebotsentwicklung). Dies bekräftigt das Erfordernis einer Vertrauensbasis, die sich auch bei schwierigeren Inhalten und Verhandlungen als tragfähig erweist.

Im Gesamtzusammenhang beider Teilhypothesen verdeutlichen die Ergebnisse der Fallstudien, dass Wirksamkeit und Grenzen nachfrageorientierter Steuerungsmöglichkeiten wesentlich von der Ausgestaltung des Verbindlichkeitsgrades in Übereinstimmung zwischen dem Zweck und der Kompetenzausstattung unter Berücksichtigung organisatorischer Grundlagen und Regelungen abhängen. Hierbei spielt die Wahrnehmung und Ausgestaltung der interkommunalen Kooperation im Sinne einer eigenständigen Steuerungs- und Handlungsebene eine maßgebliche Rolle. Diese Erkenntnis lässt sich wie folgt zusammenfassen: Je weniger die interkommunale Ebene mit verbindlichen Kompetenzen und Regelungen im Sinne einer eigenständigen, funktionsfähigen Steuerungs- und Handlungsebene ausgestattet wird, desto weniger wirksam kann sie zu einer nachfrageorientierten Steuerung räumlicher Entwicklungsfunktionen beitragen.

Daran schließt sich die Überprüfung der Haupthypothese an:

Haupthypothese

Interkommunale Kooperation ist für räumliche Entwicklungsfunktionen ein geeignetes Steuerungsinstrument, um eine Umorientierung von einer angebotsorientierten Bodenpolitik zu einer bedarfsgerechten Nachfrageorientierung im Sinne von Flächenmanagement zu bewirken.

Auf Grundlage der Teilhypothesen liegt der inhaltliche Kern der Haupthypothese darin, durch die Anwendung der interkommunalen Kooperation eine Umorientierung von der Angebots- zur Nachfrageorientierung zu bewirken. Dem liegt der Anspruch eines umfassenderen Flächenmanagements zugrunde, das alle relevanten Aufgaben von der Flächensicherung und Planung bis zur Vermarktung und Vergabe von Flächen berücksichtigt. Abgesehen von der Verbandssatzung des Stadtentwicklungsverbandes Ulm/Neu-Ulm konnte dieser Anspruch in den Fallstudien nur ansatzweise nachgewiesen werden. Diese Erkenntnis würde jedoch nur dann eine grundsätzliche Infragestellung der Haupthypothese darstellen, wenn es trotzdem gelungen wäre, eine Umorientierung zu einer nachfrage-orientierten Steuerung zu erreichen. Wie die Auswertung der Fallstudien belegt, ist dies jedoch nicht der Fall: Eine nachfrageorientierte Steuerung ist bislang nur in ersten Ansätzen entwickelt, wobei sie im Stadtentwicklungsverband Ulm/Neu-Ulm bislang am stärksten verankert ist. Dabei wird in den Fallstudien eine Um-orientierung auf eine nachfrageorientierte Steuerung als erforderlich angesehen; ebenso werden die Grenzen einer noch weitgehend angebotsorientierten Steue-rung auf einzelgemeindlicher Ebene zweifellos erkannt. An dieser Stelle greift je-doch das bereits beschriebene „angebotsorientierte Steuerungsparadoxon" *(sie-he Kap. 6.5.2)*: Trotz der erkannten Defizite und Grenzen wird an den bisherigen Steuerungsstrukturen auf einzelgemeindlicher Ebene weitgehend festgehalten.

Darüber hinaus ist in Bezug auf die Haupthypothese eine Berücksichtigung der unterschiedlichen Nachfragesituationen erforderlich. Wie die Fallstudien belegen, erscheinen die Möglichkeiten einer Umorientierung bei stabiler struktureller Aus-gangslage und Nachfrage aussichtsreicher als bei instabilen Verhältnissen im Rahmen von Schrumpfungsprozessen. Dahingehend könnten die Möglichkeiten und Grenzen einer Umorientierung wesentlich davon abhängen, wie stabil sich die Nachfragesituation sowie der Immobilien- und Grundstücksmarkt unter Be-rücksichtigung struktureller Rahmenbedingungen darstellt. Auch der interkom-munalen Kooperation sind als Steuerungsinstrument klare Grenzen auf dem Weg zu einer Nachfrageorientierung gesetzt, wenn kaum mehr eine Nachfrage, hingegen mehr oder weniger massive Angebotsüberhänge und ein weitgehend instabiler Immobilien- und Grundstücksmarkt gegeben sind. Zur Differenzierung der Haupthypothese können für die Steuerungsfunktion der interkommunalen Kooperation folgende Grundstrategien abgeleitet werden:

- Dort wo noch eine adäquate Nachfrage und ein stabilerer Immobilien- und Grundstücksmarkt vorhanden sind, liegt der Schwerpunkt der interkommuna-len Kooperation auf der Umorientierung zur nachfrageorientierten Steuerung.

- Dort wo sich nur noch eine sehr geringe Nachfrage und ein instabiler Immobi-lien- und Grundstücksmarkt vorfinden, liegt der Schwerpunkt der interkom-munalen Kooperation auf der Steuerung von Rückbau-/Umbauprozessen.

Auf Grundlage der Haupthypothese hängt die Umorientierung zu einem nachfra-georientierten Steuerungsmodus wesentlich davon ab, inwieweit es gelingt, das "angebotsorientierte Steuerungsparadoxon" aufzulösen, und inwieweit eine adä-quate Nachfrage sowie ein stabiler Immobilienmarkt gegeben ist.

Auf diese Erkenntnis wird im *nachfolgenden Kap.* hinsichtlich der Ableitung gene-reller Kooperationsprofile näher eingegangen.

7.3 Folgerungen und Empfehlungen

Die aus den Erkenntnissen der Untersuchung abzuleitenden Folgerungen knüpfen zunächst an die unterschiedliche Ausgangssituationen der Praxisbeispiele in den Fallstudien an. Die Anforderungen und Möglichkeiten einer nachfrageorientierten Steuerung mittels interkommunaler Kooperation werden unabhängig von organisatorischen, strategischen und instrumentellen Grundlagen maßgeblich davon beeinflusst:

- wie stabil oder instabil sich die Angebots- und insbesondere Nachfragesituation darstellt,

- in Wechselwirkung mit der Frage, welche strukturelle Ausgangslage und Entwicklungstrends hinsichtlich Schrumpfungs-, Stagnations- oder Wachstumsprozessen vorherrschend sind.

Dahingehend lassen sich zwei grundlegende Kooperationsprofile für die interkommunale Kooperation zur Steuerung räumlicher Entwicklungsfunktionen ableiten, denen ausgehend von den Fallstudien eine pointierte Generalisierung zugrunde liegt.

- **„Zugewinngemeinschaft"**

Dieses Kooperationsprofil wird davon geprägt, dass das Angebot auf eine stabile Nachfragesituation trifft und folglich durch die Ansiedlung von Wohnbevölkerung und Betrieben ein „Zugewinn" unter den beteiligten Kommunen verteilt werden kann.

Der substanzielle Nutzen der Kooperation begründet sich in der Herabsetzung bzw. Ausschaltung der Konkurrenz, die im einzelgemeindlichen Wettbewerb um die gleichen kleinräumigen Nachfragemärkte mit wahrnehmbaren Nachteilen (Ansiedlungspolitik, Bodenpreise etc.) verbunden ist. Im Umkehrschluss bringt die Kooperation für die beteiligten Kommunen offensichtliche Vorteile, die jedoch zu einem „möglichst geringen Preis" hinsichtlich der Abgabe von einzelgemeindlichen Kompetenzen an die interkommunale Ebene erzielt werden sollen. Dies betrifft insbesondere die Wahrnehmung der kommunalen Planungshoheit zur Steuerung der Angebotsentwicklung. Entsprechend ist das Rollenspiel dadurch gekennzeichnet, dass die einzelnen Partnerkommunen in einer mehr oder weniger intensiven Abstimmung die Flächenangebote entwickeln und auf interkommunaler Ebene der Schwerpunkt auf Vermarktung und Vergabe gelegt wird.

Das Grundprinzip der „Zugewinngemeinschaft" baut im Kern darauf auf, dass durch die Vermeidung der kommunalen Konkurrenzsituation in Verbindung mit einem Mindestmaß an Kompetenzausstattung und Verbindlichkeit auf interkommunaler Ebene ein größerer Nutzen für die beteiligten Partnerkommunen zu erwarten ist. Allerdings kann sich ein Mindestmaß an Kompetenzzuweisung und Verbindlichkeit nur dann als tragfähig erweisen, wenn gemeinsame Interessen und eine adäquate Vertrauensbasis zwischen den Partnern vorhanden sind oder entwickelt werden können.

Folglich begründet sich das Risiko dieses Kooperationsprofils darin, dass eine vorrangig auf Vertrauen basierende Partnerschaft gegenüber Veränderungen oder Interessenkonflikten anfälliger und brüchiger ist, als wenn der interkommunalen Kooperation verbindliche Kompetenzen und Regelungen zugrunde gelegt werden. Möglicherweise handelt es sich um eine „Schwanzbeisser-Koalition": Um das aufgebaute Vertrauen nicht zu gefährden, einigen sich die Partnerkommunen auf einen weniger verbindlichen Steuerungsmodus; diese Strategie kann sich jedoch als labil erweisen, wenn das Vertrauen durch Störeinflüsse und Veränderungen beeinträchtigt wird.

- **„Schrumpfungskoalition"**

  Kennzeichen dieses Kooperationsprofils ist, dass ein durch die Bodenpolitik der Vergangenheit überdimensioniert aufgebautes Angebotspotenzial auf eine rückläufige und mangelnde Nachfrage trifft und sich deshalb mehr oder weniger ausgeprägte Angebotsüberhänge und ein instabiler Immobilien- und Grundstücksmarkt vorfinden. In Abhängigkeit von der jeweiligen Situation stellt sich die Frage, inwieweit mittels der Steuerung durch interkommunale Kooperation eine substanzielle Anpassung und Stabilisierung des Immobilienmarktes realistisch ist und inwieweit dazu der Schwerpunkt auf die Vorbereitung und Durchführung von Rückbau- und Umbauprozessen gelegt werden muss. Die Steuerung von Schrumpfungsprozessen erscheint vorrangig auf Grundlage der angestammten Bevölkerungsgruppen und Betriebe sowie darauf aufbauender zielgruppenorientierter und nischenförmiger Angebotsstrategien realistisch.

  Die Herausforderung dieser Kooperation liegt vor allem darin, dass der Nutzen hinsichtlich der Vorbereitung von Rückbau- und Umbauprozessen komplexer und weniger ersichtlich erscheint. Die Sinnhaftigkeit einer Abstimmung auf interkommunaler Ebene begründet sich u.a. darin, dass ausgehend von dem Fokus auf die Bestandsentwicklung die Nachfrage insgesamt eine sehr begrenzte „Ressource" darstellt – insbesondere im Bereich der Wohnsiedlungsentwicklung. Angesichts von Angebotsüberhängen betreffen Abstimmungserfordernisse nicht nur die Außenentwicklung, sondern insbesondere auch die Bestandsentwicklung, um eine adäquate Zielgenauigkeit und Angebotsbegrenzung bewirken zu können. Im Gegensatz dazu sind einzelgemeindliche Alleingänge mit der Gefahr verbunden, dass der „Punkt der Bedarfsdeckung" aufgrund einer mangelnden Abstimmung nicht rechtzeitig erkannt wird und weitere nicht bedarfsgerechte Angebote entwickelt werden.

Eine höhere Zielgenauigkeit erscheint bei der Steuerung von Schrumpfungsprozessen auch unter Berücksichtigung der Wechselbeziehung zwischen der Siedlungsentwicklung und der Infrastrukturausstattung erforderlich. Wesentliche Steuerungsgrundlage könnte ein abgestimmtes Konzept sein, dass eine Prioritätensetzung der künftigen Siedlungstätigkeit mit entsprechenden Rückbau- und Umbaumaßnahmen unter Berücksichtigung vorhandener Daseinsvorsorge- und Infrastruktureinrichtungen vorsieht. Ausgehend vom Grundgedanken der "Solidargemeinschaft" wäre eine interkommunal abgestimmte Siedlungsentwicklung eng mit einer langfristigen Arbeitsteilung zur Aufrechterhaltung von adäquaten kommunalen und übergemeindlichen Daseins- und Infrastruktureinrichtungen verbunden.

Dies verdeutlicht, weshalb auch in Schrumpfungsprozessen mit dem Schwerpunkt der Bestandsentwicklung eine nachfrageorientierte Steuerung mittels interkommunaler Kooperation zweckmäßig und notwendig ist. Im Gegensatz zur „Zugewinngemeinschaft" liegt der Nutzen durch die Kooperation jedoch nicht sofort erkennbar auf der Hand, sondern muss in wesentlich stärkerem Maße prozesshaft erarbeitet werden. Angesichts der Herausforderungen im Umgang mit Schrumpfungsprozessen setzt eine wirksame und gewinnbringende Kooperation eine belastbare Grundüberzeugung der beteiligten Kommunen voraus. Nur mit einer ambitionierteren Herangehensweise erscheint es möglich, den Mehrwert einer Steuerung mittels interkommunaler Kooperation in geeigneter Weise herauszuarbeiten.

Aufgrund der komplexen Anforderungen sowie den Zusammenhängen zur Daseinsvorsorgeentwicklung erscheint gerade unter Schrumpfungsbedingungen ein „gezielter" staatlicher Anreiz für den Aufbau tragfähiger Steuerungsstrukturen auf interkommunaler Ebene notwendig.

Vor dem Hintergrund der Kooperationsprofile sowie der weitergehenden Erkenntnisse und Ergebnisse der Untersuchung leiten sich an die Adresse der wichtigsten Beteiligten folgende Folgerungen und Empfehlungen ab.

Klarere Positionierung, Abwägung und Entscheidungsfindung von Seiten der Kommunen notwendig

In Reflexion der Erkenntnisse aus den Fallstudien drängt sich die vertiefende Betrachtung des Zusammenhangs zwischen den vorhandenen Steuerungsstrukturen, dem Ausgestaltungs- und Kooperationsprozess sowie der Rolle der politischen Entscheidungsträger auf. Dabei stellt sich die Frage, inwieweit tragfähige Steuerungsstrukturen auf interkommunaler Ebene ohne das politische Element der Willensbildung und Entscheidung zustande kommen können.

Für Kommunen, für die die interkommunale Kooperation ein relevantes Steuerungsinstrumentarium für räumliche Entwicklungsfunktionen darstellen könnte, ergibt sich sowohl in „Zugewinngemeinschaften" als auch „Schrumpfungskoalitionen" eine Ausgestaltungs- und Entscheidungsvarianz zwischen folgenden, vereinfachten Eckpunkten:

- Der Aufbau eines Steuerungsmodus auf Basis der „freiwilligen Selbstverpflichtung" mit einem niedrigeren Verbindlichkeitsgrad sowie de facto eingeschränkteren Wirkungsmöglichkeiten

- oder die Entwicklung einer verbindlich verankerten und stringenten Steuerungssystematik mit klaren Kompetenzzuweisungen an die interkommunale Ebene, mit der sich potenziell eine höhere Wirksamkeit erzielen lässt.

Auf Grundlage der Fallstudienergebnisse begründet sich das grundlegende Dilemma der interkommunalen Kooperation zur Steuerung räumlicher Entwicklungsfunktionen in einer „Teilbereitschaft" und „Zwiespältigkeit" der beteiligten Kommunen. Einerseits werden von Seiten der Kommunen die rationalen Grenzen der einzelgemeindlichen Steuerung sowie die Vorteile und Möglichkeiten der interkommunalen Kooperation durchaus erkannt, andererseits möchte man aber auf die Wahrnehmung der Steuerungskompetenzen auf einzelgemeindlicher Ebene auch nicht verzichten. In Anlehnung an die Fallstudien entsteht der Eindruck, dass eine höhere Verbindlichkeit mehr als Risikofaktor denn als Chance angesehen wird. Die verbreitete Haltung in den Praxisbeispielen der Fallstudien besteht darin, besser eine niederschwelligere und weniger wirksame Kooperation in Kauf zu nehmen, als durch die Diskussion über eine Erhöhung des Verbindlichkeitsgrades die Zusammenarbeit insgesamt zu gefährden. Im Sinne eines schrittweisen Kooperationsprozesses wären derartige, weniger verbindliche Anfangsstadien durchaus nachvollziehbar, jedoch deuten die Fallstudien auf eine Verstetigung dieses niedrigeren Steuerungsniveaus hin.

Insgesamt wird auf Seiten der Kommunen eine zwiespältige Grundeinstellung gegenüber der interkommunalen Kooperation zur Steuerung räumlicher Entwicklungsfunktionen deutlich. In besonderer Weise betrifft dies die Schwerpunktfunktion der Wohnsiedlungsentwicklung, die – auch in Schrumpfungsprozessen – nahezu ein „Tabuthema" im Zusammenhang mit interkommunaler Kooperation darzustellen scheint.

Wenn sich vor diesem Hintergrund die interkommunale Kooperation zu einem wirksamen und effizienteren Steuerungsinstrument für räumliche Entwicklungsfunktionen entwickeln soll, dann setzt dies auf Seiten der Kommunen eine klarere Positionierung, Abwägung und Entscheidungsfindung voraus. Ausgehend von dem Primat der „Freiwilligkeit" ist die Wahrnehmung der interkommunalen Kooperation als Steuerungsinstrument für räumliche Entwicklungsaufgaben, abgesehen von Anreizmechanismen durch Förderprogramme, eine von den Kommunen frei zu entscheidende Angelegenheit, ob diese als sinnvoll erachtet wird oder nicht. Insofern relativiert sich von außen betrachtet auch die dargestellte Teilbereitschaft und Zwiespältigkeit gegenüber der interkommunalen Kooperation – insbesondere was auch die Kooperation im Bereich der Wohnsiedlungsentwicklung betrifft.

Letztlich gilt es von Seiten der interessierten Kommunen in einem offenen Diskurs:

• entweder den institutionellen Anforderungen der räumlichen Entwicklungsfunktionen in ambitionierter Weise gerecht zu werden und die interkommunale Ebene schrittweise mit entsprechenden verbindlichen Steuerungskompetenzen auszustatten

• oder ggf. in aller Konsequenz auf die interkommunale Kooperation als Steuerungsinstrumentarium für räumliche Entwicklungsfunktionen zu verzichten.

Sofern die Kommunen die Chance zur freiwilligen Selbstorganisation mittels interkommunaler Kooperation im Bereich der räumlichen Entwicklungsfunktionen nicht adäquat nutzen, stellt sich die Frage von Steuerungsalternativen, die, wie in einigen Bundesländern bereits praktiziert bzw. vorgesehen (z.B. Hessen, Thüringen), stärkere ordnungspolitische Interventionen „von oben" bedeuten können.

Steuerungswirkung von Förderinstrumenten sollte gezielter genutzt werden.

Förderprogramme und -mittel können als Anreiz für interkommunale Kooperationsprojekte zur Steuerung räumlicher Entwicklungsfunktionen eine wichtige unterstützende oder impulsgebende Rolle spielen. Insbesondere mit der Gestaltung der Vergabemodalitäten und durch die Begleitung der jeweiligen Fördermittelgeber kann ein potenzieller Einfluss auf die interkommunale Kooperation genommen werden (vgl. HOLLBACH-GRÖMIG et al. 2005: 115).

Die Rolle der Fördermittelgeber ist in den Fallstudien dadurch gekennzeichnet, einerseits die interkommunale Kooperation als Fördergrundlage zu fordern und diese nach außen auch zu vermarkten, die Kommunen jedoch teilweise nicht konsequent genug bei der inhaltlichen Ausgestaltung zu unterstützten bzw. zu begleiten. Dies ist auch auf die, aus der langjährigen Beratungs- und Planungspraxis gewonnene Erkenntnis des Verfassers zurückzuführen, dass die behördliche Seite sich zunehmend auf eine „Abwicklungsfunktion" reduziert bzw. reduziert wird und kaum mehr steuerende Orientierungshilfen wahrnimmt bzw. wahrnehmen kann.

Weiterhin bleibt in Anlehnung an die vereinzelten Praktiken der Fördermittelgeber in den Fallstudien festzuhalten, dass mit der „Gießkanne einer interkommunalen Flächenförderung"[82] weder dauerhaft tragfähige interkommunale Strukturen erreicht, noch strukturelle Herausforderungen wie z.B. die Folgen von Schrumpfungsprozessen nachhaltig gelöst werden können (vgl. FRANZEN, HAHNE et al. 2008: 39f).

Sofern von Seiten der Fördermittelgeber die interkommunale Kooperation zur Profilierung von Programmen im Bereich räumlicher Entwicklungsaufgaben aufgegriffen wird und langfristig angelegte tragfähige und wirksame Kooperationen beabsichtigt sind, sollte die Lenkungswirkung von staatlichen Fördermitteln zur interkommunalen Kooperation im Rahmen der räumlichen Entwicklung profilierter, gezielter und verbindlicher ausgerichtet werden. Eine Lenkungswirkung sieht z.B. die interkommunale Ausformung des Städtebauförderungsprogramms Stadtumbau West in Hessen mit der Anforderung einer formellen Organisationsform vor. Auf Grundlage der bundesweiten Auswertung von interkommunalen Stadtumbau-Prozessen spiegelt sich diese in dem Ergebnis wider, dass sämtliche Kooperationen mit der verbindlicheren Organisationsform eines Zweckverbandsmodells aus Hessen stammen (vgl. KARSTEN et al. 2009: 12).

Entsprechend wären als potenzielle Ansatzpunkte für eine Lenkungswirkung u.a. im organisatorischen Bereich die Stärkung des Verbindlichkeitsgrades oder inhaltlich die Beförderung der Nachfrageorientierung denkbar. Eine Lenkungswirkung über Vergabemodalitäten könnte jedoch zu kurz greifen, sofern nicht von Seiten der Fördermittelgeber eine orientierungsgebende Begleitungsrolle geleistet werden kann.

---

[82] Mit „der Gießkanne einer interkommunalen Flächenförderung" ist gemeint, dass unabhängig von Schwerpunktsetzungen möglichst alle Kooperationspartner ggf. auch noch möglichst gleichwertig beispielsweise mit Stadtumbau- oder Dorferneuerungsmaßnahmen versorgt bzw. zufrieden gestellt werden. Letztlich besteht die Gefahr, dass eine derartige Förderpraxis eine Kooperation auf das Niveau einer vorrangigen „Verteilungskoordination" reduziert.

Generell gilt es, gerade vor dem Hintergrund der hohen Anforderungen der interkommunalen Kooperation, angesichts der Zunahme an formalen Reglementierungen und Kontrollaufgaben in allen einschlägigen Förderprogrammen wieder eine inhaltlich ausgerichtete Lenkungswirkung und Qualitätssicherung stärker in den Vordergrund zu stellen.

Fachlich differenziertere Aufarbeitung von Entwicklungsgrundlagen von Seiten der externen Planer/Berater erforderlich.

In Anlehnung an die Fallstudien spielen externe Planer und Berater insbesondere bei der Erarbeitung von Entwicklungsgrundlagen und ggf. in der weiteren Begleitung von Umsetzungsprozessen eine wichtige Rolle.

Zur Rolle der externen Planer und Berater zeigen die Ergebnisse der Fallstudien Optimierungsbedarfe in folgenden Punkten auf:

- Verbesserung der Grundkenntnisse zu Stellung, Rahmenbedingungen und Möglichkeiten der interkommunalen Kooperation als eigenständige Steuerungs- und Handlungsebene.

- Differenziertere Aufarbeitung der Angebots- und Nachfragesituation zu den jeweiligen räumlichen Entwicklungsfunktionen. Dies betrifft insbesondere eine nachvollziehbare Darstellung der Nachfragesituation – hierfür erscheint in Ergänzung zu einschlägigen Statistiken die Entwicklung weitergehender Erfassungsmethoden und -indikatoren erforderlich.

- Integrative Aufarbeitung städtebaulicher Rahmenbedingungen und Entwicklungsperspektiven in Verzahnung mit immobilienwirtschaftlichen Rahmenbedingungen, Daseinsvorsorge- und Infrastruktureinrichtungen sowie fiskalischen Wirkungszusammenhängen.

Insbesondere in Anknüpfung an den letzten Punkt wird in den Fallstudien deutlich, dass eine qualitative, städtebauliche und integrative Betrachtung insbesondere im Bereich der Wohnsiedlungsentwicklung weniger ausgeprägt ist.

Sofern insbesondere unter Schrumpfungsbedingungen eine disperse Auflockerung von Siedlungsstrukturen nach dem „Zufallsprinzip" vermieden werden soll, könnte ein Schlüssel zur Lösung in einem abgestimmten Konzept liegen, das städtebauliche und funktionale Bezüge im Sinne einer langfristig ausgerichteten und interkommunal abgestimmten ortsräumlichen Entwicklung vorsieht.

Hierfür erscheint eine Planungskultur erforderlich, die die Möglichkeiten und Qualitäten einer interkommunal gesteuerten städtebaulichen Entwicklung erkennt und diese auch in ambitionierter Weise gegenüber den Kommunen vermittelt.

Von der pauschalen Problemlösungsstrategie zum verbindlichen Steuerungsinstrumentarium

In einschlägigen Untersuchungen, Studien und Förderprogrammen, die sich mit Problemstellungen und Herausforderungen der räumlichen Entwicklung auf kommunaler Ebene befassen, wird die interkommunale Kooperation als eine mehr oder weniger pauschale Problemlösungsstrategie angeführt (u.a. FORUM BAULANDMANAGEMENT NRW 2010; ARL 2008, JÖRISSEN, COENEN 2007; BUNZEL et al./BBR 2006). Fast scheint es so, als sei die interkommunale Kooperation ein vielfältig anwendbarer „Rettungsanker" für viele strukturelle und räumliche Entwicklungsherausforderungen.

Die Erkenntnisse aus der Aufarbeitung der fachlichen Grundlagen und insbesondere die Ergebnisse der Fallstudien relativieren diese Vorstellungen und zeigen, dass der wirksame Einsatz der interkommunalen Kooperation als Steuerungsinstrument für räumliche Entwicklungsfunktionen mit hohen Anforderungen verbunden ist, insbesondere was eine verbindliche und stringente Steuerungs- und Durchführungssystematik betrifft.

Dies ist speziell darauf zurückzuführen, dass räumliche Entwicklungsfunktionen per se einen höheren institutionellen Kontext erfordern. In Anlehnung an das Wirkungsmodell zur Konfiguration interkommunaler Kooperation zieht ein höherer Verbindlichkeitsgrad auch eine höhere Komplexitätsanforderung an die Ausgestaltung der organisatorischen, fachlichen und planerischen Teilelemente nach sich – was die Verbandssatzung des Stadtentwicklungsverbandes Ulm/Neu-Ulm in beispielgebender Weise verdeutlicht.

Weiterhin ist zu berücksichtigen, dass es bis auf wenige Ansätze an konsistenten und in der Praxis erprobten nachfrageorientierten Steuerungsmodellen mangelt. Zudem schließen auch die unterschiedlichen regionalen und kommunalen Gegebenheiten allgemeingültige Einheitslösungen aus. Von daher werden die Beteiligten derartiger Kooperationsprozesse nicht umhin kommen, neue und auf die jeweilige Situation zugeschnittene Steuerungs- und Lösungswege nach dem „Trial-and-Error-Prinzip" zu erproben, zu entwickeln und ggf. zu verstetigen.

7.4   Ausblick und weiterer Forschungsbedarf

Die vorliegende Forschungsarbeit richtet ihren Fokus auf die Wirksamkeit und die Grenzen einer nachfrageorientierten Steuerung räumlicher Entwicklungsfunktionen mittels interkommunaler Kooperation.

Zur abschließenden Einordnung der Ergebnisse wird die Frage nach dem Entwicklungsstand bzw. Reifegrad aufgegriffen. Prinzipiell können hierfür verschiedene Stufen zugrunde gelegt werden.

Abb. 97: Stufen zur Beurteilung des Entwicklungsstandes bzw. Reifegrades in der Praxis (Quelle: eigene Darstellung)

Die Ergebnisse der Fallstudien spiegeln die Erkenntnisse zu den fachlichen Grundlagen insofern wider, als es bislang noch wenig erprobtere oder ausgereiftere Steuerungsansätze gibt – insbesondere was den Aspekt der Nachfrageorientierung betrifft. Aufgrund der komplexeren Rahmenbedingungen trifft dies insbesondere auf die Wohnsiedlungsentwicklung zu, die noch weitgehend einem Anfangsstadium zuordenbar ist.

Dagegen finden sich in der Gewerbeentwicklung stringentere Steuerungsansätze (wie Stadtentwicklungsverband Ulm/Neu-Ulm, InKomZ in Hessen) vor, die bis hin zu „erprobten Durchführungsmodellen" reichen und vereinzelt auf Langfristerfahrungen zurückgreifen können. Allerdings dürfen diese wenigen Beispiele nicht darüber hinweg täuschen, dass auch in der interkommunalen Gewerbeentwicklung noch weitgehend angebotsorientierte Steuerungsansätze (vor allem in Form interkommunaler Gewerbegebiete) vorherrschen.

Vor dem Hintergrund des Entwicklungsstandes lässt sich in folgenden Punkten ein weiterführender Forschungsbedarf identifizieren:

Weiterentwicklung kommunaler Planungshoheit in Anpassung an eine Nachfrageorientierung.

Die Ergebnisse der Untersuchung belegen, dass die Aufarbeitung von und Auseinandersetzung mit den Möglichkeiten und insbesondere Grenzen der einzelgemeindlichen Steuerungsebene einen maßgeblichen „Schlüssel" zur Frage der Anwendungsbereitschaft der interkommunalen Kooperation darstellen. Hierbei drängt sich die Frage auf, wie eine Weiterentwicklung der kommunalen Planungshoheit unter den Vorzeichen der Nachfrageorientierung aussehen kann. Bislang verbindet sich mit der Wahrnehmung der kommunalen Planungshoheit immer noch in hohem Maße die Steuerung via verbindlicher Bauleitplanung, die vorrangig auf die Bereitstellung von Baulandangebot „auf der grünen Wiese" ausgerichtet ist.

Die Ergebnisse der Fallstudien verdeutlichen hierzu eine Ambivalenz: Einerseits wird der kommunalen Planungshoheit in Verbindung mit der verbindlichen Bauleitplanung immer noch ein hoher Stellenwert eingeräumt, andererseits werden die faktischen Grenzen insbesondere unter Schrumpfungsbedingungen erkannt. Über dieses Erkennen hinaus scheint die Problematik u.a. darin zu liegen, dass für eine nachfrageorientierte Steuerung gerade unter Schrumpfungsbedingungen bislang keine adäquate Systematik und demzufolge auch keine entsprechend ausgereifteren Planungsinstrumente zur Verfügung stehen.

Insbesondere unter Schrumpfungsbedingungen spielt, in Zusammenhang mit einer neu zu definierenden Wahrnehmung der kommunalen Planungshoheit, auch die Klärung des Verständnisses von „Entwicklung" eine wichtige Rolle. Unter Berücksichtigung der aufgezeigten Rahmenbedingungen und Trends erscheint ein Veränderungsprozess von einem auf Wachstum begründeten hin zu einem qualitätssichernden Entwicklungsverständnis notwendig. Wie die Ergebnisse der Fallstudien verdeutlichen, kann die interkommunale Ebene für diesen Prozess eine geeignete Plattform darstellen. Darüber hinaus wäre zu vertiefen, welche weitergehenden Anforderungen und Möglichkeiten für derartige Veränderungsprozesse relevant sind und inwieweit sich diese hinsichtlich unterschiedlicher Rahmenbedingungen und Anforderungen systematisieren lassen.

Die Beantwortung dieser Fragen betrifft grundlegende Klärungen zur zukünftigen Wahrnehmung von räumlichen Entwicklungsaufgaben, die im kommunalen Zusammenhang – zumindest in Bayern – bis dato noch wenig im Blickfeld sind. Insofern erscheint es auch für die Anwendung der interkommunalen Kooperation von grundlegender Bedeutung, diese zu vertiefen, soweit als möglich zu klären und Hilfestellungen für die Kommunen zur Verfügung zu stellen.

Erweiterung und Systematisierung der methodischen Grundlagen für eine nachfrageorientierte Steuerung räumlicher Entwicklungsfunktionen.

In Anknüpfung an den vorherigen Punkt ist bislang ein nachfrageorientiertes Steuerungsinstrumentarium kaum entwickelt und erprobt. Grundlegend betrifft dies zunächst die Differenzierung des „Bedarfs". Die Herausforderung besteht darin, dass der Bedarf sich zukünftig nur noch bedingt an Zuzugsmöglichkeiten von außen orientieren kann, sondern verstärkt auf die Veränderungsbedürfnisse der angestammten Wohnbevölkerung und Betriebe auszurichten ist. Dahingehend sind methodische Grundlagen zu entwickeln, wie der Bedarf bzw. die Nachfrage erfasst werden kann. Dies betrifft u.a. die Abgrenzung von geeigneten Ziel- bzw. Nachfragegruppen. Hierbei kommen vor allem jene Gruppen in Frage, bei denen sich eine Änderung ihrer Wohn- oder Betriebssituation ergibt. Für den Bereich der Wohnsiedlungsentwicklung kann u.a. auf die in *Kap. 3.3.2* dargestellten Ansätze zur Ausdifferenzierung der Wohnraumnachfrage nach relevanten Lebens- und Haushaltsformen auf Grundlage der Studie des INSTITUTS FÜR MEDIENFORSCHUNG UND URBANISTIK (IMU-Institut 2004) in der Region München zurückgegriffen werden. Im Bereich der Gewerbeflächenentwicklung gibt es Ansätze zur Systematisierung der Bestandspflege z.B. durch die regelmäßige Durchführung eines Gewerbeflächenmonitorings. Diese Ansätze zur Erfassung des Bedarfs bzw. der Nachfrage gilt es methodisch weiter zu entwickeln und zu systematisieren.

Auf der Angebotsseite erscheint der methodische Ausbau von Strategien und Systematiken zur Verbesserung der Planungssicherheit für Investoren maßgeblich. Dies betrifft u.a. die Berücksichtigung von gesellschaftlichen Bedürfnislagen und rechtlichen Rahmenbedingungen.

Darauf aufbauend sind praxisnahe Steuerungsinstrumente zu entwickeln, die insbesondere eine nahtlose Verzahnung von Angebots- und Nachfrageseite ermöglichen. Ein Schlüssel könnte das Instrumentarium eines integrierten Flächenmanagements (vgl. KÖTTER 2003) sein. Wie bereits in *Kap. 5.1.4* dargestellt und wie auch die Fallstudie Allianz Oberes Werntal (Flächenmanagement-Modellvorhaben) verdeutlicht, sind Flächenmanagement-Ansätze noch zu sehr auf die quantitative Beschränkung der Außenentwicklung sowie auf die Erfassung von Angebotspotenzialen ausgerichtet (vgl. U.a. LFU Bayern, LUBW BADEN-WÜRTTEMBERG, UMWELTBUNDESAMT). Dabei setzen belastbare Aussagen zur Quantität und Qualität des Angebots die Ermittlung von Bedarfs- und Nachfrageentwicklungen mehr oder weniger voraus. Entsprechend gilt es Flächenmanagement-Systematiken weiter zu entwickeln, die die Lücke zur Nachfragebetrachtung schließen sowie eine bedarfsgerechte Aufbereitung und Vermarktung des Angebots ermöglichen (vgl. KÖTTER 2003: 182f).

Differenzierung und verstärkte Erprobung von praktikablen Steuerungs- und Durchführungsmodellen der interkommunalen Kooperation unter Berücksichtigung einer Nachfrageorientierung.

Wie die eingangs dargestellte Beurteilung des Entwicklungsstandes bzw. Reifegrades in der Praxis zeigt, gibt es bislang noch wenig ausgereiftere Steuerungsansätze/-modelle im Rahmen der interkommunalen Kooperation, die auch den Aspekt der Nachfrageorientierung aufgreifen. Dies betrifft insbesondere den Bereich der Wohnsiedlungsentwicklung.

So sieht auch das FORUM BAULANDMANAGEMENT in Nordrhein-Westfalen in seinem aktuellen Positionspapier „Interkommunale Kooperation in der Wohnbaulandentwicklung" (2010), einen dringenden Bedarf, die »noch verbleibende Zeit« zu nutzen, um Steuerungsmodelle und Strategien der interkommunalen Kooperation zur Wohnsiedlungsentwicklung zu entwickeln und zu erproben (FORUM BAULANDMANAGEMENT NRW 2010: 3f).

Ein wichtiger Ansatzpunkt könnte zunächst die Auseinandersetzung mit dem generellen Steuerungsverständnis sein. Möglicherweise bedarf der Steuerungsbegriff in Zusammenhang mit interkommunaler Kooperation einer erweiterten Sichtweise von einem bislang noch eher „reaktiven" hin zu einem „aktivierenden" Steuerungsverständnis. Bislang ist der Steuerungsbedarf dadurch begründet, dass quantitatives Wachstum eine reaktive Steuerung mit der Beschränkung auf die Angebotsstrategie nach sich gezogen hat. Dagegen erfordert ein aktivierendes Steuerungsverständnis über die Erfassung von Angeboten hinaus, deren Mobilisierung und Aufbereitung sowie die Entwicklung von nachfrageorientierten Lösungsansätzen.

Um das zu erreichen, ist – wie bereits dargestellt – ein integrativer Steuerungsansatz erforderlich, der städtebauliche und funktionale Bezüge im Sinne einer langfristig ausgerichteten und interkommunal abgestimmten ortsräumlichen Entwicklung vorsieht. Dahingehend sehen FRANZEN, HAHNE et al. das Erfordernis, für die Siedlungsentwicklung im Zuge von Schrumpfungs- und Rückbauprozessen eine verstärkte Differenzierung nach „Attraktivitätszonierungen" vorzunehmen (vgl. FRANZEN, HAHNE et al. 2008: 33f).

Für ein derartiges städtebauliches Konzept könnte die Auseinandersetzung u.a. mit folgenden Fragen hilfreich sein (vgl. FRANZEN, HAHNE et al. 2008: 33): Wo liegen innerhalb des Gebietes sowie innerhalb der einzelnen Gemeinden und Ortsteile die Schwerpunkte der zukünftigen Siedlungsentwicklung? Wo können ggf. Versorgungseinrichtungen gebündelt werden? Wie kann eine Mobilität erhalten oder neu organisiert werden? Wo liegen die Schwerpunkte der Leerstandsproblematik? Wo sind prioritäre Schwerpunkte von Rückbau- und Umbauaktivitäten?

Nur ein auf interkommunaler Ebene gemeinschaftlich erarbeitetes bzw. abgestimmtes Siedlungskonzept kann derartige Fragen sinnvoll beantworten und zu einer qualitativ hochwertigen Entwicklungsgrundlage beitragen.

443

Quellen und Verzeichnisse

BAYERISCHES LANDESAMT FÜR STATISTIK UND DATENVERARBEITUNG: *Altersstruktur der Bevölkerung Bayerns 2008.* Statistische Berichte, Heft 539, München, 2009c.

BAYERISCHES LANDESAMT FÜR UMWELT: *Flächensparen und Flächenmanagement.* Reihe UmweltWissen, München, 2009.

BAYERISCHES STAATSMINISTERIUM DER FINANZEN: *Der kommunale Finanzausgleich in Bayern. Die Finanzierung der bayerischen Gemeinden, Landkreise u. Bezirke.* München, 2008a.

BAYERISCHES STAATSMINISTERIUM DER FINANZEN: *Starkes Bayern – starke Kommunen. Die Finanzausstattung der bayerischen Gemeinden, Landkreise und Bezirke im Jahr 2008.* München, 2008b.

BAYERISCHES STAATSMINISTERIUM DES INNERN: *Gemeindeordnung für den Freistaat Bayern (Gemeindeordnung/GO).* In der Fassung der Bekanntmachung vom 22. August 1998, München, 1998.

BAYERISCHES STAATSMINISTERIUM FÜR LANDWIRTSCHAFT UND FORSTEN (Hrsg): *Innenentwicklung in der Dorferneuerung.* Materialien zur Ländlichen Entwicklung 40/2006; Bearbeitung: RAAB, ANDREAS; AUWECK, FRITZ, München, 2006.

BAYERISCHES STAATSMINISTERIUM FÜR LANDWIRTSCHAFT UND FORSTEN (Hrsg.): *Handlungsleitfaden Integrierte ländliche Entwicklung.* Bearbeitung: MAGEL, H.; AUWECK, F.; RAAB, A.; BOCK, H., München, 2005.

BAYERISCHES STAATSMINISTERIUM FÜR WIRTSCHAFT, INFRASTRUKTUR, VERKEHR UND TECHNOLOGIE: *Daten zur Raumbeobachtung.* München, 2009.

BAYERISCHES STAATSMINISTERIUM FÜR WIRTSCHAFT, INFRASTRUKTUR, VERKEHR UND TECHNOLOGIE: *Landesentwicklungsprogramm Bayern,* München, 2006.

BENZ, ARTHUR: *Regional Governance;* Studienmaterialien (unveröffentlicht), FernUniversität Hagen, Hagen, 2003.

BENZ, ARTHUR et al.: *Governance – eine Einführung;* Studienmaterialien (unveröffentlicht), FernUniversität Hagen, Hagen, 2003.

BENZ, ARTHUR: *Governance.* In: *Handwörterbuch der Raumplanung.* Akademie f. Raumforschung u. Landesplanung (ARL) (Hrsg.); 4., vollst. neu bearb. Auflage, Hannover, 2005.

BENZ, ARTHUR; FÜRST, DIETRICH: *Region – "Regional Governace" – Regionalentwicklung.* In: ADAMESCHEK, B.; PÖHL, M. (Hrsg.): *Regionen erfolgreich steuern.* Bertelmann-Stiftung, Gütersloh, 2003.

BIBLIOGRAPHISCHES INSTITUT: Duden. Das große Fremdwörterbuch. 4., aktualisierte Auflage, Mannheim, 2007.

BIERMANN, MARTIN; KOCHANSKI, PLATE, KLAUS: *Handbuch zur kommunalen Selbstverwaltung. Praxisnahe Informationen, Arbeitshilfe und Beratung.* Hrsg.: PETZOLD, SIEGFRIED, VON DER HEIDE, HANS-JÜRGEN; Walhalla und Praetoria Verlag, Regensburg, 1991.

BLOTEVOGEL, HANS H. (Hrsg.): *Fortentwicklung des Zentrale-Orte-Konzeptes;* AKADEMIE FÜR RAUMFORSCHUNG UND LANDESPLANUNG (ARL), Forschungs- und Sitzungsberichte, ARL, Bd. 217, Hannover, 2002.

BOELE-KEIMER, GABY; DRANSFELD, EGBERT: *Stadtregionale Handlungsmöglichkeiten – Bereich Baulandausweisung.* In: BUNDESMINISTERIUM FÜR VERKEHR, BAU- UND WOHNUNGSWESEN/ BUNDESAMT FÜR BAUWESEN UND RAUMORDNUNG (Hrsg.): *Fachdokumentation zum Bundeswettbewerb „Stadtumbau Ost".* S. 67 - 78, Berlin, 2002.

BOGNER, ALEXANDER; LITTIG, BEATE & MENZ, WOLFGANG (Hrsg.): *Das Experteninterview. Theorie, Methode, Anwendung.* VS Verlag für Sozialwissenschaften, Wiesbaden, 2005.

BOGUMIL, JÖRG: *Kommune.* In *Handwörterbuch der Raumplanung,* Akademie f. Raumforschung u. Landesplanung (ARL) (Hrsg.); 4., vollst. neu bearb. Auflage, S. 515ff, Hannover, 2005.

BORCHARD, KLAUS: *Städtebau.* In *Handwörterbuch der Raumplanung,* Akademie f. Raumforschung u. Landesplanung (ARL); Auflage: 4., vollst. neu bearb. Auflage, S. 407ff, Hannover, 2005.

BORCHARDT, ANDREAS, GÖTHLICH, STEPHAN E.: *Erkenntnisgewinnung durch Fallstudien,* in: ALBERS, SÖNKE; KLAPPER, DANIEL; KONRADT, UDO; WALTER, ACHIM; WOLF, JOACHIM (Hrsg.): *Methodik der empirischen Forschung,* 2., überarbeitete u. erweiterte Auflage, S. 33 - 48, Wiesbaden 2007.

BOTZEM, SEBASTIAN: *Governance-Ansätze in der Steuerungsdiskussion.* Wissenschaftszentrum Berlin für Sozialforschung, Berlin, 2002.

BRANDL, UWE: *Schwierige Zeiten.* In: Zeitschrift „Bayerischer Gemeindetag", Heft 5/2010, S. 155 - 156, München, 2010.

BRANDL, UWE: *Daseinsvorsorge und interkommunale Kooperation.* In: Zukunftsorientierte Kommunalpolitik. Hanns-Seidel-Stiftung (Hrsg.), Themenheft 2/2007 der Politischen Studien, München, 2007.

BRAUNSTEINER, DOMINIK et. al.: *Der regionale Flächennutzungsplan und seine Chancen – untersucht am Beispiel der Region Halle (Saale).* Dortmund, 2002.

BRÜHL, HASSO; ECHTER, CLAUS-PETER et al: *Wohnen in der Innenstadt – eine Renaissance?* DIFU-Beiträge zur Stadtforschung Nr. 41, Berlin, 2005.

BUNDESTRANSFERSTELLE STADTUMBAU WEST: *Stadtumbau West – Eine Zwischenbilanz.* Statusbericht 2009. Hrsg.: BUNDESINSTITUT FÜR BAU-, STADT- UND RAUMFORSCHUNG (BBSR), Oldenburg, 2010.

BUNZEL, ARNO; BOCK; STEPHANIE; MEYER, ULRIKE; ROTTMANN, MANUELA: *Kooperationen in der Flächenkreislaufwirtschaft in der städtischen/stadtregionalen Flächennutzung.* DEUTSCHES INSTITUT FÜR URBANISTIK (DIFU); Hrsg.: BUNDESAMT FÜR BAUWESEN UND RAUMORDNUNG (BBR), Werkstatt Praxis, Heft 51, Berlin, 2007.

BUNZEL, ARNO; MEYER, ULRIKE; ROTTMANN, MANUELA: *Kooperationen in der Flächenkreislaufwirtschaft (Expertise).* DEUTSCHES INSTITUT FÜR URBANISTIK (DIFU); Hrsg.: BUNDESAMT FÜR BAUWESEN UND RAUMORDNUNG (BBR), Berlin, 2006.

BUNZEL, ARNO; SANDER, ROBERT; BECKER, HEIDEDE: *Nutzungswandel und städtebauliche Steuerung.* Hrsg.: Wüstenrot-Stiftung, Bearbeitung: Deutsches Institut für Urbanistik (Difu), Difu-Berichte 1/2003, Berlin, 2003.

BUNZEL, ARNO; REITZIG, FRANK; SANDER, ROBERT: *Interkommunale Kooperation im Städtebau.* Difu-Beiträge zur Stadtforschung Nr. 34, Berlin, 2002.

BUNZEL, ARNO; BÖHME, CHRISTA: *Interkommunales Kompensationsmanagement.* Hrsg.: Bundesamt für Naturschutz, Angewandte Landschaftsökologie Heft 49, Bonn, 2002.

BUNDESAMT FÜR BAUWESEN UND RAUMORDNUNG (BBR) (Hrsg.): Regionale Siedlungsflächenentwicklung auf Basis von Prognosen der Bau-und Immobilienwirtschaft. Forschungen, Heft 123, Bonn, 2007.

BUNDESAMT FÜR BAUWESEN UND RAUMORDNUNG (BBR) (Hrsg.): *Raumordnungsbericht 2005*; Berichte, Bd. 21, Bonn, 2005.

BUNDESAMT FÜR BAUWESEN UND RAUMORDNUNG (BBR) (Hrsg.): Raumordnungsprognose 2020, Informationen zur Raumentwicklung Heft 3/4, Bonn, 2004.

BUNDESAMT FÜR BAUWESEN UND RAUMORDNUNG (BBR) (Hrsg.): *Aktionsraum Region – Regional Governance;* Informationen zur Raumentwicklung Heft 8/9 2003, Bonn, 2003.

BUNDESAMT FÜR BAUWESEN UND RAUMORDNUNG (BBR) (Hrsg.): *Raumordnungsbericht 2000*; Berichte, Bd. 7, Bonn, 2000.

BUNDESAMT FÜR BAUWESEN UND RAUMORDNUNG (BBR) (Hrsg.): *Modellvorhaben „Städtenetze" – Neue Konzeptionen der interkommunalen Zusammenarbeit*; Werkstatt: Praxis Nr. 3/1999, Bonn, 1999.

BUNDESFORSCHUNGSANSTALT FÜR LANDESKUNDE UND RAUMORDNUNG (BFLR): *Städtenetze – Vernetzungspotentiale und Vernetzungskonzepte*; Materialien zur Raumentwicklung Heft 76, Bonn, 1996.

BUNDESINSTITUT FÜR BAU-, STADT- UND RAUMFORSCHUNG (BBSR) (Hrsg.): *Wohnungsmärkte im Wandel. Zentrale Ergebnisse der Wohnungsmarktprognose 2025.* BBSR-Berichte kompakt Nr. 1/2010, Bonn, 2010.

BUNDESINSTITUT FÜR BEVÖLKERUNGSFORSCHUNG (BIB) (Hrsg.): *BEVÖLKERUNG. Daten, Fakten, Trends zum demographischen Wandel;* Wiesbaden, 2008.

BUNDESMINISTERIUM FÜR FAMILIE, SENIOREN, FRAUEN UND JUGEND (BMFSJ) (Hrsg.): *Die Familie im Spiegel der amtlichen Statistik.* Berlin, 2003.

BUNDESMINISTERIUM FÜR VERKEHR, BAU UND STADTENTWICKLUNG (BMBVS) / BUNDESAMT FÜR BAUWESEN UND RAUMORDNUNG (BBR) (Hrsg.): *kommKOOP – Erfolgreiche Beispiele interkommunaler Kooperationen.* Dokumentation des MORO-Wettbewerbs 2005/2006, Bonn, 2006.

BUNDESVERBAND DEUTSCHER WOHNUNGS- UND IMMOBILIENUNTERNEHMEN E.V.: *Wohnungswirtschaftliche Daten und Trends 2009/2010.* Berlin, 2009

BUNZEL, ARNO; REITZIG, FRANK; SANDER, ROBERT: *Interkommunale Kooperation im Städtebau.* Hrsg.: DEUTSCHES INSTITUT FÜR URBANISTIK (DIFU), Difu-Beiträge zur Stadtforschung Nr. 34, Berlin, 2002.

DEUTSCHER VERBAND FÜR WOHNUNGSWESEN, STÄDTEBAU- UND RAUMORDNUNG: *Instrumente zur Verbesserung des Baulandangebotes und zur Finanzierung der Folgeinvestitionen.* Bericht der Kommission zur Verbesserung des Baulandangebotes, Bonn, 1999.

DE SPINDLER, JÜRG: *FOCJ – ein Konzept zur Neuordnung der Zusammenarbeit öffentlich-rechtlicher Gebietskörperschaften.* Haupt, Bern/Stuttgart/Wien, 1998.

DILLER, CHRISTIAN: *Zwischen Netzwerk und Kooperation. Eine Bilanz regionaler Kooperation in Deutschland;* Leske+Budrich, Berlin/Opladen, 2002.

DIRNBERGER, FRANZ: *Ärmer, älter, bunter – zur Zukunft der ländlichen Kommunen – aus Sicht des Planens und Bauens.* In: Zeitschrift „Bayerischer Gemeindetag", Heft 7/2005, S. 232 -2 35, München, 2005b.

DIRNBERGER, FRANZ: *Planungshoheit und Flächensparen. Position zur Planungshoheit aus Sicht des Bayerischen Gemeindetags.* In: Zeitschrift „Bayerischer Gemeindetag", Heft 6/2005, S. 197 - 198, München, 2005a.

DIRNBERGER, FRANZ: *Interkommunale Kooperation aus Sicht des Bayerischen Gemeindetages.* In: Zeitschrift „Bayerischer Gemeindetag", Heft 3/2003, München, S. 86 - 90, 2003.

DOSCH, FABIAN: *Siedlungsflächenentwicklung und Nutzungskonkurrenzen.* In: Institut für Technikfolgenabschätzung und Systemanalyse (ITAS) (Hrsg.): Technologiefolgenabschätzung – Theorie und Praxis. Schwerpunkt: Flächennutzungskonflikte – Ursachen, Folgen und Lösungsansätze. Nr. 2, 17. Jahrgang 2008, S. 41 - 51, Karlsruhe, 2008.

DOSCH, FABIAN: *Perspektive Flächenkreislaufwirtschaft: Trends und Initiativen auf Bundesebene.* In: BUNDESAMT FÜR BAUWESEN UND RAUMORDNUNG (BBR) (Hrsg.): *MehrWert für Stadt und Mensch. Flächenrecycling in Stadtumbauregionen.* Publikation im Rahmen des Förderprogramms REFINA, S. 32 - 37, Bonn, 2006.

DOSCH, FABIAN; EINIG, KLAUS: *Mengensteuerung der Siedlungsflächenentwicklung durch Plan und Zertifikat.* In: Informationen zur Raumentwicklung, Bonn, 2005.

DOSCH, FABIAN; BECKMANN, GISELA: *Stand und Perspektiven der Siedlungsflächenentwicklung.* In: Bundesamt für Bauwesen und Raumordnung (BBR) (Hrsg.): Bauland und Immobilienmärkte. Ausgabe 2003, Bonn, S. 71 - 98, 2003.

DRESSEN, MICHAEL: *Regionales Gewerbeflächenmanagement. Kooperation in der Gewerbeflächenpolitik als Strategie regionaler Wirtschaftsförderung.* Hrsg.: INSTITUT FÜR LANDES- UND STADTENTWICKLUNGSFORSCHUNG UND BAUWESEN DES LANDES NORDRHEIN WESTFALEN (ILS NRW), Dortmund, 2004.

DROß, MICHAEL; THIERSTEIN, ALAIN: *Weniger ist mehr oder Subventionen mit unerwünschten Folgen. Siedlungsentwicklung und Flächenverbrauch.* In: Deutsche Akademie für Städtebau und Landesplanung (Hrsg.): Geld und Stadt. Vorbereitender Bericht zur Jahrestagung 2008 in Berlin, S. 45 - 52, Berlin, 2009.

DUHM, SÖNKE; GEIGER, CHRISTIAN; GRÖMIG, ERKO: *Interkommunale Kooperation – Möglichkeiten zur Verbesserung von Verwaltungsleistungen.* Hrsg.: Deutscher Städtetag, Beiträge zur Kommunalpolitik, Reihe A / Heft 31, Köln, 2003.

EICHENBERGER, REINER; FREY, BRUNO S.: *FOCJ: Competitive Governments for Europe.* International Review of Law and Economics 16, S. 315 - 327, Basel, 1996.

EICHENBERGER, REINER: *Eine „fünfte Freiheit" für Europa: Stärkung des politischen Wettbewerbs durch "FOCJ".* Zeitschrift für Wirtschaftspolitik Nr. 45 (1), S. 110 - 130, Basel 1996.

EINIG, KLAUS (2005): *Regulierung des Siedlungsflächenwachstums als Herausforderung des Raumordnungsrechts.* In: DISP 160, S. 48 - 57, Zürich, 2005.

EINIG, KLAUS (2003a): *Positive Koordination in der Regionalplanung: Transaktionskosten des Planentwurfs in Verhandlungssystemen.* In: Bundesamt für Bauwesen und Raumordnung (BBR) (Hrsg.): *Aktionsraum Region – Regional Governance*; Informationen zur Raumentwicklung Heft 8/9.2003, Bonn, 2003a.

EINIG, KLAUS (2003b): *Baulandpolitik und Siedlungsflächenentwicklung durch regionales Flächenmanagment.* In: BUNDESAMT FÜR BAUWESEN UND RAUMORDNUNG (BBR) (Hrsg.): Bauland- und Immobilienbericht 2003. Bonn, 2003b.

EU-MINISTERRAT/EU-KOMMISSION: EUROPÄISCHES RAUMENTWICKLUNGSKONZEPT (EUREK), Brüssel, 1999.

EU-EUROPARAT: „Europäische Charta für den ländlichen Raum", Straßburg, 1999.

FALKEN, CHRISTINE: Demografischer Wandel und der Bereich Finanzen. In: BAUER, HARTMUND; BÜCHNER, CHRISTINE; GRÜNDEL, OLAF: Demographie im Wandel. Herausforderungen für die Kommunen. Kommunalwissenschaftliches Institut (KWI) Uni Paderborn, KWI Arbeitshefte Nr. 13, S. 59 - 68, Paderborn, 2006.

FALLER, BERNHARD: Überlegungen zur zukünftigen räumlichen Entwicklung der Stadtregionen. Schriftliche Ausarbeitung zum Kurzvortrag auf dem Kongress „Postsuburbia" in Hannover am 17. 10. 2000, empirica-Institut, Bonn, 2001.

FLICK, UWE: Qualitative Sozialforschung. Eine Einführung. 4. Auflage. Rowohlt Taschenbuch, Reinbek bei Hamburg, 2006.

FORUM BAULANDMANAGEMENT: Positionspapier interkommunale Kooperation in der Wohnbaulandentwicklung. Koordinierungsstelle Forum Baulandmanagement Nordrhein-Westfaken, c/o Stadtraumkonzept GmbH, Redaktion: SBOSNY, ALEXANDER; SIEBERT, SEBASTIAN, Dortmund, 2010.

FREY, BRUNO S.: Ein neuer Föderalismus für Europa: Die Idee der FOCJ. Walter Eucken Institut, Beiträge zur Ordnungstheorie und Ordnungspolitik 151, Freiburg, 1996.

FREY, RENE L.: Ein neuer Förderalismus für Europa – die Idee der FOCJ. Paul Siebeck-Verlag, Tübingen, 1997.

FREY, RENE L.: Regional Governance zur Selbststeuerung territorialer Subsysteme. In: BUNDESAMT FÜR BAUWESEN UND RAUMORDNUNG (BBR) (Hrsg.): Aktionsraum Region – Regional Governance; Informat. zur Raumentwicklung Heft 8/9.2003, S. 451 - 462, Bonn 2003.

FREY, RENE L.: Regional Governance. Inputpapier Avenir Suisse Workshop "Regional Governance" (unveröffentlicht), Basel, 2002.

FREY, RENE L.; ZIMMERMANN, HORST: Neue Rahmenbedingungen für die Raumordnung als Chance für marktwirtschaftliche Instrumente. In: DISP 161, S.5 - 18, Zürich, 2005.

FREY, RENE L.: Von der Wirtschaft lernen? Governance als Managementaufgabe. In: BUNDESAMT FÜR BAUWESEN UND RAUMORDNUNG (BBR) (Hrsg.): Informationen zur Raumentwicklung Heft 9/10.2005, S. 559 - 565, Bonn 2005.

FRICK, HANS-JÖRG; HOKKELER, MICHAEL: Interkommunale Zusammenarbeit. Handreichung für die Kommunalpolitik. Friedrich-Ebert-Stiftung (Hrsg.), Bonn 2008.

451

FÜRST, DIERICH: *Regionalentwicklung – von staatlicher Intervention zu regionaler Selbsthilfe*. In: SELLE, KLAUS (Hrsg.): Planung und Kommunikation – Gestaltung von Planungsprozessen in Quartier, Stadt und Landschaft; Bauverlang, Wiesbaden/Berlin, 1996.

FÜRST, DIERICH: *Selbststeuerungsfähigkeit der Regionen.* Institut für Landesplanung und Raumforschung, Universität Hannover, 2001.

FÜRST, DIERICH: *Steuerung auf regionaler Ebene versus Regional Governance.* In: BUNDESAMT FÜR BAUWESEN UND RAUMORDNUNG (BBR) (Hrsg.): *Aktionsraum Region – Regional Governance*; Informat. zur Raumentwicklung Heft 8/9.2003, S. 441 - 450, Bonn 2003.

GANSER, KARL: *Instrumente von gestern für die Städte von morgen?* In: GANSER, K.; HESSE, I.; ZÖPEL, CHR. (Hrsg.), Die Zukunft der Städte, S. 54 - 65, Baden-Baden, 1991.

GAWRON, THOMAS: Reduktion der Flächeninanspruchnahme durch interkommunale Kooperation? UFZ-Bericht 25/2004, Umweltforschungszentrum Leipzig-Halle GmbH, Leipzig, 2004.

GEIERHOS, MAXIMILIAN; EWALD, WOLFGANG; JAHNKE PETER: Integrierte ländliche Entwicklung – ein ganzheitlicher Ansatz zur Entwicklung ländlicher Räume. In: Mitteilungen des DVW Bayern e. V., Heft 3.2005, München, 2005.

GESER, HANS: *Von der „projektiven" zur „reaktiven" Kommunalpolitik.* Schweizer Gemeindestudien, Soziologisches Institut der Universität Zürich, Zürich, 1999.

GLÄSER, JOCHEN; LAUDEL, GRIT (Hrsg.); *Experteninterviews und qualitative Inhaltsanalyse.* VS Verlag für Sozialwissenschaften, Wiesbaden, 2004.

GOLDSCHMIDT, JÜRGEN: *Management des Stadtumbaus.* In: Zeitschrift für Flächenmanagement und Bodenordnung (FuB), 3/2005, S. 122ff, Wiesbaden/Bonn, 2005.

GOLDSCHMIDT, JÜRGEN: *Management des Stadtumbaus unter Berücksichtigung städtebaulicher Rahmenbedingungen.* Dissertation, Technische Universität (TU) Berlin, 2010.

GUBLER, ROBERT E. / MÖLLER-SALIS, CHRISTIAN: Standortmarketing – Konzeption, Organisation und Umsetzung, Haupt Verlag; BALDERJAHN, INGO (2000): Standort-Marketing, Forum Marketing & Management, Bd. 1, Stuttgart 2006.

GUST, DIETER: *Der regionale Gewerbeflächenpool Neckar-Alb – eine neue Qualität der interkommunalen Zusammenarbeit.* Regionaler Planungsverband Neckar-Alb, Mössingen, 2003.

GUTSCHE, JENS-MARTIN: *Auswirkungen neuer Wohngebiete auf die kommunalen Haushalte.* ECTL Working Paper 18 der TU Hamburg-Harburg, Hamburg, 2003.

HAHNE, ULF: *Kommunale Zusammenarbeit in Schleswig-Holstein.* In: Akademie für die Ländlichen Räume Schleswig-Holsteins (Hrsg.): Termine, Themen, Texte; Heft 25, Eckernförde, 2003.

HAHNE, ULF; GÜNTHER, MARTIN: *Kostenaspekte bei der Wohngebietsentwicklung.* Hrsg.: HAHNE, ULF, Working Papers Forschungen, F1/2008, Kassel, 2008.

HANNS-SEIDEL-STIFTUNG E.V. (Hrsg.): *Gestaltung als Auftrag. Ein Handbuch für politisches Handeln in Gemeinden, Städten und Landkreisen.* Beiträge zu Kommunalpolitik (Sonderausgabe), München, 2001.

HEINZ, WERNER: *Interkommunale Kooperation in Stadtregionen: das Beispiel der Bundesrepublik Deutschland.* In: HEINZ, WERNER (Hrsg.): Stadt und Region: Kooperation oder Koordination? S. 169 - 274, Berlin, 2000.

HEINZ, WERNER; KODOLITSCH, PAUL VON; LANGEL, NICOLE; REIDENBACH, MICHAEL: *Interkommunale Kooperation in baden-württembergischen Stadtregionen.* Hrsg.: DEUTSCHES INSTITUT FÜR URBANISTIK (DIFU), Difu-Beiträge zur Stadtforschung Nr. 38, Berlin, 2004.

HENGER, RALPH; THOMÄ, JÖRG: *Fiskalische Wirkungsanalysen zur Bewertung der Siedlungsentwicklung – Ein (Fehl-)Versuch zur Flächenverbrauchsreduktion?* Professur für Wirtschaftspolitik und Mittelstandsforschung an der Georg-August-Universität Göttingen, Reihe Ökonomie und Planung der Flächennutzung – Diskussionspapier, Nr. 2009/01, Göttingen, 2009. http://edoc.difu.de/ edoc.php?id=3EPZWL6Q

HOLLBACH-GRÖMIG, BEATE; FLOETING, HOLGER ET AL: *Interkommunale Kooperationen in der Wirtschafts- und Infrastrukturpolitik. Ansätze – Konzepte – Erfolgsfaktoren.* Hrsg.: DEUTSCHES INSTITUT FÜR URBANISTIK (DIFU), Aktuelle Information, Berlin, 2005.

JAKUBOWSKI, PETER; PAULY, MARTINA: *Neue Kooperationsformen in der Stadtentwicklung – eine Effizienzanalyse im Lichte der Transaktionskostentheorie.* Informationen zur Raumentwicklung Heft 9/10 2005, Bonn, 2005.

JÖRISSEN, JULIANE; COENEN, REINHARD; STELZER, VOLKER: *Zukunftsfähiges Bauen und Wohnen.* Reihe: *Global zukunftsfähige Entwicklung – Perspektiven für Deutschland.* edition sigma, Berlin, 2005.

JÖRISSEN, JULIANE; COENEN, REINHARD: *Sparsame und schonende Flächennutzung. Entwicklung und Steuerbarkeit des Flächenverbrauchs.* Reihe: Studien des Büros für Technikfolgen-Abschätzung beim Deutschen Bundestag, Bd. 20, edition sigma, Berlin, 2007.

JUNKERNHEINRICH, MARTIN: Wohnen versus Gewerbe? Fiskalische Wirkungen von Baulandausweisungen. In: Informationen zur Raumentwicklung 1–2/1994, Hrsg. BUNDESAMT FÜR BAUWESEN UND RAUMORDNUNG (BBR), S. 61 – 73, Bonn, 1994.

KAHNERT, RAINER; RUDOWSKY, KATRIN: *Interkommunale Gewerbegebiete: eine Dokumentation von Fallbeispielen.* Arbeitsbericht, Akademie für Technikfolgenabschätzung in Baden-Württemberg, Heft 143, Stuttgart, 1999.

KARSTEN, MARTIN; MATTHES, FELIX; MERLICH, KARINA: *Auswertungspapier Interkommunale Kooperation im Stadtumbau West.* Hrsg.: BUNDESTRANSFERSTELLE STADTUMBAU WEST, Oldenburg, 2009.

KESTERMANN, RAINER: *Kooperative Verfahren in der Raumplanung. Phänomenologische Betrachtungen.* In: ADAM, BRIGITTE: Neue Verfahren und kooperative Ansätze in der Raumplanung, Dortmund, 1997.

KLEMME, MARION (Hrsg.): *Interkommunale Kooperation und nachhaltige Entwicklung.* Dortmunder Beiträge zur Raumplanung Nr. 110, Dortmund 2002.

KNIELING, JÖRG: *Leitbildprozesse und Regionalmanagement. Ein Beitrag zur Weiterentwicklung des Instrumentariums der Raumordnungspolitik.* Frankfurt a.M., 2000.

KNIELING, JÖRG: *Städtenetze und Konzeption der Raumordnung.* In: BUNDESFORSCHUNGSANSTALT FÜR LANDESKUNDE UND RAUMORDNUNG (BFLR) (Hrsg.), Raumordnung und Raumforschung, Heft 3, Bonn, 1997.

KOETTER, THEO: *Strategisches Flächenmanagement für Flächen- und Maßnahmenpools.* In: „Flächenmanagement und Bodenordnung"(FuB), Heft 3, S. 55 - 65, Bonn, 2003a.

KOETTER, THEO: *Integriertes Flächenmanagement (Eingangsstatement).* In: BÖHME, C. BUNZEL, A.; DEIWICK, B. et al: Statuskonferenz Flächen- und Managementpools am 16. September 2002 in Berlin, Hrsg.: DEUTSCHES INSTITUT FÜR URBANISTIK (DIFU), Berlin, S. 180 - 196, 2003b.

KOETTER, THEO: *Interkommunale Kooperation im Flächenmanagement.* In: Regionales Siedlungsflächenmanagement; Modellvorhaben der Raumordnung, S. 16-30, Karlsruhe, 2004.

KÖHLER, HORST: *Stadt- und Dorferneuerung in der kommunalen Praxis.* 3. überarbeitete Auflage, Erich-Schmidt-Verlag, Berlin, 2005.

KOST, ANDREAS; WEHLING, HANS-GEORG (Hrsg.): *Kommunalpolitik in den deutschen Ländern. Eine Einführung;* Westdeutscher Verlag, Wiesbaden, 2003.

KOZIOL, MATTHIAS: *Folgen des demographischen Wandels für die kommunale Infrastruktur.* In: Deutsche Zeitschrift für Kommunalwissenschaften, Nr. 43, S. 69 - 83, Berlin, 2004.

KRAIF, URSULA (Hrsg.): *DUDEN - DAS GROßE FREMDWÖRTERBUCH.* 4., überarbeitete Auflage, Bibliographisches Institut, Mannheim, 2007.

KRAUSE-JUNK, KATHARINA: *Die fiskalische Bilanz von Gewerbeansiedlungen aus planerischer Sicht.* Beiträge zur sozialökonomischen Stadtforschung Nr. 03/2006, Institut für Stadt- und regionalökonomie/-soziologie, Universität Hamburg, Hamburg, 2006.

KRAUTZBERGER, MICHAEL; /SÖFKER, WILLHELM: *Baugesetzbuch mit ergänzenden Vorschriften*; Textausgabe mit Einführung. 11. Aufl., München, 2007.

KRAUTZBERGER, MICHAEL: *Stadterneuerung.* In *Handwörterbuch der Raumplanung*, Akademie f. Raumforschung u. Landesplanung (ARL) (Hrsg.); 3. Auflage, S. 587ff, Hannover, 1998.

KRIEGER, FRITZ: *Interkommunale Kooperation. Gemeinsame Industrie- und Gewerbegebiete.* Hrsg.: Institut für Landes- und Stadtentwicklungsforschung des Landes Nordrhein-Westfalen (ILS), ILS-Schriften Nr. 84, Dortmund, 2004.

LAMNEK, SIEGFRIED: *Qualitative Sozialforschung.* 3. Auflage, Psychologie Verlag Union (PVU), München, Weinheim, 1995.

LAUX, EBERHARD: *Erfahrungen und Perspektiven der kommunalen Gebiets- und Funktionalreformen.* In: WOLLMANN, HELLMUT; ROTH, ROLAND (Hrsg.): Kommunalpolitik. Politisches Handeln in den Gemeinden. Bundeszentrale für politische Bildung, 2. Aufl., Bonn, 1998.

LIEBMANN, HEIKE; GLÖCKNER, BEATE; HALLER, CHRISTOPH; SCHULZ, RALF (2006): *Stadtumbau Ost – Stand und Perspektiven.* Erster Statusbericht der Bundestransferstelle Stadtumbau Ost, Berlin, 2006.

LIEBOLD, RENATE; TRINCZEK, RAINER: *Das Experteninterview.* Internetmanuskript, Quelle: http://www.qualitative-research.net/organizations/, Status: 16. Mai 2005, o. S.a., Qualitative Methoden der Sozialforschung, Berlin, 2005.

LITSCH, THORSTEN: *Interkommunale Kooperation in der Gewerbeflächenpolitik. Empirische Untersuchungen in Baden-Württemberg.* Master-Thesis im Studiengang Stadtplanung/Universität Stuttgart, Stuttgart, 2007.

LUHMANN, NIKLAS: *Soziale Systeme. Grundriss einer allgemeinen Theorie.* Frankfurt a.M., 1993.

LUHMANN, NIKLAS: *Einführung in die Systemtheorie.* In: BAECKER, DIRK (Hrsg.): *Organisation als System.* 2. Auflage, Carl-Auer Verlag, Heidelberg, 2004.

LUPPERT, JÜRGEN: *Der kommunale Zweckverband. Eine Form interkommunaler Zusammenarbeit.* Dissertation, Juristische Fakultät der Ruprecht-Karls-Universität Heidelberg, 2000.

MAGEL, HOLGER; KLAUS, MICHAEL, KÖTTER, THEO et al.: *Rechtsformen übergemeindlicher Zusammenarbeit*; im Auftrag der Bayerischen Verwaltung für Ländliche Entwicklung/Bereich Zentrale Aufgaben, unveröffentlichtes Manuskript, München, 2004.

MÄDING, HEINRICH (Hrsg.): *Öffentliche Finanzströme und räumliche Entwicklung*. Akademie für Raumforschung und Landesplanung (ARL), Forschungs- und Sitzungsberichte Bd. 232, Hannover, 2009.

MÄDING, HEINRICH: *Herausforderungen und Konsequenzen des demografischen Wandels für Kommunalpolitik und Kommunalverwaltung*. In: BAUER, HARTMUND; BÜCHNER, CHRISTINE; GRÜNDEL, OLAF: *Demographie im Wandel. Herausforderungen für die Kommunen*. Kommunalwissenschaftliches Institut (KWI) Uni Paderborn, KWI Arbeitshefte Nr. 13, S. 11-20, Paderborn, 2006.

MÄDING, HEINRICH: *Demographischer Wandel und Kommunalfinanzen – Einige Trends und Erwartungen*. In: Deutsche Zeitschrift für Kommunalwissenschaften, Nr. 43, S. 84 - 102, Berlin, 2004.

MAINZ, MATTHIAS: *Ökonomische Bewertung der Siedlungsentwicklung. Ansätze einer effizienten Siedlungspolitik*. Beiträge zum Siedlungs- und Wohnungswesen Bd. 223. V&R unipress, Göttingen, 2005.

MAYNTZ, RENATE; SCHARPF, FRITZ W.: *Gesellschaftliche Selbstregelung und politische Steuerung*, Campus-Verlag, Frankfurt a.M., 1999.

MAYNTZ, RENATE: *Politische Steuerung: Aufstieg, Niedergang und Transformation einer Theorie*. In: MAYNTZ, RENATE (Hrsg.): *Soziale Dynamik und politische Steuerung;* Aufsatzsammlung, Campus-Verlag, Frankfurt a.M., 1997.

MEUSER, MICHAEL, NAGEL, ULRIKE: *Das ExpertInneninterview – Wissenssoziologische Voraussetzungen und methodische Durchführung*. In: Friebertshäuser, Barbara/ Prengel, Annedore (Hrsg.): Handbuch Qualitative Forschungsmethoden in der Erziehungswissenschaft. Juventa, S. 481 - 491 Weinheim/ München, 1997.

MÜLLER, BARBARA: *Interkommunale Gewerbegebiete in Bayern*. Arbeitsmaterialien zur Raumordnung und Raumplanung, Heft 207, Bayreuth, 2001.

OBERSTE BAUBEHÖRDE IM BAYERISCHES STAATSMINISTERIUM DES INNEREN: *Hinweise zum neuen Bund-Länder-Städtebauförderungsprogramm „Kleinere Städte und Gemeinden – überörtliche Zusammenarbeit und Netzwerke".* Stand 10.05.2010, München, 2010.

OPPEN, MARIA; SACK, DETLEF; WEGENER, ALEXANDER (Hrsg.): *Abschied von der Binnenmodernisierung? Kommunen zwischen Wettbewerb und Kooperation*. Edition sigma, Reihe: Modernisierung des öffentlichen, Sonderband 22, Berlin, 2005.

ORGANISATION FOR ECONOMIC COOPERATION AND DEVELOPMENT (OECD): *Governance im 21. Jahrhundert*. OECD, Paris, 2001.

ORGANISATION FOR ECONOMIC COOPERATION AND DEVELOPMENT (OECD): *OECD-Prüfbericht zur Politik für ländliche Räume – Deutschland*. Paris, 2007.

PREUSS, THOMAS: *Herausforderungen und Chancen einer zukunftsfähigen Siedlungsentwicklung.* In: PREUSS, THOMAS, FLOETING, HOLGER (Hrsg.): Folgekosten der Siedlungsentwicklung Bewertungsansätze, Modelle und Werkzeuge der Kosten-Nutzen-Betrachtung. Deutsches Institut für Urbanistik (Difu), Reihe REFINA Bd. 3, S. 11 - 30, Berlin, 2009.

PRIEBS, AXEL: *Stadt-Umland-Problematik.* In: *Handwörterbuch der Raumplanung,* Akademie f. Raumforschung u. Landesplanung (ARL); 4., vollst. neu bearb. Auflage, S. 1099ff, Hannover, 2005.

PÜTTNER, GÜNTER: *Überblick über die Planungsarbeit der Kommunen.* In: PÜTTNER, G. (Hrsg.): *Handbuch der kommunalen Wissenschaft und Praxis: Band 3: Kommunale Aufgaben und Aufgabenerfüllung.* Bd. 3; 2., völlig neu bearb. Auflage, S. 317 - 323, Springer-Verlag Gmbh, Berlin, 1983.

RAAB, ANDREAS: *Von der Agrarstrukturverbesserung zur ILE – Herausforderungen, Strategien und Praxisansätze in Bayern.* In: Zeitschrift für Geodäsie, Geoinformation und Landmanagement (zfv), Deutscher Verein für Vermessungswesen (Hrsg.), 131. Jhg., Heft 4/2006, S. 191 - 196, Augsburg, 2006.

RAAB, ANDREAS: *Nachfrageorientierte Innenentwicklung und Flächenmanagement. Zukunftsaufgabe bei Stadt- und Dorfumbau.* In: DVW-Mitteilungsblatt, Deutscher Verband für Vermessungswesen / DVW Bayern (Hrsg.), Heft 4/2006, S. 547 - 563, München, 2006.

RAUM & ENERGIE: *Dokumentation des Fachgesprächs „Gewerbeflächenpool".* Im Rahmen des REFINA-Verbundvorhabens „Integriertes Stadt-Umland-Modellkonzept zur Reduzierung der Flächeninanspruchnahme", Stadt-Umland-Modellkonzept Elmshorn-Pinneberg, Elmshorn/Hamburg, 2009.

REIDENBACH, MICHAEL, HENCKEL, DIETRICH et al.: *Neue Baugebiete: Gewinn oder Verlust für die Gemeindekasse?* Hrsg.: DEUTSCHES INSTITUT FÜR URBANISTIK (DIFU), Edition Difu Bd. 3, Berlin, 2007.

RICHTER, RUDOLF; FURUBOTN, EIRIK G: *Neue Institutionenökonomik. Eine Einführung und kritische Würdigung.* 2. Auflage, Reihe: Neue ökonomische Grundrisse, Hrsg.: RICHTER, RUDOLF; Verlag Mohr Siebeck, Tübingen, 1999.

RICHTER, MICHAEL (Hrsg.): *Regionalisierung und interkommunale Zusammenarbeit. Wirtschaftsregionen als Instrumente kommunaler Wirtschaftsförderung;* Deutscher Universitätsverlag, Wiesbaden, 1997.

RENGELING, HANS-WERNER: *Formen interkommunaler Zusammenarbeit.* In: PÜTTNER, GÜNTER (Hrsg.): *Handbuch der kommunalen Wissenschaft und Praxis.* Bd. 2, 2., völlig neubearb. Auflage, Springer-Verlag Gmbh, Berlin, 1982.

RITTER, ERNST-HASSO: *Raumpolitik mit Städtenetzen.* In: Die öffentliche Verwaltung, H. 10, Düsseldorf, 1995.

RITTER, ERNST-HASSO: *Strategieentwicklung heute – zum integrativen Management konzeptioneller Politik*. In: SELLE, KLAUS (Hrsg.): Planung neu denken. Bd. 1, Zur räumlichen Entwicklung beitragen. S. 129 - 146, Verlag Dorothea Rohn, Dortmund, 2006.

RUTHER-MEHLIS, ALFRED; WEBER, MICHAEL: *Hintergrundinformationen zum Modellprojekt Gewerbeflächenpool in der Region Schwarzwald-Baar- Heuberg*. Unveröffentlichtes Manuskript, Institut für Stadt- u. Regionalentwicklung/Fachhochschule Nürtigen, 2010.

SARCINELLI, ULRICH: *Demographischer Wandel und Kommunalpolitik*. Aus Politik und Zeitgeschichte, Nr. 21/22, Bundeszentrale für politische Bildung, Bonn, 2006

SCHÄFER, R.; LAU, P.; SPECOVIUS, C.: *Baulandbereitstellung: Rechtstatsachenforschung zur Entwicklung, Erschließung und Finanzierung von Bauland*. Gutachten im Auftrag des Bundesministeriums für Verkehr, Bau- und Wohnungswesen, Berlin, 2000.

SCHARPF, FRITZ W.: *Die Handlungsfähigkeit des Staates am Ende des 20. Jahrhunderts*. In: Politische Vierteljahreszeitschrift 4/1991; Wiesbaden; 1991.

SCHARPF, FRITZ W.: *Positive und negative Koordination in Verhandlungssystemen*. In: SCHNEIDER, VOLKER; KENIS, PATRICK: *Organisation und Netzwerk*; Campus-Verlag, Frankfurt/New York, 1996.

SCHERER, ROLAND: *Regionale Innovationskoalitionen. Bedeutung und Erfolgsfaktoren von regionalen Governance-Systemen*. Beiträge zur Regionalforschung, Bd. 6, Haupt Verlag, Bern, 2006.

SCHEUSS, URS: *Ist die Zusammenarbeit in Agglomerationen auf dem demokratischen Weg? Eine Antwort aus der Region Bern*. In: DISP 161, S. 51 - 59, Zürich, 2005.

SCHILLER, GEORG; GUTSCHE, JENS-MARTIN: *Von der Außen- zur Innenentwicklung in Städten und Gemeinden. Das Kostenparadoxon der Baulandentwicklung*. Im Auftrag des Umweltbundesamtes, UBA-Texte 31/2009, Dessau-Roßlau, 2009a.

SCHILLER, GEORG; GUTSCHE, JENS-MARTIN: *Das Kostenparadoxon der Baulandentwicklung – Finanzstrukturelle Mechanismen, die unsere Stadtregionen teurer machen*. In: MÄDING, HEINRICH (Hrsg.): Öffentliche Finanzströme und räumliche Entwicklung. Akademie für Raumforschung und Landesplanung (ARL), Forschungs- und Sitzungsberichte Bd. 232, S. 199 - 215, Hannover, 2009b.

SCHILLER, GEORG; SIEDENTOP, STEFAN: *Infrastrukturfolgekosten der Siedlungsentwicklung unter Schrumpfungsbedingungen*. In: DISP 160, S. 83 - 93, Zürich, 2005.

SCHNEIDER, VOLKER; KENIS, PATRICK: *Verteilte Kontrolle: Institutionelle Steuerung in modernen Gesellschaften.* In: SCHNEIDER, VOLKER; KENIS, PATRICK: *Organisation und Netzwerk*; Campus-Verlag, Frankfurt/New York, 1996.

SCHADER-STIFTUNG (Hrsg.): *wohn:wandel. Szenarien, Prognosen und Optionen zur Zukunft des Wohnens.* Red.: KRÜGER, KIRSTEN, Wiesbaden, 2001.

SEMLINGER, KLAUS: *Effizienz und Autonomie von Zulieferungsnetzwerken – zum strategischen Gehalt von Kooperation.* In: Managementforschung, Berlin 1993.

SIEDENTOP, STEFAN: *Innenentwicklung als Leitbild einer nachhaltigen städtebaulichen Entwicklung.* In: Zeitschrift für Flächenmanagement und Bodenordnung (FuB), 3/2003, S. 89 - 98, Wiesbaden/Bonn, 2003.

SIEDENTOP, STEFAN; KAUSCH, STEFFEN: *Die räumliche Struktur des Flächenverbrauchs in Deutschland. Eine auf Gemeindedaten basierende Analyse für den Zeitraum 1997 bis 2001.* In: Raumforschung und Raumordnung (RuR) 1/2004, S. 36 - 49, Wiesbaden/Bonn, 2003.

SIEDENTOP, STEFAN; JUNESCH, RICHARD; STRASSER, MARTINA et al: *Einflussfaktoren der Flächeninanspruchnahme.* Bearbeitung: Institut für Raumordnung und Entwicklugnsplanung, Universität Stuttgart, Hrsg.: BUNDESINSTITUT FÜR BAU-, STADT- UND RAUMFORSCHUNG (BBSR), Forschungen Heft 139, Bonn, 2009.

SIEVERTS, THOMAS; KOCH, MICHAEL et al: *Zwischenstadt – Inzwischen Stadt?: Entdecken, Begreifen, Verändern.* Verlag Müller + Busmann, Wuppertal, 2005.

SINNING, HEIDI: *Leistungsfähigkeit und Grenzen kommunikativer Planungsinstrumente.* Dissertation, Rheinisch-Westfälische Technische Hochschule Aachen, Aachen, 2002.

SPANNOWSKY, WILLY; BORCHERT, DIETRICH: *Interkommunale Zusammenarbeit als Voraussetzung für die Regionalentwicklung.* Forschungsprojekt im Rahmen des Ideenwettbewerbs "Stadt 2030" des Bundesministeriums für Bildung und Forschung (BMBF), Schriftenreihe zum Raumplanungs-, Bau- und Umweltrecht Kaiserslautern, 2003.

SPELLERBERG, ANNETTE: *Lebensstile und Wohnprofile: Trends;* in SCHADER-STIFTUNG (Hrsg.): wohn:wandel. Szenarien, Prognosen und Optionen zur Zukunft des Wohnens. S. 276-286, Wiesbaden, 2001.

SPÖHRING, WALTER: *Qualitative Sozialforschung.* VS Verlag für Sozialwissenschaften, Stuttgart, 1995.

STATISTISCHES BUNDESAMT (Hrsg.): *Nachhaltige Entwicklung in Deutschland.* Indikatorenbericht 2008. Wiesbaden, 2008.

STATISTISCHES BUNDESAMT (Hrsg.): *Umweltnutzung und Wirtschaft.* Bericht zu den Umweltökonomischen Gesamtrechnungen 2009. Wiesbaden, 2009.

459

STEINER, RETO (Hrsg.): *Interkommunale Zusammenarbeit und Gemeindezusammenschlüsse in der Schweiz. Erklärungsansätze, Umsetzungsmöglichkeiten und Erfolgsaussichten.* Paul Haupt, Bern, 2002.

THIEL, FABIAN: Strategisches Landmanagement. Baulandentwicklung durch Recht, Ökonomie, Gemeinschaft und Information. 2., geänderte Auflage, Norderstedt, 2008.

THIERSTEIN, ALAIN; BUSER, BENJAMIN, BAUMGARTNER, PATRIK: *Stadt und Geld – Stadt oder Geld? Kommunale Siedlungsentwicklung unter Beachtung finanzieller Auswirkungen.* In: Deutsche Akademie für Städtebau und Landesplanung (Hrsg.): Geld und Stadt. Vorbereitender Bericht zur Jahrestagung 2008 in Berlin, S. 45 - 52, Berlin, 2009.

THIERSTEIN, ALAIN; KRUSE, CHRISTIAN; GLANZMANN, LARS; GABI, SIMONE; GRILLON, NATHALIE: *Raumentwicklung im Verborgenen. Untersuchungen und Handlungsfelder für die Entwicklung der Metropolregion Nordschweiz.* NZZ Buchverlag, Zürich, 2006.

THIERSTEIN, ALAIN: *Raumentwicklung in Deutschland: Kooperationen und darüber hinaus.* In: Kooperationen als Erfolgsfaktor für Regionen im Wandel. Hrsg.: Ministerium für Umwelt des Saarlandes / Akademie für Raumforschung und Landesplanung (ARL); Dokumentation des 2. Regionalpark-Forums 2006 in Saarbrücken, S. 6 - 7, Saarbrücken, 2006.

THIERSTEIN, ALAIN; WALKER, DANIEL; BEHRENDT, HEIKO; EGGER, URS (Hrsg.): *Tatort Region – Veränderungsmanagement in der Regional- und Gemeindeentwicklung.* Nomos-Verlag, Baden-Baden, 1997.

TREFFER, GERD: *Einführung in die Kommunalpolitik. Kommunalpolitischer Leitfaden.* Hrsg.: HANNS-SEIDEL-STIFTUNG E.V., München, 1995.

TUROWSKI, GERD: *Raumplanung.* In *Handwörterbuch der Raumplanung,* Akademie f. Raumforschung u. Landesplanung (ARL); 4., vollst. neu bearb. Auflage, S. 893ff, Hannover, 2005.

VERBAND REGION STUTTGART, ÖKONSULT: *Neubaugebiete und demografische Entwicklung – Ermittlung der fiskalisch besten Baulandstrategie für die Kommunen in der Region Stuttgart.* Schriftenreihe des Verbands Region Stuttgart, Bd. 25, Stuttgart, 2006.

VORBUCHNER, ELISABETH: *Kommunale Allianzen. Ein modernes Instrument zur interkommunalen Zusammenarbeit als Reaktion auf neue Anforderungen an die Kommunen nach dem Kommunalrecht in Bayern.* Dissertation, Universität der Bundeswehr München, Fakultät für Sozialwissenschaften, München, 1996.

WALKER SPÄH, CARMEN: *Die Zweckgemeinde als verfassungsrechtlicher Ansatz für Agglomerationen.* In: DISP 152, S. 95 - 101, Zürich, 2003.

WILLKE, HELMUT: *Systemtheorie: Interventionstheorie: Grundzüge einer Theorie der Intervention in komplexe System.* Stuttgart, 1994.

WINKEL, RAINER: *Interkommunale Kooperation zur Umsetzung Regionaler Entwicklungskonzepte.* Hrsg.: THÜRINGER MINISTERIUM FÜR WIRTSCHAFT UND INFRASTRUKTUR, Erfurt, 1998.

WINKEL, RAINER: *Bevölkerungsrückgang in ländlichen Räumen: Auswirkungen und Konzepte für die kommunale Infrastruktur.* Vortrag bei der Fachtagung "Demographische Entwicklung - Konsequenzen und Empfehlungen für ländliche Gemeinden", Sächsische Akademie für den Ländlichen Raum, Panschwitz-Kuckau, 2003.

WINKLER, CARMEN: *Die kommunale Selbstverwaltung und ihre Akteure: rechtliche Grundlagen.* In: HANNS-SEIDEL-STIFTUNG E.V. (Hrsg.): *Gestaltung als Auftrag. Ein Handbuch für politisches Handeln in Gemeinden, Städten und Landkreisen*; Beiträge zu Kommunalpolitik (Sonderausgabe), S. 13 - 26, München, 2001.

WUCHANSKY, BERND; KÖNIG, KRISTINA: *Interkommunale Gewerbegebiete in Deutschland.* Hrsg.: INSTITUT FÜR LANDES- UND STADTENTWICKLUNGSFORSCHUNG UND BAUWESEN DES LANDES NORDRHEIN WESTFALEN (ILS NRW), ILS NRW-Schriften Bd. 200, Dortmund, 2006.

ZULAUF, ROMAN: *Gibt es eine effiziente Gemeindegröße? Ein Vergleich der Gemeinden innerhalbund zwischen den Kantonen St. Gallen und Graubünden.* Wissenschaftliche, unveröffentlichte Hausarbeit, Universität St. Gallen, 2003.

YIN, ROBERT K.: *Case Study Research: Design and Methods.* 3rd edition, Applied Social Research Methods Series, vol. 5, 2003.

Literatur-/Quellenverzeichnis zu den Fallstudien

Fallstudie „Interkommunales Flächenmanagement Allianz Oberes Werntal"

BAYERISCHES LANDESAMT FÜR UMWELT (Hrsg.): *Flächenmanagement in interkommunaler Zusammenarbeit.* Endbericht, Bearbeitung: Baader Konzept / Franke+Messmer Architekten, Reihe UmweltSpezial: Flächensparen, München, 2009.

FREY, ULFERT: *Integriertes Ländliches Entwicklungskonzept Oberes Werntal.* Bearbeitung: FREY, ULFERT, Frensdorf, 2006.

MAIER, JÖRG; BÖHRINGER, RAIMUND et al.: *Interkommunales Entwicklungskonzept „Oberes Werntal".* Ergebnisbericht, Bearbeitung: RRV-Gesellschaft für Raumanalysen, Regionalpolitik und Verwaltungspraxis/Universität Bayreuth; Landschaftsarchitekturbüro Böhringer, Bayreuth/Bad Alexandersbad, 2003.

Fallstudie „Interkommunaler Stadtumbau Allianz Nördl. Fichtelgebirge"

DILCHER, VINZENZ et al.: Wohnungswirtschaftliches Konzept für die Stadt Schönwald. Endbericht, Bearbeitung: UmbauStadt / Weimar, 2008.

HOLL, HARTMUND et al.: *Integriertes Entwicklungskonzept (IEK) Zukunft Nördliches Fichtelgebirge.* Endbericht, Bearbeitung: Büro für Städtebau und Architektur / Würzburg, MODUS / Bamberg, CIMA / München, WGF – Werkgemeinschaft Freiraum / Nürnberg, BTE / Hannover; Würzburg, 2006.

WIELER, ULRICH; BEHRENS-EGGE, MATHIAS et al.: *Stadtumbaumanagement im Nördlichen Fichtelgebirge 2008/2009.* Tätigkeitsbericht des Stadtumbaumanagements, Bearbeitung: UmbauStadt / Weimar, BTE / Hannover, Weimar / Hannover, 2009.

Fallstudie „Gewerbliches Standortmarketing Allianz A7 – Franken West"

SCHIRMER, MARTIN et al.: *Integriertes Ländliches Entwicklungskonzept Kommunale Allianz Franken West.* Endbericht, Bearbeitung: Schirmer Architekten und Stadtplaner / WGF – Werkgemeinschaft Freiraum, Veitshöchheim, 2007.

ALLIANZ A7 – FRANKEN WEST (Hrsg.): *Wirtschaftsstandort.* Standortmagazin, Gollhofen, 2010.

Fallstudie „Stadtentwicklungsverband Ulm/Neu-Ulm"

MEIGEL, TOBIAS: *Der Stadtentwicklungsverband Ulm/Neu-Ulm. Evaluation einer interkommunalen, länderübergreifenden Kooperation unter stadtplanungsrelevanten Kriterien.* Master-Thesis im Studiengang Stadtplanung/Universität Stuttgart, Stuttgart, 2005.

PROGNOS: *Clusteranalyse 2007. Analyse der Branchen- und Kompetenzfelder der Innovationsregion Ulm.* Bearbeitung: KOCH, TOBIAS, Bremen, 2007.

REGIONALVEBAND DONAU-ILLER: *Die Region Donau-Iller.* Informationsbroschüre, Ulm, 2004.

STABSTELLE WIRTSCHAFTSFÖRDERUNG STADT NEU-ULM: *Ergebnisse der Unternehmensbefragung im Gewerbegebiet Flugplatz Schwaighofen.* Neu-Ulm, 2009.

STADTENTWICKLUNGSVERBAND ULM/NEU-ULM (SEV): *Satzung für den Stadtentwicklungsverband Ulm/Neu-Ulm vom 02.12.1999.* Veröffentlicht von der Regierung von Schwaben unter Nr. 230-1444.2/31, Augsburg, 1999.

STADTENTWICKLUNGSVERBAND ULM/NEU-ULM (SEV) (Hrsg.): *Wirtschaft – Daten und Fakten 2008.* Neu-Ulm, 2009a.

STADTENTWICKLUNGSVERBAND ULM/NEU-ULM (SEV) (Hrsg.): *Tätigkeitsbericht 2008.* Neu-Ulm, 2009b.

A II Abbildungsverzeichnis

A III   Tabellenverzeichnis

A IV   Abkürzungsverzeichnis

Abb.	Abbildung
ARL	Akademie für Raumforschung und Landesplanung
BauGB	Baugesetzbuch
BayLplG	Bayerisches Landesplanungsgesetz
BBR	Bundesamt für Bauwesen und Raumordnung
BBSR	Bundesinstitut für Bau-, Stadt- und Raumforschung
BIB	Bundesinstitut für Bevölkerungsforschung
BFLR	Bundesforschungsanstalt für Landeskunde und Raumordnung
B-Plan	Bebauungsplan
Difu	Deutsches Institut für Urbanistik
et al.	et alii (lat.); und andere
EUREK	Europäisches Raumentwicklungskonzept
F-Plan	Flächennutzungsplan
GO	Bayerische Gemeindeordnung
ILE	Integrierte Ländliche Entwicklung
ILEK	Integriertes Ländliches Entwicklungskonzept
ILS	Institut für Landes- und Stadtentwicklungsforschung und Bauwesen des Landes Nordrhein Westfalen
Kap.	Kapitel
KommZG	Gesetz über die kommunale Zusammenarbeit in Bayern
LEP	Bayerisches Landesentwicklungsprogramm
LfU	Bayerisches Landesamt für Umwelt
MORO	Aktionsprogramm „Modellvorhaben der Raumordnung" des Bundesministeriums für Verkehr, Bau und Stadtentwicklung (BMVBS)
OECD	Organisation for Economic Cooperation and Development
REFINA	Forschungsprogramm für die „Reduzierung der Flächeninanspruchnahme und ein nachhaltiges Flächenmanagement" des Bundesministerium für Bildung und Forschung (BMBF)
ROG	Raumordnungsgesetz
SEV	Stadtentwicklungsverband Ulm/Neu-Ulm
vgl.	vergleiche

468

A V) Grundlagen der Fallstudien

a) Auswahl der Fallstudien

Fragestellungen zur Auswahl der Fallstudien

I) In Bezug auf Kooperation, Prozess und Inhalte

- Basis und Anlass für die interkommunale Zusammenarbeit: *Welche Gründe haben zur interkommunalen Kooperation geführt? Gibt es ggf. "Vorgeschichten" im Hinblick auf vorausgehende Prozesse und Entwicklungsphasen?*

- Strukturelle Ausgangssituation: *Wie sieht die strukturelle Prägung des jeweiligen Gebietes aus (Größe, Lage, regionalplanerische Einordnung etc.)?*

- Bezug zu räumlichen Entwicklungsfunktionen: *Ist ein interkommunaler Steuerungsansatz zu räumlichen Entwicklungsfunktionen, insbesondere hinsichtlich der Schwerpunktfunktionen Wohnsiedlungs- und Gewerbeentwicklung gegeben? Welche wesentlichen, gemeinsamen Strategien und Ziele liegen dem zugrunde?*

- Konkrete Steuerungsbemühungen/-instrumente: *Wo liegen abgrenzbare Steuerungsansätze, Strategien und Schwerpunkte? Sind Ansätze zu einer nachfrageorientierten Entwicklung erkennbar?*

- Bedarfs-/Nachfrageorientierung: *Sind Ansätze zu einer nachfrageorientierten Steuerung räumlicher Entwicklungsfunktionen erkennbar?*

- Dauer/Laufzeit des bisherigen Prozesses: *Wo lassen sich die bisherigen Steuerungsbemühungen hinsichtlich Dauer und Erfahrungen einordnen?*

II) In Bezug auf Rahmenbedingungen zur Durchführung:

- Dokumentation des bisherigen Prozesses: *Inwieweit ist der bisherige Prozess nachvollziehbar dokumentiert?*

- Offenheit und Interesse: *Inwieweit besteht von Seiten der verantwortlichen Schlüsselpersonen Offenheit und Interesse für die Mitwirkung an der empirischen Untersuchung?*

b) Experteninterviews

Inhalte und Fragen des Interviewleitfadens

- Kooperationsstruktur/-basis:
  - *Wie ist die Kooperation hinsichtlich Verbindlichkeit und Tragfähigkeit ausgeprägt?*
  - *In welche Phase lässt sich der Prozess zur gemeinsamen Abstimmung oder Steuerung räumlicher Entwicklungsaufgaben einordnen?*

- Steuerungsansätze/-instrumente:
  - *Welche inhaltlichen (Handlungs-)Anforderungen oder Problemstellungen werden für zukünftige Steuerungsaktivitäten erkannt?*

- *Welche wesentlichen Steuerungsansätze werden im Rahmen der Kooperation verfolgt? Welche Steuerungsinstrumente werden konkret angewendet?*
- *Wo liegen die besonderen Herausforderungen und Grenzen der Steuerung im Rahmen der interkommunalen Kooperation?*
- *Welche besonderen Erfordernisse, Rahmenbedingungen etc. gilt es zu berücksichtigen?*

Interviewpartner im Rahmen der Experteninterviews

Fallstudie „Interkommunales Flächenmanagement Allianz Oberes Werntal"

- Herr Arthur Arnold, Allianzsprecher, Bürgermeister der Gemeinde Euerbach
- Frau Eva Braksiek, Allianzmanagement Oberes Werntal
- Herr Ulfert Frey, Regionalmanagement Landkreis Schweinfurt (ehemals Allianzmanagement Oberes Werntal)
- Herr Claus Hensold, Bayerisches Landesamt für Umwelt (LFU)

Fallstudie „Stadtumbau Allianz Nördliches Fichtelgebirge"

- Herr Bgm. Alexander Eberl, Bürgermeister der Stadt Schwarzenbach a.d. Saale
- Herrn Bgm. Thomas Schwarz, Bürgermeister der Stadt Kirchenlamitz, Ansprechpartner der Allianz für das Stadtumbaumanagement
- Herr Ulrich Wieler, externes Stadtumbaumanagement, Büro UmbauStadt Weimar
- Frau Petra Gräßel, Sachgebiet Städtebau, Regierung von Oberfranken

Fallstudie „gewerbliches Standortmarketing Allianz A7 - Franken West"

- Herr Werner Pfadler, Allianzsprecher Franken West, Bürgermeister der Gemeinde Gollhofen
- Frau Dr. Doris Klose-Violette, Vorsitzende Zweckverband Gewerbepark Gollhofen-Ippesheim, Bürgermeisterin des Marktes Ippesheim
- Herr Wolfgang Reister, Geschäftsführer des Büros insignio/Ippesheim, dieses ist für die Entwicklung von Instrumentarien des Standortmarketings beauftragt
- Herr Dr. Ludwig Fugmann/Sachgebiet Raumordnung; Herr Heinrich Albrecht Sachgebiet Wirtschaftsförderung, Regierung von Mittelfranken

Fallstudie „Stadtentwicklungsverband Ulm / Neu-Ulm"

- Herr Günter Grimminger, Leiter der Stabstelle Liegenschaften, Wirtschaftsförderung und Stadtentwicklungsverband Stadt Neu-Ulm
- Herr Ulrich Soldner, Abteilungsleiter Liegenschaften u. Wirtschaftsförderung der Stadt Ulm
- Frau Monika Stadler, Wirtschaftsförderung des Landkreises Neu-Ulm
- Tobias Meigel, Verfasser einer 2004/2005 durchgeführten Evaluation des Stadtentwicklungsverbandes Ulm / Neu-Ulm *(siehe Literaturverzeichnis)*

c) Werkstattgespräche

Aufbau, Schwerpunkte und Fragen der Werkstattgespräche

I Einführung: Darstellung der Hintergründe wie zugrunde gelegte Zielstellungen, Ausgangsfragen, Hypothese der Untersuchung sowie bisherige Erkenntnisse zu den fachlichen Rahmenbedingungen und allgemeinen Steuerungserfordernissen in der jeweiligen Schwerpunktfunktion.

II) Überprüfung der nominellen Zielerreichung unter Berücksichtigung der verwendeten Steuerungsmittel

- *Welche gemeinsamen Ziele wurden/sind zugrunde gelegt?*
- *Welche Steuerungsmittel wurden/werden verwendet, um die gesetzten Ziele zu erreichen?*
- *Wie sieht der derzeitige Stand zur Erreichung der gesteckten Ziele aus? Wo liegt der Mehrwert bzw. Nutzen der Kooperation gegenüber einem einzelgemeindlichen Vorgehen?*

III) Bewertung der funktionsräumlichen Kohärenz – Übereinstimmung von Zweck, Organisation und räumlichem Gebietszuschnitt

- Strukturangepasstheit: *Stimmt die Organisationsstruktur (Kooperationsform, Gremien etc.) mit dem räumlichen Gebietszuschnitt (Anzahl Gemeinden, Größe, Struktur etc.) überein?*
- Bedarfsangepasstheit: *Stimmt der räumliche Gebietszuschnitt mit Zweck/Funktion (Zielstellung etc.) überein?*
- Verbindlichkeitsgrad: *Stimmen Zweck und Funktion (Ziel-, Aufgabenstellung etc.) mit der Organisationsstruktur überein?*
- → *Inwieweit ist das Gesamtgebilde stimmig? Wo werden im Sinne einer Gesamtübereinstimmung ggf. Lücken und Optimierungsmöglichkeiten im Zusammenspiel zwischen: Ziel/Zweck – Organisationsstruktur – räumlicher Gebietszuschnitt gesehen?*

IV) Bewertung (Erfordernisse, Möglichkeiten und Grenzen) einer nachfrageorientierten Steuerung räumlicher Entwicklungsfunktionen

- *Inwieweit werden Grenzen der einzelgemeindlichen, angebotsorientierten Flächenentwicklung erkannt? Wo werden diese gesehen?*
- *Wo liegt der Nachfrageschwerpunkt: Bestand oder Neuansiedlung? Wer sind bzw. könnten reelle Nachfrager sein?*
- *Wie wird (bzw. könnte) das Angebot mit Bedarf und Nachfrage sinnvoll abgestimmt (werden)? Relevante Strategien, Instrumente und Aufgaben? Welche Rolle spielt die interkommunale Kooperation in Abwägung zu einem einzelgemeindlichen Vorgehen?*

Termine der Werkstattgespräche

- Werkstattgespräch „Interkommunales Flächenmanagement Allianz Oberes Werntal": 22.07.2010 in Euerbach

- Werkstattgespräch „Stadtumbau Allianz Nördliches Fichtelgebirge": 09.08.2010 in Schwarzenbach a.d. Saale

- Werkstattgespräch „Gewerbliches Standortmarketing Allianz A7 – Franken West": 07.07.2010 in Uffenheim

- Werkstattgespräch „Stadtentwicklungsverband Ulm/Neu-Ulm": 05.08.2010 in Neu-Ulm

Alexander Stock

Local Modern Governance

Ansätze für ein Kommunalpolitisches

Management

ibidem

Alexander Stock

Local Modern Governance

Ansätze für ein Kommunalpolitisches
Management

ISBN 3-89821-509-1

262 S., Paperback, € 24,90

Erhältlich in jeder Buchhandlung
oder direkt bei

ibidem

Das Verständnis von dem, was "Aufgabe des Staates", was "Staat" an sich ist und wie "politische Steuerung" im 21. Jahrhundert aussehen sollte, befindet sich aktuell im Fluss. Der Modern Governance-Ansatz stellt viele klassische Grundannahmen in Frage und gibt neue, zeitgemäßere Antworten.

Alexander Stock überträgt den Modern Governance-Ansatz auf die lokale Ebene und stellt die Frage, welche Auswirkungen das damit verbundene Staatsverständnis für die Arbeit von Rat, Bürgermeister und Verwaltung hat.

Die Arbeit legt nahe, dass Kommunalpolitik sich als Teil eines lokalen Modern Governance-Netzwerkes sehen sollte. Unter Achtung der Autonomie der anderen lokalen Akteure kann das Politisch-Administrative System als zentraler Netzwerkteilnehmer versuchen, bei der Lösung anstehender Probleme Kooperationspartner zu finden oder durch den geschickten Einsatz institutioneller Arrangements die Rahmenbedingungen für andere Akteure auf diesem Wege zielführend zu beeinflussen.

Alexander Stock trägt hierbei der Komplexität politischer Entscheidungsprozesse Rechnung, indem er von klassischen linearen Grundannahmen Abstand nimmt. Entsprechend sieht er die Aufgabe z.B. eines starken Bürgermeisters darin, auf die Schaffung und effektive Nutzung von Windows of Opportunities hinzuwirken.

Das Buch "Local Modern Governance - Ansätze für ein Kommunalpolitisches Management" eröffnet einen neuen Blickwinkel auf die Arbeit von Rat, Bürgermeister und Verwaltung und liefert so die theoretische Grundlage für eine fortschreitende Modernisierung der Kommunalpolitischen Arbeit.

Der Autor: Alexander Stock studierte an der Universität Konstanz Verwaltungswissenschaft (Politik und Management) und promovierte an der Privaten Universität Witten/Herdecke im Bereich Wirtschaftswissenschaften.

Er beschäftigt sich seit zehn Jahren als Berater und in diversen Gremien mit der Modernisierung des Public Sectors mit den Schwerpunkten Kommunen, Kirchen und Politisches Management.

ibidem-Verlag • Melchiorstr. 15 • 70439 Stuttgart • Tel.: 0711/9807954 • Fax: 0711/8001889
ibidem@ibidem-verlag.de

ibidem-Verlag

Melchiorstr. 15

D-70439 Stuttgart

info@ibidem-verlag.de

www.ibidem-verlag.de
www.ibidem.eu
www.edition-noema.de
www.autorenbetreuung.de